钢琴教学与演奏艺术译丛

策划 周广仁

我的漫长岁月

〔美〕阿图尔·鲁宾斯坦/著

梁镝 梁全炳 姚曼华 /译

中央音乐学院出版社
CENTRAL CONSERVATORY OF MUSIC PRESS

·北京·

图书在版编目（CIP）数据

我的漫长岁月/（美）鲁宾斯坦著；梁镝，梁全炳，姚曼华译. —北京：中央音乐学院出版社，2011.9（2025.3 重印）

（钢琴教学与演奏艺术译丛）

ISBN 978 - 7 - 81096 - 418 - 0

Ⅰ.①我…　Ⅱ.①鲁…　②梁…　③梁…　④姚…　Ⅲ.①鲁宾斯坦，A.（1887～1982）—自传　Ⅳ.①K837.125.76

中国版本图书馆 CIP 数据核字（2011）第 133388 号

我的漫长岁月

〔美〕鲁宾斯坦著

梁　镝　梁全炳　姚曼华译

出版发行：中央音乐学院出版社

经　　销：新华书店

开　　本：A5　印张：28.25

印　　刷：三河市金兆印刷装订有限公司

版　　次：2011 年 9 月第 1 版　　印次：2025 年 3 月第 2 次印刷

书　　号：ISBN 978 - 7 - 81096 - 418 - 0

定　　价：168.00 元

中央音乐学院出版社　北京市西城区鲍家街 43 号　邮编：100031

发行部：（010）66418248　　66415711（传真）

我的漫长岁月

献给我忠贞的朋友和伴侣——安娜贝拉，谨以此表示我对她的爱和感谢。

目　录

前　言 ……………………………………………………（ *1* ）

写在《我的漫长岁月》中文本付梓之际 ………… 周广仁（ 1 ）

《我的青年时代》中文版序 ……………………… 周广仁（ *1* ）

一、福地拉丁美洲和第一次世界大战结束 ………………（ 1 ）

　　（1～9 小节）

二、第二次征服美国的尝试和墨西哥奇遇 ……………（59）

　　（10～15 小节）

三、战后的欧洲和快活的 20 年代 ……………………（99）

　　（16～78 小节）

四、婚姻与家庭 ……………………………………（419）

　　（79～89 小节）

五、东方大巡演 ……………………………………（497）

　　（90～91 小节）

六、1937 年：我最长的旅行和胜利重返美国……………（547）

　　（92～100 小节）

七、第二次世界大战，逃往好莱坞和我的美国公民身份 …（629）

　　（101～115 小节）

八、重新安家在巴黎，更多的巡演和录音 …………………（749）

（116～129 小节）

结束语 ……………………………………………………（826）

人名索引 …………………………………………………（827）

译后记 ……………………………………………………（887）

前　　言

　　这是有关我生平的第二本书，该书的撰写是一段奇异的经历。它并非我亲手写就，而是不得已进行了口述。如果没有下述两人无法估价的帮助，本书就不可能完成。托尼·马迪根耐心地记录了我口述的本书开头的大部分；尔后，直到本书的终结，则是安娜贝拉·怀特斯通，她不仅记录下，而且用她流畅的英语给了我极大的帮助，这在两年的时间中，给我增添了勇气，以继续这一艰巨的劳动。这项工作对我的记忆力也是最大的考验，它的完成没有借用任何书面材料或外界的帮助，依靠的全是自己的记忆力。在此，我谨向我的这部长篇自传的两位合作者表示深深的谢意。不管本书在文学上的价值如何，但完成它使我的生活翻开了愉快而更有生气的一页，使我在 92 岁的耄耋之年，比已往更加热爱生活。

写在《我的漫长岁月》
中文本付梓之际

阿图尔·鲁宾斯坦自传的下册《我的漫长岁月》终于出版了。作者在书中详尽地描述了他 30 岁后的所历、所见、所感和所思；记录了他从一个才华横溢但声誉未著的青年钢琴家变成一个世界公认的大钢琴家的不平凡历程。

我曾为自传的上册《我的青年时代》作序。现三位译者付出了艰辛劳动，又推出了其下册的中译本。两册书是连续的，但也有一定的区别，毕竟作者活动舞台己大为拓展了，视野更加开阔了，思想也愈加成熟了……由于作者智力、体力和记忆力超群，且具有很高的写作能力，又幸运地活到了 95 岁，因此他能将自己丰富的阅历与十分广阔的社会生活和诸多重大历史事件写入自传；既类似一本"音乐野史"，又立体地反映了其所处的时代，确是一部很可宝贵的书！难怪西方媒体将其誉为 20 世纪"最重要的回忆录之一"。

在此，我愿向读者郑重推荐此书。相信广大读者定能在阅读之中汲取到所需的音乐、文化、历史和社会等方面的知识，并获得重要的启示和教益。

周广仁

2010 年 12 月 5 日

《我的青年时代》 中文版序

钢琴艺术史中曾出现过三位都姓鲁宾斯坦的伟大钢琴家。前面二位安东和尼古拉兄弟俩是俄罗斯钢琴学派的奠基者。兄弟二人分别创建了圣彼得堡和莫斯科音乐学院。第三位就是阿图尔·鲁宾斯坦（1887～1982），波兰犹太人，出生于波兰罗兹市。他长达八十余年的艺术生涯丰富了近一个世纪的世界音乐生活。他的现场演奏和录制的大量唱片，以及后来制作的音像制品，更是钢琴艺术史上的宝贵财富，影响了一代又一代的钢琴家。他的演奏给人们树立了高雅的艺术标准，尤其是他作为波兰钢琴家对演释和推广肖邦的作品起到了权威性和指导性的作用。

读伟人的传记，尤其是自传，往往给人以丰富的知识和深刻的启迪，因为它包含了伟人所生活的那个时代的历史文化背景以及贯穿于伟人成长过程中的奋斗精神。很幸运，现在有梁全炳一家音乐爱好者热心地将阿图尔·鲁宾斯坦的自传《我的青年时代》译成中文，为我们认识、研究鲁宾斯坦提供了宝贵的资料。

鲁宾斯坦在这部自传中，诚实，坦率地叙述了自己从童年到青年成长过程中，所经历的学习音乐，独立奋斗等具有传奇色彩的故事。文笔生动细腻，极富幽默感。

书中讲述的鲁宾斯坦早期音乐教育问题，引起了我极大的兴趣。鲁宾斯坦年幼时显示出非凡的音乐才能，幸运的是他11岁时遇到了"伯乐"——伟大的小提琴家约阿希姆。约阿希姆为小阿图尔设计了一套将其培养成音乐家的方案。约阿希姆的指导思想是："不能把孩子作为神童利用，他应该接受全面的教育。"于是他为小阿图尔专门请老师教授他欧洲历史、哲学和文学的课程。尽管小阿图尔 10 岁前已学会讲俄、德两种外国语，约阿希姆还是让他继续学习英语、法语。因为约阿希姆认为，对音乐家来说，语言知识是最宝贵的财富，是研究文学艺术及各民族音乐的重要条件和资本。在音乐课程方面，有钢琴、乐理、和声；弹伴奏和听室内乐和乐队的排练等。如此全面，系统的教育，为鲁宾斯坦打下了坚实的基础，以至于 6 年后，年仅 16 岁的鲁宾斯坦就能够独立奋斗了。

鲁宾斯坦非常善于学习，他通过不同途径学习各种知识和技能。他从他的同龄人、同胞弗雷德里克那里学会了正确、全面地理解肖邦，懂得了肖邦音乐的声音特色；他从克拉拉·舒曼的一位女学生那里学到了有关舒曼和勃拉姆斯作品的宝贵知识；他通过和一些著名演奏家一起演奏室内乐，积累了合作经验。有一次，他在参加了一部歌剧的排练后，把女主角完美的气息控制移植为键盘上的分句，并从歌唱中领悟到如何谨慎地运用自由速度。

鲁宾斯坦的青少年时代充满了艰辛、坎坷。他曾经在身无分文的窘境下，在波兰山区朋友的住处，每天深夜刻苦练琴，大量地钻研钢琴文献，扩大自己的演奏曲目。艺术道路尽管如此艰难，但是鲁宾斯坦生性乐观，他始终坚信这样的人生观："要无条件地热爱生活——不论生活是好是赖，我都爱它，不提任何条件……这是唯一的活法。"

中央音乐学院出版社出版中文版的鲁宾斯坦自传《我的青年时代》，这是中国钢琴教育事业的一件幸事，相信此书会给钢琴教师和学生以及广大的音乐爱好者以很大的启发。

周广仁

2004 年 11 月 25 日

一、福地拉丁美洲和第一次
世界大战结束

1

第一次世界大战改变了我生活中的一切。出生时，波兰还受着沙皇的统治，在俄国共产化后，我被迫移居国外。

战争爆发时我正在伦敦，之后，我立即前往巴黎，打算参加当地的波兰军团，但是，在沙皇撤销了成立军团的命令后，我只得返回伦敦。在那里，亏得一连串的好运气，我受邀去西班牙的圣塞瓦斯蒂安演出，替代一位已应征入伍的法国钢琴家。正是这场在西班牙海滨胜地举行的夏日音乐会开启了我整个职业演奏生涯的大门。西班牙听众、报刊，以及王室，不仅热诚地接纳了我，而且竟认为我是唯一得到了西班牙音乐真传的演奏家。战争的头两年，我在西班牙忙着在几乎所有的城市里为剧院里爆满的听众演出，同时又感到十分歉疚，因为我成功的部分原因在于战争妨碍了其他钢琴家在这个国家亮相。

1917 年，我年满 30，在西班牙得到的好名声传到了拉丁美洲。我获得一份酬金很高的合同，非常赚钱的职业钢琴家的生涯便由此开始。我乘坐西班牙"伊莎贝拉公主号"汽轮越过大洋，由经纪人埃内斯托·德克萨达陪同，他同意在演出期间担任我的秘书。

但我对即将成为我的福地的拉丁美洲的第一次接触谈不上乐观。我们的汽轮抵达布宜诺斯艾利斯码头时，已是傍晚。福斯蒂诺·达·罗萨，科隆剧院和奥德翁剧院的大经纪人，派来了他的秘书，把我们接到城里最好的旅馆——广场酒店下榻。

雷吉娜·巴德，我在航船上遇到的既迷人又好客的女邻居——我花了不少小费才说服乘务员打开了我们俩的船舱之间的门——坚持要和我共度最后一夜，第二天她便要和她的同伴们继续前往智利。当晚，这位可爱的法国女演员和我搭档上演了一出现实生活中的滑稽剧。广场酒店的经理为我准备了一个舒适的房间，床边还放着沙发。雷吉娜来到我的屋里，我们俩准备一起度过这最后一晚。突然间，电话响了起来。"那位女士必须立即离开您的房间。"原来是经理，"酒店不允许没有完婚的男女同住一室。"

我赶忙穿上衣服，冲到楼下去解释，说我的朋友早上就会离开。结果没能说服那顽固的经理。毫无成果的讨论结束后，我们只好让雷吉娜留在我的房间里，而经理则陪我去酒店为住客的私人男仆提供的房间。和雷吉娜痛哭流涕地互道晚安之后，我在狭小、没有新鲜空气、没有自来水的房间里极不舒服地度过了一个不眠之夜。所幸，苦难的考验没有持续太久，一清早我就得起身把雷吉娜带到火车站，送她去智利。

再次回到自己的房间安顿好后，我原本打算睡它一觉，却又被刺耳的电话铃声惊醒。原来是德克萨达，他住在另一家旅店。"你得准备好，"他说，"达·罗萨办公室派来的两位先生已经在路上了，他们要来商定音乐会的节目单。"不到 1 小时，德克萨达陪着两个年轻人走进房间。"你的节目单准备好了么？"他们问，"我们现在就要 3 份节目单，好安排 6 场联票音乐会。"我答应当天下午准备好。"不行，"其中一个说道，"今天下午已经安排了您与布宜诺斯艾利斯的报纸编辑部见面了。"发现我的惊讶后，他补充道，"只有 5 家报纸。"我纳闷地反驳说，"为什么？节目单你们自己就可以交给他们呀！"

"哦，不，这事非常重要。编辑们总是希望艺术家们在抵达后亲自去拜访他们。"

"你是想说，我得求他们对我好些吗?"我不耐烦地问道，"我以前从来没有这么干过，现在也不打算这么干。"

"即使是卡鲁索①也要去拜访我们的报纸的!"他们喊了起来。

"我只是一个普普通通的钢琴家，但总还有点自尊，而且我拒绝向有权势的新闻界屈服!"

这一幕发展成了争吵。我们四个开始大声喊叫，令我大失所望的是，埃内斯托·德克萨达竟然站在他们一边。但是当看到我勃然大怒时，他们便降低了嗓音问:"阿图罗先生，是否可以同意只拜访《民族报》(La Nacion)一家，这是我们最重要的晨报，该报的东家，路易斯·米特雷先生是一个真正的音乐爱好者，肯定想和你见面。"

米特雷这个名字让我楞了一下。"米特雷，米特雷"我说，"这名字多少有些耳熟啊。"突然我记了起来。在马德里的最后几天，我几乎每天都能见到马努埃尔·德·法雅②以及著名的吉卜赛女舞蹈演员和歌手帕斯托拉·英姆佩里奥。她当时正在跳法雅所作的《魔法师之恋》，午夜场演出结束后，作曲家和我总把她拉到以热巧克力著称的马略卡点心店③。她来的时候，通常有诸如堂兄、侄女、外甥之类的饿慌慌的亲戚跟着，而我总是做东。

---

① 卡鲁索(Enriico Caruso，1873~1921):意大利男高音歌唱家，历史上最负盛名。1894年在那不勒斯首次公演。1902年在科汶特花园剧院、1903年恩里科·卡鲁索在纽约大都会歌剧院演出。后来在那里共演了600余场。录制了许多音色优美、分句完善的唱片。被誉为"第一位'真正的唱片男高音'"。

② 马努埃尔·德·法雅(Manuel de Falla，1876~1946):西班牙作曲家。西班牙民族学派音乐的主要代表之一。1905年以《人生朝露》获得马德里美术学院一等奖。1907~1914年旅居巴黎。与德彪西、拉威尔、杜卡等人的相识对他的创作风格的形成产生了巨大影响，尤其表现在对作品的和声和乐队音色上。1914年返回西班牙，在内战爆发后移居阿根廷。主要作品有芭蕾舞剧《魔法师之恋》、《三角帽》;钢琴与乐队曲《西班牙庭院之夜》;钢琴曲《安达卢西亚幻想曲》等。

③ 马略卡点心店(Mallorquina)，马德里城的一家百年老字号甜点商店。

帕斯托拉总以为，男人只要一遇上她，就没有不立即爱上她的，所以她总是以充满同情的眼神看着我，并说道，"啧啧，我可怜的小乖乖！"在我们的告别舞会上，她逼我收下了一根带有圣克里斯托头像的细链子，还递给我一封信，说，"请把它交给我的一位了不起的好朋友。它能大大地帮助你的事业。"开始我拒绝了，因为我对这类信件极为反感，但她强加于人，我也就只好接受，不过并未打算转交。那信就是写给路易斯·米特雷先生的，一想到有人会看到这封拼写有误的信我就脸红。

所以，一提起路易斯·米特雷先生这个名字，我就结结巴巴地说，"先生们，你们会笑的，我的手提箱里还有封信就是写给同名同姓的人的。"

"谁写的？"他们笑着问道。

"哦，"我笑了起来，"一个跳西班牙弗拉门科舞的女士认为这会对我的事业有帮助。"

那两个人可没有笑，"她叫什么名字？"

"嗯，叫帕斯托拉·英姆佩里奥。"我说。他们一下子都像被施了魔法。

"什么！"两个人同时喊起来。"真是奇迹。我们说的是同一个路易斯·米特雷。他正为帕斯托拉·英姆佩里奥而疯狂，只要能让她开心，叫他干什么都愿意。快把你说的信给我们，我们去交给他！"我当时目瞪口呆；没想到，影响了我的青年时代的幸运救星又出现了。

帕斯托拉用热情洋溢的语言推荐了她的"小可怜"，这幼稚的信件立即产生了强有力的效果。米特雷找来了《民族报》的首席音乐评论家，吩咐他为头版写一篇关于鲁宾斯坦在西班牙大获成功，以及大家如何热切盼望着他到来的动人故事。何塞·奥赫达先生，那位音乐评论家，眼睛眨也不眨就接下这一任务。我应该心服口服地承认，如果没有这篇近乎神奇的引荐，我与评论界之间的麻烦会多得多。

我的首场音乐会于 1917 年 7 月 2 日在奥德翁剧院举行。由于 6 场联票音乐会的售票情况相当可怜，所以当我看到富丽堂皇的剧院几乎座无虚席时，就非常吃惊。最让我惊讶的是，包厢里坐满了布宜诺斯艾利斯的上流家庭，而按照达·罗萨办公室的说法，包厢通常是卖不动的。作为在这里的首次登场，我精心选择了一套曲目：包括巴赫的一首托卡塔，贝多芬的一首奏鸣曲，当然还有肖邦的作品，以及我最成功的几首西班牙乐曲，例如阿尔贝尼斯的《纳瓦拉》；在布宜诺斯艾利斯，有首曲子是首演，这就是拉威尔《加斯帕之夜》中的《水仙》（Ondine），而作为压轴，我选择了可以稳操胜券的李斯特的《第 12 狂想曲》。

听众对古典曲目的接受颇有保留，这或许因为他们拿不准我对这些作品的阐释是否正确，或许他们干脆不熟悉这些作品。《水仙》得到的只是沉默，原因是没人能肯定乐曲是否已经结束。但是，《纳瓦拉》则完成了自己的任务，而狂想曲弹完后，掌声热烈得竟让我加演了四次。最响亮和发自肺腑的欢呼声来自后台，是马德里的拉拉剧团的演员们发出的，他们自认为是我的忠实的支持者和捍卫者，就像我在西班牙第一次取得真正的成功时一样。无论福斯蒂诺·达·罗萨还是剧院的票房，对我的首演都很满意，不过我们却有点担心报刊的反映。第二天早餐时我拿到了四份晨报，随即就怀着一颗七上八下的心开始阅读。

"帕斯托拉·英姆佩里奥万岁！"当我读到奥赫达在《民族报》上所作的令人欣喜的报导时，我喊叫了起来。但是读了其他报纸我的脸沉下了。《新闻报》（La Prensa）是《民族报》的对头，其麾下的拉瓜迪亚先生一向以对外国艺术家毫不客气出名。就是他迫使帕德雷夫斯基没有完成巡演计划就离开阿根廷的。我弹的巴赫和贝多芬对他来说是不成熟的，肖邦的曲子还让他比较满意，但他认为演出的结尾部只不过是为了取悦廉价的顶楼听众。其他的报纸则温和得多，但一样缺乏热情。我早已习惯于面对敌意的批评，情绪也就没受到特别的影响。《理性报》（La Razon）在下午出版，刊登了一位米盖尔·马斯特罗加尼先生的文章，他直接攻击了音乐会的主办方，指责他们给一个年轻又不成熟的钢琴家定的票价太高。我的几位经纪人开了个总结会，并拿《民族报》给我做反证，"早就告诉你有必要拜访报界的。"

我自豪地笑着。"我还是很高兴没有那样做。"当然，我们大家也担心五天之后我第二场音乐会的听众会减少。

但是就在演出之前，我出乎意料地收到一份措辞热情的邀请，来自受人爱戴的阿根廷总统马努埃尔·金塔纳的遗孀；另外，还有一位作曲大师阿尔贝托·威廉斯①邀请我去他家参加晚宴，说我在那里能遇到布宜诺斯艾利斯大多数重要的音乐家。两个邀请都给我的经纪人留下了深刻印象。我原以为这要归功于路易斯·米特雷，但事实并非如此。

金塔纳夫人和两位已婚的女儿以及四个已经成人的外孙一道，住在一所大宅子里。她的客人都是社会精英，他们甚至比巴黎的圣日尔曼区的贵族还要排外。阿尔维亚尔家族、温绥家族、甘斯–帕斯家族、米盖尔·马丁内斯·德·霍斯家族、安乔伦·桑切斯–埃丽奥家族是"外人"无法打入的。我到达她的茶会不久，就明白为什么请我了。金塔纳夫人的小女儿的丈夫莫雷诺先生，时任阿根廷驻马德里的公使（当时马德里一个大使也没有），也是我最热心的听众之一，他从未落下一场我的音乐会。自然，他憋不住不给他有些疏远了的妻子写信，大谈他对我的热衷，同

---

① 阿尔贝托·威廉斯（Arbeto Williams, 1862～1952）：阿根廷作曲家、指挥家和钢琴家。毕业于布宜诺斯艾利斯音乐学院。后在巴黎随弗朗克深造。在阿根廷频繁举行独奏会和执棒指挥。作有9部交响曲和其他管弦乐曲、室内乐、钢琴曲等。

时吩咐她要尽力去听我的音乐会、并结识我。在同一个聚会上，我被介绍给萨拉曼卡侯爵夫人，她是赛马总会会长米盖尔·马丁内斯·德·霍斯的女儿。我的第一本书的读者诸君不难明白萨拉曼卡这个名字对我意味着什么。我可以坦诚地把他们称为我在西班牙的最好的朋友，而且直到我写这些话的时候，他们仍是如此。路易斯·萨拉曼卡侯爵给他夫人写了封长信，求她让她父母为我敞开他们家族的大门。过去的奇迹又一次出现了：布宜诺斯艾利斯刻板的上流社会，以缺席音乐会而闻名，却填满了我首场音乐会的包厢，而且在我于奥德翁剧院演出期间也一直垄断着那些包厢。他们把购买歌剧演出季的套票看成是神圣的职责，但这往往导致自己在每年剩余的时间出现财务危机。尽管如此，他们在奥德翁剧院从未让我失望过。

在金塔纳夫人家的聚会上，我提出要给客人们演奏，这是我一辈子极少干的事。等我告辞时，女主人对我说，"随时都欢迎您来吃午饭或晚饭，总会给你留着座位的。"在这位年近八旬的老夫人那里，我找到了最最忠诚的、慈母般的友谊，我心里一直牢记着她。

作曲家阿尔贝托·威廉斯是塞扎尔·弗朗克的学生。他在布宜诺斯艾利斯成立了第一所音乐学校，以自己的名字命名，并在阿根廷造成了一个奇怪的现象。学校办得非常成功，把数以百计的年轻音乐学生聚集到了那里。同时，他也是个商业天才，比起北美那些超级印钞机来毫不逊色。他把自己最好的学生派到各省较大的城市，如罗萨里奥、科尔多瓦和门多萨等地，去开办"阿尔贝托·威廉斯音乐学校"，并且，一旦这些学校站稳了脚跟，就要把相当一部分收入上交给他。我到阿根廷时，发现那里已经是一个真正的音乐学校帝国了。钢琴手、小提琴手、其他器乐手，以及歌手都被威廉斯音乐学校的成功发财之路所吸引，很快效法了他的方式。每个街角几乎都可见到音乐学校，什么威尔第、莫扎特、巴赫音乐学校，有的甚至冠上了卡鲁索的大名。帕勃洛·卡萨尔斯和哈罗德·鲍尔①，这些人比我早几年访问布宜诺斯艾利斯，他们管这种做法叫"音乐学校热"。几年之后，甚至我也得到了这种超级荣誉，在布宜诺斯艾利斯的远郊贝尔格拉诺区，出现了一所阿图尔·鲁宾斯坦音乐学校。

当我来到威廉斯座落在漂亮大花园中的豪华住宅里做客时，满头银发的主人热情地欢迎了我。他的面容俊朗，而且十分客气地评价了我的音乐会。他将我介绍给他的客人，其中就有《理性报》的马斯特罗加尼先生和另一个批评家何塞·弗里亚斯先生，此公对我的评价也欠佳。其他客人都是他音乐学校的教授、各地的老师和表演者，多数是职业音乐家，也有几个有名的业余爱好者。某一时刻，一个大约 45 岁，长相难看的人跑过来，操着难听的德国腔喊叫道："欢迎你，我亲爱的同学。我也是巴尔特的学生。"此人名叫埃内斯托·德兰戈什。"我自己也有一间音乐学校（这还用说吗?!），你可一定要来拜访我们啊。"

我对他这邀请并不太高兴，但我很快就被这个好缠人的音乐同行所控制了。其他客人都很和善，带着明显的善意围绕着我。晚宴很精致，一共好几桌，主人还向我举杯敬酒。喝咖啡时，一位威廉斯音乐学校的小提琴教授问我是否愿意弹首曲子。我建议说："咱们来首小提琴–钢琴奏鸣曲吧?"

他热情地接受了这个提议。"那我们演奏哪一首呢?"

"《克鲁采奏鸣曲》，怎样?"我问。对此，阿尔贝托先生有点

---

① 哈罗德·鲍尔（Harold Bauer, 1873～1951）：美籍英国钢琴家。师从帕德雷夫斯基。后在欧洲各国巡演，举行独奏和室内乐音乐会，大获成功。1900 年与蒂博、卡萨尔斯组成三重奏小组赴美、欧巡演，均获成功。一次大战期间定居美国，与波士顿爱乐乐团合作。1919 年创建了一个演奏室内乐的协会——纽约贝多芬协会。他还作了不少社会工作，得到颇高的声誉。主要演奏贝多芬、布拉姆斯、舒曼的作品，还热衷于演奏德彪西等人的作品。

遗憾地说，"可是我家里没有小提琴和钢琴乐谱，东西都在学校里呢。"

"您能背谱演奏么？"我问小提琴师，他有点感到意外。

"好吧，我试试……"他拿出琴来，显然早就打算在晚上演奏的。宾客们，包括两位批评家，带着期待和少许的怀疑围拢过来。我和好朋友巴维尔·科汉斯基长期演奏大量小提琴-钢琴奏鸣曲的丰富经验帮了我的大忙。并且我很走运，那个小提琴家很不错。我们仔细又互相理解地配合着演奏了整部《克鲁采奏鸣曲》。听众对我们不寻常的技巧报以雷鸣般的掌声，这壮了我的胆，便问我的搭档是否愿意冒险演奏勃拉姆斯的《d 小调奏鸣曲》，那是我最喜欢的奏鸣曲。是的，他也了解并喜爱这首乐曲。于是我们就像参加正式音乐会一样，满怀激情地进行了表演。这次我彻底征服了马斯特罗贾尼和弗里亚斯这两位本来充满敌意的评论家。他们结结巴巴地道歉说，不该把我看做肤浅的炫技钢琴家，并从此成为我最热情的支持者。我那亲爱的同学德兰戈什先生走过来，妒忌得脸色发青。"我觉得你该演……"他提了舒伯特的一首奏鸣曲。我的回绝使他的脸色恢复了正常。

这个夜晚对我非常重要，因为自此以后，评论家们和"行家们"就都站到我一边了。然而，在一家小周刊工作的一个年轻人发表了一篇恶毒的文章，说一个没天分的钢琴家竟敢在非凡的帕德雷夫斯基之后来演出，而主办方竟然要收取令人气愤的天价。谁也没有在意这种愚蠢的发泄，但是来自拉拉剧团的我的那些可爱的西班牙追随者们却暴跳如雷了，他们发誓要杀了那个可怜的家伙。第二场演出的时候，那个年轻人认识到了自己的错误，在幕间休息时来到我的更衣室，站在门口就咧着大嘴叫喊着："今天不错啊！"一听这话，三四个拉拉剧团的棒小伙就跳了出来，用那出名的西班牙蛮劲打得他尖叫起来，嘴里还骂着"你今天不错啊，你这混蛋！"此外，还有许多不宜刊印的漫骂。

2

埃内斯托·德克萨达高兴地向我保证布宜诺斯艾利斯之战已经获胜。剩余的音乐会的票卖得很好，有一场甚至已全部售出。这次，我的曲目则采用了当时比较大胆的作品，有希曼诺夫斯基、普罗科菲耶夫、斯克里亚宾、梅特涅尔和拉威尔的曲子，最后压轴的是阿尔贝尼斯的《伊比利亚组曲》。上述任何一首作品在这座十分熟悉钢琴音乐的城市都尚不为人所熟知。

金塔纳家的宅邸已经成了我的家。我几乎每天都去吃中饭，奈娜·萨拉曼卡侯爵夫人则经常请我用晚餐。

第六场独奏之后，我和巧克力商的第一份合同就执行完毕了。我在蒙得维的亚的索利斯剧院还欠他四场独奏音乐会。从布宜诺斯艾利斯到乌拉圭的首都只有一条路。每天晚上 10 点有一艘大汽轮从布宜诺斯艾利斯开航，同时另一艘从蒙得维的亚出发，两艘都于次日早上 7 点抵达。船上的单人客舱很狭小。第一次穿越宽阔的拉普拉塔河时，德克萨达和我都晕船了，这让我想起从多佛尔到加来所受的折磨，不过这一次更难受。当清晨我们抵达时，我在码头上看到了威尔海姆·科里舍尔那张熟悉的面孔，他是一个波兰钢琴家，也曾经跟我的老师海因里希·巴尔特教授学习过，我只要碰见他，不论是在克拉科夫、柏林或是任何别的地方，都会成天和他泡在一起。这次他和几个朋友在一起，都是些年轻的音乐家，其中有爱德华多·法维尼，是个作曲家；

还有华金·莫拉，一位小提琴手，他在布鲁塞尔求学时曾和科汉斯基同住一室。在蒙得维的亚，科里舍尔和他的朋友们成了我形影不离的伙伴，而且不论我什么时候返回都始终如此。

蒙得维的亚的气氛与布宜诺斯艾利斯完全不同。那时，乌拉圭自夸是世界上最民主、自由的国家。那里没有阶级界限，在战争期间，比索升值了一倍。蒙得维的亚只有很少的音乐学校，不过，当地人比布宜诺斯艾利斯人更心仪于好音乐。索利斯剧院的经理利用的广告资料全部来自西班牙，是由德克萨达提供的。而我在那里的新朋友都是当地最重要的音乐家，多亏他们，我首演的门票销售一空。我弹奏的曲目和在奥德翁剧院的首演相同，可是这一次却掌声如雷，大家要求加演的呼叫，以及其他热情的表示是如此狂野，简直令我怀疑是我那些新朋友事先布置的。经过了次数大大超过正常情况的加演之后，我才得以离开剧院。但是在剧院前的广场上，却发生了出乎意料，而且令人恐惧的事情：我的朋友们和几个学音乐的学生把我像个布袋木偶一样地抛向空中，并扛着我跑过广场，一直到了旅馆才让我双脚重新着地。之后用晚餐时，我多疑的天性驱使我问科里舍尔，所有这一切是不是我的经纪人或者别的很有天分的广告专家所布置。他哈哈大笑。"我的天，乌拉圭人宁可坐牢也不会同意参与这类事的。"直到此时，我才真为这次不寻常的成功感到高兴。在以后的年月里，我常来蒙得维的亚演出，而每次人们都是同样热情——只是当我身体越来越重，小伙子们的年纪也越来越大了，我才不得不步行回旅馆。

在不到两周的时间里，我完成了四场音乐会，然后回到布宜诺斯艾利斯。"从现在开始你自由了，"一天早上德克萨达说，"我们怎么办？你想回西班牙吗？如果不是，我相信如果你继续在这里演奏，还会赚更多钱。智利圣地亚哥的歌剧院院长雷纳托·萨尔瓦蒂给我写信，表示希望你能去那里演出。"在做出决定之前，我先征求了路易斯·米特雷先生和苏珊·金塔纳夫人，还有我的朋友马丁内斯·德·霍斯等人的意见，他们都向我保证我真正的成功才刚刚开始。"你能挣到更多的钱，亲爱的，"马丁内斯·德·霍斯先生说。"在赛马总会举办一场音乐会的话，我报价两万比索（当时合一万美元）"。当德克萨达和我开始制定计划时，他的组织才能得以充分显露。在此之前他显得漠不关心，而现在一夜之间变成了一个狂热的经纪人。他签了合同去智利的圣地亚哥演三场，瓦尔帕莱索演两场；又与奥德翁剧院的老板安排了四场，这一回是从收入中提成，当然对我有利得多；而在蒙得维的亚方面，他直接宣布了三场。

在这座城市再次举行了一场音乐会之后，我遇到了一个令人愉快的惊喜。我正躺在床上，有人敲门了。"进来！"我喊道，以为是送早餐来了。门一开，整个佳吉列夫芭蕾舞团都冲了进来；也许我有点夸大其词，不是所有人，而是大部分。他们是我在圣塞瓦斯蒂安令人难忘的演出季中认识的亲密朋友和伙伴，那天清早刚刚在蒙得维的亚上岸。

那真是令人高兴的重逢。莉迪娅·洛普霍娃是我在圣塞瓦斯蒂安的老朋友，后来成为经济学家梅纳德·凯恩斯①的夫人，她跟我谈了剧团里的各种传言，以及把他们大伙带到南美的奇怪合同。科隆歌剧院一直想邀请佳吉列夫芭蕾舞团；他们迫切需要具有巨大吸引力的演出团，因为战争令许多著名的歌手和指挥害怕冒险远涉重洋。另一方面，佳吉列夫也急需资金来维持芭蕾舞团。但是还有个大麻烦：科隆歌剧院只同意瓦茨瓦夫·尼任斯基当领舞，这对佳吉列夫来说却是个可怕的难题，因为他已经和这

---

① 梅纳德·凯恩斯（Maynard Keynes，1883～1946）：英国著名经济学家，凯恩斯主义创始人，主张国家干预国民经济生活和管理通货。著有《就业、利息和货币通论》。

位前领舞明星决裂了。这不仅仅意味着要争取尼任斯基的同意，更要想办法把他弄出敌对领土，也就是他夫人的祖国匈牙利。不过办法还是找到了。佳吉列夫的朋友们进行了复杂的外交斡旋活动并获得了成功，而且通过秘密渠道，尼任斯基心甘情愿地被带到了阿根廷。佳吉列夫和他的新领舞米雅辛决定留在欧洲，不过呢，我的老朋友欧内斯特·安塞尔梅①再次成为指挥。我听到这些令人兴奋的消息十分激动。我在伦敦就和尼任斯基很熟悉，漂洋过海来布宜诺斯艾利斯之前，又在马德里常常见到他。我还有幸带他去观看著名的巴斯克回力球比赛，运动员剧烈的跳跃和奔跑让他激动得不得了，有一次甚至从椅子上摔了下来。"他们是最完美的舞蹈家，"他高呼着，"我现在就想跳下去和他们一起跳舞。"

"你可别，"我警告他，"要是撞上那小球你会被当场砸死的。"我还曾带他去看斗牛，但是到了大门口他突然停住，脸色煞白，悄声说，"咱们回去吧，我会受不了的。"那是我第一次看见他眼睛里有一丝错乱。

我回到布宜诺斯艾利斯去继续开我的音乐会，同时在歌剧院领略了几个芭蕾之夜。他们上演了所有我喜欢的节目：《舍赫拉查德》、《彼得鲁什卡》、《众神的黄昏》、《仙女们》、《玫瑰魂》（只是没有我钟爱的卡萨维娜参加演出）以及《伊戈尔王》②中的舞蹈。白天我常常见到安塞尔梅，他是一个充满巨大个人魅力、非常博学的人。我把他介绍给了几个重要人物，后来这些人对他都大有帮助。他成了维多利娅·奥卡姆珀（Ocampo）的挚友，在阿根廷，奥卡姆珀生前一直被认为是知识界的领袖。

---

① 厄内斯特·安塞尔梅（Ernest Ansermet，1883～1964）：瑞士指挥家。1911年开始指挥生涯。1915年起任佳吉列夫芭蕾舞团指挥。指挥过斯特拉文斯基许多作品的首演。以指挥20世纪音乐而闻名。
② 亚历山大·鲍罗廷（Alexander Borodin，1833～1887），创作的歌剧。

一天晚上，在科隆剧院发生了一件可怕的事情。那晚第一个节目是《众神的黄昏》，原本在管弦乐团演奏几个小节后，应该打开幕布展现出希腊的田园风光，而尼任斯基则身着仅能蔽体的半人半兽戏装亮相。安塞尔梅指挥的开篇非常出色，但是大幕拉开后，却不见尼任斯基。乐团毫不知情，还在继续演奏。但很快就听见后台传来嘈杂的声音，幕布又迅速放下了。后台正在上演令人心惊肉跳的一幕：尼任斯基突然决定不跳了，可能就像我们在马德里斗牛场外的那时候一样。无论是舞台监督，还是他的舞蹈演员同事，甚至他夫人都劝不动他。于是有人就叫来了警察。在讲西班牙语的国家中有一条法律，要求有演出计划的演员必须上场，即使他没得到报酬。他们认为公众有权得到已经付钱购买的东西。一见两个警察出现，受惊的尼任斯基跑上了舞台。很快，演出继续进行。而他从来没有跳得那么好过。

芭蕾演出季结束时，我与老伙伴们亲吻、拥抱道别。但令我吃惊的是，尼任斯基和他的夫人却躲在后面。几天之后，尼任斯基夫人要求见我，说是有重要的事情要谈。"我必须请你帮个大忙，"她开始道，"尼任斯基和我碰到大麻烦了。我们来阿根廷时用的是匈牙利证件，而正在作战的西方国家不承认它。但是英国公使鼓励我们留在乌拉圭，而且他还答应，如果尼任斯基在蒙得维的亚为红十字会组织的音乐会上跳一次舞，就给我们提供英国护照。虽然这样的安排完全可以接受，但我丈夫没有独舞的保留节目，所以还是很难办。他只有《仙女们》中的三段舞蹈，但需要钢琴伴奏。因此……"她犹豫地补充道，眼中流露出乞求的神情，"你能不能行行好，在这场音乐会上演奏，以便我们能够返回欧洲？"

这个要求来得很不是时候。德克萨达已经在蒙得维的亚预售了我新的独奏音乐会，要是我出现在票价昂贵的特别音乐会中，那些有钱的包厢客就不会来听我自己的了。当我和德克萨达谈及这事时，他大为恼火。"简直是发疯！这会毁掉咱们的！"

我不爱吹嘘自己的好心肠，但我总觉得自己既不能拒绝一位伟大的艺术家和同胞，也忍受不了萦绕在心头的他那眼中可怜的表情，那表情我已看见两次了。于是乎我答应出演，但是只弹三首曲子：两首西班牙的作品和一首肖邦的华尔兹。

特别义演音乐会前夜，我乘船前往蒙得维的亚。水上旅行糟糕得很，到达饭店我只喝了杯咖啡就到房间休息了。下船后一路过来，我看到大量的海报，中间是一个大大的红十字，上下分别写着"鲁宾斯坦和尼任斯基"以及"尼任斯基和鲁宾斯坦"的字样。我还从未见过这么做广告的。9点钟，我被敲门声叫醒。一个年轻人走进房间，他抱歉这么早就来打扰我，然后拿出当晚的节目单给我过目，以确保印刷无误。那节目单更像一小本书，其中有大量的赞助广告。我费了不少时间才翻到节目单那页。看了一眼，我就不满地叫起来。"所有的节目都在这里了？"我问道。

"当然啦，"他回答。"除了大名鼎鼎的尼任斯基和鲁宾斯坦，组织委员会不要任何人。"

"真是胡说八道！"我跳下床，穿上晨衣，指着那一页吼叫，"这节目不多不少正好20分钟！你说这算什么盛大演出？"那年轻人被彻底搞糊涂了；他不明白我的意思。"马上去告诉委员会，必须找其他人参加音乐会，否则他们就会弄出一个大丑闻来的。"

他离开后，我匆忙穿好衣服到楼下大厅等候消息。半小时后，三位女士出现了。"是我们负责这场盛大演出的，但是节目单的事情与我们无关。我们只是派人送去付印，连看都没有看一眼。"

我冷冰冰地告诉她们，这种盛大演出我不参加。

女士们恐慌起来了。"这不行啊！"她们叫嚷道，"乌拉圭总统要来，所有的使馆都订了包厢，票都卖光了，而且全城都在翘首以盼！您能想个办法帮帮我们吗？"

从一开始我就知道自己会成为整件事情的牺牲品。"真可恶……好吧，我帮你们。我不演奏那三首不幸的曲子了，上半场按照通常的钢琴独奏会来表演。长时间的幕间休息后，尼任斯基跳上三段肖邦的舞蹈。又一次长时间的休息后，我来完成第二部分的独奏曲目。"

我，不幸的人，草草地拟好一份与我的预售音乐会曲目没有太多冲突的节目单。女士们离开时还试图亲吻我的手。我回到房间，想在这起新的灾难后休息一下。可是 10 分钟后，那个年轻人又出现了。"女士们让我问问，你是否同意让市立乐队在演出前和幕间休息时演奏各个盟国的国歌？"我不反对。他带着好消息跑出去了。没过半小时，女士中的两位又走进我的屋子。

"我们想出了一个好主意，"她们宣布，"由于尼任斯基的节目很短，一个青年诗人可以朗诵一篇他自己写的散文，题目叫'舞蹈'。当着尼任斯基这样的人物朗诵他会很高兴的。"这主意有点让我担心，因为我始终对当众朗诵很反感。但是现在我不想让这些已经非常焦虑的女士们失望。

到了晚上，节目单印刷好了，一切安排就绪，我便穿戴整齐前往剧院。我的化妆室就在尼任斯基的隔壁，可以听见他在练习大跳，连我的屋子都在颤动。整整 9 点半的时候，总统和大人物们进入了各自的包厢，市立乐队嘹亮地奏起乌拉圭国歌，跟着是法国和英国国歌。然后我开始独奏音乐会，开头是一首贝多芬的奏鸣曲，接着有两首短一点的乐曲，一共用了半小时。我赢得了热烈的掌声，不得不多次鞠躬后才回到自己的休息室。有人轻叩我的房门，是一位优雅的长者，自我介绍说他是法国大使。"先生，"他说，"我不得不告诉你一件麻烦事：可怜的尼任斯基在抱怨他的脚出了问题。不知是风湿、酸痛，还是什么，但他坚持要你在幕间休息后先表演第二部分的曲目，好让他有时间恢复。"

我十分愤慨，于是回答："增加曲目已经是极大的牺牲，我可不想因替代尼仁斯基出场而得罪观众！"大使开始央求，一直坚持不让步，他用法语说："可怜的尼任斯基情况糟糕透了。他非常紧张，我都担心他可能会决定不跳。"

我再次妥协了，但是提了个条件："必须要有人到台上向观众宣布，由于尼任撕基的风湿足或者不管什么原因，我出于好心才同意现在提前演出，而不是在音乐会的最后。"大使高兴地握了我的手之后，就去找人宣布。

后台上挤满了佩戴义演委员会徽章的热情的年轻人，在卖昂贵的节目单。可是当法国大使打算找个志愿者上台讲话时，他们刹那间就像耗子一样溜走了。使用西班牙语的人宁死也不会毫无准备地上台讲话。大使耸耸肩膀："看见吧？没门儿。"但这次我没有动摇，于是陷入了僵局。法国外交官去和他的英国同行商量，那个英国人十分奇特，样子活像唐吉珂德。他平静地微笑着说，"没问题，我可以亲自去对听众说。"他走出去，让听众安静下来后，便开口了，用混合着西班牙语和英语的短句，中间还带着高声大笑，大致意思如下：

"尼任斯基"——他笑——"的脚，不知怎么了，哈哈"——他抬起鞋底拍打着。"没关系，没关系。"——他挥着手让大家安心——"芭蕾会跳的，不过现在"——又笑，并比划出弹钢琴的架势。"鲁宾斯坦，哈哈！"

我不知道听众里是否有人弄明白他说了些什么，但是这个迷人的家伙对我们胜利地宣布："你们看，非常简单；他们全都理解了。"我通常的幽默感战胜了自己，也开始大笑起来。

下半场开始的铃声响起，乐队又演奏了一些盟国的国歌（我说不出是哪些国家的，也许是比利时、日本或意大利的），无论如何，演了至少三首，听众都肃立着。我正要登台时，却突然听见小提琴和钢琴声响起。我大吃一惊，向台上看过去，只见一个小提琴手正照着乐谱演奏一首西班牙咖啡馆音乐，伴奏的也是个同等水平的钢琴师。我问后台的人这一切究竟是什么意思。回答是："因为节目太短让您很紧张，他们就从街角的酒吧请来这位可爱的小提琴手演些什么。"

我发了脾气，真是受够了。我怀疑尼任斯基和许多雄心勃勃的炫技表演家一样，只是想得到终场时的欢呼，因此，为了惩罚他，我便使用卖弄的方法演奏剩下的曲子，以博得廉价的掌声。我那时并不知道，这个闹剧般的夜晚，实际上是这位我所认识的最伟大的艺术家之一的最后一次悲剧性的登台。听众对我报以巨大的欢呼，鼓掌、叫喊，迫使我加演了三次。此刻已过午夜。在长长的幕间休息时，我受邀到组织委员会的包厢去等尼任斯基登台。市立乐队又演奏了几首国歌，听众起立倾听，然而他们现在也都有点累了。最后一首国歌比其他的都要长。我轻声问："这是哪个国家的国歌？"没有人能给我满意的答复。曲子演个没完，我们只有站着；突然间，音乐节奏变了，进行曲变成了圆舞曲。听众张大着嘴巴互相交换眼色，不知如何是好，最后就坐下了。后来我们才知道，乐队演完了所有国歌，觉得演上一曲轻歌剧的选段会是个很好的结束，结果没人听出来。

这段喜剧插曲结束后，走上台来的不是尼任斯基，而是一个手握书本的小伙子，他说话时的姿态非常女人气，嗓音甜蜜地向听众讲道："舞蹈……"，便以令人生气的方式朗诵起他那篇有关舞蹈的散文。这太过分了。顶楼的听众整晚的表现都很不错，现在却突然失去了控制。"快跳舞！"有人高喊，"怪胎！滚下去！"吓坏了的诗人仓皇逃离了舞台。

秩序恢复后，大幕落下，以便工作人员把钢琴挪到舞台一角。但是他们忘记了在地板上洒水。之后，尼任斯基就穿着《仙女们》中的紧身衣登场了。琴凳上坐着一位健硕的女士，她弹奏了肖邦的三首舞曲。我很同情她：在我长时间的独奏以后，我猜她宁愿弹些西班牙的快速狐步舞曲（paso doble），而不是肖邦的舞曲。

尼任斯基来了几个无人能及的跳跃，舞台上腾起了很大的尘土，以致前排观众开始咳嗽起来。在这么干燥和肮脏的地板上跳舞，人们都觉得他很危险。在我看来，他比跳彼得鲁什卡之死的时候更加哀伤。我并不羞于承认：当时我泪流满面。把一场没完没了的闹剧和一场最让人心碎的悲剧可怕地搅在一起，是没人能承受得住的。大伙向他不停地欢呼。我突然明白，现场的所有观众都意识到了舞台上发生的巨大变化了。这就是瓦茨瓦夫·尼任斯基最后一次的登台演出。他是我同时代最伟大的舞蹈家，这么多年以后，人们仍然没有忘记他。

3

德克萨达劝我去智利，回来时再在布宜诺斯艾利斯和蒙得维的亚多演几场。"这样能让您的听众休息休息，他们因而会把你后面的音乐会当做上苍带来的意外礼物。"他这恬不知耻的吹嘘让我发笑，不过，我知道他是对的。

当时乘坐火车去智利真的是一种英雄式的冒险，要在憋气的英式火车车厢里坐 24 个小时（铁路属于一家英国公司，该公司甚至垄断了报亭，只准报亭出售英国报纸）；一路上，南美大草原的风沙灌进车厢，我们抵达门多萨时，都精疲力竭了。在面对更严峻的考验之前，我们花了整整一天时间来恢复体力：火车将在半夜离开门多萨，穿越安第斯山脉。山体塌方随时都可能降临我们头上，但是我们很走运，这次没有遇到山崩，也没有碰上大雪。第二天上午，我们抵达了秀丽的圣地亚哥城，城市就座落在安第斯山巍巍群峦的脚下，山顶终年的积雪在阳光下闪烁着银光。漂亮的智利首都竟为我准备了红地毯；还没有在琴键上弹出一个音符，我就受到了欢呼。这次又归功于我那会施魔法的教母胡安尼塔·甘达利亚斯，她从伦敦给家人和亲戚写了信，而那些人实际上控制着智利的一切。除去在圣地亚哥和瓦尔帕莱索的门票全部售出以外，我还受到了所有一流家族的招待，而且还不得不到欧亨尼娅·埃拉苏里斯的弟妹家去做客，她为欢迎我举行了一场又一场的招待会。不过，信不信由你，回到布宜诺斯艾利斯让我更为高兴。

在布宜诺斯艾利斯，第二个演出季的音乐会改变了我的命运。那么多年来我一直手头拮据，现在突然发现自己有钱了。我终于有能力给可爱的女士送花了；我还可以给某个特别美丽的女人买贵重礼物了；甚至与我以前和将来一样，可以纵情在自己身上挥霍。我从布宜诺斯艾利斯最好的珠宝店买了块薄薄的白金手表，在表背面用白色珐琅写着我名字的缩写。当得知这块手表在这座富裕的城市是独一无二的时候，我很自豪。

德克萨达应他夫人的急召突然返回西班牙了。我则多留了一个多月，在两个相邻的首都演出，当地的音乐协会组织联票音乐会，给我支付的酬金很高。其中一家自称"瓦格纳协会"，据我所知现在还存在，它组织器乐独奏音乐会，主要是室内乐，但从未搞过交响音乐会，更没有一丝瓦格纳的主题。我在那里开过两场音乐会，听众大概都有反瓦格纳倾向。还有一家名叫"希伯来协会"的，这样一来，那些热爱音乐的犹太人，即使在被放逐期间也不至于失去听音乐的机会。他们组织的系列音乐会比死对头"瓦格纳协会"要强。在赛马总会的演出非常赚钱，我的听众一般都是赛马总会的会员，他们通常都是整晚打牌，或者坐在舒服的皮椅里、报纸滑落到腿上打瞌睡的人。要弄醒他们还真难，除非我弹奏很响亮的和弦。音乐会后香槟酒下了肚，他们才变得活跃些。

长时间的逗留，使我了解到这些国家音乐生活的许多情况。很遗憾，这里没有作曲家去创作内容新颖的严肃音乐。阿尔贝托·威廉斯一个总谱接一个总谱地谱写作品，有淡淡的塞扎尔·弗朗克的风格，一些地方还出人意料地带点舒曼的痕迹，偶尔还能发现德彪西大胆的六音音阶。西班牙和意大利裔的其他作曲家则喜欢从各自国家的民间作品中取材，试图将其改编得更为严肃，但是他们缺乏真正的灵感。不过有件事让我感到非常意外。一天晚上，在刚刚化敌为友的评论家弗里亚斯家中用过晚餐，一个年轻人谦逊地走到钢琴旁，请弗里亚斯的长女布里吉迪塔唱几首他写的歌。这可是个新发现。有几首歌曲显然是从福雷①、迪帕克②，甚至德彪西的风格中得到的灵感，但是这个叫卡洛斯·洛佩斯－布恰尔多的年轻人明显具备真正出众的才华，他这些歌曲无疑十分新颖，充满了他家乡歌舞的使人陶醉的节奏，在使用唐突的变调时，又带有舒伯特的特点。他还拥有一张无可匹敌的王牌：我所听过的浪漫女歌手中，布里吉迪塔天鹅绒般的声音浑然天成。她唱他的歌时，发声流畅、自然，感情充沛，催得我热泪盈眶。无论哪次访问布宜诺斯艾利斯，聆听这一对儿我都感到十分畅快。很可惜，洛佩斯－布恰尔多属于阿根廷"上流社会"的一分子，在受教育的过程中他学会的主要是懒惰。所以很难促

① 加布里埃尔·福雷（Gabriel Fauré, 1845～1924）：法国作曲家。师从圣－桑。1896 年被聘为巴黎音乐学院作曲教师，1903～1920 年任院长。作有戏剧配乐《伊丽亚斯和梅丽桑德》，以及大量管弦乐、室内乐和钢琴曲。

② 亨利·迪帕克（Henri Duparc, 1848～1933）：法国作曲家，弗朗克的学生，因身体不佳，于 1885 年就放弃作曲。声誉主要来自过去所作的十五首歌曲（属于 20 世纪最佳抒情歌曲之列），包括《遨游》、《菲迪莱》等。

使他把他那神奇的创意尽情地释放出来。他留存于世的管弦乐作品只有两三首，而且细节处理得不够细致，已经被人遗忘。不过，他的歌曲还在。

从那时起，阿根廷的音乐取得了长足进步。诸如阿尔维托·希纳斯特拉①等的人都在国际上确立了名望，而严肃音乐，不仅是歌剧，对阿根廷人已经非常重要了。即便在我首次访问该国期间，对于我演奏的不少在当时来讲极其现代的音乐，听众也表示出了极大的尊敬，常常要我重复普罗科菲耶夫、希曼诺夫斯基、拉威尔、梅特涅尔、斯克里亚宾或者德彪西作品中的某些段落，这让人备受鼓舞。阿尔贝尼斯的音乐变得非常普及，以至我的音乐会给作曲家的家人带来了丰厚的版税；对法雅的作品也有很旺盛的需求，他在那里非常出名，以致于西班牙内战期间他干脆移居到了阿根廷的科尔多瓦，并于 1946 年在那里谢世。我偶然间发现，众多作曲家名声鹊起，却是得益于他们自己并不太重视的作品，比如：法雅的《火之舞》，拉威尔的《波莱罗》，以及拉赫玛尼诺夫的《升 c 小调前奏曲》，等等。

人们会认为，既然有那么多的音乐学校，当地应该涌现出许多优秀的演奏家。但是在 1917 年，那里却没有值得一提的指挥家、钢琴家、小提琴家、大提琴家、或是歌唱家。而现在，则已有好几位阿根廷演奏家为世界公认了。智利也经历了同样的过程。

在我返回西班牙之前，福斯蒂诺·达·罗萨同我签订了 1918 年演出季的合同，涵盖了巴西、乌拉圭、阿根廷、智利、秘鲁，并取道巴拿马去哈瓦那。经纪人承担我的旅费，为我提供一个秘

---

① 阿尔维托·希纳斯特拉（Alberto Ginastera, 1916～1983）：阿根廷作曲家。毕业于布宜诺斯艾利斯音乐学院。作品采用民族语言，作有两部歌剧（《唐罗德里戈》和《波马索》），两部芭蕾舞剧（《帕纳姆比》和《埃斯坦西亚》），两部协奏曲（《阿根廷协奏曲》（钢琴与乐队）和《小提琴协奏曲》）等。

书，负责我的广告宣传；而我可获得毛收入的55%。现在，我已经名声在外，便心安理得地接受了这些条件。我向苏珊·金塔纳夫人征询意见，她也十分赞同这项协议。这位非凡的女士的行为就像母亲一般，几乎每天都请我去和她家人一起用餐，骄傲地坐在我的音乐会的首席上，甚至大清早就悄悄地来到我的酒店，关心我的衣服换洗是否已安排妥帖。她向我推荐了城里最棒的意大利裁缝，做了我此生最好的演出服。她逼着我把挣来的成捆钞票买了阿根廷信贷银行的优质债券，那债券由国家担保，还有百分之六的利息。

"阿图罗，"她讲，"我发现你花钱大手大脚，所以希望能替你保存住这笔钱。"告别时，她把原属于她丈夫的一颗有着异样光辉的珍珠送给了我，还有一个银盒子，里面装满了最高级的雪茄烟。直到今天写作时，这颗珍珠我仍旧每天都佩戴在领带上。

4

西班牙现在已经成了我的第二故乡。我用自己新的斯坦威钢琴进行了一次长时间的巡回演出，这架钢琴是我通过布宜诺斯艾利斯的代理商行购买的，并在战火中从纽约运到了马德里。我光荣地扮演着暴发户的角色，一夜又一夜地同年轻贵族朋友们聚会，多半由我付账。我甚至委托我的朋友法雅写了一首重要的钢琴作品，并为按照手稿演出一年的权力付了一大笔钱。同时，我又把他已经出版的《安达鲁西亚》加进了我的节目单。当要再次起程前往南美洲时，我才失望地得知德克萨达不能和我同行了。他背着我，悄悄地成立了自己的丹尼尔演出公司，业务遍及我们两人一道访问过的所有国家，现在他必须去打理自己的生意了。

我的贵族朋友们都不太懂音乐：我演出时，他们通常都坐在后台，不耐烦地等待着我结束音乐会。"你还要多久？那些傻子还在大喊呢！你不能让他们闭嘴么？"

一天夜里吃夜宵时，大约是清晨4点，我对独自应付这么漫长的旅途表示了担忧，我急需一个可以信赖的人监督票房收入。除了通常的那一拨人外，还有一个新朋友，名叫胡安·阿维拉，他年轻，聪明，又很机智。

"你给秘书的月工资是多少？"他问。

"固定的月收入另加所有开销。"

当我说了数额后，他道："如果你加倍，我就接受这份工作。"

"别胡弄我。我知道你结婚了，并且还有不止一个孩子。不过，如果你是认真的，"我向其他人眨眨眼，"那我现在就准备和你签约。"

"我可以马上签约！"于是我们起草了一份合同，在众人的笑声中一丝不苟地签了名。但是令我难以置信的是，他真的是想去的。我了解到他出身于一个古老的家族，他的动机或许是出于家族里的某些冲突吧，但我无意追根究底。

一天晚上，在马德里的歌剧院"皇家剧院"，我观赏了加夫列拉·贝桑佐尼扮演的轰动一时的《卡门》①。在我的记忆中，她扮演的卡门是最杰出的，作为最低女低音（contralto），她的最低音听起来接近男中音，然而又能十分轻松地达到最高音。她体内有一种野性的敏感，因而唐·何塞的悲剧令人信服。虽然她实际

---

① 法国作曲家乔治·比才（Georges Bizet，1838～1875）所作歌剧。

上并不美丽，但却是梅里美笔下的吉卜赛女性的完美化身。着了魔的观众给了她最热烈的欢呼，这是我在马德里所仅见的。

福斯汀诺·达·罗萨来到马德里，和她洽谈去布宜诺斯艾利斯的科隆剧院演出的合同，同时也为安排我巡演的最后事宜。在"宫廷饭店"的圆厅里，我每天都能看到达·罗萨和那位了不起的女歌唱家以及另一位女士，在用完餐后一起坐着喝咖啡。无论我何时路过，希望能结识那位女歌唱家时，他就会立即站起来和我谈话，丝毫没有引见我的意思。于是，我也就只能看着她，用目光来表示我的敬意了，她则报以淡淡的微笑。一天晚上，达·罗萨离去以后，我看到她沿着空无一人的走廊向我走来。我兴奋得脸都红了。她突然止住了脚步，我走上前去自我介绍，她一言不发，用双手紧紧抱住我的头，那么使劲地吻我，把我的嘴唇都弄出血了。等我们两人都平静下来之后，我便邀请她第二天——马德里狂欢节的第一天———起乘我的敞篷马车沿卡斯特利亚纳街兜风。她兴奋得拍着双手，同意了。

雇来的马车上装饰了鲜花和彩带，我们驾车行进在雄伟的大街上，人们欢声笑语，相互之间抛洒着花朵，也抛向我们。我们也投桃报李，和认出我们的人们热情地握手、打趣、欢笑、游戏，一有机会就偷偷接吻。我们返回旅店后，贝桑佐尼牵着我的手，把我领到了她的房间，说道："亲爱的，让咱们躺下休息吧。"3小时之后，我离开她的房间，既疲倦又极其高兴。我为这愉快的冒险、为能把卡门拥在怀中而自豪，我以为这是一位热烈女子一时的兴致所至。

我错了。这很快变成了一件严肃的事情。贝桑佐尼好像一位恋爱中的女子。她主动对我坦言（而不是我问了她），她和达·罗萨有关系，而且发誓那只是为了她的事业。

"做女人可怜啊！"她哭诉。我并未特别吃惊，因为早已猜到，但开始为今后担心起来。不管怎么说，几天之后她就要起程前往布宜诺斯艾利斯，而我则在巴伦西亚和巴塞罗那还有音乐会，之后，我要把新的斯坦威牌钢琴留给我在巴塞罗那的经纪人华金·佩尼亚（Joaquin Pena）保管。佩尼亚当时是《先锋周刊》（La Vanguardia）的音乐评论员。我委托他如果有人可接受我的报价，他就可以把钢琴卖了。阿维拉会在巴塞罗那与我会合，登船前往阿根廷。我和泪流满面的贝桑佐尼道别。"很快的，到了布宜诺斯艾利斯，我将为你弹奏，而你将为我歌唱。"我安慰她道。

两天之后在巴伦西亚，"中心剧院"的经理告诉我："著名歌唱家加夫列拉·贝桑佐尼已在剧场，她来听你演奏。"我吓坏了。她本该已经从加的斯起程了。演出结束后，她找到我，哭泣着说："我的阿图罗，我必须听你演奏，现在我心满意足了。我还会在巴塞罗那听你演奏的。"

"可是你的轮船怎么办呢？"

"我推迟了出发时间。我要和你一起走。"这我可不能接受。

"不，不行！"我喊叫起来，"办不到。如果达·罗萨看到我们一起抵达，他会撕毁和我们俩的合同的。"

真走运，有条意大利汽轮从热那亚启航，经过巴塞罗那前往布宜诺斯艾利斯。我逼她上了船，我们又一次挥泪告别。阿维拉看了很不满意，他压根儿不喜欢歌剧，只感兴趣歌唱家们那些不堪入耳的故事。

我们乘坐的轮船就是我去年搭乘的那条亲切、熟悉的"伊莎贝拉公主"号，旅途中十分的热闹。两三天后，阿维拉就成为了轮船的主人。他约二十四五岁，身材短小，衣着极其考究，一头黑发始终保持着很好的发型；目光敏锐，眼睛绿得有点儿奇怪。他谈不上英俊，但其个性有着磁铁般的吸引力。他的五官中最有特点的是嘴，一直在肉感地运动着，而且他也让周围的人知道这一点。船上少数几位有吸引力的女士很快就臣服于他的魅力了。一个漂亮的法国暗娼正要回到巴西去见认真待她的朋友，却变成了阿维拉的奴隶。他把她当做一道佳肴给了我。"美味的水果拼盘",他用法语俚语称呼她。周围没人的时候,我喜欢在上甲板救生艇之间的空隙里品尝她的魅力。

阿维拉对其他所有的人却看得很穿。同行的旅客们在酒吧包围着他,听他讲笑话,发出阵阵大笑声,赞叹他的机智。他的影响力甚至延伸进了厨房。"我们今天吃什么?"他走进膳食的殿堂时问道。"又吃'西班牙什锦饭'啦!"仔细研究完当天的菜谱后,他叫喊道,"有道法国美食名叫快煎牛排,你从来没有听说过吗?难道一定要总吃米饭吗?"厨师们被吓坏了,尽其所能来满足他高标准的口味。席间,可以听到沉醉于美食的旅客们的咂嘴声,他们感激地望着阿维拉——自己的恩人。

我们抵达后,便安安稳稳地在广场酒店登记入住,没有几分钟就感觉回到家里一样。奈娜·萨拉曼卡的丈夫还在马德里,不过她已经捎了信来,邀请我第二天去赴晚宴。我高兴地打了电话接受邀请,并告她我这次的秘书叫胡安·阿维拉,是个出色的西班牙人。

"那个胡安·阿维拉,"她惊讶地喊起来,"是那个我听说过很多次的那个人吧?无论如何得把他带来!我父母会很高兴认识他的。"晚餐时,甚至还没轮到上鱼,阿维拉就与所有的人建立了亲密的关系。他闲聊着马德里社交界的流言,惹得大伙笑个不停。我们告辞时,他们给他发出了长期有效的邀请,只要他乐意,随时都可以来他们家吃饭。

就在当日白天,达·罗萨的手下便来取头几场音乐会的节目单,并给我讲了巡回演出的路线。看到我旁边是阿维拉,而不是德克萨达后,他们有点意外。在我介绍阿维拉是我的秘书后,他们决定把他也当做他们自己的秘书,并开始命令他做这做那。阿维拉的反应好像炸弹爆炸。"我来此不是为你们工作的,"他严肃地说,"而是为了关照你们和我的朋友阿图罗之间的生意。我们双方都要确保各项事宜进展顺利。"

我就不必描述那两位先生的表情和举止的变化了：他们被吓傻了。当时我得知，巡演将从巴西开始，接着是阿根廷和乌拉圭，之后是太平洋沿岸的国家——智利和秘鲁，最后在哈瓦那结束。

5

两三天后，贝桑佐尼抵达了布宜诺斯艾利斯。我只见了她一次。她和她的旅伴同租了一套私人公寓。她神情紧张地告诉我，达·罗萨对她的抵达很冷淡，并推迟了她的首演。他让她从早到晚地排练，试穿戏装，拜访新闻界和接受采访。"但是，"她说，"我更加爱你了。"而我同样也有点担忧。

因为战争的缘故，中立国阿根廷和已经参战的巴西之间的航运交通变得困难起来。我们被迫乘火车，用了4天才抵达圣保罗。

我与贝桑佐尼的告别不够热烈，这在很大程度上要怪达·罗萨的敌意。阿维拉和我出发去蒙得维的亚，再转乘火车去圣保罗。我的乌拉圭朋友警告我说，旅途中会很不舒服，但我没太当回事，而为能看到一个新国家，特别是童话般的里约热内卢而兴奋。火车是北美铁路系统的蹩脚的翻版，晚上要睡上下铺，车厢只能戏称为"普尔曼"，餐车总是很脏，饭菜极糟。

同车厢的旅客相当可笑：一个黑人耶稣会牧师；一些巴西商人在高谈阔论、无休无止；几个女人，而绝非女士，则低三下四地依赖于她们的男伴。还有一个看起来很危险的男人，他高塔般的身躯填满了包厢，头上已经谢顶，一脸未经修剪的花白连鬓胡须，一个又大又红的鼻子，一双充血的眼睛；车上认识他的旅客都叫他萨尔瓦多先生。其他人对他都是敬而远之。

第一天，我们穿越阿根廷和乌拉圭未开垦的平原和树林，平安无事。我们一路前进，空气逐渐热了起来，火车在不平的铁轨上摇晃，大家都打着盹。唯一的消遣来自萨尔瓦多先生。他对餐车不屑一顾，而从口袋里掏出把又大又亮的折叠刀，把大家吓了一跳。他左手握着个锡罐头，用折叠刀三下五除二将其砸开。打开之后，他便用刀尖挑着里面的食物从容地放进嘴里。他吃完了一两罐之后，又给我们露了手绝活：他以漂亮而准确的动作，用那把长刀开始剔牙。之后的旅途中，我们屡次享受这项表演，不过每次看到这把折刀出现时都有点心惊肉跳，因为萨尔瓦多先生长刀在手时总会用野性的目光一瞥一瞥地审视我们。

第二天，天气比第一天热多了，我们却要忍受一场意外的猛烈入侵：无数的蝗虫从车窗涌入，撞在我们头上以后掉到地板上，一直堆到膝盖。火车停了。司机、列车员，以及所有旅客一齐动手铲除这些不速之客。过了几个小时，大家才又在各自的车厢内安顿好。

第三天，来了个灾难性的消息。清早在一个车站，我们的餐车被调走了。没有解释原因。列车员，面对连珠炮似的问题，只是耸耸肩膀说那节车厢好像有故障，然后又微笑着补充道："反正也没有剩余的食物了。"我们饿着肚子整整行车一天。我要说，同行的旅客们并非不慷慨，他们都拿出自己带的东西来分享：几片干面包和一块奶酪，我们也都感激地接受了。夜间，当我们准备就寝时，火车在一个大站停下了。在那里我们和从圣保罗来的火车交汇。耶稣会牧师喊了一句："他们有一节餐车！"一语惊醒了昏昏欲睡的阿维拉，他立刻变成了拿破仑·波拿巴，嘴里高喊一声"上！"，就突入了那列火车的餐车中，耶稣会牧师充当了他的副官，后面跟着几个心虚的乘客，包括我在内。耶稣会牧师一拳打在列车员的肚子上，把他推开，就和阿维拉开始搬走食品柜中的存货。大多数人都帮了忙——没人敢违抗阿维拉的命令，之后我们就带着战利品凯旋了。萨尔瓦多先生有他的罐头就满意了，我们则吃了24小时内的第一餐，然后就美美地上床了。次日，我们抵达了圣保罗。

这座今天有数百万人的超级都市，当时看上去不过是个小省城而已。主要街道上开着银行和商店，让我想起了罗兹。不过，那里有个住宅区，全是阔绰的意大利移民所建的大型别墅。那时已经涌动着发展的潜力，最终把它变成了世界上最大、最富裕的城市之一。瓦尔特·莫奇（Walter Mocchi）先生是达·罗萨的合伙人，也是里约热内卢市立剧院和圣保罗歌剧院的经理，他派了代表来车站接我们。来人把我们领到一家外观很普通的三层楼旅馆，房间简朴整洁，而最重要的是有浴室，我们狂喜地进去洗澡，弄得水花四溅。旅馆的饮食也不错，我们高兴地吃了些既卫生又美味的巴西特色菜。我记得有种"鸡汤粥"，逗留巴西期间，我们每天都喝它。

阿维拉兴奋地宣布："酒店里有赌场！"我们片刻也没耽误。几分钟后，我们已经坐在轮盘赌的桌边了。我身边坐着一位一身黑衣的女士，竟然是安娜·巴甫洛娃。她同自己的舞蹈团一起在做巡回演出，还要在圣保罗逗留三天。短暂地赌了一场之后（我赢了少许，阿维拉输了，还问我借了钱），我们请巴甫洛娃一起到隔壁的酒吧垫垫肚子。我向这位大艺术家谈起佳捷列夫所有的困难，以及他为维持芭蕾舞团运转所做的超人努力，还有尼任斯基的伤心故事，她大声啜泣起来，几乎歇斯底里发作。"是啊！这都怪我，"她嚷道，"我本该和他呆在一起的。我是个可怕的利己主义者，我什么都想要！"我对她的狂妄自大既十分担心又非常讨厌，于是尽力劝慰了她。

"佳吉列夫是个巫师。他总会有办法的。他一向如此。"她说着便傲慢地离开了，活像个拜占庭帝国的皇后。

次日早晨，我被电话惊醒。"有辆小汽车在等您。"我感觉奇怪，因为莫奇先生的秘书要中午才来。不过，想到可能有急事，我匆忙穿好衣服下楼，一名私人司机递给我一张卡片，上面用法文写着："亲爱的，这辆车整天都归你支配。——美味水果拼盘。"我满脸通红，迅速写道："我绝对不能接受你的这种好意。晚上给我电话。"然后打发司机带着便条回去了。当晚，我们便坐上火车前往里约了。

当时巴西正处于战争状态。为数不多的好旅馆都关门了。组织者在一所小宅子里为我们预定了房间，那宅子很不错，已经改成了标准的招待所。宅子位于这座金色城市的著名海角之一，蒂茹卡上面。从房间的窗户望出去，一眼就能看到像神话中的卫士一样守卫着海港的宝塔糖山。在1918年，里约热内卢还不能说是由其居民所建造和开发的城市，是大自然造就了它。我宁愿把它称为大自然的杰作。后来当地居民们试图模仿纽约盖起摩天大楼来破坏它，但是就算最高的大楼在周围巍峨雄壮的群山面前也不过是侏儒。由于城市被分割成几条山谷和两三片互不相连的海滩，因此它不能在这天堂般的海湾旁扩展，美景才得以保留。我一下子就爱上了这座城市，甚至像阿维拉这样玩世不恭、游戏人生的家伙也无话可说了。

瓦尔特·莫奇先生与他在布宜诺斯艾利斯的合伙人不同，他是位见多识广的人物。他在市立剧院的大堂为我举行了令人愉快的招待会。在会上，他将我介绍给他的同事们、几位音乐家以及另外一些杰出人物。他为我做的宣传变成了全城的话题。例如，剧院对面正在修造一座栽种花草树木的广场，为保护起见，造了一堵长长的木墙；他沿着整堵木墙，用巨大的字母书写了我的名字。从一个字母到另一个字母，我得走好几步。所以，我6场音乐会的票被预售一空就毫不奇怪了。

　　首场音乐会是在我到达后五六天举行的。演出用的斯坦威大演奏琴状态很好，而我也十分满意歌剧院的音响效果，它既不太大、也不太小，颇具意大利歌剧院的神韵。我选定的曲目也是经过多次锤炼，万无一失的。我已经记不准所有的曲子，但是我一定弹了舒曼的《狂欢节》，还有以《降A大调波洛奈兹舞曲》为代表的我最拿手的三四首肖邦作品，而加演的作品包括了《纳瓦拉》。它是个大场面。最后一曲结束后，顶楼听众的掌声和欢呼声持续了半个小时。我沉浸于欢乐之中。在回家的路上，缺乏音乐细胞的阿维拉干巴巴地说："你在这里定能挣到许多钱！"更是令我士气高昂。

　　不过我的演出对他没有任何其他意义。

　　次日上午的报刊对我都很热情，只有一位与众不同的反对者。一个年轻人在我的演奏中寻找这样那样的问题进行批评，和许多人一样，他运用大量的德语音乐词汇，向人们显示他的博学。胡安·阿维拉找到了他，不知是拿了只手枪、还是请他喝了几杯葡萄酒、或者使用了其他什么手段，神奇地把他转变成了我最热情的支持者。

6

　　国家音乐学院的院长奥斯瓦尔多大师是位60多岁、很有风度的绅士，他邀请我赴晚宴，和城中杰出的音乐家们共度了一晚。这是个了解巴西音乐生活的好机会。男、女主人和一大群宾客坐在一张长桌旁。我被安排在中央，坐在两个重要的作曲家弗朗西斯科·布拉加①与阿尔贝托·内波穆塞诺②之间，他们分别是和声学和对位法的教授。像通常和音乐家们在一起时一样，一杯葡萄酒下肚，交谈就活跃起来，大家说出了不少有趣的故事，主要是关于歌剧演员的轶事，还有对他们惟妙惟肖的模仿。我则讲了最拿手的几件事来回报他们，而且效果很好。这时，我们有品味的幽默感逐渐变得有点乌烟瘴气了，大家争相想讲个更好的，当然就变成了所有人同时在嚷嚷。

在桌子对面坐着个男子，他几乎从没笑过。他的面部表情让我好奇——此人比起其他人更像巴西人，那些人主要是葡萄牙或意大利后裔。但是这位安静的男子，圆圆的脸刮得很干净，肤色比其他人更深，一双眼睛忧郁而聪慧。最令我吃惊的是他讲得一口流利的法语。我趁比较安静的机会对他说："请让我对你的法语表示赞赏。我从来没听过任何外国人能如此纯熟地驾驭这门美丽而又困难的语言。"

他笑了笑。"我是法国人，"他平静地说，"是法国公使的私人秘书。我叫达律斯·米约③，此外也是小提琴家和作曲家。"我从未听人说起过他。

"我被认为不适合军旅生涯，"他继续道，"就随着我们的

---

① 弗朗西斯科·布拉加（Francisco Braga，1868～1945）：巴西指挥家、作曲家。师从马斯内。1908～1933 年任里约热内卢交响音乐会指挥。作有歌剧：《朱皮拉》、《阿尼塔·加里瓦尔迪》等。

② 阿尔贝托·内波穆塞诺（Alberto Nepomuceno，1864～1920）：巴西作曲家。曾任里约热内卢音乐学院院长。作有：歌剧《阿尔蒂米斯》、《阿布尔》，管弦乐曲《巴西组曲》等。

③ 达律斯·米约（Darius Milhaud，1892～1972）：犹太裔法国作曲家。曾任驻里约热内卢使节，结识了他未来的台本作者保罗·克洛岱尔。"六人团"成员之一。曾移居美国，1947 年又返回法国，执教于巴黎音乐学院。作品有：《世界之创造》、《天台牛肉馆——不务正业的酒吧》、《克里斯多弗·哥伦布》、《忆巴西》、《大卫》等。写有自传：《没有音乐的笔记》。

公使保罗·克洛岱尔①到了这里，当他的秘书，但主要是与之共事。"

克洛岱尔，克洛岱尔……我思索着。几年前，卡罗尔·希曼诺夫斯基和我一起在乌克兰他家的庄园里度过了一个夏天，他当时给我看了两本小册子，作者就叫保罗·克洛岱尔。两册都是剧本，书名记得是《人质》和《给玛丽报信》。带着浓厚的兴趣读完之后，我深信作者在拿破仑时代生活过。其风格有些像夏多布里昂或者司汤达。对于他，我就知道这么多。

"这位克洛岱尔公使先生是不是一位著名的剧作家的后代？"我问达律斯·米约。他迷惑不解。"除了我们的公使，我不知道还有哪位剧作家叫这个名字。"

"太好了，"我激动地说，"我喜欢那两出戏，并确信作者是在19世纪初写的。"达律斯·米约第一次发自内心地笑了。"这是今晚最棒的段子啦。我一定要打电话告诉公使。"

当我们喝完咖啡时，他回来了，并兴奋地说："克洛岱尔被你的故事迷住了，要立刻赶来加入我们的行列。"

半小时后，法国全权公使步入房间。"请原谅我不请自来，但是米约描述的聚会太诱人了；我并希望会见你们的贵客、鲁宾斯坦先生。"他言简意赅地说道。然后又用法文对米约和我耳语："咱们出去吃晚饭。"

保罗·克洛岱尔看上去更像个省里的乡绅，而不是外交官。高高的个子，宽宽的肩膀，肥大魁梧，让我有点害怕。我觉得他不能容忍反对意见，由于他高贵的气质，他那农夫般的圆脸和两道浓眉也显得气宇不凡了。我们迅速同可爱的主人道别，出门来到街上，钻进一辆公使馆的公务汽车。"到我们前几天去过的那

---

① 保罗·克洛岱尔（Paul Claudel, 1868～1955）：法国外交官、诗人和剧作家。代表作有：《给玛丽报信》、《五大颂歌》等。曾和米约合作。

家在屋顶的餐厅。"他对司机说。

几分钟后，我们停在一所房子前面，电梯一直把我们送到屋顶。我们走进一家露天餐厅，只有两三桌客人，而且快吃完了。我们在只点了一支蜡烛的餐桌边坐好，克洛岱尔开始尽地主之宜。他推荐了一道巴西菜，叫瓦塔帕①，非常的辣，只有就着一道清淡的配菜才能吞下去，而且这道菜还搭配了烈性白酒。说它又辣又浓还是说得轻了：我把满满一勺瓦塔帕送进口中后，就立刻从椅子上跳了起来，眼泪也流出来了，最后不得不跑到角落里把它吐掉。克洛岱尔把这当成他个人的胜利，非常开心。"我早说过这个菜特别辣呀！"我学乖了，小心翼翼地继续品尝这座"火山"。三杯烈酒的效果开始显现，此刻，屋顶上只有我们一桌客人，此外还有一两个侍者。借此机会，克洛岱尔先生开始用尖细、富有穿透力的声音朗读阿图尔·兰波②的诗，米约和我则被他精彩的表演吸引住了。借着酒劲，他出色地朗读了自己新书中的一段文字，米约正打算为那本书谱曲。他的作品给我的印象比兰波的诗还深刻。大作家已经飘飘欲仙了，他看见桌上摆着水果，就拿起一小串葡萄，走到屋顶的边缘，瞄准了街上一位路人扔下。没有打中目标，他又跑去拿了另一串，这次打在了一个女人的头上。她尖叫起来，朝着看不见的袭击者挥舞拳头，而他则站在屋顶，对自己的恶作剧十分得意。一些人聚拢过来，其中之一叫了警察。那女人要求逮捕扔葡萄的家伙。

过了一会儿，侍者带着个皮肤黝黑、表情严肃的警察出现

---

① 瓦塔帕（vatapa），巴西巴伊亚州的典型菜肴，很辣，用鱼或鸡加椰汁虾仁、花生、腰果等原料，配以盐、葱头、香菜、辣椒和橄榄油制成。大概类似"虾仁辣子鸡"或"大虾辣子鱼"，也有人译成木薯汤的。

② 阿图尔·兰波（Arthur Rimbaud，1854～1891）：法国诗人，创作生涯自15到20岁，但其作品及简练奥秘的风格对象征主义产生了巨大影响。主要诗作有《醉舟》，散文诗《灵光篇》和《在地狱中的一季》等。

了，他径直走到我们桌旁，用威胁的口吻问道："是谁向安安静静过路的女士丢的葡萄？"克洛岱尔庄严地站了起来，用法语回答："我的朋友，我一句葡萄牙语也听不懂，要是你想问点什么，就找个翻译来。"他提高嗓门补充道："我是法国公使。"米约懂点葡萄牙语，马上解释说，我们中的一个人想从另一人手里抢一串葡萄，结果葡萄掉到楼下去了。"所以请不要打扰法国使节吧。"那警察唯唯诺诺地退走了。

"米约，你真是个好外交官。"克洛岱尔感激地用法语说。我们离开了，双腿打着晃。司机送两个法国人回家，然后又照吩咐把我送回位于蒂茹卡的旅店。

我的音乐会结束后，瓦尔特·莫奇有事不能脱身，派了两个代表来和阿维拉结账。他们一个很壮实，看上去是当地人，另一个是狡诈的意大利人，名叫佩利亚斯。一天晚上他们算账时我也在场，那些先生拿出来的尾款无法让阿维拉满意。我的小个子朋友像野猫一样敏捷地把拳头敲在桌子上。"你们这些龌龊的盗贼，给我交出正确的数目来！"那两个彪形大汉立刻双手发抖地把其余的钱掏了出来。

阿维拉和我几乎每天都到法国公使馆做客，在那里我们又认识了另一位出众的人物亨利·奥本诺、使馆的参赞，以及他可爱的夫人。克洛岱尔和米约出席了全部 6 场音乐会，幕间休息时和我呆在一起，闲聊、评论、探讨。有次幕间休息时，最为重要的评论家奥斯卡·瓜纳巴利诺（Oscar Guanabarino）先生和其他几位朋友也到演员休息室看我。有人送我一束鲜花，花束上还附着一张卡片。爱管闲事的瓜纳巴里诺先生打开了卡片想了解是谁送的。他的手上重重挨了一记，把他打蒙了。"你怎敢如此无礼？"克洛岱尔朝他喊，他的手依然威胁性地扬着。瓜纳巴里诺先生慌忙放下了卡片。

音乐会后，我们通常去使馆或餐厅欢快地吃晚餐。记得有一晚，我对德国新发动的大规模攻势对战争结局的影响忧心忡忡，克洛岱尔看在眼里，笑着驱散了我的担忧："美国已经参战，没什么可怕的了。我们能顶住。"

米约给我引见了非常热爱音乐的一家人，在那里我弹奏了《春之祭》，还进行了其他乐曲的四手联弹。他们的女儿是优秀的钢琴手，她和米约一起出色地给大家演奏钢琴和小提琴奏鸣曲，其中包括米约本人谱写的一首很棒的作品。

一天，克洛岱尔"命令"我坐下摆姿势拍照。那时他刚迷上摄影。说"命令"，是因为他行事专横，任何极小的要求听起来都像命令，而且最好照办。他配备了一台很大的专业相机，在米约和奥本诺陪同下，来到我住的旅馆。为表敬意，我衣冠楚楚地迎接他。"这样子摆姿势太可怕了。"他说，"你脱掉外套，敞开领口，那才像个人样。"我不记得有任何摄影师像他那样折磨过我。"米约，拉上窗帘！"他叫嚷着，"奥本诺，打开那扇窗户，光线从那边进来比较理想。"之后冲着正乖乖坐着的我说，"别做怪样！"然后他用块黑布盖住头，通过镜头凝视我。"你坐着样子就像个死人！"他又叫起来，"米约，稍稍拉开点窗帘！"这痛苦的一幕持续了三个小时。唯一一个既满意又高兴的人是克洛岱尔。他的确成功地拍出了一张好照片，还让我在上面签了名。他的孙女继承了那张照片，几年前把它当礼物送给了我。

一天晚上，我们被邀请去法国使馆参加外交晚宴。巴西外交部长夫人坐在克洛岱尔的右手边，想讨好他，就尖锐地批评了几位读者众多的法国作家。"闭嘴，你尽说蠢话！"克洛岱尔厉声说道。其他所有人都装做没听见，真令我惊奇。

"我喜欢阿维拉先生，"有一天，这位大作家说道，"他有点厚脸皮，但是他特立独行，而且一点也不沉闷。"阿维拉受宠若惊。"阿图罗，"他说，"我们该为克洛岱尔、米约和奥本诺夫妇安排个晚宴。我有一个好招。"我给了他一张空白支票。

晚宴办得极其豪华。阿维拉动员了饭店的所有员工围着我们的桌子转。餐桌的布置本身就是一个杰作，在粉红的、带花边的丝绸台布上摆着大串的深蓝色葡萄，手写的菜单令人想起宫廷里举办的盛宴。阿维拉搜刮来了商店里最好的美酒，包括当时很难搞到的法国香槟，以及他能弄得到的所有佳肴。我记得，主菜是他专门聘请的厨师烹制的鸭子。我的客人们都目瞪口呆，连克洛岱尔都感觉诧异。晚宴的费用是我两场音乐会的收入，可是阿维拉却陶醉于他自己的胜利。

7

头6场音乐会的曲目与在布宜诺斯艾利斯的音乐会大同小异，不过我十分满意的是，普罗科菲耶夫、希曼诺夫斯基和拉威尔的现代作品在这里为更多的听众所接受。我曾多次发表看法，说巴西和墨西哥是美洲大陆上最爱好音乐的两个国家。即便在当时，我也在巴西遇见了几位有希望的年轻作曲家和两位优秀的钢琴家，安东涅塔·鲁吉（Antonietta Rudge）和吉玛尔·诺瓦埃斯[①]。诺瓦埃斯小姐后来在巴黎和纽约扬了名。我在市立歌剧院总共开了15场音乐会，之后又在圣保罗演出了6场，获得了同样

---

①　吉玛尔·诺瓦埃斯（Guiomar Novaes，1896～1979）：巴西女钢琴家，生于圣若昂—达博阿维斯塔，死于圣保罗。曾师从恰法莱里和斯托尧夫斯基等。

的成功，那是一段难忘的记忆。圣保罗的听众让我想起德国人，而里约的则更像意大利人，他们听音乐时，乐曲好像就在血液里流淌；而在圣保罗，听众运用的却是那种在行的方法。路易吉·恰法莱里①是位了不起的钢琴教师，他名声之大，甚至吸引来了海外学子。人们认为他与伊西道尔·菲利普②或者布索尼③齐名。诺瓦埃斯和鲁吉就都是他的弟子。他 60 开外，非常有智慧，能流利地讲四种语言，学问渊博，对人类的问题和世界大事都有深刻的了解。此外，超级的幽默感是他最显著的特点。第一次到他家时，我们就立即成了朋友，并在未来的岁月中一直保持着友谊。我喜爱在他家度过的那些夜晚，那时，我们弹奏双钢琴曲，或是练习我的曲目，晚餐时总有没完没了的活跃的讨论。在圣保罗的时光多好啊！

我返回里约，又演了几场。最后一场，即第 15 场，是在星期日下午。像在蒙得维的亚一样，人群在起立欢呼之后，便在街上围住我，一些年轻人把我扛上了他们的肩膀。见此情景，阿维拉大喊起来："阿图罗，当心！别让他们偷了你的珍珠！"

---

① 路易吉·恰法莱里（Luigi Chiafarelli, 1856～1923）：巴西著名钢琴教师，于 1883 年在圣保罗开办音乐学校，执教 40 年，名声很大，著名的学生有吉玛尔·诺瓦埃斯、安东涅塔·鲁吉等。鲁宾斯坦将其误写成 Schiafarelli 了。

② 伊西道尔·菲利普（Isidor Philipp, 1863～1953）：法籍匈牙利钢琴家、教师。师从马蒂亚斯和圣—桑。音乐会独奏家。1890 年首次在伦敦演出。1903 年后在巴黎音乐学院任钢琴教授。优秀弟子不计其数。著有钢琴演奏技巧的专著多种。也创作过钢琴曲等。

③ 费鲁齐奥·布索尼（Ferrucciao Bussoni, 1866～1924）：意大利钢琴家、作曲家。9 岁时在维也纳作为神童登台演出。1882 年由于作曲和钢琴演奏成绩优异成为博洛尼亚爱乐学会的成员。后在赫尔辛基、莫斯科和波士顿新英格兰音乐学院教授钢琴，教学中以示范演奏著称。同时在各地巡演。演奏以技巧辉煌、处理音乐理智闻名。他特别推崇李斯特的作品，演奏的曲目中也不乏巴赫、贝多芬、肖邦、莫扎特、舒曼、韦伯等人的作品。创作有歌剧：《新娘的选择》、《图兰多》、《学者浮士德》等。

我们出发去布宜诺斯艾利斯，谢天谢地，这次是坐轮船，而且更高兴的是，船上没有类似萨尔瓦多先生那样的家伙。

回到布宜诺斯艾利斯时，我们受到了热烈的欢迎。音乐会门票已销售一空，评论界也无反对者。只有我的宿敌，《新闻报》的拉瓜尔迪亚（Laguardia）先生还举着枪。至于阿维拉，他则成了上流阶级——他们自称为"主流社会"（la sociedad）的宠儿。我自幼就对这些人的态度感到愤慨。在波兰，他们叫贵族；在巴黎，他们谦逊地自称"世界"！而在美国，他们喜欢把自己的乡村俱乐部、高尔夫俱乐部、网球俱乐部，甚或旅店、餐厅，等等，叫做"非大众的"，这个词不是用来形容他们自己，而是说那些不可以参与的人。回到我的故事里来。我可以说，所有的大门都为我的朋友阿维拉敞开了。但他没有玩忽自己的职责，演出公司票房的人都怕他。

我在西班牙准备了许多新曲子，好往我的节目里补充一些新鲜血液。其中大多数，比如拉威尔的《夜之加斯帕》，在阿根廷是首演。对新曲目有各种反应，但大家总是兴趣很大。我甚至冒险安排了一场德彪西专场独奏音乐会，来纪念这位刚刚谢世的作曲家。我演奏的肖邦、阿尔贝尼斯、以及法雅的若干舞曲一如既往地受到了热烈欢呼。战争还在进行，所以除了"希伯来协会"和"瓦格纳协会"办的系列音乐会外，其他就没有值得一提的音乐会了。"瓦格纳协会"的几个晚场很无聊。不过，有一个有天份的意大利女钢琴手玛利亚，她嫁给了一个姓卡雷拉斯的阿根廷人。我经常看见他们。有一天，她丈夫，同时也是她的经纪人，带给我一封来自纽约的有趣的信件。

一位著名的美国音乐会代理向我提出建议，在美国演出 15 场，每场酬金 400 美元，同时，主办方负担所有的旅费和宣传费。除了我的出场费比较低以外，我还是很激动能再次有机会去令人生畏的美国亮相。当我得知，美方提出这个演出建议，是由于欧仁·伊萨依①热情的推荐，而不是我在南美的成功，这使我感到十分欣慰。但是卡雷拉斯先生警告说："这位经纪人的名字叫 R.E.约翰逊，在同艺术家打交道时他的信誉不是太好。所以我要特别劝告你，在签署合同前，要他提前支付你最后四场音乐会的收入。"

卡雷拉斯向 R.E.约翰逊转达了我接受他的报价、以及那个附加条款。我热情地感谢他就此事提出的建议，并等待着约翰逊的答复。

在科隆歌剧院的演出季非常棒。不用说，我在那里听了两次《卡门》。胜利属于贝桑佐尼，除卡门外，她所扮演的阿姆内里斯（《阿依达》中的人物——译注）和阿苏塞娜（《游吟诗人》中的人物——译注）也很辉煌。安塞尔梅指挥了一场漂亮的《佩里亚斯与梅里桑德》，由尼农·瓦林（Ninon Vallin）出演，她也是个伟大的歌唱家和音乐家。我很少在私下与贝桑佐尼见面。我俩都惧怕"吃人妖怪"达·罗萨。

在此我必须提一提阿维拉个性中出人意料的一面。有一天晚上，我们分头去了不同的地方，但我却吃惊地发现他没回自己的房间过夜。通常我们都会活跃地讨论当晚的见闻。非常晚了，还不见他回来。我了解阿维拉，所以不免担心起来。幸好，早上4点他进了房间。"出什么事情了！"我喊道，"你让我一夜没睡！"他走进我的房间，坐在我床上，告诉我下面这个离奇的故事：

"今天上午我在《民族报》上，看到一对夫妻，带着老母亲

① 欧仁·伊萨依（Eugene Ysaye，1858～1931）：比利时小提琴家、指挥家。师从维尼亚夫斯基。1886～1897年在布鲁塞尔音乐学院执教，创立布鲁塞尔音乐演出协会并任其乐队指挥。曾作为独奏家和弦乐四重奏组领队到各地巡演。还为许多乐曲进行首演，如塞扎尔·弗朗克的小提琴奏鸣曲等。1918～1922年担任辛辛那提交响乐团的指挥。

和五个孩子，被赶出了他们的家，过去三天一直露宿在一处建筑工地里。我确信他们早已得到了帮助，但是想查实一下。结果他们还睡在那里。这个，我给他们找了个便宜住处把今晚对付了，明天我去和我那些有钱的朋友谈这事。像这样的大城市，应该为这类事情感到羞耻！"他大声说道。

那天夜里，我发现了阿维拉个性的另一面。

在我们前往智利前几天的一个早上，阿维拉提了条最出人意料的建议，让我大吃一惊："阿图罗，你需要个贴身男仆。像你这样地位的人，出门环球旅行一定要带上一个的。旅店里我们那层的仆人就非常合适。你认识的，就是小恩里克。我已经和他谈过，而他也准备好和我们一起走了。他要的月薪不会高，不过你当然要负担他所有的开销。"与许多其他人一样，我无法拒绝他的建议，虽然我明知阿维拉比我更需要男仆，因为他一向都有佣人，缺少了当然不高兴。所以我们当即就雇用了恩里克。

在苏珊娜太太家和马丁内斯·德·霍斯家举行了几场告别晚宴之后，我们一行三人就前往智利了。在开往门多萨的火车上，恩里克和阿维拉几乎被灰尘呛死，但金塔纳夫人送我的面纱保护了我，当时她说："阿图罗，我一直用它。"第二天，我们抵达了圣地亚哥，看上去像三个刚从战场上归来的掷弹兵，在浴室里呆了很久之后，我们才重新潇洒起来。我不会赘述智利了，没有什么新鲜事好说的。欧亨尼娅·埃拉苏里斯的几百名亲友又一次以皇家礼仪欢迎了我们，而和以往一样，阿维拉分享了我的成功。

我的新曲目得到了比在布宜诺斯艾利斯好得多的理解，若干场音乐会后，我们启航前往秘鲁的利马，于11月初抵达。我在西班牙的成功已经家喻户晓，这大大促进了我首演的成功。当地音乐家们看到秘鲁的"主流社会"参加我的音乐会后吃惊不已。

预告了四场独奏音乐会。第二场演到一半时，剧场大乱。"停战啦！停战啦！"人群喊叫着，冲上街头。大家都忘记了音乐会，我们也忘了。瞬间，一群群的民众挤满了巨大的广场，尖叫、大喊、哭啼、歌唱，我必须承认我也哭了起来。刹那间，过去四年恐怖的日子都在我脑海中闪过：对比利时和法国的入侵，凡尔顿和达达尼尔大屠杀，以及德国人最后一次春季反击。这一切结束得这样突然，让人无法承受。我们哭闹、大喊、尖叫了好久好久，才恢复了理智。

　　然后我们十分自然地想到，应该庆祝胜利。阿维拉和我冲进最近的一家餐馆，让所有的员工和顾客都站了起来，领着大家唱起了《马赛曲》。我们怀着满腔火热而高尚的感情这么做的，然后迈着阔步走出去，身后跟着一群狂喜的人，直到凌晨大家才散去。可惜，我们这份高尚的热情很快就堕落了：每当我们进入夜总会、咖啡厅或任何地方，就强迫每一个人，不管他们多疲劳或是多不愿意，去喊叫那不幸的《马赛曲》，有时我还在旁边的破旧钢琴上砸着伴奏。我不知道最后是如何回到旅馆和上床的，但是在 11 月 12 日，我的宿醉是这辈子中最为严重的。然而，阿维拉头脑非常清醒，他告诉了我一个坏消息："阿图罗，别生我的气，但是我要离开你了。在现在这种时候，我想置身事件的中心，在马德里或者巴黎。我知道你必须完成合同，然而坦白地讲你已经不再需要我了。"

　　从某一方面看，这没错，因为从智利开始，达·罗萨就派了一位名叫比亚卡马诺（Biancamano，在西班牙语的意思是白色的手——译注）的代表跟随我们。但是阿维拉的决定对我仍然是重大的打击。我们共同的活力使我感到有一种奇特的力量。我支付了他的工资，他又从我这里借了一大笔款子，就去智利了，把我留给了比亚卡马诺，这位比亚卡马诺可不像他的名字那么清白。

8

我决定为法、英、美联合红十字会举办一次隆重的音乐会，而不是按照原计划演出。音乐会获得了一笔很大的收入，都交给了上述三国的大使。

一条智利船把我们送到巴拿马，那是一次漫长而疲劳的旅行，中途经停很多赤道地区炎热的港口。我们从卡亚俄出发，到科隆时衬衫都湿透了。在这里没有音乐会的计划，我们只是想找一艘去古巴的船。科隆是个巨大的美国兵营，到处都是行进中的士兵、营房，还有显然是战争期间建造的一排排的房子。在旅店的大堂，两名美国陆军的军人在检查我们的护照。我那本不同寻常的西班牙护照上说我是自由波兰的公民，虽然波兰本身还未获得自由。我费劲地解释着，而他们可不太容易理解这份复杂的证件。我多么怀念阿维拉啊！我进入自己的房间时，浑身已湿得难以相信，恨不得马上连衣带鞋去冲个淋浴。

恩里克真是个出色的男仆。他随即迅速打开了我的行李，把物品摆放妥当，然后下楼去给我拿了些食物上来。那天晚上，比安卡马诺先生交给我一封信和一封电报，都是加夫列拉·贝桑佐尼从里约热内卢发来的。我拆开电报，其内容使我感到困惑，于是又拆开信，希望找到答案。贝桑佐尼在信中说，她演出几次以后就感染了西班牙流感，那是当时流行得很广的一种传染病。她感觉孤单，急切地盼着回意大利，回到她母亲身边。她又说永远爱我，结尾时写道："深深的吻，亲爱的图图罗。"图图罗是她给我起的很恶心的爱称。看完信，电报让我更加困惑了。电报上是这么说的："已完全康复，决定到巴拿马与你会合，于某某日抵圣地亚哥。请找人带我去瓦尔帕莱索，把我送上开往巴拿马的船。渴望与你相见。"

我倒在床上，努力思索该如何面对我人生中这一突然而令人不安的变化。在波拉之后，我一直没有固定的女伴。毋庸否认，这事让我那男性的虚荣心得到了很大的满足，但是想到全新的、复杂的责任时，我又相当的畏缩。我完全没有与贝桑佐尼结婚的想法，而我就怕那是她的目标。然而我又无法阻止她，她已经在前往圣地亚哥的路上了。我给好朋友劳尔·冯·施罗德发了封长电报，此公尽管有个吓人的德国名字，却是智利人，同盟国的支持者，我给了他所有必要的指示，并求他如果贝桑佐尼缺钱，就给她一些。他马上回了电报，答应提供一切帮助。两天之后，他来了电报，说贝桑佐尼已抵达，就一个人，身体很好，并把她搭乘前往巴拿马的船名告诉了我。我已经了解到，巴拿马所有空闲的船只都已被军方征用，以便把部队从欧洲拉回来，只好极为痛苦地等着她抵达。在这最黑暗的时刻，我预估，贝桑佐尼和我注定要在巴拿马这个鬼地方呆上几个月了。

她终于到了，神采飞扬的，亲吻我，叫喊着："图图，图图罗，图图里诺！"

我们欢快地走进了旅馆。我为她订了一个干净、舒适的房间。她小心翼翼地关好房门，突然一阵猛烈的敲门声吓了我们一跳。我开了门，看见一个在楼下值勤的军人。

"这位先生必须立即离开，回到自己的房间去！"

贝桑佐尼被吓得要死，以为我犯了什么罪，要被他们绑赴刑场了。当我告诉她来者的意图，她就张大着嘴，呆在当场。"真的吗？"她叫道，"我的天啊，这些人疯了！从什么时候起开始不允许男欢女爱了呢?"

但是和这等人是说不明白的,于是我们就注定只能在吃饭时或者在走廊里见面,而绝不可在房间内碰头了。当我告诉她由于缺少船只,我们将长时间滞留时,她泄气了,甚至稍有些歇斯底里。在这种情况下,我必须做点什么,于是我决定拜访当地的文职总督。为了说服总督的秘书同意我会见总督本人,就花了三天时间。最后,一位外表颇为可亲的老先生接见了我,拿起我的西班牙护照,以及在智利办的巴拿马入境签证。他倾听了这本西班牙护照的前因后果,然后询问了我的职业。听到我回答是音乐会钢琴家后,他凝视了我半天,然后站起身,消失在另一个房间里。过了一阵,他回来了,手里还拿着一本小册子。

"你是否在萨克森的德累斯顿演出过?"

"是的,"我点点头,"不过只有一次,那时我13岁。"

听了此话,他在册子里翻找起来,然后给我看了我自己的签名和题词,说:"在从柏林开出的火车上,你对我说将在德累斯顿演出,我就请你签了名。诺,这就是了。"

又是一个出乎意料的奇迹!

"我能为你做些什么呢?"这个迷人的绅士问道,他已准备提供一切帮助了。

我小心谨慎地告诉他,一个意大利著名女歌唱家、我的好朋友,还有我的佣人,我的经纪人和我自己要去哈瓦那。她去演出歌剧,我去开音乐会。现在我们走不了了。我问他是否能给我们出出主意?

"请把你和其他人的护照留下,我给你们去美国的签证,这样你们离开巴拿马就不会有困难了。不过,"他微笑着补充道,"你必须为我做件事。要是你那了不起的女歌唱家和你能为我们军队中的小伙子们开一场音乐会,那就太棒了。我们有一大片营地是娱乐用的,而且我可以为你提供一架好钢琴。不知你有何意见?"

在这样的情况下,我只能说:"遵命,长官!"

这个,我们活该如此。贝桑佐尼叫喊出了她的口头禅:"我的天啊,我的天!"但她同意去演唱。音乐会是在露天举行的。有将近一万名士兵听了我们的演出,虽然他们在指挥官的带领下,在恰当的时机鼓掌,可其实什么也听不清。我的新朋友,总督,就坐在我们的旁边,他能够清晰地欣赏我们的音乐,所以十分开心。

几天后,总督亲自来到我们的旅馆,告诉我一艘格雷斯水果公司的船要去哈瓦那,经停圣玛尔塔、哥伦比亚和新奥尔良。他已与船长讲好免费捎上我们。

我高兴得跳将起来。什么都比困在这炎热中、被囚禁在寂寞的房间里坐等来得强。这时,比安卡马诺先生决定脱离我们。

通过著名的巴拿马运河是个了不起的经历。我们神魂颠倒地观看着我们的大船在加通湖和库累布腊山间运河的船闸里上上下下。我们花了大半天才到达大西洋海岸的巴尔博亚。早上,海关和宪兵放我们登上了一条汽船,船上什么都有,就是没有旅客的食宿设施。在顶层甲板我们看见三四间舱房,显然是供高级海员居住的;此外就只有水手用的铺位了。大副给我们指了指其中的两个铺位,"这是给你和你的仆人的,另有一个单人间就给女士吧。"

一想到贝桑佐尼注定要在这种不舒服的地方过几天,我浑身都颤抖起来。我试图见见船长,但他没空。一个外表和善的绅士,就是随船医生,对我们表示了同情。

"我很乐意将自己的船舱让给女士,因为我自己很容易和另一个高级船员共用一舱。"

我们感激地接受了这一建议。经过水手们好几个小时的奔忙、装卸,汽笛忧郁的大声长鸣宣告了我们的起航。我们随便吃了些随身携带的食品后，贝桑佐尼就缩回自己的还算舒服的船舱里去了。恩里克麻利地在附近找到了一个地方，把双人铺留给了我。

到目前为之还算顺利吧。我睡着了，梦见抵达哈瓦那时的开心情景，但到早上6点，高声的叫嚷和谈话把我吵醒了。我的铺位挂着一块肮脏的帘子。通过缝隙，我害怕地看到了一群男人，样子与其说是像水兵，不如说更像海盗船上的亡命徒。如果在看到一个用黑布遮住一只眼睛，外带一条木头左腿的家伙，眼前这幅景象就完整了。他们的服装真是千奇百怪：有的人只穿了一条脏裤子，其他人的背心显然已经几个礼拜没洗过了。所有人都没有刮脸，有几个还是连鬓胡子。我痴心盼望我们在整个旅途中能够不被别人看见，当然这主要是对贝桑佐尼而言。作为美国电影鉴赏家，我了解在加勒比海域成群结队出没的海盗船的方方面面，他们杀人越货，无恶不作。所不同的只是，这一次我不单单是一名被吓坏了的观众。我小心翼翼地等到他们纷纷忙活起来，便迅速溜进了随船医生的舱房。贝桑佐尼在舱里也是惊恐万状、一句话都说不出来。

"亲爱的，"我尖着嗓子用颤抖的声音说，"别担心。我来了，我会保护你的。"

但是她的目光里并没有增加什么信心。只不过，我们无路可退，只好直面这个形势。就我而言，我决定一路上睡觉都不脱衣服，以便一旦需要可以随时行动。我也要求恩里克紧盯着医生的船舱，一旦有危险就立即通知我，他现在看起来活像桑丘·潘沙（堂吉珂德的仆人——译注）一样胆小如鼠。所幸我们的饭是和高级海员们一起吃，那是唯一可以放松一下神经的时刻。我们曾试图将吃饭时间尽量延长几小时，但他们却把我们可怜地单独留下了，在场的只剩下穿着白色短上衣的服务员。当我们起身离开饭桌时，那些水手盯着船上唯一的女性、伟大的女低音加夫列拉·贝桑佐尼的身体的样子，仿佛是装扮成水手的饥饿的鬣狗。我感到他们每时每刻都可能扑到她身上，一个接一个地将其轮奸。我们就在这种条件下，可怜巴巴地度过了三天，直到船只抵达哥伦比亚的港口圣玛尔塔，我们要在此装运香蕉。

圣玛尔塔竟然比巴拿马更热，整整两天，船上连一丝微风都没有。哥伦比亚人则排着长队、唱着歌、搬运着香蕉。这一次，忧郁的汽笛声响起来像是莫扎特咏叹调的开头，终于要离开这个地狱了，真开心。

但是真正的地狱还未到来。一串串未成熟的绿香蕉有大批的爱好者——那些离了香蕉就活不了的各种各样的蛆虫和甲虫。这些鬼东西成了我们的不请自来的常客。一个晴朗的上午，我们抵达了新奥尔良，这里空气湿润、清凉，相当舒服。贝桑佐尼和我互相对视着，心里想着同一个念头："下船!"我决定从新奥尔良坐火车到佛罗里达，再搭乘每天都有的班轮去哈瓦那。

我们谢过了医生，在恩里克的帮助下，取下了我们的行李，来到了过关检查的地方。

依靠在巴拿马得到的签证，贝桑佐尼和恩里克顺利通过。我也通过了民事检查，但由于战争状态尚未解除，我还要向监管的军方出示护照。检查的军官非常认真地反复看了我的护照：

"你不是西班牙人，那么你是从哪儿弄来的西班牙护照?"

我绘声绘色向他解释，还说是阿方索国王对我的身份作的担保。可是此人却把我的护照扔到了地板上。

"我才不在乎那个家伙呢，但是，从护照上看得出，你实际上是个俄国人。"然后他讨厌地指着我，向另一个人喊道，"这家伙是个俄国人!"

他确信，落入他手中的是一个本世纪最大的间谍。我狂怒到了极点，真想宰了这两个人。

"美国驻科隆的总督给我发了平安进入这个国家的入境签证。

你们没有看到吧。"

"我们可不光看签证。你不要忘记，我们还处于战争状态！"

真是有理说不清啊。这时我想起一封放在箱子里的信，是非常爱好音乐的美国驻马德里大使约瑟夫·威拉德让我转交给他在布宜诺斯艾利斯的同事的。我一直未转交此信，甚至把它忘了。但是我想，如果现在给这个顽固的蠢材看看，也许有点用。

"我是否可以打开一只箱子？里面好像有一份你可能会感兴趣的文件。"

对此他一脸假笑，不过还是把我带到箱子旁边。我发现那封信还是完好的，就交给了他。

他越读越惊讶。

"刚才你为什么不给我这封信呢？"他说。

"我没有理由给你看我任何的私人文件。我的正式证件已够充分了。你理应予以尊重的。"我享受着这胜利的时刻，补充道，"请告诉我你的姓名和联系方式，因为我要对你的行为提出指控，对你严重侮辱了一个友好国家的国王提出指控。"

我从没在任何时候、在任何人身上看见过当时他脸上那种卑贱的表情，他磕磕巴巴地道着歉，什么战争啊、责任呀，但我无动于衷。我逼着他仔细写下了他的详情，然后找到了惊恐的贝桑佐尼和恩里克，叫了个行李员把我们带到出租车前，上车直奔查尔斯旅馆。那个军官尾随着我们走进大堂，并开始求情。他甚至买了一束鲜花来争取贝桑佐尼为他说情。但她却赏了他《卡门》最后一幕中鄙夷唐何塞的目光。不过我们却未能制止他把我们的行李搬到火车站，我买了车票，预订了到迈阿密的卧铺包厢。

此刻，不大舒服的美式卧铺，餐车中很一般的饭菜，对我们简直是天堂了。尽管如此，我们抵达迈阿密时已经精疲力竭，可我们还得在这里转车前往基韦斯特。又是一夜的旅行。最后，经过 8 小时每日轮渡的航行，我们终于抵达了哈瓦那。我们在非常舒适的"广场饭店"安排妥当，要了两个相邻的房间，房间的窗子对着广场和歌剧院。恩里克很快就打开行李收拾好。出门吃午饭已经太迟，于是我们要了些冷餐。吃完后贝桑佐尼说道："我的阿图罗，我累死了，要去睡了。"说完就回自己的房间去了。

至于我，本打算和歌剧院经理就我的音乐会有关事宜见一次面的。这些音乐会是由布宜诺斯艾利斯的演出公司经手的。但我想先休息一下，可是却一口气睡了 16 个小时。

9

第二天上午，贝桑佐尼穿得漂漂亮亮的，叫醒了我，她替我点好早餐，就耐心地等待着，直到我也准备就绪。然后我打电话到歌剧院，想和院长安东尼奥·布拉卡列先生通话，他以组织大歌剧演出季著称。没多久他接了电话。我告诉他，比安卡马诺离开了我。

"在这里一切都要靠我自己来做了。我想了解一下，是否给我安排好了日期。"我问。

"鉴于没有得到布宜诺斯艾利斯方面的任何消息，我没有公布您的任何音乐会。不过，请到我的办公室来，我们讨论一下日期和曲目。"

一小时后，我已坐在歌剧院布拉卡列的私人办公室里了。无疑，他是个行动派。这个小个子意大利人，脸刮得很干净，有一双灵活的眼睛，但说话时从不看着对方。我们决定 10 天内举行四场音乐会。我带着在布宜诺斯艾利斯演出的节目单，于是我们从中挑选了四份。我离开前，他把我带到后台，那里有一架斯坦威大演奏琴安安稳稳地放在一个木箱里。

"我明天一早就让人给你安放到舞台上，琴不是新的，但我想您会满意的。"

他请我同他吃饭，我谢绝了，说话时有点不好意思："我在和一位好朋友一起旅行，她是个意大利女歌唱家，此刻正等着我。"

"是唱歌剧的吗？"他问，"叫什么名字？"

"她是相当有名的女低音，叫加夫列拉·贝桑佐尼。"

布拉卡列一听就激动得跳将起来："伟大的贝桑佐尼！"他叫道，"这简直是奇迹！两年来我一直想要请到她。我能否和您一起去认识她？"

我无法拒绝，虽然我有点紧张，不知贝桑佐尼会怎样反应。

当我们在大堂见到她时，布拉卡列不等我介绍，就跑上前去，吻了她的双手，嘴里喊着：

"伟大的女主角！能在这里见到您，我成了世界上最幸运的人啦！您必须为我们演唱。"

她的反应比较冷淡，但面对他那夸张的表示，不得不微笑着，并接受了午餐的邀请。在慢慢用餐时，他一直在劝她和卡鲁索一起出演，由她扮演阿姆内里斯，而后唱卡门，这出戏将专门为她重排。当贝桑佐尼提出自己的酬金时，他的热情稍稍减退了些，但还是同意了。从此以后，我们就不停地接受采访、睡眠不足、午餐很迟、不吃晚餐而代之以夜宵。我们在哈瓦那的生活就是这样。我试了一下钢琴，比我想象的还要好。贝桑佐尼有她自己的排练，先和钢琴师，然后和管弦乐团，乐团的指挥由芝加哥来的杰出指挥乔尔乔·波拉科担任。

我即将开始的音乐会却令我产生了前所未有的忧虑。在许多困难的段落中，我的手指都不听使唤。我终于晓得几个星期不弹琴的结果了。这一次我终于躲进斯坦威公司的一个房间，连续练了几整天的琴，这使贝桑佐尼很不高兴。令人高兴的事情也有，就是仙品一般的雪茄烟。就算爱好雪茄的人，也想象不到坐在咖啡馆里、慢慢地品尝又浓又香的咖啡、不时地抽一口只应天上有的古巴烟叶，那感觉是何等的舒适、愉快。

哈瓦那有一所很好的音乐学院，是一个丹麦音乐家德·布朗克创办和成功经营的。有一次在他家吃过晚饭后，他带我去了一家主要是黑人去玩的舞场。

"他们的音乐和舞蹈会令您惊异的!"

他说得对。古巴的桑巴有着不同的节奏，比巴西的还要令人兴奋。那个乐队有最为多彩的打击乐组合，有时还来段独奏。舞者具有那种只有黑色人种才擅长的举世无双的节奏感。但他们把它融合到几乎无法觉察的舞步中，男女舞者像胶一样粘在一起，越跳越快，直至高潮。

贝桑佐尼和我都取得了很大的成功。在第一场独奏音乐会上，我主要弹的是肖邦的作品，包括《降 A 大调波洛奈兹舞曲》；还有《特里亚纳》和《纳瓦拉》，那是西班牙人的耳朵所抵御不了的。我以法雅的《火之舞》作为最后一个加演节目，结束了那一天的音乐会。布拉卡列看到了我和他会财源滚滚，便定下在首都至少演出六场音乐会，在省城还演几场。对贝桑佐尼而言，她在首演中扮演《阿伊达》中的阿姆内里斯，获得了完全的胜利。报刊一致宣称，这里还从未听到过音域这样宽阔的优美的女低音。可惜她的首演被一个有点喜剧性的事件搅和了一下。伟大的卡鲁索扮演拉达梅斯，他每场报酬一万美元的情况闹得沸沸扬扬，大家颇有微辞。古巴的生活水平非常低，普通市民为这样一笔钱要工作多年才行。所以在听众席上能感到某种敌意，就毫不奇怪。

那个事件就是在这时发生的。当拉达梅斯正在为自己的胜利进行游行时，有人在剧院正厅丢了一个臭气弹，爆炸时发出一声巨响，散发出最难闻的恶臭。扮演拉达梅斯的卡鲁索拎起自己漂亮的白色长袍的下摆，就从剧院冲到街上，奔跑着穿过广场，回到旅馆，身后还有一群报刊记者追赶着他。不难想象剧院里是多么的惊愕。我长话短说，贝桑佐尼的表现就像个法老的女儿。当然，布拉卡列以及舞台监督跑到了旅馆，对埃塞俄比亚战争的英雄进行了安抚，又把他带回到胜利的场景中来。那个夜晚在欢呼、鲜花等等之中结束。阿伊达和阿姆内里斯也分享了这位无与伦比的男高音的成功。臭弹事件到此彻底结束。

加泰罗尼亚伟大的花腔女歌唱家马丽亚·巴林托斯出席了我的第二场音乐会，并到后台来拜访我。我吻了她的手，邀请她第二天共进午餐。谈话间她问道：

"您什么时候去纽约？"

我回答根本没打算去那里。她惊讶得张大了嘴。

"可是我亲眼看见了预告，您以独奏演员身份与波士顿交响乐团合作，在纽约、费城、巴尔的摩、华盛顿和波士顿举行六场演出！而且我还记得您的第一场演出将在一周后进行。"她也承认，R.E.约翰逊有时靠不住。

这个警报性的消息对我的打击犹如晴天霹雳。我推测，约翰逊的合同以及我要的钱已经寄出，只是还没有到我手里。我立即忙碌了起来。要做的事情很多：取消在古巴的音乐会，给约翰逊发出我将抵达的电报，在巴林托斯向我推荐的里兹-卡尔顿饭店为自己预订房间，最难的是必须告诉贝桑佐尼。布拉卡莱听后不大高兴，但他能够理解。他尽力说服我赶快返回古巴。

我给约翰逊发了一份很长的电报后，才有勇气把我的计划告诉贝桑佐尼。她的反应比我担心的还要糟糕。她立即决定要和我一起走。

"我想和你在一起。我不想和这个魔鬼布拉卡列单独留在歌剧院。"我花了不少时间说服她先执行完她自己的合同，然后再与我汇合。

次日上午我接到了纽约的电报，内称："已为您在比尔特莫尔饭店预订了房间。抵达后请联系我的办公室。"这封电报不太令人满意。但我已不大在乎了，因为我去美国的最重要原因是与波士顿交响乐团的合同。在离开前，我请剧组中一个演唱男低音的好心的团员关心和帮助贝桑佐尼。当晚，她和布拉卡列来为我送行。

二、第二次征服美国的尝试和墨西哥奇遇

10

　　经过漫长的、疲乏的旅行之后，恩里克和我于深夜抵达了纽约。没人在等我，也没有出租车什么的。在比尔特莫尔饭店我收到 R.E.约翰逊的一张便条，说是天太晚就不接我了，并请我于第二天中午到他办公室去。此外还有一封信，是达格玛尔·戈多夫斯基（戈多夫斯基的女儿——译注）来的，自离开维也纳后我就没有见过她。在信中她热情似火地欢迎我，并要我第二天请她吃午饭。房间很舒适，我为恩里克找了一间小一些的，在美国，旅馆里没有专供仆人用的房间。

　　那是个不眠之夜。我脑子里千头万绪。但有一个念头最突出，而且非常折磨人——我害怕再次见到谬丽尔·德雷珀。自她离开伦敦后，我一直没有她的消息，而我感到我们之间还有点什么没有了结。说到底，我必须承认，我喜爱加夫列拉·贝桑佐尼，但不爱恋她；而谬丽尔情况正好相反，我不喜欢她，却爱上了她。我极其害怕自己会再次陷入她的魔力之中。至于波拉，我相信，她已找回了孩子，并已经同家人和解。那一夜，我清醒地意识到，从战争开始起，我就彻底失去了与我的家庭和波拉的联系，包括同巴维尔·科汉斯基、卡罗尔·希曼诺夫斯基以及所有在波兰的朋友。我那么怯懦，甚至不敢去想他们是活着还是死了。快天亮时，我迷糊了一阵，然后叫恩里克帮我收拾东西、穿戴起来。我在房间里吃过早餐，就给达格玛尔打电话，她也住在这家饭店。相互热情问候之后，我邀请她到里兹-卡尔顿饭店吃午饭。然后便去见 R. E. 约翰逊，他的办公室设在百老汇和第 39 街的交汇处，就在老的大都会剧院的对过。

我到时他正坐在一把转椅上。他有一副宽肩膀，一张酒鬼的脸：两只爱流泪的大眼睛，一个说不清什么颜色的大鼻子，刮得干干净净的脸颊，乱蓬蓬的金发间杂着灰色。他年纪怕已六十开外了。

"好家伙！"他叫道，"没有动静，没一点消息，你就突然出现了。我把你兜售给了波士顿音乐会，但现在他们找拉赫玛尼诺夫代替了您，他们等不及啊。"我火起来了。

我向他叫嚷道："是我一直在空等你的合同和钱。我才什么都没收到。如果不是因为马丽亚·巴林托斯，我才不来呐。我看不如马上回古巴去，我中断了巡演，放弃了大好的收入，我去继续好了。"

他站起身，我才发现他是跛脚。

"而你甚至都不肯费心汇来我要的钱。"

他一边灵便地用单腿跳着，一边叫道：

"我宁可死，也不会预支的。卡雷拉斯那个家伙想必是个蠢蛋。"我不太记得谈话是怎么继续的了，但他突然叫了一声："露露！"一位高头大马，年近五十的女人走进来。"露露，"他重复道，"这个男孩是个火气十足的家伙，我喜欢。"然后转向我笑着："我有几场很好的音乐会给你，你不必回那该死的古巴了。伊萨依在辛辛纳提给你预订了两场音乐会，弗雷德里克·斯托克①替你接洽了与芝加哥交响乐团的合作，而我则会在卡内基厅

---

① 斯托克（Frederick Stock, 1872～1942）：德裔美国指挥家、小提琴家、作曲家。曾在科隆管弦乐团任小提琴手 5 年。到美国后即在芝加哥交响乐团拉小提琴。后担任副指挥、指挥，直到去世。曾在若干美国作曲家作品的首演中担任指挥。他还把许多现代音乐作品介绍给了美国听众。

大厅为你安排一场独奏音乐会。"

我们分手时已经是好朋友了。

我匆匆赶到里兹—卡尔顿饭店，总算没误了与达格玛尔会面的时间。她迟到了。我在通向餐厅的大堂里坐下等她。结果第一个进入大堂的人竟是谬丽尔·德雷珀。

我立即站起身来。她一点都没有变。

"谬丽尔！"我结结巴巴地说。

她向我走来，脸上的表情仿佛她知道会在这里碰见我。就在我亲吻她的手时，发生了最为奇特的事。我感觉无拘无束，自由自在。就像我以前不认识她。我昨晚的担心全都消失了。我们简短地交谈了几句，相互询问了一些情况。

"我和保罗离婚了……你怎么样？我听说你在南美大获成功啦！"

"是的。"我不免有些自负地答道，"艰难时期过去了。"

"我希望以后还能见到你。"

几个朋友把她带去吃饭了。过了几分钟，达格玛尔走进来。她已长成一个相当漂亮的妇人，一副明显的犹太人脸型，已经不是那波斯小姑娘了。但她还保持着自己的活力。现在，战争才刚结束，她那浓重的德国口音有点令我不快，但又使人想起了在维也纳的日子。用餐时她大谈新闻和往事。她去拍过电影，当了两次群众演员，还演过一个小角色，仅此而已。我从她那里了解了纽约艺术生活的方方面面，这让我感觉最近两年自己就像一直生活在这里！不过那种特殊的现象又出现了——我完全忘记谬丽尔也同在这一间餐厅里。

回到房间后，不间断的电话令我应接不暇。我只记住了最重要的两个。一是有位恩斯特·厄克斯（Ernest Urchs）先生，在斯坦威公司负责安排演奏用琴的，他提议我挑选一架音乐会用琴，还要给我的旅馆房间送来一架小演奏琴。这事 R. E. 约翰逊做得很漂亮。另一个是我的好友阿道夫·博尔姆，他是佳吉列夫的舞蹈演员，在《伊戈尔王》中扮演野蛮弓箭手的头领。他是从达格玛尔那里得知我已到达的。他邀我当晚一起吃饭，这使我想起在圣塞巴斯蒂安的好时光。我推说太累了，但他坚持道：

"你的好友雷沙德·奥登斯基也要来，还有俄国作曲家谢尔盖·普罗科菲耶夫。"

我从椅子上跳起来，高喊着："我一定来！"

就在战争快爆发前，皮埃尔·蒙特告诉过我，在他和普罗科菲耶夫合作演出了作曲家的第一和第二钢琴协奏曲之后，就认定此人将会成为伟大的作曲家。我私下也弹奏过他已经发表的三首短小的作品。

这次晚餐会对我是件大事。继希曼诺夫斯基、斯特拉文斯基和拉威尔之后，我又认识了一位真正了不起的作曲家。普罗科菲耶夫看上去比他的年纪要小，原因是他一辈子都带着那种孩子般的表情。他身材高大、结实，有点胆怯和不善交际。他有黑白混血的特征，鼻子扁平，厚厚的红嘴唇。他的眉毛是白色的，几乎分辨不出，头发颜色很浅。他的皮肤极为细腻，会动辄就脸红。博尔姆拥抱了我，还有奥登斯基，他在柏林给马克斯·赖恩哈德当助手时期我们就相识了。普罗科菲耶夫照俄国习惯有力地握着我的手，但一听我转述了蒙特对他的赞扬、以及我自己结识他很高兴，便脸红了。在餐桌上享用了一通伏特加、压缩鱼子酱和其他美味之后，博尔姆把我拉到钢琴边，我便弹奏了自己钟爱的肖邦的《船歌》，然后应在座者的坚决要求，弹了我最擅长的几首西班牙乐曲。普罗科菲耶夫喜欢我的弹奏，这比在整个南美巡演获得的成功还要令我高兴。

奇迹再次出现，从那个晚上起，我和普罗科菲耶夫成了朋友，直到他过早地在俄国谢世。我们经常见面，有时就我们两人，有时和希腊裔巴西女歌唱家薇拉·雅纳科普洛斯一起，她唱普罗科菲耶夫的歌曲很令作曲家本人满意（可惜，她有个可怕的丈夫，一个大胡子俄国人，喜欢豪饮伏特加）。

普罗科菲耶夫给我弹过他正在创作的作品。他笑着承认自己找出了在音乐学院为考试谱写的两首奏鸣曲，现正把它们做现代化处理。他把第二首奏鸣曲的手稿作为礼物送给了我。他还忙于创作他的《第三协奏曲》和他自称《瞬息的幻影》①的一组小品，他也给我弹过其中的几首。那些曲子听起来很奇特，其中包含着新颖、清纯的东西，一下子就吸引了我。经历了多年的生活之后，现在我倾向于认为普罗科菲耶夫是最重要的俄国作曲家。斯特拉文斯基成了世界主义者，而这也反映到了他的作品中。至于其他的作曲家，他们的作品都缺乏真实的俄罗斯音乐语汇，而这却充溢在普罗科菲耶夫的作品中。

R. E. 约翰逊把在卡内基大厅首演的日期通知了我，是在星期日下午，大概是我到达后的第 10 天。我把最为拿手的作品编进了节目单。以贝多芬的《华尔斯坦奏鸣曲》开场，接着是肖邦的几首短曲、德彪西的三四首作品以及阿尔贝尼斯的《特里亚纳》，最后以舒伯特作曲、陶西格改编的《军队进行曲》结束。每天上午我都在钢琴边度过很长时间，试图在大量的常规演出之后，对音乐重新作一次细密的审视。这场音乐会对我的艺术事业十分重要，而我清醒并痛苦地知道这一点。约翰逊每天都和我讨论宣传、采访等等事宜，通常就在比尔特莫尔饭店巨大的酒吧里进行。这酒吧白天时和我想象中的股票交易所一样。喊声、笑声不断，在很远的距离大声交谈，完全是浸泡在酒精里的嘈杂喧嚣。我手中低度的马丁尼酒不足以把我带到这狂热中去。但是醉醺醺的约翰逊通常都是被人扶回房间的，而最糟的是他扯着嗓子把我

---

① 《瞬息的幻影》（Visions Fugitives）由 20 个小曲组成的钢琴小品集，是普罗科菲耶夫于 1915 - 1917 间所作。

介绍给其他酒鬼的劲头。"这是乔·史密斯，好伙伴！他能带很多人到音乐会去。乔，你喜欢音乐，对吧?"他会对着一副茫然的面孔这么说，而后继续道："我告诉你，这小子是个魔鬼。他一定能打败所有的人!"

有一天，我收到一封加夫列拉·贝桑佐尼从西恩富戈斯写来的奇怪的信，我永远不会忘记它。她写道："那个秘鲁男低音，就是你请他在我有需要时关照和帮忙的那个人，你刚离开，就极其厚颜无耻地来追求我了。当我把他赶走，不再和他说话时，他就动了粗。他想闯进我的房间，嘴里还骂骂咧咧的，有一天甚至拿着把刀子晃来晃去。阿图罗，我害怕死了。这里谁也没有勇气制止他。你必须帮助我。求你，让古巴使馆出面干预一下吧——我猜这人疯了，应该把他关起来。"我不安极了，充满了负罪感，因为是我让这个疯子来关心贝桑佐尼的。我立即跑到古巴领事馆，并立即受到领事的接待，于是我给他读了那封信。领事和西恩富戈斯的警察局联系了一下，当天傍晚就有了消息：那个人确实很危险，他曾试图攻击警察，并扬言要杀了贝桑佐尼。他已经被逮捕，而且看来精神不健全。贝桑佐尼感激涕零地写了信，我则因噩梦已结束而松了口气。

纽约变成了一座军营。回家的士兵成群结队地在街上游荡。我看到由本地人组编的几个团进行的两次大游行，而且还允许他们通过了华盛顿广场的凯旋门。成千上万的人沿着第五大道向他们欢呼。妇女们把鲜花抛向他们，或者跑过去亲吻那些孩子们。出现了许多动人的场面，但也发生了一出喜剧。有一晚，时间已很迟，我被楼道里的喊叫和吵闹声惊醒。我打开门向外张望，结果看到一个穿着睡衣的人在和三个旅馆工作人员相互厮打，最终那三人将其推进了电梯。第二天我听说，他被赶到了大街上。事情是这样的：那人来到旅馆，直接进入了一位女士住的房间。旅馆的侦探令他立即出去，但那人生气地说那位女士是他的妻子，而他自己是刚从欧洲回来的军官，行李和证件都还留在船上。清教徒侦探不肯相信他，结果彻底惹恼了那人，因而引发了打斗和随之而来的恶果。令所有房客满意的是，比尔特莫尔饭店被起诉要赔偿10万美元，而最终不得不付出一大笔钱以私了此案。原来那个人不但确实是那位女士的丈夫，还是个战斗英雄。美国饭店系统虚伪的清规戒律被狠狠抽了个耳光，对此我特别高兴。

贝桑佐尼声言，她在古巴的最后一场音乐会一结束，就到我身边来。我一想起当初我们在巴拿马的饭店的命运，就又发起愁来。但是几位好友安慰我说："如果那位女士订了带客厅的套间，卧室的门又一直开着，她就有权在白天和晚上的任何时间接待男性访客。"说这话真够玩世不恭的，我心里想。

战争胜利给纽约的居民带来很强的幸福感，这我可从未见识过。人们日日夜夜在街上转悠，笑着、喊着、和陌生人交谈着，把酒吧、餐厅还有舞池都挤爆了。想不参与都难。达格玛尔的朋友们（她的朋友还真多）也试图把我拉进这漩涡，但都白费了。在那些天我没有离开过钢琴和普罗科菲耶夫，作曲家不理睬这种普遍的歇斯底里。R. E. 约翰森喝得更厉害了，通常都是露露作陪。

"露露，讲讲票房的情况。"他含糊地说。

"票卖得很好。"露露说，一副睡眼惺忪的样子。

贝桑佐尼打电报告诉到达的时间。她预计的抵港时间是在我音乐会之前一天的大清早。我去港口接她，然后把她带到比尔特莫尔饭店，送进了饭店二层一个宽敞的"套间"。我住在十三层，因此要费尽唇舌向她解释为什么我不能和她住一起。她弄明白之后用西班牙文说："我不喜欢美国。"

她详详细细地讲了自己最近的麻烦，还用丰富的手势强调其戏剧性。但在讲述过程中，她过多地提到剧团里一个一直在她身边的男中音的名字，那人长得很英俊。后来当我冷冷地问起他是否也用其他方式为她提供帮助时，贝桑佐尼大发雷霆。一场糟糕透顶的争吵也就在所难免了，吵着吵着我还差点动了粗。不过当我们在泪水中亲吻时，也就和解了。这是1906年以后我第一次在纽约露面，而她却在我首演的前一天到达，以及接下来所发生的一切，对我的神经影响很不好。我去卡内基音乐厅时状况很差，但满座的大厅，还有普罗科菲耶夫、约瑟夫·霍夫曼以及我的老朋友约瑟夫·列维涅和雅克·蒂博①的在场又给我添加了勇气，使我恢复了自信。

在向听众躬身致意时，我见到保罗和谬丽尔·德雷珀平和地坐在一起。我的音乐会又令他们和好了，至少在那一天。

我记得自己演奏得相当好，特别是那些短小的曲子。在弹奏贝多芬时我仍旧有些紧张。R.E.约翰森十分高兴我获得的成功，而居然头脑清醒，真叫人吃惊。

"我又给你安排了一场——这回可以打败他们了！"

朋友们到后台来说了许多鼓励的话，并和往常一样对下一场音乐会的节目提了友好的建议。霍夫曼没来后台，但别人告诉了我他喜欢哪些又批评了哪些。在后台，大家对贝桑佐尼的出现特别诧异，尤其是R.E.约翰逊和露露，而雅克·蒂博则接受邀请

① 雅克·蒂博（Jacques Thibaud，1880～1953）：法国小提琴家。师从伊萨依。1896年以优异成绩毕业于巴黎音乐学院，即在克洛纳乐团担任独奏演员。尔后开始在欧美各国巡演。声誉与日俱增。曾与钢琴家科尔托、大提琴家卡萨尔斯组成三重奏组，堪称当时最佳组合。他演奏手法精致，风格清新，音色温暖而富有诗意。所演奏的圣—桑的《b小调小提琴协奏曲》、《引子与回旋随想曲》；拉罗的《西班牙交响曲》；弗朗克的《A大调小提琴奏鸣曲》意境深远，韵味无穷，被公认为最佳典范。他的教学成就同样斐然，杰出的小提琴家弗兰切斯卡蒂、安泰尔、安德拉达等均出自他门下。1943年与玛格丽特·隆一起在巴黎创办《钢琴与小提琴国际比赛》，在国际上影响甚大。1936年环游中曾到我国上海演出。1953年死于空难。

和我一起去贝桑佐尼的房间吃晚饭。

所有重要的评论家都出席了音乐会。詹姆斯·休内克,当时最受尊敬的评论家,写了一篇极为友好的文章,不过,他称我为"小型作品的优秀演奏家"。对这评价我并不太喜欢。"我的老朋友"亨利·爱德华·克莱赫别尔把他对我1906年音乐会的评论抄了一遍,表现出了他德国式的刻板笨拙。恼怒中我希望他快死(几年后他果真死了。这是我这辈子犯下的唯一一宗杀人案)。其他报纸都很热情。

11

一夜之间,贝桑佐尼在纽约的出现,成了歌剧界和经纪人圈内的话题。我的电话也响起来了。大都会歌剧院著名的经理加蒂–卡萨扎①急于同我见面。最活跃的沃尔夫森音乐会演出公司则跃跃欲试地要为她举办巡回演出。最后,而且非常重要的一项,是维克多唱片公司,他们曾为卡鲁索、黛斯廷和帕德雷夫斯基等人录过音,表示愿意和我讨论她的合同。我被这些电话搞得头昏脑胀,但也觉察到我的地位已经从一个普通钢琴家变成了在全世界举足轻重的代理人。而在贝桑佐尼看来,这一切理所当然都属于她。我发现,歌唱家的自大是没有止境的;大多数指挥也是

---

① 加蒂–卡萨扎(Gatti – Casazza,1869~1940):意大利歌剧院经理,美国大都会歌剧院经理(1908~1935)。曾组织演出了110部世界名作。

如此。

事实上，加蒂–卡萨扎不仅是最为成功的歌剧院经理，而且也是谈判中无比强硬的对手。我发现自己在这方面也很有天分。我们花了两个小时才替贝桑佐尼弄出了一份满意的合同。但是我未能为她争得卡门一角，因为这一角色的"所有权"是属于美丽的杰拉尔丁·法勒。她宁可被人开枪打死，也不愿把这个角色让给别人。因此，可怜的贝桑佐尼只好受限于次高音和低音部分，那些角色的重要性自然不能和比才的女主人公相提并论。一开始，贝桑佐尼拒绝签署不演卡门的合同，在我反复解释之后，她才明白了在著名的大都会歌剧院首演的意义。

沃尔夫森则直接向贝桑佐尼提议连开 10 场音乐会，每场3000 美金的报酬。这是不得了的提议，但我不免担心。就我所知，我的朋友没有值得一提的音乐会保留曲目。我从未听她说起过哪首歌曲，她只有歌剧。她对我的不安没有太往心里去。

"你帮助我学几首嘛，图图罗！"她声言道。

我害怕的正是这一点。

她兴奋地逼我尽快与维克多公司的老板见面。她的梦想就是能和卡鲁索以及其他大明星排在同一张名单上。

卡尔文·蔡尔兹，这个新兴工业的总裁在接待我之前，让我等候了半小时。他让我坐下，然后谈起他手头现有的生意，那种趾高气扬的派头我只是后来在与好莱坞的巨头打交道时才再次碰到。

"她知道灌制唱片是怎么回事吗？"他问道。

"不，我看不知道。"

"那么，我们只好教会她啦！"

"你们开价多少？"我急不可耐地问。

"你说'开价'是什么意思？像对所有人一样，我们给她唱片销售额的 10%。"

我站起身来说道："我很遗憾，但我不认为贝桑佐尼女士会同意这样的条件。"

蔡尔兹嘿嘿一笑。

"我可以用性命打赌，她会同意的。"

他没能说服我。我打算离开，但他在门口拦住了我。

"别急啊。如果你能说服她，我也可找个地方给你录上一两首小曲子的。这对你的事业有好处。"

我气得脸色煞白。

"这听起来像是行贿啊。"我愤怒地说，"你只好和她直接商谈了。顺便说一句，在你的机器上，钢琴听起来就像班卓琴。"说完我就走了。

回到家后，我的故事没能打动贝桑佐尼。她已下定决心要灌制唱片，还怪我没有同意那个10%，甚至怪我没有同意他要给我找的"地方"。几天后她自己和那个家伙签订了第二年秋天的三份合同。我的经纪人生涯也就此结束。

除了这事之外，我听了几场很有趣的音乐会。18岁的雅沙·海菲兹取得了轰动性的成功。他那优美的洪亮音色、完美的发音和了不起的技巧令我惊讶。而所有这些合在一起，构成一种氛围，好像他不可能使用其他的方法。但他的举止总令他的演出有些冷淡，这导致在后来的岁月里不论听众的掌声多热烈，他都那么无动于衷。

一天，达格玛尔·戈多夫斯基介绍我们两人认识。想必是她把我介绍得太色彩缤纷了，不过他审视着我，要得出自己的看法。我的演奏没给他留下特别的印象，然而却非常感兴趣我购买皮鞋和领带的商店，还有我口袋里挂钥匙的金链子，以及我的仆人和贝桑佐尼本人。由于我在纽约的首演不能和他的轰动性的成功相比，他把我看作他身边的一颗卫星，就像他对待所有其他独奏演员一样，不论是钢琴家、小提琴家还是大提琴家。不过他却从这个奇特的角度喜欢上了我。

当时在纽约有两大管弦乐团：一是以老江湖瓦尔特·达姆罗什①为首的老交响乐团；一是较新的纽约爱乐乐团，该乐团选择了美籍奥地利人约瑟夫·斯特朗斯基②为指挥。为了描绘其才华，我讲一段趣闻。在某次招待会上，出席者里面有许多爱开玩笑的演奏家。戈多夫斯基拉大提琴，海菲兹弹钢琴，克莱斯勒吹长笛，而斯特朗斯基居然担任了这个大杂烩的指挥。

一天，报纸登出一则消息，说是要成立第三个乐队，创建者是个鲜为人知的年轻法国音乐家，名叫做瓦雷兹③。没有人认识他，但是热衷传播流言的纽约客不愿承认自己无知，于是就杜撰出了一些小故事。这一回是这样的：有个美国首屈一指的银行家的妻子，送给瓦雷兹这么个乐队，就像送生日蛋糕一样。这听起来蛮像回事，因为据说那个年轻人非常英俊。纽约客成群结队地来参加这场被大张旗鼓地宣传的首演，好看看这个乐团和指挥。这位年轻人公开声称，城里的音乐生活停滞不前，他则发誓要清扫这音乐界的奥革亚斯牛圈④。

节目单上全是第一次公演的曲子。有德彪西的没有发表过的

---

① 瓦尔特·达姆罗什（Walter Damrosch，1862～1950）：德裔美国指挥家、作曲家。1895 年组建歌剧团赴全美巡回演出，以上演瓦格纳的歌剧为主。1900 年该团解散。瓦重返大都会歌剧院工作。任纽约交响乐团指挥。向美国介绍了大量 20 世纪的音乐作品。他还指挥了布鲁克纳第三、马勒第四交响曲在美国的首演。自己写了为数不少的作品。

② 约瑟夫·斯特朗斯基（Josef Stransky，1872～1936）：曾任布拉格德国剧院指挥，在汉堡任首席指挥。先后在柏林、德累斯顿、伦敦及阿姆斯特丹任指挥。1911 年接替马勒任纽约爱乐乐团指挥至 1923 年。写过歌剧《比阿特丽斯和本尼迪克》。

③ 埃德加·瓦雷兹（Edgard Vares，1883～1965）：法裔美国作曲家。国际作曲家协会创始人之一，为促进美国现代音乐作出了很大贡献。作品有：《离子化》、《沙漠》、《美国风》和《奥秘》等。

④ 奥革亚斯的牛圈：据希腊神话，奥革亚斯王有个大牛圈，养牛 3000 头，已30 年未打扫。后来人们用"奥革亚斯的牛圈"比喻肮脏不堪的地方。

吉格舞曲、巴托克①的两首新作以及美国一位现代派作曲家的一篇较大的作品，音乐会将以李斯特的从未演奏过的一首交响诗来结束。卡内基厅内座无虚席。人人都在兴奋地议论着。当乐队稀稀拉拉地走上舞台，四周才安静下来。极为帅气的指挥出现时，女性听众反响热烈，而其余的听众就无所谓了，他们只是不冷不热地表示了欢迎。这是我见过的最奇怪的音乐会之一。按照开战以来形成的习惯，音乐会的开场曲都是《星条旗》②，而观众则肃立聆听。瓦雷兹把指挥棒放了下来——大家突然意识到他不会这首曲子，或者他在表明自己不会这首曲子。不论是什么情况，骚乱都不可避免了：乐团停止了演奏，大厅里嘘声一片，有几个还是满脑子战争的家伙甚至动了粗口。瓦雷兹没有被这个序幕所扰乱，继续按节目单进行，然而却没有展示出一丝指挥天赋。一切都那么混乱——乐手们望着自己年轻的指挥，期待他的帮助，但却得不到；公众不再聆听，而是开始大声评论这件事情。四分之三的听众在结束前就离开了。银行家的妻子第二天就遣散了乐团——以及瓦雷兹先生。

之后很多年，人们都没再听到过瓦雷兹，直到上一次大战结束后，他的作品才开始出现在后勋伯格的现代主义者的节目单

---

① 贝拉·巴托克（Bela Bartok，1881～1945）：匈牙利作曲家、钢琴家和民族音乐学家。起初跟母亲学钢琴，9岁登台演出，引起人们注意。当时他已在作曲。后入布达佩斯皇家音乐学院，不久就成为卓越的钢琴家。1907年起，在母校执教30余年，并频繁演出，在国内外赢得千百万听众。1940年忍痛离开祖国。在美国哥伦比亚大学、哈佛大学任教、创作和研究。他是20世纪音乐的主要人物之一，音乐史上的一位巨匠。主要作品有：《第一钢琴协奏曲》、《第二钢琴协奏曲》、《第二小提琴协奏曲》、《乐队协奏曲》、《弦乐嬉游曲》；歌剧《蓝胡子城堡》、芭蕾舞剧《木刻王子》等。

② 《星条旗》（The Star Spangled Banner）：美国国歌。曲调原系英国人约翰·斯塔福德·史密斯为《阿纳克里翁在天上》一诗谱写的歌曲。歌词系法兰西斯·斯科特·基所写。1931年3月3日正式定为国歌。在作者描述的年代该曲已非正式地作为国歌在用，但还不是法定国歌。

上。这一新潮流的领袖们，如布列兹①、施托克豪森②和诺诺③对他的天才表示了敬意，声称他是他们勇敢的先驱之一。

12

那时正爆发一场音乐瘟疫——自动钢琴。还在欧洲时，我就常常听说有个叫什么威尔特·米尼昂的人，他能使钢琴家在另一架钢琴上听到自己的演奏。你只要在那叫做"自动钢琴"的新乐器里塞进一卷打孔纸就行了。突然之间，纽约的音乐家们就不再有其他的话题了。当然最感兴趣的是钢琴家，因为这里头大有好处可赚。

在欧洲，布索尼、拉威尔和德彪西都动了心跑来试验这种二度创作的新方法。纽约出现了两家大公司："风神双艺"和由克纳伯公司经营的"美国钢琴公司自动钢琴部"。前一家公司向我

---

① 皮埃尔·布列兹（Pierre Boulez, 1925～）：法国作曲家、指挥家、钢琴家。曾与人在巴黎共同创立提倡和演出新音乐的组织"音乐天地"。现代音乐的最重要代表人物之一，在指挥纽约爱乐乐团、伦敦广播交响乐团时依旧提倡20世纪音乐。作品有：《无主的锤子》、《重重皱褶》、《水太阳》、《结构I》、《结构II》、《书》等。

② 卡尔海因兹·施托克豪森（Karlheinz Stockhausen, 1928～）：德国作曲家、指挥家。因创作《麦克I》、《麦克II》而成为世界最重要的电子音乐作曲家。他的11首《钢琴曲》使他在现代音乐中取得了重要地位。重要作品还有《群》、《音准》、《曼特拉》等。

③ 路易吉·诺诺（Luigi Nono, 1924～1990）：意大利作曲家。1950年因演奏根据勋伯格的一个音序而写的管弦乐变奏曲而驰名国外。作有歌剧《褊狭的1960年》、室内重奏曲《会战》，男、女高音与乐队的《站在广岛的桥上》等。

提出一份为期五年的合同，我发现酬金比通常的要低。我让他们等我的决定，这时来了另一个建议，是美国钢琴公司的，我的老朋友乔治·霍克曼就在那里任职。在我无意间对"风神"的人提起这事之后，他们便火急火燎地要搞到我，这次的酬金要高得多。我很快发现美国人商务活动的一个普遍态度：报价时他们一副帮了你大忙的样子，但是只要有一个对手也来找你，那么你潜在的价值就会大大提高。于是我从"风神"获得了五年的合同，每年的酬金为6000美金，录制三卷。此外，他们还勉强允许我为美国钢琴公司录三卷，酬金是笔大数目。首批的三卷中，包括阿尔贝尼斯的《特里亚纳》。

我还要说一段包括我自己和三位同行的叫人脸红的故事。莱奥波德·戈多夫斯基、米沙·列维斯基、列奥·奥恩斯坦①和我同意在六个城市（不包括纽约和波士顿）演出，每人先在自动钢琴上弹一曲，然后让机器给听众重播，这种做法一点也不让我们感到自豪。

我还想起那段时间里发生的另一个故事。R. E. 约翰逊给了我布鲁克林一个音乐厅的地址和我演出的时间。在一个寒冷的雪夜，我由恩里克陪同乘出租车去布鲁克林。到了目的地，我让恩里克去找演员入口，因为我已穿好了演出服。几分钟后恩里克回来了，非常激动地说："肯定搞错地方了，里面正在举行化妆舞会呢。"这可糟了。我们的出租车司机不知道还有其他的音乐厅。我决定查问一下这幢大楼里还有没有其他的演奏厅。我问的那个人答道："您是鲁宾斯坦吗？太好了！我们正在盼着您的音乐会呢！"他看到我一脸的惊异，便补充说："这是我们一年一度的共

---

① 莱奥·奥恩斯坦（Leo Ornstein，1892～2002）：美籍俄国钢琴家、作曲家。1907年定居美国。1937年前在欧美各地巡演，演奏自己的和其他极端现代派的作品。1940～1955年执教于自己创办的音乐学校。作有管弦乐曲，钢琴协奏曲、室内乐以及钢琴曲多首。

济会聚餐，我们挑了您来助兴。"

我真不幸！我不得不在一群头戴滑稽帽子，身穿东方服装、上面还镶着链子的听众面前演奏我优美的音乐，何况大部分人都已有醉意。他们更想说笑取乐，而不是安安静静地听音乐。他们的掌声老是提前。当一切都结束时，无论是他们还是我都感到松了一口气。在我向我的美国友人说起此事时，他们却不觉得有什么荒谬。他们尊重诚实的劳动，不管干什么，只要有钱就好。

在卡内基音乐厅举行第二场独奏音乐会之前，我在辛辛纳提还有两场音乐会。一场由伊萨依担任指挥，另一场是我们两人同台的小提琴和钢琴独奏音乐会。贝桑佐尼坚持要陪我去。她在瓦格纳《纽伦堡的名歌手》的唱片中听到过大师伊萨依演奏的《比赛歌》，被感动得流了泪。"我要吻吻他的双手！"她哭喊着，"我将跪下求他为我演奏！"

出发前，R.E.约翰逊对我说："我为你在一家旅馆订了两个房间。旅馆老板是我的朋友，他是爱尔兰人。"约翰逊又挤挤眼睛补充道："他会给你两个房间，但两间屋子中间有道门。"旅馆老板还真的这样做了。

头一天晚上伊萨依请我们俩吃晚餐。他吻了贝桑佐尼的手，而当她准备还礼时，却又被亲了亲双颊。我和伊萨依回忆起伦敦的旧事，又谈起战争获胜的欢悦。他举起香槟对我敬酒："为我们在布鲁塞尔的下一场音乐会！"

饭后在他舒适的房间里，贝桑佐尼开始以发颤的声音求他为自己演奏《比赛歌》。我提议凭记忆为他伴奏。伊萨依有点不耐烦了："我已多年不拉这首曲子了。明天在音乐会上你能听到我的演奏的。"

但是她不让步，几乎要哭了。"我是怀着这个希望专门来辛辛纳提的。求你、求你，求求你为我拉这首曲子吧。"

而且她真的吻遍了他的手。大师不再推辞。他拿起自己的瓜尔乃利小提琴，调好弦，给了我一个开始的信号。

这时可怕的事情发生了：从第一个音符起，伊萨依拿弓的手就开始打颤，他停下来，然后又徒劳地试了一次。那是我一生中最令人难过的时刻之一。伊萨依坐下来，轻声说："我累了……"

贝桑佐尼默默地哭着，我们匆匆地告辞。在街上，我们好长一段时间都说不出话。

第二天上午，我们排练贝多芬的《G 大调钢琴协奏曲》。伊萨依是老派的指挥家。他给乐队一个拍子，就期待乐手们自己能按音乐本身的要求自动地演奏起来。自我听过达尔贝演奏《G 大调协奏曲》后，它就是我最喜欢的贝多芬的协奏曲了。要找到第一乐章的恰当的速度十分困难。钢琴一开始就奏出主题，然后是长长的齐奏，直到钢琴再次进入。我通常是以较慢的速度演奏主题，以便赋予它足够的份量，并为整个乐章奠定一个扎实的基础。排练时我请伊萨依在齐奏的开头采用我的速度，然后逐渐地达到恰如其分的速度。但他没有这样做。结果，无论在排练中还是在音乐会上，整个乐章听起来就显得单调乏味。这令我十分伤心，因为我本想籍此向这位伟大的艺术家和大好人表示敬意的。

第二乐章演奏得很美。乐队坚定的询问以及钢琴恳切的回答极为动人，而我们则把最后一声叹息尽量延长到辉煌的快板开始之前。尽管第一乐章平淡无奇，但辛辛纳提懂音乐的听众对我们的演出还是报以热烈的掌声。我们第三次谢幕时，伊萨依这个有着黄金般心地的人却做出一件事，让我在其后好多年在辛辛纳提都备受指责。他让乐团起立，为我，而不是为整个乐队，吹响了号角。听众显然对这一过分夸大其词地表达崇敬的做法大感意外，这与音乐会获得听众认可的程度很不相称。我经过好几场音乐会才逐渐消除掉这次留下的坏印象。可怜的伊萨依什么也没有察觉，他为能这样帮助我而极其高兴。报刊虽然喜欢我的演出，但一致批评了乐队的号声。

"这些白痴，认不出真正伟大的艺术家，确会拼着命去讨好一个棒球冠军。"伊萨依抱怨道。

我们的奏鸣曲独奏音乐会取得了不折不扣的成功。这位年长的大师显示了他真正的水平。《克鲁采奏鸣曲》简直就是头狮子在演奏。表演勃拉姆斯的《d 小调奏鸣曲》时，他把乐曲中饱含的全部豪情表达得淋漓尽致。他奏福雷的一首早期奏鸣曲时，则全面展示了其自身的高卢魅力。我们受到真诚的掌声，而且这次没有号角。对可怜的贝桑佐尼来说，没有任何一首奏鸣曲能与留声机唱片上的《叫卖歌》相提并论。但她清楚自己聆听了一位伟大的艺术家。

回到纽约后，我开始认真准备我的第二场独奏音乐会。这次包括巴赫的一首托卡塔、肖邦的《降 b 小调奏鸣曲》、阿尔贝尼斯的《伊比利亚组曲》中四首最大的曲子、希曼诺夫斯基的两首早期的练习曲以及李斯特的《梅菲斯托圆舞曲》。这场音乐会的听众比第一场音乐会的要少，这使 R. E. 约翰逊大失所望。但他不屈地重复道："我们会把他们干掉的!"

他是个纯种爱尔兰人。在美国，爱尔兰人属于一种乐善好施的黑手党，并且很容易根据特别的眨眼动作、喝酒和动不动就拔拳相向上认出他们来。纽约的大多数警察都是爱尔兰人，而警察的头头更不例外。我发现比特莫尔饭店的总经理也是爱尔兰人，而且这令我的房租便宜了一大截。在鲍曼经理的帮助下，约翰逊举行了一系列"比特莫尔系列社交音乐会"。他会为演出找上两三名毫无共同之处的艺术家，比方说一位轻歌剧歌唱家，一名演奏斯卡拉蒂作品的羽管键琴手，外加一名并非第一流的小提琴手。大家猜得不错，他也让我演了。但是我在朋友们面前从未夸耀过此事。

这些"社交音乐会"，在一个名叫巴格比的能干家伙的手中变得非常时髦。此公使用了这个法文名称，在沃尔道夫—阿斯托利亚饭店首倡这一形式。那是非常别致的系列活动，订票的大多数是范德比尔德、洛克费勒和古尔德之类家族的太太们，她们会一边购物，一边溜达进来看一会儿。尽管票价很贵，音乐厅却常常满座。巴格比先生惯于在音乐会之后安排茶点，广邀有闲的欧洲贵族参与。在餐桌上你可能碰上奥地利某某前任大公，希腊的玛丽娜公主、即后来的肯特公爵夫人，以及奥波伦斯基公爵等等，还有几个在纽约社交界响当当的人物。在这些茶会上，巴格比会向大家介绍"他的"艺术家们，仿佛在集市上炫耀自己获奖的牲口。如果某个演员取消音乐会，他并不太在意，但他绝不会原谅缺席茶会的人。

鲍曼先生就在那时被任命为新建的"舰队司令饭店"的总经理，那栋豪华的摩天大楼建成后将与中央火车站连通。R. E. 约翰逊建议在饭店开张时举办超级音乐会，为"舰队司令饭店"举行"超级社交音乐会"拉开序幕。很难相信，这两人竟然成功地邀请到了卡鲁索、米沙·埃尔曼、玛丽·加登和我参加音乐会。整整一年，比尔特莫尔饭店餐厅的所有菜单上，就在奶酪栏的下面，都印有我们四个人的名字，还外加了一句："明年在'舰队司令饭店'。"

我远非是要开纽约音乐生活的什么玩笑。事实上，自我 1906 年访问这里之后，它已经有了巨大的进步。最杰出的指挥家们、最优秀的器乐演奏家们和最伟大的歌唱家们云集美国。夏尔·拉涅尔，一位真正热衷音乐的女士，创建了"音乐之友协会"，经过了不长的初创期后，很快就变得极为活跃。阿图尔·鲍丹斯基，大都会歌剧院的一个年轻指挥，成为其音乐顾问并领导着它的管弦乐团。他把当时被严重忽视的舒曼和舒伯特的交响曲演奏得光彩夺目，瓦格纳的一些最经典的歌剧唱段改编曲也演奏得极为成功。还有一个叫做圣乐学校的合唱队，由我在柏林的老朋友库尔特·辛德勒指挥。他是个了不起的合唱专家，并且每年都举办一系列的音乐会，专门演唱最优美的乐曲。

"无可比拟的"钢琴三巨头依然是帕德雷夫斯基、拉赫玛尼诺夫和霍夫曼。在就任波兰总理前，帕德雷夫斯基开了两场庆祝胜利的音乐会。拉赫玛尼诺夫在战争期间经过瑞典来到美国，立即就在演奏和作曲两方面风靡一时。我特别欣赏他优美的歌唱性音色，这在钢琴家中极为稀罕。霍夫曼在力度上仍旧是个老魔术师，不过他的演奏从未给我太多的愉悦。此外，还有技术惊人的戈多夫斯基，以及我的老朋友奥西普·加布里洛维奇，他人很优雅，是马克·吐温的女婿，又是底特律交响乐团的创建人。早先的小提琴家哈罗德·鲍尔，现在成了绝对一流的钢琴家，是演奏室内乐的高手。在年轻一代中，我有两个很有成就的竞争对手：本诺·莫伊谢耶维奇①和米沙·列维茨基（Mischa Levitzki）。约瑟夫和罗西娜·列维涅夫妇（Joseph and Rosina Lhevinne）一起在朱利亚音乐学院任教，该校已成了世界上最好的音乐院校之一。小提琴之王还是弗里茨·克莱斯勒（Fritz Kreisler），虽然战争期间他在敌对阵营作战，但在美国仍旧广受欢迎。在年轻人中，海菲斯（Heifetz）已经超过了津巴利斯特②和埃尔曼③。少数几位美国作曲家一般都是欧洲著名大师的摹仿者：麦克多威尔（Macdowell）努力跟着格里格走；格里夫斯（Griffes）则尝试着把德彪

① 本诺·莫伊谢耶维奇（Benno Moiseiwitsch, 1890～1963）：俄裔英籍钢琴家。师从莱舍蒂茨基。以擅长演奏拉赫玛尼诺夫的作品闻名于世。

② 埃弗雷姆·津巴利斯特（Efreme Zimbalist, 1890～1957）：美籍俄国小提琴家、作曲家。1907 年在柏林首次成功演奏。此后作为小提琴家巡演于世界各地。他的演奏音色优美丰润，感情深邃，感染力强，是 20 世纪上半叶最杰出的小提琴家之一。后来移居美国。曾任柯蒂斯音乐学院院长。

③ 米沙·埃尔曼（Misha Elman, 1891～1967）：俄裔美国小提琴家。1904 年在柏林首次职业演出获得成功。1905 年在伦敦演奏柴科夫斯基的小提琴协奏曲，轰动一时，确立了一流小提琴家的地位。他巡演的足迹遍及全世界。灌制的唱片 200 万张以上。他除能出色演奏大型乐曲外，所奏小曲也很精彩。1958 年，卡内基音乐厅为他举行的"演奏 50 周年纪念音乐会"上，他作为 67 岁的老人，依然豪情满怀地参加演出，为人称道。

西的风味放在自己的作品中；另外还有几个人，基本上没有什么影响。大都会歌剧院无疑是世界上最好的，它有能力请来所有著名的歌唱家，正在加蒂—卡萨扎的领导下蓬勃发展。

我在卡内基音乐厅举行的第二场独奏音乐会给我带来的唯一满足，就是詹姆斯·休内克（James Huneker）的评论，他不但在文中用波兰语称呼我为"阿图尔先生"，而且对曾经把我叫做"小型作品演奏家"表示歉意。他充分承认了我的才华，甚至表现出少有的一份热情来。克莱赫别尔先生没有出席音乐会。

两场音乐会的收获不大，没有接踵而至的合同。R. E. 约翰逊的确为我争到几场重要的演出，比如，和加布里洛维奇指挥的底特律交响乐团一起演出，由达姆罗什指挥在纽约演奏勃拉姆斯的协奏曲，此外只有在比特莫尔饭店的社交音乐会了。不过，他还为我在 1920 年 1 月开始的下个演出季扎实地安排了 15 场演出。

13

我的社交生活非常活跃，拉涅尔夫人成了我的好朋友，而且非常肯帮忙。她请我参加茶会，认识了各种各样有趣的人物。其中有勃伯·钱勒（Bob Chanler），我任性的朋友；阿道夫·奥克斯（Adolf Ochs），《纽约时报》的出版商。一次，茶会结束后，我们正啜着咖啡，奥克斯先生和我谈起了欧洲战后的政治形势，突然他大声说："你何不给我的报纸写一组文章？"

这个不可思议的提议让我脸红了，我回答道："可能我对这些事件的观点是有用的，但我不能设想会把自己的观点写到纸上。"这样，我当职业政治评论员的机会就错过了。

我必须再说说拉涅尔夫人。她小巧玲珑，总是仪态万方，比例很小的脑袋上一头灰发，薄薄的嘴唇，一双冷静的灰色眼睛，声音高亢、尖利，吓跑过不少人。她的丈夫，一个富有的银行家，非常腼腆，以致在他自己家里举行的鸡尾酒会上，人们竟把他当做管家（他还真有点像），吩咐他去拿酒。他夫人则是这样的性格：她喜欢用自己的敞篷汽车拉着我在中央公园里兜风，照她的说法是"聊聊音乐"。多亏她的干预，"音乐之友协会"让我当了独奏演员。

我依然没有，也没法得到在波兰的家人和朋友们的消息。有传言说，德国入侵时，许多波兰人逃亡到了俄国。我肯定，科汉斯基家和希曼诺夫斯基家会这么做。我的大姐雅德维加和她全家在布尔什维克革命之前一直呆在莫斯科，但自此就没法打听任何消息了。当然，我打算返回欧洲，好离他们近些。我下一次在西班牙的巡演要到深秋才开始。

一天，我从斯特拉文斯基那里收到坏消息，他从战前就一直居住在瑞士的沃韦。他写信说他已一文不名，无论佳吉列夫还是芭蕾舞团都帮不上忙，他问我能否在美国想想办法？

我一分钟也未耽搁，立即找了拉涅尔夫人，而且找对了人。她让她丈夫开列了一个捐款名单，好把当代最伟大的作曲家救出困境。拉涅尔夫妇首先捐了5000美元，我自己骄傲地加进了500。又收到几笔捐款后，很快我们就给斯特拉文斯基汇出整整一万美元。我收到他的一封感激涕零的信，信中还声明他正在为我创作他的第一首钢琴曲。"我在音乐学院时写过几首钢琴曲，但自那以后就没再写过，所以我觉得这是第一首真正的钢琴作品。我一写完，就把手稿寄给你。"大家可以想见我有多高兴吧：斯特拉文斯基的第一首钢琴曲是题献给我的！

　　我和加夫列拉·贝桑佐尼在纽约度过了一段美好的时光。她找到了几个在大都会歌剧院演唱的意大利朋友，我则看到了许多音乐同行。我们也常去电影院。我俩都崇拜查理·卓别林、道格拉斯·费尔班克斯（Douglas Fairbanks）和玛丽·皮克福德（Mary Pickford）。波兰美人波拉·奈格里（Pola Negri）成了好莱坞的大明星。观察大众对电影的兴趣的增长非常有趣。我们看了一部音乐喜剧，年轻的弗雷德（Fred）和阿德拉·阿斯代尔（Adela Astaire）取得了轰动性的成功。剧院被强大的巴里莫尔家族（Barrymore）统治着，但我们基本不去，因为贝桑佐尼除了意大利语和一点西班牙语之外，便不懂别的语言。我拜访拉涅尔家时不带贝桑佐尼，这既是鉴于我们两人之间的关系，也因她有语言障碍。我与音乐同行的接触从未发展成温暖的友谊。有人说他们是"三句话不离本行"，净谈经纪人、酬金、旅费之类，再就是说些闲言碎语，而几乎从未认真谈论过音乐。我一辈子都为他们这一可悲的特性感到痛苦。唯一的例外是像斯特拉文斯基、普罗科菲耶夫和希曼诺夫斯基这样伟大的作曲家，他们对我的友谊令我深感荣幸。当然，还有我的"另一个自我"，巴维尔·科汉斯基。我宁愿与作家们作伴。在许多国家，迄今为止他们都常常是我的伙伴，其中有几个还是我最亲密的朋友。

　　保罗·德雷珀经常来旅馆拜访我，大都是在清早，我们就聊在伦敦的那些好日子。他还是那么亲切迷人。谬丽尔回美国后，他们就离婚了。现在保罗和自己的弟弟乔治一起住，他是个大夫，还有弟媳和妹妹鲁丝。这几个人共同警惕地保护着保罗，以避免他再受那不幸的酒瘾的侵害。他喜欢贝桑佐尼，常请我们吃晚饭。她的歌声在很大程度上克服了语言上的困难。保罗尤其对她的音域之宽感到惊讶。他自己和波士顿交响乐团合作在几个清唱剧中演唱，但不敢冒险举行独唱音乐会，因为他的声音明显变弱了。

贝桑佐尼打算在结束美国演出季后回罗马，我则急于回伦敦，在那里我有更多的机会获得波兰的信息。然而，命运化身成一位来自墨西哥的经纪人，扰乱了我们的计划。何塞·里维拉先生特意来到纽约，邀请贝桑佐尼参加《卡门》和其他歌剧的演出。他在墨西哥城开始了新一轮的演出季，眼下的主要明星是蒂塔·鲁福①。报价十分慷慨。非常敬业的贝桑佐尼不可能拒绝在这么重要的季节中演出，而且连卡鲁索都答应加入这个团队了。

"可是没有阿图罗我不去！"她叫道。

这不仅是爱情的爆发，也是担心那个国家正进行着内战的原故。我拒绝了，一心打算返回欧洲。于是，里维拉先生开始做我的工作，开出三场报酬优厚的音乐会，以直接支付金币来诱惑我。然而，这一切都未能能动摇我的决心，直到贝桑佐尼用哀婉动人的话语，外加激动人心的手势来提醒我，为了和我在一起，她做出了多大的牺牲。战后，她没回罗马、没回到母亲身边，而是穿越整个大陆，历尽千辛万苦，来到我身旁。我这才很不情愿地让了步。我别无选择。我们签了合同，但是要分头出发。因为贝桑佐尼第一场演出很快就要举行，而我在纽约还有一些自动钢琴的活计没有结束。

贝桑佐尼走后，有天晚上在比尔特莫尔饭店，津巴利斯特拉着我去一个私人房间里小赌一回。在那里，我遇到了克莱斯勒、著名的四重奏组的弗朗兹·克内伊谢尔②、加泰罗尼亚歌唱家安得烈斯·德·塞古罗拉（Andres de Segurola），他戴着一个很大的

---

① 蒂塔·鲁福（Titta Ruffo, 1877～1953）：美籍意大利歌唱家。就学于罗马和米兰。先后在罗马、伦敦演出歌剧。1898年首次在罗马演出歌剧。1912年在美国首演。是威尔第和普契尼作品杰出的演唱家。

② 弗朗兹·克内伊谢尔（Franz Kneisel, 1865～1926）：美籍罗马尼亚小提琴家。1884年任柏林比尔斯团首席，1885年起任波士顿交响乐团首席，长达18年。其间组织了著名的"克内谢尔四重奏组"。1905年起为纽约音乐艺术学院教授。因艺术成就突出，先后获耶鲁和普林斯顿大学音乐博士学位。

单片眼镜，还有几个名气小些的音乐家，以及《音乐信使报》的编辑莱奥纳德·利布林。在这伙人之中我感到很安全，就坐下来玩一种叫做"九点"的纸牌。美国禁止赌博，甚至在私人家中设赌也在被禁之列。我们每个人都买了一百美元的筹码，便在友好的气氛中玩起来。我玩得较为鲁莽，老是叫着"押庄"，而且常常赢上三把就歇歇手。这种玩法很容易输钱，但那个晚上我的运气很好。我赢了六七百美元之多，主要赢的塞古罗拉的钱，之后，每次提起他，我都会想起那次牌局。第二天晚上我们继续玩，我又赢了，这次只有十几个美元罢了。

我去墨西哥的长途旅行要在星期天早 8 点开始。恩里克为能再次置身于说西班牙语的国家感到高兴，星期六收拾我的行装时，嘴里一直哼着加里西亚的民歌。电话铃响了。是莱奥纳德·利布林先生邀请我去他家吃晚餐。"饭后我们玩一会。"他补充说道。

"谢谢，不过这不可能。明早我必须 7 点起床，去赶开往墨西哥的火车。"

"你总要吃饭吧。"他坚持道，"你可以随时离开。"

我提了一个条件。"我只能留到 1 点，不能再晚了。"

"好，好!"他回答道。

饭桌上有他的几个朋友，大多数我都不认识，其中两三个我在什么地方偶尔见过一面。利布林说，他们都是有钱的生意人。晚餐很简单，而且由女主人亲自上菜，为的是保密。之后我们就坐下玩开了。我口袋里装着一本支票，并且感到那些人都用贪婪的目光瞄着我的钱。利布林想必跟他们讲过，我是个很容易得手的猎物。

结果，那却是我的胜利之夜。整个晚上，我拿到的牌不是 8 点，就是 9 点，还不到午夜，我已经赢了 7500 美元。所有人都输给了我，包括东道主，他输了 1000 美元。我不断地卖出筹码，换回欠条。到 1 点钟时，我感到根本走不掉，因为我赢得太多了。

我努力输钱，不仅玩得大胆，而且常常犯错；我扣住自己的牌，直到他们退出。虽然凌晨4点不得不走时我只剩3500美元，但好运一直伴随着我。

"我们还要继续玩。"他们说。

"这些欠条怎么办？"

利布林，我们的东道主，收起桌子上摆在我身前的欠条，说："别担心。告诉我你银行的名称。我把钱收齐后，就存入你的帐号。"

回到旅馆后，我一开始睡不着，然后就睡得很香，恩里克好容易才把我叫醒。我挣扎着套上衣服，吃了些早点，便开始了向南的长途旅行。

我们首先前往德克萨斯州的拉雷多，也就是美、墨边境。一路上，我碰到什么就读什么，不论书籍还是报纸，只是去餐车吃那些无聊的食品时才中断一下。过了拉雷多，又走了好久才抵达墨西哥的首都。

火车常常临时停车，旅客们讲述着闹土匪、抢火车、扒铁轨的事。最后安全抵达目的地，我们都大大松了口气！

14

我计划住在维多利亚旅馆。到达后，他们告诉我贝桑佐尼女士正在排练。里维拉先生并未大度地到车站接我。

我在套间里安顿好。我们有一间双人卧室和一个可爱的起居室，里面放着一架不算太糟的钢琴。

贝桑佐尼返回时给我带来了坏消息。

"蒂塔·鲁福不吸引观众，里维拉同他合作了一个演出季后就破产了。我本打算返回纽约去的，但是一个由多位银行家和其他人组织的财团为这个演出季提供了担保。里维拉连为你的音乐会做广告的钱都没有，不过旅馆对面的阿尔博剧院贴了一张海报，你的音乐会将在三天后举行。"

下午，里维拉先生出现了，并努力消除我对音乐会的担心。

"蒂塔·鲁福对我所做的事真差劲。不过别担心你的首演。"

我看到节目单已经印在海报上，都是我首演常弹的曲子。我还在舞台上找到一架好得出奇的斯坦威钢琴，于是音乐会前的两天，我的时间都花在旅馆和剧院的钢琴上了。由于没有做广告，我的听众还不到100人。我知道有许多艺术家，他们面对空空的大厅会严重丧失勇气。但我总会利用这种机会，演奏得反而比通常还好，因为我认为，厅里不多的人是满堂听众中的精英。那些在大街上忙忙碌碌，没有走进剧场的人才应该被责怪。于是我就全心全意地演奏，而那寥寥无几的听众则回应着。里维拉先生没出现。我的酬金也没有。贝桑佐尼怒火冲天地跑进后台。

"这个坏蛋！"她大叫着，指的是里维拉。不过她身后还站着一位绅士，他用纯正的英语自我介绍说他是拉法尔·桑切斯先生，是个律师，而且看起来十分激动。

"由于那家伙对你的所作所为，我为墨西哥感到羞耻。全城都应该聚集起来听你的音乐会。如果你同意，我愿意接手这件事。即使他明天就付清你的全部酬金（演出费通常都在幕间休息时支付），我们仍然可以废除和里维拉的合同。由于内战，阿尔博剧院此刻没有安排演出，所以我可以让它完全由你支配。请你让我全权负责此事，我争取明天就有初步消息。"

这人让我恢复了信心，因此我同意他接管。

贝桑佐尼有自己的麻烦，她不满意剧团。

"不过我遇到了罗马来的一个好朋友，阿达·帕奇，她唱女高音配角。她是从芝加哥过来的。"

第二天上午，拉法尔·桑切斯先生带来了好消息。

"这个里维拉，"他说，"对如何组织音乐会一窍不通。他以前负责宣传斗牛，也不知谁出的馊主意让他来搞歌剧。我和阿贝博剧院的老板谈了，他同意你在他的剧院演出两个月，收入的85%归你，15%归他。此外他同意负责广告。"

我还从未得到过这么好的出价，一时间不知该怎么办。

"这出价非常慷慨，"我说，"可是见鬼，我在这个剧院里待两个月干什么呢？我又不是件展品。"

他微微一笑，"我了解我的城市。如果它喜欢上一位艺术家，就会为他不惜重金的。"

然后他开始说服我，坚持要通过订票举办六场音乐会，我不无担心地同意了。

"最好这样做，在周二、周四、周六办晚场，周日则办日场。"他继续说。

"上帝啊！"我叫道，"还记得昨天晚上才有几个听众吗？先演一场是否更好些呢？"

他极为自信地拒绝了这个想法。

"等着瞧吧……昨天的近100人会带来成千上万的听众的。"

朱庇特作证，他说对了。如我们计划的那样，我连续演奏了26场音乐会，每周四场，场场爆满。其中23场在阿尔博剧院，另外在墨西哥城郊一个巨大的电影放映棚举办了三场便宜的。给这些如雪崩般压来的音乐会确定曲目可真不容易。确定头六场的曲目不难，都是我最近演奏过的曲子。不过第二场刚结束，情势就十分明朗了：我必须把演出持续下去，当务之急是要考虑下一步。于是，我几乎没碰前六场音乐会的曲目，而主要在练习四套新节目，并且，我按这个方法应付了整整七周。为了完成任务，老实说，我耍了不少花招。如肖邦作品独奏会，我打着"应听众要求再次上演"的幌子，塞进了不少刚演奏过的曲子。对阿尔贝尼斯的《伊比利亚组曲》，我也是这么干的。随着时间的推移，我更加大胆了，开始演奏起我特别喜欢的交响乐、歌剧、舞剧的自由改编作品（free arrangements），例如：理夏德·施特劳斯的《莎乐美》中的舞曲、我自己改编的斯特拉文斯基的《火鸟》、我以里姆斯基-科萨科夫的《金公鸡》为基础创作的《幻想曲》，当然还有李斯特改编瓦格纳的《特里斯坦》、我自己改编的《女武神之骑》；我甚至学会了超长的墨西哥国歌的一个可怕的改编曲，改编者是马努埃尔·庞塞①，每场音乐会我都不得不重复。作为基础，我收集了一些作品，包括我从 10 岁起就开始学习的贝多芬的全部奏鸣曲；常被忽视的舒曼和门德尔松；少量的勃拉姆斯的作品，这里的听众对他明显有抵触；以及我随身携带着乐谱的所有现代作曲家的作品。墨西哥城有家一流的音乐书店，当然是德国人开的，在其中我找到了所有需要的乐谱。自然，晚上有空时，我都会去"希望之虹剧院"（Esperanza Iris），那里的歌剧演出季正值高潮。大多数歌唱家都住在维多利亚旅馆，很快我们就感觉像是一家人了。和在其他地方一样，贝桑佐尼的卡门又大获成功。墨西哥人为她而狂热，把鲜花抛满了舞台，在大街上追随着她，围着她要签名。至于我自己，每个星期天的日场演出，让热情的年轻人们有机会把我放在肩上抬到旅馆。如此这般之后，他们就要求我和贝桑佐尼一起走到在阳台上，然后高呼"波兰万

---

① 马努埃尔·庞塞（Manuel Ponce，1882～1948）：墨西哥作曲家。就学于墨西哥音院、柏林和博洛尼亚。1906 年返回祖国。从事教学和指挥。40 岁又重回巴黎师从杜卡学作曲。作品有管弦乐曲、协奏曲、室内乐、钢琴曲和歌曲（包括广为流传的《小星星》），以及专为塞戈维亚所作的一部吉他协奏曲。还收集和改编了不少墨西哥民歌。

岁！意大利万岁！"

　　而所有这一切都发生在可怕的内战过程之中。总统贝努斯蒂亚诺·卡兰萨（Venustiano Carranza）大权独揽，但不受人民信任，人们甚至怀疑他下令警察化妆成匪徒袭击银行。二十五六岁的人就升迁为将军，他们去饭店、酒吧时，屁股后面一左一右挂着两支大号左轮手枪。一次，我们在一家优雅的酒吧里，就亲眼目睹一名这样的"将军"为了卖弄枪法，拔枪射击大吊灯的灯泡。有时，音乐会后一两个小时人们还不能走出剧院，因为街上正枪声大作。我们看到过报道，描述的是其他城市发生的令人毛骨悚然的事件。火车遭到袭击，暴徒遍布全国。但什么也不能削弱这些人那不可思议的生命力。维多利亚旅馆现在更像个音乐学院了，那里整天歌声悠扬、琴声激越。男高音歌唱家佩尔提莱[1]、伟大的女高音歌唱家罗莎·拉伊萨[2]和她的丈夫贾科莫·雷米尼（Giacomo Rimini）都在那里。佩尔提莱还是个做饭能手，请我们吃过美味的意大利浓菜汤和意式面条。贝桑佐尼不会做饭，但吃起来抵得上两个人。大家情绪普遍高涨的部分原因是，我们每次演出的酬金都是用亮晃晃的 20 比索的金币支付的。我们常常把金币在桌上堆起来，然后出神地凝视着它们。多亏卡兰萨总统，纸币已经看不见了。

　　我永远都会记住那一天。那天晚上贝桑佐尼要演唱卡门。我正在起居室练琴，突然她在隔壁大叫起来："今晚我不唱啦！"

----

　　① 佩尔提莱（Aureliano Pertile, 1885～1952）意大利男高音歌唱家。先后在纽约大都会歌剧院、科汶特花园歌剧院、斯卡拉歌剧院演示，备受托斯卡尼尼推崇。后任米兰音乐学院声乐教授。

　　② 罗莎·拉伊萨（Rosa Raisa, 1893～1963）：波裔美国女高音歌唱家。波兰大屠杀时逃到意大利。师从泰特拉兹尼和马尔基西奥。自 1913 年起先在米兰、伦敦和芝加哥等地演出歌剧。1917 年成为该院歌剧团成员。1914 年在科汶特花园剧院首演。1924年当博伊托的《尼禄》在米兰首演时，阿斯特里亚一角即由拉伊萨饰演。后被普契尼挑选为《图兰多》的第一位饰演者，深受赞赏。1938 年告别舞台后在芝加哥任教。

我问她为什么这样生气，她疯狂地尖叫道："他们不让阿达·帕奇演唱弗拉斯基塔了。"

很快我就弄清了原委。她的朋友阿达·帕奇在贝桑佐尼的戏中演唱弗拉斯基塔一角，然而她声称剧院里有"魔鬼般的阴谋"要破坏她的生活，把那个小角色交给另一个贝桑佐尼不喜欢的女歌手。我努力安慰她，但却令她更加歇斯底里。

"大家都反对我，甚至你也如此。"她喊叫道。

事情已经发展得无法忍受。她通知歌剧院当晚她不唱了。答复是强硬的警告："您懂得我们的法律。不管你愿意还是不愿意，都必须唱。"

贝桑佐尼踩起脚来。

"我要给他们点颜色看！我的听众会保护我的！谁要是敢动我，都可能送命！"

一整天，事情越变越糟。贝桑佐尼躺到床上，底气十足地声称："我病了！"

傍晚，官方派来了一个医生。她不想见他，但是在管理层派来的两个彪形大汉的帮助下，医生闯进了房间，做了检查，并出具了书面的诊断，说她十分健康。到该换服装时，贝桑佐尼还是一动不动。我安抚她，却被她恼怒地指责为背叛。最后一刻，来了两个警察，命令她穿好衣服，跟他们去剧院，否则就逮捕她。贝桑佐尼默不作声地穿好戏服，化好妆，披上皮大衣，戴上帽子准备出门。在门口她对我说："阿图罗，要是他们企图杀我，你必须保卫我！"

两名警察一左一右地跟着她走出去，而我则老老实实地尾随着前往"希望之虹剧院"。警察把她送到后台，我则在底层过道常坐的位子上坐下。表现斗牛气氛的序曲奏响起来，我感到异常高兴，看来一切都能照常进行了。勇敢的米卡埃拉（Micaela）（我支持她）和唐何塞的二重唱抚平了我的神经。乐团奏响了卡门出现的信号，这时……发生了可怕的意外：贝桑佐尼跑下台阶，身穿上街的衣服，除了没穿皮大衣外，帽子和其他服饰俱全。大厅里一阵惊愕后，响起了大声的抗议。头几小节她唱得比任何时候都好，不过当她走向唐何塞要唱著名的"哈巴涅拉"时，她完全停了下来，举起双手要大家安静，然后用她混杂的西班牙语和意大利语愤怒地大声指责西班牙法律的不公，以及剧院经理的施虐成性。她的声音很快就被观众席上的谩骂和威胁淹没了。两个勇敢的警察走上舞台，把她拖走。

我坐在位子上出了一身冷汗，感到自己没有勇气和持刀携枪的狂怒的人们进行斗争。于是我匆匆赶到后台，一是想了解事态的进展，二是好有个地方躲一躲。我看见贝桑佐尼完全垮了。过了一阵，她机械地换上戏装、回到舞台。指挥开始演奏"哈巴涅拉"的伴奏音乐，贝桑佐尼又变成那个鼎鼎大名的贝桑佐尼了。

墨西哥的听众和西班牙的一样，是在斗牛场上教育出来的。他们看到斗牛士的任何胆怯表现都会威胁和谩骂；但片刻之后，只要斗牛士做出一两个漂亮的动作，就可以向他狂喜地鼓掌。那晚的情形也也一样，演出以胜利告终。

我像只欢快的云雀跑去接她吃晚餐。两位朋友邀请我们到此刻唯一一家还营业的饭店用餐。我一整天什么也没吃，早就饿极了。然而贝桑佐尼却以不容争执的口气说："我们要立即去找各家报纸，告诉他们真相。"我那空空的肠胃只好继续遭殃了。我们四个人，挤进一辆破旧的出租车，花了三个小时才拜访了一圈各大报章，而大家对她的指控却十分冷淡。

临晨3点，我们终于到了餐厅。晚餐极佳——我们的朋友费了心思的。贝桑佐尼很喜欢，特别是一种沙拉，她添了三回。

"这是用什么做的，"她问，"我想知道配方，我母亲是个很好的厨师。"

大厨透露道："我们国家有一种很好吃的肉虫，叫'古萨诺斯'，这才使我们的沙拉有如此好的滋味。"

一时间她呆住了，接着就发出了一声非人的惨叫："谋杀！"，便逃出餐厅，一路狂奔，我们直到第二片街区才追上她。她还一直在叫着："谋杀！"。整个黎明期间，我不得不一直抱着她的头，而她还不时地呕吐。

帕奇又演唱弗拉斯基塔一角了，而且我们后来发现，那位属于合唱部的女歌手按照合同要演出两场弗拉斯基塔。在这种情况下我练习曲目可不大轻松。尽管如此，我还是挤出时间和贝桑佐尼练习她在美国音乐会的常备曲目。我给她弹了些舒伯特最好的作品，舒曼的全部极品，还有几首容易些的法国歌曲——当然，没有勃拉姆斯。她听得很专注，似乎被舒曼的歌曲《我不恼怒》感动了，然后她问：

"你知道莱翁卡瓦洛的《清晨》吗？"

我摇了摇头，她便接着说："那是世界上最好的歌曲。"

这就好办了。我建议她主要演唱歌剧咏叹调和《清晨》。

墨西哥的西班牙俱乐部设晚宴款待我，还赠送我一枚戒指，中间镶着一大粒半卵形的祖母绿，还伴有两颗钻石。一件奢华的礼物。可惜整体设计不够品位。漂亮的宝石分别包在三个黄金罩子里。

后来我在巴黎了解到，战时的飞行员喜欢戴乌木戒指，触摸它能带来好运，于是我去找了卡地亚公司，请他们帮我把宝石嵌入乌木之中。

"这不可能。"他们对我说，"木头固定不了宝石，不过我们可以给黄金上一层黑色釉质。"这枚戒指很让人羡慕。后来当我要把它送给我的妻子时，她拒绝了。

"阿图尔，这是给你的好运戒指。"

我觉得她说得对。今天我写这些话时，还戴着这枚戒指呢。

因为内战，墨西哥的音乐生活备受摧残。有才华的墨西哥人都出国走避。当地没有交响乐团，后来成了音乐殿堂的"美之艺术宫"基金会也因为没有经费而中止了活动。

作曲家马努埃尔·庞塞，一个奇才，成了我的朋友，并题献给我几首钢琴曲。他的音乐作品很好听，但分量不够。不过他留下一首很好的小提琴协奏曲和一首吉他协奏曲，经常由塞戈维亚演奏。他带着美丽的妻子不知疲倦地听了我的全部音乐会，后来在巴黎，我们也保持着友好的关系。他曾随手写过一首短歌，然后白白送了人。之后那首歌在美国出版，并由一个低吟歌手在电台演唱，在全美风靡一时。海菲斯将其改编成小提琴曲，常常应听众要求进行演奏。庞塞从未收到一分钱的报酬。当我和他谈起不索要版权损失惨重时，他微笑着说了一句稍带哲理的话："一切听其自然吧。"

我的音乐会马拉松快结束了。拉法尔·桑切斯高兴得不能自己。整个系列我对他都是言听计从。我们举行了"最后三场音乐会"，接着是三场"最后的独奏"，结尾是四轮"别了，墨西哥"。最后一场音乐会相当感人。不仅鲜花像雨点般向我洒来，我还得到了几件墨西哥手工艺品，一条毛披肩和一顶著名的墨西哥宽边帽。在旅馆的床底下，我有一个装满面值 20 比索的金币的钱箱，另一个是贝桑佐尼的。有时我们拿出金币堆高，看看谁的更多。

在告别音乐会当天，一位来自克拉科夫、留着大胡子的小个子犹太人走进我的房间，说："我叫格拉纳特，在郊外我有一个很大的电影院。您是否愿意在我的电影院额外举行三场音乐会？它里面可以坐三千多人，所以我们的票怕要卖得便宜些。"

我失声大笑。

"您失去理智了。已经23场音乐会了，再演，我会被大伙轰走的。"

"我打赌，三场音乐会都会满座的。"他说话时的平静和自信，我后来在我著名的经纪人索尔·胡罗克身上也能见到。他拿出一袋金币，很吊人胃口地说："我可以给您固定的出场费，5000 比索。"

我欣然同意。他说得对，三场音乐会都挤得满满的，而且使我大为惊奇的是，我在阿尔博剧院的大多数追随者也到场了。当然，演出单里安排的几乎全是加演的曲子，对此一般听众都十分受用，他们对不演奏贝多芬很是感激。

6 月底的一天，墨西哥报纸刊登消息，说在凡尔赛宫签订了和平条约，签字的大厅就是俾斯麦在 1871 年口授与法国和谈条件的那个。

此时，各省的首府也纷纷吵吵闹闹地要开音乐会。我在瓜达拉哈拉开了几场，后来在去欧洲途经纽约时，我和贝桑佐尼一起在圣路易斯波托西，以及重要的蒙特雷城进行了演出。在蒙特雷我被迫把可爱的金比索兑换成美元纸币，不过我成功地藏起了 1000 比索的金币。贝桑佐尼必须返回墨西哥与卡鲁索同台演出。我们告别时没掉眼泪，因为她渴望着和伟大的男高音一起演出，而我则已对重返故国急不可耐。

15

在纽约，演出季已过，军队也回家了。生活不再那么狂躁，城市似乎正在休养。我在墨西哥的故事令 R. E. 约翰逊印象十分深刻。

"露露，你听见啦？"他坐在自己的转椅上叫道，"他说在那个见鬼的城里开了 26 场音乐会，而我想，能开 13 场就很不错了！"然后他转身对我说："看来你捞了不少吧。"当他听说他们支付的是金币，便道："全能的上帝啊！要是有我的一份就好了！"

回到公事上来，他对我将在一月份开始的巡演很乐观。

"我们给你联系了波士顿乐团和指挥蒙特，那个叫斯托科夫斯基①的家伙也会给你安排个位置演出的。当然，伊萨依又点了你的将，我甚至有可能说服他和你一起在纽约来一场小提琴—钢琴独奏音乐会。"

所有这些，我都将信将疑，不过这仍然很振奋人心。

德雷珀全家，包括保罗，都到长岛某个地方去了。达格玛尔已经返回加利福尼亚，我熟识的音乐家们也都消失了。我很幸运，在去利物浦的英国轮船上搞到了一个舱位。这也近乎奇迹了，因为每个我认识的人都盼着回欧洲去。我给贝格海姆太太发了一份长电报，告诉她我将抵达。她总是能理解我不愿写信的。她也是我在伦敦唯一能够依靠的人，因为我一点都不知道其他朋友的情况如何。

在里兹-卡尔顿烧烤馆，一个来自芝加哥的波兰人走到我桌边，兴奋地说："在纽约有波兰领事馆了！"

这消息太轰动了。他陪我一起去了西区的一栋小办公楼，那里挂了块牌子，写着"波兰共和国领事馆"，还写了楼层。办公室里的两个男人了解我是谁。其中一个人说，领事还没有从波兰来上任，他是副领事，现在负责领事馆的工作。我提心吊胆地问

---

① 利奥波德·斯托科夫斯基（Leopold Stokowski，1882～1977）：英国指挥家，父亲为波兰人，后入美国籍。先后指挥过辛辛那提管弦乐团、费城乐队、纽约交响乐团、纽约爱乐乐团。1939 年组织全美青年乐队，把巴赫的许多作品改编成管弦乐曲，用于迪斯尼乐园的音乐中，如《幻想曲》就取得很大成功。他也是个杰出的音响专家。

他："您是否有权为我办本波兰护照?"

"这就看您能提供什么证件了。"

这样，我便拿出了自己的西班牙护照，他在上面找到了阿方索国王于1917年承认我是独立波兰的公民的那句话。他简直惊呆了。

"您真值得骄傲，"他声言，"您是第一个被其他国家承认的自由波兰公民。我马上给您发一份临时证件，但我得留下您宝贵的护照。"

副领事克瓦皮舍夫斯基先生后来调到华盛顿供职，现在还活着，依然是我的朋友。

开船前，我去银行查询利布林先生是否已将欠款打入我的帐号。回答说没有。我就去他在《音乐信使报》的办公室碰运气。我敲了门。"进来。"他说，但我进门后发现他的表情诧异而且不悦。

互相致意之后，我说："你一定把我的银行地址弄丢了，因为我没有见到款项。"

他迅速而紧张地回答："呃，鲁宾斯坦，我本该给你写信的。我们发现有个家伙作弊。出了这样小小的丑闻后，我们就把欠条还给各自的主人，了结了整件事情。"

他如此信口雌黄使我大为恼火。

"听好了，"我说，"我是应邀到你家的，身上带着支票本，随时都可以付清赌债。如果我输了，又会怎么样?"

他说："我相信他们会把钱归还给你的。"

对此，我一笑置之。"你很走运，我不记得其他人的姓名了，因此无从得知真相。但无论如何，我要你负责，因为你是东道主，我又是应你之邀才去的；因此我要你立即全额支付这3500美元。"

"你大概疯了吧。为什么我要为别人付帐?"

　　"那就付你欠的那1000美元，这算是你偷我的吧。"

　　这下他变得不要脸了。"你走后，"他干笑着说，"我开始赢钱了，他们也没有给我钱。"

　　我站起身，严肃地对他说道："在欧洲，赌债就是名誉之债。既然你丝毫不讲名誉，今后无论我在任何朋友家碰到你，我都会叫你离开。"于是我扬长而去，整整丢掉了3500——美元。

三、战后的欧洲和快活的 20 年代

16

去英国的航行是愉快的，虽然船上拥挤不堪，但旅客们却兴奋不已。恩里克被安排在下舱——我没有能给他找到更好的地方，于是不得不自己照顾自己了，我早已变得娇生惯养。在利物浦过海关、等行李，漫长而且疲惫；到伦敦的火车还是那么拥挤；我抵达尤斯顿车站时，已筋疲力尽，不过十分高兴。亲切、熟悉的贝格海姆太太来迎接了我。

"亲爱的阿图尔，你必须住在我家里，这就是你的家。"

她那颗大度的英国心，虽然经历了战争的艰难，却依然没有改变。我满怀感激地接受了邀请。可怜的夫人看到我的两只大旅行箱和其他行李后有些意外，而当我介绍恩里克时她更差点晕倒。我那些年身无分文她是知道的，听着我说"这是我的男仆"时，她嘴都合不上了。我带着手提行李随她进了她的汽车，恩里克则带着其他东西坐上出租车跟在我们后面。贝尔萨泽公园（贝格海姆太太的家所在地）丝毫未变，维金斯还在，此刻他正手足无措地盯着恩里克。恩里克竟然连比带划地和他说通了。晚餐时，还有餐后，我大谈自己的旅行和奇遇。我的成就使老夫人大为高兴。不过她那英国式的一根筋脑袋令她对我提到的那些国家都没有兴趣，但墨西哥除外。

"约翰尼（她丈夫）在墨西哥的尤卡坦发现过了一种很美的兰花，你能亲眼看见它们有多好啊。"

我满脸通红，只好硬着头皮承认，尤卡坦是我唯一没有到过的省份。我问起她战争期间英国的情况，她只把那场战火淡淡地归结为生活上的困难。"很难弄得到茶和糖，其他好像也没什么。为暖房加热也有麻烦。"

第二天一早我就打电话，高兴地发现甘达利亚斯夫妇在城里。当天下午我就跑去见他们。再度会面真是不错！胡安尼塔当然有智利来的新闻。她与何塞都屏息凝神地倾听了我的故事。他们见到过西尔维娅·斯帕罗和莱昂内尔·特蒂斯①。唯一没消息的是欧亨尼娅·埃拉苏里斯，她到法国去了。

我感觉很好，不仅重见伦敦，更看到勇敢的英国人历经四年的梦魇之后正在恢复。他们为胜利感到骄傲，但并不吹嘘胜利，反而本着他们著名的公平原则，称赞敌人的勇气和战斗精神。在我好友们的身上都反映出这种欢快的气氛。而我的对这一切的反应则充分暴露了自己的虚荣，那是在邦德大街采购时爆发的。在出售昂贵奢侈品的大商号阿斯普雷，我给贝格海姆太太买了一个用顶级黑鳄鱼皮做的最好的女式手提包，给西尔维娅买了法国香水，还为每个人都买了大把鲜花。我过去在伦敦一直贫困、潦倒，现在则要好好享受这些礼品产生的效果，而且我果然没有失望。贝格海姆太太激动得满脸通红，并呼叫道："我的约翰尼从未给我买过这么漂亮的手提包。不过，我是一直知道你很大方的。"

一夜之间，我就成了"有钱的朋友"。

伦敦一家欣欣向荣的演出公司的音乐会经纪人，米切尔先生，建议我在即将到来的演出季去英格兰和苏格兰举办六场音乐会。

---

① 莱昂内尔·特蒂斯（Lionel Tertis，1876～1975）：英国杰出中提琴演奏家，教师。曾在欧美巡演。他对中提琴演奏技巧的发展有过重大贡献；他设计的"特蒂斯型"中提琴在国际上享有盛誉。

"我已经约好了著名的艾玛·卡尔韦①和雅克·蒂博，他们两人都希望你成为这次巡演的第三位艺术家。"

这么个组合够奇怪的，我想。不过我同意了，心想和蒂博在一起会很有趣，因为他到处寻人开心。同时我也想认识艾玛·卡尔韦，我听说她是演唱卡门的第一名。我估计，她应该相当老了。我发现英国人更偏爱苍老的艺术家，而不太欣赏有才华的年轻人。我们在西尔维娅的工作室，和阿尔伯特·萨蒙斯、莱昂内尔·特蒂斯以及沃里克·埃文斯一起，举办过一场可爱的室内乐晚会。

我激动地听说伦敦已经有了波兰大使馆，于是跑去向萨皮耶赫公爵夫妇致敬，我在华沙就认识公爵夫人了。直到身处伦敦，我才明白地领悟到，战后我们的旧世界都发生了些什么变化。现在我知道，"美好时代"已经一去不复返。弄清全部真相后，我对伍德罗·威尔逊②总统的伟大洞察力和正直由衷赞赏。首先，如果不是他决定美国全力投入这场战火，那战争现在还赢不了；而这位普林斯顿大学的教授痛恨战争。他提出的"十四点纲领"和创建"国联"的计划是这位伟大的国务活动家的丰碑。我不仅崇敬这个人，更深深地感激他为我出生的国家所做的事。帕德雷夫斯基成了民族英雄。他热情似火的演讲唤醒了芝加哥、布法罗和底特律的数百万波兰人，奋起为波兰的自由而战。正是他，敦促自己的好友豪斯上校说服了威尔逊总统必须恢复波兰的自由和

---

① 艾玛·卡尔韦（Emma Calve，1858～1942）：法国歌剧女高音歌唱家。以扮演卡门一角著称。先后在布鲁塞尔、米兰、伦敦和纽约演出过，1910 年退出舞台。

② 伍德罗·威尔逊（Woodrow Wilson，1856～1924）：美国第 28 任总统。因创议建立国际联盟，提出"十四点"和平纲领（1918），而获得诺贝尔和平奖（1919）。他主张要让波兰拥有海岸线。著名的十四点和平纲领的第十三点说："应该让波兰独立—它的领土将包括居住着波兰人的领土；要确保它拥有自由、安全的海岸线。在国际公约保证之下，波兰可享有政治、经济上的独立。

统一，上校是总统的得力顾问。威尔逊甚至做得更多：他为但泽市①争得了出海口，这就是凶险的波兰走廊②，还帮波兰巩固了各个方向的边界。自我流放于瑞士的帕德雷夫斯基胜利地回到波兰，并被感恩戴德的国人授予首任总理一职。他就是以此身份代表波兰参加6月的凡尔赛条约并发表讲话的。后来在巴黎有人给我讲了他正式拜会克莱蒙梭时的情况。克莱蒙梭高声呼叫着欢迎他："这不是伟大的帕德雷夫斯基么！我真不敢相信自己能站在伟大的钢琴家面前，站在伟大的帕德雷夫斯基本人面前！而您现在是波兰的总理了！"

帕德雷夫斯基点点头，"是不如从前啦……"晚年的老虎调侃道。

在萨皮耶赫夫妇那里，我遇到了一个老朋友雷沙德·奥登斯基，他正好要回华沙。鉴于我既没给家里写过信，又没收到过家里的消息，我就求他在华沙寻找我的姐姐们，并托她们将50枚墨西哥金币转交给我父母，还有一条给母亲的开司米披肩。奥登斯基告诉我波兰正闹饥荒，我就又杂七杂八地给他一堆最管用的食品，比如福特纳姆和梅森公司包装精致的奶粉，请他转交。

在伦敦愉快的日子告一段落，该回西班牙了。途中，我在巴黎逗留了几天，见到我哥哥伊格纳齐住在"首乡街"的房间里。四年来他变化不大，不过已经彻底丢掉了小提琴。他和一个法国家庭非常要好，这个家就是夫妻俩和一个成年女儿。男主人是一家叫《图卢兹电讯》的左翼报纸的记者，他雇了我哥哥负责该报

---

① 但泽市即今波兰格但斯克市。自1793年起被普鲁士占领。1919年根据凡尔赛条约成为自由市，其港口为波兰服务，关税属波兰，城市内务则自治，波兰在市内设有高级政治代表，主管其铁路、邮政、港口行政及外事。

② 为保证但泽市（也即波兰）的出海口，战败的德国被迫沿维斯瓦河西岸割让给波兰一块约80公里宽的领土，即波兰走廊。在两次大战期间，德国一直不情愿承认这条走廊，后来则成了希特勒德国进攻波兰的借口之一。

的星相家栏目。我哥哥极其热情地投入这份工作。我们还和从前一样缺少温情。他几乎硬逼着我在那个法国家庭简朴的住宅里吃了顿午饭。他们请我吃了龙虾。显然伊格纳齐努力要给我留下印象。他还真有家人的消息：全家都在罗兹，海拉姐姐和她的孩子在华沙，不过雅德维加和她的家人还未从莫斯科回来，而且没有他们的任何消息。伊格纳齐既不知科汉斯基一家的丝毫行踪，也不了解希曼诺夫斯基一家的任何情况，但他证实了波兰正闹饥荒。正是赫伯特·胡佛①从饥饿中解救了波兰人，为表示感谢，波兹南现在还有他一块纪念碑。我只希望奥登斯基能尽快把我那宝贵的包裹送到家人手里。

17

我在西班牙的巡演大受欢迎，获得了和以前一样的成功。我给华金·佩尼亚发了一份电报，请他把我的演奏琴送到马德里。他的回答使我意外地难过。"我把您的琴卖给马塔先生了，价钱是 10,000 比塞塔（合 2000 美元）。您到巴塞罗那来时我把此款交给您。"

埃内斯托·德克萨达已经成了在西班牙唯一的音乐会代理人。他在许多城市组织了音乐协会，并通过赊账销售钢琴来"帮

① 赫伯特·胡佛（Herbert Hoover，1874～1964）：美国第 31 任总统。任上曾负责协约国和欧洲饥馑地区的经济救援工作。

助他们"。不过他的钢琴是四处搜罗来的旧琴，如把埃拉尔德牌、普莱耶尔牌、布吕特纳牌、希德密尔牌等琴收集起来，然后换上新的琴锤和琴弦。在马德里我找到一架状况还不太糟的贝希斯坦琴，但在那些有音乐协会的地方，我跟那些旧琴就总有麻烦。有几个新城市很想请我去演出，其中有偏远的阿尔梅里亚、穆尔西亚、卡塔赫纳。我很喜欢新环境，也一直热衷于旅行，于是便乐意地接受了那些邀请，但条件是要用我在马德里的那架贝希斯坦琴。

卡塔赫纳港地处半岛最南端，那里好像迄今还没举行过钢琴独奏音乐会。我将在"圆形剧院"演出，于是就向经理打听这是否属实，他骄傲地回答说："不对，大师，我最近刚在一个小厅里办过一场，听众对我崭新的自动钢琴还赞不绝口哩。"

圆圆的"圆形剧院"（名如其形）里座无虚席。正对着钢琴的一个大包厢由当地的大个子市长占着。他旁边坐着他的妻子和两个女儿，这三位女士都极为肥胖，那个包厢至少可以坐十个人，但几乎装不下他们四人。市长以前肯定在什么地方听过一两场音乐会，就把引导音乐会的进程当作己任。我一出现在舞台上，他就站起来，目光严厉地一扫整个听众席，带头响亮地拍起巴掌，听众则胆怯地遵从着。我弹奏奏鸣曲的每个段落后，他都这么重复着。但是听众们很快就同其他地方的听众一样，不再理睬这位市长的指引了。他感到自己的威信在下降，很是恼火，于是在我刚演完肖邦的四首作品之一时，他便站起身，对我大声说："大师，请演奏《燕子》。"

大家愕然不已。但是我没有理会他，而是继续安安静静地演奏我的肖邦。幕间休息时，人们向我祝贺，要求签名，市长也出现了。

"市长先生，"我说，"请原谅我没有满足你的要求，不过据我所知，你要求演奏的作品是部轻歌剧，里面并没有钢琴的部分。"对此，他鼓励地拍拍我的脊背，说道："别难过，你一定能学会的，我相信。"

我还想起那次巡演中发生的一个有趣的故事。

马努埃尔·德·法雅当时就住在美丽如画的格林纳达市，他要我为城里的一所孤儿院义演两场。当局宣布为此放假一周。每天都有人采访我，所有的报纸上都刊登着市长、法雅和我与孤儿院院长的大幅合影。市长设过一次宴会，在最后一天，阿尔汉布拉宫的馆长又在狮子庭院里举办了晚宴，席间有丰盛的熏制火腿和美味的干雪利酒。在一个凉台上，一个吉他四重奏组演奏着优美的西班牙民间音乐。那天特别的美妙，晚宴延续了一整夜，我都没睡过觉。去马德里的早班火车开得很早，所以我在头等车厢里占了一个靠角落的座位，想尽量多睡一会儿。一个虎背熊腰、宽脸庞的马德里人（我认出了他的口音）和他娇小的妻子坐在我身边。坐在对过的是一位善良的安塔露西亚胖太太，每边还有她一个女儿；这三位女士都有一个可怕的习惯：打开和收起手中的木扇时都要弄出很大的声音。但这还不算完，我的睡眠一直被酒气熏天的邻座高谈阔论搅扰。他显然有在咖啡馆中谈论政治的嗜好，一个典型的马德里人。

"法国人在西班牙边界拥有强大的军队。"他咆哮着打开了话匣子，他那些无聊的话题也不知是从哪个可怕的爱国派的报纸上读来的。

在我走进这包厢前，曾有两个英国游客看到车窗外的一幢建筑，还向我打听。我告诉他们说："不，那不是教堂，而是斗牛场。"

我被木扇声和那烦人的聊天吵了半个多小时，最后再也受不了了。睡觉已经不可能，我便用西班牙语恼火地对身边那人说道："先生，我听见你讲的话了，我可以向你保证，你所说的一切没有一丁点儿真实性。"

我在他眼里看见了胜利的闪光。他终算找到一个真正的咖啡馆里的对手了。

"你是英国人吗?"他向我挑衅道。

"不。"我回答。

"我可听见你说英语了!"

"我会说几种语言呢。"我回答。

"哦!"他胜利地叫起来,"那你是法国人!"

"不,我是波兰人。"我平静地答道。

他顿了一下,努力回想着什么,然后满脸认真地对着我说:"波兰人……波兰人……我有个好朋友是波兰人,他就是钢琴家鲁宾斯坦。"

我张着嘴,但是我太累了,没心情好好把玩这一幕。我没有耍弄他,而是用疲乏而微弱的声音说:"可我就是阿图尔·鲁宾斯坦呐。"

这简直是一颗炸弹。那个胖女人狂笑起来,我从未领略过这么大的笑声。而且她大概不停地笑到了马德里。那个男人则一言不发,站起身来,剩下的旅途就一直站在过道里,假装在欣赏火车外面的景色。

18

埃内斯托·德克萨达告诉我,他在南美较为重要的国家都设立了丹尼尔音乐会代理公司。他还保证,在他管理下,我的收入将会增加。

"我建议,结束美国巡演后,你先去巴西。在那里我可以亲自为你的音乐会做准备。然后你可以去阿根廷和乌拉圭，我的公司可以保证你能在奥德翁剧院演出。我敢肯定，你对我将比对莫奇和达·罗萨更加满意。"

他有充分的证据证明自己的管理能力，因此说服我毫不费力。

我希望能再次见到胡安·阿维拉，但人们告诉我他还没有回国。在巴塞罗那的里兹饭店有一封佩尼亚先生给我的信。他说不能见我实在抱歉，他不得不出城几天，接着又声明他特别缺钱，钢琴款他先留着，会分期还我。但我从未收到过他的第一期付款，更不用说后续的了。帕布洛·卡萨尔斯后来雇他做自己乐队在巴塞罗那的经纪人，尽管我警告过他此人不可信。

这一次巡演完成后，我径直到了伦敦，去和我的两个同伴会合，进行短期演出。我们的开场曲目是蒂博与我合奏贝多芬的《春天奏鸣曲》，接着是卡尔韦女士的一首古典咏叹调，然后蒂博和我各自独奏，最后由卡尔韦女士来结束音乐会。她的歌声训练有素，不过在她那年龄，嗓子已经不太行了。她是个迷人的、始终面带笑容的年长女士。当蒂博和我大开玩笑时，她也参与进来，调着情，咯咯地笑着。这刺激了我们，我们便尽情地扮演起她争风吃醋的情人来。

"我看见啦！你一直在给蒂博送秋波。"我嗔怪地说。

"咳，你这小东西，这小鬼！"她很开心地笑道。

蒂博则更投入。他试图拦腰抱住她，让她痒得要死，但她却对他摇着手指以示轻微的责怪。我们音乐会后的晚餐既悠闲又愉快，并弥漫着高卢人的风尚。

这次在伦敦我住在里兹饭店，并毫无准备地被卷进了社交圈的漩涡。一天，何塞·安东尼奥·甘达利亚斯带我去拜访美丽的黛安娜·库珀，她在祝捷舞会上摔断了腿。她衣着漂亮，躺在床上接待朋友，比任何时候都美丽。她身旁似乎总有朋友，而也很愿意被她丈夫用轮椅推来推去。她把我介绍给许多人，大家便邀请我参加晚宴、午餐和聚会。甘达利亚斯帮我成为邦德街上最高雅的夜总会、大使餐厅的一员。在著名的法律顾问乔治·路易爵士家里，我结识了一对我很欣赏的年轻夫妇。男的是律师，但是才干、品貌都像是未来的首相，而他的妻子莱斯利是位苏格兰美女。那位年轻人名叫威廉·乔伊特，第二次世界大战后他成了英国的大法官（英大法官，阁员之一，议会开会期间兼任上院议长——译注）。两人都成了我毕生的朋友。莱斯利曾带着受她监护的吉玛尔·诺瓦埃斯听了我的一场音乐会，并在日记上对我的表演大为赞美，后来她还把那页日记给我看过。

一下子我就身处伦敦社交生活的中心了。我的照片经常刊登在时髦的画册上。比如《闲话者》就会登一张我和拉特兰公爵夫人在一起的照片，配的文字说明是："拉特兰公爵夫人和一位朋友"。

每次为这些社交圈的人演奏，我的那些西班牙曲子总是大受欢迎，特别是《纳瓦拉》，此曲可与《火之舞》匹敌。某晚在一个聚会上，一位美国出身的公爵夫人喝得酩酊大醉，嘴里还不停地嘟囔着："请来曲雷蒙·诺瓦罗①。"

米切尔先生是位英国绅士，他穿着自如、言谈潇洒。可惜，我发现他的财务情况不大妙。他年轻秀丽的妻子去汉堡学歌唱，但一无所成。因为妻子不在身边，以及相应的开支增加，可怜的米切尔先生借酒消愁，却依旧风度翩翩。简短地探讨了我未来音乐会的计划后，他就洒脱地建议："我说，鲁宾斯坦，去吃半打蚝如何？我带你去一个好地方。"

我很快就注意到，鲜美的蚝远不如三两杯浓烈的苏格兰威士

---

① 雷蒙·诺瓦罗（Ramon Novarro，1899～1968）。墨西哥演员，默片末期—有声初期的电影票房大明星。外貌英俊，以"拉丁情人"的形象著称。他的名字与音乐《纳瓦拉》相近。

忌吸引他。不过我们大家都喜欢他。

有个奇怪的现象令我费解：我的音乐会在各省都进行得很好，诚然，多数听众都有长票，但是在伦敦我似乎没有取得成功。我连小小的贝希斯坦音乐厅似乎都填不满，现在那地方已改名为威格莫尔音乐厅，因为贝希斯坦公司在战后就破产了。我在社交圈大红大紫，我的名字也时常出现在最好的每周画刊上，所以我实在不明白为什么自己频繁亮相却不能更为成功。一段时间后我终于找到了原因，并总结出一个很好的教训：我在伦敦最好的客厅里受到的欢迎，以及在《闲话者》和《速写》杂志上以公爵夫人们的"朋友"身份亮相，对我的事业损害极大。自负的伦敦评论界简单地用一句"鲁宾斯坦善于演奏西班牙音乐"就把我打发了，而不再深究。鉴于那些嫉妒我取得社交成果的钢琴同行们也持有相似的观点，伦敦依然难以征服，直到二次大战结束，我才被伦敦认可和喜爱，或许更甚于其他任何地方。

19

贝格海姆太太又结婚了！这个孤零零的女人渴望有个伴，她找到一个丧偶的来自墨西哥的英国人，并和他分享了自己漂亮的房子、暖房和一切。同时她还想向他显摆一下自己在艺术界的地位有多高，于是给我打来电话："阿图尔，亲爱的，我想举行一个欢迎你的大型招待会。你能否说服你那些室内乐同行来招待会上演奏？自然，是专业演奏；另外，麻烦你替我邀请你在社交界的朋友，你愿意请谁都可以。你看好吗?"

这个建议很有趣，我接受了。蒂博正好在伦敦，所以他、萨蒙斯、特蒂斯，还有优秀的大提琴家费里克斯·萨蒙德，加上我，将会演四重奏和五重奏。我许多有头衔的朋友都愉快地接受了邀请，这可够新鲜的。黛安娜·库珀夫人由于坐轮椅的缘故不能来，心都碎了。

"我亲爱的，"她悲伤地说，"我的轮椅放不进任何汽车，而要推着我到汉普斯特德又太远。"

"亲爱的黛安娜，"我说，"我发誓，一定想办法让你过来。"

黛安娜夫人说得对，这事可不那么简单。但我决心让她来。我雇了一辆灵车，总算解决了问题。轮椅很容易就放进去了——太好玩了！黛安娜坐着轮椅，和几个朋友乘着一辆华丽的出殡轿车来到汉普斯特德，这成了当夜的话题。贝格海姆太太（我忘了她新的姓氏）安排了一顿丰盛的自助晚餐，我们的音乐会也取得了巨大的成功。

除夕夜我在里兹饭店设宴，莱斯莉·乔伊特、何塞·安东尼夫妇以及秀气的克里斯特贝尔·麦克拉伦，她是伦敦著名的主妇，都来了。我亲手写好菜单，并挂在一只色彩鲜艳的气球上，气球充的气不多，刚好飘浮在餐桌上方。最后，我们跑到艾伯特大厅参加一年一度的舞会。

在伦敦逗留期间，西特韦尔兄弟向我提到一个年轻的作曲家，并想让我听听他的音乐。他们带来一位身材高挑、满头金发、名叫威廉·沃尔顿①的年轻人。他弹了一首钢琴和管弦乐小

---

① 威廉·沃尔顿（William Walton，1902～1983）：英国作曲家、指挥家。主要作品有：歌剧《特洛伊罗斯与克瑞西达》，独幕歌剧《熊》，管弦乐《欣德米特主题变奏曲》等。

协奏曲一类的作品，给我留下了很深的印象。他的音乐清新又原创，于是我答应会演奏它。随着时间的推移，沃尔顿和本杰明·布里腾①成了英国最杰出的作曲家。

乔伊特夫妇介绍我认识了战时的英国首相阿斯奎思勋爵一家。阿斯奎思勋爵当时还只是阿斯奎思先生；他的妻子玛戈以才思敏捷、谈吐机智著称；他们的儿子安东尼则很懂音乐。他们三人都喜欢我。我在他们牛津附近的庄园度过了两个周末，为安东尼弹了许多曲子。安东尼有个绰号，叫"蓬头"，因为他的头发乱糟糟的。我和阿斯奎思太太打桥牌，木然地听着男主人不停地重复他的故事。他最爱的一则故事我大概听了六七次。那是关于国际象棋冠军约翰尼斯·朱凯托特的，他在国际锦标赛中喜欢喝茶。但每次上了茶，他就立即生气地吐出来，大喊："这不是茶，是尿！"这个习惯大家都知道。一次在曼彻斯特，他打赢了所有比赛，但对所上的茶极其厌恶。比赛结束后，一位英国人，高高的个子、灰色的头发、优雅的胡子也是灰色的，走向朱凯托特。

"有份工作，为期两个月，月报酬 5000 英镑，另包所有开支，你愿意接受吗？"

冠军眼睛睁得老大，这以前他还从没有过那么多钱，那时国际象棋比赛的奖金并不高。

"要我杀人么？"他问。

"不。"那人微笑着说，"唯一的条件是你不能抽烟和喝酒。"

---

① 本杰明·布里腾爵士（Benjamin Britten sir，1913～1976）：英国作曲家、指挥家。自幼便显示出音乐才华。1932 年出版《小交响曲》。曾为纪录片《夜邮》配曲。1945 年《彼得·格赖姆斯》上演，确立了他的作曲家的声誉。其作品《比利·巴德》、《格洛里阿纳》和《仲夏夜之梦》，巩固了他作为英国当代主要歌剧作曲家的地位。他的声乐作品大都为特定的表演艺术家而创作，如彼得·皮尔斯、加利娜·维希涅夫斯卡娅、迪特里希·菲舍尔–迪斯考等。其音乐具有持久的魅力，今天越来越为人重视。

"我一向烟酒不沾——只喝茶。"

"那太好了。你看，我叫托马斯·李普顿。我爱国际象棋，而且资助过很多场你的巡回比赛之后，我意识到，你是我见过的最伟大的品茗专家之一。你只需去锡兰（今斯里兰卡——译注）呆两个月，为我挑选茶叶。"

故事很不错，但没必要听六遍。

玛戈越来越喜欢我。有一次，我在威格莫尔厅举行午场音乐会，她就坐在第二排。那天，我的状态特别好。弗朗克的作品《前奏曲》、《众赞歌》和《赋格》十分成功，其他曲目，特别是肖邦和阿尔贝尼斯的曲子掌声热烈，而普罗科菲耶夫的一首进行曲则博得了欢呼。获得成功后，我情绪极好地留在台后，等着惯常的鞠躬和加演。我打算返场时演奏三四曲，然而等来的只是一片死寂。我好生奇怪，就问一个工作人员："是否有人在发表谈话？"

他从门缝里看了一眼说："不，先生，听众已经退场了。"

"这不可能！"

"这个，先生。大厅已空无一人。我是否也能走了？"

我大吃一惊。这种事情可是闻所未闻。我心想准是有人搞破坏，比如大叫一声："着火啦！"最后，一个朋友告诉了我来龙去脉。当我演奏结束走下舞台后，玛戈·阿斯奎思站起来，转身面对着听众，举起双手，制止了掌声，然后大声说："这还不值你们花的门票钱么！大家难道要杀死这个人吗？回家去，让他休息吧！"

老实的英国听众慑于首相夫人的威严，就安静而顺从地离开了。若非玛戈·阿斯奎思是位极好的朋友，而且又出于善意，我会杀了那女人。

我还清楚地记得后来在塞维利亚的圣周春会（Semana Santa Feria）上发生的事。玛戈和"蓬头"、乔伊特夫妇以及埃尔朗热男爵夫人都去了。自然，我是理想的向导，在以前的多次节日活动中，我都是积极参与了的，已经在塞维利亚有很多熟人了。但我费了很大力气才勉强拉他们参加了绚烂的巡游、激越的哀歌（Saetas）、还有赤足的复活节游行（cofradias），盎格鲁–萨克森的天性令他们对这些退避三舍。

"这是不是没有个完啦？"玛戈问，"还是说会一直持续？"

那是个星期六。

"今晚，"我答道，"全西班牙都在举行狂热的庆典。所有的餐厅和舞厅都营业。我们高兴怎么乐就怎么乐！"

玛戈一定要看弗拉门科歌舞。在一个常有轰动首演的场所，我的朋友胡安·拉菲塔帮助我搞到一个包厢。谁也不知为什么，玛戈穿着衣领特低的裙子来了，并且和莱斯莉以及埃尔朗热男爵夫人坐在包厢前排，这毫无必要，也没有什么可展示的。拉菲塔和我坐在她们后面，不过"蓬头"为了看得更清楚，坐在地板上，胳膊搭在母亲的大腿上。楼下桌边的观众把这一切都看在眼里，他们大多来自特里亚纳。人们大张着嘴巴，盯着玛戈的低领。当她意识到这一点，就点燃了一支烟，这更使得下面议论纷纷起来。

"阿图尔，"她说，"我看他们认出你了。他们一直在盯着你看呢！"

然后她向着人群做了个手势，很不幸，那手势被特里亚纳人当做是侮辱。看见的人便咆哮起来。他们站起身，准备冲进我们楼厅的包厢。我感觉不妙。拉菲塔大叫一声："跟我走！"

我们匆忙起身逃离。我们从后台旁的过道跑到街上，慌里慌张地奔向汽车。我以为，那个晚上是胡安·拉菲塔救了英国首相的遗孀一命。

秋天，米切尔先生安排了几场愉快的音乐会：和伊丽莎白·

舒曼①来一次小巡演，和亨利·伍德②爵士一起在皇后厅演出一场，还有其他三四场演出。不过十分奇怪，演出不是在大城市，而是在海滨疗养地进行，如布赖顿、伯恩茅斯、伊斯特伯恩和黑斯廷斯。这不是在英国出名的好办法。

20

经历了充满狂风恶浪的航行后，我又到了纽约。刚进比尔特莫尔饭店的房间，电话铃就响了。是风神双艺公司协助我录制自动钢琴的那个人打来的。这个电话让我心烦。我觉得在着手安排我的曲目之前，他可以先让我休息几天的，不过我还是让他上来了。

"看来你很累呐！"他说，"你干嘛不在长岛买所好房子？这样巡演前你就能好好休息一下了。"

我客气地答道："我很忙。没有时间来谈这种事。"

"那起码在纽约来一套舒适的公寓，人们不来打搅你，你可以安安静静地工作了。"

---

① 伊丽莎白·舒曼（Elisabeth Schumann, 1888～1952）：美籍德国女高音歌唱家。曾在柯蒂斯音乐学校执教。她刻画的莫扎特作品中的角色和《玫瑰骑士》中索菲一角令人赞赏，对舒伯特歌曲的处理无以伦比。

② 亨利·伍德（Henry Wood, 1869～1944）：英国指挥家。曾在皇家音乐学院攻读作曲，1859年任伦敦新系列曲目逍遥音乐会的指挥。自此集中精力于音乐会指挥，直至去世。1911年被封为爵士，1944年封为荣誉侍从。著有自传《我的音乐生活》。

我有点厌烦了。"听着，我们还是谈正事吧。对下次录音你有什么建议？"

他听后笑道："我已经不在风神双艺公司干了。我现在是不动产的销售代理人。"我匆匆地打发他走了。

随后我给加夫列拉·贝桑佐尼打了电话。由于我长时间不回信，我们在罗马和伦敦之间的通信很不愉快，之后她就把自己在纽约的地址和电话号码寄到了伦敦。这次是她亲自接的电话。我说了几句好话让她不再生气，最后她同意当晚与我在里兹—卡尔顿烤肉店一起用餐。我给她送去一些玫瑰花，并在里兹的大堂等她。她迟到了半小时，进来时满脸通红。热情地拥抱我之后，她说对不起迟到了，又说她母亲也在纽约，而她必须给老人准备晚饭。用餐时，贝桑佐尼完整地告诉我她在纽约首演时令人难过的故事。在大都会，排练还没开始她就感到充满敌意的气氛，一定有反对她的团伙。

"有个德国女低音，叫做马泽瑙尔，是我见过的最恶毒的家伙。她知道我的到来会威胁她的事业，于是就大肆捏造和宣扬我在艺术上的无能。评论家们认为她是世界上最好的女次高音，她便向他们暗示我在南美以及西班牙的成就都是虚假的，我的卡门受人喜爱不是因为我的演唱，而是由于我下流的姿势让男观众兴奋起来。法勒在此地演唱卡门，也帮她传播这种谎言。卡鲁索是我的唯一朋友。他在《阿伊达》首演前努力安慰我。他来过我的化妆间好几次，为我打气，真是多亏了他，那个晚上我唱出了自己的最佳水平。马泽瑙尔最多也就唱唱《阿依达》中的阿姆内里斯（Amneris），她雇了个托儿给我喝倒彩。卡鲁索很气愤。他后来告诉我，这种事在大都会是司空见惯的。加蒂-卡萨扎很好心，说听众喜欢我，要我有耐心，随着演出的继续，我最终会赢的。但是我的合同一月底就到期了，他却一直都没有跟我续约。"

可怜的贝桑佐尼！后来我了解到，她所说的一切都是真的。

不管怎么说，她是个真正的战士，在自己的岗位上坚持着。尽管如此不公正，她依然继续演唱了另外两三个角色。

我送她回家，陪了她好几个小时，并试图帮她重新获得勇气和力量。只要我在纽约，我们就几乎天天见面。她母亲没能帮上什么忙，不但没有平息自己女儿的怨恨，反而成天叫嚷着要报复。后来我听说，在沃尔夫森先生首肯后，她的巡演被取消了。贝桑佐尼感到，一方面自己的保留曲目不足，另一方面报刊不友好，令她成功的机会非常渺茫。沃尔夫森赔了她一大笔款项。此外，维克多公司也叫她失望了，公司声称第一张唱片有缺陷，而且对今后的许诺也只是含糊其辞。贝桑佐尼回到了罗马，在那里她又星光重放，而且她在南美也再次成功。

R.E.约翰逊给我看了这个演出季的日程，并没有什么值得夸耀的。"这座城里怎么有这么多见鬼的钢琴家啊！而经纪人都喊叫着要霍夫曼和拉赫玛尼诺夫。这里只有票房说了算。"他给我安排了10场音乐会，只是个二流的巡演。小城市，没有卡内基大厅的独奏，和伊萨依有一场，还答应和交响乐团合作两三场。看来，"舰队司令饭店"的开张音乐会是这个季节中我唯一的大事了。事实上那也的确是个大事件。饭店经理鲍曼先生的一伙爱尔兰朋友晚宴时喝得太多了，到了音乐会上总也安静不下来。我们边演奏，他们边大声说话，而且绝对是在曲子结束前拍巴掌。他们几乎要扑到卡鲁索的身上，并且一直叫嚷着请他一起喝香槟。玛丽·加登上场时还能听到流里流气的口哨声。艾尔曼和我既没人吹口哨，也没有香槟酒。

我又跑到辛辛那提演奏了一场，这回弹的是圣—桑的协奏曲。不过，一年前伊萨依的大吹大擂仍令听众顾虑重重。

刚回纽约，我就在比尔特莫尔饭店的前台收到一只寄自欧洲、捆扎仔细的小包裹。我心脏狂跳，小心翼翼地打开它。我知道是什么：是斯特拉文斯基答应过我的作品。曲名叫做《散拍钢琴乐（Piano Rag Music）》，题献给阿图尔·鲁宾斯坦。手稿书写得细致又美观，还有亲笔署名。他甚至在我的名字周围画了几朵小花。我心怀敬畏地把那珍贵的手稿放在钢琴的谱架上，开始解读。我看了四五遍才理解曲子的意图。正如斯特拉文斯基所说，这的确是他的"第一首真正的钢琴曲"。在他的心目中，曲子就该是这样；但对我而言，曲子听起来像是在练习打击乐，既不着任何"散拍乐"的边，也不着任何其他音乐的边。我得承认，我深深地、深深地失望了。我让一些优秀的音乐家看过这件手稿，他们都同意我的意见。

　　贝桑佐尼走后，我完全恢复了自由，并能把注意力更加集中于自己的事业上。拉涅尔夫人又让我在"音乐之友协会"演奏。威廉·门盖尔贝格[1]有几个朋友很欣赏我的演奏，他们劝他邀请我在勃拉姆斯的《d 小调协奏曲》中担当钢琴独奏。门盖尔贝格喜欢我的演奏，这让我信心大增，尤其是他声称自己曾经听过勃拉姆斯本人演奏。这次演出的成功帮我获得了几份更为重要的合同。斯托科夫斯基请我演奏了勃拉姆斯的《降 B 大调协奏曲》，而且很满意。另一位指挥，阿尔弗雷德·赫兹[2]，曾在大都会指挥过瓦格纳，则请我作为独奏演员去旧金山和他的交响乐团合作演出两首协奏曲。为了让这次长途旅行对我更加合算，他答应帮

---

　　[1]　威廉·门盖尔贝格（Willem Mengelberg, 1871～1951）：荷兰指挥家。1909年起任阿姆斯特丹音乐厅乐队指挥，并将乐队提高到一流水平。演奏马勒、里夏德·施特劳斯和法国作曲家的作品尤为拿手。二次大战期间支持了纳粹占领者，战后事业便急转直下。后流亡并病逝于瑞士。

　　[2]　阿弗雷德·赫兹（Alfred Hertz, 1872～1942）：德裔美国指挥家。1902～1915 在纽约大都会歌剧院指挥瓦格纳歌剧的演出，1903 年指挥《帕西发尔》在拜罗伊特之外的初次舞台演出，因此侵犯了拜罗伊特的版权和协议，招致德国的歌剧院不再雇用他。曾执棒施特劳斯的《莎乐美》和《玫瑰骑士》在美国的首演。1910 年在科汶特花园剧院任指挥。1915～1929 年任旧金山交响乐团指挥，1922 年他是第一位在"好莱坞圆形剧场"中演出的指挥家。

我另外举行两三场独奏音乐会。我满意地感到自己不太需要依靠 R. E. 约翰逊，而且可能把事业掌握在自己手中了。

纽约似乎正在举办欢快的酒神节。美利坚合众国正在意识到自身已经成为世界上最富有和最强大的国家。军队取得的胜利和优秀的表现使得举国欢欣。这一切令人们如此陶醉，然而剧变就在眼前。美国政府提出了在全国禁止酒精消费的法令。起初，人们对此仅一笑置之，但法令被国会两院通过后，大家便都茫然失措了。最后，在禁酒令付诸实施的前夜，我亲历了那场最无节制的狂饮。那一夜喝掉的酒如果能灌满整条密西西比河我也不会觉得奇怪。德雷珀一家邀请我去参加了那最后的宴饮。我惊恐地发现，保罗·德雷珀又喝上了。

那一夜，在街上走路都不安全。人们可以看到酩酊大醉的人躺在路边，汽车在七歪八扭地行驶，人们吵嚷着要拥抱或者打架，其他人则语无伦次地嘟囔着请你再喝最后一杯。

第二天，纽约客可以骄傲地宣布："我们拥有了历史上最厉害的宿醉。"在随后的日子里，我感到这座大城市里有了种新的生活。一切都似乎照旧，只是人们的行为举止变了。四处笼罩着强烈的阴谋气氛。一大清早就可能有以前偶然认识的人拦住你，悄声对你说："上我家去，我可以给你来一个！"在较好的餐厅里，如果有贵客一本正经地眨眨眼睛要杯茶，那么茶杯里盛的就绝不是英国的甘美饮料，而是质量可疑的酒精。报纸上报道过自酿的酒有时造成中毒死亡的事故。卫生部传出一条令人稍感欣慰的消息。大夫们宣称，威士忌有益于心脏。这之后，看着药房前的队伍绵延五个街区，每人手里都有一张一品脱威士忌的处方，也就无人奇怪了。

警察署长托马什·恩赖特，一个爱尔兰人，问他的朋友 R. E. 约翰逊我是否愿意参加为警察义演的音乐会。

"演出结束后他们会授予你一枚警徽，你就可以像个真正的

'雷子'那样给所有人找麻烦了。" R.E. 约翰逊向我保证道。

在音乐会上我担惊受怕地看着听众席上的那一大帮子警察。音乐会后，恩赖特先生邀请我出席在警察总部举行的招待会，他还要给我发警徽。我由 R.E. 约翰逊和璐璐"押送着"，爬上宽阔的台阶，走进那座凶险的大楼，来到接待处。他们说，有几个倒霉的意大利人，被发现手里拿着一小杯基安蒂酒①，现在就关在囚室里。在简短的仪式上，恩赖特授予了我警徽，之后一名高级警官客气地带我走进另一个房间。

"去小吃部……"他说。

那里有喝不完的酒：香槟、朗姆酒、金酒和威士忌，都不断地供给署长的客人们。我记得有位优雅的夫人喝得烂醉如泥，从楼梯上摔了下去，还有许多人迈步都十分困难了。

离我去南美还有一个月。因此我终于有时间去听我感兴趣的艺术家们的音乐会了。我去了霍夫曼和拉赫玛尼诺夫的独奏音乐会，还听了充满诗意的加布里洛维奇。虽然年轻的海菲兹演出时卡内基大厅爆满，但是克莱斯勒依旧维持着自己的地位。这些艺术家我基本都认识，以前也听过他们的演奏。我也有机会听到我的直接竞争者——本诺·莫伊谢耶维奇和米沙·莱维茨基。我去听他们的音乐会时，下定决心要像第一次听到那些曲子一样听他们所有的演奏。不过老天作证，他们的大部分曲子我自己都曾弹过。

接二连三地听这些大艺术家的演奏，使我思考并获益良多。这也使我更加瞧不上当时流行的所谓"方法"。许多有才华的钢琴学子倾心于"莱舍蒂茨基方法"，或者"勃雷陶普特方法"，以及其他种种。这些方法被大师们那些才华稍逊的学生们无耻地竭力推荐，并赖以为生。我始终认为，教师就像医生一样，应该区别对待每个学生，要找出每个人的音乐上和技巧上的才能与不

---

① 意大利托斯卡纳地区产的一种红葡萄酒。

足。教师应该非常注意所教的学生之间的生理差别。矮个子的钢琴手对待乐器的方法就和七尺男儿的不同。有的人手小，有的人手太大。有的人小拇指太短，还存在伸展度各不相同的问题。教师应该仔细观察所有这些不同的特征，在教学过程中选择适合于各个学生的曲子。我发现，最好的教师是职业教师，他们是全心全意的教育者。跟著名的钢琴家学琴往往很危险，因为他会不自觉地把自己强大的个性强加给学生，并常常把他们的学生变成自己的很差劲的模仿者。也有人对自己照料的才子过于热爱，就成年累月地压制着他们自由翱翔的愿望。

根据我的长期经验，并且出自真心，我向各位前途远大的高材生提出最诚挚的建议，一旦完全掌握了键盘，并且技巧已经成熟到能演奏任何曲子，就别再跟着老师了，而是自己去学习音乐的二度创作吧。大部分十七八岁的年轻钢琴手已对艺术生涯做了很好的准备，也该自己和作曲家直接对话了。我们阐释者和画家们有着许多共同点。如果有10位画家为你画肖像，那么，你在每幅画像里都不相同。而每个画家都会发誓说，他看见的你就是那个样子。音乐的阐释也完全一样。我们每个人都会把自己的才华和手段投入一首音乐作品，通过自己的理解最好地表现它，并根据自己独特的个性展开对作品的阐释。还有一点建议：不要公开演奏自己不喜欢或不理解的作品，尽管它看起来似乎有助于丰富曲目。这实际上无论对作曲家，抑或对自己都没有好处。

在那些日子里，我一边聆听着这些著名钢琴家的演奏，一边思考着这些想法。拉赫玛尼诺夫特别对我的心劲。他演奏自己的作品时更是登峰造极。一首他亲自演奏的协奏曲，能让你相信那是篇空前伟大的杰作；然而，一旦换一个钢琴家来弹奏，哪怕他处于最好的状态，这些作品便显出了原貌：即充满东方柔情、很受观众喜爱的才气横溢的作品。而当他弹奏其他作曲家的音乐时，他见解的独创与新颖给我印象最深。如果他来一曲舒曼或肖邦，即使和我的感觉相反，他也能仅凭自身个性的冲击力令我信服。在布索尼之后的所有钢琴家里，他最令人心驰神往。他掌握着绝好的、栩栩如生的音色的奥秘，不但发自内心，而且无从模仿。我深信，作为钢琴家他要比作曲家更伟大。我承认，在聆听演奏时我沉迷于他作品的魅力，但回家以后，则对他过于彰显的柔美总多少感觉有点不是味。

两天之后，霍夫曼却令我不快。此公不论在战前的俄国还是在美国都被当做巨人，是安东·鲁宾斯坦的继承人。早年我就认识他了，当时他对音乐的漠不关心使我大失所望。由于他在机械方面过人的才华，他对钢琴的兴趣主要集中在能否改进结构上，在琴键的高度、琴弦能否有不同的安排以及框架上共鸣孔位置的设置等方面。他对键盘的完美的控制力想必是与生俱来的。即使是演奏大师的作品，他的精力也主要放在力度上，在一段缓慢地准备好的渐强（crescendo）后，他会用火山爆发式的高潮来结束；他还会以剧烈的对比——在很弱（pianissimo）之后突然来一个很强（fortissimo）——吓听众一跳，并且以此为乐。此外，他还有一个叫人生气的习惯：他很愿意凸显伴奏声部，这种声音在其他人的演奏中是从来听不到的。尽管如此，他是个大气的钢琴家，纵然我说了他那么多，但他在每场音乐会上展露出的音乐个性我却毫不怀疑。

当加布里洛维奇天使般地演奏浪漫主义音乐时，他的头上几乎可以看到光环。他演奏时的投入和专注会让你觉得自己是在教堂里望弥撒。在他令人愉快的音调、精细的踏板的作用下，一切都那么动听。还有那些如此恰当的力度！走出音乐厅时，我感到不可能弹得更好了，一切都那么完美，然而我并不快乐。在他的演奏中缺少一种人们值得为之生活的东西，那就是灵感。当我读着上述文字，不禁沉思起来。这三位享有世界声誉的钢琴家，他们常常演奏同一大师的作品，有时甚至是相同的作品，但在每一场独奏音乐会上，他们每个人都会令我生活在不同的音乐世界里。音乐才华，不论是作曲还是阐释，都是与生俱来的瑰宝，都要求顺乎自然的发展。人们无法学习音乐，人们只能拓展个人的才华。

就莫伊谢耶维奇和莱维茨基，不能否认两人都具备取得成就的全部必需的要素——技术、气质、记忆力和实在的音乐天赋。他们什么也不缺，可是很奇怪，听完他们的音乐会，人们便会忘记曾听过他们的演奏，而且如果你闭上眼睛，就很容易把莱维茨基当做莫伊谢耶维奇，或者反过来。

又到了去南美挣些真金白银的时候了。鉴于我在美国可怜的酬金以及自己那铺张的生活方式，比如雇佣男仆等等，一切都变得很昂贵。德雷珀一家来送行时，给我带了许多食品。鲁丝说："都冰起来。省得你吃了船上提供的糟糕饭菜而中毒。"

在船上，我一边大嚼他们送的美味，一边十分同情我的旅伴。

21

有了我第一次访问巴西期间举行 15 场辉煌音乐会的经验，我对此次回访充满憧憬。船一靠岸，我就在码头见到了埃内斯托·德克萨达。他和家人都搬到里约来了。有他负责我的巡演，我很是放心。但令人震惊的消息在等着我，在去旅馆的路上，他无动于衷地告诉我，他已经用预定的方式组织了八场音乐会，四场给我，另四场给乔治·博斯科夫（George Boskoff）。零售票要在预定结束后才开始销售。听罢我无话可说，我在巴黎就认识博斯科夫了，是乔治·埃奈斯库（Georges Enesco）把他从罗马尼亚带到巴黎来的。他是位不错的钢琴家，也颇有魅力，但他的成就仅仅局限于巴黎的几个沙龙中，他还从未公演过。整件事情很明显。德克萨达花几个小钱就找来了博斯科夫，指望利用我极为成功的首演的好势头，把他和我捆在一起，大赚一笔。他已经把自己的生意置于我们的友谊之上了。我极端痛恨这种做法。他把我隆重的回访降格成和另一名钢琴手的普通竞争了。

见过几位好友之后，我就立即清楚我的判断是对的。

"那个叫博斯科夫的钢琴家怎么样？"人们兴致很浓地问我，我只得硬着头皮说，他确实很好。

持预定票的人占据了剧院的大部分坐位。当然，人们对新人乔治·博斯科夫十分期待。因此，在这座在音乐方面尚未成熟的城市里，无论是听众还是评论界，都乐此不疲地比较着我们两人，就毫不奇怪了。我以包括《纳瓦拉》在内的西班牙作品取胜，而博斯科夫则以极为细腻的德彪西向听众取巧。

博斯科夫个子不高，很有教养，留着一头齐肩的黑发，一双诗人般忧郁的眼睛，在这个炎热的国度还总穿着一身黑，我们在餐厅聚会时也总带着一本法国诗集。常常为读一段韦等纳①或马拉梅②的诗打断我用餐。他很有修养、客气、谦虚，各方面都对我的脾气。

预售的音乐会之后，我又加开了三场音乐会，十分上座。但收据上显示的上座率却很差，让我很吃惊。我去抱怨时，出纳员

---

① 韦莱纳（Paul Verlaine, 1844～1896）：法国诗人，象征主义诗歌的主要代表之一。诗作富于音乐性，强调"明朗与蒙胧相结合"。作品有《感伤集》、《无题浪漫曲》、《智慧集》。

② 马拉梅（Stephane Mallarme, 1842～1898）：法国诗人，象征主义代表。对法国现代诗歌有深远影响。作有诗篇《牧神的午后》、诗剧片断《爱罗狄亚德》等。

就拿出剩余的门票，来证明没有出错。但我开始怀疑，于是让恩里克这个机灵鬼去暗中调查，看看是否有什么猫腻。他带回来一个大丑闻："我请出纳员上了酒吧，和他成了好朋友，两杯朗姆酒下肚，他就承认有两套票本，而他给你看的是假的。"我跟德克萨达大闹了一场，但他似乎并不知情。我对巴西的整件事情正怒不可遏，便决定去乌拉圭和阿根廷继续巡演时只带他的合作伙伴。

我在巴西逗留期间也不都是烦心事，同样有好时光值得回忆。有两个年轻的音乐家，在音乐学院念书，十分崇拜我，告诉了我关于一个作曲家的奇迹。

"那是个天才。"他们说道，"他两次被赶出音乐学院，因为他不同意老师的任何干预和批评。他不相信任何必修课程。我们觉得他是完全依赖自己的创作天才，而且完全独立。"这样的介绍引起了我的好奇。

"我在哪里能见见他，或者听听他的音乐？"我问。

"说起来都叫人害臊，他不得不和几个同学在布朗科河大道（Avenida Rio Branco）的一家电影院，靠拉大提琴谋生。"

"他们在那里演奏什么？"

"为银幕上的情节配音伴奏。当《基斯通警察》① 追赶罪犯时，他们就演奏快速的加洛普舞曲；而当母亲坐在病孩的床边时，便弹奏忧伤的叙事曲。"

这听起来不够带劲。"那么，我们就去听听那些加洛普舞曲和叙事曲吧。"

我们走进黑黢黢的电影院，那个时间段里，座位上还是空荡荡的。银幕上放映着一部美国情节剧。每个场景都配好了相应的

---

① 《基斯通警察》（Keystone Cops：又译《笨警察》，摄于 1914 到 20 年代早期，默片时代的系列警察喜剧。

音乐。电影还有个幕间休息。灯光亮起来，五六个乐师向朋友们招招手，而且好像还认出了我。停了一会儿，他们又演奏起来，但这次是音乐，真正的音乐！乐曲由巴西旋律构成，我一下就分辨出来了，然而处理手法极为新颖。音乐听起来有些混乱，但十分吸引人。我的同伴们悄悄对我说："他叫这个为《亚马逊》。是一首为管弦乐团谱写的乔罗①。"

我根本没听懂多少，但音乐终止后，我请同伴们把我介绍给这位埃托尔·维拉-洛勃斯②。他个子不高，皮肤黝黑，脸刮得很干净，有一头乌黑的乱发和一双忧伤的大眼睛。但是最有吸引力的是他的那双手，形状优美、敏感、又生动。我用葡萄牙语磕磕巴巴地和他交流，他则用很差的法语对答。我表示自己对刚刚听到的曲子很有兴趣，接着礼貌地询问他是否写过钢琴曲。他突然变得很无礼。

"钢琴手对作曲家没用处。他们只贪图成功和赚钱。"

这触怒了我，于是我调头就走。我的两个年轻朋友跟在后面。

"别生气，"他们恳求着我，"因为不得不当着你的面演那些愚蠢的电影音乐，他心里很不是滋味。"

有一次在奥斯瓦尔多家吃饭时，我问及维拉-洛勃斯，却听到一堆负面看法，诸如他在音乐学院的傲慢，还有他的狂妄。内波穆塞诺教授挖苦地说："他还认定自己是巴西最优秀的作曲家哩！"我

---

① Choro，音乔罗，葡萄牙文，意思是痛哭或啜泣，因此有译成"哭腔"或"哭调"的。早期称 chorinho，是巴西流行的音乐形式，产生于 19 世纪，常用长笛、吉他和一种四弦琴演奏，也有用曼陀铃和萨克斯管演奏的。维拉—洛勃斯在创作中利用了这一形式。

② 维拉-洛勃斯，埃托尔（Villa - Lobos, Heitor, 1887 ～ 1959）：巴西作曲家，第一位世界闻名的南美作曲家。1922 ～ 1926 年曾留学巴黎。回国后创办《教师进修学院》，任院长。后又办音乐学院。作品受印地安音乐和巴西民歌影响。数量很大，包括歌剧、交响曲、钢琴曲、室内乐和合唱曲等。最流行的为《巴西的巴赫风格》系列，试图用巴西音乐语言表达巴赫精神，其中第五首特别富于诗情画意。

没有说起他对我的无礼行为。《亚马逊》给我留下了一个好印象。

几天之后的一个清晨，我还在蚊帐里睡觉呢，却听到了敲门声。"一定是送电报的来了。"我这么想着，就从蚊帐下面爬出去开门，却吃惊地看到十来个人，手里拿着不同的乐器。维拉—洛勃斯也在其中，他夹杂着法语的葡萄牙语，试图表达他是来满足我听他作品的愿望的。

"白天我的朋友们没空，这是他们唯一的空闲时间。"可现在刚到 8 点，我担心会打搅邻居们的休息，于是打电话到饭店前台，却得到答复可以进行早场音乐会，因为大家都已起床，而且大部分房客会乐于听点音乐的。然而还有一个难题：如何安排这些乐师呢？我有一个小卧室，连着一间小客厅。我们只得搬开家具，再从经理处借来几把椅子。他们演奏了一首弦乐四重奏，我发现他们使用乐器的方式很少见，而且这种方式令乐曲耳目一新。下一首小曲子更是让我着迷，他称为"乔罗"，是为长笛和黑管写的。这不是一首即兴曲，它具有完美的曲式。我又听了一两首作品，是不同乐器的搭配。它们的形式不那么容易掌握。至此，我确信自己遇到了一位伟大的作曲家，而且他有重要的话要说。但我毋需明言，他本人也明白我的感受。当他的朋友们离开后，维拉—洛勃斯决定不去电影院上班，留下和我呆了一整天。在我的饭店用餐时，他给我绘声绘色地讲述了自己的生活。他有妻子，名叫露希尔，弹得一手好钢琴。他为妻子写了一系列短曲，葡萄牙文的名字是《婴儿之家》（O Prole do Bebe），意为摇篮，在其中使用了催眠曲的旋律。由于相处熟了，他越发活跃，开始讲述自己年轻时的故事，那简直像儒勒·凡尔纳的小说一样难以置信。他认为，他是发现巴西的秘密精神的第一人。"我倾听了来自亚马逊河荒野的声音。我在马托格罗索州①的雨林里一

---

① 马托格罗索州：巴西内陆，位于亚马逊河上游。

呆就是几个星期，就是为了在卡博科人①中采风。我常常处于极度危险之中，但我并不在乎。"

　　他操着蹩脚难懂的法语，声音高八度，连比带划、十分自信地对我讲述了这一切。我发现他的确走遍了巴西，而且收集了大量的民间歌舞素材。在喝咖啡时，我们抽着长长的雪茄，成了朋友。第二天，他给我寄来许多自己的钢琴音乐作品，是由阿图罗·拿破伦出版公司出版的。这位老板曾是有名的钢琴家，在他98 岁高龄时，还为我演奏了戈特沙尔克（Gottschalk）的一首作品，而且演奏得那么令人惊讶地精确。

　　在里约的最后一场音乐会上，我弹奏了维拉–洛勃斯的《摇篮》的第一套曲，结果被嘘了。后来我收到一些愤怒的来信，指责我为何不演奏些真正的巴西音乐，例如音乐学院教授们所写的优美的作品。维拉—洛勃斯对此倒颇富哲理，他说："我的水平还是太高了，他们听不懂。"

22

　　在蒙得维的亚和布宜诺斯艾利斯，人们把我当做回家的老朋友那样来欢迎。我音乐会的票都销售一空，所幸钱都归我，鉴于德克萨达的合伙人格拉西总惦记着多拿多占，我便当机立断地雇

---

　　①　卡博科人（Caboclo），巴西印第安人和欧洲移民的混血后代，字面意思为紫铜色皮肤的混血儿。

了一个叫弗朗西斯·鲁伊兹的人。此人很好，陪着我到省城去，在各方面都很能干。

我亲爱的朋友奈娜·萨拉曼卡和金塔纳一家为我接风，还带来胡安·阿维拉的轰动消息。人们激动得都要沸腾了。根据我听到的版本，阿维拉又搞了一个鬼把戏。他第一次来布宜诺斯艾利斯时，就凭自己敏锐的观察力，发现城里没有意大利和法国的那种雅致的、出售小古玩的商店，卖些诸如鼻烟壶、仿珠宝、古董、佛罗伦萨的织锦、威尼斯的玻璃制品之类。也不知从那里弄来的钱，总之他进了货，通过了海关，安全地抵达布宜诺斯艾利斯。"广场饭店"把他奉若上宾，给他提供了三楼的一间用于私人招待会的大厅。阿维拉很有品味地把各种货物陈列在一张点缀了鲜花的大桌子上。他给几件特殊的物品特别安装了照明，显示出了经商的天分。他发出去几百张雕版印刷的精美请柬，专门送给那些对他相当崇拜的人。开幕那天，屋子里人头攒动。没见过世面的布宜诺斯艾利斯的居民被这些华丽的展示晃得眼睛发花。他们没有行过万里路，自然看不出这些都是便宜货。因此，第一天的销售情况就超出了阿维拉的预想。不过好戏还在后头。有一位全国闻名的阔太太，手持长柄眼镜，对地板上的一块小垫子端详了一阵，然后说道：

"多漂亮的地毯啊！我还从来没见过这样的呢。它要价多少？"

阿维拉一脸正经地说："这是珍贵的布哈拉地毯的样品。我本不想卖，不过既然你这么喜欢，我只好割爱了。价钱是 50,000 比索（合 25,000 美元）……"他还没说完，那阔太太已经取出支票本，填好支票递给了他。

当晚，等顾客散尽，阿维拉找来饭店经理，问道：

"这块地毯多少钱？我很需要它。"

对方莫明其妙，但推托不过，只好回去查帐本，原来花了 1000 比索。

"但它已经很破旧了，500 比索我卖给你。"

这故事后来成为当地津津乐道的话题。

在这个演出季的曲目中，我比以往增加了更多的肖邦作品。我弹奏了全部两首奏鸣曲，在其中我发现了新东西。《降 b 小调奏鸣曲》作品第 35 号第一乐章，我听过的每位钢琴家，包括我自己，都弹得很快。通过仔细读谱，我意识到这样弹不对。肖邦太清楚奏鸣曲的曲式了，不会对第一快板乐章（在这里，就是把开始的广板（largo）加快一倍（doppio movimento））给出这样一个速度，较之奏鸣曲结构的基础，这种速度更适合于最后的乐章。如果弹得慢些，神秘的尾声也能从中受益，其短小的大调动机能听得更清晰。许多新的想法都是在我重新研读经常弹奏的作品时产生的。我们钢琴家们时常会因为反复演奏同一作品，而面临产生坏习惯的危险。年轻的钢琴师们应该不时以新的目光审视音乐，努力去发掘已往没有注意到的珍宝。

我在蒙得维的亚的演出中，维拉-洛勃斯的作品大受欢迎。有几首我不得不重复弹了几遍。在布宜诺斯艾利斯人们对这些乐曲反映冷淡。

这里，我不能忽略一次小小的爱情奇遇，它激发了我在音乐会上的热情，并且马上就被听众发现了。事情并不简单，相反，它极其复杂。故事中的女士与她的丈夫和孩子一起，与我同住"广场饭店"。在我首次造访布宜诺斯艾利斯时，我们之间曾有过小小的调情。但我无法接近她，因为当我被介绍给他们时，她丈夫，一个大名鼎鼎而阔气的地主，就对我非常生硬，几乎算是没礼貌了。不过，当两颗心一起跳动时，就总可以找到办法。多亏有人帮忙，我和她才有了第一次会面。

我们的计划还挺复杂。从我住的屋子可以看到庭院对面他们的套间。一旦在她卧室的窗台上出现一个插满鲜花的小绿花瓶，就表示她丈夫会出去几小时。于是，我坐进只有两扇小窗、里面黑黢黢的老式出租车，开到一条冷清的街上。我的美人会一身黑衣在那里等着我，她从头到脚——鞋子、长筒袜、面纱、帽子和手套，全是黑的，这使她越发漂亮。她安全坐上我的车后，我们便直奔一个地方，那是一个乐师在向我吹嘘他自己如何越轨时无意间透露的。那栋房子位于城郊普通居民区的一个花园里。汽车径直开进去，停在窗子的旁边，我们就从窗子跨到屋里。当然出租车在外面等着。我们多次在那里度过了幸福时光。

返回饭店时，让她中途溜出我的出租车，换乘另外一辆，然后比我早到饭店，这真是一门把握时间的艺术。我们的幽会都是在上午，而她要在午餐前早早回去。我在泡泡澡放松一阵后，则穿上熨得笔挺的套装——是她喜欢的那套，打上漂亮的领带，用我那珍珠别针卡好，把洒过几滴英国香水的手绢折好放进胸兜里，蹬上被恩里克擦得锃亮皮鞋，走进餐厅，经过他们的桌子，坐到我窗边的小桌旁。

一天上午，她对我透露："每次当你走过我们的餐桌旁，我丈夫就悄悄对我说：'那家伙是个同性恋者，你看他香喷喷的。我有可靠的消息来源。'而且他每天都这么重复。"

有个英国老绅士，他在"广场饭店"长期订了一个大套间。他热爱音乐，常到我的音乐会来，还不时在酒吧和我喝上一杯。一次，他邀请我到他在科隆剧院的包厢观看里夏德·施特劳斯的《莎乐美》的首演。女主角由法国女高音热纳维埃芙·维克斯（Genevieve Vix）演唱，她演这个角色很出名。在与老友《莎乐美》重逢之前，我想好好吃一顿。于是我在歌剧开演前就邀请了我的英国朋友慢慢享用了一顿美餐。

我的读者诸君都知道，我是个不可救药的美食者。这次我更是想卖弄一下自己在烹饪方面的知识。餐厅的领班帮我搭配了很棒的菜单：晚宴的开场是新鲜鱼子酱配薄饼（我瞧不上俄国厚饼）；接着是阿根廷的特色菜，用杯子装的肉汁色拉，实际上就是煮牛血，但加了胡椒和其他调料。它味道极佳，又很补人，我总在音乐会前喝它；之后是一道银汉鱼，那是世界上味道最美的鱼，只能在这里附近的海域捕捞到。餐厅领班随菜搭配着小贻贝、蘑菇和很像蛋黄酱的一种酱汁；苣荬冷鸭用的法式调料和刀功细腻的黑松菌，恰好和银汉鱼形成强烈的对比；最后一道锦上添花的是纯正的摩卡咖啡，外带小蛋糕，由本店著名的糕点铺自产。这桌丰盛的菜肴还搭配了各色美酒，一小杯伏特加配鱼子酱，科顿-查里曼葡萄酒①就鱼，外加一两杯拉图堡的陈年佳酿②，末尾是一杯冰镇的狄康堡白葡萄酒③。我对我的客人说：

"我觉得这样精心搭配的菜肴不该上香槟。"

餐厅领班把一份手写的菜单放到桌上，几朵美丽的玫瑰更是平添了一份优雅。看到这一切，我的客人一时间忘掉了自己的英国风度。

"不可思议！"他叫道，"艺术家怎会如此精通饮食！我认识的那些音乐家连鱼肉和鸡肉都分不清。他们吃什么无所谓，只要量多就行。而你，一个伟大的钢琴家，看来比伦敦的怀特俱乐部④的会员知道得都多。"

我假装谦虚地微微一笑。

《莎乐美》不如我们期待中的那样好。维克斯女士饰演的希罗底那顽劣的女儿很到位，但她没有足够的发声功底来驾驭音乐。回来后，在酒吧里的半瓶香槟帮我们忘掉了那失望的心情。

第二天上午，欧亨尼娅·埃拉苏里斯来信祝贺我取得的成功。她还写道："我一直相信，有一天你会变富的。如果你有余钱，请寄些给我。我要帮一个极好的诗人，他快饿死了。"我立

① 科顿-查里曼葡萄酒（Corton – Charlemangne）：查里曼大帝最爱的酒。
② 拉图堡的陈年佳酿（Chateau Latour）：拉图堡是法国五大产酒名庄之一。
③ 狄康堡白葡萄酒（Chateau d'Yquem）：同样是顶级葡萄酒。
④ 怀特俱乐部（White's Club）：伦敦历史最悠久也最豪华的私人会所，会员入会条件极高。

即给她寄去了 1000 比索。

又该回英国和伊丽莎白·舒曼进行一次小巡演了。我在英国轮船安第斯号上订了一间带浴室的头等舱,那是条令人愉快的船。在几场告别宴会、外加向没放小花瓶的窗口投去忧伤的最后一瞥之后,我和恩里克以及一大群送我的朋友上了船。轮船离港之后,我便下楼回舱。我的服务员眨眨眼睛对我说道:"先生,您有两间船舱。"

"别胡说,"我说,"我知道只有一个。"

"先生,您说得不对,您有两个。"

"不。"这时我的火气已经上来了,"我不需要第二个舱位,而且我只要这个。一定是弄错了。"

"不,先生。"服务员带着调皮的微笑坚持说,"是船长吩咐我为您打开这个舱位的。"

这让我惊讶了。

"为什么?"我问。

"先生,您会明白的……"

他打开了我隔壁的舱门,我眼前出现了令人惊异的景象:12箱,即 144 瓶香槟,堆放在那漂亮的舱室里。还有"广场饭店"的那位英国朋友的一封信,内称:"鉴于你显露了你是我所认识的最了不起的美食家,那么送你这些上好的香槟就让我很愉快,这是我私人酒窖里的陈年佳酿中的一部分。"

有关香槟的消息一经传出,我就成为这艘轮船上的无冕之王了。每天早餐之后直到深夜,我酒吧桌子上的冰桶里都会镇上两瓶珍贵的 1904 年波默里(Pommery)。波兰钢琴家伊格纳齐·弗里德曼①

---

① 伊格纳齐·弗里德曼(Ignacy Friedman,1882 ~ 1948):澳籍波兰钢琴家。莱舍蒂茨基的学生。自 1905 年起,开始在世界各地巡演。共举行音乐会 2800 多场。与胡贝尔曼、卡萨尔斯组成三重奏组,举行室内乐演出。他的演奏特点是精确、干净。以演奏贝多芬、肖邦、舒曼和李斯特的作品闻名于世。

也在船上，德克萨达的新代理公司组织他到蒙得维的亚和布宜诺斯艾利斯演出。晚上我们和年轻的昆斯伯雷勋爵以及女舞蹈家毛德·阿兰（Maude Alan）打扑克。因为有我的香槟，玩到深夜还兴味甚浓。如我在《我的青年时代》中所述，弗里德曼上次和我在李沃夫一起弹钢琴时很倒霉，但他在牌桌上是不可战胜的，主要并不是因为他牌好，而是他猜对手的牌的本领不同寻常。我们会投下赌注，并且增加筹码，手里明显有大牌。此刻，如果我再加码，他就会提出古怪的建议："我们要不要对调手里的牌？"这让人很难抉择。而有一点是肯定的：要是我同意换，那我手上就只握有一对 7；但如果我不同意，那他就会摊下四张 A。

船到里斯本时，我的香槟喝完了，身上的钱也输光了。在抵达南安普敦前的最后三天，我的健康受到了严重威胁。从早到晚一直有人请我——不，强迫我一起喝香槟。

"现在我们做东！"他们根本不容分说。

弗里德曼慷慨地借给我钱应付船上的小费。到伦敦一下火车，我的那些痛苦——可怜的肠胃、那么多香槟让我遭的罪、打扑克时的患得患失、以及其他不快的念头，就都消失干净了。

巴维尔·科汉斯基和索菲娅在月台上站着，他与我最后一次见到时相比丝毫未变。米切尔先生告诉了他我抵达的时间，因此我才能够经历生平最愉快的这次重逢。我们没有时间说话，忙着不停地轻拥、紧抱、呼唤、还有接二连三的询问。等恩里克找到一辆大汽车装我的大箱子后，索菲娅问道：

"你订好房间了吗？"

我漫不经心地回答说："没有，我喜欢里兹饭店，他们认识我。"

他们两个人都忧心忡忡的。

"你真的预订了么？"

"别担心。那里总能找到房间的。"

于是，科汉斯基警觉起来。

"你不知道，现在伦敦处于惶恐之中！不论出多少钱，你也别想在任何饭店找到房间。他们正在公园里为滞留的旅游者搭建临时木屋呢。简直是灾难。"

这的确是个坏消息。不过，我这辈子总是能化险为夷的。我迅速做出决定。

"恩里克，"我说，"你把所有行李都装在那辆顶篷有行李架的出租车上，到里兹饭店后，你就让行李员帮忙赶快卸车，不要回答任何问题。我们坐另一辆车跟着你。"

抵达饭店时，我们看见恩里克已把所有行李安全地送进了行李间。我们进入大堂，继续用波语谈笑。然后，我中断了对话，用英语说："请稍等。我得取我的钥匙。"

然后三步并作两步冲到前台。

"请把我和我仆人房间的钥匙给我。我很急。有晚会，我只怕换衣服的时间都没有了。"

前台的三个人都很疑惑。

"先生，你预订了吗？"其中之一轻声说，"因为饭店住满了。"

这正是我戏剧性地大发雷霆的契机。

"你这是什么意思？"我叫起来，"六个月前我从阿根廷预订的房间，你现在可别说没看见过！我知道，旅馆为了安排自己的重要客人会耍花招，我可不吃这一套。马上给我钥匙。"

我用西班牙语对恩里克高喊："一刻钟后，给我烫好衣服！"

那三个人完全傻眼了。他们疑惑但又惊恐地互相望望，然后紧急磋商起来。之后，他们拿出两把钥匙，说道："先生，只用一个晚上。你明天必须另找地方。"

"走着瞧吧！我正想和经理谈这事呢。"

说完，我向我的朋友们微微一笑，我们便乘电梯上楼，来到一个一室一厅的漂亮套间。恩里克也得到了照顾。科汉斯基夫妇佩服得一句话也说不出来。接着我做的第一件事，是给胡安尼塔·甘达利亚斯打电话。很幸运，她在家。

"胡安尼塔，亲爱的，我刚从布宜诺斯艾利斯到达。你想想看，我多么惊喜，这个世界上我最好的朋友科汉斯基夫妇就和我在一起。我多次和你说到过他们的。你能和我们一起吃晚饭吗？"

"我太愿意认识他们啦。你们尽快来吧！"这位天使回答。

我们热烈地重逢之后，没有 5 分钟，胡安尼塔已经永远爱上了他们。酒足饭饱，科汉斯基讲了自开战我们分手后所发生的一切、我急于知道的一切。

"我们从伦敦去了姆威纳尔斯基在立陶宛伊尔戈沃的庄园。德国入侵后，姆威纳尔斯基一家和许多亲友一起逃到莫斯科，而我们也逃到了乌克兰雅罗申斯基家。我们以为在那里可以安全地呆到战争结束。希曼诺夫斯基也和我们汇合了，而且凭借我技术上的协助，写了一些优美的小提琴曲。俄国人失败后，布尔什维克上台掌了权。之后就灾难连绵！希曼诺夫斯基家、雅罗申斯基家、达维多夫家以及路鲍米尔斯基公爵家的房产都被搜查和没收了。主人们只好逃跑。雅罗申斯基、希曼诺夫斯基、索菲娅和我在基辅安顿下来，我还开起了音乐会。后来我和索菲娅搬到莫斯科，当地的音乐家和政治变色龙都把我当成'同志'，敞开胸怀欢迎了我，我甚至非常成功。不过在毕苏茨基解放波兰后，我们再也忍耐不住，就跑回了华沙，并且见到了姆威纳尔斯基和所有其他的朋友。姆威纳尔斯基家重新收回了自己的庄园，但是希曼诺夫斯基、雅罗申斯基和路鲍米尔斯基公爵就失去了一切。现在在伦敦和巴黎全是流亡者。几天之后，"他补充道，"希曼诺夫斯基将到达巴黎。"

我在这里仅仅列举了事实，但那个晚上我们倾听着全部细节，全部稀奇的、悲惨的和幽默的事件，直到深夜。科汉斯基还说我大姐雅加一家在莫斯科一直待到沙皇制度的末日。她的丈夫发了财，他们的大女儿嫁给了弗朗格尔男爵（Baron Wrangel）。

科汉斯基夫妇在科克街上租了一小套公寓，还在附近为我找了一套。在我抵达之前，科汉斯基一直忙于和他以前在伦敦结识的朋友恢复联系。其中就有汉密尔顿·哈蒂①爵士。他是位优秀的音乐家和广受爱戴的指挥。从前，汉密尔顿·哈蒂曾在几场科汉斯基的音乐会上当过伴奏。现在他很高兴能与之重逢，并力邀科汉斯基在皇后厅与伦敦交响乐团一起演奏勃拉姆斯的小提琴协奏曲。这是科汉斯基找回自己在伦敦的地位的最好方法。当我请求米切尔先生在威格莫尔厅举办小提琴和钢琴独奏音乐会时，他十分高兴。

"我尽一切可能来给你安排几场像样的音乐会。去吃点生蚝如何？"

我接受了邀请，科汉斯基也喜欢吃生蚝，这次他成功了。

这是我们在伦敦的一个短暂但美好的演出季。科汉斯基的协奏曲获得了巨大的成功，消息甚至传到了美国。帕德雷夫斯基的上一个经纪人乔治·恩格尔斯（Geroge Engels）也出席了这场音乐会，并当即请他一月份去美国做短期巡演。我把科汉斯基夫妇介绍给了我所有的新朋友，而莱斯莉·乔伊特还在科汉斯基的音乐会后为他举办了一场愉快的招待会。

我和伊丽莎白·舒曼的巡演在艺术上相当令人满意，因为我有幸欣赏了她美妙的歌声，还有艾弗·牛顿（Ivor Newton）的伴奏。贝格海姆太太与那位墨西哥鳏夫的婚姻导致了我们关系的巨大变化。她在旅行中结识的新丈夫并不喜欢我。显然他很担心我会在她的遗嘱中占有一席之地。

---

① 汉密尔顿·哈蒂爵士（Hamilton sir Harty，1879～1941）：英国指挥家。原为管风琴师。1900年后，先在作曲和钢琴方面赢得人们的重视，再发展到以指挥为主。曾指挥科汶特花园剧院歌剧演出和伦敦交响乐团音乐会。1920～1933年为哈莱乐队常任指挥，将其发展为最优秀的乐队之一。1933年后任伦敦交响乐团指挥。1925年被封为爵士。

我和科汉斯基在威格莫尔厅共同举行的奏鸣曲音乐会十分圆满。我们挑了三首我们最喜欢的曲子：贝多芬的 c 小调、勃拉姆斯的 d 小调和塞扎尔·弗朗克（Cesar Franck）的奏鸣曲，演出就如我们从未分开 6 年那样充满生气。厅内坐满了人，我们所有的朋友都到场了，音乐会后我们在胡安尼塔家吃晚饭，并演奏室内乐。在我和科汉斯基的独奏之后，我打算去西班牙，途中在巴黎作短暂的停留。得知我最好的朋友安全地住在伦敦，又期盼着和希曼诺夫斯基重逢，我是何等快乐啊！

在加来码头，上火车前，我跑到书报亭想买些读物。那里多数的书籍我在战前就读过，不过，售货员问我是否喜欢诗歌。

我回答道："我喜欢读诗，但讨厌别人读给我听。"

他劝我买了一本样子古怪、编排成时刻表的小册子。他保证那是本关于旅行的诗集，是个叫做布莱斯·桑德拉尔（Blaise Cendrars）的没名气的诗人写的。诗是法语的，第一首题为《复活节期间的纽约》。我哭了，那是首讲述孤独的好诗，一种我亲身体味过的孤独。

23

巴黎经历着和伦敦一样的饭店危机。默里斯饭店很给面子，让我在他们的仆役间凑合了一夜（我压根儿不知道恩里克怎么过的夜），第二天，我在女王饭店找到一个房间，窗口正对着圣女贞德的金色雕像。卡罗尔·希曼诺夫斯基还在华沙。我给他发了电报，让他住到我的饭店来，饭店答应我会给他提供食宿。

第一个电话我打给了达律斯·米约。我最后一次见他是在纽约，当时他和保罗·克洛岱尔正从里约赶往巴黎，请我吃了午餐。他非常友善地邀请我当天下午去一个地方，以便介绍我认识几位音乐家，他把这些人组成了一个协会。

"人们已经称我们为'六人团'①了……"他嘲讽地说，"我们比俄国的'五人团'还多一人呢。"

他下午就把我带到位于都佛路（Rue Duphot）上的加亚酒吧。酒吧的三面墙上都挂着欢迎我的彩色标语，上面用法语写着："欢迎阿图尔·鲁宾斯坦！""鲁宾斯坦万岁！""朋友们向鲁宾斯坦致敬！"我拥抱了米约，显然他是这次令人愉快的欢迎会的始作俑者。在场的还有奥里克②、普朗克③、奥涅格④和秀丽的热尔梅娜·塔耶弗尔⑤。他们年轻，精力旺盛，几个人同时抢着讲话，把所有战前的大师称为"消防队员"⑥，甚至把拉威尔也包括进去了。他们声称要创造一个音乐的新世界。我们一边喝着软饮

---

① 法国"六人团"：是指法国六位青年作曲家：米约、迪雷、奥里克、奥涅格、普朗克和塔耶弗尔，他们都受到埃里克·萨蒂强调过简朴生活的主张和让·科克托的艺术理论的影响，联合发表一册六首乐曲的乐谱而开始结合。但为时不久便解散了。

② 乔治·奥里克（Georges Auric，1899～1983）：法国作曲家。"六人团"成员之一。作品有：《水兵》、《加马舍的婚礼》、《给我们自由》、《该撒与克莱奥帕特拉》、《讨厌鬼》等。

③ 弗朗西斯·普朗克（Fracis Poulenc，1899～1963）：法国作曲家和钢琴家。"六人团"成员之一。作品有：《母鹿》、《漫步》、《加尔默罗会修女》等。

④ 阿图尔·奥涅格（Arthur Honegger，1892～1955）：瑞士作曲家。"六人团"成员之一。作品有：《太平洋231号》、《大卫王》、《火刑堆上的贞德》等。

⑤ 热尔梅娜·塔耶弗尔（Germaine Tailleferre，1892～1983）：法国作曲家、钢琴家。"六人团"成员之一。作品有：钢琴协奏曲一部、钢琴与乐队《叙事曲》一首、芭蕾舞剧一部、小乐队的《田园曲》等。

⑥ "消防队艺术"：是19世纪晚期法国艺术家对"官方"学院派绘画的谑称，尤其是历史题材的画。缘起于当时法国消防队使用的头盔和古希腊的头盔样子非常相似。而学院派绘画家就被戏称为"消防队员"了。

料，一边欣赏他们的年轻朋友让·维纳在钢琴上摆弄最新的美国曲调。无论哀婉的蓝调、奔放的爵士，还是杰罗姆·凯恩、科尔·波特和欧文·伯林①走红的流行歌曲，他都弹得很棒。稍后，让·科克托②走了进来。我从很多方面听到过他。托尼·甘达利亚斯极其欣赏他的魅力、智慧和诗词，但从没提起他本人的冲击力。他的身体和动作都像个学生，纤弱又高雅；但他那张脸——他的眼睛、他的嘴巴，揭示了传闻中的一切；而那双优雅得不可思议的手则显示出他才智的奇特和丰富。在这非凡、富有吸引力而又坚强的个性中，存在着深邃的智慧、孩子的淘气，还有一丝女人气。他显然主导着整个小组。

在我的记忆中，那是个极为引人入胜的下午。这意味着我和战后新的艺术世界的第一次接触。在这些人身上，我最欣赏的是他们对生活和音乐的热爱，音乐对他们没有秘密。他们了解音乐的一切。我有幸了解了这些艺术家以及他们的音乐，今后还要更多地谈论他们的作品。那时，让·科克托和达律斯·米约邀请我参加他们每周六都在蒙马特的一个地方举行的晚餐。在送我回家的路上，米约对我讲了有关那群朋友的许多细节。

"你会看到，"他说，"我们每个人的音乐都完全不同。我们彼此独立。联结我们的只是友谊和对各自工作的相互尊重。科克托充当了我们的发言人，他对这个角色很认真。这一点令我们既满意又开心，因为他拥有各种才华，但音乐除外。"

下午的这番经历后，我情绪高涨，决定去马克西姆餐厅吃晚

---

① 欧文·伯林（Irving Berlin，1888～1989）：美籍俄国作曲家。美国轻音乐的主要代表人物之一。作有几十部音乐剧，上千首歌曲，其中几十首获得世界声誉，如歌曲《白色的圣诞节》、音乐喜剧《称我为夫人》等。

② 让·科克托（Jean Coctean，1889～1963）：法国艺术家，能诗善画，还能创造小说、戏剧、舞剧和电影。作品有：诗集《好望角》、小说《调皮捣蛋的孩子们》、剧本《爆炸装置》等。

饭，那里还有我很多鲜活的记忆。我刚跨进这家有名的餐厅的大门，就有个熟悉的声音大声叫我的名字：

"阿图罗！"

胡安·阿维拉和一个漂亮的年轻女士坐在一张桌边。他不让我单独吃饭，而是逼着我和他们一起吃，虽然我不想打扰这对鸳鸯，但还是同意了。这位女士是法国人，用餐时，对我们用西班牙语进行的活跃的交谈丝毫不感兴趣，阿维拉给我详细地讲述了他在布宜诺斯艾里斯名噪一时的销售。

"带着在那里赚到的钱，我来到巴黎，弄到了一套小公寓。女士是我的小朋友。"他边说边对她微笑着，她也用笑来回应。"她什么也听不懂。"他向我坦白。

从这顿晚饭起，我就过着吉基尔和海德①的生活。白天忙于各种音乐大事，还要陪斯特拉文斯基，他正在城里；陪希曼诺夫斯基，他几天后也到了；不过一到夜里，我便不可抗拒地被吸引到阿维拉的神奇世界。

先说说斯特拉文斯基：他离开了瑞士的家。由于十分缺钱，就来巴黎找佳吉列夫。普莱耶尔家族在罗什舒瓦尔大街他们的宅子里给他提供了一小间工作室，并给了他一份灌制唱片的合同。他请我去他的工作室，我们又像兄弟般开心地团聚了。他谈起自己的困难，给我看了要录制的作品，然后问我："你是否在音乐会上演奏了我的《散拍钢琴乐》？"

"亲爱的斯特拉文斯基，拥有你的手稿令我无限骄傲，可我仍旧是个老派钢琴家。你的作品更像是为打击乐器、而不是为我所弹的钢琴而写的。"我很诚恳地说。

---

① 吉基尔和海德：吉基尔为英国 19 世纪小说家斯蒂文森的小说《化身博士》中的主人公，一个善良温厚的医生，因用了自制的一种药物变成了另一个凶残的人，名叫海德。鲁宾斯坦以此自嘲自己所过的双重人格的生活。

这个回答他不喜欢。

"看来，你不理解这音乐。"他不满意我的回答，有点不耐烦地说，"我来弹弹，让你弄明白。"然后在钢琴上砸了将近 10 遍，弄得我对这作品越发反感了。

于是他生起气来，接着我们就意见相左地争执起来。

"你老是觉得能在钢琴上歌唱，但那是幻想。钢琴只不过是件实用的乐器，而且声音就像打击乐器。"

我狂怒。

"你很清楚，"我回敬道，并想刺痛他，"听众普遍不理解、不喜欢你的音乐。对人们而言，你的管弦乐部分声音太响。你清楚记得《春之祭》的首演出了什么事。然而由于某种神秘的原因，当我在钢琴上弹奏你的作品时，听众觉得它更清晰了，并开始喜欢它。"

他挖苦地大笑。

"简直胡扯！"

我走到钢琴边，弹了《彼得鲁什卡》中的片段，特别是在彼得鲁什卡房间里的那段音乐。

我问道："听起来像打击乐呢？还是更像音乐？"

斯特拉文斯基立即忘掉了刚才说过的话和发生的事，变得十分专注了——他就是这么个人。

"你的低音部分怎么会是那样？你踩踏板是不是用了什么特殊的方法？"

"当然是啦！我用脚迅速抓住还在颤动的低音音符，这让我能改变高音部的和声。而且……"我狂妄地加了一句，"老兄，你仇恨的钢琴无所不能。"

这时斯特拉文斯基已经彻底雨过天晴，他热情地宣布："我要以《彼得鲁什卡》的素材为你写一首奏鸣曲。"

我又感动又高兴地拥抱了他。我拉他去吃饭，我们讲述了大战期间各自的生活，一起度过了好几个小时。

他在瑞士创作了许多乐曲。

"你会喜欢一件玩意的，那是我和瑞士作家夏尔·拉米兹①共同创作的《一个士兵的故事》。里面有可笑的小提琴音乐，会叫你开心的。我还写了一部题为《婚礼》（Les Noces）的大型作品，表现俄罗斯的婚礼仪式，人们唱歌、喝酒、跳舞，不过，它不是管弦乐团、而是用四架钢琴伴奏，按打击乐的方式。"他自嘲着补充道。

听我讲到我开创了自己的路，已开始赚大钱时，他很高兴。

"是啊，"他说，"你们钢琴家演奏饿死的莫扎特和舒伯特、穷疯子舒曼、痨病鬼肖邦和有病的贝多芬留下的音乐，成了百万富翁了！"

他说得对。我一向认为，是这些伟大的天才的血，养活了我们这伙吸血鬼。

24

两天后，历经苦难的希曼诺夫斯基十分健康地抵达巴黎。我已从科汉斯基那里得知了一切，但仍急于聆听他的新作。他有丰

---

① 夏尔·拉米兹（Charles Ramuz，1878～1947）：瑞士现代文学主要代表、思想家。作品多以阿尔卑斯山农民的现实生活为题材，有时包装以神秘、感伤的抒情外衣。代表作有《治病》和《山间大恐怖》等。

富的小提琴作品和三首听起来很有异国情趣的钢琴曲，题为《假面》。第一首《舍赫拉查达》是按德彪西的东方风格写就的；第二首《纳尔的唐特里斯特》，以德国诗歌《特里斯坦》作为基础。一天晚上，特里斯坦打算用这个化名溜进伊索尔达的房间，但立即被狗发现了，并引起全家人的怀疑。音乐很优美，但极难用钢琴表达，需要配器；第三首题献给我的《唐璜小夜曲》，是篇音色丰富、很有才气的作品，我成功地公开演奏过。希曼诺夫斯基变了；早在大战之前我已经有所觉察，那时他的一个富有又崇拜他的朋友邀请他去意大利玩过两次。回来后，他对西西里，尤其是陶尔米纳大加赞赏。

"在那里，"他说，"我看见几个正在游泳的小伙子，他们可充当艺术家创作安泰俄斯①的模特。我无法从他们身上移开视线。"现在他是公开的同性恋者了，说起这些时他两眼放光。

"科汉斯基跟你讲过我们可怕的遭遇了。我很高兴地告诉你，我已经把全家都接到了华沙，而且今后都由我照顾他们了。有几次，我们险些丧命。在乌克兰，农民们杀死了几个地主，打伤了桑古什科公爵（Sanguszko），我们毫发无损，真要感谢上帝了。不过，阿图尔，你都不会相信，在基辅，我们刚从蒂莫舒夫卡逃出来，我就找到了幸福——我简直是生活在天堂里。我认识了一个俊美绝伦的年轻男子，一位诗人，他的嗓音就是音乐，而且，阿图尔，他爱我。我能写出这么多作品，全都是我们的爱情的功劳啊。我甚至写了《第三奏鸣曲》和《第三交响曲》。我逃到华沙后，就和他失去了一切联系，所以你可以想象我现在的感觉。"

我很难认出原先的希曼诺夫斯基了，站在我眼前的，只是一个正在初恋的年轻人。

---

① 安泰俄斯（Antinous）：公元 2 世纪的希腊人，以其俊美著称，成了很多艺术作品（如《希腊神话》）的题材。

　　加布里埃尔·阿斯特吕克造出了与伟大的巴黎相称的剧院，但刚过几个月他便破产了，得知这个消息我很难过。建造这座剧院一直是他的梦想，他不断努力筹措高额的资金才得以实现。他的雄心壮志就是造就美丽绝伦的作品。为了说服埃米尔·布代尔来装饰剧院的正门，为了鼓动莫里斯·德尼来装饰天花板，为了请大画家维亚尔在香榭丽舍喜剧院的休息室创作莫里哀喜剧中的各种场景，他都付出了非同寻常的心血。阿斯特吕克甚至极为幸运地请到了巴黎最了不起的漫画家塞姆，在剧院的酒吧制作了一幅反映巴黎名人的大型壁画，其中包括俄国大公符拉季米尔和马哈拉扎·卡普塔拉①大君。关于这两位，骄傲的巴黎人爱说："他们是真正的巴黎人。"巴黎，我相信，是唯一一座能居住在城里就被认为是一种荣誉的城市。爱德华七世造访期间，他们甚至评论说："这人很够巴黎味。"

　　米霞·塞尔特（Misia Sert）邀请我和佳吉列夫、米亚辛和埃里克·萨蒂②一起喝茶，那是我第一次见到埃里克·萨蒂。他个子小小的、头发所剩无几、络腮胡、鼻梁上的眼镜不太稳当。他说话时爱把一只手挡在嘴前，显然是为了遮掩难看的牙齿。我完全不了解他的音乐，但大家都认为他是为"六人团"引路的导师。他的响亮的名声来自德彪西肯花力气把他创作的《吉诺佩帝》③改编成管弦乐这一事实。在他的小型钢琴作品上，机智的题目和总谱上的评注比音乐本身更出名。例如有一首作品他取名

---

　　① 印度旁遮普邦的土邦主。

　　② 埃里克·萨蒂（Eric Satie, 1866～1926）：法国作曲家。1905～1908 年在巴黎圣乐学校拜丹第为师。是德彪西的朋友，对后者的风格有一定影响。作有三部舞剧，如《游行》，交响戏剧《苏格拉底》。还有钢琴曲，如《梨形小曲》等。对法国后来的作曲家们有过影响。

　　③ 《吉诺佩帝》（gymnopedies）一共三首，是 1888 年萨蒂 23 岁时的作品，其灵感来自古希腊斯巴达每年对阿波罗祭祀时男子跳的裸体舞蹈（Gymnopaedia）。1896 年萨蒂事业不顺，德彪西为了给朋友帮忙，特意改编了其中两首，并于 1898 年首演。

《梨形小曲》(in the shape of a pear)，另一首曲子则为《是'渐强'，信不信由你》(si vous m'en croyez)。要是碰上'很强'(fortissimo) 之后突然来个'很弱'(pianissimo)，萨蒂会要求钢琴手弓起后背来弹奏。那次会面，他像充满活力的智者一样令我震撼。米霞原籍波兰，在她的大力帮助下，我们试图让佳吉列夫对希曼诺夫斯基及其音乐产生兴趣，并且成功了。佳吉列夫邀请希曼诺夫斯基和我在大陆酒店吃饭。

我们准时到达，让前台打电话到他的房间通知他，便在大堂坐下来等候。几分钟后，我们看到那位大人物出现在二楼的楼梯口，慢慢向我们走下来，身后还跟着个小伙子。希曼诺夫斯基原本漫不经心地在等着，突然看起来像是要发心脏病似的。他把我吓坏了。但是一瞬间他又恢复了常态，不过双眼却是那么悲哀。佳吉列夫很客气地欢迎了我们，并介绍说那年轻人是他的新合作伙伴。希曼诺夫斯基嘟囔了几句，我们就去吃饭了。突然间，我明白是哪里出了问题，年轻人下楼时希曼诺夫斯基的表情已经证明了他是谁，于是这顿晚饭吃得十分尴尬。佳吉列夫察觉气氛有点不对，而那年轻人生怕失去现在的这个职位，不得已装作从未见过希曼诺夫斯基，非常艰难地演着戏。而希曼诺夫斯基则备受煎熬：一方面是极度渴望大胆声明，另一方面又深知年轻人将因此被立即辞退，佳吉列夫也不会再与希曼诺夫斯基打交道。我只有充当中间人，努力维系着谈话。伊戈尔·斯特拉文斯基的到来挽救了局面。他立即把佳吉列夫拖进有关他们计划的长谈之中，这给了剧中的两位演员相互瞥几眼、打个招呼的机会。后来，希曼诺夫斯基安排了两三次幽会，但我看那是他们爱情的悲剧性结尾。

一天下午，我拉着希曼诺夫斯基去加亚酒吧，希望他能结识那几位年轻音乐家。他们怀着尊敬，礼貌地接待了他，但我立即感到，他们之间毫无共同之处。只有奥涅格真正想了解希曼诺夫斯基的作品。最愉快的是周六聚餐会，这种场合都是让·科克托唱主角，别人几乎插不上嘴。不过，值得听他说说，因为也许除了奥斯卡·王尔德之外，谁也比不上科克托能说会道。在一次这种聚会中，我因多喝了几杯干邑，便对我的紧邻让·雨果——维克多·雨果的孙子哭诉起来："我极其赞赏你的祖父。我和穆内–絮利①在法兰西喜剧院看过《马里翁·德洛尔姆》（Marion Delorme）和《吕·布拉》（Ruy Blas）。我看过电影《悲惨世界》。我经过雨果广场时，总怀着深深的敬意从他的雕像旁走过。我在雨果大道来来往往时，也总想起他的大名。但我从未读过他写的任何一个字。"

"我也没有。"让·雨果回答。

普朗克给我弹了他的许多钢琴曲，我立即挑选了几首加进我的曲目。那些作品细腻纯朴，令人感到清新。因为我总觉得它们似曾相识，有时我会指责它们是简单的仿制品。但后来我有了深入的了解，认识到普朗克是当代最大胆的一位音乐家。他毫不犹豫地接受各种影响，但不知何故，却能显示出强烈的个性。科克托有个说法："如果伟大的创作家复制什么的话，那么他的复制品也是原创作品。"后来我才听到奥涅格和奥里克的音乐，但是我很骄傲，普朗克把一首主要作品《逍遥曲》（Les Promenades）题献给了我。

在拜访斯特拉文斯基的工作室时，他给我弹奏了《婚礼》和《公鸡与狐狸》的片段。后者是埃德蒙·德·波里尼亚克公爵夫人预订的曲子。斯特拉文斯基作品的钢琴部分通常有单独的乐谱，但是最新的作品就只能照着总谱弹了。他要我负责高音部分，我觉得很吃力，因为他的节拍标记不断变化。他一边敲打着

----

① 穆内–絮利（Mounet–Sully，1841～1916）：享誉世界的法国喜剧演员，在古典和自然主义喜剧作品中扮演过许多角色。

钢琴，一边还在拍子变化时唱出重音来。这样演奏了几次之后，我发现只要数到四就不会有问题。我们常常一起在小馆子里吃饭，大多数情况只有我们俩，因为希曼诺夫斯基晚上总和一帮波兰朋友，还有崇拜者在一起。斯特拉文斯基带我看过一场俄国杂耍表演，名叫《蝙蝠》。经理尼基塔·巴里耶夫①是个优秀的节目主持人。在开幕前，他总要先来几段充满机智的评论，一下子使观众的情绪活跃起来。那些小品针砭弊政、对共产党人尤其刻薄。为了换换口味，他还在小品之间穿插歌舞。最受欢迎的是一出带着傻气的波尔卡舞，一个大胡子丑角拉着手风琴给一位最妖娆的金发女郎伴舞。那女郎很像鲁本斯的画作②，但身上没有一条曲线是松弛的，她出场时展现着大部分迷人的身体，让观众看得目瞪口呆。看过演出几天之后，我们有幸请这位美人和她最好的朋友维菈·苏杰伊金（Vera Sudeikin），一位画家的妻子，一起在"富凯酒店"用晚餐，而且我是快乐的东道主。

加夫列拉·贝桑佐尼写信通知我，她打算和妹妹一起来小住三天。"我休个短假"，她写道，"为了在阔别之后能再见到你。"这个消息让我喜出望外。我很高兴能带她领略巴黎的美——我若不是钢琴家，一定会是个极好的导游。鉴于她预计傍晚抵达，我为当晚安排了很好的节目。我在马克西姆餐厅订了一张桌子，那地方我熟悉，饭菜又好，她绝对不会吃到用肉虫拌的色拉。晚餐后，我知道，只有一个地方她会有兴趣，那就是"女神游乐厅"，世界著名的杂耍剧院。这个地方，会让我永远痛苦地想起那个要命的夜晚（指第一册第 31 节所记述的情况——译注）。

---

① 尼基塔·巴里耶夫（Nikita Baliew, 1886？～1936）：俄国著名演员、导演、主持人。第一个在俄国组织娱乐–餐饮演出，其剧团名叫《蝙蝠》，在巴黎、纽约都演出过。

② 鲁本斯由于他所处的上流社会环境，所以他笔下的人物，尤其是妇女几乎都是贵妇人，体态胖肥，肌肉松弛，皮肤细嫩，骚首弄姿，扭捏作态。

我正要去里昂火车站迎接她们，电话铃却响了。是斯特拉文斯基打来的。

"阿图尔，我需要你。快过来，有急事。"他用压低的声音说道，好像有人用一把手枪对着他身后似的。

"伊戈尔，今晚绝对不行。我明天一早来。"

"不行，不行。"他用俄语继续说道，"看来你不明白。我今晚必须见到你。"

我简明扼要地讲了我和贝桑佐尼的关系，并说我决不能让她失望，但他根本听不进去。最后他打断了我，郑重地说："这是个生死抉择的问题。"

他最后这句以及他说话的声音使我放心不下。我逐渐意识到他正受到严重的威胁，而且正指望着我去救他。我没有办法，就去找卡罗尔·希曼诺夫斯基商量并求助。但他却相当怀疑。

"我觉得，斯特拉文斯基没道理要你这么做。"

不过他没能说服我。

"卡罗尔，"我求他道，"我请你、我求你帮帮忙。我知道你最讨厌做这事，但请你看在我们的友情上。你是唯一能在贝桑佐尼女士和她妹妹面前挽回我的面子的人！如果我不能尽量妥善地处理好这事，她将永远不会原谅我。我在马克西姆餐厅订了位置。我给你足够的钱，好给她们上最好的酒菜，香槟随你点。然后你带她们去"女神游乐厅"的这个包厢（我把票递给他），她们坐在前面，你可坐在她们后面并且睡觉。我尽量赶过来。卡罗尔，如果你肯帮忙，我永远都不会忘记的。告诉她们真相，告诉贝桑佐尼我这样做是多么难过。"

那可怜的家伙只好同意了。我知道他是宁可去坐大牢的。我匆匆赶到斯特拉文斯基住的饭店，他没打招呼，只是说："走，我们找个地方单独待着。"

因为正值用餐时间，我想起码头附近拉彼鲁兹饭店的雅座，我曾在那里订过这样的包间，与完全不同于今夜这个倒霉蛋的伙伴分享。餐厅领班进来准备点菜，但斯特拉文斯基说了句"我们摇铃你再来!"，就把他打发走了。

接着，他原原本本倒出了他的故事。

"自从战争开始，我就一直担心自己无力养家。我们在俄国的庄园被没收了，而那是我们生活的主要来源啊。佳吉列夫还不起他欠下的债务，正如你所知，他自己也有大麻烦。你在美国的慷慨帮助使我还清了欠帐，但钱很快就花完了。现在我主要靠承诺作曲过活。多亏普莱耶尔家族的莱昂先生，我有了一个能工作的地方。佳吉列夫给了我写一部带歌唱的芭蕾剧的任务，我期望明年夏天完工，以备他新的演出季之用。但眼下我没有出路了。不过这一切都不能打垮我，我强有力的个性能对付这一切。可我目前生活在对一种不治之症的恐惧中。然后他压低嗓音，极度信任地对我说道："我爱上了一个女人，结果却发现我根本不行了，让人绝望啊。"

听罢，我大笑起来："伊戈尔，你疯了。我也有过不止一次这种情况的。第一次接触的情绪激动能使你在肉体上暂时地失去能力的。所以根本不用去想它。"

"阿图尔，今天早上我都想结果自己了。我的直觉告诉我，只有你欢快的面容才能阻止我失控。仅仅和你谈了这些，就已经让我感觉好多了。"

我摇铃点了桌好菜，外加一瓶伏特加。

"米霞·塞尔特"我说，"是个很有办法的女人。我确信，只要跟她一说，她就会给你找到一个可靠的财政资助。没有她的帮助，佳吉列夫和他的芭蕾舞团是熬不过这场战争的。至于你对疾病的担忧，不妨做个全面体检，但我发誓那只会证明你很健康。你要是真有什么不对劲，就不会有工作的力气、有好胃口、还有平时的活力了。至于你对自己性无能的恐惧，那我真想笑。我知道如何治疗它。"

品尝了上等的饭菜，再来上几小杯伏特加，我终于让他开心起来。喝完咖啡后，我说：

"伊戈尔，你现在必须为我做件事。我们到"女神游乐厅"去，找被我撇下的朋友们。卡罗尔肯定烦死了。"

他顺从地同意了。我们正好在演出结束前赶到了那个有名的音乐厅。在包厢里，加夫列拉·贝桑佐尼盛怒地坐着，她的妹妹甚至没敢和我们打招呼，而卡罗尔看上去像个放学后被老师留下挨训的学生。贝桑佐尼冰冷地说道："希曼诺夫斯基先生，送我们回家。"

卡罗尔无奈地看我一眼，陪着两位女士离开了。伊戈尔居高临下地旁观着这一幕。然后他平静地问道："现在我们上那儿去？"

我终于受不住了。

"我带你去沙巴奈街12号，最有名的妓院；这能治好你的病。"

他一言不发地跟着我。

在那个名馆里，我对老鸨的副手说："去叫马德莱娜。"

等那个美人出来后，我吩咐她："马德莱娜，照顾这位先生。"

这是我第一次坐在旁边干等。过了半小时，斯特拉文斯基满脸胜利地走出来，并用法语钦佩地说："这个女子真是天才！"

于是麻烦的一天就结束了。

第二天早上，我收到加夫列拉的一封信："阿图罗，现在我一切都明白了。你是个令人生厌的同性恋者。早在美国我就起疑了，现在才敢肯定。你的情人明白显示，你不在场时，他讨厌和我们在一起。我希望不要再见到你。加夫列拉。"

她第二天就离开了，许多许多年之后，我才又见到她，那时她已结婚，嫁给了一个巴西千万富翁，而我则和奈拉·姆威纳尔斯卡结了婚。加夫列拉出席了我在罗马的音乐会，并祝贺了我的演出，也祝福了我的妻子。

25

　　在巴黎的那段时间，我一直收到演出的邀请。达律斯·米约对我在里约热内卢的 15 场大获成功的音乐会印象极深，就到处夸大其词地宣扬我的名声。而我则宁可舒舒服服地躺在巴西的胜利桂冠上，我太了解我的巴黎了。这些聪明、轻浮、不太懂音乐、因而很危险的听众，很容易厌烦一个艺术家，除非他能引起轰动。他们装成预先就知道从某个艺术家那里能指望到什么。"他只是贝多芬演奏得好，此外就很乏味。"他们就这样评价阿图尔·施纳贝尔①。而一个二流的钢琴师则会被追捧为"在演奏肖邦上很卓越。"在阿尔弗雷德·科托②的音乐会上，他们会焦急地盼着他记忆出问题的一刻。我在英国被贴上"沙龙琴手，唯

---

① 阿图尔·施纳贝尔（Artur Schnabel, 1882～1951）：美籍奥地利钢琴家、教育家和作曲家。师从莱舍蒂茨基。后定居柏林执教，优秀钢琴家柯曾就是他的学生。他曾在欧美各地旅行演出，纳粹统治德国时流亡美国。被认为是 20 世纪最杰出的钢琴家之一。是演奏德奥古典音乐的大师，尤其是诠释贝多芬、莫扎特和舒伯特作品的权威。著有《音乐回忆录》、《我的生活与音乐》等。

② 阿尔弗雷德·科托（Alfred Cortot, 1877～1962）：法国钢琴家、指挥家。早年就学于巴黎音乐学院。获学院钢琴比赛一等奖。他在巴黎建立了歌剧节协会，并指挥瓦格纳的《特里斯坦与伊索尔德》、《众神的黄昏》等。1905 年，与蒂博、卡萨尔斯组织了当时水平最高的三重奏组，开始钢琴演奏生涯。他把肖邦优美的抒情性和高贵气质表现无遗，令许多钢琴家赞叹不已；是世界上名噪一时的大钢琴家。1919 年创办高等音乐师范学校，培养出了不少优秀钢琴家，如哈斯基尔、利帕蒂、弗朗索阿、车尔尼-斯特凡斯卡等。

一的强项就是西班牙音乐"的标签，可算是得到了一个深刻的教训。那时，我受了好多年的罪。因此，在米约家或者普朗克家的音乐聚会上，我绝不弹自己保留曲目中的任何作品，却用洛佩斯—布恰尔多优美的探戈和歌曲、巴西的桑巴舞曲以及其他的民俗珍品来愉悦他们，这些东西他们极为喜欢，同时又于我无害。

我哥哥伊格纳齐带来了家里的坏消息。母亲的身体不太好，但他又补充道，父母收到了奥登斯基带去的金币，但姐姐们却为我寄去食品而大为恼怒。她们一定在说："他把我们当谁啦?! 净寄些奶粉之类的。"早知道我该寄鱼子酱的，那样她们或许会开心。

斯特拉文斯基不再意志消沉，多亏米霞·塞尔特，他拿到一笔款子，令他能在比亚里茨（Biarritz）度过夏天，他打算在那里完成佳吉列夫交给的任务，一种芭蕾歌剧，名叫《玛弗拉》（Mavra）。台本是佳吉列夫的那位新的年轻合作者写的。希曼诺夫斯基到伦敦去和科汉斯基会面了。而我在回伦敦和他们重聚之前，先要到西班牙开几场音乐会。

第一场音乐会将在潘普洛纳，接着在马德里、巴伦西亚和巴塞罗那举行。乘南方快车出发前的最后一个晚上，我在阿维拉以及两个迷人的女士的陪同下疯了一夜。先是在马克西姆餐厅用晚餐，然后我们转移到了蒙马特，最后到了"德兼美修道院"（Abbaye de Theleme），那是清早唯一有正餐供应的地方。7点我回到旅馆，正好来得及洗个澡，快快地穿好衣服，赶到奥赛火车站。恩里克早就收拾好了行李，我们刚好来得及跳上已经开动的火车。我在拥挤的餐车里找到一个座位，那里塞满了乘客的手提行李，我的脚都无法动弹。我快崩溃了，不能睡觉，无法小憩，也没法吃东西。那真是痛苦的 12 小时啊。在伊伦，没完没了地过海关、换火车，直到深夜我才最终抵达圣塞瓦斯蒂安。一辆出租车把我们送到玛利亚·克里斯蒂娜旅馆。我拉响门铃时，一个只穿着衬衫的老人给我开了门。他说，旅馆关门了，因为冬天这时候都空无一人，不过可以给我一个房间住一晚。

恩里克给我找出了睡衣和梳洗用具，就去休息了，但我突然感到饿得要死，我一整天没有吃饭了。那位老人说，旅馆里没厨房，也没吃的。那时已是深夜 1 点钟，城里所有的商店都已关门。

"不过，"他说，"旅馆对过的赌场整夜都开着门，他们有个餐厅。"

我别无他法，只有照他说的去做。

我刚走进大厅，就听得大声嚷叫："阿图罗，阿图罗，你在这里干什么？"随着声音看去，我看见了几位我最要好的西班牙朋友。他们把我带到餐厅，塞给我吃的喝的，直到我都咽不下了，而且还不让我回去睡觉。

"现在赌得正起劲，"他们说，"而且轮盘赌台旁边还有几个标致的女人。"

我玩了起来。我的幸运数字 29 连续出现了两次。我为这意外的好运感到高兴，便继续赌下去，但不久就开始输钱。这怎么能行。零花钱输光后，我就跑回旅馆取金币，只取了几枚。再次输光后，我便回去把剩下的都拿了出来。黎明时分，我全部输光了，只剩几个小钱付房租和在潘普洛纳白天的开销。去潘普洛纳的火车上午 9 点开，我只有不到两个小时的时间睡觉。旅馆老人和恩里克费了很大力气才弄醒我。当我半死不活地坐进头等车厢时，我请求一个旅伴帮忙，如果到潘普洛纳时我睡着了，就叫醒我。可惜，他忘记了，只是到了最后时刻才叫我。真危险，我差一点被拉到萨拉戈萨。我慌慌张张地跳下已开动的火车，找到了恩里克，然后坐车去佩拉旅馆，旅馆就在我要演出的加亚雷剧院前的广场边。

一位魅力十足的老太太在前台值班。当时是下午 1 点。我求她在 5 点以前别打扰我睡觉，还讲了理由。她答应了我。恩里克迅速打开行李，我则窜上床，不到 1 分钟便已沉沉睡去。大约一刻钟后，一阵响亮的敲门声把我惊醒。

"怎么回事？"我愤怒地大叫。

"是交响乐团的先生们。"

"请开演前再来接我，看在上帝的份上，让我睡觉；否则就开不成音乐会了！"

头刚一着枕头，我又立即睡着了。

1 小时后，大声的敲门再次惊醒了我，而且吓得我心脏都停止跳动了。我从床上跳下来，要去宰了折磨我的人。打开门，我看见三个神情严肃的绅士，他们个个忧心忡忡。

"我们必须马上见你。"我只有让他们进来。

"发生什么事啦？"我问。

"您看，"他们怯懦地说，"音乐会不举行了。我们曾力图通过您的经纪人告诉您，但白费了。很显然您没得到通知。"

要是我再年轻几岁，定会大叫起来。不过我只是问了他们如何去马德里。车票我早有了。

"你可以搭晚班的公交车去阿萨苏阿，然后等巴黎开往马德里的快车，它在凌晨 2 点经过。"

阿萨苏阿是个小站，半夜小吃部就关门了。我只好在寒夜中熬着。这时发生了一件只有在西班牙才能发生的动人的事。不知从哪里冒出两个人，问我是不是阿图罗·鲁宾斯坦，然后不好意思地说道：

"我们从报纸上看到你今晚去马德里。可这个车站条件差，我们就擅自做主为你准备了一顿简单的晚饭，就在我们的办公室里。我们是车站的电报员。"

他们请我尝了冷火腿、奶酪和咖啡。他们愉快地和我交谈，

甚至承认从来没听过我演奏。他们这一可爱的姿态在很大程度上
怃平了我在潘普洛纳遭到的挫折以及由此而来的不快。

26

在马德里，马努埃尔·德·法雅拿着公文包到"宫廷饭店"
来找我。他的包里装着我盼望已久的作品，那是我向他预定的。

他羞怯地微笑着把手稿交给了我："曲子相当长。我是根据
我的《魔术师之恋》的精神谱写的，你不是很喜欢它吗。我一边
谱写，一边就在头脑中听到你的演奏了。请接受这份《贝迪卡幻
想曲》（Fantasia Betica）的手稿以及我的题词，这包含了我对你
的友情，以及我对你欣赏我的作品的感激。"

我们郑重其事地走到钢琴旁，法雅把宝贵的手稿放到谱架
上，很困难地给我弹奏了自己的作品，不时还停下来，解释某些
乐段。之后，我坐到钢琴旁，试图视谱弹奏。我非常吃力。这首
作品有诸多技术难点，比如风格化了的弗拉门科舞的特征、对吉
他的很复杂的模仿、滑奏也偏多了些。我热烈地感谢了法雅，并
保证要学会它。我决定尽快在西班牙找一个合适的省城演出这首
曲子。为纪念这件事，我们去马略卡点心店，每人要了杯热巧
克力。

我和玛戈·阿斯奎思的女儿伊丽莎白一起吃的午饭，她嫁给
了罗马尼亚驻西班牙的新任公使安托万·比贝斯库亲王。他是个
很有文化修养的人，还写过几部很好的戏剧，并且有资本炫耀他

与普鲁斯特①的深厚友谊。

回到伦敦，我又和科汉斯基和希曼诺夫斯基愉快地会面了。我们花了好几个小时谈天，交流各自的感受，制定近期的计划。科汉斯基即将首次赴美演出。我则有 R. E. 约翰逊帮我安排的几场小型音乐会以及我自己组织的几场较为重要的音乐会。我们两人都带着同一个想法看着希曼诺夫斯基。

"为什么你不和我们一起去呢？在纽约我认识所有相关的人士，"我说，"你可以把自己的歌剧给博丹斯基（Bodanzky）看看，他在大都会很有影响。肯定会有指挥家愿意担当你作品的首演的，而且既然伦敦和巴黎眼下提不出演出合同，我们觉得这是一次大好的机会。"

希曼诺夫斯基并不好对付。他有"陌生环境恐惧症"，面对陌生人极度拘谨。对那些没听说过自己的音乐家，他更是不愿意把作品给他们看。

"我这么大年纪，还让人来考。我受不了！"他常常这样说。

所有这些都无助于我们同往的目标，不过，他对我们两人有一种孩子般的信任。有我们做伴，他就感到安全。于是我们四人就满怀希望地直奔新大陆了。

亚历山大·西罗季②，李斯特有名的学生，并且一直在圣彼得堡指挥一个用自己的名字命名的交响乐团。他带着全家，通过斯堪的纳维亚半岛成功地逃离了苏俄。在伦敦时，他每天来看望

---

① 马塞尔·普鲁斯特（Marcel Proust，1871～1922）：法国作家，作品有长篇小说《追忆似水年华》等，对欧美现代文学影响很大。

② 西罗季（Alexander Siloti，1863～1945）：俄罗斯钢琴家、指挥家。先随柴科夫斯基、尼古拉·鲁宾斯坦，又从李斯特学习。曾任莫斯科音乐学院钢琴系教授，拉赫玛尼诺夫即为其弟子。继而在欧洲各国巡演。1901年回国，任莫斯科爱乐乐团指挥。1903年至1917年，在彼得堡组织、资助并指挥以自己名字命名的音乐会。十月革命后移居美国。曾在朱利亚音乐学校任钢琴教授，卓有成就。他编订的柴科夫斯基《第二钢琴协奏曲》被广泛采用。著有《李斯特回忆录》。

科汉斯基和我，都成习惯了。尽管我们之间年龄相差甚大，但我们在用俄语交流时，他要求我们相互免去客气的尊称，直接称呼名字。他还塞给我们一大堆改编成钢琴曲的巴赫的赞美诗和托卡塔，让人烦死了。在我们临去美国前，他拿来一封写给拉赫玛尼诺夫的、没封口的长信，说道："阿图尔，我希望你在这信上加几句话。你知道，拉赫玛尼诺夫是我的表弟。他有那么大的名声，很容易帮我安排几场音乐会、要么搞到一个教授的位置、或者一个指挥的职位。我的信已经说得很清楚了，不过，如果你肯说上两句会更好，就说说我实际的作为，我对巴赫作品的完美改编，以及科汉斯基和你对我的真实看法。"

这项任务我可不太情愿。拉赫玛尼诺夫从未对我有过什么特别的兴趣。不过到了纽约，我还是通过他的秘书约了拉赫玛尼诺夫见面。一天上午，我手里拿着那个厚厚的信封，出现在他家。这位俄国大师很客气地接待了我，请我坐在他办公桌的对面，然后一言不发地接过信。读完二十几页的信后，他脸上没有一丝笑意地问我："我说：能不能把西罗季作为钢琴家推荐呢？"

拉赫玛尼诺夫礼貌地和我告别，对这件事再没说过一个字。

请诸位读者不用失望，尽管拉赫玛尼诺夫的意见那么无情，但西罗季还是在朱利亚音乐学院获得了在大师班执教的工作，并受到美国音乐家同行们的高度评价。

科汉斯基的妻子索菲娅很有组织才能，她在纽约东区第 30 大街找到了一套很漂亮的公寓，科汉斯基和我租了三个月。它足够我们四个人方便地住宿。希曼诺夫斯基住了朝向院子的一个好房间——他怕吵闹。索菲娅雇了一个年轻的意大利姑娘做饭和打扫卫生，而恩里克则负责用餐以及管理我们的物品。

我们同层的邻居是一对可爱的年轻夫妻。温德尔太太是个来自新英格兰的美丽少妇，她丈夫在纽约一家银行当经理。很快我们就成为朋友，相互请吃饭了。一天下午，我一出门就发现前面走着一位令人称奇的美人。她身材高挑，异常的优雅，我尾随其后，盘算着悄悄地超过她。到了街角，我们不得不停下来。这时我不仅能欣赏她生着一双黑眼睛的姣好的面孔，而且还领教了她的个性。她没有理睬我对她明显的关注就过了街，扔下我傻傻地看着。

之后，在温德尔家吃饭时，我大吃一惊。

"这是我妹妹，海伊太太。"女主人鲁丝·温德尔说。不就是那位被我在街上尾随的女士吗。海伊太太冲我微微一笑，不仅迷人，而且令我记起自己在街上的唐突。

"老实说我挺自鸣得意的，因为我当时就知道你是谁。"她说。

她的丈夫，克拉伦斯·海伊，是西奥多·罗斯福总统有名的国务卿约翰·海伊的独子。可怜的鲁丝·温德尔很年轻就死于一种可怕的疾病，而海伊夫妇则一直是我的好朋友。艾丽斯·海伊夫人现已守寡，但美貌犹存、风采依旧。

科汉斯基的首演很是轰动。他演奏了勃拉姆斯的协奏曲，由瓦尔特·达姆罗什指挥交响乐团。我从未听到过他像那个晚上那样灵感勃发。他的经纪人乔治·恩格尔斯借机轻松扩大战果，科汉斯基立即在最重要的乐团间炙手可热，甚至有望排满整个季节。至于我，除了在"舰队司令饭店"和比尔特莫尔饭店的社交音乐会，以及应妇女俱乐部之类的邀请在其他城市举办的几场音乐会外，R.E.约翰逊就没有更好的安排了。所幸，我和几位大指挥的私交，诸如皮埃尔·蒙特、约瑟夫·斯特朗斯基、艾尔弗雷德·赫兹和辛辛纳提的伊萨依，帮助我保留了一定的声望。在交际方面，我依旧是纽约"上流社会"的常客。诸如科尼利厄斯·范德比尔德①夫妇、拉涅尔夫人、还有霍伊蒂·韦伯格——她是德雷珀在伦敦时我认识的朋友，都不断邀请我吃午宴、用晚餐。

① 范德比尔德家族是当时美国的航运和铁路大亨。

我把科汉斯基夫妇介绍给了他们。索菲娅的主要才华就在于赢得伟人、富人和名人的友谊。巴维尔没她这么热衷于势利。他最喜欢和音乐家为伍，以及好好地玩玩桥牌或扑克。希曼诺夫斯基则既不爱出门，也讨厌打牌。他宁愿自己潜心作曲，并和几个学会了欣赏他音乐的年轻音乐家成了朋友，如亚历山大·斯坦英奈尔特、符拉季米尔·杜凯尔斯基以及两个年轻的小提琴手，这俩人满腔热情地把希曼诺夫斯基的提琴作品纳入自己的保留曲目。他把自己的歌剧《哈吉什》给博丹斯基看了，但结果并不理想。希曼诺夫斯基的音乐与博丹斯基的瓦格纳背景不大相干，而且也没把握能在大都会歌剧院取得成功，那里只欢迎广为认可的歌剧。皮埃尔·蒙特，指挥之中最优秀的音乐家，立即领悟到希曼诺夫斯基的《第二交响曲》的优美，并将其列入了他下个演出季和波士顿交响乐团巡回演出的节目中。

一个年轻的古巴经纪人请我去哈瓦那开三四场音乐会，我很高兴地同意了，又想起上次因为 R. E. 约翰逊的过错而突然中断的成功之旅。希曼诺夫斯基陪着我，因为我认为拜访这个异国情调的海岛能让他开心。我美洲之旅的这段插曲其乐无穷。希曼诺夫斯基十分喜欢古巴桑巴舞的动作及其魅力十足的节奏。我知道他讨厌独自待在公众场合，便只让他听了一场我的音乐会，会上我演奏了他的几首作品。夜里，我们去了有名的赌场，我借给他碰运气的钱给他带回来一大堆古巴比索。回到纽约时，我们精神抖擞，荷包鼓鼓。科汉斯基有个好消息：下个演出季，乔治·恩格尔斯已经为他安排好一次不错的巡演，此外，他还受邀在公认全美第一的朱利亚音乐学院当教授。他接受了建议，但条件是自己能继续举行音乐会。

还有一件十分特别的事，我记得很清楚。普罗科菲耶夫在瓦尔特·达姆罗什指挥下举行了他著名的《第三协奏曲》的世界首演。置身指挥家的家庭包厢，希曼诺夫斯基和我都被这首作品的极其新颖和优美深深打动。我有必要说明一下，这是普罗科菲耶夫的演出和这部作品本身难得相称的一次——不仅技术上无瑕，音色也极美。听众的掌声稀稀落落，不过我有幸活得够长，能知道这首作品现在常被所有的钢琴家在热情洋溢的听众面前辉煌地阐释。

我们四人搭乘来时乘坐的同一艘轮船回到了英国，希曼诺夫斯基返回华沙，科汉斯基夫妇则留了下来。

米切尔先生也染上了 R.E. 约翰逊的一些坏习惯。他不是在像利物浦或曼彻斯特这样的大城市，而是在沿海的疗养地给我安排了一连串音乐会，听众包括从印度回来的退役军官和他们的老婆，以及正在治疗哮喘病的老妇们。在黑斯廷、伊斯特本和伯恩茅斯等地遭了几次罪后，我又烦又累，心里就盼着回巴黎。

27

非常非常悲伤的消息在等着我。伊格纳齐哥哥告诉我，父母都去世了。我可怜的母亲死于癌症，而从不见他生病的父亲比母亲只多活了两个月。他死于肺炎，但那看来只是表象。结婚 52 年之久，他实在承受不了妻子的亡故。我痛苦极了。我本指望找机会送他们去疗养的，但现在一切都完了。从我在柏林的日子起，我们就分离了。只有偶然去罗兹举行音乐会时，我才能和全家人见上一两天，那时我就感到我和父亲的个性有一种隐秘的联系。我又爱又感激我的好哥哥斯塔希，而且我对大姐雅德维加也有些依恋。

我立即返回罗兹，把恩里克留在巴黎。自从重新回到欧洲各国的大家庭以来，波兰发生了巨大的变化。我们已有了在旧时的王宫主政的总理①，和国家元首毕苏茨基②，他被众人当做英雄崇敬。我看到我的故乡百业待兴。纺织工业的发展给罗兹带来了第二个曼彻斯特的名声，但这种好时光已经过去。工业家们失掉了巨大的俄国市场，不得不在战后大大败落的欧洲寻找新客户。

这次和家人团聚十分哀伤。有父母在，总能制造出一种家族的味道，现在消失了。我们的房子还由大哥斯塔希住着，还有两位姨妈也住在里面，一个是我心爱的诺爱米的教母，她已成了寡妇；另一个是纳丹·福尔曼的妻子，福尔曼是我舅舅，就是在我3 岁时给约阿希姆写了那封信的那位。斯塔希已经失掉了在俄国银行中的好职位，他在那里干过多年。我二哥塔代乌什是工程师，结婚后已有两个小女儿，但经济状况不好。我的小姐姐弗朗尼娅嫁给了莱奥·利凯尔尼克，他是个赌徒，老是拿不出钱养家。他们的女儿雅德维加是个很好的钢琴手，已在华沙音乐学院得过金奖；他们的儿子学医，但因为学校里反犹情绪越来越凶，只好离开大学。我三姐海拉带着三个孩子住在华沙。

全家唯一成功的人依旧是我的大姐夫毛里斯·朗道。战争之初他一家人逃到了莫斯科，并且挣下了可观的家产。共产党人上台后，他失去了一切，但成功地带着妻子和孩子们到了柏林。在那里他又钩搭上了大名鼎鼎、身家百万的暴发户胡果·斯

---

① 总理就是著名钢琴家帕德雷夫斯基，他还兼任外长。

② 毕苏茨基（Pilsudski, Jozef, 1867～1935）：波兰元帅，波兰社会党右翼活动家。该党于 1905 年分裂后，毕氏成为其革命派的领袖，军队的组织者，并领导它参与了与沙俄的战争（1914～1916）。后曾被西方短期囚禁。1918 年 11 月回国后，成了国家元首和军队统帅。并于 1920 年领军攻打基辅，参与干涉苏联的战争。1923 年被迫退出政坛，1926 年发动军事政变重新上台。先后担任军事部长、总理，推行反苏、亲德政策。1945 年后，一度被全盘否定，现已完全恢复名誉。

蒂内兹①，并很快重新发了家。朗道在罗兹买下了一家最大的纺织工厂，在克罗地亚的萨格勒布买了第二家，然后在尼斯找了套舒适的公寓安家退休了，把管理工厂的事交给儿子。斯塔希就在这个工厂得到了出纳的职务，但不久甥舅之间就闹得很僵，这位外甥只继承了他父亲的缺点，此外，还有点残忍，以及极端自我膨胀。斯塔希曾打算自己做生意，甚至找到了合伙人。我给了他合伙的本钱，可是那合伙人欺骗了他，带着所有的钱溜之大吉了。因此，可怜的斯塔希又回到工厂干活去了。

我只想说，我很高兴能帮助外甥利凯尔尼克在蒙彼利埃完成医科的学业。他以优异成绩毕业，但在华沙，大学当局竟不肯承认他的文凭，结果他就不能在波兰行医。后来，他和他秀丽的妹妹、他的父母以及我其余的家人，都在希特勒集中营里丧生了，只有少数侄辈逃过大屠杀。

28

华沙和罗兹有两位能干的经纪人。他们得知我的到来后，就立即向我提出在这两个城市演出的建议。我同意以后回来演出，但是坚持要给我支付美元，因为波兰新的兹罗提正在可怕地贬值。

我去马德里举行了两场音乐会。第二场在"皇家剧院"，为

---

① 胡果·斯蒂内兹（Hugo Stinnes，1870～1924），德国工业家，利用一战结束后的通货膨胀收购了大批企业发了大财。

了感谢西班牙为我所做的一切，我将收入全数交给维多利亚·欧亨尼娅王后，由她根据自己的想法使用于慈善目的。我需要休息，便第三次去塞维利亚参加圣周春会活动了。

像通常一样，我在马德里饭店弄到一间上房，找到一顶"科尔多沃斯帽"，还给恩里克要了间仆人用房。饭店经理告诉我，由于国王和王后驾到，住在阿尔卡萨宫，塞维利亚此刻正是人潮涌动。在逗留期间，我一如既往，雇了一辆用两头骡子拉的敞篷车，头戴"科尔多沃斯帽"，俨然像塞维利亚人那样，出门参加圣周活动。拥挤的带篷摊档立即吸引了我。我不得不转着手摇风琴，给一个摄影师摆姿势。他们还拍摄我手里端着杯雪梨酒跳塞维利亚舞的样子。第二天举行了大规模的斗牛，参加的有加利托、贝尔蒙特和加奥尼等著名斗牛士。我很走运，从阿尔瓦公爵那里得到了一个第一排的好位置，他手里总是握有几个空座位的。这一天我是以在本塔安提卡餐厅疯跳弗拉门科舞、大嚼当地山区火腿和狂饮雪梨酒结束的。回到旅馆时我已精疲力竭，但竟有一份电报等着我："明早 10 点我和一位女友一起抵达。请为我订两个房间。祝好！阿尔玛·格鲁克。"

我吓得瘫在地上，倒地后反而想起了整件事情。

在拉涅尔夫人举行的一场大型晚宴上，我坐在大都会歌剧院著名女高音歌唱家阿尔玛·格鲁克旁边。她是小提琴家埃弗雷姆·津巴利斯特的妻子，年轻又貌美。在餐桌上，通常和身旁的人很难找到话题，而我总会努力地挑个中性的、无关痛痒的题目，特别和专业人士在一起时是这样。在那个倒霉的晚宴上，于是我就吹开了相距数千英里之遥的塞维利亚的圣周春会的奇妙，这本是一个十分安全的话题。为了能让自己对塞维利亚的赞美圆满结束，我最后说道："夫人，您不妨亲自去看看那春会。那是不该错过的事情。"

她的回答我也清楚地记得："要是我决定去，您能关照我吗？"

对此，我夸下海口："不是吹牛，我可以向您保证，在这种情况下，我是最好的向导了。"

我也记得，我还莫明其妙地讲了马德里饭店的许多妙处。我想让诸位读者相信，我的行事方式一向很绅士，但这次却做不到了。鉴于无论饭店内外都绝无任何空房，我决定让出自己的客房，房间里的两张床正好给两位女士，我则住进给恩里克预订的差劲房间，而最终把恩里克打发到大街上去过夜。我请餐厅领班准备一张别致的三人餐桌，摆上大名鼎鼎的红石竹花，并且吩咐早餐服务一定要特别细致周到。我又打电话给阿尔瓦公爵的秘书，说是有位大名鼎鼎的女歌唱家和她的女友突然到来，非常想看春会的主要项目，不知是否还有多余的斗牛门票？简直是奇迹，他还真有两张第一排的票。我一个晚上没睡着，累得要死，觉得身子沉甸甸的，就像一个小雪梨酒桶。我坐上我的骡车赶去火车站。阿尔玛·格鲁克从打开的车窗向我挥了挥手，然后下了车，身后跟着一个年龄约在 40 到 60 岁之间、镶有三颗大金牙的女士。我以最最优雅的姿态欢迎了她们，然后取了行李，便自豪地把她们领到我的骡车前。我想委婉地表示一下，她这么突然的到来使我非常为难，便苦笑着说：

"可惜，您没有提早两三个星期通知我您将大驾光临。在纽约时我忘了说，春会期间城里拥挤异常，我只能让你们住进我自己的房间，还好，那里面有两张床，您可以和您的朋友分享。"

可是她们对我的处境不闻不问，反倒对没有得到两个单间而相当失望。我这么婉转地表示了自己的不高兴后，又陪着笑脸说："马德里饭店在天井里安排了一顿精致的塞维利亚早餐，我在纽约和你描绘过的，你还记得吗，阿尔玛？"

"在去饭店前，我必须先去银行。"她用一种公事公办的口气说道。

"去银行？"我问。

"我身上从不带现金。我得去领一个支票本。我的银行已通知了德谢尔佩尔斯街①上的一家银行（名称我忘了）。"

我笑眯眯地打算劝阻她："您逗留期间所需的任何款项，我都可以借给您。您还我美国支票就行。"

但她听不进去，而是严厉地重复道："阿图尔，请用车送我们去银行。"

此时此刻说"用车送去银行"就像开玩笑，根本不可能。因为银行所在的德谢尔佩尔斯街现在不准车辆通行，因此我们只能步行。在银行里我们遇到了两个正在玩牌的年轻职员，被我们打断娱乐时还挺不高兴。阿尔玛把一份文件递了过去，并要他们按照她的银行通知的金额办一本支票。那两个职员对我说："先生，你不知道今天过节吗？这里只有我们两个，而我们马上也要走了。"

阿尔玛一句西班牙文也听不懂，不过明白了他们的手势，于是更加强烈地要求办理支票。两个职员惶恐起来，开始寻找纽约来的函件，但半天也没找到。坐在银行的台阶上的一个小擦鞋匠说道："那种信函总是放在专门的抽斗里的，在左边。"

按照他的指点，那个年轻职员终于找出了信件。然而他却说不能给支票，只能给现金，还没头没脑地拿出份文件让我签字。

等我声明钱是她的之后，他们问："你不是她丈夫吗？"

我回答不是之后，他们冷冰冰地说："没有您丈夫的签字，我们什么也不能给您。"我刚翻完这句，阿尔玛便歇斯底里大发作。

"这个国家还处在中世纪。我还从来没有听说过这么气人的事。我们马上去美国领事馆！"

谁能不乖乖地听话呢。于是我们驱车赶往美国领事馆，领事一看到阿尔玛·格鲁克的名片，就立刻把我们让进他的私人会客室，然后又是叫来家人认识这位著名歌唱家，又是请她签名，而

---

① 德谢尔佩尔斯街，著名的女装商业街。

她对银行的抱怨则无人在意。不过领事对她说："您需要多少钱，领馆都可以借给您。"

我暗自希望，阿尔玛会立即坐上火车回巴黎。

"那好吧，有什么法子呢?"她让步了，"但是我再也不会来这个国家了。"她接受了领事的钱。

来到大街上，她阴沉地说："阿图尔，现在到你的饭店去吃你说的美味早餐吧。"

到达饭店，我们径直去了天井，但是餐桌和石竹花都不见了。人家空等了我们3个小时。我们不得不再等2个小时才吃上午餐。等她最终平静下来后，我才骄傲地宣布我十分走运，搞到了当天下午斗牛节目的好座位。她的女伴一直没开过口，现在也露出三颗金牙，热情地拍着巴掌说："多激动啊!"

用过午餐，两位女士去我的房间休息，我则渴望躺到一把西班牙科尔多沃硬皮椅子上打个盹。

我的骡车把我们送到斗牛场。阿尔玛打扮得光彩照人，因而在我这个翻领上别着一支红石竹花的假冒小贵族身旁显得傲然不群。她的女伴很知趣，没有开过口。我把两位女士介绍给阿尔瓦公爵，他彬彬有礼地和她们打招呼，甚至摆出一副曾听阿尔玛演唱过的样子——我敢打赌他绝对没听过。

国王陪伴着头戴面纱、挽着高发髻、十分美丽的王后一起驾到，斗牛士大游行旋即开场。那是很精彩的一幕。三位著名的斗牛士，身着昂贵的庆典礼服、下配七分长裤和漂亮的肉色长丝袜，后面尾随着花标手和腿上裹着厚厚的皮护腿的长矛手。市长做了个手势，于是开场的号声响起。一头强壮的黑色公牛，在黑暗中被关了好几个小时，急奔到刺眼的阳光下，愤怒地看见什么就攻击什么。助手轻盈地引逗几下之后，两名重甲骑手便上阵了。那还是马匹没有受到保护的不幸年代，因此在大多数情况下，狂怒的公牛用尖角连马带人挑到空中，而倒霉的马匹最终都会死在斗牛场上。看到这一幕，阿尔玛发出野性的尖叫："凶手！凶手！"她从椅子上跳起来，冲着人群大喊，然后示意她的女伴一起离开。可是那不动声色的女伴喜欢这个场面，便平静地说："我要留下。"于是我啊，真叫倒霉，又成了牺牲品，只得赶忙去追盛怒之下拂袖而去的女歌唱家，她已经遭到几个观众的羞辱了："住嘴，你这不要脸的女人。"我只有把伤心痛哭的阿尔玛送到饭店，让她独自回房间，而我自己，当然，又匆匆地返回斗牛场，观看剩下的节目。

傍晚，阿尔玛·格鲁克出现在餐厅时，通身打扮得雪白，简直判若两人，看上去非常雅致。她对我微微一笑，魅力无穷地说："可怜的阿图尔，我今天让你遭罪了，是吧？"

美味的晚餐有对虾和其他塞维利亚特产。餐后，我邀请我的客人去本塔安提卡餐厅（Venta de Antequera）欣赏一大段精美的弗拉门科舞，那里总有我的座位，也总有弗拉门科舞。阿尔玛把自己的女伴留在了家里，一来是对其在斗牛场上的表现不满，二来也是想取悦于我。

在餐厅，人人都爱上了阿尔玛。她成了舞会的灵魂，试着和我跳塞维利亚舞，而且跳得不赖，还像男人一样喝着雪梨酒。她很欣赏这一切。第二天，我们把时间花在游览这座独特的城市上。全西班牙最大的主教座堂仅凭规模宏伟就让她印象深刻，教堂里还有哥伦布的墓。我们勇敢地登上了教堂附属的吉拉尔达钟楼，站在那美丽的建筑上，宽阔的瓜达尔基维尔河、壮观的黄金之塔（Torre del Oro）、摩尔人的阿尔卡萨宫以及漂亮的玛丽·路易莎公园的景色尽收眼底。傍晚我们去圣·克鲁兹区，阿尔玛为那里完整、神秘的古建筑和浪漫气氛着了迷。抵达小广场时，我学着正规导游傻里傻气地说道："埃尔维拉小姐就是在这张凳子上和唐璜相会的。"她一听就流下了眼泪。

离开塞维利亚时，作为对与我共度的这段难忘时光的答谢，阿尔玛·格鲁克热情地吻了我。

她走后，我收到了无限荣光的邀请。发明无线电的古列尔莫·马可尼①把他那条装满了科学仪器的厄勒克特拉号游艇开进瓜达尔基维尔河，停在黄金之塔前面。我们曾在伦敦的招待会上见过几次面，我记得自己提到过要来参加春会。一定是有人把我的地址给了他，他便邀请我上他的船小住两天。我受宠若惊，虽然我知道他其实就是想让我给他当导游。

船上有两个女人。一个令人惊艳的大美人，是英国某位勋爵的妹妹；另一个号称是她的"家庭女教师"，幌子而已！她是大名正盛的演员查尔士·霍特里爵士的太太，更是英王爱德华七世尽人皆知的情妇。我们玩得很开心。我的导游天赋也发挥到了极致，不过也有一刻短暂的不愉快的记忆。我竭力推荐浓郁的西班牙热巧克力配油炸馅饼——一种泡在饮料里吃的安达卢西亚特产，结果令人扫兴。我们啜了第一口，就统统恶心地吐了出来。那一天，他们只有山羊奶，那股味道是任何有教养的文明人都无法忍受的。我对服务员叫道："这是山羊奶！也不害臊，你们就没有牛奶吗？"

"我马上拿来！"

他又拿来三杯热巧克力，但我们尝了一口又都吐了。那人以为我们分辨不出差别，能骗过我们。

路易莎，那个年轻姑娘，原来是个危险的情场老手。当晚，我和她大跳了一场弗拉门科舞，正在长长地热吻，被马可尼撞见，他大闹了一场。但路易莎并不太当回事，霍特里夫人更是看得开心不已。这位夫人，年近80，却有一副30多岁女人的挺拔身材；在大街上，年轻男子会尾随她，不过，看到她的面孔会被吓晕过去。在伦敦和蒙特卡洛，我不得不带着她去参加舞会，她

---

① 古列尔莫·马可尼（Guglielmo Marconi, 1874～1937）：意大利物理学家，实用无线电系统发明人，诺贝尔奖获得者。

和职业舞伴跳个不停，而钱则由我来支付。然而，她讲述了许多
有关她和英王的不成体统的隐秘故事，也算是她对自己的那种叫
人生气的坏毛病的一种补偿吧。

回到马德里后，我收到胡安·阿维拉的一封令人振奋的信：
"香榭丽舍剧院现任院长埃贝尔托先生向你提出一周内举行三场
独奏音乐会的建议，要求曲目不同，每场报酬相当于 400 美元，
用法郎支付。"阿维拉是如何认识埃贝尔托，又是如何获得这一
合同的，我后来才知道。我回电表示同意。这将是我在巴黎的第
二次"首演"——17 年前，我那不成熟的第一次登场被乐观的加
布里埃尔·阿斯特吕克大胆地称为"盛会"。我感到，这一次我
应该好好地露一手了。

巴维尔从英国赶到西班牙，参加我在几个大城市的独奏音乐
会，我们一道演出了小提琴和钢琴奏鸣曲。这次铺垫帮助他日后
获得了许多演出合同。

29

我回到巴黎，胡安·阿维拉把我介绍给埃贝尔托先生，他大
概施展了催眠术才让埃贝尔托先生相信，我的亮相将会是最重要
的事件。剧院的这个家伙费心地为我的音乐会做准备，在报刊上
发布轰动性的广告，还安排了重要的访谈。这个狡诈的阿维拉又
听说，马捷斯特饭店的老板，来自奥地利的陶伯先生，是个大音
乐迷，曾把布索尼当贵宾安排在自己的饭店里好几周。布索尼把

自己那篇广受赞赏的《卡门主题幻想曲》题献给了他。陶伯先生受到我即将举行的音乐会以及我的大名（这还得感谢安东·鲁宾斯坦而不是我自己）的影响，在位于拉贝鲁兹大街的马捷斯特饭店附楼的底层给了我一个套间，包括一个大客厅、一间精致的卧室和一个最新式的宽敞浴室——这一切只需支付低得可笑的价钱。后来很长一段时间，这里都是我的总部。

普莱耶尔家族给我的套间送来一架好琴，给香榭丽舍剧院提供了一架声音优美的大演奏琴。加布里埃尔·阿斯特吕克非常有智慧，他顺势延伸大厅的建筑，在舞台上方搭起一个蚌壳形的顶盖以改善声音的效果，剧院因此能够转型成为完美的音乐厅。我三场音乐会的曲目都是经过精心挑选的。第一场开始的乐曲是由达尔贝出色地改编的巴赫庄重的管风琴曲《F大调托卡塔》，接着是肖邦的《降b小调奏鸣曲》；而下半场以《阿尔巴辛》和《特里亚纳》结束，这两个曲子得到了狂热的掌声，因此，我加演了《纳瓦拉》和《火之舞》，这又引发了连续不断的欢呼。很多年里，不弹上其中的一首，或者两首都弹，听众就不让我结束音乐会。这种情况在日本、澳大利亚、意大利和北欧诸国都出现过，至于在我的祖国，波兰人则更是疯狂热爱这些西班牙乐曲。

我这三场音乐会的曲目中还有舒曼的《狂欢节》和《交响练习曲》，勃拉姆斯的第二套《帕格尼尼主题变奏曲》，李斯特的《b小调奏鸣曲》，贝多芬的《华尔斯坦奏鸣曲》，斯克利亚宾、普罗科菲耶夫和希曼诺夫斯基的一些作品，肖邦的《船歌》、几首练习曲和一两首夜曲，李斯特的《梅菲斯托圆舞曲》，德彪西的五六首作品，包括我喜爱的《水仙》，维拉-洛勃斯的《摇篮》中的六首小曲，最后是肖邦的《降A大调波洛奈兹舞曲》。

三场音乐会都很成功。埃贝尔托把"全巴黎"成功地集中到音乐会上——这是真正的全巴黎，而不是我第一次首演时让人羞愧的那种。除了真正的音乐爱好者中的精英之外，听众中有斯特拉文斯基、米约及其同行们，最重要的评论家们、伊西多尔·菲利普①以及玛格丽特·隆②——巴黎音乐学院严厉的教授们、更不用说所有在巴黎的钢琴家们了。其中许多人三场音乐会都到了。一夜之间，我得到了一个雅号："阿图尔·鲁宾斯坦是个真正的巴黎人"，这称号迄今还有效。

实际上，所有评论家毫无例外地对我都很好。维拉-洛勃斯的作品备受赞誉。我的肖邦遭到一些人贬低，他们认为我弹得虽好，但有点干巴。帕德雷夫斯基过分的感伤主义和科托过于纤巧的理念仍被视为诠释这位波兰大师的正道，而且科托把肖邦当做痨病缠身的孱弱艺术家来对待的做法依然得到听众的青睐。我自己对肖邦的理解是，他是个有力而充满男子气概的创造者，完全不受身体状况的影响，就像贝多芬那样，在又病又弱的情况下创作了最伟大的作品。肖邦的《降 A 大调波洛奈兹舞曲》就比李斯特的任何作品都更加雄壮豪迈。

音乐会后，我休息室里闯进来大量热情的祝贺者。也是那个晚上，我甚至收到一份非同寻常的礼物。我在美国认识的一个漂亮的美国女演员到后台对我说："你的演奏使我着了迷，我想给你一件礼物，可我除了自身外什么也没有。你如果愿意和我度过一晚，你就可以拥有我。"那晚棒极了。

那些音乐会真令巴黎印象深刻。"全巴黎"是一股巨大的力量，既可以造就也可以毁掉一个艺术家。而我有幸得到了认可。邀请像雪片似的向我飞来，其中有爱德华·德·罗思柴尔德男爵

---

① 伊希多尔·菲利普（Isidor Philippe，1863～1958）：匈牙利裔法国钢琴家、教师。师从圣—桑。1890 年在伦敦首演。1903 年起执教，优秀学生不计其数。1941～1955 年旅居纽约。有专著数种。

② 玛格丽特·隆（Marguerite Long，1874～1966）：法国钢琴家。毕生倡导法国音乐。在巴黎执教多年。创办"玛格丽特和蒂博音乐学校"，组织国际钢琴和小提琴比赛。她具有很高的威望，著有四部音乐专著。

夫人的邀请，她对成功的犹太艺术家很关注。她出重金让我举办音乐会，就在她位于协和广场和圣·弗洛伦丁路交汇处的华丽的府第里，房子是由塔莱朗所建造的。我同意去开音乐会，但不吃饭，因为我在演出前从不吃东西。招待会很辉煌，除了罗思柴尔德一大家之外，她请的全是真正的音乐爱好者和优秀的音乐家。我弹得比我预计的要多，而且感觉极好。我弹完后，爱德华男爵拉着我的胳膊，把我领进小客厅，在管家的协助下亲自给我上菜，有鱼子酱、伏特加和晚宴剩下的其他美味。他一直在旁作陪，直到我吃好，然后我们一起去见客人们。爱德华男爵是个具有真正贵族风范的、了不起的绅士，甚至强于法国最古老的贵族家庭的一些成员。第二次世界大战期间他证明了这一点。他被迫离开法国和自己的全部家产，平生头一次乘飞机就飞到了纽约。两口子抵达纽约后请我和我的妻子在一家普通饭馆用餐，他表现出的主人风范和头一次在他的豪宅中的夜晚完全一样。自从第一次见面后，我就被看做他们全家的朋友了。在我结婚后，他们对我的友谊也延及我的妻子和儿女。

30

我第二场音乐会后，纳塔丽亚夫人的长子杰尼斯·达维多夫来看我。他讲了他家逃离俄国后的悲惨故事。

"我母亲、我弟弟瓦夏和我现在都在巴黎。我父亲在蒙特卡洛的赌场找了份工作。"接着，他用细小难辨的声音说："我母亲和我的小弟弟齐齐，你记得吗，被抓进监狱。母亲亲眼目睹了齐齐在监狱的院子里被枪杀。他们几天后把她放了，她来这里找到了我们。但她一直没有从这可怕的打击中恢复过来。"

当天我就去看望她，看到那个曾经欢快、热爱艺术的女士变成了一位老妇，脸上永远是一副悲伤的表情。她似乎很高兴又见到我，然而绝口不提那场悲剧，不过她问我是否可以给她在可可·夏奈尔那里找一份工作。

"我听说，她对我们俄国难民很好。"

自然，我答应会为她尽全力。

此事首先得征求米霞的意见，看看如何向可可·夏奈尔开口。

"她能当模特吗？"米霞问。

这个问题真叫可怕。我只好把前因后果都告诉她，她十分豪爽地回应道："夏奈尔说不定会让她干收发，或者去会计室工作。"

她立即行动起来，并得到了夏奈尔接受纳塔利亚太太的允诺。

我把这个好消息带给纳塔利亚太太时，她脸上表情没有任何变化。她说："阿图尔，谢谢你。见面那天，你能带我去吗？"

我答应了。

我去接她时，看到了一个叫人难过的情景。我印象中的纳塔利亚太太，是在韦尔波夫卡庄园的那位尊贵的夫人，这时她却浓妆艳抹，看起来就像个老妓女。尤为悲哀的是，她认为这样会使她显得年轻些，而我却没有勇气对她说一个字。可可·夏奈尔的确很同情俄国流亡者，给她安排了职位，同时也直言不讳地要她擦掉那可怕的化装。纳塔利亚太太听了我后面的一场的音乐会，后来还出席过其他的音乐会，并且在演出结束后来看我，但脸上总是那副不变的表情。一天，我听到了坏消息：她吞下了大量的巴比妥类安眠药，早上发现时，她已经死了，手里还拿着一张她小儿子齐齐的照片。

我最后一场演出刚结束，一个年轻的经纪人就到饭店拜访我。他勤奋、精力充沛的样子令我诧异。他对我的成功印象深刻，并提出由他来组织我在法国的音乐会，只收取很小的分成，还说他自己无疑是我合适的人选。我早就听说巴黎最出名的两三位经纪人年事已高，而且满足于料理少数几位名声大噪的艺术家的演出事宜，对后起之秀不感兴趣。所以我就同意和马塞尔·瓦尔马莱泰先生签订了三年的合同。他也立即为我得到了下个演出季的邀请：我与拉穆勒交响乐团、科洛纳乐团合作，担任独奏。他还建议我同时在加沃音乐厅举行两、三场独奏音乐会。

"为什么在这个小小的加沃厅呢?"我问，"您不能再安排到漂亮的香榭丽舍剧院吗?"

"如果你同意用加沃钢琴演奏，加沃厅就可以免费使用。"他答道。

他的回答让我很是紧张。我又想起了首次和那种机件艰涩、声音木钝的乐器的不愉快的接触。

"除了斯坦威，我不用任何钢琴。"我坚决地对他说。

"法国海关不允许进口。"他奸笑着回答，"你可以选择的只有加沃、埃拉尔德或者普莱耶尔。我强烈向你推荐加沃琴，它现在的制造商生气勃勃。他把乐器的音色改进了，而其他两家自肖邦和李斯特时代起就没有任何进步。"

没有办法，我这个可怜虫，只好听从他的意见。毫无疑问，我的普莱耶尔琴在香榭丽舍大厅显得力量不足，然而声音优美，接近人的嗓音。而我试过的加沃琴，音量更大，机件更好，不过声音发冷。在往后的几年中，我不得不与它们斗争。但这一切都是明天的问题。眼下我正沐浴在刚刚从巴黎获得的荣耀之中，接受各种午餐、晚宴、招待会、舞会、在餐厅聚会的邀请。空闲时我观看了所有值得注意的戏剧、一两场好歌剧，晚上都是在阿维拉的陪同下度过的，或者去新开张的"天台牛肉馆"（Boeuf sur le Toit)，那饭店是让·科克托的一个名叫穆瓦兹的朋友经营的。这地方继小小的加亚酒吧之后，成了音乐家、画家和作家们聚会的好去处。莱昂-保罗·法尔格、毕加索①和让·科克托本人常常亲自拉着我去喝个痛快，而餐厅里机智的谈吐、巧妙的应答、尖锐的批评和有趣的故事却令我们整夜不眠。

这一次，巴黎的暮春是我见过的最美的。布洛涅林荫道上古老的马栗子树是一大景观。这林荫大道上满是愉快的游客，年轻人拥着自己的姑娘散步，不时地停下来满怀激情地互相亲吻。咖啡馆的露台上坐满了人，他们操着各种语言交谈、喝着冷饮。夜间，蒙马特区的皮加尔路被四处打听轰动新闻的花天酒地的人们占据着。俄式"卡巴莱"演出大受欢迎，从前的俄国将军们则穿上另一种制服、成了看门人；而在场馆内，高加索的舞蹈演员身着民族服装、腰细如蜂、脚踏柔软的革制鞋，用脚尖跳舞，令法国的淑女们意乱情迷。蒙帕纳斯②一下成了蒙马特区的竞争对手。这里主要是画家、雕塑家以及漂亮的模特儿，他们工作完毕，来圆顶咖啡馆、圆亭咖啡馆和穹顶咖啡馆消磨夜间的时光，喝口彼诺酒，狼吞虎咽地吃一顿。

在这些地方，你能见到莫迪里亚尼（Modigliani）、我最亲爱的好朋友穆瓦兹·吉斯林（Kisling），还有病恹恹的查姆·苏丁（Soutine）以及阿道夫·葛特莱布（Gottlieb），在探讨艺术时，他们有时甚至拔拳相向。多年前，在布洛涅树林，天刚亮，葛特莱

---

① 帕布洛·毕加索（Pablo picasso, 1881～1973）：西班牙画家、雕刻家。立体主义画派主要代表。其创作对西方现代艺术有深远影响。代表作有油画《格尔尼卡》，宣传画《和平鸽》等。

② 在蒙帕纳斯（Montparnasse）大道和拉巴耶（Raspail）大道相汇的法凡十字路口（Carrefour Vavin），鼎立着三家都以"圆顶屋"命名的咖啡馆—"La Rotonde 圆亭咖啡馆'"、"Le D·me 穹顶咖啡馆"和"La Coupole '圆顶咖啡馆'"，这里是 20 世纪上半叶法国艺术界和思想界的神圣"金三角"。

布和吉斯林进行过一场真正的决斗，并且成了那天的一大新闻，蒙帕纳斯的常客，还有双方的支持者，一共几百人到场观看。两人谁都对剑术一窍不通，但却疯狂地相互击打着。甚至见了血双方仍然不肯罢手，最后两人都躺进了医院。出院后，两人又大摇大摆地出现在圆顶咖啡馆，相互和解并成了永久的朋友。

31

一天晚上，我邀请了阿维拉、他可爱的女友和两个年轻法国人在"德兼美修道院"吃晚饭。

"阿图尔，"阿维拉说，"修道院那里已经没人去了。如今大家都去一个新地方，在星形广场附近的一条小街上，叫做'我妹妹的花园'，我去为你预订一张桌子，那里临时找位置很难。"

我们走进一个地方，那里有一个小花园、一片大草坪、中间一个舞池、四周一圈桌子，每张桌子都已有人。多亏阿维拉，我们在舞池边的一张桌子旁坐下。饭店提供的晚餐非常不错。香槟冰镇得恰到好处，乐队很优秀，我们轮流和唯一的女伴跳舞。阿维拉没有跳舞，但用他的机智逗得我们笑到肚子痛，还讲了不少精彩的故事。3点钟左右，我要结账，饭店的领班说已经结过了。我表示反对，心中讨厌让我不认识的人来替我付钱。但是领班安慰我说："这顿晚餐由我们的经理做东了。"

我很想见见这位慷慨的主人，好对他本人表示感谢。经理原来是位女士，名字叫艾尔莎·马克斯韦尔，她身材矮胖，讲着磕磕绊绊的法语，带有可怕的美国腔；面孔就像个普通的钟点工，说不清楚是什么颜色的头发梳成个发髻。唯一吸引人的就是她的眼睛，闪烁着机敏的智慧。她八成以为自己穿了套夜礼服，但那身衣服怎么看也与夜礼服毫不相干。她说我们以前见过，我立刻便想起了地点和经过。一次世界大战后我第一次访美，在纽约参加了在大都会歌剧院为红十字会举办的隆重演出。玛丽·加登是特别嘉宾。普罗科菲耶夫指挥了他自己的一首早期作品，而且我还记得米沙·埃尔曼参加了演出，当然也有我。排练时，演出的组织者一直在旁边，是个矮胖的女士。玛丽·加登替她打保票："没人能比那个小妇人组织得更好了。在芝加哥我跟她合作过。"

不知不觉间，我们在每个细节上都依靠起她来：合适的照明、最佳的乐队位置、高一点的琴凳，更不用说给我们的朋友搞免费票了。她精确地了解应当如何分配那层著名的"钻石马蹄铁"包厢。范德比尔德家坐在右侧他们常用的最好的包厢里。其他显示着特权的包厢则卖给阿斯托尔家和古尔德家。奥托·卡恩以及家人保留了他们的特别包厢，因为他是剧院董事长，而她把洛克菲勒一家安排在不太显眼的包厢内。加蒂—卡萨扎邀请众位明星歌唱家坐进他的院长包厢里。节目单用花体字印在专用纸上，由纽约上流的年轻女士们负责销售。各种企业的广告占了不少页数。这些大量的准备工作全部都是艾尔莎·马克斯韦尔做的。

"现在我经营这个餐厅。"她说，"我在短期内成功地把它变成了巴黎最好的一家。"

然后她开玩笑地补充道："但我担心店主很快就要破产了。我的办法十分特别。每天我都保留中央的一张大桌子，邀请城里的名流前来。几天前我请到过威尔士亲王及其女友，大导演道格拉斯·费尔班克斯和超级明星玛丽·皮克福德，以及法国最高等的几位贵族。从大都会的那个晚上起，我就成了您的崇拜者，亲爱的阿图尔，今天晚上我很高兴能做东请您和您的朋友。"

在两次大战之间，这位小个子夫人成了巴黎、伦敦、纽约、罗马和威尼斯的宠儿。她那不同寻常的生命力简直具有传染性。年老、麻木、了无生机的百万富翁的妻子们或者遗孀们都成了她手中玩偶。她和贝尔蒙特老太太玩桥牌，还有那些嫁给法国贵族的有钱的美国女人，次次都赢很多钱，又大方地把这些赢来的钱花在一文不名的年轻艺术家身上。她会想出一个主题，然后在巴黎的里兹饭店、威尼斯的丹涅利大酒店、或者伦敦的克拉瑞芝酒店举行梦幻般的招待会。这些招待会自然是由标准的、住在偏僻乡下的美国百万富翁掏钱。她说他可以结识巴黎的精英，令美国土财主迫不及待地要出资维护这一特权。这财主被当做艾尔莎招待会的一名普通客人，很难引起别人的注意，而且，了解内情的人有时候还相互打赌，猜到底是谁掏的钱。如果我说这些招待会是多么具有轰动效应，那我并未夸张。艾尔莎随时都为大家准备好意外的花样。有一次，在一场盛宴之前，她派出两辆租来的大轿车去接那些从不准时的客人。不管那些人打扮到什么阶段，就把他们接来了。于是人们看到漂亮的女人穿着衬裙、背上的拉链还没有拉上、脚上甚至还穿着在卧室用的拖鞋，男人的胡子刮了一半、脸上还有肥皂沫，某个公爵或候爵少了白领结，或是一身短装。由通常的社交约束中解放出来，那些客人们就穿着这样可笑的服装摸着黑吃饭，喧闹无比。

我还记得，艾尔莎在格拉蒙公爵夫妇家组织了一次 12 个人的小型宴会。当天上午她派一名信使给我送来一封短信，内称："请找一张拍得很好的你的照片，并写上：'给亲爱的莫莉：请接受我的爱和吻。阿图尔。'交来人立即送过来。"我照办了，心知又在筹划什么事情了。

她把这场宴会变成了极好的侦探游戏。我们被告知卧室里有一具被害女子的尸体，现在要我们找出凶手。每位宾客都有严重的嫌疑。吃过饭，我们 12 个人，通通摇身变成夏洛克·福尔摩斯，要查出作案的人。当然，我的莫莉就是被杀的女子。另一个男人有半张电影票，时间正好是凶案发生的当天，另外半张票则在被害人的手提包里。有足够的理由把我们每个人都逮捕起来。在兴致盎然地搜索了两小时之后，格拉蒙公爵被证明有罪。受害的女子半裸着躺在床上，美丽的胸部上有一个可怕的红色标记。

艾尔莎最出色的手笔是在伦敦找宝，这个游戏疯狂到引发了报刊愤怒的抗议。一个极其富有的美国人，莫尔小姐，租下了诺福克宫用来消夏。那是本区域第一代公爵引以自豪的住所。艾尔莎安排了超大型的晚会，可以在深夜任何时间开始。想法是这样的：每个参加者必须出 10 英镑，这些钱收集起来放进信封封好，作为胜利者的奖金。活动要求男女搭配，夫妻或是女士带个男友均可，为寻找宝藏的线索，要把伦敦翻一遍。莱斯莉·乔伊特是我的伙伴兼司机。我们被派到海德公园之角，在那里我们找到一封信，内有指示："前往战争纪念碑。"然后是找特拉法加广场上的一座狮子雕塑，接着又去了另外一两处地方，只是详情我忘了。但我还记得，在伦敦塔的入口，有个几乎赤裸的女人被锁在墙上。最终，我们被打发回诺福克宫用晚餐。参加者之一是威尔士亲王，他由一位女伴陪着。

在匆忙之间，战争纪念碑基座下摆放的花环和鲜花被损坏了一些。找到信件时的高呼、欢笑和尖叫声搅扰了许多伦敦人应享的安宁的睡梦。莱斯莉和我不是胜利者，但是我们及时赶上了极为盛大的招待会，边用餐边跳舞，直到早上 7 点。报纸批评了被毁的鲜花和深夜的喧哗，还说威尔士亲王也参与其事。这个话题在全城延续了好几个星期。

艾尔莎认为，这项活动是她事业中的最大胜利。她曾试图在威尼斯重来一次寻宝，但却忽略了当地人的骄傲与愤怒。威尼斯人听到风声后，就涌到广场，要好好揍一顿第一批参与者，其他人便落荒逃回旅馆去了。

这些年来，艾尔莎和我成了特别要好的朋友。她一直都邀请我，后来还有我的妻子奈拉，参加她组织的活动，从未间断；她很喜欢我的妻子。她热爱音乐和音乐家，特别是当时著名的女高音歌唱家，例如玛丽·加登、杰拉尔丁·法勒、稍后的特巴尔第，而最爱卡亚斯。对于我，她偶尔还扮演经纪人的角色。

她会打个电话来："康斯薇洛·巴桑，范德比尔德家族的千金、前马尔伯勒公爵夫人，打算举办一场大型音乐晚会，想请你演奏。我给你争取到了 25,000 法郎的酬金（当时的巨款）。"

我当然接受了这个建议。艾尔莎完满地组织了这次音乐晚会，邀请了合适的人选。那个夜晚，我也有幸结识了保罗·瓦勒里①。第二天上午，艾尔莎给我寄来一封信和一张 15,000 法郎的支票。"亲爱的阿图尔，"她写道，"我留下 10,000 法郎，作为这笔交易的提成。我知道你不会介意的。"我根本也不介意，因为我知道她总会拿钱帮助那些急需的人。

另外一次，她来电话说："我的老朋友贝尔蒙特夫人要为她儿子威廉·K.范德比尔德的生日举行一次小型宴会。她梦想能由你来演奏，认为那是给他儿子的最好的礼物。她准备支付 40,000 法郎。拜托了，你第一要答应！"

演出费的确是皇家的规格，但我仍感到贝尔蒙特太太的主意够惊人的。在纽约，威廉·K.范德比尔德关系疏远的妻子对我说过，威廉仇恨音乐。当然啰，这话可能纯粹是出于怨恨。我提议把我的演奏琴送过去。但是艾尔莎一再向我保证："他们有上好的乐器。你一定会喜欢的。"

这真是一次奇怪的聚会。赴宴的不超过 8 个人。客人们，都

① 保罗·瓦勒里（Paul Valery，1871～1945）：法国诗人。"纯诗歌"派的代表人物。

是些美国人，十分的乏味。当点着蜡烛的生日蛋糕出现时，我们尽职地唱起《祝你生日快乐》，而后便来到一间大客厅，艾尔莎夸张地宣布："现在由阿瑟·鲁宾斯坦弹奏肖邦。"

我礼貌地走向钢琴，试弹了一两个和弦，便惊恐地停了下来。这是一架陈旧、破败的埃拉尔德琴，几乎弹不出声音了。就在我打算起身表示不能演奏的遗憾之时，艾尔莎跑上前来，惶恐地在我耳边说："请继续弹下去，求你了。我刚刚把这琴卖给了他们。"

我不忍心让她失望。我拿到的支票自然又减去了她的提成，这次的金额是 20,000 法郎，我猜她一定是手头很紧。我写这些故事是为了对这位难得的女性表示敬意，她剥削富人，但资助穷人。没人了解她的家庭、年龄，她一点也不漂亮，没有任何天赋，但活力四射，在半个世纪中，她让许许多多高尚的人的生命增添了光辉。

32

眼下巴黎的时令仍旧那么美好。欧亨尼娅·埃拉苏里斯在蒙泰涅（Montaigne）大道新弄了一套公寓。客厅里什么装饰品也没有，只挂着毕加索的两张画，一张是她女儿的肖像，另一张是美妙的风景画。

她骄傲地给我展示了她的椅子。

"啊，精致的椅子！人们可以在布洛涅森林那里租到这些，而我能买过来，真够幸运。我喜欢空旷的房间。唉，我受不了被一些无聊的东西包围着。你会见到我的诗人朋友，你的钱我就是给他的，他叫布莱斯·桑德拉尔（Blaise Cendrars）。"

我见到了他。"你的那首《复活节期间的纽约》让我动容流泪。"

我赢得了一位情投意合的朋友。

我经常见到斯特拉文斯基。他已经开始创作《玛弗拉》，情绪也稳定了。

普朗克邀我去他家喝茶。

"热尔梅娜·塔耶弗尔会带个年轻的钢琴师来，她要给你弹些肖邦的玛祖卡。你还会见到一位迷人的女士，她唱我的歌极为动人，而且弹得一手好钢琴。"

那个琴师，尤拉·居勒尔，弹奏的玛祖卡的确有品味。不过，我的注意力全部被另一个年轻美女所吸引了。她小巧玲珑，衣着考究，圆圆的小脸上带着天使般的表情。她有着美丽的蓝眼睛和樱桃般鲜红丰润的小嘴，鼻子精巧、端正。她是著名的时装设计师让娜·朗雯①夫人的女儿，嫁给了克莱蒙梭（Clemenceau）的孙子雅克梅尔（Jacquemer）博士。她开口请我弹几首曲子，那声音无法拒绝，我头一次毫不推托地从命，在一架声音优美的普莱耶尔琴上演奏了我心爱的《船歌》，而且是我弹得最好的一次。她听的眼睛满含泪水。到了街上，我就热切地求她和我一起吃午饭。开始她拒绝，笨拙地找着借口，但终于接受了我的邀请，答应过几天在布洛涅树林的一家餐厅见面。然而，在约定吃饭的前一天，我收到一份电报，说很遗憾她不能来了。过了一段时间我又遇到她，还有她的新任丈夫、非常英俊的让·德·波里尼亚克

---

① 朗雯（Lanvin）：也有译作朗万、朗文的。朗雯是法国历史最悠久的高级时装品牌，于1889年由让娜·朗雯女士创立。

伯爵。这位新任丈夫是我的老朋友梅尔基奥尔·德·波里尼亚克侯爵的弟弟。

"阿图尔，你是我们婚姻的教父。我和让相爱很久了，自然，他也是我第一个丈夫最要好的朋友。就在我被你的《船歌》深深打动的当晚，他来和我们共进晚餐。当我声明我打算和你一起吃饭时，我的丈夫一点都不反对，可是他却失去了通常的平静，非常气愤地对我大喊道：'我不能让你单独和这个家伙在一起，他追求每一位巴黎女子。'于是两个男人之间爆发了一场可怕的争吵，结果便是我与雅克梅尔离了婚。现在，你看，多亏你，我和让结为了幸福的夫妻。"

我们成了终身朋友。二次大战后让·德·波里尼亚克过世了，而玛丽·布兰舍（Marie Blanche）在她漂亮住宅的工作室举行音乐晚会。在那里，普朗克给我们演奏过他新写的协奏曲，或者和雅克·费弗里埃①一起弹他自己的双钢琴奏鸣曲，而亨利·索盖②和乔治·奥里克则展示了为佳吉列夫创作的芭蕾舞曲。有时，我们也能听到女主人用她那虽不洪亮、但如银铃般优美的嗓音唱几首歌。这里的听众大都是音乐家。

我在香榭丽舍剧院举办的音乐会上就见过雅克·费弗里埃。他当时陪着德彪西的遗孀来听我的连续三场音乐会的第二场。雅克告诉我她曾评论我："他的《水仙》弹得比任何人都好。"这短短一句话回响在我耳朵里，是莫大的鼓励。从此，每当演奏德彪西，我总要加进这首优美的前奏曲。雅克·费弗里埃是优秀的钢

---

① 雅克·费弗里埃（Jacques Fevrier, 1900～1979）：法国钢琴家。在巴黎音乐学院师从玛格丽特·隆。1952 年任该校教授。是法国音乐杰出的诠释者。作曲家的好友布朗克曾将自己的《d 小调双钢琴协奏曲》题献给他，两人于 1932 年在巴黎联袂首演。还演奏了萨蒂的钢琴二重奏《三首梨形乐曲》。两度获法国政府授予的勋章。

② 亨利·索盖（Henri Sauguet, 1901～1989）：法国作曲家。作品以清新明快、富于风趣著称。作有歌剧和芭蕾舞剧数部，如《玛里安娜的任性》、《帕尔玛的查尔特酒》、《摊贩》等。还作有交响曲、康塔塔、室内乐若干。

琴家，更是杰出的音乐家。此外，在所有人中他视奏能力最强，这令我不免对比了一下各国最好的音乐学校进行音乐教学的各种方法。

在我看来，巴黎音乐学院虽然存在某些陈旧的方法，但依旧能为音乐家的艺术生涯提供最扎实的准备。年度公开考试由各种乐器的名家担当评判，而考试的重要内容之一就是视奏专门为考试创作的作品。我认识的所有法国器乐家都是这项高难技巧的大师。我认为，对于有才华的音乐学生，视奏是最为重要的。它会激发出广泛了解音乐作品的愿望，培养辨别作品的口味，并最终赋予他谨慎挑选公演作品的判断力。这些作品必须能够和演奏者"交谈"，能展示出作品最深层的秘密。许多钢琴家并不全然理解或者十分喜爱自己在音乐会上演奏的曲子，唯一的理由是这些曲子非常受欢迎，而且是经纪人推荐的。我知道在许多音乐学院，有天分的学生被引导了参加比赛，这些比赛一味追求谁能把高难的作品弹奏得更快。

长年的经验教育了我，只有把深深的情感倾注在自己真正喜爱和理解的音乐之中时，年轻的钢琴家们才能取得成功。一旦达到这种境界，即使听众从未听过、甚或不太喜欢这首作品，演奏者也能伸出触角，使听众和钢琴家分享激情。音乐是神圣的艺术。有音乐天赋的人，一方面要知道，他们自己只是创造音乐的不朽伟人的卑微奴仆，一方面又要明白，能被选中向世人转述天籁很值得骄傲。把这些不朽作品当做获利工具的人，是这种神圣艺术的叛徒。

那个演出季，我在巴黎听了许多场音乐会。四个主要管弦乐团：音乐学院乐团、拉穆勒乐团、科洛内乐团和帕德卢乐团（Pasdeloup），邀请有名的艺术家担当独奏，曲目都很有趣，演出还是在星期日下午同时举行。所以选择听哪个乐队的音乐会就很困难，这令我头疼不已。独奏音乐会很少，因此我只好满足于听听科托，或者是苏格兰人弗雷德里克·拉蒙德（Frederic Lamond），这个拉蒙德最吸引人的地方据说是他和贝多芬很相似，但是他演奏的贝多芬压根不对我的胃口。当然，里斯勒、蒂博或卡萨尔斯总能让我的心灵充满欢乐。新成立的"六人团"日益活跃起来。奥涅格的新颖的交响作品《太平洋 231 号》和清唱剧（Oratorio）《大卫王》广受欢迎。米约滥用了多调性，但也写出了以自己家乡普罗旺斯的民间曲调为基础的优美音乐，例如《普罗旺斯组曲》，还有出色的室内乐。热尔梅娜·塔耶弗尔发表了动人的双钢琴小曲。所有这些年轻音乐家都对现代美国爵士乐十分敬仰。若干著名的美国爵士乐队到欧洲进行了几次巡回演出，立即在各国的首都引起轰动，并对欧洲作曲家们的新作产生了巨大的影响。我们加亚酒吧的朋友让·维纳（Jean Wiener）举行独奏音乐会，可以使加沃音乐厅满座的，曲目是最新的美国乐曲，外加斯特拉文斯基的《钢琴散拍乐曲》（Piano Rag Music），这首作品和其他曲目一样受到听众的热烈欢迎。甚至极端现代的勋伯格（Schonberg）在巴黎的首演也很轰动。演奏他的作品《月光下的彼埃罗》（Pierrot Lunaire）的一帮人包括了米约和普朗克。部分听众嘘声不断表示反对，而另一部分听众则疯狂地欢呼以示支持。自从《佩利亚斯》和《春之祭》的首演以来，一个作曲家受到如此对待就能保证他享有持久的声誉。

佳吉列夫离开俄国的长期流亡，导致了他和祖国的近似"离婚"的关系。战后，在让·科克托强大的影响下，佳吉列夫向奥里克和普朗克预订了芭蕾舞音乐。噢，说到这里我想起了一件可笑的事。一次，我走过里沃利街，碰到了科克托，他问道："你到米霞那儿去吗？"

我刚从梅尔基奥尔·德·波里尼亚克侯爵位于兰斯的家里狂饮了香槟，度完周末回来。

"不，我没有被邀请。"我回答。

"这真荒唐，"他说，"跟我来，她会很高兴的。她请了佳吉列夫、米雅辛和埃里克·萨蒂，来听米约写的芭蕾舞剧，米约要和奥里克四手联弹这个作品，希望佳吉列夫会在下个演出季采用它。"

这听起来好有趣呵，不能不去。

我们走进默里斯区，米霞在那里有一套漂亮的公寓。一伙人都到了，纷纷真诚地欢迎我，只有米约和普朗克例外。他们见我出现，显得十分失望。趁上茶的功夫，科克托把我拉到另一个房间。

"阿图尔，"他说，"听完音乐后，请不要发表任何意见。米约创作了这部芭蕾，起名《天台牛肉馆》，全部采用巴西旋律，大部分是他自己创作的，但也有几段是巴西的流行曲调。他很担心你会当着佳吉列夫的面指出来，因为只有你一个人听得出来。"

我在胸前画了十字，发誓不置一词。我们围坐在钢琴旁，倾听米约和奥里克生动地演奏这篇最为吸引人的音乐。佳吉列夫和米雅辛冷静地听着，他们在类似的场合总这样。

佳吉列夫头一句话就问："这一切都是原创的吗？"米约一脸抄袭同桌作业被当场发现的小学生的表情，小声回答："基本上所有……"

此话一说，事情就注定完蛋了。斯特拉文斯基在自己的作品中大量引用仍然健在的作曲家的旋律，曾害得佳吉列夫不得不支付版税，所以他对此十分敏感。

在艾尔莎·马克斯韦尔举行的一次招待会上，我被介绍给了一位非常出众的人，她就是埃德蒙·德·波里尼亚克公爵夫人（Princess Edmond de Polignac），人称温妮公爵夫人。她婚前叫温纳雷塔·辛格（Winnaretta Singer），是著名的缝纫机厂厂主、千万富翁的女儿。她有三兄弟，个个都有很特别的名字。一个叫巴黎·辛格，他资助着伊萨多拉·邓肯（Isadora Duncan），并与之同居；第二个叫华盛顿·辛格。第三个的名字我忘了，但可能叫伦敦、纽约或罗马什么的！三人都是机灵的生意人，管理着许多工厂，而且卓有成就。他们的妹妹多才多艺。她临摹大画家的作品，能够以假乱真。她也是个很好的钢琴手。我曾与她一起为她的客人用双钢琴弹奏过夏布里埃的《浪漫圆舞曲》。公爵夫人在亨利·马丁大道上的府邸里有一座真正的音乐演奏厅。厅的内墙上画着何塞·马利亚·塞尔特（Jose Maria Sert）的壁画。她向斯特拉文斯基、普罗科菲耶夫、法雅、普朗克和其他作曲家所预订的作品，就是通过在这个厅里举行的首演介绍给她的朋友们的。她在威尼斯的大运河边上还拥有一座最美的府第。她曾客气地邀请我到那里度过了夏末的最后几个星期。在那座天堂般的城市里，我一连几年都是她的客人。公爵夫人还有一个特点：她是我一生中遇到过的最吝啬的一个女人。

33

巴维尔·科汉斯基夫妇去维希了，因为巴维尔不得不对肠胃进行认真的疗养。我答应在去比亚里茨的时候顺便拜访他们几天。伊戈尔·斯特拉文斯基答应过我要把《彼得鲁什卡》改编成奏鸣曲赠送给我，他现在正在比亚里茨谱写，需要我在场。我刚到维希，巴维尔和索霞就直接从火车站把我带到他们的医生那里，还说什么："如果这几天你和我们一起治疗，那对你会大有好处。大夫正等你呢！"

我非常不乐意地跟着他们去了，心想我才不需要什么治疗呢。大夫例行公事地检查了几分钟，便给我写了份计划："早上7点，和你的朋友们一样，在泉边喝两杯矿泉水，然后用胶皮管进行水按摩。"

我照办了，和我的朋友一道喝了那恶心的矿泉水，然后又在他们的陪同下来到做按摩的那栋房子，他们则另有安排。一个身穿游泳衣的强壮男子命令我脱去衣服，远远地笔直站好，然后用一根胶皮管对着我。他就像浇花一样，用有力的水柱冲刷我，还不时地变换水温。这一过程让我极为难堪，因为我出乎意料地非但没有放松，反而感到了性兴奋。够啦，这种治疗在我身上就永远结束了。我回到旅馆，弄了两大杯咖啡、鸡蛋、熏猪肉，三只抹了果酱的牛角面包，然后抽了一根大雪茄。我可怜的朋友们每天从早到晚都要接受这种残酷的治疗，搞到我很难有机会看见他们。我吃午餐时，他们在小憩；等到我刚想吃晚饭，他们又上床了。每天晚上，常常到半夜，我都在赌场愉快或不愉快地度过。这么"治疗"了几天后，我就去比亚里茨了。

斯特拉文斯基已在那里。他的一个崇拜者在离城不远处给他提供了一幢小别墅，那地方名字很怪，叫"爱情之屋"，里面除了爱情之屋什么都有。我很走运，在"王宫饭店"的第一层得到了一个上好的套间，包括客厅、卧室和浴室，大窗子离海就几步路。还有架不错的立式钢琴，是从巴约讷（Bayonne）送来的，这让我可以准备些新的曲目。恩里克在附近有一个小房间。每天下午，我去拜访斯特拉文斯基。他正在写《玛弗拉》（Mavra），但也抽空改编《彼得鲁什卡奏鸣曲》，并且写好一页就给我看一页。有时候，我仗着自己使用踏板的特长，大着胆子在他面前显示了一两个诀窍，让声音听起来更好些，还建议他删掉管弦乐总谱上一些次要部分，以使织体稀疏一些。有时斯特拉文斯基下午来看我，向我展示他写好的《玛弗拉》的片段，或者在《彼得鲁什卡奏鸣曲》上的进展。一到晚间，我轻佻、寻欢的那一面就苏醒了。我一直在巴黎饭店用晚餐，很少一个人，多数时候都有风趣的伙伴，当时，那饭店出色的厨艺名声大噪。从那里，我直奔"美景赌场"，那也是红极一时的场所，随时会碰到我在马德里、圣塞瓦斯蒂安和巴黎的朋友。那地方唯一的竞争对手是多维尔的赌场，不过它们营业季节不同，所以不存在相互争夺富有顾客的问题。我喜欢找一张充满友善气氛的桌子玩轮盘赌或者"九点"。作为不折不扣的夜游神，我要一直玩到赌场关门为止。我玩不是为了赢多少，而是因为那个赌场的气氛好。大部分赌客都是朋友或熟人，大家深谙无论输赢都要异常优雅的道理。我每次去赌场，都带一定数量的钱，准备把它输光，就为了获得那种挑战命运的快感。如果我回家时身上还有那么多钱，我便很开心；如果钱多了，那我就认为这是真正的奇迹。

有天晚上我鸿运当头，赢了 20,000 法郎，并最终全数带回了旅馆的房间。在躺下睡觉前，我又得意地数了数，想弄清楚我真的不是在做梦。第二天早上，我愉快地啜着第二杯咖啡，向来给我送熨好的衣服的恩里克讲起我昨晚的好运。等洗完澡，在恩里克的帮助下穿好了衣服，我就拿起桌上的东西放进口袋，包括那一叠纸币。纯粹出于赢钱的高兴，我又数了一遍。可是我只数出 19 张面值 1000 法郎的纸币，而不是明明赢了的 20 张。我重数了一遍，还是 19 张。我在屋里到处找，包括桌子底下，心想会不会是有阵风把一张纸币吹到地上，但一无所获。最后我问恩里克他是否用这钱支付过什么费用，他回答说没有。

"想必你昨晚点钱时数错了。"

于是我明白了，必定是恩里克趁我在浴室时拿了那钱。

"你有没有拿过？"我单刀直入地问。

他否认，但我看出他吓坏了。

"恩里克，我一直很信任你。"我说，"但这一次，你必须证明你没有拿那钱。我要你把所有的东西都从口袋里掏出来。"他犹豫了片刻后，掏出了纸币。

这让我极为难过。我一直以为，恩里克不仅是仆人，而且多少也是我的朋友。现在我突然想起，在墨西哥时，贝桑佐妮和我在各种情况下都丢失过数目不多的现钱和金币。但我从没允许她或者我自己怀疑过恩里克。

我伤心地对他说："我不报警，但你必须马上离开。我永远不愿再见到你了。"

我失望得难以自拔，因为我很喜欢这个小个子的家伙。当我把整个事情告诉斯特拉文斯基时，他却冷嘲热讽地说："所有的仆人都天生是小偷。"

这让我失去了再找个仆人的愿望。

一天上午，在赌场玩了大半夜之后，我醒来时左手第 4 和第 5 指没有了感觉。我常有这种情况：如果睡姿不对，醒来时整只手都失去知觉。这种时候我就把另一只手放在心脏上，一会儿血液就流回麻木的手上了。那天早上我这么做却没有效果。两个手指像死了一般。感觉上是两条和左手不相连的木头。我发慌了。我当时十分健康，根本找不到发生这种反常状况的原因。我只想起一件事，玩轮盘赌时，我激动地注视着小球在掉到数字格之前四处滚动时，手指会略微僵直、缺血。在那种情况下，一杯干邑就管用。要么就是由于离海太近，海风又大又带咸味，我又有大开窗户睡觉的习惯，也说不定对我的双手有坏影响。我简直不敢去看医生，怕听到致命的消息。我也不放心告诉任何人，担心消息会扩散到报刊上去。我决定在圣塞瓦斯蒂安公演一场，希望出现奇迹，凭借这种非常措施让我那可怜的手指恢复生命。我根据自己整个事业上的经验，我知道高烧、牙痛、头痛、感冒和咳嗽，在音乐会的两小时中都会消失，而音乐会结束后则又重新回来。

塞瓦斯蒂安音乐会的票全部卖光了。甚至王后也到场了，她正好在那里逗留，而我不得不在两根手指毫无生气的情况下开始弹奏第一首曲子。现在，这么多年之后，我可以说了，那是我所有音乐会中最可怕的一场。整场音乐会我都在用八根手指外加两根木头演奏，重重地敲着低音键，就算把手指敲断了我也不会发现。听众看出来我不太对劲，但是他们太执迷于我了，依旧为我热情地鼓掌。回到比亚里茨后，我确信我的艺术生涯结束了。

一两天之后，我正在巴黎饭店吃午饭，有个我在赌场偶然认识的年轻、迷人的美国姑娘坐到我的桌旁，十分自然地要和我一起吃。面对这位完全陌生、正打算回国的姑娘，我平静、自然地闲谈起自己可怕的悲剧。

"我只有放弃作为音乐会钢琴家的生涯了，然后去美国找个地方当钢琴教师，因为在过去的两周里，我的两根手指没用啦，再也不能公开演出了。"

她怀疑地大笑。

"无稽之谈，"她说，"你的手看上去完全正常。我看不出任何有问题的迹象。"

我解释了我手指的确切情况，喝完咖啡后，她说："我这就带你去找我的日本按摩师。我肯定他会有办法帮助你的。"

我立即跟她出发，心里怦怦乱跳。经过这么多天的逃避，任何给我的帮助都是祝福。

那个日本按摩师是个年轻人，戴着一副很厚的眼镜。他把我左臂的衬衣袖子挽起来，然后在我胳膊的各个部位诊探起来。他找到了一个点，便用力地按压住。过了一会儿，又抓住我的两根手指，上下反复轻柔地摩挲了好一阵，而后又回到我胳膊上刚才那个点，于是我的两根手指就感到了生命的搏动。这样反复操练了大约一刻钟之后，我注意到血液又在流动了，我甚至能感觉到我在绝望中无数次无情敲击那可怜的手指带给我的痛楚！我高兴得大叫，长时间地拥抱着我的救命恩人，然后更加长久地拥抱了那位女士。

我体验到了新生，每天早上都以新的热情练琴。斯特拉文斯基已写好了《彼得鲁什卡奏鸣曲》。我很走运，他誊写自己的作品时一丝不苟。这与贝多芬截然相反，做贝多芬的誊写员大概要进疯人院。《彼得鲁什卡奏鸣曲》的手稿是件华丽的礼品，精致地抄写在一本精心装订的不大的册子上。为了制作这个册子，斯特拉文斯基使用了他自己的发明来画五线谱——在一根滚轴上套五个小圆环，夹在两个活动把手中间。只要往墨水里一浸，就能用它画出不宽不窄的五条线。如果他需要在谱子上方加些什么，还可以缩小圆环之间的间隔，从而画出行距窄一些五线来。他很为这个巧妙的玩艺儿感到骄傲。那册子的扉页上用漂亮的字体写着题目和日期，下面是用俄文写的题词："谨献给我的朋友、伟大的艺术家阿图尔。此曲归他全权所有。"还有他的签名。这首奏鸣曲有三个乐章：俄罗斯舞曲（Danse Russe）、在彼得鲁什卡家（Chez Petrushka）和谢肉节（la Semaine grasse）。

他改编得相当出色。听起来像整个乐队在演奏。但要弹奏它却难度很大。

当我指出其中若干经过段可能会推迟作品有力度的进程时，他说："你想怎么弹就怎么弹。我给你完全的自由。"

我利用了他的允诺，但从未录过音，因为我了解我的伊戈尔。一旦情绪不佳，他就会声明："鲁宾斯坦演奏时背叛了我的作品。"

斯特拉文斯基对自己创作的《玛弗拉》不太满意。他力图把作品创作得更加歌剧化、更易于接受。"它听起来像威尔第。"他这样对我说。

但事实并非如此，它还是斯特拉文斯基，虽然不太正宗。这一作品没有成功，很快就不再公演了。

这时斯特拉文斯基碰到了一件麻烦事。他肥胖的大胡子姐夫带着美丽的女儿来到了巴黎，指望大名鼎鼎的亲戚能帮上忙。斯特拉文斯基没别的办法，只好来找我协助。事情很复杂。这位别利亚金先生用一小笔钱买下了一名波兰革命者的庄园，后者的财产被没收，人被流放到西伯利亚。自由波兰政府把这房产物归原主，却没有给别利亚金先生任何补偿。于是他跑到巴黎，叫苦连天地说，"这是天大的冤屈。他们没有权利抢走这房产！我是合法购买的，而且正打算当一名波兰公民呢。"

我强忍着大笑的冲动，但斯特拉文斯基却十分当真。

"阿图尔，你认识波兰驻巴黎的大使，对吗？"

"是，我认识。"我说，"他是萨莫伊斯基伯爵，波兰一个大家族的核心人物。"

"既然这样，"他平静地继续说道，"那他一定会理解这对我姐夫是多么的不公平，并且到相关部门去澄清事实。"

"对此我很怀疑。"我说，却遭到两个人的白眼，仿佛我是个叛徒。我只好答应和他们一起去大使馆，并向大使陈情。

秘书把我的名片和请求简短接见的事转告了伯爵，过了一会儿，大使单独召见了我。我让两个同伴等一等。在我半带认真、半带嘲讽地向我们杰出的外交官讲了来龙去脉之后，他狂笑起来。

"多蠢啊！"大使叫道，而后又补充说："我应该建议财政部长把此人支付的卢布折合成新兹罗提归还给他。这也许刚够好好吃一顿晚餐。"

我向两位同伴讲述了我伸张正义的结果，他们听罢就丢下我愤然离开了。我就在附近的"富凯酒店"犒劳了自己一杯列日咖啡①和一根好雪茄。

别利亚金先生很快就尾随着斯特拉文斯基来到了比亚里茨，

---

① 为了保持咖啡的风味，列日咖啡的加工方法是先将咖啡豆磨碎再压成饼状。

并向自己的小舅子提出一大堆要求。可怜的斯特拉文斯基根本无法满足他，于是又把我叫去商量。看着他姐夫巨大的身躯、长长的花白络腮胡，活像个东正教神父，我差点建议他去夜总会当一名职业舞者。任何与音乐有关的考虑都白搭，因为别利亚金显然对艺术毫无兴趣。在反复讨论了众多提议之后，我问他愿意从事什么具体的行当。

"我大部分时间生活在农村，从未有过任何职业。"

"您特别擅长什么事情呢？"我问道，已略感厌烦。

他突然活力四射："我热爱烹饪！"

我一向喜欢美食，于是又来了兴致。突然我脑子里想出一个主意。"您能开个餐厅吗？"

他一击掌说："我一直梦想着开一个。"

我想到了（巴黎）皮加尔（Pigalle）大街上有几家俄国餐馆生意十分红火。

"为什么不在比亚里茨开一家呢？这里到处都是有钱的食客和花天酒地的人。如果您能在合适的地段找到适宜的场所，开一家营业到深夜的典型俄国餐厅，再在用餐时间随意来点手风琴或者俄式三角琴（balalaika），我就能帮上你的大忙。"

他激动得冒出了汗。

"您的主意妙极了！"他喊叫道，"可是我们从哪儿弄钱呢？"

我告诉他我认识几个俄国人，他们都娶了有钱的女人；另外，如果他向银行或什么机构介绍这类夜总会在巴黎取得的巨大经济效益，也能轻易贷到款。

说起来没人相信，只花了几天工夫他就找到了必要的投资人，而我则对他没让我参与计划很感满意。他还没费多少事就低价租到了一处好地方，那里原来就是餐厅，只不过破产了。

"等您什么时候准备好了，"我对别利亚金说，"我就来帮您开张，安排极好的晚餐，把我在比亚里茨和圣塞瓦斯蒂安的朋友都叫来。您如果能提供真正的俄罗斯菜肴，那他们会挤满这个地方，给您做一个轰动性的广告。他们都了解皮加尔大街和巴黎其他地方的俄国餐馆。"

由于我多数的朋友都很适宜这种活动，所以我毫不费力就召集到 20 位客人，包括几对热爱夜生活的夫妻、若干西班牙的贵族朋友、还有几位以品尝美食为业的法国人。

我和别利亚金两人整整花了一个下午商量菜谱。我建议第一道菜先吃俄式薄饼和压缩鱼子酱，真正的行家宁愿从新鲜、往往过咸的鱼子酱开始。这要配上伏特加酒。"斯米尔诺夫卡 (Smirnovka)，"他大喊道，"当然要斯米尔诺夫产的酒！"接着便上正宗的俄式汤。作为第一道正菜，是冒着火苗的高加索烤肉带俄式米饭。

"葡萄酒必须是波尔多的陈年佳酿。"

说到这里，别利亚金反感地拉长了脸说："唯一配在这样的晚餐上当第一道菜的，就是烤乳猪。"

这次皱眉头的是我。

"我受不了这道菜。"我说，"在俄国和波兰，屠夫们把小猪的头放在大盘子里以吸引顾客。我总是闭上眼睛，不看这种野蛮的情景。"

我的反对无效。

"我们必须有乳猪，绝对！必须！"他大叫道，一面绞扭着双手。

"我是做烤乳猪的能手。那种烤肉，"他轻蔑地说，"不是俄国菜。它是高加索菜，一点味道都没有。"

因为厨师是他，而不是我，所以他胜了。当我提到奶酪时，他皱着眉头笑道："在我们俄国菜桌上不喜欢这种发臭的东西。"然而他提议了一道甜点：朗姆酒调冰激凌。他说那是俄国的特色——纯属谎言，因为我在法国最最沙文主义的餐厅里就享受过这种冰激凌。这最后一道美味要伴有上等香槟。

开张之夜获得了出乎意料的巨大成功。我没有考虑到，人们一听到有什么高雅的聚会而自己却没有被邀请，那么即使犯点罪也要挤进来。那天晚上的情况正是这样。餐厅里挤满了人，别利亚金为了满足新冒出来的顾客，不得不缩减每一份的定量。有一个细节令我满意——我的朋友半数不肯吃乳猪，声称他们吃了太多的鱼子酱、薄饼和汤。别利亚金甚至花了很少的钱就找到一个身无分文的手风琴手，这个小个子剃着光头，带着忧伤的情调表演俄罗斯茨岗人的浪漫曲，在毫无音乐氛围的晚宴上博得了热情的叫好声。

斯特拉文斯基缺席了这场盛宴。我猜，眼下《春之祭》的作者并不在乎人们称赞他姐夫做的烤乳猪。而我，虽然不是别利亚金的亲戚，却愉快地接受了我的朋友们为这个美妙的夜晚所表达的热情感谢。第二天却发生了一件非常意外而讨厌的事。别利亚金先生给我开了一张高额发票，害得我不但花光了手头的现金，还被迫卖掉一部分阿根廷证券套现，而这操作起来十分复杂，要通过比亚里茨、巴黎和布宜诺斯艾里斯的银行。我本以为，单单考虑到面子，别利亚金就只会收取晚宴的成本费。然而他却把我天真地建议他向未来的顾客收取的奢侈价格反加在了我的头上。一半的费用都来自那些该死的猪。当我相当激烈地表示反对时，他几乎哭了出来。

"您可不知道我为弄到小猪费了多少力气！我不得不打电话到波尔多、图卢兹！我几乎得从巴黎订货！您不知道我遇到了多少麻烦，打电话花了多少钱。您还说我抬高了价钱！"

我放弃了。我意识到自己正在和一个厚脸无耻、忘恩负义的烤乳猪爱好者打交道。

他的餐厅极为成功。别利亚金称之谓"俄罗斯盒"。后来那里增设了舞厅，那些不可救药的花天酒地的人物就把这地方当做最后的藏身之处了。我做得足够漂亮，没有向斯特拉文斯基抱怨。他听到了这个故事的另一面，而且很为自己的姐夫在烹饪和财务上的才能感到骄傲。

斯特拉文斯基留在自己的爱情之屋完成他的《玛弗拉》，我则回到了巴黎。巴维尔和索霞已结束在维希的疗养，回到巴黎了。

34

众所周知，对德战争大获全胜之后，政治形势恶化了。两名夸夸其谈、能言善辩、对国外情况不闻不问的美国参议员成功地说服国会两院通过决议，阻止了美国加入由伟大的伍德罗·威尔逊总统创立的"国际联盟"。这一荒唐可笑的行为打击了新生的国家联盟，这个组织本可在不人道的世界大战的悲剧之后恢复持久和平的。国际联盟不成文的座右铭是："打这场战争是为了永远结束战争。"

伍德罗·威尔逊无法接受被他的同胞所抵制，后来很快就去世了。年轻的国际联盟在几年之后也因无法贯彻其宪章而可怜地消亡了。

放逐德皇威尔海姆二世之后，德国成了共和国，定都魏玛——歌德和李斯特的魏玛——但很快就爆发了严重的骚乱。在同盟国取得胜利之后，奥地利失去了自己的整个帝国，变成一个小国家。由卡尔皇帝，弗朗茨·约瑟夫的侄孙，坐上了摇摇欲坠的宝座。

胜利了的同盟国由于在战争中付出了巨大的代价，现在也都虚弱不堪，而根据威尔逊的"十四点计划"成立的许多年轻的国家，也急需美国的支援。美国，说句公道话，则相当慷慨地给予了支持。

巨大的俄罗斯帝国，曲解了"共产主义"一词中赋予公民完全的自由并平等享有国家财富的含义，不幸沦为世上最为专制的国家。由贵族和中产阶级构成的杜马强迫尼古拉二世退位，从而推翻了沙皇统治，但却敌不过势力日强的列宁和他慷慨激昂号召群众的手段。由克伦斯基（Kerenski）领导的杜马曾经试图在北方和南方恢复秩序，创立一个西方式的自由共和国，但却被托洛斯基（Trostky）领导的红军击退了。只有毕苏斯基在1920年的局部战争中成功地打败了红军，让俄国人为入侵波兰付出了代价。

35

我在伦敦短暂逗留，和巴维尔分别在威格莫尔音乐厅举行了独奏音乐会，又开了其他几场不重要的音乐会。我们常和甘达利亚斯一家见面，我更拉了莱斯利·乔伊特做伴，抽时间观看了几场好戏，分别由格拉迪丝·库珀、杰拉尔德·毛里尔和查尔斯·霍特里爵士担任主角，还在科汶特花园歌剧院看了一两部歌剧。已升任国王顾问的威廉·乔伊特从未陪同过我们。他总是以"我还得研究几个案子"来为自己开脱。一天晚上，我特意走进他的房间向他道晚安，却发现他正在埋头钻研《泰晤士报》上高难的填字游戏。

一个令人惊喜的消息在等着我：夏里亚宾到了伦敦。在俄国虽然共产党人和当权者对他都很推崇，他还是由于所有的老朋友都遭遇了极严酷的不公正待遇而备感难过，机会一到就离开了莫斯科，并且永远再没有回去过。在伦敦，科汶特花园歌剧院的经理们和全体歌剧爱好者都敞开了双臂来欢迎他。他抵达两星期后，就要出演自己的拿手好戏《鲍里斯·戈杜诺夫》。我一有时间就和他呆在一起，并很愉快地借给他一些钱，因而解决了他迫在眉睫的衣着问题。

"阿图沙，"他说，"据说这里的人还流行圆顶大礼帽。你能否带我去商店买一顶？"

我一直为自己是世界上最有名的洛克帽店的顾客而感到自豪，这家帽店位于圣詹姆斯街，已历经两个多世纪，却一成未变。橱窗里放着几顶破旧的老式帽子，原装的铁制百叶窗依然在用，还有陈年的木头招牌，走进商店后，地板上还撒着些沙子。现任的老板们非常谨慎地挑选顾客，顾客除了皇室成员外，都是国内的大人物。我把夏里亚宾径直带到洛克帽店，并打算劝他们接受这位世界上最伟大的歌唱家之一成为自己的顾客。夏里亚宾走进商店，向四周一看，我发现他突然满脸怒气。他转身就走，大声招呼着我，然后在街上就大吵大闹起来。

"我是收过你的钱，阿图尔，"他说，"等我第一场演出之后马上就还你，但我从没想到你会带我来这么一家脏兮兮的、跟叫花子做生意的商店。我还没有沦落到这个地步。"

我花了很长时间、费尽口舌给他解释这里的真实情况，直到带他看了店里一排优雅的白色帽盒，那些帽盒上写着："威尔士亲王殿下"、"诺福克公爵"、"魏斯敏斯特公爵"，诸如此类为止。这个意外不仅令他对此店确信无疑，而且还把他震住了。

　　夏里亚宾在《鲍里斯·戈杜诺夫》中的出场成了那个演出季的轰动新闻。而他本人则成了傲慢的伦敦上流社会的偶像。黛安娜·库珀夫人、霍华德·德·沃尔登夫人，还有其他女士，每天都送来大捧的鲜花，以及购自福特纳姆与梅森百货店①的贵重礼品。夏里亚宾和我一边享用这些礼品，一边啧啧称赞。

　　离开英格兰之前，我和特蒂斯在威格莫尔厅举行了一场动人的音乐会。特蒂斯介绍我认识了几位年轻的英国作曲家，他们为特蒂斯谱写了迷人的中提琴曲，其中阿瑟·布利斯②最具才华，还有约翰·艾尔兰③、弗雷德里克·戴留斯④和阿诺德·巴克斯⑤，他们大大丰富了英国音乐。后来，在亨利·伍德爵士的指挥下，我演奏过艾尔兰的一首协奏曲。那是首地道英国风格的佳作。特蒂斯已名声大噪，英国以他为骄傲。他改编了戴留斯的《小提琴奏鸣曲》、埃尔加（Elgar）的《大提琴协奏曲》，以及他用 g 小调演奏得很完美的巴赫的《恰空舞曲》，都堪称杰作。

　　该去美国了。科汉斯基两口子和我又在利物浦登上一艘海

----

　　①　福特纳姆与梅森百货店（Fortnum and Mason），伦敦繁华区域内颇有特色的一家百货公司，已有三百多年的历史。

　　②　阿瑟·布利斯（Arthur Bliss, 1891～1975）：英国作曲家。就读于剑桥大学和伦敦皇家音乐专科学校。是他那一代英国作曲家中的主要人物。重要作品有《供弦乐器演奏的乐曲》、《戏剧性钢琴协奏曲》、《约翰·布洛主题变奏曲》、《单簧管五重奏》、《双簧管五重奏》、合唱曲《田园》等等。

　　③　约翰·艾尔兰（John Ireland, 1879～1962）：就学于伦敦皇家音乐学院，后为该校作曲教师。代表作有《被遗忘的习俗》、《梅—登》、《伦敦序曲》和《林神舞》等。还写了许多钢琴曲和歌曲。

　　④　弗雷德里克·戴留斯（Frederick Delius, 1862～1934）：德裔英国作曲家。在莱比锡音乐院学习。在管弦乐、合唱曲、歌剧和室内乐等方面均有建树。多亏托马斯·比彻姆爵士的倡导，在 1929 年举行戴留斯音乐节，他的作品才得以在英国广为传播。

　　⑤　阿诺尔德·巴克斯（Arnold Bax, 1883～1953）：英国作曲家。1937 年封爵。1942 年任英王乐队队长。作有交响曲 7 部，其他管弦乐曲有交响诗《凡德花园》、《11月的森林》、《流浪汉喜剧序曲》等。

轮，一路风平浪静地抵达了纽约。我像通常一样回到了比尔特莫尔饭店，而索霞则在东四十街找到一套舒适的公寓。

36

科汉斯基在朱利亚音乐学校担任全职教授。他和津巴利斯特一起主持着大师班。科汉斯基在教学上的特殊才华很快就成了学校的宝贵财富。他的巡回音乐会被安排在深冬举行。

R. E. 约翰逊在康涅狄格、巴尔的摩给我安排了几场演出，在华盛顿还有一场那种该死的音乐晚会。不过，有一场音乐会是和蒙特一起在波士顿演出，我们演奏的是肖邦的《f 小调协奏曲》。我在伦敦认识的老朋友，大画家约翰·萨金特来听了这场音乐会，尔后带我去吃晚餐，更邀请我第二天早上去公立图书馆会面——那在波士顿是一幢雄伟的建筑，他当时正在为图书馆大厅画壁画。

他还带我去参观了一个私人画廊，是艺术品大收藏家加德内尔夫人（Gardner）办的，这位女士通常不允许那些死乞白赖的旅游者走进她的博物馆，而只让她的朋友们欣赏自己籍著名鉴定家伯纳德·贝伦森（Bernard Berenson）的帮助收集起来的名作。

R. E. 约翰逊甚至让我去科罗拉多的两座大学城演出，是丹佛著名的经纪人阿瑟·奥本海默邀请的。不过，关键在于他的夫人非常喜欢我。海菲兹在丹佛的演出座无虚席，当时我正在奥本海默家做客，并和他们夫妻一起去听了音乐会。

"阿瑟，"和我同名的人说，"你必须把我介绍给海菲兹，因为我想邀请他参与我的系列音乐会。"我满足了他的请求，结果大家都很满意，因为海菲兹接受了他的建议，当然啦，酬金很高。

在纽约，我和科汉斯基共同举行了一场小提琴和钢琴独奏音乐会。这一次，瑞士作曲家欧内斯特·布洛赫①给了我们在全世界首演他的小提琴奏鸣曲的荣誉。我们是用他的手稿进行演出的。作曲家经常来帮我们排练，在速度和其他细节上给了我们宝贵的指点。另一方面，他也认真听取了科汉斯基关于完善小提琴部分的忠告，还在我的建议下更动了钢琴部分的一两处。在音乐会上，他亲自为我翻琴谱。我们演奏时十分奔放，听众也很喜欢这首曲子。当我们逼着他向听众躬身致谢时，听众向他欢呼。然后就是当着单纯的听众表演的那一套喜剧：作曲家和阐释者之间拥抱和握手。过后我们独处时，布洛赫才真正热情地感谢我们做出的巨大努力。

我的朋友阿尔弗雷德·赫兹再次邀请我到旧金山担任独奏演员。这回，旧金山的经纪人名叫欧文·奥本海姆（Irving Oppenheim），他是个可爱的家伙。但在这里也一样，我的主要支持者是他的妻子布兰奇。欧文·奥本海姆在旧金山组织了一场独奏音乐会，另一场在奥克兰，还要去位于伯克利的加利福尼亚大学露面。奥本海姆还邀请我观看了我平生第一场美式橄榄球比赛，那是加利福尼亚大学和斯坦福大学之间的年度大战。他驱车把我带到斯坦福可容纳8万观众的巨大运动场，但观众的行为比他们的数量更令我吃惊。我感觉身处两所大学之间的战争中，生怕最终会演变成血腥的斗殴。比赛中最小的优势和劣势都会导致双方的支持者疯狂地喊叫。每队都有几名漂亮姑娘，穿着好看的靴子，

---

① 欧内斯特·布洛赫（Ernest Bloch, 1880～1959）：美国作曲家，生于瑞士。曾就学于布鲁塞尔音乐学院和法兰克福高等音乐学院。抵美后，曾任克利夫兰音乐学院院长和旧金山音乐学院院长。主要作品有：犹太狂想曲《所罗门》、《交响协奏曲》（钢琴和乐队）、《美国交响曲》以及歌剧《麦克白》、《以色列交响曲》（钢琴和乐队）等。

几乎露着整条腿，只要有那个球员取得优势，她们便疯狂地跳一通、叫一阵。她们的叫声中有一个音节，开始我以为是在做唱名练习，但很快我就发现自己错了：那是"拉拉"的喝彩声，而不是唱名"来"。奥本海姆平常是那么安稳的绅士，此时的举止就像个来自原始森林的野人。他大呼小叫，用最难听的脏话咒骂着斯坦福人，不断跳起来，还常常踩到我的脚上，只要他的母校球队一有触地得分，他就激动得高声嘶叫。

斯坦福大学队赢了。我们两个男人，像泄了气的皮球，开车返回旧金山。

我在俄勒冈州的波特兰还有一场演出，这次是和乐队一起。我和指挥说好演奏贝多芬的《G 大调协奏曲》，可是在演出前两周我收到一份电报，称："如果您同意演奏鲁宾斯坦的《d 小调协奏曲》，而不是贝多芬的作品，委员会将十分感激。"这一变动使我很是不悦。我天生多疑，不免揣摩起他们为什么要这样——海报上两个相同的姓氏并列，会让一些来听音乐会的头脑简单的人认为将由老安东出演，或者阿瑟是个作曲家。于是我回了一封很短的电报，说："在这种场合下我宁愿你们叫我阿瑟·冯·贝多芬。"

他们明白了我的意思。

这场音乐会还有一个不太令人愉快的余波。有位百货商店的老板和他美丽的妻子邀请我演出后一起吃晚餐。在一张小桌子旁吃饭时，那位夫人漂亮的腿和我神经质的腿，像磁石般相互吸引在一起了。这个过电般的接触令我大着胆子邀请她第二天共进午餐。我的火车要到晚上才开。她接受了邀请，并补充道："午餐后我带你去我们在山上的家。那里有全城最美丽的景色。"

午餐很愉快，我大谈自己的经历，让她十分着迷，然后我们高兴地坐进一辆老爷车，由她自己驾驶，我坐在她旁边。道路两旁是大堆的积雪，车子艰难地沿着陡峭的山路上行。她发现我有点不安，就大笑着说："我是个好司机，真的！"

我们快活的交谈很快变得轻佻起来。突然间我抱住她的小脑瓜狠狠地吻一口。显然她是第一次遇到这种事。她丢开方向盘，闭上了眼睛，而汽车则载着我们翻进了路边厚厚的积雪里。我们艰难地爬出汽车，但情况相当严峻。

"现在我们怎么办？"我着急地问，心里想着我的火车和她的丈夫。

她答道："您得跑下去求援。山脚下就有一个加油站。"

我演奏用的双脚习惯于踩踏板，而不是沿着堆满积雪的滑溜山路向下跑。冒着滑倒的危险，经过足足半个小时，我才到达那个倒霉的加油站。我们花了三个小时才安全返回城里。所幸，我们既没有惊动她的丈夫，又没有耽误我的火车。我们俩从未忘记那致命的一吻，但是像通常一样，随着时间的推移，它变成了个很好的故事。

我回到纽约时，科汉斯基正在准备他自己的巡演。他找到了一个优秀的伴奏，名叫皮埃尔·吕博舒兹（Pierre Luboschutz）。夏里亚宾在伦敦获得成功之后也来到了纽约，准备在大都会歌剧院演唱。他抵达的当天上午我就给他打了电话，他乞求道："阿图沙，来和我一起吃早点。"

我匆忙乘车赶到阿斯托尔饭店，进了他的房间。他穿着睡袍，按照地道的俄式礼节拥抱了我，拍着我的后背亲了我的脸颊三遍。他订了两份豪华的早餐——鸡蛋、熏猪肉、牛角面包、各种各样的果酱，还有奶酪，诸如此类，一直跟我讲着在伦敦的种种开心的故事，而我则向他谈起自己在纽约经历。有个矮墩墩的人被领了进来，夏里亚宾给我介绍说："他是我在这里的代理人，是个俄裔犹太人，精明的小个子。你要当心他。"刚来的男人微微一笑，在靠窗的椅子上舒舒服服地坐下，夏里亚宾甚至没有请他喝杯劣质咖啡。我们吃完，夏里亚宾问道："你现在在弹什么？我想去听你的音乐会。"

"我的巡演已经结束。"我遗憾地说,"不过我现在正练着一首曲子,你一定会想听一听的。这是斯特拉文斯基根据《彼得鲁什卡》改编成的一首奏鸣曲,并题献给了我。"

"嗬嗬!"他愉快地叫道,"请现在就给我弹几段!"

我打开他的钢琴盖子,高兴地奏出"俄罗斯舞曲"。夏里亚宾熟悉并喜爱这首作品,直到我几乎弹完整首曲子才让我停下来。然后他热情地拥抱了我。

"你真了不起,你真了不起!"他叫道,转头对他的代理人亲热地直呼其名道,"索尔,你听到了好东西,不是吗?"

然后又对我大声说:"这家伙对音乐一窍不通。"

几天后,R.E.约翰逊给我打电话,要我去和他见面。

"有一个叫胡罗克的人,到我这儿来过。他是个机灵的家伙。他正在马戏场举办音乐会,哈哈!那鬼地方有 5000 个座位,这让他可以找来高价位的艺术家,但是门票却比较便宜。现在他希望你能参加由蒂塔·鲁福担任主角的音乐会。胡罗克只要求你演奏一两曲。我说酬金要 500 美元,但这婊子养的还价 300 美元,我想你该接受。让广大的听众听到你演奏是件好事。"

自然,我同意了。那个矮个子,被夏里亚宾那么不当人的家伙,正是索尔·胡罗克,他的大名几乎就是成功的同义词。

蒂塔·鲁福的音乐会由我陪衬,举办地点是在马戏场,那地方是给纽约人看马戏用的,常常有野生的动物或者驯化的马匹的表演。无怪乎那地方散发着马粪的臭味。对于那些要在这种地方演奏其作品的作曲家,我都替他们害臊,但是胡罗克取得了成功,他用低于卡内基大厅的票价,请来当时最大的明星们,把这个地方填满了。

那天晚上,蒂塔·鲁福的嗓子不太好。他喉部的问题在墨西哥已开始出现,不久之后就迫使他放弃了事业。不过,我的状态却是再好不过了。令胡罗克先生吃惊的是,那个晚上人们对蒂塔·鲁福的咏叹调不冷不热，但是优美的《纳瓦拉》和加演的《火之舞》却受到了欢呼，那种场面只在布宜诺斯艾里斯或者马德里才出现过、我尚未在美国得到过。经过多次失望之后，这场音乐会对我是一个安慰。

科汉斯基讨厌索霞不断在家里举行的那些招待会。上完在朱利亚音乐学校的课程之后已经很累，他喜欢晚上安静些，和几个亲近的朋友在一起，玩点游戏，然后早早上床休息。他肠胃不好，夏天必须去治疗。他已经安排好，一到夏天就去著名的日内瓦湖畔的埃维昂住一段时间，那是个著名的疗养胜地。对我而言那里的位置非常理想，可以安排几次不错的短途旅行，比如说去赌场玩玩或者上日内瓦看看。

离开纽约前，我问乔治·恩格尔斯是否可以为我组织下一轮巡演，条件是不须任何担保，而直接提成。他接受了我的条件。我离开 R.E. 约翰逊和露露心中没有一丝不安。我们的合同本来也到期了，而他也觉得没什么能再提供给我的了。这次是我一个人去的巴黎，因为科汉斯基夫妇已决定在纽约定居了。

37

瓦尔马莱泰宣布我将在加沃厅举行两场音乐会，在外省举行六七场。在加沃厅的首场独奏音乐会来了很多听众，我按照自己的理解第一次演奏了《彼得鲁什卡奏鸣曲》，让曲子听着更接近管弦乐曲，而不是一首钢琴曲。听众非常赞赏它。第二场音乐会的票在一天内就全部售光，于是我们又增加了第三场。《彼得鲁什卡奏鸣曲》非常受人喜爱，它大大帮助我进一步拓展了在欧洲的事业。凡是我演奏过该曲的地方，第二场音乐会就必定要重弹此曲。我在欧洲演出的酬金无法与美洲的相提并论。战争已经使大部分欧洲国家的货币贬值了，尽管我还在过着从前那种挥金如土的生活，不过，我的银行帐号里经常是空空如也。一旦感到手头发紧，我就立即在南美安排新的巡演，回来时便又荷包满满的了。

德克萨达邀请科汉斯基去阿根廷和乌拉圭演出，保证他的演出酬金，还支付他的各项旅费。我决定与科汉斯基汇合，部分原因是我的资金告罄，同时我更想对科汉斯基在这片新大陆的首演提供一些帮助。我给鲁伊兹写了一封信，希望把时间定在 9 月，并请佩里亚斯先生 8 月底在里约热内卢预订几场音乐会。

马捷斯特饭店附楼的套间又为我准备好了。陶伯先生，这位所有饭店经理中最为慷慨的一位，说："我会始终留着它由您支配的。您不在时，我租给别人从不超过一两个晚上。"

有一天下午，在欧亨尼娅家喝茶时，我又碰到了布莱斯·桑德拉尔。他的幽默感经常来自冷嘲热讽，有时甚至是残酷无情，但永远都富有机智和新意。他能够让你哭笑不得。尽管在实质上他和让·科克托是截然相反的人，但在这方面却是唯一一致的。我为我们的友谊感到骄傲，他是一位伟大的诗人和作家。

同一天，毕加索也来到欧亨尼娅家。

"阿图尔，为什么不告诉我你回来了呢？"他问我，好像我们最后一次见面是在一周之前，而不是过了整整 5 年时间。战后，他成了最受欢迎、最受赞赏的画家。这正是我不太敢打电话给他或者看望他的原因。

"你愿意去我在博埃蒂街上邋遢的房子吗？我可以给你看几幅我的画，再给你来一杯好咖啡。"不用说，我十分高兴。

第二天下午，我爬上两层楼梯，他正在等我，亲自为我开了门，并把我直接引到自己的画室。那还真是套邋遢的公寓，我看他宁愿继续居住在蒙马特区陈旧、肮脏、称做"洗衣船"① 的建筑里，也不愿住这套中产阶级的公寓。他所谓的画室是间典型的起居室，像牙科医生的侯诊室，不过既然他是毕加索，那个房间自然就成了毕加索的画室了。有几十幅油画面朝墙放着。一张质朴的桌子，各种尺寸的画笔立在几个陶制容器里。桌上满是斑驳的油彩。墙上光秃秃的，只钉了几页旧杂志，还有几张古怪雕塑的大照片。地板上东一个西一个地摆放着几樽黑人木雕，长长的躯干、短短的双腿、突出的男性性器官。不过，窗边还有一个画架，上面放着房间里真正美丽的东西，大师自己的画作：一把放在椅子上的吉他、小桌上有瓶葡萄酒、一份报纸和几只玻璃杯；背景就是他装了普通铁栏杆的阳台。毕加索让这么个平庸的题材获得生命和色彩，很令我惊异。过了一会儿，我才意识到这是一幅怎样的杰作。我未置一词，这使他很高兴。

"我讨厌空发议论。"他说，"对绘画无法评论。要么喜爱它，要么讨厌它，但并不能言传。"

第二次世界大战之后，毕加索绘画的价格达到了天文数字。有个美国百万富婆被允许进入他的工作室看画。她停在一张画前，用手指着它，问大师道："这幅画代表什么？"

"20万美元。"毕加索回答。

我几乎每天都去拜访毕加索，看到他一遍又一遍地画着相同的题材，就是我第一次看到的那个题材。尽管胆小，但我还是憋不住问道："你画这个题材是受人委托么？是不是有很多人要它？"他沮丧地看了我一眼。

---

① "洗衣船"（Bateau – Lavoir）：巴黎蒙马特区一组建筑的总称，于1970年拆除。包括毕加索、莫迪里安尼等在内的众多年轻的艺术家曾在此聚居。因毕加索于1907年在此创作了其著名的《亚威农的少女们》一画而闻名，并因他的画室成为1908年年轻的立体画派的捍卫者聚会的地方，而被认为是立体派的诞生地之一。

"多愚蠢的问题!"他说,"每时每刻的光线都不同,每一天也都不一样,所以不管我画什么,永远都是新题材。"

这对我是一次很大的教育。我突然意识到,每当我在一次次的音乐会上重复着相同的作品时,我总感觉是首次演奏它。

毕加索的婚姻是不幸的。奥尔加·科赫洛娃,来自佳吉列夫芭蕾舞团的舞蹈演员,我在圣塞瓦斯蒂安时就跟她很熟,一个愚昧的俄国女人,就爱吹嘘她父亲,声称他是沙皇近卫团的上校。但其他舞蹈演员向我保证他只是个中士。她还是一名公认的处女。毕加索觉得她是个理想的女模特。她同意给毕加索摆姿势充当模特,但并不知道这就意味着要和他上床。于是画家遇到了坚决的抵抗。

"我是个处女。"她骄傲地大叫道,"我只献身给我的丈夫。"

毕加索在欲望和理智之间煎熬了一段时间,但这可怜的家伙最终屈服了——他们结了婚。奥尔加甚至给他生了个儿子,因此要纠正这个大错为时已晚。这个小个子舞者意志坚强,就是她迫使画家住在博埃蒂街上那个破公寓里的。

说起此事,他的火气就越来越大。"阿图尔,"他说,"帮我摆脱这该死的地方,我们夜里一起玩吧。"

我很高兴,把他引进了夜生活,这方面我那时真可谓是大师,而他则很快地成了内行。我记得有天夜里,我们俩开心地坐在一家新开的时髦夜总会里。这一晚我佯装有病,拒绝了一个女伯爵邀请的晚宴。几分钟之后,那个女伯爵也在朋友们的陪同下走进了夜总会,她极为不满地看了我一眼!后来我再也没有收到过她的邀请。有几个晚上,让·科克托、德兰(Derain)、安塞尔梅、莱翁—保罗·法尔格会参加进来,甚至阿维拉也来过一次,他玩世不恭的生活哲学遭到普遍反对。当他离开我们的桌子时,大家的判决是:"应当把这个家伙吊死!"

一天清晨,伊戈尔·斯特拉文斯基跑来马捷斯特饭店和我一同用早餐，像通常一样对作曲家时运不济、挣钱艰难大诉其苦。

"你多好啊，"他苦涩地说，"弹几首曲子，他们就付给你可观的一笔钱。"这种喋喋不休的指责搞得我有些不耐烦了。

"伊戈尔，"我说，"你钢琴弹得糟透了。你的琴声是那么硬，我听了都会讨厌自己的乐器的。你为什么不写一首容易演奏的协奏曲，公开演出呢？我敢担保，所有的管弦乐团都愿意邀请你作为独奏演员和他们一起演出的。全世界都会涌过来聆听、观看在世的最伟大的作曲家的。"

显然，我的建议说到了他的心坎里。天才的斯特拉文斯基也是个机灵的生意人。他采纳了我的建议，仅用几个星期就写出了一首钢琴和管乐协奏曲。那是首很巧妙的作品，娴熟地使用了打击乐的模式，但又有着歌唱性的行板，听起来有点像巴赫风格模拟曲（pastiche）。一听说有这样一首作品，而且作曲家愿意亲自演奏，大多数欧洲管弦乐团的经纪人便纷纷向他提出条件优厚的报价。这里我可以骄傲地宣布，我为斯特拉文斯基开创了作为演奏家的生涯，他先是作为独奏家，后来是和富有的小提琴家萨姆埃尔·杜什金（Samuel Dushkin）合作在美国巡演。他为这位小提琴家写了多首钢琴和小提琴作品。很久以后，斯特拉文斯基又作为指挥家出现，并声称他在指挥自己作品时比别的指挥有优势。

科汉斯基和索霞到巴黎来度假，我们一起欣赏了法国首都的早春。米霞嫁给了加泰罗尼亚的画家何塞·马利亚·塞尔特，她不断请我们共进午餐和参加晚宴，其间我们遇到了许多有趣的人物。可可·夏奈尔，法国高级定制时装界日益闪耀的明星，成了米霞形影不离的同伴。这位出众的可可，一度非常困窘，在她新朋友的陪伴下，很快就学会了上流社会的一套手腕，并在圣奥诺雷街开了一个沙龙，在那里接待所有她值得认识的人。曾有传闻说她和斯特拉文斯基如胶似漆；不过谁也不知道事情发展到了什么地步。我只知道有一次，可可在里兹饭店的花园举行大型晚宴之后，她要一杯水，而斯特拉文斯基，不知是开玩笑还是醋意大发，竟给她拿了一大杯伏特加。她几乎一饮而尽，然后站起身，接着就摔倒在地板上。人们只好把她送回卧室，所幸没有什么严重后果。还有一件他们交往的故事，不过要令人开心得多，那是关于可可资助佳吉列夫上演斯特拉文斯基的芭蕾舞剧《普尔钦奈拉》的。

每到星期日，在雅典纳街上小小的公寓里，米霞的哥哥齐巴·戈代布斯基和他的妻子伊达，还有他们可爱的孩子咪咪和让，都要接待一群优秀的音乐家和作曲家。拉威尔是他们最好的朋友，当咪咪和让还是孩子时，他就为他们写了《我妈妈是只鹅组曲》，后来，他又把自己伟大的管弦乐团作品《圆舞曲》题献给了米霞。

科汉斯基急需在我们前往南美之前进行短期的疗养。于是我们三人去了埃维昂，在皇家饭店找到了很好的房间。饭店经理人很好，找了一间楼下的接待室放我的小型加沃琴，以便我关起门来练琴。科汉斯基也用这个房间来与吕博舒兹一起排练，他也来找我们了。像在维希一样，我无视这种治疗，只在用餐时喝埃维昂的水，然而却认真地练习布索尼改编的巴赫的《C 大调托卡塔》、贝多芬的《告别奏鸣曲》和肖邦的《第四谐谑曲》。餐厅的邻桌坐着一个年轻美丽的黑发姑娘，总是一个人，显然是来治疗的。一天在阅览室她向我询问报纸上的一则消息，我做了解答。于是我们聊了起来，我才得知她在巴黎有个认真交往的男朋友，这次她先来埃维昂，她的朋友则要两周后才过来。从此，我练琴的接待室的房间就有几次拿来做其他用途了，我很喜欢在巴赫的《托卡塔》和贝氏的《告别奏鸣曲》之间的这种迷人的幕间休息。

另一个令人愉快的惊喜，是萨沙·吉特里（Sacha Guitry）带着新任太太伊冯娜·普兰坦普（Yvonne Printemps）的到来。自从我青年时代认识他以来，萨沙已成为极受欢迎的作家和演员了。他的妻子是个美女，也是个优秀的喜剧演员，有着一副魅力无双的嗓子，在她丈夫辉煌的剧作中，她的协助不可小看。下午和晚上，我们就伴着钢琴在沙龙里一起度过，一边喝着咖啡，一边欣赏萨沙辛辣的睿智和敏捷的应答；伊冯娜有时在我的伴奏下唱她那走红的歌曲；科汉斯基则连比带划地讲他的故事，逗得大家开心不已。那真是美好的两个星期。

科汉斯基夫妇和我在瑟堡登上一艘英国班轮前往南美。在船上，我高兴地碰到奈娜·萨拉曼卡（Nena Salamanca）。用餐时我们邀请她坐到我们桌子旁，旅行结束时她和科汉斯基夫妇已经像老朋友一样了。

和我们同船的还有一个来自巴塞罗那的西班牙钢琴家兼作曲家，名叫华金·宁（Joaquin Nin）。他谱写的欢快的西班牙风格作品广受欢迎，也因此名声大噪，此刻他正要去布宜诺斯艾利斯举办音乐会。可以说他很英俊：身材魁梧、五官端正，特有吸引力的是他一头漂亮的头发。显然他对此感到骄傲，还梳成1830年代的发型，优雅地遮住双耳，干净利落地垂下，盖过衣领，和罗伯特·舒曼的没有什么两样；看得出他很在意自己的外表。用餐时，他一个人坐一张桌子，手里拿着一本有关音乐的严肃的书；和我们一起喝咖啡时，他总会高谈阔论。我向他打听他即将举行的独奏音乐会的演出曲目，他答道："我要演奏前巴赫时代的作曲家们的作品，还有些安托尼奥·索列尔神父和阿尔贝尼斯的西班牙音乐。"

"《伊比利亚》！"我高兴地叫道。

他一脸的不屑："是马特奥·阿尔贝尼斯（Mateo Albeniz）。"

我不得不羞愧地承认，我从未听说过这个名字。

去南美的客轮有个老传统：第一次穿越赤道的旅客要接受洗

礼。接受洗礼者必须穿着游泳衣，或者赤裸上身，来到甲板上，早就有六名同样衣着的水手在等候了。其中两名水手会把你带到水桶边，用一把大刷子蘸些肥皂水，在你身上随意涂抹——眼睛、鼻子、耳朵和嘴巴都不放过。完成之后，他们就猛然把你的头按进水桶，直到你几乎灵魂出窍才拉出来。经过这个野蛮的仪式之后，你就会得到一张由 6 名水手签署的证书，证明你已合法地通过了赤道。当然啦，这总是一个尖叫、欢笑的场合，特别是在有旅客企图抵抗的时候。新手科汉斯基和其他几个牺牲品都惴惴不安地服从了习俗，从从容容地经受了折磨。华金·宁也是第一次通过赤道，然而他却义正辞严地拒绝接受洗礼。

他庄严地对我们说道："我正在创作一首严肃的音乐作品，不打算参加这种小丑的行径。"

他拒绝这种无害的古老传统的傲慢态度把我们惹火了，于是我们决定给他一个应得的教训。奈娜·萨拉曼卡、一位苏佩尔维勒女士——她是乌拉圭一位著名作家的表妹、索霞、科汉斯基和我灌满了一大桶海水，踮着脚尖走到他的舱门前，用西班牙语问："您愿来和我们一起喝杯茶吗？"

他一打开门，整桶水就泼到了他的头上。

"现在你接受了洗礼啦！"

我从未看见过任何人发过这么大的火。看来他的头发比参孙①的还要珍贵值钱。他一言不发，把门"砰"的一声摔上。第二天午餐时，我们只能从他的外表猜测，一整夜他都花在恢复原来的发型上了。

---

① 参孙（Samson）：古以色列第 75 代士师。娶非利士女子为妻。他力大无比，曾路杀壮狮，用谜语难客，还把火炬绑在狐尾上烧毁庄稼等。非利人收买了他的情妇大利拉，并从其口中得知，参孙力大无穷的原因在于他的头发，便趁他沉睡时剃去他的头发。于是他被缚，遭到戏侮。他求神再赐给他一次力量，然后双手各抱一根柱子，倾覆神室与敌人同归于尽。

38

　　我在里约热内卢下船，而科汉斯基夫妇和其他旅伴则继续向南航行。我要稍后再与他们汇合。佩里亚斯是个好经纪人。在市立剧院，我又愉快地找到了自己的听众，而且他们显然很高兴再见到我。这一次，整个巴西都是我的，没有其他钢琴家。

　　卡洛斯·根勒先生和他全家为我特设大型宴会。他是一批刚刚建好的现代化旅馆、科帕卡巴纳饭店和赌场的老板。无论我在巴西看到和听到过什么，结果却总是归他所有的。在里约他居住在一座真正的宫殿中，四面有美丽的花园环绕。无论是他还是他的妻子都不特别爱好音乐，但他们听了我在巴黎新近举行的首演，那还是应朋友之邀才去的。

　　这场宴会是一件盛事。出席的客人们都是银行家、咖啡种植场主以及其他碰巧不属根勒拥有的产业的老板。除此以外，卡洛斯·根勒是最有风度的那种绅士，而他的妻子吉尔达（Gilda）则是美丽迷人的女主人。这次聚会后，我就成为他们家的常客了。

　　《彼得鲁什卡》变成我的曲目中最吸引人的作品，在随后的音乐会上，我常常在加演时弹奏其中的"俄罗斯舞曲"。我在里约尝试演奏了《告别奏鸣曲》，得到了听众的好评。但最重要的是，我的肖邦理念越来越为人喜爱和理解。这次我没有演奏维拉-洛勃斯的作品，因为上次访演期间，听众对他作品喝倒彩我还记忆犹新。然而，报刊来采访时，我谈到维拉-洛勃斯的作品在巴黎极受听众的喜爱。维拉-洛勃斯立即到格洛里亚大饭店来找我，这座饭店是新建的，优雅地座落在海湾，可以看到宝塔糖山的景色。他给我看了自己的许多新作，其中不少是大提琴曲，大提琴是他钟爱的弦乐器。他还给我听了几首美丽的新歌，在歌中他以全新的方式处理了发声。

晚间，只要有空，他就带我去夜总会，我终于听到了维拉-洛勃斯对我讲过的正宗的巴西桑巴。他指给我看那些我从未见过的乐器：各种长笛和短笛、奇怪的铜管乐器，以及，最为有趣的，各色新奇的打击乐器。还有振荡器（shaker）和其他一些我不知道怎样形容那些声音的发音装置。这一切的效果令人异常兴奋，但是无论何时，一看到我的热情，他便傲然地说："我们有比这更好的乐队和乐手。等我们到了下一家你听听那小长号吧。"

一天我们正一起用午餐，他滔滔不绝地痛苦地指责他的祖国对他的作品冷漠、敌视。

"我不断地写啊写，可我的作品什么也不是，被扔到地板上，一直没机会公演，而我觉得那是好音乐。要是我能离开这个国家，在巴黎这样的城市展示自己的作品，我肯定能被理解的。"

他的小曲在巴黎取得的成功让他大为愉快，但他指出："它们还算不得什么——我还有很多的作品可以展示。"接着就以他自己的方式夸大其词起来："我写有四重奏 30 首，协奏曲、三重奏和音诗 52 首，数十首合唱曲，有些是写给配带独唱和管风琴的大型管弦乐团的。"这话令我觉得好像舒伯特和莫扎特都不能与他相比。他和米约两人是我生活的时代里最多产的作曲家。

一天，在根勒家大吃了一顿之后，一边喝着味道极佳的巴西咖啡和抽着优质的哈瓦那雪茄（巴西的雪茄厂主送给我许多盒雪茄，但我从未抽过），我突然问我的主人："卡罗斯，告诉我，你想流芳百世么？如果鲁道夫大公、里赫诺夫斯基公爵和华尔斯坦伯爵不是有幸理解和热爱上了贝多芬的音乐，并作为慈善家在贝多芬的生活中起了巨大的作用，他们早就被世人遗忘了。他们的资助使伟大的天才得以专心地谱写自己的杰作，这些绅士以及另外几位与他们类似的人现在在音乐史上都大名鼎鼎。卡洛斯，"我重复道，"巴西现在就有一位真正的天才，在我看来，是整个美洲大陆唯一的一位。他的国家还不理解他的音乐，但是我们的后代会为他感到骄傲的。像许多伟大的创作家一样，除非有一位大施主帮助他，否则他就没办法让世界了解他的作品。这事使我首先就想到了你，因为我了解你的理智、爱国主义和你的慷慨。这位作曲家就是埃托尔·维拉-洛勃斯，将来巴西历史上的一位名人。如果你愿意帮助他，你的姓名将永远和他的名字联系在一起。"

根勒很是惊异。"你把他看得这么高，这对我已经足够了，能为他尽力会使我非常高兴的。"

有了这个允诺，我就很容易讲出心里的想法了。"维拉-洛勃斯必须去巴黎，那是唯一能够让人倾听和器重他的作品的地方。这就是说，至少在巴黎呆一年，举办几场音乐会，还要找个出版商。"

"他需要多少钱？"根勒问道。

这个问题出乎我的意料之外。"这你得和他自己谈。"

"那么，你告诉他，让他明天下午3点到我的办公室去。"我握住他的双手，表示了热烈的感谢。

埃托尔·维拉-洛勃斯是个高傲的人。我告诉他这一切时，他并未感激零涕。"这些人不知道怎样花自己的钱。"他说。

但是到了第二天，和根勒见面后，他的语气改变了。根勒给了他一笔意外的大钱，没有任何附带条件，足够他至少一年之需。告诉我这个好消息之后，埃托尔第一次拥抱了我。

以前来里约时，我住在位于布朗科河大道上的"宫廷饭店"，有天早晨我被吵醒，还以为城市遭到轰炸了。我本想逃到地下室去躲起来，但服务员平静地说人们正忙着炸平饭店后面的一个山丘。人们要把整座山抛入海湾，以便空出一块地来建造政府办公大楼和新的美国大使馆。将来造飞机场也会用这个办法。

美国新任大使摩根先生（与皮尔庞特·摩根无血缘关系）崇拜音乐，常在我的音乐会之后举行开心的晚宴。一天早上，就是我在市立剧院举行第三场独奏音乐会的那天，醒来时，我不能动弹了。我吓得心都停止了跳动——以为自己瘫痪了。我的手不听使唤，连手指都几乎动不了。付出了超人的努力后，我才按响服务铃。所幸我嗓子没事。服务生一来，我便让他立即找个医生，并通知佩里亚斯先生。两路人马很快都赶到了。我告诉大夫自己不能动弹。他和佩里亚斯扶着我的上半身，让我反复坐起来又躺下去，最终帮我下了床。我只想知道一件事，就是自己是否还能弹琴。我的手指十分无力。

那真是磨难的一天。我还从来没有因自己的过失取消过音乐会。慢慢地、逐步逐步地，我恢复了一些行动的能力，双腿虽然无力，但终究可以走几步了，吃东西也不用帮忙了。当双手更有力时，我居然能弹琴了，但琴声听起来就像是垂暮老人的演奏。穿演出服的过程简直成了演杂技。每穿一件衣服，我都要做出各种艰难的动作。最终，在佩里亚斯的帮助下，累得好像演出了 10 场音乐会，我才来到演员休息室。音乐会的第一首曲子是舒曼的《交响练习曲》。我敲下的第一组和弦大概没人能听到，我自己才勉强听得见。不过就在这时，和以前好多次一样，奇迹再次出现。在第一变奏时我恢复了全部力量，又变回我自己了。音乐会很成功，而且经历了一整天的绝望之后，很容易想象我兴奋成了什么样子。

摩根先生请我吃晚餐。这一次，他在大使馆的院子里摆了张大圆桌，招待众多的宾客。在他的右侧，紧挨着我，他安排了一位极为美丽的女人。她皮肤细腻，鼻子秀气而挺拔，嘴唇富有性感，一双蓝眼睛闪着灵光。她是个法国人，嫁给了一个美国人，她丈夫就坐在桌子对过。我发现她的智慧和谈吐与科克托不相上下。没过一分钟我已疯狂地爱上了她。我立即悄悄地向她坦白，吃完鱼后，我就哀求她和我单独幽会。她带着迷人的微笑接受了我热情的表白，然后用她的金子般的嗓音温柔地说："请等到晚宴结束吧。"

　　大使给出离席的信号时，我的美人在我嘴唇上热情地亲了一下，然后挥手招呼她的丈夫。他立即就推着轮椅过来了。她患了小儿麻痹症，不能行走。她名叫路易丝·德·维尔莫兰（Louise de Vilmorin），后来成了一位名作家。她出版了诗集和好几本不错的小说，其中几部还拍成了电影。离婚后她回到巴黎，去世前几年曾打算嫁给戴高乐的文化部长安得列·马尔罗（Andre Malraux）。

39

　　在布宜诺斯艾利斯，我高兴地得知科汉斯基无论在阿根廷首都还是在蒙得维的亚都取得了巨大的成功。在蒙得维的亚他还喜出望外地见到了他从前的室友莫拉，以及他在布鲁塞尔的快乐时光里认识的另一位老伙计法维尼。希曼诺夫斯基的小提琴作品，就是为科汉斯基谱写、并在其帮助下写成的那首，受到了听众的热烈欢迎，他不得反复演奏，特别是《阿瑞托萨之泉》（Fontaine d'Arethuse）① 和一首优秀的塔兰泰拉舞曲，这首塔兰泰拉今天依然是小提琴家们的保留曲目。比起希曼诺夫斯基晦涩、艰深的钢琴作品来，这些作品更容易为听众所接受。

科汉斯基和索霞能和奈娜·萨拉曼卡一起旅行是很走运的，因为一到目的地，萨拉曼卡就邀请他们到她父母家，并把他们介绍给自己的朋友们，其中许多是很有用的人物。米特雷和甘斯-帕斯（Gainz – Paz）两家分别是《民族报》和《新闻报》的老板，这就让科汉斯基省了许多烦人的"拜访"。

小花瓶和它的女主人没有再出现在"广场饭店"。我可爱的朋友现在和她的丈夫、孩子一起住在市中心的一套房间里。我常能碰到她，不过，我们幽会的日子已经过去。而且，我们那色彩斑斓的爱情田园诗突然发生了危险的转折。

我一到"广场饭店"，就被带进原来的房间，然后我按铃叫来了服务生。而服务生不是别人，恰恰就是恩里克。我严厉地告诉他别再踏进我的房间。冲动之下，我跑去找了经理，声明我不要恩里克为我服务，因为我解雇他是有充分理由的。

"你觉得我该解雇他吗？"经理问。

"不，但请把他换到另外的楼层去。"

经理没有听我的建议，恩里克丢了饭碗。大约一周后，我接到一封私人紧急信函，是由专人送交的。信中称："发生了一件可怕的事。你的仆人在大街上走到我跟前，要求得到一大笔钱，否则就把所有的事告诉我丈夫。我没有那么多钱，而且非常绝望。我该怎么办？"下面是她的签名。这是个沉重的打击。我很

---

① 阿瑞托萨（Arethuse），在希腊神话中是山林水泽之神，海中仙女之一。一次在河中沐浴，被河神阿尔斐俄斯追逐，女神阿尔忒弥斯将其变为海底之泉，于是阿尔斐俄斯和她混合在一起。

难做出决定：弄一笔钱并不难，但我知道，讹诈者一旦得逞，就会没完没了的。

艾莱娜·德·马丁内斯·德·霍斯夫人是个极有影响的人物。我听说她曾声言，上至总统、下至警察总长，她要什么就能得到什么。我给她打了电话，讲了整个事情的原委，没有提及女方的姓名，但是告诉她女方属于布宜诺斯艾利斯的名门望族。不到半小时，艾莱娜夫人就来到我饭店的大堂。紧接着她把我带上她的汽车，直奔警察总署。她的朋友、警察总长已应她的要求在等待我们了。我对他讲了我所知道的恩里克的全部情况，包括他在西班牙服兵役时的麻烦，以及若干没有偿还的债务。警察总长微微一笑。

"这事很简单。我今天下午就找人把他抓来，我看晚饭前便会有好消息给你。"

这可不是吹大牛。他做的甚至比我期待的还要好。他威胁要关恩里克25年，罪名是敲诈、勒索，还有其他犯罪行径。

"我问他是否愿意去西班牙接受审判？那边的法律要严厉得多。但是，我对他说，如果你签署一份文件，声明你威胁要公开的某人的隐私是凭空捏造出来的，目的是为了赚点外快，那么我就根据你以前的雇主鲁宾斯坦先生的请求，对你宽大为怀，一个月后就放你出狱。"

胆小的恩里克让他签什么就签什么，事情就此了结。为了表示对艾莱娜夫人仗义相助的感激之情，我亲吻了她的双手。不难想象，我告诉我那可怜的朋友问题顺利解决时有多么自豪。我写了一封短信给她，次日上午便有人来取。她在回信里说我不仅是世界上最伟大的钢琴家，而且更是有史以来最伟大的英雄。读那个条子时我不禁脸红了，不过很高兴她这么想。

这件事的后果有点出乎意料。此类故事是保守不住秘密的，于是很快就传出流言，说艾莱娜夫人这样做，是为了挽救她女儿

的名声，也就是能干而美丽的奈娜·萨拉曼卡。所幸，奈娜从未
听说过这件事。

40

我的新经纪人鲁伊兹出色地给我组织了系列音乐会，而且很
聪明地避免干扰科汉斯基的演出。但这次，我有一个很难对付的
对手。

艾杜阿·里斯勒①，是我在柏林就很崇拜的大钢琴家、是阿
图尔·尼基什喜爱的独奏家，眼下在德克萨达的安排下，到布
宜诺斯艾利斯来巡演了。他的代理人，德国人恩斯特·施拉默
尔，预告里斯勒将举行 10 场音乐会，演奏贝多芬的 32 首奏鸣
曲。这样的举动怎么会不给布宜诺斯艾利斯的音乐爱好者产生
印象！作为此间乐坛的老资格，我除了《彼得鲁什卡奏鸣曲》
之外，没有什么新曲目。我的节目单上仍旧是舒曼、肖邦和阿
尔贝尼斯的作品，零星有些斯克里亚宾的小曲子，以及拉威尔
的《高贵而伤感的圆舞曲》（Vals Nobles et Sentimentales）。但实
际情况是，我音乐会的门票照旧销售一空，听众的热情一如
既往。

---

① 艾杜阿·里斯勒（Edouard Risler，1873～1929）：法国钢琴家，擅长演奏德
国浪漫派音乐。20 世纪初就受大指挥家阿·尼基什之邀，在柏林当独奏演员。1923 年
起任巴黎音乐学院教授。

我听了里斯勒的三场音乐会。他演奏了贝多芬年轻时的几首奏鸣曲：《热情》、《告别》和巨作《槌子键琴奏鸣曲》。迄今，我尚未听过任何人能像里斯勒那样，把这些奏鸣曲弹得这样美、这样动人。他弹奏得那么自然，犹如它们在向他倾诉，揭示了这些杰作高度的浪漫主义的特性。阿图尔·施纳贝尔是公认的演奏这些作品的专家，但我一向不认同他那理智、几近迂腐的诠释方案。他的演奏我听起来就像在给听众上课，然而，由里斯勒弹奏的《槌子键琴奏鸣曲》的柔板（Adagio）、《告别奏鸣曲》中的"缺席"乐章、和《d 小调奏鸣曲》作品第 31 之 2，却让我感动得流泪。人们老是忘记，贝多芬是第一位堪称"浪漫主义"的作曲家，这话的意思是说明他运用自己的创作天才，在其音乐中注入他的失望、他的欢乐、他对大自然的感受、他愤怒的爆发，还有最重要的，他的爱。他凭借自己独一无二的优势，用完美的形式表达了所有这些感情。我以为，没有什么比"古典主义"这个名称对贝多芬更加格格不入的了。

像通常一样，出现了两个敌对的"阵营"：里斯勒派和鲁宾斯坦派。"鲁宾斯坦不会弹贝多芬。"那位法国钢琴家的支持者如是说。"光听贝多芬太单调了。他不敢在鲁宾斯坦之后演奏肖邦或者阿尔贝尼斯！"我的忠实听众断言。里斯勒来听了我的一场音乐会，在后台我们俩为我们热情的支持者之间的争论开怀大笑。

那一次，里斯勒的评论非常睿智："我喜爱你的演奏。我通常不去听钢琴家的音乐会。如果弹得不好，我就会觉得乏味；而演奏得好，我又不高兴。"

我们当即决定举行一次双钢琴大型音乐会。鲁伊兹和施拉默尔联手行动，把它安排在大型的科隆歌剧院。我们吃惊的支持者们挤满了剧院，凝神屏气地等待着两个死对头用音乐决斗。音乐家们聚集一堂，其中有伊格纳齐·弗里德曼和费利克斯·冯·魏恩加特纳①。经过几次认真排练，我们弹奏得十分默契，曲目有莫扎特优美的《D 大调奏鸣曲》、舒曼的《变奏曲》、圣-桑的《贝多芬主题变奏曲》，最后一曲是夏布里埃尔②出色改编的《西班牙》。音乐会取得了空前的成功。中间还发生了一件可笑的事。翻乐谱的人动作过猛，把整本乐谱弄得掉到地上。大家哄堂大笑，而我们只好从头再来。音乐会后，我们挣了许多钱，便邀请弗里德曼和魏因加特纳到"广场饭店"我的套间用晚餐。喝完咖啡，弗里德曼建议玩一会儿扑克，赌局结束时我们的演出酬金减少了一半。

"我感觉自己是今晚的第三钢琴手。"弗里德曼说。

魏因加特纳无礼地评论道："我搞不懂，我的同胞为什么不邀请我来指挥歌剧或音乐会。"我听了这话很气愤。

"真够奇怪的，"我说，"我以为德国人都很爱你呢。你不是在战争期间签署了宣言，声称一个德国士兵的生命比威尼斯被炸的豪宅更宝贵么。"

同盟国指责德国人破坏文物，因为他们向这个美丽的城市丢炸弹。魏因加特纳辩解道："可我是意大利人啊！我出生在斯特雷萨。"

典型的德国叛徒！

在科隆歌剧院之后，我们两人又在布宜诺斯艾利斯和蒙得维的亚重复了我们的成功。我们愉快的音乐会也终结了双方支持者的争论。

---

① 费利克斯·冯·魏恩加特纳（Felix Von Weingartner, 1863～1942）：奥地利作曲家、指挥家。就学于格拉兹和莱比锡，又师从李斯特。曾在多个剧院任指挥，如继马勒之后指挥过维也纳歌剧院乐队、维也纳爱乐乐团等。以演奏德国古典作品轮廓分明、线条清晰而蜚声国际乐坛。此外，音乐著述甚丰。

② 埃马努埃尔·夏布里埃（Emmanuel Chabrier, 1841～1894）：法国作曲家。作品有：《星》、《缺乏教养》、《国王失态》和狂想曲《西班牙》等。

可惜，伟大的里斯勒是个忘乎一切的赌徒。我们抵达蒙得维的亚的当天，里斯勒有场独奏音乐会。他邀请我的朋友们一起吃午餐，有科利谢尔、莫拉和其他两人，大家过得很快活，笑话一个接着一个，里斯勒都笑出了眼泪。突然之间他真诚地说道："非常抱歉，我得打断这个美好的聚会了。在音乐会前，我总要长时间地午休。"

我们赶快道歉说呆得太久了，然后匆匆告辞。我和科利谢尔两人决定乘车去位于郊区的市立赌场看看。一走进还空着的赌场大厅，我们就看到一个孤单的人影——正是里斯勒。

巡演结束时，我不得不借钱给他购买返回法国的船票。我后来又在布宜诺斯艾利斯见过他，他由漂亮的女儿陪着。那一次离开时，他的钱是安全地放在口袋里的。

41

科汉斯基错过了里斯勒的音乐会，因为这段时间他正在巡演。科汉斯基夫妇返回纽约，而我则前往巴黎，愉快地住进了马捷斯特饭店"我的"套间里。除了加沃厅的独奏音乐会，瓦尔马莱泰还在布鲁塞尔和法国的其他几个城市给我安排了音乐会。法国各省的音乐水平依然不高。大城市，如里昂、波尔多或马赛有一些小组织，拥有套票的听众屈指可数，但骄傲地自称是"音乐之友"或者"圣塞西尔协会"。他们在座位不超过两百人的小厅举行套票音乐会。对我来说，这很像在旧时巴黎贵族沙龙里的

"音乐晚会"的穷人翻版。

在马赛，我得到一个机会，在陈旧的普拉特厅作为独奏演员和一支乐团一起演出，那个厅实际上是座摇摇晃晃的木头棚子。在整个演出过程中，我一直担心我们会被埋进这即将倒塌的房子里。不管怎么说，乐团和指挥的水平倒和这地方很般配。另一方面，大一些的城市往往都拥有歌剧院，有的甚至很不错。我还要补充一句，意大利的音乐生活与此非常相似。

我的这次小巡演的日程中有个小镇，叫埃皮纳勒。那里的演出费低得可怜，若不是我想顺路看看附近的南锡，我是不会接受的。波兰国王斯塔尼斯瓦夫·莱什钦斯基（Stanislas Leszczyns-ki），路易十五的岳父，丧失了波兰的王位后便到南锡当了总督，这座城市欠了他很多债。他捐赠了一个美丽的广场，迄今还称做斯塔尼斯瓦夫广场，并在广场周围建造了一些法国最堂皇的建筑。我决定在南锡过夜，坐出租车去埃皮纳勒开音乐会，让出租车等着，音乐会一结束就返回——我打听到南锡有一家非常好的餐厅。到埃皮纳勒后，在举行演出的那座建筑里，有一位老先生正在等我。他身穿一件破旧的大衣，头戴一顶说不清什么颜色的帽子，而且，如果我没记错，他连胡子都未刮。

"我是'音乐之友协会'的主席，能请你来我们感到自豪。"他说。

厅里有一架很好的普莱耶尔琴，准备了不到 100 百人的座位，而且已经坐满。我演奏的曲目是兼顾的：东一点西一点，不过最受欢迎的还是我的老战友《纳瓦拉》。主席的感谢词极为热情，以致我不便像原先计划的那样匆匆忙忙就离开。

"我能否邀请你喝杯咖啡？就在这栋房子的旁边，我过来时看到的。在南锡还有朋友在等我，但他们还可以多等一会儿。"我说。

"亲爱的大师，我简直不敢开口邀请你，但不知你愿不愿意给我们夫妻赏光，到我家喝杯茶呢？"

我不想拒绝他，而且也做好了准备爬楼梯。"您住得离这儿远吗？"我问。

"不，下一条街的左边就是。"

我们是步行去的，转到他家的那条街上时，我一眼就看见一座美丽而时髦的建筑。

"德·诺阿耶子爵在巴黎造了栋房子，这所房子想必是同一个建筑师设计的吧，它就像那栋房子的复制品。"

"你说得对，是同一个建筑师。这就是我的家。"

我们走进宫殿般的大厅，墙上挂着壁毯，一直通向我所见过的最美的客厅。一位上了年纪、头发灰白、风度优雅的夫人端出一套精致的银质茶具。墙上满是油画，有塞尚、雷诺阿的作品，还有德加最好的几幅以及三四幅早期的毕加索。他把我介绍给主妇。

"这是我的妻子。"

"大吃一惊"根本不足以形容我的感觉。真是活该，我想，这对我该死的势利眼是个好教训。我为要匆匆赶回南锡受到了惩罚，这几乎剥夺了我欣赏他精彩收藏的机会——他给我看了不少油画、书籍和其他许多东西。

"我希望没有耽搁你太久。我已经让你的司机在我家门口等着了。"他说。

我出门时脸羞得通红。当我把这次奇遇讲给巴黎的朋友们听时，他们都哄堂大笑起来。

"他是法国最有钱的人，大名鼎鼎的谢瓦利埃（Chevalier）啊。"

在音乐会的间隙里，返回巴黎就如同回到天堂。我比那些出生在巴黎的人更感到属于巴黎，原因很简单，他们只是生在巴黎，而我则是选择了巴黎。离讨厌的返回美国的时间所剩无几了。我把夜总会挨个转悠了一遍，朋友们高喊着，"阿图尔，来，我们得告别一下!"，这话我听起来就像音乐。阿维拉像通常一样可以在马克西姆餐厅找到。这次陪着他的是个年轻的智利人，很英俊，但相当腼腆。我从阿维拉那里得知，他们正要去意大利。

"他极为富有，但如你所见，对生活依然怀着恐惧。我要试试用我自己的方式把他调教成这世上的一条汉子。我们将找两个可爱的姑娘陪着。一个是我的新女友，我让她为我抛弃了她的丈夫；另一个是智利美人，她自愿从她丈夫身边逃走。她将教会他爱，以及如何享受其他乐趣。当然，他要负担这一切的费用，这一点他还能做到。

我到伦敦去做了一次短期演出。米切尔在牛津安排了一场音乐会，那是个非常值得访问的城市。捷克斯洛伐克的公使，杨·马萨雷克，新生共和国的总统的儿子，主动提出用使馆的罗尔斯—罗伊斯汽车把我和我的朋友莱斯莉·乔伊特送过去。一次大战后第一次重返伦敦时，我和马萨雷克成了好朋友。他带着我们在这个伟大的学术中心转了个遍，这里古老的学院和气派的建筑给我留下了深刻的印象。音乐会 8 点 15 分在市政厅举行。我演奏的第一首曲子是布索尼改编的巴赫的《C 大调托卡塔》，之后是《热情奏鸣曲》。最后一个乐章弹到一半，一个年轻的大学生跑向舞台要我停止演奏。我十分吃惊。突然，市政厅的大钟响了 9下，声音之洪亮比著名的国会大本钟毫不逊色。钟声停止后那个大学生微笑着示意我继续演奏。我把这个乐章从头再弹了一遍。后来我才知道，大家总是争取在 9 点前安排幕间休息，但我这次演出的上半场太长了。我一边继续，一边十分担心被 10 点的钟声打扰，不过演出在 10 点差两分结束，让我很开心。我们欢快地驱车返回伦敦，在大使馆美美地吃了一顿。

到了此时，我在威格莫尔厅每年一度的演出总是座无虚席，听众全是真正的音乐爱好者和我所有的朋友。在这次的访问过程中，我结识了一位新朋友，罗克塞维奇（Rocksavage）女伯爵，后来的乔姆利（Cholmondeley）侯爵夫人。她是美艳的东方女子，是古斯塔夫·罗思柴尔德男爵的外孙女，她父亲是富有的印度犹太人萨松家族①的成员。我是在伊洛娜·德尔恩伯格（Ilona Dern-bourg）家认识的她。伊洛娜年轻时就是知名的女钢琴家，闺名为伊洛娜·埃本舒茨，从未拉掉过我的音乐会。

几年前，我读马克斯·卡尔贝克（Max Kalbeck）所著八卷本《勃拉姆斯全传》时，才知道伊洛娜曾是这位大师著名的学生，她弹奏勃拉姆斯的作品能让大师本人完全满意，甚至肉体上也不使他反感。一想到她喜欢我的演奏，我便油然生起一种迟到了的骄傲的感觉。

在和莱斯莉一起观看了几场好戏，又在胡安尼塔家奏了些室内乐之后，我回到了巴黎。但我没有练习和准备去美国的曲目，而是卷进了一场复杂的爱情纠葛之中。在《蝙蝠》中跳波尔卡舞的那个美女，经常在维拉·苏杰伊金陪伴下与斯特拉文斯基和我一起用晚餐，我发现她就是那个几乎导致斯特拉文斯基自杀的女人。她常到马捷斯特饭店拜访我，我自然是十分欢迎。不知怎么的，晚餐或晚会结束时，我总会和一些年轻活泼、希望调剂下刻板婚姻生活的有夫之妇搅到一起。当然，大家别忘了，法国男人则以对妻子忠诚为耻。我相信，妻子们也很清楚这一点。

我有幸在香榭丽舍喜剧院观赏了一部美妙的戏剧，马塞·阿夏尔（Marcel Achard）的《来自月亮的让》，由伟大的路易·儒韦（Louis Jouvet）自导自演，米歇尔·西蒙和瓦伦丁娜·泰西埃参加演出。这是部饱含着诗意的轻喜剧，既引人发笑又催人泪下。两三个晚上之后，在一个夜总会里，有对年轻夫妇走到我跟前祝贺我上一场音乐会的成功。他们就是马塞尔·阿夏尔和他美丽的妻子朱利埃特。我高兴地对他的戏剧大加赞扬，我们一起坐下来，并且从此成为亲密的朋友。我和朱利埃特跳了半夜的舞，

①　萨松（Sassoon）家族，富有的印度犹太人，经营一切商品。

而阿夏尔则把我介绍给儒韦、瓦伦丁娜·泰西埃、亨利·杨森以及剧院的其他几个朋友。因为要去纽约，我错过了佳吉列夫芭蕾舞团的演出。

42

对科汉斯基来说，恩格尔斯先生是个好经纪人，但对我却不是。除了几场和科汉斯基一起的钢琴与小提琴独奏音乐会之外，他在纽约周围六七个奇怪的地方给我安排了演出，但就是没有在这座大城市里露面的机会。所幸，几位指挥朋友邀请我在他们的音乐会上担当独奏演员。我这次的演出费比 R.E 通常为我争得的报酬还要低。我有大量的闲暇，便常常上纽约的剧院，而且我去电影院的兴趣也越来越浓了。电影技术有了巨大大的新发展，再不是无声的了。

在科汉斯基巡演期间，我偶尔去索霞的茶会和晚会上捧捧场。有一个招待会办得特别好。拉特兰公爵夫人、她美丽的女儿黛安娜·库珀以及尤苏波夫公爵夫妇都来了；黛安娜在马克斯·赖因哈德的作品《奇迹》中扮演处女一角，尤苏波夫公爵夫人是沙皇尼古拉二世的外甥女，而公爵本人则要对拉斯普京①的死负

---

① 拉斯普京（Rasputin，1872～1916）：俄国冒险分子，德国间谍，假冒僧侣取得了沙皇尼古拉二世及全家的宠信。一次大战期间曾对俄国朝廷有过很大的影响。后被俄王朝内反德派成员尤苏波夫大公和普雷斯凯维奇所暗杀。

责。此外，出席的还有科尼利厄斯·范德比尔特夫妇、弗里茨·克莱斯勒夫妇、瓦尔特·达姆罗什一家，以及几位当时在纽约访问的法国和波兰作家。米霞·塞尔特陪她丈夫来纽约出席画展的开幕式，为了使这一天更加光彩，我和科汉斯基给宾客演奏了两首奏鸣曲。这次画展给塞尔特先生带来了一项任务，在新建的沃尔多夫-阿斯托里亚旅馆的大餐厅里画壁画，后来那里成了著名的塞尔特厅。还有一项工作更为重要，为洛克菲勒中心宏伟的大堂作壁画。

我时常见到保罗·德雷珀，他已经离开他弟弟家，搬到格林威治村①一栋古雅的小平房里。他有架好钢琴，我们有时就弄弄音乐。一天，他向我介绍了一个金发碧眼的漂亮女孩，说她想当演员。我们喝咖啡时，她求我弹点什么。

"我没有情绪。"我回答。

"如果我为你来个倒立，你会演奏吗？"

我大笑起来，"那倒可能。"

她立即来了个倒立；裙子彻底垂下来，暴露了她赤裸的秘密。看过这么迷人的体操后，我理所当然地弹奏了。

她名叫塔路拉·班克黑德②，此后每次碰到我，总要提出用倒立换曲子。

有天早上，在比尔特莫尔饭店，我被电话惊醒。

"阿图罗吗？"

"是胡安么？"

---

① 格林威治村在纽约曼哈顿下城，方圆不足一平方公里。在 1910 年前后形成，聚集着各色艺术工作者、理想主义者甚至工联人物。类似于巴黎塞纳河左岸拉丁区，是美国反主流文化的大本营。

② 塔路拉·班克黑德（Tallulah Bankhead, 1902～1968）：美国戏剧和电影界带有传奇色彩的女演员，曾在修道院接受过严格的教育，但 15 岁在当地选美比赛时获胜就去到纽约，从此开始了舞台艺术生涯。

"是。我正在里兹饭店。"

"你能在你旅馆的餐厅和我一起用午餐吗？"

"我正想让你请我呢？"他回答。

一点钟时，我们坐下大吃起来。用餐时他给我讲的故事正好与胡安·阿维拉其人相匹配。

"阿图罗，你还记得我关于意大利的计划吧？"他开始道，"科西纽（Cousiño）、那两位女士和我去了威尼斯。我的智利朋友很快就在那里尝试了风月，他甚至迅速成了专家。而我自己，在这方面是老手，则爱上了这座非凡的城市。我们四人纵情享乐了两个星期后，便前往佛罗伦萨，才发现这又是一处人间天堂。我们醉心于这座城市的魅力和意大利的通心粉，当然，避开了那讨厌的葡萄酒。当时，佛罗伦萨正在举办一场令人惊异的艺术展览，除了漂亮的绘画作品外，还有独一无二的阿雷佐地方的挂毯展销。看到挂毯后，我身上的生意天赋又被唤醒了，就是我在布宜诺斯艾利斯取得成功的那种，你很了解的，阿图罗。我没有浪费时间，说服了天真的阿图罗·科西纽买下了所有的挂毯。这花了他几百万（当然啦，是意大利里拉），并没有把他搞破产。我告诉他，'我出手时会有高额利润，到那时给你高额提成。'那可怜人中了我的圈套，这样我就拥有了这批神话般的财富。但我遇到了一个严重的障碍：意大利法律禁止艺术品出口。我可不打算告诉你我是用什么手段把它们弄出意大利的，不过现在东西已经安全抵达纽约港的海关了。科西纽把我们的两个朋友带回了巴黎，而我则来到了这里！不过我又有了新问题——我需要 2000 美元，好把挂毯从海关取出来。阿图罗，你能借给我这笔钱吗？"

他的要求吓了我一跳。首先，我手头没有足够的现钱，又不想出售我在阿根廷的证卷；其次，我心里明白这笔钱是有去无回的。所以我找了一大堆借口，拒绝了他的要求。

"那我只好另想办法了。"阿维拉说道，有点失望。

接下来，我好几天没见到他的人影。之后，一天上午，他打电话来请我在同一个地方用午餐。我同意了，也放心了，猜他八成是搞到了那些钱。见到他时，他高兴得像一只云雀。

"给你100万年，你也猜不到谁把那些挂毯弄出了海关……"他得意洋洋地吊了吊我的胃口，然后得意洋洋地宣布："就是海关官员！我答应他东西卖出去以后会给他分成的。"

见我惊讶得张大着嘴，他平静地说："现在我必须要找到个买家。这一点你可以帮我，你认识美国所有的百万富翁啊！"

这个新要求仍旧不对我的胃口。

我真诚地告诉他："在这里我是以钢琴家为人所知的，而不是违禁物品的经销商。"

又过了两天，他写了一封信，派自己的西班牙仆人，现实中的雷波雷洛①来找我借给他三百美元。

阿维拉写道："我患上了黄疸，躺在床上，没有钱找医生。"

我去看望他，见他坐在房间里吃早饭，脸上的确有点黄，但其他方面仍旧神采奕奕。

"我想，只要计划成功，我很快就能还你这笔钱。"他说。

这个新计划，我后来才从他那里得知，是世人能想出的最最邪恶的计划。这里我请诸位读者相信我说的每一个字。阿维拉打听到，古巴总统梅诺卡尔的夫人和她漂亮的女仆正住在里兹饭店。按他自己的原话，他的阴谋如下："我让我的男仆去和那女仆调情，一旦得到她的青睐、达到足够亲密的程度，就告诉她他的主人是帮助建造哈瓦那城的伟大的阿维拉的后代，现在他的银行破产了，财政压力巨大。我最后的指示是：逼那个女仆发誓决不对她的女主人吐露一个字。"

---

① 雷波雷洛（Leporello），歌剧《唐·乔万尼》中的仆人，常常协助他主人唐·乔万尼完成不道德的勾当，雷波雷洛的社会地位使他不得不如此。

我高声嘲笑他这个毫无章法的计划。"这会有什么用?"我问。

"等着瞧吧。"他回答道。

到了深夜,他给我打来电话,说:"梅诺卡尔夫人给我送来10000 美元,用信封装着,还是匿名的。"

这太离谱了。我急奔到里兹饭店,要亲眼见识一下那些钱。朱庇特作证,他真搞到了!我们下一次一起在里兹饭店的餐厅吃午饭时,邻桌坐着我的一个熟人——本杰明·吉尼斯(Benjamin Guinness)先生,他是健力士啤酒厂的老板,百万富翁,我在伦敦时的旧交。他把我介绍给坐在他身旁的漂亮女儿,然后补充道:"她从不落掉你的音乐会。"

等我介绍过阿维拉,他便邀请我们到他桌上一起喝咖啡。阿维拉有声有色地描绘了他带到美国来的那些宝贝。

"卖吗?"吉尼斯先生问。

"卖。"阿维拉无所谓地回答,"有两个美国顾客对此感兴趣呢。"

"我能看看吗?"吉尼斯问。

"如果你愿意,我可以带你去仓库看看。"

于是他们约好了时间。我长话短说吧。经过讨价还价,阿维拉以 20 万美元的价钱把挂毯卖给了本杰明·吉尼斯。

口袋里装着这笔财富,阿维拉又带着男仆返回威尼斯,在一座大宅子里租了一套雅致的套间。眨眼之间他就成为当地了不起的男主人之一了,在自己的餐桌旁接待着高傲的威尼斯上流社会和定居于这座总督之城的外国显贵。不用多说,这个故事当然是我参加午餐和晚宴时最热门的话题。

那一段时间,英国节目《夏洛特回顾》(The Charlot Review)在纽约极为轰动。大家都为之疯狂。我花了一个星期,才买到一张后排的座位，既听不明白，也看不清楚。即使如此，我还是被它迷住了。一连三天我反复去看它，站在底层座椅的后面，充分地欣赏着。很难解释这么一部单纯又不太新颖的回顾为什么如此叫座，但它和美式的豪华演出截然不同，例如齐格菲歌舞团（Ziegfeld Follies）或类似的娱乐节目，那些节目的观众只要计算一下布景、服装、和演员身上的高额花费就够满意的了，因此并不在意演出本身。

《夏洛特回顾》正好相反：十分简朴、没有昂贵的服装、每一幕都只有些必要的物品。但节目充满智慧，而且演员都是英国的精英。它是比阿特丽丝·莉莉（Beatrice Lillie）、格特鲁德·劳伦斯（Gertrude Lawrence）、杰克·布坎南（Jack Buchanan），以及另外两三个著名演员的首演，后来这些演员全都成了英、美舞台上的台柱子。诺埃尔·科沃德（Noel Coward）作的曲，他当时也是一个年轻、无名、只写过一些插曲的作曲家。我对两位女主角的热忱很有说服力，她们只听了简短的介绍就接受了邀请到里兹饭店的烤肉馆和我一起用餐。我去简洁的阿尔贡金饭店接她们，她俩是最要好的朋友，同住一个房间。即使离开舞台，她们的机智与幽默也令人惊异。因此，在席间我是笑声不断，即便在她们讲述英国演员财政窘迫时也停不下来。不过，她们很满意在美国获得的成功。只要晚上有空，我就带着比阿特丽丝·莉莉出来吃饭。她比较漂亮，然而格特鲁不仅是个笑星，更是个伟大的演员。尽管她们很要好，莉莉还是向我吐露："你知道吗，格特鲁德实际上是我的预备演员，但我给了她机会，让她独自演一两幕。"这么说可真够阴险的。

在我回伦敦前，莉莉托我带信给她丈夫和小儿子，求我告诉他们她有多么成功。她说，"你知道我不爱自吹，这听起来很蠢，而且他们也不会相信。"

我和弗雷德里克·斯托克在芝加哥同台演了一场，而且还发生了一件极为不快的事情。好久以来，这是我首次在金宝厅举行独奏音乐会。演出的当天下午，我像通常一样去看钢琴，结果不满地发现是一架声音很弱的中型斯坦威。我以为他们搞错了，就请音乐厅的员工去换大演奏琴。

"除了这一架，没有其他钢琴，这是斯坦威公司专门给你的音乐会送来的。"

斯坦威公司芝加哥分部的这一态度激怒了我，我认为这太瞧不起人了。

"角上的那架大演奏琴怎么样？"

"那是梅森和哈姆林（Mason and Hamlin）牌的，奥西普·加布里洛维奇（Ossip Gabrilowitsch）昨晚用它演奏，而且非常成功。"

"我能试试吗？"

"当然可以。"他回答。

结果，这架梅森和哈姆林是我弹过的最好的钢琴之一。

"今晚的音乐会上我能用它吗？"我焦急地问道。

"当然可以。如果你用他们的乐器，他们的人会很开心的。"

得到了这架钢琴的帮助，我的演奏极为出色。

我刚回到纽约，斯坦威公司演奏琴部门的头头厄克斯先生就给我来了一封粗鲁的信，指责我对他们公司不忠，并声明从此斯坦威将不再给我提供演奏用琴。这是个沉重的打击。在众多厂商之中，只有克纳伯公司欣然为我其余的音乐会提供了演奏用琴。我推测，这对克纳伯一家来说是在念 1906 年的旧，然而这对我则意味着又要与不听话的琴键作艰苦的斗争了。

这件事情之后，我在"风之城"多停留了几天，以便出席歌剧《三桔爱》的首演，那是时任芝加哥歌剧院院长的玛丽·加登特约请普罗科菲耶夫创作的。这部作品的音乐丰富多彩，令人心驰神往。在高超的技艺中时常透着风趣与激昂，音乐本身是颇为深奥的。就我而言，我非常喜欢普罗科菲耶夫音乐中辛辣的风格；但是对听众而言，初次接触则非常难以接受；因而很可惜，这部杰出的作品只演出了几场。我改编了该剧中的《进行曲》，常在音乐会上演奏，并且相当成功。

在回巴黎前，我去找恩格尔斯先生，并且告诉他，我认为他把我的事务安排得很差。他非但没找出一个合理的解释并答应下次将会改进，反而变得很粗鲁。

"如果你的票房不好，这可不是我的过错。"然后他冷嘲热讽地补充了一句，"你在女人身上有一套。为什么不和各大经纪人的老婆去睡觉呢？这你不就有更多的音乐会了么。"

我在他双颊上扇了两个耳光，摔上门扬长而去，愤怒地发誓再也不回美国了。

43

无论恩格尔斯还是我都没有把这事告诉科汉斯基，我是不愿破坏他蒸蒸日上的事业。几天后，我出发返回巴黎，十分高兴又能呼吸到这座神奇的城市的空气了。瓦尔马莱泰一直很积极，正有好消息在等着我。

"圣·马丁诺伯爵邀请你去罗马奥古斯都音乐厅举行两场音乐会；米兰的'四重奏协会（Societa del Quartetto）'要你举行一场独奏音乐会。"

我在法国的音乐会也增加了，酬金也提高了。

我高兴地获悉，维拉-洛勃斯已来巴黎，将于5月在加沃厅举行自己作品的音乐会。我不知到哪里去找他，再说也没时间，但我已经安排妥当，确保能返回巴黎参加他的音乐会。

我在加沃厅独奏音乐会的门票两天内就销售一空。像往常一样，瓦尔马莱泰给了我一张我音乐会的日程表，包括酬金、火车和旅馆的一切细节。我惊异地发现图卢兹的演出酬金高达 12,000 法郎，是其他地方酬金的两倍。

"这是搞错了，还是在图卢兹我会在一个特殊的场所为众多听众演奏？"我问瓦尔马莱泰。

"不。"他回答，"就在'丘比特神殿剧院（Theatre Capitol）'，平时上演戏剧和歌剧的。我相信你会喜欢那里的。它是城里最好的剧院。"

我仍然迷惑不解，但也很满意，并希望将来还有同样的好合同。

在里昂，音乐会得到了和上次一样的支持，而在马赛，听众则是在一个共鸣很好的电影院里欣赏我的音乐。接着就轮到图卢兹了，我以前从未在那里演出过。我只知道这个城市给法国贡献了很好的男高音，而且半数人都姓图卢兹-劳特雷克（Toulouse - Lautrec）。我在音乐会当天早上到达。没有人来接我，于是我乘了辆出租车来到瓦尔马莱泰替我预订的旅馆。

"是否有人给我打过电话或留了信？"我问接待处。

什么也没有。

美美地吃了顿早餐后，我去剧院看看钢琴、会见经理。鉴于人们正在更换昨晚表演的布景，钢琴是看不成了。除了看门人和舞台管理员，也没有其他人。等了很长时间后，我回旅馆吃午饭。还是没有任何人留个信。我心中有些惴惴不安了。日子没有搞错，我在剧院还看到一张海报，那就证明更不会错了。午饭后，我上楼回房休息，其实是在等着出事。傍晚，喝了杯茶，我又回到剧院，钢琴已经收拾得干干净净，摆在舞台上恰当的位置上，琴凳也不错，甚至还有个调音师正在工作。但除了那个什么也不知道的门房，还是找不到经理之类的人可以谈谈。我无事可做，只好换上演出服装，独自前往"丘比特神殿剧院"的演员休息室。

到了开场时间，我在后台只看到消防员和负责灯光的管理员。另一个管理员对我说："就等你了，先生!"这表明该开始啦。

听众不少，但远远未能填满这巨大的剧院。只有几个包厢有人，而顶层的廉价楼座则很拥挤。人们认真地聆听，显然很喜欢上半部分我对大段严肃作品的演奏。幕间休息时我终于不耐烦了。

我厉声要求："我要立刻见经理，或者负责音乐会的人，否则下面我就不弹了。"

他们耸耸肩膀。"这里没别人。"

不过，当他们看见我开始穿大衣，便着急起来，并想安慰我。

"你们的经理究竟在哪儿?"我火透了，"是出城了还是病了?"

"不。"有一个人乖乖地回答说，"他在楼上自己的办公室里。"

我气得血往上涌，原来他一直都在!

我大叫道："给我带路!"

他们把我带到走廊的尽头，我敲了敲门。

"进来!"我听见了说话声。

我推开门，看见办公桌后面坐着一个戴着圆顶礼帽的人。他瞪着我，留着两撇长胡子的粗俗的面孔都气歪了。

"你那瓦尔马莱泰，一个坏蛋，"他蛮不讲理地说，"他让我赔了许多钱，还敢乱吹你会让剧院满座，使我发财。"他苦笑起来。

"你赔了多少?"我平静地问道。

"哈，多少! 我赔了3000法郎，多谢这个坏蛋。"

　　"那么，"我说，"从我的酬金中扣除 3000 法郎，再添 1000 法郎算是一点利润，但是有一个条件。"

　　"哈哈！"他叫喊着，"我知道你们这种人。你想马上再得到一份合同，但这一次没门了。"

　　"这不是我的条件。"我说。

　　"那是什么呢？"

　　"条件是你从椅子上站起来，脱下圆礼帽，用文明的方式接待我。"

　　这家伙突然间像是矮了一个头。他迅速站起来，窜到我面前，礼帽飞到了地板上。

　　"尊敬的大师，我从没想冒犯您！"

　　我说："这不是真话。你粗鲁得可怕，我希望有机会把这个故事告诉我的同行们，让他们当心你们这种人！"

　　瓦尔马莱泰对此的评论是："他就是个肮脏的家伙。"

　　有一次我回到巴黎，得知托斯卡尼尼正在香榭丽舍剧院指挥盛大的纪念音乐会。我身穿晚餐便装就去参加这一音乐和交际盛事。大师带给我们的是一场美妙的演出。幕间休息时，我拜访了坐在包厢中的朋友们，为这场隆重的音乐会，他们一个个都盛装而来。有一个包厢里坐着一位身穿便装、头戴帽子的姑娘，她身后是两位上了年纪的女士。当我经过时，年轻姑娘悄声说："这是鲁宾斯坦，这是鲁宾斯坦！"

　　她的注意让我满心欢喜，我也向她微笑致意。音乐会后，我又在宽阔的楼梯上碰到了那个姑娘。

　　"你没认出我么？"她说话带着很重的意大利口音。

　　"请你原谅，我在巡演中遇到过很多人，除非亲近的朋友，很难一一记住。"我礼貌地回答。

　　"可是你为我母亲演奏过。"她有点着急地说。

　　这使我来了气。常常有些姑娘找我搭话，说什么我曾整个晚上为她们的母亲演奏，然而我很清楚，自己只在私人宅邸演奏过很少几次。我决定教训一下这装腔作势的姑娘。

"不，"我不客气地说道，"我从来没有为你的母亲演奏过，你弄错了吧。我从来没有为任何人的母亲演奏过。"

她的脸红了。"演奏过的，你在萨沃伊宫演奏过。"

萨沃伊宫？我想起有两个饭店叫这个名字，但我从未在饭店演奏过啊。但我突然间慌乱地停下脚步。萨沃伊宫是意大利皇室的住宅啊！我张口结舌、毕恭毕敬地用意大利语问道："是爱莲娜王后陛下吗？"

"是的。"姑娘开心地笑了。

"这是玛丽亚公主。"一位上了年纪的夫人说。大家都笑了起来。

我这次重返罗马很值得纪念。我曾担心我的听众会变样，因为墨索里尼成了意大利的独裁者，正在鼓吹要改变战前意大利人那种随和的态度。然而我在奥古斯都音乐厅受到的礼遇深深地打动了我。音乐厅座无虚席，我的老朋友们更是一个不少。我要通过本书对这个最美丽而高贵的国家表示热爱和感激之情。自从我第一次在这里演出起，所有这些年来，他们从未让我失望过。我不记得有任何一场音乐会我未受到热情接待。我年复一年地来意大利演出，只有二战时期除外，所有的访问都是我记忆中最为宝贵的一部分。

维拉-洛勃斯在加沃厅的首演很不错。他挑了几部大作品让乐队演出、又挑了几首声乐作品，但曲名我都记不得了。这场音乐会毋庸置疑地取得了巨大的成功。他的音乐特有的野性、他主题展开的奇异手法、他对声乐和独奏乐器的新奇处理，拨动了巴黎人，愉悦着巴黎人。许多杰出的音乐家都到音乐厅来了——其中我记得有普罗科菲耶夫和拉威尔。他们两位对巴西音乐既尊重又感兴趣。而颇有影响力的评论家弗洛伦·施密特（Florent

Schmitt）则成了维拉-洛勃斯的死党。

卡洛斯·根勒和他夫人出现在包厢里。音乐会结束时，维拉-洛勃斯受到听众的欢呼，那里面既有来自巴黎的，也有很多来自南美——而其中那些巴西人，在本国首都曾经大喝倒彩，到巴黎后则改变了看法。

当我上去和他拥抱时，注意到他为自己决意来巴黎是既高兴又骄傲。

他告诉我他在塞纳河左岸租了套公寓，然后塞给我一张名片，上面写有他的地址和一个奇怪的邀请："埃托尔·维拉-洛勃斯先生每月第二个星期日在家。"名片印刷精良，但此外他还亲笔加了一句："饮食自备。"

他向我解释这样做的原因："我在里约最后一次拜访卡洛斯·根勒时，他说我必须有一套漂亮的公寓和自己的会客日。我不明就理，于是他解释说，在巴黎必须这样才能交到朋友。等他来到巴黎后，就让自己的秘书做了这些名片，还在信封上打好了地址，以便寄送。请柬是那么多，所以我非常担心要是像卡洛斯·根勒吩咐的那样招待来宾食品和饮料，我的钱就都没了。所以我认为不妨让他们自己愿带什么就带什么来，而且这样做的效果极好。"

他说得对。我参与第一个会客日时，看见很多名人要么带着香肠或者高级奶酪、火腿，要么就是带着一瓶葡萄酒或干邑来的。在聚会之间的那几周里，维拉-洛勃斯便不客气地享用这些存货。

在维拉-洛勃斯首演几天后，我和卡洛斯·根勒一起用午餐时，我对自己非常满意，微笑着对他说："你看，卡洛斯，我说得不对吗？维拉-洛勃斯将流芳百世！"

根勒静静地听着，并不那么信服。

"难道你还怀疑吗？"我有点惊讶地问道。

"不，不。"他回答说，"你对他的判断当然没错。他只是有些让我不太高兴。我是专程来出席他的首演的，向他要了一个包厢，可你知道他干了什么吗？他竟然给了我一张包厢的账单。"

我为我朋友的这个重大失策羞得胀红了脸。

斯特拉文斯基非常满意地告诉我我给他出了个好主意。

"我已经在斯堪的纳维亚各国的首都演奏了我的协奏曲，之后还有更多的音乐会。我还收到邀请去哈佛大学办几场讲座，或许还能在美国举行几场演出。"

我问他佳吉列夫演出季的情况。

"不要提起他。"斯特拉文斯基回答，"他光知道'给观众留个好印象'。他现在要推出奥里克、普朗克和天知道还有谁的芭蕾舞剧。你去伦敦吗？"

"去。6月份我有几场音乐会。"

"我收到库谢维茨基一个有趣的建议，也是6月在伦敦。你看我应该住在哪里？"

"科汉斯基夫妇和我为演出季租下了一处不错的房子。你为什么不和我们一起住呢？有你的一个房间，而且和你在一起，我们高兴还来不及呢。"

他愉快地接受了邀请。库谢维茨基急需在自己的音乐会上首演斯特拉文斯基的一部作品，以此作为他演出季的主要卖点。斯特拉文斯基有一首现成的管乐八重奏，便以高价出让给了他。在和我们同住期间，斯特拉文斯基协助了作品的排练，而且看起来他对进度很满意。在皇后厅首演时，他邀请我和他坐在二楼的第一排。库谢维茨基以一部大作品开始音乐会，曲名我忘记了，随后就是这首八重奏。

当8位绅士带着管乐器登上舞台，在指挥库谢维茨基面前各就各位时，听众显然以为会听到赞歌，就是常在教堂里听到的那种、或者略微现代化的亨德尔。他们听到由木管演奏的第一个简短、古怪的乐句时，便理所当然地认为这个作品是在嘲弄大家所期待的音乐，并且当成了逗乐。等到巴松管吹出颤音时，大家就笑出声来。库谢维茨基不是那种有勇气的人，他没有停下演出、然后向听众简要介绍这是现代风格的严肃作品，而是在回头瞥向正在发笑的听众时，心存不良地笑着，甚至还对他们挤了挤眼睛。斯特拉文斯基用力地掐着我的胳膊，害得我的胳膊青了几个星期，然后他破口大骂指挥，并拉我一起离开了音乐厅。

那天晚上的事件后果尤为严重。斯特拉文斯基在报刊上指责库谢维茨基完全不懂得如何处理他的作品，十分无能。受了侮辱的指挥强烈地反击，说斯特拉文斯基在整个排练过程中对他的指挥和乐队的演奏都甚为满意，而现在却想把作品彻底失败的责任通通推到他和那些出色的演员身上。整件事情相当不愉快，尤其是除了公开的争吵，科汉斯基夫妇和我有一周多的时间要一直听着火冒三丈的作曲家喋喋不休地用俄语和法语咒骂。

44

斯特拉文斯基回巴黎了，而科汉斯基夫妇去了艾克斯莱班，很快我也和他们汇合，一起住在漂亮的贝纳尔斯贡饭店（Bernascon）。这座美丽的疗养地位于萨瓦（Savoie）的中心，紧靠布尔歇湖（Lac Bourget），功能齐备，适于专项治疗，配备了最高档的高尔夫球场，有赌场让无所事事的赌徒消磨时光，还有人们能想像得出的最好的菜肴。赌场里有个雅致的小剧场，有出色的艺术家举行不错的表演以及音乐会。莱斯莉·乔伊特和西尔维娅·斯帕罗都来了，前者是借口要听我在这里的音乐会，后者则要跟科汉斯基上几节课。两人逗留了几个星期。上完课，西尔维娅和科汉斯基就打高尔夫球，而莱斯莉则和我坐在赌桌边。在艾克斯莱班的田园诗般的日子过得真快。科汉斯基夫妇即将返回美国，两位女士则回了伦敦，于是我便利用这个机会，接受了温妮·波里尼亚克公爵夫人的邀请，到她在威尼斯的宫殿去看望她。

从我第一次来这里开始，每次到这个城市都好像是离开我们的星球，进入了梦幻的国度。火车刚到梅斯特雷，我的心跳就加快了。抵达时，公爵夫人的摩托艇已在等候我了。我们沿着小水渠快速航行，突然汇入了浩荡的大运河，过不多久就停在一座美丽的宫殿前。温妮公爵夫人非常潇洒地迎接了我，然后把我领进一间高大、窗户朝着大运河的屋子。另一位客人是伯纳斯勋爵（Berners），他是位绅士音乐家，空闲时谱写些很不错的、十分专业的音乐。他博览群书、谈吐机智，是个极好的伙伴。

体验威尼斯的个人生活是绝妙的经历。一夜之间，我变成了威尼斯人，而不再是东张西望、讨价还价、被骄傲的当地人嘲讽的旅游者了。我得到一把宫殿大门的钥匙，大门开在一条狭窄的小巷上，巷子只够两个人并排行走。不过，沿这条小巷走几步就是一个艺术学院，里面可以看到天之骄子卡尔帕齐（Carpaccio）的杰作。我去圣马可广场时，通常会顺路跑进学院里一遍又一遍地欣赏那些杰出的画作。在宫殿中逗留的那些日子里，圣马可广场几乎成了我的私人大沙龙，我每天在弗洛里安咖啡馆都会结交上很多新朋友，不是众多总督的后代，就是威尼斯显贵的子孙们。来到城里的贵客，在被我们这一伙接纳之前，全都要受到仔细的审查。流言蜚语是主要的话题，而且常常是一边耳语着，一边窥探着邻桌。啜饮着加了冰和苏打水的意大利苦艾酒（一种意大利开胃酒——译注），饶有兴趣地听着身边蓄意的传言，身边有安尼娜·莫罗西尼伯爵夫人（Annina Morosini）和温妮公爵夫人这种提香式的美人（指棕黄色头发的女子——译注）陪同，可真叫惬意啊！到了 1 点钟时，弗洛里安咖啡馆这一侧的广场空无一人，大家都忙起最重要的工作来——午餐。去哪家馆子，点什么菜，这是每天最严肃的抉择。这不仅事关食物，更关乎晚餐之前这同一伙人在喝开胃酒时的话题：这家的烤虾是否够新鲜，要么那家的意大利面条是否够劲道……

晚饭后，广场就留给旅游者了。有身份的威尼斯人则留在自己的府中，或者去出席盛大的晚会，这种晚会要么是由他们中的某个人、要么是我前面提到过的贵宾举行的。到了歌剧演出季，他们就打扮得无比耀眼地出现在包厢内，和凤凰剧院交相辉映。电影院则撂给一般的旅游者和威尼斯的商人。

由于波里尼亚克公爵夫人从不勉强她的的客人遵守这套日程，伯纳斯勋爵和我才得以自由行动。我东游西逛，发现了不少好东西，不是阿维拉在布宜诺斯艾利斯兜售的那些垃圾，而是威尼斯结实漂亮的皮革制品。但实际上我最喜欢不知疲倦地参观圣马可大教堂、杜卡列宫（Ducale）以及其他著名的景点。在久久地徒步漫游之后，我就在弗洛里安咖啡馆品上 15 或者 20 滴世界上最浓的咖啡，一边观察鸽群被大方的旅游者喂得肥肥的，然后忙着干它们自己的勾当。

宫殿里来了新客——让·德·波里尼亚克和他美丽的妻子玛丽·布兰奇。他们通体散发着魅力与幸福的气息。这让我为自己是这桩婚姻的教父感到骄傲。我们的女主人不喜欢举办大型的午餐或晚宴（这很昂贵），而宁愿请人来喝茶、顺便介绍自己的亲戚。在一次这种小型聚会上，她把我介绍给罗马的卡拉·帕拉迪尼公爵夫人。这位夫人是位不折不扣的美人，有着秀丽的圆脸，白皙的皮肤，黑亮的头发在一侧分开、自然地垂着、发稍卷曲遮住了双耳。黑眼睛藏在长长的睫毛和浓眉后面，注视着你的时候微带高傲，但也透着一丝诙谐。我不擅长描写女性的美，不过，温妮公爵夫人后来告诉我："她是意大利最美的女人之一。"

这位公爵夫人用她那别有风味的柔和嗓音讲流利的法语，故意用一些粗鲁的字眼，这样的词汇从她嘴里说出特别可笑。当伯纳斯勋爵让我在隔壁的客厅来一段《彼得鲁什卡》时，公爵夫人走了进来，眼珠一转，装出兴奋的样子。

"我崇拜音乐，"她说，为了证明这一点又补充道："在罗马我每天都上声乐课。"

她讲这话时，口气中流露出那种上流社会惯有的空洞。老实说，尽管她魅力四射，但我开始不喜欢她了。她走后，大家对她的评价都不太高，但对她的美貌却是众口同声。

我高兴地发现，威尼斯是座充满了音乐的城市。威尔第的两部最好的歌剧都是在凤凰剧院举行的首演。蒙特维尔第（Monteverdi）、贝内德托·马尔塞洛（Benedetto Marcello）、还有维瓦尔迪（Vivaldi）和弗雷斯科巴尔迪（Frescobaldi）是这座城市无上的荣光。这一年威尼斯举行了当代音乐节，由理夏德·施特劳斯担任总监，并亲自指挥了一场音乐会。其余大部分音乐会由弗里茨·布施（Fritz Busch）和阿道夫·布施（Adolf Busch）指挥。许多著名的音乐家都来到这里参加音乐会或者参与演出。广场上每天都能看到托斯卡尼尼的瘦小的身影在快速地散步健身。意大利的大师们，马里皮耶罗（Malipiero）（他是本地人）、皮泽蒂和雷斯皮基，都来弗洛里安咖啡馆喝咖啡。

一天，马努埃尔·德·法雅无意中给这一景致增添了一份喜剧色彩。他被蚊子叮得很惨，生怕染上疾病，但他不是想办法涂点药水，而是在他的脸上和光头上贴满了小块小块的白纱布。一群小孩子兴奋地大喊大叫，把他当做超级小丑，大家可以想象，看着可怜的法雅试图摆脱那些"小追命鬼"，坐在咖啡桌旁的音乐家们会多么惊异。孩子们一直开心地绕着广场追逐他，直到他躲进弗洛里安咖啡馆，瘫坐在一把椅子上，我们才试着挡住那些情绪狂放的孩子们。到了晚上，他指挥的《魔鬼之恋》组曲十分成功。

从纯音乐观点看，这个音乐节谈不上有多重要。入选的乐曲也不是作曲家们最有代表性的作品。他们对战后的首次国际音乐聚会似乎缺少点信心。不过，威尼斯此后一直举办现代音乐节，直到第二次世界大战。

秋天临近了，该离开这天堂了。

"从今往后，你必须每年都到这宫殿来和我一起住。"温妮公爵夫人在和我告别时说。我万分满意地接受了这个邀请，自然也对受到的款待感激至极。

45

回到巴黎总有新的快乐，虽然我同样欣赏这"光明之城"的早春，但初秋却更令人憧憬。歌剧院、剧场、交响音乐会上挤满了欢乐的巴黎人，他们刚刚调理好肝脏，便又热情似火地吸收起各种节目，而且更加纵情地大吃大喝起来。

有很多好消息在等着我。在伊斯坦布尔有一位勤勉的经纪人，阿迪蒂（Arditi）先生，写信建议我去土耳其、希腊和埃及举行音乐会。那都是我梦寐以求的地方，我急忙回电报表示接受。我的巡演从西班牙开始，但我在巴黎还有整整一个月的闲暇。戏剧演出季是我记忆所及的最有趣的一个。《来自月亮的让》演出经久不衰，除此之外，我观看了根据陀斯妥耶夫斯基①小说改编的《罪与罚》，表演棒极了，演员是杰出的哈里·博尔（Harry Baur）和最有希望的年轻演员皮埃尔·弗雷内（Pieere Fresnay）。此前一直默默无闻的马塞尔·帕尼奥尔（Marcel Pagnol）以一部《托帕泽先生》（Topaze）引起了狂热（连续演了三年——译注），接着出现的是一部大戏《马里于斯》②，出演主角的是非凡的雷米（Raimu）及弗雷内，这出戏令人难忘。以我的拙见，作者用辛辣的妙语、独特的幽默感、最重要的是用法国戏剧史上从未有过的敏锐，把马赛居民区的生活淋漓尽致地再现了出来。维克多·布歇（Victor Boucher）造就了一种新型的演员。他看上去就像你在大街上碰到的任何普通法国人，但在舞台上，他最微小的举止、他那毫无笑意的面部表情，都能引发哄堂大笑。不管他演什么都变为巨大的成就。我永远不会忘记由弗莱尔③和卡亚韦④共同创作的一部喜剧中的一幕：在第二幕中，布歇去乡下自己的主人、最好的朋友家度周末。两人坐着畅饮，渐渐声泪俱下地相互发誓他们的友谊将至死不移。

"你我是兄弟，"布歇说，眼看就要哭出来了，"我为你连命都可以豁出去，我的一切都是你的，我也知道，你拥有的一切也是我的。当我和艾米利阿娜（他主人的老婆）睡觉时，我不断地想着你。"接着他投入朋友的怀抱痛哭起来。

无与伦比的一幕。

---

① 陀斯妥耶夫斯基（Feodor Dostoyevsky, 1821～1881）：俄国作家。作品反映"小人物"的痛苦，描写社会的不公，对人物的异化心理刻画入微。主要作品有《白痴》、《罪与罚》、《卡马拉佐夫兄弟》等。因参加革命团体被判刑流放。

② 《马里于斯》，（Marius），是马赛三部曲的头一部。

③ 罗伯·德·弗莱尔（Robert de Flers, 1872～1927）：法国剧作家。

④ 加斯东·亚蒙·德·卡亚韦（Gaston Arman de Caillavet, 1869～1915）法国剧作家。

吕西安·吉特里终于和儿子萨沙和解了，开始在他儿子出色
又成功的戏剧出中担任角色。吕西安、萨沙和伊冯娜·普兰坦普
的三人组合成了巴黎的名人。作为萨沙的老朋友，我应邀观看了
他所有的演出。其中之一是《大公》。吕西安表演的遭到放逐的
皇族一员，有着明显的漫画风格，他在实际生活中对这类人极为
熟悉。有好些年，吕西安·吉特里都是圣彼得堡米歇尔剧院旅法
剧团的磁石。有传言说，大公夫人玛丽娅·帕夫洛夫娜，符拉季
米尔大公（一个十足的巴黎人）的妻子，爱上了这位法国演员，
从未错过一次他的新角色。演出后，大公夫妇经常邀请这位演员
用餐。一次，他们在全城最好的一家餐厅的包间里用餐，吕西安
带去了自己的情妇，名字叫巴蕾塔（Balleta），是位漂亮的女舞蹈
演员。晚餐上大家情绪很高。几杯香槟之后，大公忍不住在女舞
蹈演员丰满的屁股上掐了一把。吕西安眼睛尖，看到了那不得体
的动作，他怒不可遏，挥手打了殿下一记耳光。沙皇警察下令他
在 24 小时内离开俄国国境。

吕西安·吉特里在舞台上再也未能达到早年的辉煌，[①] 而萨
沙的戏剧只是对那个时代和那些人物的怀旧记忆。这著名的三人
组合把萨沙的作品演到了极致，我的老朋友让娜·格拉涅尔在一
出戏里扮演伊冯娜·普兰坦普的歌唱教师，老天爷啊，伊冯娜她
才不用上什么声乐课，因为她的音色极美，自然得如同夜莺。一
次在巴黎饭店的包间吃晚餐，我非常高兴也非常荣幸地把马塞尔
和朱利埃特·阿夏尔夫妇介绍给萨沙和伊冯娜。萨沙和马塞尔成
了亲密朋友。多年后马塞尔勇敢地在萨沙的坟前宣读了悼词。萨
沙·吉特里是在二次大战后去世的，他被许多朋友遗弃了，他们
不能原谅他在被德国占领期间的行为。

---

① 吕西安·吉特里（Lucien Guitry, 1860～1925）：法国著名喜剧演员。

佳吉列夫的演出季多少找回了一些他早年征服欧洲时期的光彩。斯特拉文斯基的《普尔钦奈拉》取得了巨大的成功，这部作品利用了佩尔戈莱西的音乐。斯特拉文斯基清楚地知道如何处理这位意大利人的古老优美的旋律，但在其中加进了自己野性的节奏。普朗克的《母鹿》（Les Biches）十分惹人喜爱，音乐透着点邪气，而玛丽·洛旺坎（Maria Lauvencin）的舞美和服装理想地抓住了这一氛围。奥里克受到莫里哀的启发，也创作了一部芭蕾舞剧《讨厌鬼》（Les Facheux），但结果是叫好不叫座。佳吉列夫这个老魔鬼又找到了一部真正的热门作品，《古怪的商店》（La Boutique fantasque），其音乐是雷斯皮基在罗西尼的《音乐晚会》（Soires musicales）基础上出色地改编而成的。在这一新形式中，诙谐的曲调更为闪光。仅仅那首塔兰泰拉舞曲就令我们着迷。安德列·德兰的服装和布景再也没能超越过为这部讨人喜欢的芭蕾所设计的。

一天下午，我在圆形广场（Rond - Point）附近散步，遇到了毕加索。

"我们去喝杯咖啡吧。"

"不了，"他回答，"我要去大展览宫（Grand Palais）的沙龙看画展。如果你有兴致，跟我一起去吧。"

在大型年度画展上被人看到我和毕加索在一起，这使我大为受用。但同时我又担心自己的全然无知会让他不悦。我一直热衷参观画廊，伦勃朗①在柏林的《戴金盔的人》、普拉多博物馆里委拉斯克斯②

---

① 伦勃朗（Rembrandt, 1606～1669）：荷兰画家。擅长运用明暗对比，讲究结构的完美，善于表现人物的神态和性格特征。作品有：群像油画《夜巡》，蚀版画《浪子回家》，素描《老人坐像》等。

② 委拉斯克斯（Velazquez, 1599～1660）：西班牙画家。受文艺复兴诸大师的影响，在艺术上反对追求外表的虚饰，着力于刻画人物的性格。有大量肖像画、风俗画和历史画留世。对19世纪欧洲现实主义画派有较大影响。作品有：《火神的锻铁工场》、《酒神》、《腓力四世之家》、《教皇英诺森十世肖像》、《纺织女》等。

展厅、那不勒斯提香①的《达那厄》、或者拉斐尔在德累斯顿的《圣母像》，一直都深刻地影响着我。我能理解印象派的画作，当时他们刚刚崭露头角，并极为赞赏这个时期的各位毕加索们。不过，我对绘画技法一窍不通。

我们走进大展览宫，墙上一幅挨一幅挂着好几百幅作品。他什么都没有对我解释。他走过展厅，好像根本没有看见任何东西。我不敢开口。他突然在一幅画前停了下来，这画表现的是置放于桌子上的一些水果。我以为他要好好给我上一堂绘画技巧课了。谁知他的眼睛瞪得圆圆的，用手指着一只苹果，叫起来：

"你看这苹果。可以把它拿到手上了！"

这就是他对整个画展说的全部的话了。

我很开心地听到当代最伟大的画家如此简单地谈论艺术，而艺术对他根本就不存在奥秘。艺术必须平易，否则就不真实。为什么莫扎特所写的曲子听起来都那么单纯呢？达到单纯要经过艰苦的劳动，但作品绝不能留下劳作的痕迹。

46

这次在马德里的巡演我有三场独奏音乐会，其中一场我安排了拉威尔的《高贵而伤感的圆舞曲》，我喜欢演奏这部作品，

---

① 提香（Titian, 1490？～1576）：意大利文艺复兴兴盛时期威尼斯画家，擅长画人物肖像、宗教和神话题材。作品有《乌尔宾诺的维纳斯》、《圣母升天》、《文德明拉的全家福》、《达那厄》等。

但它对没有准备的听众可能会造成困难。维多利亚·欧亨尼娅王后出席了这场音乐会。最后一首圆舞曲被拉威尔称为"尾声"，它回顾整部作品，并渐趋沉寂，令听众拿不准乐曲何时结束。我请阿沃斯和法雅在准确的时机鼓掌。像通常一样，亏得我忠实的支持者，音乐会的票全部售出，但是这次他们给了我一个令人难堪的意外。我把这组圆舞曲放在演出的倒数第二位，在标准的受欢迎的曲目、李斯特的《第十二狂想曲》之前。刚弹了几小节圆舞曲，我就听到剧院前排发出了不友善的牢骚。随着我继续演奏，低语变成了愤怒的抗议。我听到诸如"恶心"、"这不是音乐"、"他弹这种东西怎么不害臊"的话，等等。我这人脾气不好，听到这种言论很难心平气和。当最后一个音符被听众的嘈杂声淹没后，我的朋友们鼓起了约定的掌来，但却遭到愤怒的嘘声。我恶狠狠地看了看他们，然后砸响了李斯特的狂想曲。这里我应向读者就西班牙人的脾性稍作几句说明。如同我前面已经提到过的，西班牙人生来就钟爱斗牛。多少世纪以来，他们早就习惯于观看斗牛士的每个动作。他们只要看到斗牛士的动作稍有瑕疵，都会对他吹口哨和辱骂。但稍后，斗牛士勇敢地靠近公牛斗上两三下，就又立刻受到充满野性的热情叫好。他们听起音乐来也是这个脾性。这一次就是这样。狂想曲才弹过几小节，我便又听到欣喜若狂的完全赞同的叹息，最后一个和弦刚响过，热烈的欢呼就喷涌而出，好像我压根没弹过那些圆舞曲似的。可我并未忘记。我站起来，冷冰冰的，敷衍地点了下头，就走到后台，准备回家。欢呼声有增无减，听众像通常一样要求加演，可我坚持叫人把大衣和帽子拿来。经理求我再弹一段，我迁就地返回舞台，但也只是站在台口又点了点头。我知道这样做有危险，西班牙人会很快恼火的。

　　"要是不加演的话，你可是要冒生命危险的。"经理说。

"行啊，加演就加演。"我说，然后走到钢琴边，向热情的听众鞠了一个躬，如常地宣布了加演的曲名。

"我重弹拉威尔的《高贵而伤感的圆舞曲》"。

我的话引来了一片死寂，王后匆匆地离开了包厢，接着大厅里就炸了窝。我惊奇地发现许多年轻的支持者欣赏我的勇气。他们叫道："好啊，鲁宾斯坦！就该这样对待老傻瓜。""老傻瓜们"则挥动拳头向他们示威。

于是事态演变成了常见的斗殴。年轻人堵着门叫道："我们要教训你们！""他弹完前谁也不许离开剧院。"这导致了真正的冲突，双方拳脚相加，而我则稳稳当当地继续演奏着。所有西班牙报刊都评论了这件丑闻，之后至少 5 年，西班牙都没再演奏过拉威尔的作品。

几年后，我拒绝去一个小镇演出，因为没有合适的音乐厅而钢琴又太差。他们请我去开音乐会，还说，如果我愿意，甚至可以弹些拉威尔的东西！

47

巴尔干国家消除了我在马德里的经历留下的不佳的感觉。对我这样一个旅游迷，伊斯坦布尔不愧为真正的宝库。一想到可参观的一切，我心里就别提多高兴了。许多保存完好的拜占庭帝国的遗迹、宏伟的土耳其清真寺、数百座细高的尖塔、本色的伊斯坦布尔和热那亚人所建的佩拉区①之间的鲜明对比，都令我着迷，唤醒了我原先对拜占廷以及它被奥斯曼帝国征服的兴趣。

但是在开始参观前，我得先拜访我在佩拉的经纪人。阿迪蒂先生在自己的办公室里当着其他两个来客的面接待了我。他法语说得很好，但他和那两个人说的话我听着十分耳熟，不过我猜那是土耳其语。我清楚地听到几个带有奇特口音的西班牙词汇。阿迪蒂先生看我一脸惊异，就微微一笑说："我们是西班牙裔犹太人，我们说的是宗教审判时期的西班牙语。"当他们得知我与西班牙的密切关系时，就把我当做了兄弟。

"你的两场音乐会将在我们漂亮的法国剧院举行。我们为你提供一架上好的钢琴。听众主要是希腊人和亚美尼亚人。土耳其人对你这种音乐不感兴趣。"阿迪蒂说。

我的两场音乐会的曲目中有巴赫、贝多芬和肖邦的作品以及西班牙音乐。还有来自俄国的《彼得鲁什卡奏鸣曲》，供大量俄罗斯移民欣赏。我下榻的旅馆是佩拉区中最好的，以亚美尼亚老板的名字命名，叫"托卡特扬饭店"。旅馆的房间很舒适，有一个不错的法国厨师。阿迪蒂先生带我去剧院参观，我认为钢琴和剧院音响都令人满意。沿着大街步行回旅馆时，我突然在一家商店的橱窗里看见了一件东西，要是我当时只有10岁，准会高兴得晕过去的。那是像座小山一样的一堆土耳其花生酥——我儿时的梦想。

整个佩拉就像法国的一个省城。热那亚入侵的唯一标记是一座异常漂亮的塔，它具有最纯粹的文艺复兴时期的风格。

我的两场音乐会很受听众的欢迎，他们的反应就像所有欧洲

---

① 哈利奇湾对面的海岸地区过去被称为"佩拉"，在希腊语中意为"对岸"。在公元12世纪，这里曾是热那亚人和威尼斯人的居住地，后来黎凡特人成了这里的主要居民。这里体现了伊斯坦布尔西化的一面。

城市的听众一样。并且可以通过鼓掌的热烈程度判断他们理解与否，对巴赫比较冷淡，对贝多芬充满了尊重，对肖邦十分亲切，对西班牙乐曲的新意很兴奋，而对《彼得鲁什卡》，则是由俄国移民发出我所熟悉的热烈欢呼。

阿迪蒂先生很满意，并利用这点宣传起希腊和埃及来了。

"我希望你在雅典举行三场音乐会，而不是预告的两场。至于埃及方面，我原本只在亚历山大港组织了两场音乐会，现在我要在开罗增加一场，这是计划之外的了。"

这真是苍天的礼物。如果到了埃及却不去看看开罗，我会感到极其郁闷的。

有一对迷人的亚美尼亚夫妇听了我的第一场音乐会之后就成了我的朋友，他们提议要在伊斯坦布尔为我当向导。我们步行走过一座又长又挤的桥，来到土耳其的首都。作家皮埃尔·洛蒂（Pierre Loti）描写过这座城市神秘的、不同寻常的魅力和博斯普鲁斯海峡。我作为洛蒂小说的热衷的读者，对凯末尔·巴夏废除土耳其的无檐毡帽感到有点难过。我看见许多土耳其人都戴着英式帽子，不过帽檐都转到了脑后。我问同伴们为什么要这么做，他们回答说："土耳其人还是习惯于无檐毡帽的直上直下的感觉，现在这种帽子的帽檐让人很烦。"

我的亚美尼亚朋友贝克麦江先生个子不高，长得十分端正，脸庞不大，胡子刮得很干净。他六十开外，对他所剩不多的头发保护得十分仔细。他是个富裕而有文化的人，已经退休。他过着愉快的生活，爱好音乐、喜欢读书、钟情美食。他的妻子萨福年轻好看，为自己的希腊血统十分自豪。他们的家离我的旅馆不远，我受邀去吃晚饭，他们让我上他们家练琴，我便每日登门了。

尽管有这些愉快的事情，但我还是要说一说这故事中的一个叫人不悦的细节。萨福特别喜欢猫。家里共有 30 多只。我很爱狗，但猫无声的跳跃和没表情地凝视我的样子令我紧张。自从到贝克麦江家之后，我就成了这些好奇的动物持续感兴趣的对象了。有两只会突然跳到钢琴顶盖上，而另一只则紧挨着左踏板坐下来。好心的女主人允许十多只猫留在餐厅里，使我感到它们都又嫉妒又羡地盯着我，真是倒胃口。所以毫不奇怪，我最喜欢贝克麦江夫妇在户外陪伴我。

在去被土耳其人改成清真寺的索菲娅大教堂的路上，贝克麦江先生给我讲了末代土耳其苏丹阿布杜尔-哈米德命令屠杀亚美尼亚人的恐怖事件。

"从佩拉到博斯普鲁斯血流成河。我和我的弟弟被一个友善的土耳其人救了出来。多亏凯末尔·巴夏，我们才得以返回自己的家中。"

对圣索非娅大教堂的游览令我十分失望。土耳其人破坏了这座教堂的内部陈设，用花花绿绿的现代廉价仿制品代替了美丽的古代染色玻璃。四周的墙上用特大的土耳其字母书写着铭文；而漂亮的地板上则覆盖着来历可疑的供祈祷用的地毯。甚至圣索非娅大教堂外优美的尖塔也与主建筑不协调。但这是唯一让我失望的一次参观。末代苏丹的皇宫现在已对游客开放，内藏着世界上首屈一指的中国瓷器。各朝各代苏丹华美的礼仪服饰也都挂着展览。我知道这种描述很像贝德克旅游指南，但我还是忍不住。我再提一句，伊斯坦布尔的土耳其区和古老君士坦丁堡之间有着鲜明的反差①——前者有无尽的游廊、带大棚的集市、众多的咖啡

---

① 伊斯坦布尔城有着古罗马和伊斯兰两种截然不同的风格。该城始建于公元前660年，当时称拜占庭城。公元324年，罗马帝国君士坦丁大帝从罗马迁都于此，改名君士坦丁堡。公元395年，罗马帝国分裂后君士坦丁堡成为东罗马帝国（又称拜占庭帝国）的首都。公元1453年，土耳其苏丹穆罕默德二世攻占此城，灭亡了东罗马，这里又成了奥斯曼帝国的首都，并改名为伊斯坦布尔，直至1923年土耳其共和国成立迁都安卡拉为止。

馆以及吸着老式水烟的土耳其人；而后者的每个角落都会使人联想到拜占庭漫长而光荣的历史。

阿迪蒂先生给我介绍了音乐会的下一步计划。我要先在埃及、后在希腊演出。在两个国家演出之间，我有一周的空闲。

"从亚历山大到巴勒斯坦的路很远吗？"我问。

"从亚历山大乘船可以在几个小时内抵达雅法。"阿迪蒂先生回答，并帮我设计了巴勒斯坦两日游的路线，这样我还来得及赶回雅典开第一场音乐会。我为能见到这片故土感到幸福，多亏贝尔福宣言①，我的犹太兄弟们在两千年的大流散后又能在自己的祖国找到立足之地。

我在音乐会当天来到亚历山大。阿迪蒂的代理人把我领到平日当做电影院用的阿尔汗布拉剧院。这座城市本身没有任何特别的地方。那曾经独一无二的大灯塔，现在已经和任何地方的灯塔一样了。人们想象中的亚历山大大帝创造的城市绝对不会是这个样子。更见不到被焚毁的闻名的亚历山大大图书馆想象中的余烟。我转了一圈，发现这座城市没什么可看的。城市的一切都在买卖棉花和烟草的希腊和意大利商人的掌控之中。我认识了好几个富有的犹太人，他们都拥有英国贵族的头衔，其中包括该城的大慈善家梅纳塞（Menasse）男爵。不过，我也有那么意外而开心的一刻：土生土长的埃及人戴着无檐的土耳其毡帽。看到这种带着黑穗的红帽子很令人愉快，这使我想起我在纽约布鲁克林为共济会会员举行的音乐会。

我的两场音乐会上有意大利、希腊、法国和犹太音乐爱好

---

① 1917 年 11 月 2 日，英国外交大臣 A. J. 贝尔福致函英国犹太复国主义者联盟副主席 L. W. 罗思柴尔德。表示支持建立"犹太民族之家"。这封信后来被称为贝尔福宣言。

者，但却没见过一顶无檐的土耳其毡帽。我认识了不少有趣的人物，在法鲁克国王垮台后他们四处流亡，我后来还碰见过。

从亚历山大到开罗的火车在漫漫黄沙中走了一整夜。亚历山大港的代理人陪我来到开罗，带我住进新建在尼罗河畔的塞米拉米司饭店，饭店很奢华，俯瞰着那条独一无二的河流。刚到饭店，服务员就交给我英国驻埃及总督的一封信，邀请我去吃午饭。总督是珀西·洛兰（Percy Lorraine）爵士。这个名字我觉得似曾相识，我突然想起我们是在布宜诺斯艾利斯成为好朋友的，他曾与阿维拉和我同住在一层，并经常同我们一起出入布宜诺斯艾利斯的娱乐场所。他的仕途看来很顺利，我心里想，一面匆匆梳洗整理准备去参加午宴。珀西爵士，一个英俊、气度不凡的英国人，对音乐和娱乐有天份。他依旧是个单身汉，家里有两位客人同住——沙俄驻雅典的最后一位大使德米多夫公爵以及罗纳德·斯托尔斯爵士（Ronald Storrs）。罗纳德爵士我在伦敦就认识，莱斯莉和克里斯特贝尔经常请他赴宴，此外他还是个业余的钢琴手和管风琴师，对音乐很在行。席间的谈话生动有趣。德米多夫依然居住在雅典，并邀请我到希腊首都时和他一起吃午饭；而罗纳德爵士则得意地告诉我，他刚刚离开耶路撒冷首任总督的职位，英国人在战后占领了耶路撒冷。

他笑嘻嘻地说：“我在告别讲话中回顾说，十分遗憾，我对这片国土的贡献没能超过我的前任本丢·彼拉多[①]。”

他的揶揄引起了一阵大笑。

珀西爵士则讲着阿维拉的种种趣事，让客人们开心不已。当晚我的二流演出结束后，罗纳德爵士交给我几封信。

---

① 本丢·彼拉多（Pontius Pilate）（？～公元36年），是罗马帝国犹太行省的执政官（公元26年～36年）。根据圣经新约马太福音27所述，他曾主持对耶稣的审判，并最终下令把耶稣钉死在十字架上。

"这封信是给最好的西伯莱文报纸的编辑，这一封则给巴勒斯坦同情犹太复国运动协会的主席。其他三封都是给我的好朋友的，或许你想认识他们。"这次，我决定要利用这些信函。

在我落脚的旅馆的河对岸，人们可以看到控制着这个国家的英国军营。漂亮的清真寺、数百的尖塔，此外更有古埃及艺术博物馆深深地吸引着我，以至我完全忘掉了演出。音乐会在一个比亚历山大的剧院更加寒酸的地方举行，而且远远没有满座。但我不在乎，我一心惦记着去看金字塔和狮身人面像。

为了更好地看懂这些著名的风景，我雇了一名职业导游，他头戴漂亮的土耳其无檐毡帽，身披长袍，脖子上挂着一串念珠，手上还不停的拨弄着另外一串。我们玩着所有旅游中的把戏。只要花几个硬币，就能让一个小男孩为我爬到基奥普斯金字塔的顶端。我少年时在柏林从书本上读到过，用石头一块又一块地垒起这么高大的建筑花了多少年的工夫，有 900 人为它而丧命，以及许多其他故事。但是现在，面对着金字塔，我忘掉了所有那些小事，只知道一件事，即老基奥普斯法老配不上这项过人的努力。我的导游并未借机加深我对这些纪念碑的尊崇和敬畏，因为他一直忙着从口袋里变出各式各样的垃圾向我兜售。他掏出一串中国琥珀念珠给我看，声称是稀世珍宝，但明显是假货。然后他从其他旅游者身旁把我拉到一边，神秘地拿些仿造的埃及物品给我看，还说是冒了巨大的危险从某个法老墓中得来的。不用说，我一句也没听进去，这令我的向导大失所望。唯一一件我同意做、他又有利可图的事情，就是我骑了一通阿拉伯马；导游又说马是他的，允许我骑那是看得起我。我日后来访时，找到好伙伴陪同着，我才真正懂得了赞赏和无限地热爱这片国土。

我从亚历山大乘一艘发臭的船出航，穿过汹涌的波涛抵达雅法。阿迪蒂的秘书会讲希伯来语，帮我在新建的特拉维夫城找到一家旅馆，那时特拉维夫还只是雅法的郊区。那座勉强算得上旅馆的小别墅有三层楼，六七间客房。所幸我的屋子带有洗澡间。房前的花坛和几棵树算是一种点缀。特拉维夫有五六条铺设齐整的街道，街道两边是相似的别墅、刚种的小树和真正的绿草坪。除此而外，这里就只有荒漠，只有细沙。

小小的雅法城内有三家严守犹太教戒律的餐馆。因为旅馆不供应伙食，我的伙伴带我去了最好的那家。在餐厅的另一头有一张大桌子，几个身穿欧洲服饰的人围坐在桌旁，正用希伯来语平静、稳重地交谈着，与打着手势、叽叽喳喳的意第绪方言是那样的不同。阿迪蒂的秘书指着这几个人告诉我说："你看见中间那三位先生吗？罗纳德爵士的信就是写给他们的。坐在桌尾的是希伯来语报纸的编辑，此报就在特拉维夫发行。"

这消息让我喜出望外，我要他立即回旅馆取信。等他返回后，我就拿着信走到他们的桌边，自我介绍了一番，洋洋得意地说："我从一个朋友那里给诸位带来了几封信。"本以为这会给他们一番惊喜，同时也可以让他们更加了解我。

但他们一边读信，脸色一边难看起来。

"罗纳德·斯托斯？不就是那个反犹太的英国人吗？"编辑说，"你不知道么？他一直打算替英国把我们的以色列变成阿拉伯的殖民地。"

我羞愧难当。

"我在伦敦认识他的，只知道他是一名音乐爱好者。我一片好心才给各位带来这些信，以为他是你们的朋友。"

"朋友！"他们苦笑着，"愿上帝保佑让我们远离这样的朋友吧！"

不过我很惊喜地发现他们了解我的一切，这才感觉好受点。

"阿图尔·鲁宾斯坦！我们听说过许多你的事啊。你是个著名的钢琴家，还是个很好的犹太人。"

　　尽管有斯托斯的信，但是气氛终于友好起来了，在鲜美的葛菲尔特鱼的助兴下，我就提议为他们举办一场义演。

　　"音乐会？那再好不过了，不过我们没有大厅啊。"

　　"你们有钢琴吗？"

　　"那当然了。这里有一个从莫斯科来的犹太教授，他有一架很好的钢琴。"

　　"小小的特拉维夫人口不多，所以我想随便找间大屋子就够了。"

　　他们大笑起来。"人口不多？哈哈哈！如果我们发布举行音乐会的消息，你会吃惊的！"

　　我的陪同也参加到谈话中来。"在卢德（亦称利达——译注）你们不是有个空闲的飞机库吗？"

　　"有，但是那边没有座位。"

　　"我看就是站着，犹太听众也会来听鲁宾斯坦先生的音乐会的。"

　　这个主意大家十分赞同。我还没弄明白，他们就安排我在次日晚上举行音乐会了。总编匆匆离去，以便在报纸的晚间版用大标题发布消息。

　　第二天非常忙：搬运钢琴、在特拉维夫和卢德之间不断来来往往。我在检查场地的音响效果时，发现回声很讨厌。

　　"别担心，"一位组织人员说道，"等来了人，回声就消失了。"

　　1000 多人出席了音乐会，都是站着的。我演奏得很好，因为我能感到人们全神贯注地在听我的表演。听众和我都深深地沉浸于音乐之中，以致外面下了好一阵雨，大家才听见。那雨开始是细雨，但很快就变大了，雨滴打在飞机库的金属顶蓬上叭叭作响，我不得不中断演奏，等暴雨过去。但这并没有破坏气氛，演出结束时，听众们大为满意。

　　组织者们高兴地筹到一大笔钱，可以用来改善市政了。我带着初访巴勒斯坦土地得到的美好回忆，乘船前往雅典。

48

船近比雷埃夫斯，我看到雅典卫城的那一刹那，心都不跳了。那是希腊人辉煌历史的宏伟遗迹，每一个文明人都因为它对文明世界的馈赠而欠着它一笔债。我迫不及待地要去参观这些圣地。很遗憾，日常的生活更重要，因此我得先去"大不列颠饭店"，打开行李，吃午饭。我的首场音乐会预告在第二天举行。于是，我拒绝了按照我的陪同的要求去察看剧院和钢琴、接受记者采访或者研究节目单，而是强迫他找来一辆出租车，拉着我去看卫城。我们爬上陡峭的山坡，来到闻名世界的巅峰，帕台农神庙和厄瑞克修姆神殿离我那么近，我都能颤抖着双手触摸到它们漂亮的石柱。我满怀敬畏之情地在那些完美无缺的古老神庙中整整留连了一个下午，最后才依依不舍地回到现实中来。

饭店服务员交给我德米多夫公爵的一封信，他邀请我在第一场音乐会之后的第二天共进午餐。

在饭店大堂有个绅士在等我。他名叫弗里曼，是位波兰钢琴家，客居雅典当钢琴教授。我留下他吃晚饭，他则给我讲了有关希腊音乐的各种有用的信息。

他说："希腊人爱音乐，但是一点组织性都没有。你的音乐会将在一家难看、肮脏但音响极好的剧院举行。我有几个有才华的学生，请你务必赏光去我家吃顿饭，顺便听他们弹上几曲。这里有一个从罗兹来的年轻波兰钢琴家，原本是我请他来给我当助手的。可惜，他现在躺在医院，患了很严重的肺结核。他的未婚妻，一个年轻的希腊女钢琴家，我从前的学生，做出了很大的牺牲，在照顾他。

我立即提出要去看望这位来自我家乡的不幸的年轻同行。第二天上午，在了解到剧院和钢琴并不像我担心的那样差之后，我就和弗里曼上医院了。年轻人名叫巴拉茨，将近 30 岁，发红的脸颊、不住流泪的哀伤的眼睛表明他正在发高烧。床尾坐着个可爱的年轻姑娘，他的未婚妻。姑娘热情地感谢我们来探视。她不断地擦拭病人的额头，给他递水，深情地握着他的手。巴拉茨很英俊，很讨人喜欢，小时候听过我的演奏。谈起作曲家和钢琴家，他虽然断断续续的，但是话锋机智。过了一会儿，姑娘请我们出去，她也跟到了走廊上，然后激动地说："他能够得救，这我敢肯定，只要我们有钱把他送到达沃斯就行。而雅典的气候会慢慢地害死他。"接着她就哭起来。

这次探视让我极为难过，直到音乐会情绪都不好。那位年轻姑娘，玛丽卡·帕帕约安诺（Marika Papaioannou），也到场了，她到休息室来看我，显然被我的演奏深深打动了。

"他弹琴很像你，他的感受也像你。唉，要是我们能救他就好了！"她说。

我做出了决定。"我给你们去达沃斯的钱。够花几个月的。如果你们还缺钱，我努力来解决。"

姑娘久久地拥抱着我，没有说一个字。

弗里曼为自己同胞的成就感到骄傲，把他的大多数学生都带到了音乐会。我注意到他们之中有个可爱的小姑娘，于是心情轻松地答应听听他们弹琴。

德米多夫公爵的午餐定在第二天下午 1 点举行。因为忘了留下地址，我就问饭店的前台是否知道。服务员陪我走出饭店，用希腊语写了地址交给出租车司机，我对希腊语两眼一抹黑。1 点差 15 分，出租车司机按照地址出发了。我们沿着长长的主干道一直开。这使我有点不安，因为服务员向我保证几分钟就到的。大约走了至少 15 分钟后，司机离开了铺设整齐的道路，开进郊区一个非常破旧的地段，然后又走了好一阵时间。最后汽车来到一条狭窄的街道，停在一栋房子前面，我认识的任何人都肯定不想住在那种房子里。"如果居住在这么糟糕的条件下，却要请人吃饭，这是怎样一个奇怪的念头啊！"我失望地这么想着。我付了出租车费并拉响了门铃。没人回答，我就开始敲门，门突然打开了，出来一个赤着脚的女人，看样子更像巫婆，而不是女佣。她用希腊语大声问我，可我只能来回重复一个词："德米多夫，德米多夫，德米多夫公爵。"她"砰"的一声关上大门算是回答。烈日炎炎，我举目无亲，已迟到了差不多半小时。除了沿着原路步行返回，寻找有人行道的街道外，我别无他法。还算走运，花掉一刻钟后，让我找到了。当我迈着沉重的脚步向市中心慢慢挪动时，我的救星再次出现，一辆大型高级轿车在我身边停下，一个悦耳的嗓音用法语问道："这不是鲁宾斯坦先生吗？昨天晚上我们十分愉快地听过您的演奏呢。"

等看到我皮鞋上满是灰尘的狼狈样，他又问道："您遇到什么麻烦了？我们能帮什么忙吗？"

长话短说。他们听完我诉了德米多夫公爵的苦，便开心地笑起来："他那栋漂亮的房子，你出了饭店拐弯就是啊！"

我冲着旅馆服务员高声叫喊，但他说他提供的地址是对的，肯定是出租车司机弄错了。我请求旅馆的经理给公爵打电话，解释我令人伤心的经历，我没有勇气亲自打电话。

我的第二场音乐会听众多得多。《彼得鲁什卡》和接着的《纳瓦拉》又取得了胜利。我的休息室挤满了前来祝贺的人。德米多夫公爵极其温文尔雅地接受了我的道歉。还有一个年轻的银行家，斯特凡尼德斯，热情洋溢地坚持邀请我去他家吃晚饭，我即刻接受了。在他漂亮的房子里，我感受到一种热爱艺术的高雅的文化氛围，最令我高兴的，是那种对荷马、苏格拉底、柏拉图、索福克勒斯、埃斯库罗斯和其他巨人的爱戴，以及身为他们后人的那种骄傲。在开车送我回旅馆的路上，我的东道主，也是新朋友，提议陪我玩两天，让我看看在艾庇道罗斯的著名剧院和科林斯运河。

"你要是有时间的话，我真想拉你去德尔斐城①。"他说。

"我极想看一眼'阿波罗神谕'，但是有一场不重要的音乐会召唤我回法国去。"

最终我愉快地接受了去艾庇道罗斯的游览计划。阿迪蒂的代理人回伊斯坦布尔去了。我一早就去拜访弗里曼，并听了三四个学生的演奏。一个胖嘟嘟的有着德国姓氏的年轻姑娘真有才华。而那个可爱的女孩弹的是莫扎特奏鸣曲的一个快板乐章，虽然面带迷人的笑容，但是太肤浅。尽管如此，我还是在她漂亮的脸蛋上亲了好几下——当然不是因为她弹得好。下午，斯特凡尼德斯乘着豪华轿车来旅馆接我。

"拿个包，我们准备过一夜。我已经带了其他的必需品。"

我们的目的地是纳夫普利翁，我们打算在那里住一个晚上。沿途的景致使我想起意大利，然而那天空，希腊的天空，深邃而蔚蓝，实在难以形容。它独特的光彩想必启示了伟大的建筑师们，他们设计的神庙和柱子，多样的形态和那白色的光泽，是任何其他地方都见不到的。

匆匆参观过这座古城里的几处有趣的废墟之后，我们就回到饭店的餐厅用餐。斯特凡尼德斯细致入微地点了菜，然后站起身

---

① 德尔斐城是一处重要的"泛希腊圣地"，即所有古希腊城邦共同的圣地。"德尔斐神谕"就公布于此，城里主要供奉着"德尔斐的阿波罗"。"泛希腊圣地"是一个外在于城邦政治的复杂构造，在宗教意义上为所有希腊人提供自我认识的唯一途径，阿波罗神庙的入口处就刻着"认识你自己"的格言。

来走进厨房。烹调出的鱼十分鲜美。下一道菜我记得是牛肉，在做之前，我的朋友再一次消失于厨房。牛肉甚至比鱼还好吃。我表示了惊奇，说这里的饭菜比"大不列颠饭店"的还要好，斯特凡尼德斯微微一笑，显得十分满意。

"我在手提冰箱中带了一点新鲜黄油，并亲自摊在做鱼和做牛肉的平底锅上。"

我对他食不厌精到这种程度大加赞美，他听了则十分受用。

第二天上午我们参观了艾庇道罗斯，就是那座保存得很好、数不清多少层石头长凳的圆形剧场。斯特凡尼德斯指着几块对称的厚石板向我解释："那些演员就站在这些石板上，为成千的观众表演索福克勒斯和埃斯库罗斯的不朽剧作以及阿里斯托芬的讽刺作品。"

"这怎么听得见呢？"我疑惑地问。

"别走开。"他说，"我现在爬到剧院的最高处，等我上去了，你小声说几句话。"

我照他说的做了。他下来后，就重复了我刚刚悄声说过的话。

"我听得清清楚楚，好像你就坐在我的身旁。"

这证明了古希腊人掌握了多么完美的声学知识，然而让我们永远遗憾的是，这些知识没有被音乐界吸收，而个中的奥秘一直没被重新发现。

当天晚上我们回到了雅典，而我第二天一早就要搭乘东方快车返回巴黎，那时是一周两班。旅馆的服务员陪我到车站帮助办理车票、行李，还有和搬运工打交道的事。他不断地向我要钱，让我很不耐烦。我希望他到最后再提出一份总账单，但显然他不这么看问题。弗里曼来送我，陪他来的还有他有天分的女学生、学生的父亲和玛丽卡。姑娘们捧着两束花，显然是要给我的。很快我们就开始用德语、法语和波兰语进行活跃的交谈，但常常被服务员一次次要钱的请求所打断。

"行李需要另外付款。"

过了一会，"行李搬运工还要钱。"

接下来，"为了找个好位置，我给乘务员付了些小费。"

最后是他自己的服务费。

这一切都发生在我们关于音乐、音乐会、我下次的来访以及其他事情的谈话过程中！突然间，没有任何预告，火车就开动了，并慢慢地开始加速。我胳膊夹着拐杖，轻快地跳上最后一节车箱。姑娘们手里拿着鲜花惊讶的站着，我向他们挥了挥手，便调头去找放我手提行李的车厢。我走过每一节车箱，直到火车头，又返回来，在每个包厢里寻找自己的东西，但一无所获。情况相当严重，我的火车票和护照都在其中一只箱子里。我生气地明白过来出了什么事情。那个贪财的服务员忘了把我的行李装上列车，让我落得个没大衣、没帽子、没行李，只拎着根拐杖上了车。我能做的唯一事情就是在下一站下车，返回雅典。通过一个会讲法语的乘客的协助，我向乘务员问清了火车时刻，下一站是底比斯，两个半小时以后到，而回雅典的车要深夜才经过。我下了火车，感觉自己就像失去了双眼的俄狄甫斯①。一个小男孩看懂了我的手势，领我爬上一个小山坡进了城，一个现代、肮脏的外省小镇。正当我四处寻找汽车把我送回雅典时，一辆敞篷轿车猛然拐过弯来，"嘎"的一声在我面前停下。弗里曼、那位父亲和两位姑娘——手里还捧着已占满尘土的花，指着我的行李，绝望地挥舞着手臂。

---

① 俄狄甫斯（Oedipus）：希腊神话人物，因神预言他将杀父娶母而遭父亲遗弃。但被人救起。长大后，他曾想躲避厄运，但还是无意中杀了生父。来到底比斯后，因成功剪除怪物斯芬克斯，被底比斯人拥为新王，还娶了前王之妻，并生了四个子女。其后，全国遭瘟疫，神谕：为消灾必须除去杀死前王的罪人。他追究原因，发现罪人竟就是他自己。其母也即其妻得知真相便自缢身亡，俄狄甫斯也刺瞎了双眼，流浪而死。

"我们试图追上你的火车，但还是晚了几分钟！"

我对他们千恩万谢，舒舒服服地坐到两个姑娘的中间，然后我们慢悠悠地开回了雅典。在"大不列颠饭店"，弗里曼制止了我打那个被吓坏了的服务员一耳光，我则邀请所有的人，在梳洗整理之后，美美地享用了一餐。玛丽卡第二天一早就和她未婚夫一起去了达沃斯。另一个姑娘，我这时才知道她的名字，是吉娜·巴考尔①。她在后来的年代里获得了优秀钢琴家的声誉。我在希腊首都度愉快地多呆了三天，对损失了一场法国的音乐会并未过分惋惜。在斯特凡尼德斯家我还结识了他的几位好朋友，他们请我去做客，并且我后来在希腊演出时他们一直是我忠实的听众。

49

埃德蒙·德·波里尼亚克公爵夫人给我寄来邀请，要我出席她在亨利·马丁大道的宫殿中举行的音乐会，普罗科菲耶夫将和管弦乐团一起演奏他自己的《第三钢琴协奏曲》。巴黎上流社会的成员们填满了她那巨大的音乐厅，厅中还为乐手们搭起了一个演出台。我被安排在卡拉·帕拉迪尼公爵夫人身旁就座。我在晚

---

① 吉娜·巴考尔（Gina Bachauer, 1913～1976）：希腊裔英国钢琴家。曾师从科托、拉赫玛尼诺夫。1933 年获日内瓦国际钢琴比赛金奖。1935 年在雅典首演。二次大战期间为盟军官兵举行过 600 余场慰问演出。1950 年在肯尼迪艺术中心演出，为艺术家募集基金。

会上见过她两次，已经比较熟悉了。一见面她就问了我几个有关普罗科菲耶夫的问题，我还没来得及回答她，音乐会就开始了。我倾听着作曲家精彩的演出，再次沉浸在这部优美的作品中。衣着雅致的听众们用礼貌的掌声对作品表示认可，其中包括斯特拉文斯基、纳迪娅·布朗热、普朗克和奥里克。

正当我们起身时，那位意大利公爵夫人便有点不耐烦地用她那悦耳的声音向我说："我看你是因为听说了关于我的风流韵事的丑恶传闻才不想理会我的吧？"

我愣了一会儿，之后我突然明白了她的意思。

"你愿意上我的住处去吗？"我心里七上八下地悄声说了一句。

她平静地问："你住哪里？"

我告诉了她，她便说："回家去，等着我。"

没过多久她就来了。深夜，我才把她送回她的旅馆。

整个上午我一直在为昨晚的事情惊诧不已，想搞明白为什么会突然发展到这种纯属意料之外的境地。我想，这没有别的解释，而只能是出于一个任性的漂亮女人不能忍受我的漠然。一整天我都没有试图和她联系。晚饭时分电话铃响了。那个我已经很熟悉的歌唱般的声音平静地说道："我出去吃饭，但饭后我就来。等我。"说罢就挂了电话。

我们天天晚上都在一起，直到她返回罗马。白天她忙于填满衣柜和参与社交。当我把自己下一场在罗马举行的音乐会的日期告诉她时，她说："我要为你举办一场大型宴会。我要你见见我的朋友。春天你在巴黎吗？"

"是的，因为我要准备去南美的巡演。"

她马上来了浓厚的兴趣："南美什么地方？"

我回答是去巴西，她听后十分兴奋。

"我一直梦想着看看里约热内卢。我很愿意和你一起去。"

"这太好了!"我随口答道,"里约让人心醉,我也很熟悉。我到过那里三次,开过许多音乐会。"

"好,算上我一个。我酷爱旅行。"她说。

一周后她离开了巴黎。

她一走,我的生活又恢复了常态:在巴黎、伦敦和其他地方开音乐会,和科克托共进午餐,夜间在"天台牛肉馆"由法尔格和阿夏尔兄弟陪着我过夜生活,在可可·夏奈尔和塞尔特处吃晚饭,拜访普罗科菲耶夫,以及好好赌一番。我没有公爵夫人的任何消息,也未给她写信。但是当我抵达罗马、准备在莫利纳里①指挥下、于奥古斯都音乐厅演奏肖邦以及圣-桑的《小协奏曲》时,我接到了公爵夫人的一封信,内附让我出席宴会的请柬。信里都是些套话,但结尾她加了一行法文:"我温柔地拥抱你"。

晚宴在她的府邸举行,她那形同陌路的丈夫也来了,另有几对我早已认识的罗马贵族夫妇,以及其他几位杰出人物。其中有一位迷人的女士,贝齐-布伦特伯爵夫人,我们只聊了几句,就产生了永恒的友情。帕拉迪尼公爵夫人是个杰出女主人。她请的客人全都热爱音乐、并且听过我的演奏,这使宴会一开始就热闹非凡,而我则成了中心人物。我感谢了主人的盛情款待,就和其他人一起离开,然后回到精益酒店。第二天,星期二,我和莫利纳里进行了两场认真的排练。星期三还要排练一次,下午就是音乐会。自从第一次在奥古斯都音乐厅举行音乐会起,我始终认为应邀在此演出是一种荣誉。罗马听众对待我的方式让我每次都能充分发挥自己的能力。听众感觉到了这一点,他们表达感谢的方法更让我觉得心里暖洋洋的,我们从来没有让对方失望过。很

---

① 贝纳尔迪诺·莫利纳里(Bernardino Molinari,1880～1952):意大利指挥家。就学于罗马音乐学院。1902年起任罗马奥古斯都管弦乐团指挥。常在欧洲和美国担任客座指挥。是20世纪研究意大利音乐作品的专家,尤以阐释雷皮斯吉和马利皮耶罗的作品著称。

可惜，这座修建于奥古斯都皇帝陵墓之上的奥古斯都音乐厅被墨索里尼拆毁了：他的确做了些好事，发掘和修复古罗马被忽视了的遗迹、并清理周围的场地以更好地展现遗迹的全貌，但他头脑发热地拆毁了音乐厅，然而参观者对陵墓并不大感兴趣。这样一来，他就毁掉了罗马独特的音乐中心。从此，圣塞西利亚乐团（Santa Cecilia）四处尝试，却找不到音响条件合适的地方，直到近些年，才获得梵蒂冈的同意，利用教会的"和解会议厅"（Sala Conciliaziene）进行演出。此后，我每年都在那里演出，要么与乐团合作，要么独奏。听众就像在奥古斯都音乐厅一样忠实于我。不过，无论是听众还是乐手，老是觉得空气中飘动着一丝香火味。

音乐会后，奥古斯都厅那个并不太大的休息室里挤满了我的新老朋友们。帕拉迪尼公爵夫人把我拉到一旁，说："带我去吃饭。一小时后我到旅馆来接你。"

"我在旅馆大堂等你。"我回答说。

我费了牛劲，装出极为疲惫、没有胃口的样子，才推掉圣·马丁诺伯爵的邀请。

换好衣服，我在大堂足足等了半个多小时，司机才来找我，他告诉我公爵夫人在外面汽车里等着。我提醒她说，由于拒绝了和圣·马丁诺伯爵一起吃饭，我有些担心被人看到我们两人在一起。她用法语大声叫道："我才不在乎呢！"不过她还是把我带到纳沃纳广场上的一个小馆子，那里肯定不会碰到任何熟人。我们只喝了汤和吃了意大利面，喝了点维罗纳产的白葡萄酒，然后回到精益酒店。她把汽车打发走，和我一起进了房间。

"你怎么回去？"我问道。

"别担心。你让服务员去叫辆出租车，汽车一到，我就下来。"

我认识的女子中无人比她对流言蜚语更若无其事、在困境之中更泰然自若的了。

我的朋友咪咪·贝齐-布伦特为我举办了一场宴会，帕拉迪尼公爵夫人在精益酒店给我留下一张便条，要我带她一起出席。咪咪把我们当夫妻一样对待，其他人都把这看做很自然的事。罗马社交界对自己成员中的爱情关系没有任何偏见。

我在佛罗伦萨的音乐会很受欢迎。它在碧提宫的白厅举行，演奏的环境漂亮而庄重。佛罗伦萨是古典音乐的一个中心。亚力山德罗·隆戈是佛罗伦萨人，他精心校订了斯卡拉蒂（Scarlatti）键盘作品的全集。杰出的钢琴家埃内斯托·孔索洛（Ernesto Consolo）和有才华的作曲家卡斯特拉努奥沃-特德斯科（Castelanuovo – Tedesco）都是在白厅组织音乐会的委员会成员。我在那里举办过多场音乐会，都极为满意。我心里清楚，任何一个乐句都逃不过十分专心的佛罗伦萨人的耳朵。然而，我在米兰古老的"四重奏协会"的演出，性质就完全不同了。米兰音乐学院高雅的威尔第大厅①坐满了自负的连票听众，他们始终拿我和其他艺术家进行比较。在舞台上，音乐学院的教授们和院长伊德布兰多·皮泽蒂②就坐在我对面。邓南遮③富有诗意地把他称做"帕尔马的伊德布兰多（Iidebrando Parma）"，就像他把德彪西称为"法国的克劳德"④一样。所幸，一大堆青年学生给我的音乐会带来了生气。米兰城没什么可看的，只有主教座堂是例外，那是人类双手的杰

---

① 米兰音乐学院的威尔第大厅和旁边的普契尼大厅是米兰最重要的举办音乐会的场地。除举世闻名的斯卡拉歌剧院以外，这里的音乐会场次最多，演奏家的知名度也最高。商业气氛极淡，观众不乏音乐学院的专家和学生。

② 伊德布兰多·皮泽蒂（Ildebrando Pizzetti，1880～1968）：意大利作曲家。毕业于帕尔马音乐学院。从1908年起在佛罗伦萨、米兰和罗马担任学术要职。教授作曲。歌剧《德博拉与亚莱》被认为是他最重要的成就。从1921年起，他作的歌剧的台本大部或部分由他编写。

③ 加布里埃尔·邓南遮（Gabriele D'Annunzio，1863～1938）：意大利作家。喜好追逐各种文艺潮流，乐意为意大利帝国唱赞歌。作有《火》、《有女名叫朱丽叶》。自己曾于1918年传奇式地组织力量占领了（南斯拉夫的）阜姆。

④ 克劳德为德彪西的名字。

作。甚至享誉世界的斯卡拉歌剧院，也是一座很普通的建筑，既不具备凤凰剧院的优美，又缺少巴勒莫的马西莫剧院的恢宏。

回到巴黎后，我发现布洛涅林荫大道两旁的栗子树发出了嫩绿的新芽。整个城市在期盼着瑰丽的春天的来临。朋友们的欢迎更让我感到温暖。我有一种与生俱来的宝贵天赋：永远能用新眼光看待自己生活的世界。生活对我以前是、现在依然是一个童话。我每天都在感激上苍，是它允许我成为这童话的一部分的。

50

这年的春天我听了许多音乐。维拉-洛勃斯在葡萄牙取得了显著的成就后回到了巴黎，并给我看了他写的几首有趣的新作。幸亏马克斯·埃欣（Max Eschig）出版了他许多早期的作品，这为我学会其中的几首提供了方便。德国钢琴家瓦尔特·吉泽金①以极为特殊的方式处理德彪西轰动了巴黎，评论界一致认为他是阐释这位法国大师的不二人选。德国人抢走了诠释法国大师的这份荣誉，对法国人来说，个中的滋味是苦涩；但由于这位德国演

---

① 瓦尔特·吉泽金（Walter Gieseking, 1895～1965）：德国钢琴家。1915 年首次登台，演出了贝多芬 32 首奏鸣曲。1916 年音乐学院毕业。一次大战时当过兵。战后在欧洲各大城市巡演，成为世界闻名的钢琴家。尤其擅长演奏德彪西和拉威尔的作品。因有人指控他在二战期间和纳粹当局合作，1949 年他去美国演出受到抵制。经调查后得到澄清。他是 20 世纪最杰出的钢琴家之一，也是现代钢琴技巧的创始人之一。

奏家的母亲是法国人,这苦味才略为冲淡了些。我去听了他的一场音乐会,被他在处理这种印象派音乐时营造出的宛若仙境的氛围迷住了。不过,我自己的诠释则会有更多的肉,如果我可以这么粗浅地表述的话。吉泽金每次都一成不变地勾画出一个神奇的背景,但却缺少情节。

科托、蒂博和卡萨尔斯组织了一个三重奏组,对那些出席过他们音乐大餐的幸运者来说,是难以忘怀的。歌剧院和喜歌剧院主要靠不断重演《浮士德》、《卡门》和《玛侬》①才能生存,老实说演出并非总能达到它们应有的水平。

小小的农业厅因为克莱斯勒以及伟大的布索尼演过几场优美的音乐会而增光不少。布索尼演奏了自己最新改编的巴赫作品,包括著名的小提琴独奏曲《恰空舞曲》,他在这个曲子里增加的伴奏弥补了小提琴简单的音符与和弦。该作品成了一首钢琴名曲。我相信巴赫本人也会赞同的。至于他改编的管风琴托卡塔和羽管键琴作品,布索尼则不可思议地在钢琴上再现了这些乐器的音色,令人觉得是在聆听原作的乐器的演奏。

在农业厅我还听过一场既动人又有趣的音乐会。两位可敬的大师圣-桑和弗朗西斯·普朗泰②举办了一场双钢琴音乐会。两位杰出艺术家的演奏技巧炉火纯青,很少有年轻人能够达到,听着真令人激动;同时,他们的行为却让大家忍俊不禁。普朗泰把某个乐段演奏得很辉煌时,圣-桑就旁若无人地高呼:"好啊,老伙计!"而当圣-桑圆满地完成一个乐句后,普朗泰则肆无忌惮地大喊:"嘿,多优美啊!"

---

① 朱尔·马斯内(Jules Massenet,1842～1912):法国作曲家。主要作品有《玛侬》、《维特》、《黛依丝》等。

② 弗朗西斯·普朗泰(Francis Plante,1839～1934):法国钢琴家。1854年第一次登台后,长时间中断了演出。1872年重返乐坛,成为当时主要钢琴家之一。主要精力集中于浪漫派曲目,也演奏莫扎特的作品。

我自己呢，则在加沃厅演出了两场音乐会，听众们已经十分忠实于我了。我越来越明显地感到，这些音乐会已经逐渐成为人们期盼的年度社交盛会，而不是我努力想实现的纯粹享受音乐的晚会。

阿维拉的挂毯宝藏似乎枯竭了，因为他的仆人常被其主人打发过来借几千法郎急用。他的借条通常都附着当晚共进晚餐的邀请。除了他漂亮的情人外，阿维拉常常会叫上几个正逗留在巴黎的、我们共同的西班牙朋友。我总为自己能赞助他的好客而深感自豪。

在回家的路上，我的朋友马塞利诺·纳罗斯（Marcelino Narros）给我讲了一个有趣的小故事：

"城里有位还算不错的女装设计师顺便干着点副业。有些'大资产阶级社交圈里的女人（femmes – du – monde de la haute bourgeoisie）'，她们由于自己的丈夫钱不够多或是无力支付她们的花销，她就充当中间人，为她们勾搭愿意以支付服装费交换几小时情爱的外国富人。服装店里有一套做此用途的舒适的房间。店主担心弄出丑闻，因此只选择在巴黎短暂停留的外国人，而所挑选的女子也都能守口如瓶。

看起来，这位纳罗斯侯爵颇受一个特别迷人的女子的信任和青睐呢！于是我兴趣极浓地问道："你能把这地方的地址告诉我吗？"

"我必须亲自介绍你，但不说你的名字。她疑心很重，而且十分好打听。"

我们约好第二天下午商店关门之前去。

店铺里还有几位女士。一看到马切里诺和我，其中一人打开了通往"秀房"的门，微笑着请我们进去。关上门后，她就板起脸问纳罗斯："这位先生是谁？"

"他是我的老朋友，从马德里来的，只呆两天。他想和你进一步谈谈。"他用意味深长的口气说道。

她审视了我一番以后说："好吧，坐下等我。"

她把我的朋友送到门口就回来了。

"时间有点迟了，"她说，"我只能叫一位女士来陪你，如果你喜欢，她就留下。要不喜欢，那你在我回来时就对她说'再见'。"

过了一会儿进来一个打扮得过分的女人，她用浓妆掩饰着衰败的容颜。我对她没有兴趣。我们谈了两句天气，前面那个女人就回来了，我站起身来，微微点头示意她们离开。我一个人在房间里等待了一会儿，负责接待的女人又走了进来，眼睛闪着光。

"你运气好，真走运。刚刚来了一位绝色的年轻女子，既美丽又聪明。她是个钢琴手，获得过音乐学院的一等奖。"

我努力掩饰着自己的惊讶，片刻之后，进来了一位确实迷人的年轻女子。她有着巴黎人说的那种"迷人的脸蛋"：脑袋的比例很小，一双活泼的蓝眼睛，微翘的小鼻子和轮廓秀气的嘴巴，而且不施脂粉，身材苗条修长。她讲着流利、快速的法语，说自己是个钢琴手，毕业于音乐学院，需要几套音乐会用的衣服，她微笑着补充说，她丈夫买不起。那时裁缝店正要关门。负责接待的那个女人走进来，让我们去秀房后面一间有床的房间，并拿了些葡萄牙红酒和饼干来。我那位可爱的女伴迅速脱了衣服，并让我也脱，然后我们就上了床。几度短短的欢愉后我们品了点红酒，然后再次平静地躺下身，我美丽的女伴又和我闲谈了起来。"你喜欢科托吗？我以为他变得衰弱了，他的记忆力什么的都是这样。我喜欢伊多尔比①，多好的手指。"而后又说："布拉伊洛

---

① 何塞·伊多尔比（Jose Iturbi, 1895～1980）：西班牙钢琴家、指挥家。曾在日内瓦音乐学院任钢琴教授，后迁居巴黎。常在好莱坞拍摄的音乐片中演奏。以后曾在多个乐队任指挥。

夫斯基①弹肖邦，有的弹得好，有的弹的不够好。你听过吉泽金吗？他弹的德彪西是不是很神奇啊？"

除我之外，她点了所有在世钢琴家的名。我承认这让我很烦心，心里觉得自己也算是小有名气了。

停顿了一会儿，她说道："我听说鲁宾斯坦不同寻常，但我从未听他演奏过。"

一听这话，我开心死了，便忘乎所以、高举双手叫道："就是我，就是我！"

她绝望地叫了一声，带着惊恐而狂乱的眼神看着我，整件事情就这样变成了一场悲剧。她扑倒在地板上，抽泣起来："我知道，我知道！我全毁了。唉，这是我自找的呵！那个女人拿几件破衣服引诱我，我真该杀了她。我的丈夫是个优秀的音乐家，你可能已经认识他，要么今后也会认识的。"

她一边说，一边不停地哭着，还用双拳打着自己的头。

我费了一个多小时才让她安静下来。我向着天上的一切圣物起誓会保守秘密，最后成功地把她带到附近的一家咖啡馆，就像两人偶遇，她主动自我介绍，我则像对待其他年轻的钢琴师一样和她聊起音乐来。后来我没有再见到她，也从不知道她丈夫是谁。

巴维尔·科汉斯基和索霞在巴黎逗留一周，他们来找了我。科汉斯基刚在西班牙作完巡演，而我则马上要过去演几场，是德克萨达组织的。德克萨达到巴黎来与我和解，详细解释了在里约的不幸事件。

"市立歌剧院的经理拒绝你在他的剧院演奏，除非我私下同

---

① 亚历山大·布拉伊洛夫斯基（Alexander Brailovsky, 1896～1973）：法籍俄罗斯钢琴家。莱塞蒂茨基和布索尼的学生。1919 年在巴黎首演，1924 年在该地首次演奏了肖邦的全部钢琴作品。旅居过美国和瑞士。

意他们卑鄙的做法。"

他去准备我们的音乐会了，十分高兴又能与我在西班牙进行合作。

这里我想起了自己的一件小小的音乐功绩。到了拉科鲁尼亚后，我收到了恩里克·阿沃斯①寄给我的乐谱和信，内称："请和我一起演奏塞扎尔·弗朗克的《交响变奏曲》，这曲子很受欢迎。如果你以前没有弹过，我不介意你视谱演奏。若您肯接受我的请求，就帮了大忙了。"

这场音乐会计划两天后在马德里举行，唯一的一次排练定在音乐会当天，在我到达马德里后一小时。因为没有时间在钢琴上练习，我只有在漫长的旅途中揣摩这部作品了。我手里拿着总谱上了火车，仔细阅读多次；还在大腿上摆弄指法、尝试困难的段落；到站后我只洗了把脸就冲去排练，盘算着要按照总谱来弹，并且将和乐队仔细地探讨它。当我看到排演现场坐着的两位评论家和六七个学音乐的学生时，我临时决定要背奏整篇作品，心想：就算是忘了谱也要继续弹下去，我肯定能重新找到自己的思路。结果，我毫不间断地弹下了整部曲子，但有许多细节不完整。不过，我还有很多时间可以琢磨细节。这一次，我连续六个小时没有离开钢琴，只在吃三明治时停了一两次。在音乐会上，这首优美的曲子我们演奏得很不错。

我的南美之旅预计从 5 月底开始，我计划 8 月初返回。4 月底我收到卡拉的电报，说，"携女仆后天到。请在你隔壁订房。"幸好隔壁的套间空着。她带着大量的行李，准时抵达巴黎，第一个问题就是："我们何时出发？"

---

① 恩里克·阿沃斯（Enrique Arbos, 1863～1939）：西班牙小提琴家、指挥家。约阿希姆的学生。在欧洲巡演后，曾在汉堡音乐学院、马德里音乐学院及伦敦音乐学院执教。先后担任过柏林交响乐团和波士顿交响乐团首席指挥。1904 年任马德里交响乐团指挥。为阿尔贝尼斯的《伊比利亚》组曲配器。作有喜歌剧《地球的中央》。

我为她说到做到深为吃惊，而且我得承认，我惊讶的心情是复杂的，一方面我很受用，她这样有地位的女士，不顾自己的名誉公开地和我一起去那么年轻的国家旅行，何况她在那里和我一起出现很可能被当做丑闻；另一方面我又很自豪，我的这次冒险和李斯特与达古（d′Agoult）伯爵夫人的故事很类似。

51

卡拉的女仆很灵便，而且非常忠于自己的女主人。她对我也相当的尊重，因为她的哥哥在奥古斯都音乐厅的乐团当大提琴手。我们到马赛乘法国轮船前往巴西。船舱很舒适，法国餐更是精美。卡拉热爱大海，向南航行时，海上总是风平浪静。她参加了船上所有愉快的活动，我们在糟糕的音乐伴奏下喝茶，饭后一起跳舞，她还潇洒地接受了通过赤道的洗礼。我和她盼望着看到世界最美的海湾的日出奇景，兴奋得一夜未眠，早上终于到了里约。

城里城外的山峦终于抹上了第一缕淡淡的晨曦。作为常客，我指给她看宝塔糖山天然的美景；神奇的科尔多瓦多山——山上矗立着两臂展开、形如十字架的耶稣塑像，好像正在祝福整座城市；一望无际的科巴卡巴纳海滩以及从船上能够看得到的众多令人赞叹的景点。我的经纪人佩里亚斯先生来码头迎接我们，一见面就祝我新婚快乐，我说他弄错了，并把公爵夫人正式介绍给他，但他听了之后更加跃跃欲试地要向我祝贺了。他把我们送到位于市中心和科巴卡巴纳海滩中间的光荣宫饭店。

佩里亚斯先生在市立剧院只预告了三场独奏音乐会，因为本季的其余时间剧院已经另有安排。感谢上帝，这三场独奏音乐会的票已经售完。我原本担心，这里的人们还记得我宁愿弹奏维拉-洛勃斯的作品，而置更受欢迎的作曲家于不顾的事情。实际上，我的肖邦作品独奏音乐会，三场中的最后一场，特别对听众的胃口，这令佩里亚斯和我有勇气在旧歌剧院追加了两场独奏音乐会。

第一场音乐会之后，卡洛斯·根勒邀请我吃晚餐。我回答说"可以，先这么安排吧。"准备只要卡拉对我单独活动稍微表现出不满就立即谢绝。但她一笑置之。

"我想放松一下，并读点书。我不喜欢被完全陌生的人邀请。"

我还单独接受了两三个邀请，并不乏虚伪地对她说："今晚我想给你一个摆脱我的机会。"

作为补偿，我拉着她到处游逛，还带她去我第一次和维拉-洛勃斯一起听精彩的巴西音乐的地方参加"卡巴莱"。音乐会上，佩里亚斯总给卡拉在经理包厢内预留着座位。

在圣保罗我演了两场，而她也玩得更好些。在我的第一场独奏音乐会上，来了一些她在罗马的朋友，之后我们愉快地共进晚餐。恰法莱里教授邀请我们两人去吃饭，他全家对卡拉的美貌和魅力大为赞赏。

为举行两场额外的音乐会，我们回到了里约，之后立即乘船去了布宜诺斯艾利斯。

阿根廷首都那"排外的"上流社会令我有些忐忑，尤其是"广场饭店"的烤肉馆和那里面一个个卑鄙、好奇的食客。我担心这次停留会让我们感到别扭，就在下船前临时决定请鲁伊兹在"宫廷饭店"订了一个带一间客厅和两间卧室的套房。这个饭店离城里的社交区远一些，里面的顾客大都是过往的商人，他们最多住上一两天。而贵族做派十足的"广场饭店"情况则完全不同，其房客大部分是侨民。

我的头四场音乐会是在奥德翁剧院进行的预售。作为新曲目我演奏了法雅的《贝蒂卡幻想曲》，但它遭遇了在巴黎同样的命运。我的听众太过习惯于《火之舞》里那种力度的冲击，也期盼着它会出现在这部长的作品中。不过，我很高兴地发现，我的肖邦越来越受欢迎了。常常有楼厅的听众高叫着要求加演肖邦，而不是《纳瓦拉》。卡拉每场都到，坐在经理包厢的后排，只有我能看到，并且在我演奏时读书。我不能怪她，因为多数曲子她在巴西就听过了。

我们在这座大都市的生活既不舒适又很复杂。在里约，我至少能领她看看城市优美的风光。我们下榻的旅馆雅致，没什么客人，最重要的是里约的人们不太在意卡拉的出现。在布宜诺斯艾利斯就不一样了。在这里，我们刚刚到，她的出现就立刻闹得沸沸扬扬，那些搬弄是非的人和记者更是忙了起来。在电影院、餐厅或者在佛罗里达大街的商店里，不断有人对我们指指点点。不消说，我只好一个人出席苏珊夫人或者马丁内斯·德·霍斯举办的招待会，而且会有人尖刻地恭喜我"取得了大捷"，让我很不是滋味。"我们的阿图尔是个真正的唐·璜。"苏珊夫人会这样宣布。马丁内斯家的人甚至表现出有点阿谀，他们很清楚在欧洲卡拉代表着什么。一天早上，卡拉给我看了一封从门缝里塞进来的匿名信，一位崇拜者声称他能从无聊的钢琴师手中解救卡拉，并许诺让她过上真正的好时光。我们在那里很不开心。结果我们就开始为鸡毛蒜皮的小事吵嘴，比如某部电影，或者我喜欢吃而她不爱吃的菜。这些分歧令我口出恶言，结果常常把卡拉气得离开房间，直到第二天早上才回来。所幸我在外省还有音乐会，例如在罗萨里奥和科尔多瓦，在蒙得维的亚也有几场音乐会。我一个人去开音乐会，把她单独留在饭店，她或许寂寞透顶，甚至焦躁不安。

我以在圣·马丁剧院与乐团合作的两场音乐会结束了这个演出季。这是巴特尔教授的学生埃内斯托·德兰戈什（Ernesto Drangosh）硬要我举办的，他坚持要和我一起公开演出。通过这个机会，我发现他十分嫉妒我和里斯勒的同台演出。谢天谢地，这次的巡演总算结束了。我们搭乘一艘到热那亚的意大利轮船；令我惊讶的是，卡拉竟然说她宁可搭乘法国船。路上她变得很难相处，有时在她自己的舱室里呆一整天，或者在甲板上找把椅子连续看上好几小时的书，还常常借口身体不适，要我一个人去吃饭。

我们抵达热那亚时天气很热，而且不得不在那里住一夜，因为她去罗马和我去巴黎的火车都要第二天早上才开。就在这一夜，在哥伦布饭店，卡拉突然问我："要是我离了婚，你会娶我吗？"

我记得很清楚，这个问题是多么让我感到尴尬。

"当然不会。"我回答道，努力让说话的声音显得很平常，"你不会是认真的吧。我无法想象著名的美女卡拉·帕拉迪尼会变成鲁宾斯坦太太，一个不太出名的钢琴家的妻子。此外，我也不敢爱你，因为我不能保证你居住在宫殿里，像你一直生活的那样。我也无力每年供给你惯常穿着的那种服装。"

我用轻松的语气说着这些。卡拉对我的回答很不满意，从她的表情，我看出自己的拒绝让她很伤心。第二天早上，我们就各奔东西了。

我决定不结婚。我长期与女人交往的经验向我证明，作为情人相处有更多的优势，可以只把自己最好的一面在自己认为最佳的时刻展示给爱恋的对象。相处的时间不必太长，也不必太短。他的示爱总是新鲜的，送花的时间也永远恰当。隐密带来成功，激情便是报偿。

现在再来看看丈夫的命运。他总是在妻子眼前晃啊晃的，想少看见一会都不行；要么在最需要他的时候，他又总不在家。或许他夜间打呼噜，或许他早上无精打彩、胡子拉碴，或许他老把浴室弄得脏兮兮的。他必须分担妻子的忧虑，并强迫妻子为自己分忧；两人必须讨论钱的问题，生活费用，以及孩子和仆人，等等等等。我就是这么看待爱情生活和婚姻生活的。

52

1924 年 8 月的夏日，巴黎炎热得不能忍受，所以接到波里尼亚克公爵夫人再度邀请我去威尼斯的短信时，我真是乐得难以言状。公爵夫人把我当成她府上的常客来接待，还细致入微地把我安顿在长廊尽头的房间，里面还摆了一架立式钢琴。

"如果愿意，你可以日夜工作，宫里没人听得见你弹琴的。"

头两星期我充分利用了这个特权。去华沙举行三场音乐会的日期快到了，这是我阔别 11 年后的第一次。我答应在第一场音乐会上演奏肖邦的《e 小调钢琴协奏曲》和柴科夫斯基的《降 b 小调协奏曲》，由格热戈什·费特贝格指挥。剩下的两场是独奏音乐会，我打算演奏那些久经考验的"战马"，一想到这些曲子会让新生的自由波兰首都里那些无常的、好挑剔的、然而令我心爱的听众感到意外，我就兴奋起来。我也借着这次机会，用新的观点重新审视了一遍我的保留曲目，但是和从前一样，不少需要长时间练习的细节依然被我忽视了。从 1904 年在扎科帕内时期起，我学习新作品的习惯并没有改变多少。我把想作为保留曲目的作品通读几遍，就能按我的方式明确抓住作曲家的本意（我常讲"作品必须能对我说话"）。我将乐曲作为整体看待，而并不太重视那些常常会破坏全篇轮廓的个别段落。与此同时，我的记忆会帮助我在心里准确无误地理解作品。记忆有三种：视觉记忆、听觉记忆和手指触觉记忆。我是视觉记忆型的，演奏时我好像真的看得见乐谱，并在脑子里会一页一页地翻谱子。当然了，我对于曲式的知识也大有助益。所有这些都使得我呈现的新作品能令普通听众满意。然而，了解我演奏作品每一小节的评论家和音乐家们，就很容易发现在某些技术困难之处我存在不足，那些段落我从来都没花时间去逐个音符地练习。这个可怕的疏懒一直伴随着我，直到唱片工业要求严格根据乐谱弹奏每个音符的年代。同时，这也教会了听众期望现场表演也能够准确无误。

我是宫殿中唯一的客人。我抵达的第二天早上，送早餐的管家转告我，公爵夫人要出去吃午饭，问我午饭要不要在宫里吃。我宁愿到诸如"拉芬尼斯"或"马蒂尼"这样的小馆子里随意品尝威尼斯的特色。午餐前在广场上，我遇到了去年的所有朋友，还看到七个巨人——都是将近一米九的大个子，个个都很优雅、很有贵族气派。他们来到我们桌子前时，把天空都遮挡住了。公爵夫人把我介绍给他们。这一家人是罗比朗特伯爵和夫人、他们的四个儿子和一个女儿，他们是强大的威尼斯莫切尼家族的后代，这个家族中出了七位威尼斯总督。认识这个家族既是一种荣誉，也是一种愉快。他们的女儿奥尔加嫁给了一个名叫卡达瓦尔的葡萄牙侯爵，迄今还是我亲密的朋友。

在"马蒂尼"我点了些令人愉悦的烤虾以及我偏爱的意大利面条。我游逛了很久，观看了卡尔帕乔的绘画作品，在里亚托桥附近喝了一两杯很浓的意大利咖啡，然后回到了宫中。温妮公爵夫人在漂亮的凉廊上等我，那是由阳台改造成的，位于宫殿的一侧，俯瞰着隔壁宫殿的花园。公爵夫人说起话来下嘴唇总是习惯性地往下伸，她用虽经努力掩饰、但仍依稀可辨的美国口音（说法语和意大利语时特明显）说道："我讨厌正式的晚宴。因为只有我们自己，所以我只叫了点清淡的小吃，以及咖啡和糕点。"

小吃包括凉火腿、沙拉和冰激凌。公爵夫人高兴地注意到我并不在乎酒。

她说，"我自己从不喝酒。我认为画家和钢琴家也应该当心。"

晚饭后，我拿上后门的钥匙，又漫步来到广场，在弗洛里安咖啡馆坐下，听广场中心的市立乐队（那是星期天）演奏的一些序曲和流行歌剧的集锦。次日早上，管家又问我是否愿意一个人宫中用午餐，因为公爵夫人要出去吃。但是在广场上，一个朋友把我拉到离费雷卡尔不远、我还不认识的"哥伦布"小饭店。我们在那里吃了新鲜美味的龙虾，还配有正宗的蛋黄酱。

接下来的两天，公爵夫人依然外出午餐，这就有点令人奇怪了。我觉得，既然她已经在广场上把我介绍给了她所有的朋友和外国游客，为什么会没人邀请我呢？于是午饭时我便偷偷地跟在她后面，发现她总是一个人到里亚尔托桥附近的一间可怜兮兮的小饭店吃午饭。了解到这个秘密后的第二天，我就邀请她到新发现的"哥伦布"和我一起午餐。她愉快地接受了我的邀请。从此，每逢午餐，我就尽力用各种相当昂贵的贝类来款待她。

一天，我练习困难的肖邦《第四谐谑曲》花了不少时间，快一点钟时才来到广场，看见卡拉和一群朋友坐在弗洛里安咖啡馆的露台上。我吃惊地向她问好，她则平静地用她那悦耳的声音答道："我住在丹尼尔饭店。"

她和自己的什么亲戚去吃午饭了，但同意与我们一起喝茶。在去小饭店的路上，温妮公爵夫人用意大利语说："她很美，但有点疯疯癫癫。"

当我把卡拉送上来接她的摩托艇时，她说："今晚 11 点到丹尼尔饭店来，直接进我的房间。"并说了房间号码。

我接受这邀请时，心想不知旅馆的管理层会如何看待这类事，不过仍下了决心冒险一试。卡拉像通常一样不把我的担心当回事。

"如果有谁来，我就把他赶出去。"她十分平静地说。

第二天，直到傍晚我才看见她。

"我更喜欢利多沙洲，威尼斯太潮湿，蚊子又多。"她说道，并把我介绍给这几天陪着她的两个可爱的年轻人，一个是维尔杜拉公爵，西西里人，名字叫做福科；另一个是布兰卡伯爵（Branca），是费尔奈·布兰卡啤酒公司的所有者。这三人每天都呆在海滨，除非谁的府上举行茶会。我不能说我吃醋了，但是我得承认，她反复无常的态度使我有些恼火。卡拉并不知情，有一天她问我打算在威尼斯呆多久。

"还有两个星期左右。"我回答，"在去华沙前我要回一趟巴黎。"

"那么，下星期我们就去加尔多内。你会喜欢加尔达湖的。我们可以从梅斯特雷乘汽车去。"

她认定我会同意，就又找同伴们一起喝茶去了。

动身前，我向温妮公爵夫人提议，我要为她举行一场小型音乐会，她可以邀请自己的朋友们来参加。

"你如此周到地邀请我来这人间天堂，算我略表心意吧。"

她的下嘴唇更加向前伸了。

"我的宫殿永远是你的家。"

她一共招集了大约 50 人，这些人现在也是我的好朋友了。我专门挑了他们会喜欢的曲子演奏。

在去加尔多内前的两三天，在圣马可广场我遇到了从利多沙洲回来的卡拉。

"让我今晚上你旅馆的房间去吧！"我提议。

"不，这太不方便了。不过要是你愿意，你可以夜深时把我带到你自己的房间去。"她平静地说。

"这不但不方便，而且还危险。我肯定公爵夫人不会喜欢别人滥用她的好客的。"

"我们可以小心翼翼地做嘛。"对卡拉的执着我不敢苟同。不过我可不想被她看成胆小鬼，还是屈服了。大约深夜 1 点钟，我们在广场碰面，然后悄悄地走到宫殿的后门。我用自己的钥匙开了门，出于害怕仆人听见她高跟鞋的声音，我把她抱上楼梯，之后她脱了鞋，我们俩像做贼一样走进我的房间。就算在床上，我还几次制止她出声，因为我发现她正打算用她那洪亮、悦耳的声音说话。无论如何，这一夜也不能称做爱情之夜。当我把卡拉安全地送到她的旅馆大门口时，才深深松了口气。

我们分头前往梅斯特雷，然后才一起坐着一辆舒服的汽车去加尔多内。下午我们抵达一家温馨的旅馆，租了两个紧挨着的房间，房间朝着静谧而略带忧伤的加尔达湖。加布里埃尔·邓南遮①，阜姆的英雄，居住在湖中的一栋豪宅里，但是我们看不到。这一晚过得很宁静，我们两人都需要休息。

第二天一早，在吃了一顿有咖啡、熏火腿和橘子酱的丰盛早餐后，我们租了一艘摩托艇就去湖上观光。一时间我产生了一种特殊的联想：瑞士画家阿诺尔德·布克林（Arnold Bocklin）的一幅题为《死亡之岛》的著名油画突然在我的眼前复活了。这幅画的复制品在华沙和柏林的几乎一半的家庭都可以见到。画家不可能在别的地方画出这一作品。我不得不坦承，自己从未崇拜过布克林，但他这幅画对我影响很大。它传达了被人遗弃、只拥有死

---

① 加布里埃尔·邓南遮（Gabriele D'Annunzio 1863～1938），生于阜姆（Fiume）。意大利作家、诗人、军事冒险家。信奉尼采超人学说，鼓吹精英政治，拥护法西斯，是墨索里尼的智囊。他主张夺取旧奥匈领土为意大利所有，比如时属南斯拉夫的阜姆。

亡的岛屿的气息。这幅画给了拉赫玛尼诺夫灵感，他创作了一首很美的同名音诗。当我觉得湖水忧伤时，我自己的神经肯定早有预感。

我的故事让卡拉印象深刻。从此，对死亡的思考就一直伴随着我们，并常常出现在我们的谈话中。愉快的旅行随即失去了魅力和目的，我们在令人忧伤的沉默中吃着三餐，打发了那几天的时光，我们谈着一切，但绝口不提爱情。各自回家时——她回罗马、我去巴黎，我们都暗自庆幸。

53

我开始努力练习在华沙演出的曲目了，但是在马杰斯特饭店有成打的请柬等着我。热尔梅娜·德·罗思柴尔德想请我一起午餐，写道："爱德华（她的丈夫）极喜欢听你讲故事，并十分赞赏你在烹饪上的品味。"可惜，爱德华都是在12点半吃午餐，因为银行的工作要求他早些回去，然而这对我太早了，我从来没有在11点之前吃过早点。

梅尔基奥尔·德·波里尼亚克夫妇常请我吃晚饭。其中一次是为了欢迎约瑟夫·霍夫曼和他的第一任妻子、尼娜·波里尼亚克的近亲。梅尔基奥尔就此机会邀请了年轻的"六人团"中的几个人：奥涅格、普朗克和热尔梅娜·塔耶弗尔，还有"上流社会"中的几家人。霍夫曼想要征服欧洲各国的首都，但是延误得太久了，这么多年他一直忽视这里，专心在美国演奏。他大名鼎鼎，但实际上谁也没有听过他的演奏。难怪盛宴之后年轻的音乐家们和几个漂亮的小姑娘把他围起来，请他弹点什么。他很反感这种场合，但最终还是屈服于她们轻率的要求。他选择了舒曼的《幻想曲》中的"在夜间"，这是他最糟糕的选择。这段艰深的乐曲脱离了整部作品后相当怪异，外加他之前喝了不少酒，演奏起来就更显得奇怪了。许多错音和短暂的遗忘让他这次演奏成了可怕的经历。他的听众们互相望着对方，被"伟大的霍夫曼"的表现搞得迷惑不解。整件事情使我非常伤心。到了大街上，我对年轻的音乐家们讲了自己的想法。

"我向你们保证，在最好的状态下他依然是伟大的霍夫曼。我唯一要责怪他的，就是他不该在你们不健康的好奇心面前让步。"

然而，那晚的印象严重影响了霍夫曼在巴黎的首演。他在香榭丽舍剧院为一战的老战士们举行音乐会，演奏贝多芬的《降 E 大调第五钢琴协奏曲》（《皇帝协奏曲》）时，听众看上去无精打采，结束时只让他鞠了一个躬。我去后台看望他，他把我介绍给战争英雄贝当元帅，元帅此时是作为老战士协会的主席来向霍夫曼表示感谢的。

在和欧亨尼娅·埃拉苏里斯、让·科托、桑德拉尔和阿夏尔一家一起过了几个有趣的夜晚之后，就该去华沙了。火车快到伟大、自豪的国度的首都时，我的心就开始狂跳。我年轻时代的所有记忆都复活了。我一方面担心战争给我的朋友们造成伤害，另一方面看到我心爱的华沙摆脱沙俄的皮鞭又极为兴奋。

到达后，我早年的朋友们，莫什科夫斯基兄弟、雷沙德·奥登斯基和亚历山大·希曼诺夫斯基，把我带到了欧罗巴旅馆，房间重新粉刷过，家具也换了新的。不过，令我十分高兴的是，那个漂亮的餐厅原封未动。不用等人邀请就能点自己最喜欢的菜肴，可以用自己国家的钞票付账，这感觉真是好极了。

我非常想了解波拉的一切细节。好像她的父母现在居住在乌雅兹道夫斯基林荫大道上的波兹南斯基宫中。战争爆发之初，波拉与家里和解了，她带着两个女儿住在父母家。弗雷德里克像通常一样，有自己单独的住房，他在里面教钢琴，还正创作一部新歌剧。得知波拉和她的女儿们重新团圆让我很高兴，正是我造成了她们令人伤心的分离。但同时，一想到我们再也不能见面了，我又感到极为难过，因为这是她父母为接受她回去提出的先决条件。

我觉得华沙棒极了。波兰总理居住在古老的王官里。贝尔维德尔宫成了波兰国家元首毕苏茨基的官邸。街上再也见不到俄文了。军官们穿着漂亮的制服，走起来昂首阔步，英武自豪。女人们则比以前更加美丽了。

下午我和卡罗尔·希曼诺夫斯基见了面，他现在的情绪比我上一次见他时好多了。克拉科夫的雅盖沃大学授予他名誉博士的头衔，这是国家能给他的最大荣誉了。对我本人他也有好消息：他正在谱写一首钢琴和管弦乐团的交响作品。它不是严格意义上的协奏曲，而是一首协奏交响曲。他答应写好后就带到巴黎。

在音乐会当天的上午我有一场排练。柴科夫斯基的曲子进行得很顺利，费特贝格给出了恰当的速度，很注意地观察我，甚至还夸奖了我的华彩乐段。然而在排练肖邦时，他就不认真了，处理合奏也漫不经心。当我抱怨此事时，他干巴巴地回答：

"乐队没有事情可做。肖邦只会写钢琴作品。"

我们又旧话重提地争吵了一回。

"你才是个差劲的音乐家，只会演奏理夏德·施特劳斯那些吵闹的作品，而你也只是最喜欢里面那些粗俗的段落！"我叫道。

肖邦成了我们争吵的牺牲品。幸好乐队对作品很熟悉，音乐会上，他们在合奏时非常小心。华沙爱乐音乐厅的票销售一空，历经了战争劫难的我的老朋友们悉数到场，评论界也来了人。其余的听众则是来听"西班牙和南美洲的大宠儿、在美国挣了上百万的人、巴黎和伦敦的名流",诸如此类,不一而足。我很了解亲爱的华沙人,他们依然像被俄国人统治时那样趋炎附势。他们崇拜我可以这么长时间不回国演出。从我记事起,每次我去维也纳或伦敦,总能看到他们满意的微笑——"他比呆在华沙有更好的事情可干。"——而这种态度总令我不快。

不管我多么谦虚,我也要承认这是我的凯旋之夜。我两场独奏音乐会的票立即就售罄了。我旅馆房间里的电话响个不停,都是来要票的,而我手里一张票也没有。独奏音乐会让我有机会用我的西班牙保留曲目给听众们来个出其不意,他们从来没听过那些作品。《纳瓦拉》和《火鸟》又取得了胜利,我没有哪场音乐会可以不演奏这两首曲子。每场音乐会我都得到 500 美元的演出费,这在那时是极高的酬金。每位评论家都发表文章竭力赞扬我,只有一个例外,彼得·雷代尔先生,音乐学院的和声学教授,他非但不喜欢我的演奏,而且否认我有任何才华。

罗兹音乐厅的新任经理名叫卡罗尔·鲁宾斯坦(与我无亲戚关系),他开出同样报价请我到我的家乡举行独奏音乐会。这一次,我的音乐会已经不再是家庭事务了。真正的罗兹听众,那些只在重大场合才能见到的人,填满了我的大厅。有好几百冠冕堂皇的男男女女我都从来没有见过。我自己无所不能的一大家人总让我觉得在这座大城市里,没有其他人值得结识了。事实上,我从未到过不属于我们这个大家族的任何人的家里。

卡罗尔·鲁宾斯坦先生立即宣布要举行第二场音乐会。这场音乐会甚至取得了更大的成功,因为在舞台上围着我坐了 100 多人。每场音乐会结束后,我的两个姨妈和我大哥斯塔希,他现在住在我父母的房子里,都举行了和父母在世时一样的晚会。完全和过去的好时光一样,但我怎么也高兴不起来,我父母没能亲眼看看他们的浪子获得的成功,使我万分难过。

离开罗兹后，我又在华沙呆了几天。现在，我在生身之国终于功成名就，于是便花了整整一天时间来做早就想做的一件事。我口袋里塞满了音乐会上堂堂正正挣来的美元，大摇大摆地去找那些战前就对我的前途充满信心、资助过我的人还钱。大家可以想象我把钱还给维多利亚旅馆善良的老人斯蒂钦斯基时有多么开心。他收到这笔天上掉下来的钱时喜出望外的劲头，好像要把整个旅馆作为礼物送给我似的。我的裁缝店虽然已经转了手，但新主人有我的账单，他收了钱，并提议优惠我做几件衣服。我表示感谢，并告知他现在我在伦敦的裁缝店做衣服。

我最想还钱的债主是哥德弗拉姆博士，他为我担保从信贷银行借了 500 卢布。亲爱的博士接待我时，好似时间并未流逝，他还对我的音乐会大加赞赏，并带我参观他新收集的青铜器，却绝口不问我来访的目的。等我主动提起我欠他的钱，并对战争造成的延误表示歉意之后，他才如数收下。这笔贷款的另外一名担保人是莱昂·伯恩斯坦先生，索菲娅·迈耶尔的父亲，他在战争期间去世了。由于莱昂·伯恩斯坦先生去世，博士承担了 500 卢布的全额贷款，这消息还是安代克·莫什科夫斯基告诉我的。博士把银行收据交给了我，反倒好像他是债务人，而我是债主似的。

尤瑟夫·雅罗申斯基到旅馆和我一起用餐。对这次见面我有点怵，生怕要听他用有力的声音抱怨失去的庄园和财产，但是我错了。热烈地拥抱后我们坐下，他用那洪亮的嗓子像从前一样和我热情地讨论起我在音乐会上演出的那些西班牙作品来。当我对他的不幸遭遇说了几句话安慰时，他回答说：

"我们中的许多人都失去了自己在俄国拥有的一切。不过我们得到了补偿，我们现在是自己自由国家的自豪的公民了。"

这话使我热泪盈眶。

饭后回到房间，我尽量把身上的美元分给了他，作为对他为我所做的一切表达的小小的心意。他把钱当作礼物收下了，还恳切地告诉我他已结婚，生活得很好。"她很美丽，是非常有才华的女画家。我们极为幸福。"

我启程前，他给我送来了一件礼物：用两三张报纸裹着的一个很大的物件。

"这是个送你的好礼物！热拉佐瓦-沃拉村（肖邦出生地）路边的石头。"他高兴地叫道。

我愉快地接过来，但是几乎被它的份量压倒在地，于是我暗自决定把它留在旅馆里收藏好。

有天上午来了个电话。一位女子用可爱的声音问道："您是否记得一个叫马尼娅·舍尔的小姑娘？"

我当然记得：她是我 9 岁时的初恋。

"记得。她怎么样啦？"我回答。

她压低了声音说："我就是马尼娅·舍尔。我已经结婚多年了。我要在这个旅馆住两天。如果你有一点空闲时间，我愿意在事隔这么多年之后再见你一面。"

我很激动，一下子就记起了往事。她接受了我的午餐邀请，并同意在大堂和我会面。

我花了好一阵工夫才认出她来。她长得很高，穿着件长长的冬大衣，戴着帽子，还用面纱遮住脸。不过，当她掀起面纱后，我又看见了当年的马尼娅·舍尔，那个波斯微型画中的姑娘，同样可爱的鼻子和嘴巴，还有那双美丽的黑眼睛。

她默默地跟着我去了一家小餐馆，馆子里实际上就我们两人。她对我平静地讲述了自己的青春如何浪费在一个既不爱她、她也不爱的丈夫身上。结束时她说："我曾经只为女儿活着，但她两年前在塔特拉山上被雪崩夺走了生命。我现在已经没有生活的目的了。"

她没有眼泪，木然的面孔透出深深的绝望。我沉默了很长时间，而后说道："你知道吗，你曾是我初恋的人？你记得伊诺符沃奇吗?"

于是我讲起了整个故事,讲我为了打动她而去骑马,讲我多么嫉妒那个常和她一起跳舞的红发男孩,讲他们一起跳舞时我有多气恼。

"还记得吗,有一次我为你弹了琴,你想吻我,而我强烈地拒绝了,因为我希望你爱我,而不是把我作为一个小天才来宠爱。"

她激动得一脸绯红,而且两眼放光。

"知道么,"我继续说,"就为了只看到你的侧影或者拉窗帘的一只手,我也会连续几个小时从我姨妈家的房子里盯着对面你的窗户。去柏林时,一想到再也见不到你了,我都心碎啦。"

她低头听着,揉着眼睛。沉默了一会儿,她非常轻声地说道:

"我都知道。有人爱她们时,姑娘们都是知道的。你嫉妒的那个红头发男孩很笨,不过他舞跳得好。回到华沙后,我始终感到周围有你的爱。"

我们两人的情绪都亢奋起来了。我握住她的手,吻了几次,付好账,然后和她手拉手地离开。我们乘车回到旅馆,我把她带到我的房间。我俩相互拥抱着,并感到正在补回早该属于我们的东西。

告别时我们热情拥抱。她第二天一早就要回罗兹,而我当晚还和希曼诺夫斯基约好见面。于是我去花店为她订了玫瑰花,还加了几句情深意切的话。夜里回旅馆时,我收到她送的几朵花,还有简单的两个字:"谢谢!"

希曼诺夫斯基把我带到一家新咖啡馆,那地方也可算个茶室,名字叫"故土"。路上他告诉我说:"在那里你会认识几个优秀的年轻作家和诗人。这世上你是不容易找到他们这样的人的。"

　　他说得对。屋角上的一张大桌子已被他的朋友们占据了。我们走过去，希曼诺夫斯基把我介绍给大家。我要列出所有人的名字，因为他们每个人都是波兰现代文学的精英。杨·莱洪①、安东尼·斯沃尼姆斯基②、雅罗斯瓦夫·伊瓦什凯维奇③、卡齐密什·维耶仁斯基④，最后压阵的是尤里安·杜维姆⑤。很快又来了一个杰出的作家——鲍伊-热伦斯基⑥，他是作曲家符瓦迪斯拉夫·鲍伊—热伦斯基的儿子。他的诗是儿歌风格，抨击新兴中产阶级、迂腐的学究、趋炎附势之徒，以及道德败坏又没头脑的女人。他拥有广大读者，而有些机智的诗句现在仍旧是人们常用的格言。这个了不起的人还花时间优美地翻译了莫里哀⑦全集，以及巴尔扎克⑧和法国文学的其他许多经典作品。最后一个到达的是我的老朋友弗朗茨·费舍尔。从他一坐下，他那洪亮的声音就控制着所有的人，他机智、独到的玩笑则引得大家捧腹不已。即使费舍尔只发表一半他那些有趣而富于哲理的言谈，他也能成为

　　① 杨·莱洪 (Jan Lechon, 1899～1956)：波兰诗人。著有：《银色和黑色》、《地道的贵族诗篇》等。

　　② 安东尼·斯沃尼姆斯基 (Antoni Slonimcki, 1895～1976)：波兰诗人、作家。作有《华沙黑人》、《家》等。曾任波兰文学家协会主席。

　　③ 雅罗斯瓦夫·伊瓦什凯维奇 (Jaroslaw Iwaszkiewicz, 1894～1980)：波兰诗人、小说家。最主要的作品是《名望和光荣》；音乐方面的作品有：《肖邦》、《与希曼诺夫斯基相聚》、《巴赫》等。曾长期担任波兰文学家协会主席。

　　④ 卡齐密什·维耶仁斯基 (Kazimierz Wierzynski, 1894～1969)：《春天和葡萄酒》、《屋顶上的麻雀》，还有专著：《肖邦生平》。

　　⑤ 尤里安·杜维姆 (Julian Tuwim, 1894～1953)：波兰诗人、翻译家。作品有：《波兰之花》等。

　　⑥ 塔代乌什·鲍伊-热伦斯基 (Tadeusz Boy – Zelenski, 1874～1941)：波兰杰出的翻译家、诗人和政论家。二次大战中被法西斯杀害。

　　⑦ 莫里哀 (Jean Moliere, 1622～1673)：法国喜剧作家、戏剧活动家。主要作品有《伪君子》、《唐璜》、《吝啬鬼》等。对欧洲喜剧艺术的发展具有重要影响。

　　⑧ 巴尔扎克 (Honore Balzac, 1799～1850)：法国小说家。他的总标题为《人间喜剧》的巨著包括小说 93 部，反映了法国社会激烈变革时期的现实生活，描绘了法国的风土人情。

最受欢迎的作家之一。但他轻蔑地一个字也不愿意写，并骄傲地宣称："我永远不会堕落到用墨水玷污漂亮的白纸。"

由于我是希曼诺夫斯基引荐来的，所以那个特别的团伙立即就把我当成他们中的一员了。杜维姆说："我们算得上是亲戚。我母亲和您大姐雅德维加从小就是形影不离的朋友，我四五岁时，母亲常带我到火车站去看您全家送您上火车去柏林。母亲总是对我说：'你看看这个阿图尔，他已经是个有名的钢琴家了，而你会成为什么人呢？'在没有听到您的演奏前，我一直恨您，但现在您是我喜爱的钢琴家了。"

我们拥抱在一起以庆祝我们的友谊，并且立即推杯换盏、称兄道弟起来，相互间的称呼也变成了随意的"你"。

只有杜维姆和伊瓦什凯维奇热爱而且懂得音乐。别的人对音乐没有太多的感受，但这一点从未妨碍我们从此保持密切的接触。

亚历山大·斯克申斯基伯爵担任了外交部长，于是我径直去外交部向他表示敬意，并受到这位真正高尚的人的最诚挚的接待。

"我很高兴，自从上次在罗马见面以来，我们各自都一帆风顺！"他说。

我离开前，收到他的一份宝贵礼物——一本带外交签证的波兰护照。

"这将为您的旅行提供便利。"他说。

希曼诺夫斯基给我讲了华沙音乐生活的新的发展情况。

"埃米尔·姆威纳尔斯基现在是歌剧院的院长，他成功地将歌剧提高到了欧洲的顶级水平。他招集了优秀的歌唱家，演出了我写的《哈吉施》，但是评论界——我的大敌，却恶意地称之为理夏德·施特劳斯风格的德国歌剧。然而这并没有吓倒姆威纳尔斯基，他已经答应要上演我正在创作的歌剧《罗杰王》。有一件事会让你感到好笑的，音乐学院要我代替姆威纳尔斯基当歌剧院院长。这个想法本身就让我恐惧。你知道我多么不适合这个官僚职务，但恐怕我必须接受它了，因为我极其需要固定的收入。阿图尔，你看，现在我得养活我的整个家庭。我哥哥费利克斯力图找份伴奏的工作——你知道他钢琴弹得相当不错，但一直都找不到。我可怜的母亲体弱多病，需要保姆照顾。我的两个妹妹努拉和肖卡还没有出嫁，都住在家里。我唱歌的姐姐斯塔尼斯拉娃离婚了。她常在歌剧院演出，也办音乐会，但她的演出费连她自己的开销都不太够。这就是我目前的状况。"

我可怜的卡罗尔一直都受家庭的牵累，直到 54 岁过早地去世。他对家人的爱恋非常像肖邦。

雷沙德·奥登斯基现在是电影导演。他带我参观他在华沙古城圣约翰教堂对过的漂亮公寓。

"明年你回来时一定要住我家。"他一再坚持，我最后只好同意了。

我很少看到姐姐海拉。我的两场音乐会她和她的全家都到场了，坐在我为他们预订的包厢里，并在"卢尔斯茶室"和我喝了咖啡。

我答应华沙爱乐音乐厅明年回来开两场独奏音乐会，也接受了卡罗尔·鲁宾斯坦在罗兹举办音乐会的建议。克拉科夫的经理泰奥菲尔·迟钦斯基向我提出在克拉科夫和李沃夫以及原奥地利占领的波兰地区的六七个小一些的城市来一趟完整的巡演。

回巴黎的路上，我顺便在柏林停了半天，受波里尼亚克公爵夫人之托，我要为她在威尼斯的府邸挑选一架贝希斯坦演奏琴。由于战后破了产，贝希斯坦家族因欠银行的债务，工厂被接管了。多亏了贝希斯坦的大名，新厂主努力让工厂像以前一样繁忙，但产品的质量已大不如前，当年，每一架钢琴在出售前都要经过仔细的检查和测试。我很幸运，找到了一架机械部分很好用的优质音乐会演奏琴，便立即将其运往威尼斯了。

54

在马杰斯特饭店有许多信件等着我，大部分来自我从未去演出过的国家的经纪人。有一封来自现属南斯拉夫的萨格勒布，信中邀请我在那个有趣的国家的较大城市举行五场音乐会。在罗马有了一个新的音乐会经纪人，是一位来自的里雅斯特的精力充沛的女士，克拉拉·卡姆斯。亏得她，现在我有机会访问几座我一直向往的古城了。在罗马的奥古斯都音乐厅以及与圣塞西利亚乐团举行的音乐会还是由圣·马丁诺伯爵一手掌控。比利时也向我敞开了大门：布鲁塞尔、列日、安特卫普和根特都想举办我的音乐会。现在我去土耳其、希腊和埃及访演，就像去看望老朋友了。

一天上午，我又惊又喜地接到了波拉的电话。她说她刚带着自己的两个姑娘到巴黎，并问事隔这么多年后我是否还愿意见她。我立即邀请她共进午餐。我们很高兴见到对方。我反复地亲吻她的双手。用餐时我们滔滔不绝地交谈着分别以来这些年各自的情况。

她说着她家庭的每个细节，"上个冬天我丈夫去世了。谢天谢地，战争爆发后，我就和父母和解，又同我的孩子们生活在一起了。"而后她微微一笑，说："当然啦，现在她们都是大姑娘了。她们有点担心我们的会面。从童年起，我母亲就不断地给她们灌输，说你是魔鬼的化身，逼她们发誓永远不看你一眼。"

我们两人都笑了起来。

"实际上，她们是要来这里接我的。"

波拉变化不大。她有一点发福，但姣好的面容依旧那么纯洁，小小的鼻子、温和而甜蜜眼睛。我和她来到街上，看见马路对面有两个少女在来回走动。她们看见我们时，一时间像要逃走，接着又突然改变了主意，穿过马路，被她们的母亲介绍给了我。自然，我知道事情会这样变化的，难道年轻姑娘能抵御得住认识各种魔鬼的愿望吗？对在她们生命的最重要的那几年夺走她们母亲的这个男人，两位姑娘是十分同情和宽容的。

在波拉回华沙前，我们还见过几次面。

我对新成立的南斯拉夫的首访从各方面讲都挺有趣。塞尔维亚和克罗地亚，现在虽然被一个好听的新名称统一起来了，但依然是两个相互明显不同的国家。我觉得，克罗地亚从前的首府萨格勒布的气氛有点像波兰。当然啰，这与共同信奉天主教有关联。但是即使没有这一层，把这个城市放置到波兰的某些省份，也毫不突出。

我的经纪人是个克罗地亚犹太人，年纪不轻了，但一颗火热的爱国心强烈地偏向克罗地亚和曾经统治过克罗地亚的匈牙利。他有一位年轻的夫人，人高马大的，十分漂亮。整个巡演期间他没有离开我一步，而且能用四五国的语言长篇大论地和我讨论，但很少把妻子带在身边，太让我遗憾了。我倾听他谈论大战，他对政治形势极为了解。我同意他的绝大部分看法，只有一个例外：我感觉克罗地亚的听众比波兰听众还要有节制，然而他却说我的音乐会是"百年难遇的胜利"，并用更好的条件同我续约。我觉得塞尔维亚首都贝尔格莱德的听众更敏感，具有俄罗斯风格：容易燃起激情，但相当多变。我也在这两个国家的省城演出过，音乐会在那些地方还是新鲜事。由于我能用两种语言读懂和听懂一切，我便能在那里毫无困难地了解各种情况。克罗地亚语与波兰语有许多共同之处，塞尔维亚语听、说起来都像俄语。

我接下来的音乐会是在米兰"四重奏协会"以及在威尼斯的"贝内德托·马尔塞洛音乐学院"的小厅举行。这是我首次在威尼斯的正式演出，听众实际上还是温妮公爵夫人在自己的宫中召集的那些人，只不过多了几位教授和一群学生。所以演出像一场家庭聚会，我的演奏也获得了相应的欢迎，这使得我感到，我在威尼斯真正的首演尚未到来。

我坐东方快车去了伊斯坦布尔，阿迪蒂先生为我在当地和雅典安排了几场演出。我的朋友贝克麦江夫妇偕同他们家的那些猫掌管了我的午餐和晚饭，同时也提供了练琴的机会，让我可以准备这次演出的新曲子：有几首希曼诺夫斯基、维拉-洛勃斯的作品，以及法雅的《三角帽》中的几首舞曲，我把它们改编成了钢琴曲。一天，女主人萨福带我坐船去"金角湾"兜风，让我饱览了博斯普鲁斯海峡两岸的奇观。

阿迪蒂又提议我重访特拉维夫，并举行一场音乐会。他说："他们现在建了音乐厅了，只能容纳1000人，但他们如果能再次看到你、并听到你演奏，一定会很开心。"

我同意了，尽管我担心可能会赶不上在巴黎庆祝圣诞节和新年的活动，我收到了过年的邀请，并且快乐地期盼着。

从我上次来访后，特拉维夫已扩大了许多。它看上去已经开始像个小城了，新的建筑到处可见，而雅法则活像是特拉维夫的阿拉伯区。音乐厅看上去不太漂亮，但共鸣很好。我人未到，票已售罄。那场音乐会很不错，我对自己民族的热爱，令我演奏得十分用心。幕间休息时，我听说警察和想挤进音乐厅的一群年轻人之间发生了冲突。当地的音乐家和两三位从俄国流亡来的教授和我一起吃了顿简单的晚餐，并轮流举着伏特加向我祝酒。鉴于我极为害怕在大庭广众讲话，连说声"谢谢"都要费很大的劲，我恨透了祝酒致词。我的身上就存在这种奇怪的矛盾，在朋友堆里我谈笑风生，可一旦要发表讲话，我的舌头就立刻僵硬了。

第二天我前往希腊。在雅典，玛丽卡给我带来了令人伤心的消息——她的未婚夫死了。

"达沃斯的新鲜空气让他十分高兴，医生和护士亲切的态度也令可怜的病人们感觉有康复的希望。"她的声音抖了一下，"在一次大咳血后，他突然死了。那么有才的一个好人，他的好日子还没开始就不公平地去世了。"

我来雅典只是为了举行音乐会，结果这个噩耗竟笼罩着我的演出。

我意外地接到克拉拉·卡姆斯发来的电报，她恳求我 12 月 30 日在巴勒莫演出一场："他们还提出 28 日在墨西拿另演一场，让你不虚此行。报酬丰厚。拜托了，请务必同意！"

我可犯了难。在巴黎过圣诞夜实在太吸引人了。法国人对待它更像忏悔星期二的狂欢，而不是宗教节日。马克西姆饭店是理想的场所，有丰盛的晚餐：肥鹅肝、火鸡、新鲜的松露以及充足的香槟，然后在灯火阑珊的大厅漫舞直到凌晨。探戈正流行，你可以激情十足地搂紧你的舞伴。真的，这叫我如何舍得。不过，尽管热爱生活，我却一贯十分敬业，从不允许自己放弃一场音乐会，除非发生了不取决于我的情况。因此，我还是心情沉重地坐上了开往墨西拿的火车。

旅途并不像所说的那样简单。在卡拉布里亚的车站，火车开上了渡轮，横越海峡才到墨西拿。12 月 28 日早上 7 点我到达了目的地，一个可爱的年轻人来迎接我：

"我是您在巴勒莫的经纪人的代表，他要我完全听候您的吩咐。"

一辆出租车把我们拉到旅馆，我们安顿好就在旅馆里吃了一顿很实在的早餐。抽完雪茄后，我说：

"我想看看音乐厅和钢琴。"

年轻人一下严肃起来。

"我们遇到了一个严重的问题，找不到演奏琴。不过，墨西拿附近有位法国女士，她有一架埃拉尔德演奏琴。她很以自己的钢琴为荣，不肯借给音乐会。但我确信，如果您亲口求她帮忙，她肯定不会拒绝的。"

这个主意我不太喜欢，不过正如前面提到过的，我是职业钢琴师，而且明白没有别的办法。

出租车开了不足一刻钟就到了目的地。那位女士正在等我们，她笑容僵硬地和我们握手之后，就把我们引进了放着钢琴的屋子，钢琴上罩着厚厚的天鹅绒。这位法国女士已经六十开外，个子很高，身体极瘦，穿着一身黑衣服，衣领又高又硬，看上去很高傲。

"我知道你们想干什么，"她的声音又干又低，"我可以借钢琴，条件是你们派至少三个专业搬运工来拉，并由他们把钢琴摆到舞台上。我以前碰到过不愉快的经历，这次我肯让步完全是因为我在巴黎的几个朋友写信盛赞过鲁宾斯坦先生。"

我的同伴郑重保证满足所有条件，我则表示了十二分的感谢，然后我们就离开了那个难于接近的人。但出门前我不得不在她的访客簿和节目单上签名。

在去旅馆的路上，我向那年轻人抱怨没机会参观参观陶尔米纳城、见识见识美丽的埃特纳火山，说我的朋友希曼诺夫斯基对这两个地方是多么的痴迷。一听此话，我的陪同一下子兴奋起来。

"我能办到此事！"他叫道，"这很容易，我租一辆小型福特车，如果上午9点离开，中午抵达陶尔米纳，你就能随意参观了，午饭可以在那家有名的圣多明各饭店吃，音乐会6点半开始，我们至少可提前一小时回来！"

他的热情感染了我，我高兴得拍起手来，并说："你去找车，而我去准备演出服装，然后在楼下等你。"

他坐着一辆车棚可以放下的破旧的福特车回来了。见我迟疑地看着它，我们的小司机微笑着说："这车开过 6 万公里了，一点毛病都没有。"

我略为放心，便和他们上了路。到陶尔米纳的公路大概在大地震之后从未修过，让我感到车子是行驶在土豆地里。单调的长途旅程不时会被几个淘气的男孩打破，他们向我们扔石块作乐，有一块甚至击中了我的脖子，让我好疼了一阵。尽管如此，12 点刚过，我们就到了陶尔米纳的中心广场。此时下起雨来，天空乌云密布。我的陪同指着一块特黑的乌云开心地说："等出了太阳，那里就是埃特纳火山。"

但是太阳没有露脸。我们跑到附近的圣多明各饭店，可饭店的大门紧闭着。我们拉响门铃后，一个看门人开了门冷冷地说："4 月以前不营业。"我们只好找了家散发着臭味的小饭馆吃午饭，上的意大利面条也烧糊了。不过我在那里做成了一笔好买卖。有一个人在卖漂亮的琥珀串，我花 1000 里拉买了一串，真琥珀这个价钱算很便宜了。然后我们就返回了。司机架好了车棚，但一路上我们都被那破旧失修、噗噗作响的塑胶窗子烦扰着。回到墨西拿，还没到饭店我的陪同就下了车，说他要去音乐厅，并让我穿好衣服等人来叫。5 点以后我们才到饭店，剩下的时间刚够刮脸、洗漱、换衣服。大堂里坐着两个年轻女士，她们一见我就站起身来，要和我谈话。我尽量用意大利语客气地说："没时间。我急着要去换演出服。"

"我们一定要和您谈谈，哪怕就片刻。"她们坚持。

我挥手让她们离去并转身走向电梯。她们仍跟着我。

"我一定得和您谈谈，这极为重要。"其中之一说。

这时我真的火了。"难道你不明白吗？半小时后我就要开音乐会了。"

那女士哭起来，"说的就是这事啊！开不成音乐会了。我丈夫陪你去陶尔米纳玩，但他忘了雇人运钢琴了。现在听众已到了，舞台上却没有钢琴。"

我傻眼了。"现在不能派人去拉来吗？"

"不能。整个下午我们都在拼命找人，可是找不到人！"

现在我明白为什么他在到旅馆的路上和我分开了，想必他突然记起了这事。他再也没有出现过。长话短说吧，当晚我坐上火车，第二天一早就抵达了阳光明媚、风景秀丽的巴勒莫。

一个黑眼睛黑头发的中年绅士来车站接我，但他没和我握手，而是拧着自己的手为我在墨西拿错过的音乐会大叫。

"真无耻！真可惜！"

我很清楚应该怎样安慰他。

"就别再责怪他了。"我说，"那个年轻人对自己的岛屿很是热情，我喜欢他这一点。因此，我决定放弃那场被取消的音乐会的酬金了。"

听到最后这句，宽心的微笑照亮了他的面容。感谢了我的合作之后，他自豪地说："我也爱我的西西里岛，如果您允许我陪您看看巴勒莫的美景，我将感到荣幸。"

这回我微笑着说："我宁愿先吃准钢琴已经摆在舞台上，音乐会明天肯定如期举行。"

他带我去看墨西拿剧院，意大利最大的歌剧院。我看到舞台上已经摆着一架好钢琴，调试得很准，声音洪亮，但是剧院之大把我吓坏了。

"巴勒莫有这么多音乐爱好者来把剧院填满吗？"

他答道，"不要忘记，最大的音乐天才贝利尼就出生在这个岛上。"我有点害怕西西里人的坏脾气，便赶快点头表示同意。

离开剧院，他带着我在城里逛了一大圈。我欣赏了蒙雷阿列修道院、教堂和宫殿，但兴致并不太高。在意大利我见过比这些更漂亮的东西。但我被自己住的那座旅店——伊希埃拉别墅迷住了，那里太浪漫了，有个花园直接通到海边，而且充满了有意义的掌故。瓦格纳应该就是在这里创作了《特里斯坦和伊索尔达》，当时他刚和玛蒂尔达·维森东克（Mathilde Wesendonk）不愉快地分手。当天晚上，睡觉前，我在花园信步，思索着、回忆着、幻想着，嘴里还哼着《特里斯坦》第三幕开头用英国管演奏的忧郁曲调。

音乐会很顺利。那人说得对：听众几乎填满了剧院，不过是普通听众，算不上喜爱音乐。所幸这一点没有影响我。花园之夜给了我灵感。我演奏音乐时，还完全沉浸在花园的美景之中。我坐船从巴勒莫前往那不勒斯，然后踏上返回巴黎的漫长路途。

55

自从放弃美国后，我在欧洲的音乐会活动有了长足的发展，而且不管我去什么地方演出，我受欢迎的程度都足以让当地人邀请我再来。但我必须伤心地承认，我对自己并不太感到自豪。我过着放荡不缚的生活，不断地寻求异性，和那些知识界的朋友们一坐就是半夜，上剧院、看演出、吃丰盛的大餐，而最糟糕的是，对这些事情的热衷让我不能专心于工作。我的音乐会曲目来自平素的积累，但是自身缺乏演奏得更好的动力，又不遵照乐谱，完全依靠自己精良的记忆力和巧妙利用返场调动听众热情的小聪明。简言之，我无法夸口说哪一首曲子是完全忠实于乐谱、而且没有任何技术上的缺点。在那些因我如此坦诚而不以为然的读者面前，我也有必要为自己说两句好话。那就是，我在音乐方面的过人天赋，以及我对乐器的特殊才能从来没有丧失过。尽管我有上面提到的这些可怕的缺点，但我没有演奏哪篇作品时不是情绪饱满、带着深爱的，而当我来了灵感（这是上天的伟大馈赠）时，这种情绪和爱就能感染听众。经常会发生这种情况，耗费无数小时的艰苦练习才得到的细节上的精确，却只换到听众的冷遇，因为音乐的精髓丧失了。

和巴黎的朋友们重逢让我开心，得知他们过圣诞时很想我更令我高兴。但是我马上就得去英国举行一个短期巡演，那是米切尔先生吃了几打蚝以后为我办成的。这些演出没有描写的必要，因为又是和一个二流乐团在伯恩茅斯及其附近的几个海边疗养地的演出。不用说，我尽快就返回了伦敦。

一天上午电话铃响了，有个我经常在不同招待会上遇到的迷人的年轻姑娘邀我参加一场极为特别的晚宴。

"我不知道你是否记得我，我叫奥德丽·科茨（Audrey Coats）。"她说。

难道我会不记得伦敦最漂亮的一位女人吗？

"只有我们四人。威尔士亲王和我的朋友达德丽·沃德（Dudlley Ward）。"她还告诉了我日期、地址以及时间等细节。

"我欣然接受这个对我极为荣幸的邀请，特别是这邀请来自一位我崇拜已久的女士。但我很想知道威尔士亲王是否喜欢音乐。"

我听到她的笑声。

"他是这世界上最不通音乐的人！但是我给他讲了很多有关你的事情，以至他想见见你。"

这顿晚饭让我惊异无比。我本来以为会被介绍给一位最典型的英国人、王位继承者、对外国人天生敏感、对音乐无知到极点。然而我却见到一名在世界任何地方都能碰上的生活得十分欢乐的青年。

"请不要问我怎样看瓦格纳。我对音乐一窍不通。"亲王说，然后他带着笑意看了看女士们，加了一句，"不过我知道你也有其他的兴趣。"

他这么一说，气氛就轻松了。喝下第一口雪莉酒后，我又犯起了大讲趣闻和掌故的老毛病，而亲王比我认识的任何一位英国人更能接受我讲的东西。两位女士和我们同乐，晚餐结束时，亲王邀请我们三人去观赏一场时髦的杂耍表演。在剧院他有一个大包厢。他的副官，一个讨人喜欢的年轻绅士，已经在等我们了。演出很好。亲王不时地轰然大笑，他的副官只好悄声对他说隔壁包厢里的人有意见，他的笑声反而更大了。那一夜是在"大使馆俱乐部"结束的，我们轮换着和两位女士跳舞。虽然我算不上趋炎附势之徒，但是那个夜晚让我十分满足。不过还有更令我惊喜的事情，我在布赖顿城举行完音乐会，次日上午接到一封电报，内称："威尔士亲王殿下邀请您今晚 8 点到圣詹姆斯宫用晚餐。"——署名是那位副官。

"啊呀呀！"我一个劲地念叨着。我搭乘最早的一趟火车，以便有时间换衣服，并准时抵达宫殿。

这顿饭还是我们四个人，似乎是上一次晚餐的延续，唯一不同之处在于，我发现这次用餐的房间里，曾有许多英国国王把他们啃完的鸡骨头随便地抛到身后①。亲王是个非常尽职的主人，关注着给客人斟酒、悄声地吩咐着两名管家。我再次被我们这一

---

① 古时的欧洲有种风俗，把啃完的鸡骨头随便往身后一抛，以示自己身份的高贵和性格的豪爽，而不重举止的文雅。

小群人的魅力所折服，迫不及待地大谈我们的两位女士是多么的漂亮、机智、有修养。晚餐结束时，两位女士起身离开，留下我们俩喝酒、抽雪茄。我们两人单独在一起时，亲王展现了自己的语言天分：除英语外，我们用法语、德语甚至西班牙语交谈，这是他最近在南美逗留时偶然学会的。他十分坦率地告诉我，宫廷生活是多么乏味，多么使他厌烦。

"我爱旅行，这是我在沉闷的宫殿中唯一能呼吸新鲜空气的机会。"他说。

他逊位时，我想起了他说的这些话。

我们与女士们汇合后，亲王一击掌说："现在让我们去'大使馆俱乐部'快活吧！"

我们跳舞、喝酒，又吃了一顿，直到很晚。凌晨两点多，我们从俱乐部出来，准备回家。这时亲王对我说："亲爱的朋友，大家都对我说你对钢琴十分在行，我们回宫里去吧，你愿不愿意为我们弹几首曲子？"

虽然我不习惯于被这样叫去演奏，但我能拒绝英国王位继承人的要求吗？于是我们四人又驱车返回圣詹姆斯宫。经过宫门时，两名王宫卫士双戟一交，猛然立正敬礼。宫中仆人都休息了。亲王像普通英国主人一样，带我到盥洗室整理整理、"往鼻子上擦点粉"，还告诉女士们外衣应该放在哪里。这之后，他把我们带进一间大客厅，我惊讶地发现那里有一整套爵士乐打击乐器。在客厅的另外一角摆着钢琴，如果那可以算作钢琴的话。它看起来更像一件古董家具，绿色镶金边、上面的仿华托式的花纹水平很差，细细的琴腿是路易十五时期的风格。亲王在我眼里看见了为难的表情，就微笑着说："女王，就是我的母亲，布置了这个房间。她认为这架钢琴和其他家具会很协调。"

我掀起键盘盖，想了解生产者是谁，找到了一个我没听说过的名字，那名字是黄铜浮雕的，还把我的小指划破了。

亲王又开口了："我知道这架琴的历史，它是为维多利亚女王的婚礼定做的，所以才有如此丰富的装饰。"

我终于被那可怕的博物馆藏品吓倒了。我打开琴盖，用一根摇摇晃晃的杆子撑住，并迅速思考着，有什么曲子能弹得足够响亮，以满足亲王殿下不通音乐的耳朵。哈哈！我想，就用那首忠实可靠的肖邦《降 A 大调波洛奈兹舞曲》吧。我坐到一张奇怪的古董凳子上，用脚探到踏板，就弹了起来。开头几个音很单薄，当我弹第一个"很强的"大和弦时，可怕的事情发生了：钢琴的右腿垮倒，琴盖轰然合上，我弹的那几个键也卡住不动了。这段表演引起的笑声比我讲的任何笑话都来得厉害。过了好几分钟亲王才平静下来。

"该为这伟大的演出喝一杯！"

他亲自拿来威士忌、冰块、杯子和苏打水，并给大家斟上，然后他才开口致歉："亲爱的伙计，非常抱歉发生这种事。我本该给你找一架正经的乐器的。"

我把女士们送回家，在路上我发现这次事故让她们很为震惊，她们有点感到内疚。

"我真应该提醒你，此前我见过这架琴。"奥德丽说。

这一回我却幽默不起来了。大约过了两个礼拜，奥德丽给我来电话说："威尔士亲王为你搞到一架新的演奏琴，他请你今晚来喝酒，并在你喜爱的乐器上给他弹些曲子。"

我要说，这位并不懂音乐的未来统治者，仅仅为了一听我的琴声，竟然费事去找一架昂贵的钢琴，这真让我受宠若惊，甚至颇为感动。那天晚上，除了我们的两位女士，还来了六七个人，他们的姓名我已忘记，但很明显他们是由于热爱音乐才受邀的。我弹奏了《热情奏鸣曲》，以及肖邦的一首夜曲和一首圆舞曲。这次演奏受到客人们的喜爱，但我怀疑亲王本人是否很受用——但至少我没有看见他打哈欠。宫殿外面站着四个我很熟悉的人，因为他们常常为我运送演奏琴。我问他们在这里干什么，他们回答说："我们必须马上把琴送回去，明天音乐会要用。经理因为亲王的秘书说是您要用琴才同意把琴送来的。"

原来，所发生的一切仍很幽默。

在尔后的岁月里，我每次遇到温莎公爵，打过招呼后，他的第一个问题总是："上一次见面后，你是否又搞坏过什么钢琴？"

那段时间伦敦的生活比巴黎的更精彩。英国人天生好客。几乎没有哪一天没人请我吃大餐或用午餐，此外还有有趣的招待会，除了伦敦社交精英之外，会遇到诸如赫伯特·乔治·威尔斯、奥古斯塔斯·约翰（Augustus John）、诺埃尔·科沃德或者萨姆塞特·莫姆（Somerset Maugham）等一批英国文化名人①。还会有快乐的戏剧招待会，大家先吃饭，请客的人在剧院订下半排的座位，散场后再去萨沃伊烤肉店宵夜，大多数演员在演出结束后也来这里用晚餐。根据英国法律，时过午夜就不能在公众场合喝酒，我们在布卢姆斯伯里区（Bloomsbury）有个小庇护所，号称"埃菲尔铁塔"，但你必须知道敲门的暗号，因为那里只向朋友开放。进了门，可以看到快要酩酊大醉的奥古斯塔斯·约翰、艾丽斯·特里②、赛丽·莫姆以及我的熟人莱斯利·乔伊特和克里斯特贝尔·麦克拉伦。有时，奥斯伯特·西特韦尔和萨切韦雷尔·西特韦尔两兄弟也加入我们一伙。我用美妙的室内乐报答了众多的邀请，在西尔维亚·斯帕罗的工作室，我的老伙计们，萨蒙

---

① 赫伯特·乔治·威尔斯（H. G. Wells），英国科幻小说作家；奥古斯塔斯·约翰（Augustus John），英国知名肖像画家；诺埃尔·科沃德（Noel Coward），英国演员、剧作家、流行音乐作曲家；萨姆塞特·莫姆（Somerset Maugham），成功且多产的英国作家。

② 艾丽斯·特里（Iris Tree），鲁宾斯坦的朋友；赛丽·莫姆（Syrie Maugham）鲁宾斯坦的朋友，伦敦的文化人士；克里斯特贝尔·麦克拉伦（McClaren, Cristabel），鲁氏的熟人，伦敦的著名主妇。

斯、特蒂斯、沃里克·埃文斯和萨蒙德，酒足饭饱之后，都会提供丰盛的音乐食粮。唯有与我的朋友特蒂斯以及其他人在一起度过的音乐良辰才值得回忆。而在海滨疗养地的音乐会，还有在威格莫尔音乐厅的独奏音乐会不足以激起我的灵感。我仍旧在等待机会，用真正的激情为出色的伦敦听众演出。

56

有一天在巴黎，瓦尔马莱泰对我说："戛纳的赌场邀请您作为独奏演员和管弦乐团一起演出，雷纳尔多·阿恩①当指挥，你没意见吧？"

我回答："我知道他的莫扎特指挥得十分优美，所以我不反对与他合作演出。不过请了解一下他想演奏什么协奏曲。"

雷纳尔多·阿恩亲自给我打了电话，问道："您想演什么？"

"勃拉姆斯的《降B大调钢琴协奏曲》，但我们将如何同一个赌场的乐团合奏它呢？"

"我不了解这个作品。"他回答说，"不过我崇拜勃拉姆斯，因此这将是我了解这首曲子的好机会。"

真不知道赌场的乐队会如何处理那部可怜的协奏曲。戛纳之

---

① 雷纳尔多·阿恩（Reynaldo Hahn, 1875～1947）：出生于委内瑞拉的作曲家和指挥家。就学于巴黎音乐学院，师从马斯内等。作品有《威尼斯商人》以及轻歌剧、芭蕾舞剧等。曾任巴黎歌剧院院长。莫扎特为其研究专题之一。

后，我将去佛罗伦萨、佩鲁贾和罗马演出。我给卡拉打电报，把自己抵达的日子告诉她。她则充满爱意地回答说她等着我。

听起来不可思议，但阿恩果真是个优秀的指挥。他指挥起来好像对这协奏曲早已熟悉，而且他还让我自由地发挥我的段落。第二天晚上赌场举行了隆重的庆典。我的朋友乔姆利侯爵夫人也来了，于是我们坐在一处，谈论起阿恩，阿恩也是她的朋友。很可惜，指挥本人已经离开，因此我们只能交流对他的印象。我们两人得出一个结论：虽然他圆润的声音不算洪亮，但要论在沙龙里迷人地聊天、讲故事、哼唱他自创的和其他的法国歌曲，则无人能出其右。离开赌场时，我在衣帽间遇到一位马德里的朋友，他声称正要去罗马。我说过几天我也要在罗马演出，希望能在音乐会上见到他。

我在佛罗伦萨碧提宫的独奏音乐会比以往有趣得多，因为除了通常那些杰出人物之外，李斯特的女儿也到场了，虽然她现在改姓了瓦格纳。她给我讲了几件她前夫的趣事，讲了他的演奏与智慧①。

---

① 这一段原文是"瓦格纳的女儿也到场了，虽然她改姓了冯·彪洛。她给我讲了几则有关她继父的趣事，他的演奏和机智。"我们之所以改成正文中的样子，是因为：1.原文的记述与历史事实有很大的矛盾。按照鲁宾斯坦的说法，到场的都是"杰出人物"，瓦格纳与科西玛（Cosima）所生的两个女儿都够不上"杰出人物"，只有科西玛才有资格被认为是这种"杰出人物"。2.科西玛先与冯·彪洛结婚，生有两个孩子，后与瓦格纳私奔瑞士，引起舆论的强烈谴责和抨击。两人所生的两女一男均出生于他们正式结婚之前。履行结婚手续前一切问题都已通过法律厘清，不可能再有孩子跟冯·彪洛姓的问题。3.瓦格纳的孩子也不可能拥有收集着巴赫、贝多芬、勃拉姆斯、迈耶贝尔、毛里斯·莫什科夫斯基等人照片的相册。4.正文接着说毛里斯·莫什科夫斯基是相册拥有人的朋友，但实际上莫什科夫斯基也成不了瓦格纳和科西玛的女儿的朋友。然而改了之后，这些疑问就都迎刃而解了。为了便于读者判断，这里附上相关资料。李斯特：1811～1883；瓦格纳：1813～1883；冯·彪洛：1830～1894；门德尔松：1809～1849；莫斯科夫斯基：1854～1925；科西玛：1837～1930；1857年科西玛嫁给冯·彪洛；1870年与瓦格纳履行结婚手续，婚前已生了二女（伊索尔达、爱娃）和一男（齐格菲尔德）。从1883年瓦格纳死直至1906年，均由科西玛继续主持拜罗伊特音乐节。

她拿出自己的相册给我看，还有冯·彪洛①的题词："巴赫、贝多芬、勃拉姆斯，剩下的统统都是大傻帽儿。"然后她微笑着翻过几页，又指给我看她的朋友毛里斯·莫什科夫斯基（Motritz Moszkowski）的题词："迈耶贝尔、门德尔松、莫什科夫斯基，剩下的统统都信基督教。"我们两人开怀大笑。我谨慎地签了名，既没说谁傻帽儿，也没提基督教的事。

一辆汽车把我从佛罗伦萨拉到佩鲁贾。我们一路前行，风景变得越来越美。佩鲁贾旧城建在陡峭的山丘上，这座城市的神秘魅力沿途并无任何提示。汽车把我们送到旅馆门前，那座建筑很别致，刷成了红色，坐落在一个广场旁。广场鸟瞰着翁布里亚省一望无际的平原和森林。主街很平常，两旁是商店和咖啡馆，但突然间我就融入了最纯粹的 15 世纪意大利艺术风情之中。有座老宅子被改造成为博物馆，里面挂着众多大师的作品，其中就有该城伟大的儿子：佩鲁吉诺（Perugino）和拉斐尔（Raphael）的画作。两处古朴的喷泉给广场增添着生机。

佩鲁贾的音乐会是由著名的佩鲁贾巧克力厂的老板布伊托尼先生的妻子赞助的，她爱好艺术，是位慷慨大方的女士。她给这座小城提供了最好的音乐——著名的德国管弦乐团、合唱团，还有一流的独奏演员都来这里演出过，这要感谢她的豪爽。克拉拉·卡姆斯讲了上面所有这些，单单没提我要在哪里演出，而演出场所实在是太棒了。我就是在那间挂满著名画作的展厅里演奏的。这对任何一名艺术家都是很不寻常的鼓励！那天下午我的演

---

① 汉斯·冯·彪洛（Hans Von Bulow，1830～1894）：德国钢琴家、指挥家。师从李斯特。曾任慕尼黑音乐学院院长。同时在英、美、俄等国担任指挥，被认为是世界上第一位技艺高超的指挥家。其悲剧在于，他盲目崇拜瓦格纳，1865 年，当他为挑起指挥瓦格纳的歌剧《特里斯坦和伊索尔德》在慕尼黑的首演重任，而一连数月全身心地投入歌剧的排练时，瓦格纳却和他的妻子科西玛私奔到瑞士了。为此他还承受了报刊舆论的冷嘲热讽。可是这位艺术巨人后来又担任《纽伦堡名歌手》在慕尼黑的首演。

奏尽善尽美。如果那位好心的夫人没邀请我再来演出，我会略有遗憾的。我要自豪地声明，每次去意大利，佩鲁贾总会邀请我重访。

音乐会后，阿尔芭·布伊托尼夫人邀请我去她富丽堂皇的家里做客，只有她的丈夫和父亲作陪。我们长谈了好几个小时，有时意见一致，有时为某段曲子、或者为某位钢琴师、小提琴手热烈地争论。那是我在意大利的音乐会里收获最高的一次。第二天清早，她派自己的豪华菲亚特小轿车送我去罗马。

在精益酒店，我奇怪地发现竟然没有卡拉的电话留言。我打电话到她的府邸，管家说公爵夫人去高尔夫俱乐部吃午饭了。这又出乎我的意外。她电报里的意思是今天上午会等我的。我独自吃过午饭，下午又打了电话，结果还是一样。这实在搞不懂，但我试着理解是她的丈夫需要她参加特殊的活动。傍晚，我决定去她的府邸，一边在她的钢琴上练习协奏曲一边等她，以便弥补浪费的时间。这是我明天上午排练之前的唯一机会了。

管家开门之后，卡拉的贴身女佣跑出来欢迎我，但一脸慌张的神色。她紧张地重复着夫人不在家，反而让我怀疑肯定有问题。我沉着地说明，我要一边练琴一边等夫人。

我刚弹完整首协奏曲，就听见卡拉的卧室里有人说话。我以为是女仆，便穿过大客厅，进了隔壁的卧室。但我看见的不是女仆，而是卡拉和我的朋友，那个我前两天在戛纳遇到的西班牙伯爵。他们两人衣冠楚楚地坐在床上。我火冒三丈，冲到卡拉跟前，猛地摇晃着她，然后把她推倒在床上，叫道："为什么要开这种无聊的玩笑！"

我的西班牙朋友站起身，紧握拳头准备打架，但是我推开了他。

"我的手要用来弹钢琴，而不是用来打断你的骨头的。"

这时候，管家和女仆惊慌失措地跑进房来，以为出了人命。

但是我平静地走出来，拿上大衣和帽子，到了街上，然后就像每一次情绪激动之后一样，只想找个好餐厅吃晚饭。精益酒店的餐厅就很不错，我美美地吃了钟爱的意大利肉酱面和新鲜的蛋黄酱龙虾，之后喝了两三杯昂贵的咖啡（相当于巴黎的半杯）、抽了一根哈瓦那雪茄。我上楼回自己的房间，半路上，前台的人拿给我一封信，说是早上就到了。是卡拉来的信，她平静而客气地解释了原委。真是一报还一报，我有些难过，并为自己的行为感到害臊。

次日上午卡拉打来电话。迟到的信已把一切说得很明白。我讲了几句请求原谅的话，她也对伤害了我的感情而致歉。

在奥古斯都厅的音乐会对我有特殊意义。这是我第一次公开演奏贝多芬的《c 小调钢琴协奏曲》，由莫利纳里指挥。那场演出我记得很清楚，因为我对贝多芬的这部作品感觉特别亲近，并且终于有机会和一个优秀的乐团一起演奏它了。我也记得，我演奏的是克拉拉·舒曼的华彩段，那是巴尔特教授推荐给我的，但我从未喜欢过。在那个年代，所有的钢琴家都摒弃了贝多芬原创的华彩段，多年之后那出色的原作才获得应有的地位。不过我演奏这部作品时那种愉快的感受想必很强大，以至感染了听众，这一场成为我在罗马最成功的音乐会之一。作曲家奥拓里诺·雷斯皮基①和他美丽的妻子，一位优秀的女歌唱家，在演出后来到后台和我拥抱。

米米·贝齐–布伦特（Mimi Pecci – Blunt）也来后台邀请我出席第二天的晚宴。晚宴很棒，至少有 20 名客人，均属意大利上流社会，其中许多人我在威尼斯、米兰和佛罗伦萨就见过，而旺季一到大家则集中到了罗马。我到得很早，看到卡拉在我亲爱的西班牙朋友的陪同下进门时，心里不免还是一震。他们受到其他

---

① 奥托里诺·雷斯皮基（Ottorino Respighi, 1879～1936）：意大利作曲家。作品有：《罗马的喷泉》、《罗马的松树》、《幻想玩具店》和《火焰》等。

人的欢迎，仿佛一切照旧。至于我，在恢复了幽默感之后，便把他们当做一对老夫妻了。

57

过了几天，在马德里开了一场独奏音乐会后，我得到一个好消息。谢尔盖·普罗科菲耶夫到了，而且邀请我出席一场音乐会。一个年轻的小提琴家要举行普罗科菲耶夫的《第二小提琴协奏曲》的世界首演①。音乐会安排在周日上午 11 点，在一个碰巧叫做"纪念剧场"的大型电影院里举行。我提前到达，却发现普罗科菲耶夫已经坐在包厢里了。

"很高兴你能来。这里就我们两人。我带着总谱，如果你有兴致，可以边听边看。"

我为能听到普罗科菲耶夫的重要新作而激动。在著名的《第三钢琴协奏曲》之后，我没听过他任何重大作品。科汉斯基曾经演奏过他的《第一小提琴协奏曲》，那是他青年时期创作的，我看并不在他的最佳作品之列。

大厅里实际上是空的，这令我对阿沃斯很生气。我愤怒地想，他荣幸地获得了向公众展示大师的主要作品的机会，这可是

---

① 根据 1963 年莫斯科版普罗科菲耶夫《g 小调第二小提琴协奏曲》作品第 63 号的总谱，该曲的世界首演是 1935 年 12 月 1 日在马德里举行的。而鲁宾斯坦是按时间顺序撰写自传。因此，参阅第 58 节文字，不难发现此处的记叙在时间上有误。

当代最顶级的三四位作曲大师之一啊，但他却这么干！他本可以不费吹灰之力就安排在"皇家剧院"或者安排成晚场的。我胡思乱想着，普罗科菲耶夫却对周围的一切毫不在意，他坐在我身边，手里拿着翻开的总谱，以便我们轻松地跟上作品的演奏。我忘了阿沃斯首先指挥了什么作品，接着就是普罗科菲耶夫的协奏曲。我也是从普罗科菲耶夫那儿了解到小提琴家是个富有的比利时人，他向作曲家预订了这部协奏曲，包括首演权。

"作为音乐家，他不是很出色，"普罗科菲耶夫苦笑着说，"因此没什么人更合适。有人说你在马德里，我就叫你来了，我很在乎你的看法。"

小提琴手出现了。很难形容他，他看起来像任何一个在银行排队兑现支票的顾客。不过他认真学会了这首协奏曲。乐曲开头很严肃，优美的主题演奏和展开得挺成功，乐队声音清晰而雄伟，我一听就知道这是了不起的普罗科菲耶夫。富于旋律的音乐平静地流动着，展开部也没有他常用的那种嘲讽的痕迹，紧接着第二主题便出现了，直如来自天上。就算最差的小提琴手也不可能破坏这旋律的华美线条。我兴奋起来，深为感动，对普罗科菲耶夫悄声说："就像勃拉姆斯写的！这听起来几乎和他的一样！"

他咧着嘴笑了，露出了所有的牙齿，"是，是！这一次我向他借鉴了不少！"

全部三个乐章，没有一个小节令我失望，尽管那位小提琴手演奏得吃力又呆板。曲终，三百左右的听众满怀敬意地鼓掌，较之那个可怜的独奏演员，他们把更多的热情投给了阿沃斯；而全然没有利用这个机会向伟大的作曲家致敬，虽然作曲家的亲临是大家的荣幸。普罗科菲耶夫本人看来对阿沃斯和乐团很满意，没有责怪独奏演员，而看到我如此的热诚则很开心。我请他一起吃午饭，去的是一家典型的老餐厅，就在马德里旧城漂亮的马约尔大广场边。我们还叫上了阿沃斯、他美丽的妻子、和他的两个音乐家朋友。午餐丰盛而愉快。阿沃斯讲了些他最拿手的掌故，他在这方面很有一套。普罗科菲耶夫笑出了眼泪，看样子他情绪极好。他甚至十分真诚地说："我喜欢我的协奏曲！"当晚他不得不返回巴黎，而我则在西班牙多停留了一周。

58

　　要在马捷斯特饭店练琴和研读乐谱可真不容易。我常被电话、信函打断，更别提阿维拉的男仆不时会来借钱。此外，也没有哪一天没活动的，总有人请我吃饭、看演出、或者听音乐。万一哪天有空，我一定会很想邀请某位迷人的女士共进午餐的。

　　这样的午宴常常令我失望。作为铁杆美食份子，我喜欢把上述女士带到以鲁昂土鸭、阿莫里卡龙虾或者其他精致菜肴而闻名的餐厅，好显摆自己对烹饪艺术的知识。因此，举例来说吧，我提议去皇家路上的拉吕（Larue）餐厅，那位女士欣然同意。当我们开心地在桌边坐下后，我就叫餐厅的领班点两份精美的阿莫里卡龙虾。

　　"这道菜要等四五十分钟，所以我建议先来几只蚝或者一点鱼子酱。"

　　她会强烈地阻止我，"求你了，阿图尔，你自己点龙虾吧。我只要蔬菜沙拉和一些柠檬配生胡萝卜，别放油。平常午餐我只吃这些。你知道，我喜欢你陪我，我愿意等你那道名菜做好。"

　　我只好让步，虽然有点不情愿，但我自己可不打算因为女人疯狂地想保持线条就放弃龙虾，因此我给自己点了一份。当她清脆地嚼着沙拉时，我则在漫长的等待中努力和她说笑。最后，已经在厨房里基本做好的龙虾被拿出来，由餐厅领班在两名服务员的协助下，当着我们的面进行最后的工序。三个人相互传递着佐料、胡椒、盐、少许干邑，把酱汁拌匀，给仔细地架在火锅上的碟子里加点黄油和新鲜奶油，看着这一切真奇妙！准备停当之后，三位医生，我是说三名服务生，就小心翼翼地把龙虾放到我的盘子里。领班舀起一勺美味的酱汁，慢慢地在米饭和金红色的龙虾上浇了一圈。我俩惊异又敬仰地观看了这一整套精细的操作。当我吃了第一口，满意地朝我的女伴微笑时，她就拿起一把餐叉，用关怀备至的口吻说："我必须尝一点，好弄清楚你为什么这样爱吃这道菜。"

她咽下一口后叫道："这太神了！"说完便开始鲸吞掉大部分，只给我留下一只螯和空虾壳。

我描写这一场景，是因为还有两三位迷人的女士也犯了同样的"罪行"，直到最后我学乖了，总会悄悄地对领班说："上两份……"

1925 年，从华沙传来了好消息。波兰政府决定在巴黎歌剧院和加沃厅举办波兰音乐节。如果我记得不错，那是在 6 月的最后一周。我获邀参加全部两场活动：在歌剧院演奏肖邦的两三首作品，以《降 A 大调波洛奈兹舞曲》结束，埃米尔·姆威纳尔斯基则指挥其余的曲目；在加沃厅是由费特贝格指挥演奏肖邦的《f 小调钢琴协奏曲》。我欣然同意。同年 11 月，我还将应爱乐乐团之邀去华沙演出。感到祖国需要自己使我很是幸福。

我的经纪人瓦尔马莱泰已经预告将在加沃厅举行一场音乐会，按原计划，是肖邦作品的独奏音乐会，但由于波兰音乐节的缘故我只得变更曲目。我想，这是继《火之舞》广受欢迎之后，在巴黎举行法雅的《贝迪卡幻想曲》世界首演的好机会。独奏音乐会的其他曲目都是我经常演出的。对新作品的期待把大量的听众吸引到了加沃厅。贝多芬的奏鸣曲和舒曼的一部大作品赢得了热烈的掌声，但是我在幕间休息后演奏的法雅的《贝迪卡幻想曲》却有些平淡。我一直认为《幻想曲》是大大拓展了的《火之舞》，但缺少《火之舞》模式的冲击力，它有一小段间奏曲似乎属于另一首作品，十分多余地扰乱了乐曲。应该说，我这看法是对的。更为糟糕的是，法雅原打算尾声要像《火之舞》的结尾一样辉煌，但其钢琴部分写得很糟，若用管弦乐团演奏效果要好得多。我令朋友失望了，心中很难过，他把这首作品题献给了我，我只能把观众的不接受归咎于我差劲的演出。

波兰音乐节是一场奇怪的活动。重获自由之后，波兰很想在不受那三个讨厌的邻国①打扰的情况下一展自己的艺术成就，这三个邻国统治了她长达一个半世纪。实际上，在三强奴役下度过的岁月，对波兰文化遗产有着既悲惨又可笑的后果。许多杰出波兰男女的身份认同常遭置疑。德国人占领托伦期间，就把出生在该城的尼古拉·哥白尼②据为己有。约瑟夫·康拉德·科热尼奥夫斯基③ 20 岁上离开被俄国占领的祖国，去了英国，学习英语、参加了英国商船队。他放弃了自己难念的姓氏，以约瑟夫·康拉德的名字出现，成为英国第一流的作家，虽然我们见面时，他说话还带着明显的波兰口音。玛丽娅·斯克沃道夫斯卡④在波兰读完中学后，便到巴黎学习物理和化学，靠当家庭女教师为生。她在丈夫皮埃尔·居里的帮助下发现了镭，两次获得诺贝尔奖，第

---

① 即沙俄、德国和奥匈帝国。

② 尼古拉·哥白尼（Kopernik，1473～1543）：波兰天文学家。"日心说"的发明人。主要著作：《论天体运行》。

③ 约瑟夫·康拉德（Joseph Conrad，1857～1924）：著名波裔英国作家。

④ 玛丽娅·居里-斯克沃道夫斯卡（1867～1934）：法籍波兰物理学家。放射元素钋和镭的发现者。两次诺贝尔奖获得者。

一次和她丈夫一起，第二次独自一人。法国人把她当做自己的一员，但她依旧保留着波兰口音。

再以肖邦为例。无可争辩的事实是，他父亲出生在法国，年轻时到了波兰，和波兰人一起为自由而战，同波兰女子成家立业，再未回过法国。一些法国人只强调肖邦身上一半的法国血统，却力图忽视肖邦本人直到最后一息，都在用语言和音乐表达着他对他母亲的国家的深爱。

在歌剧院举行的波兰音乐节的节目内容五花八门。第一部分是密齐斯拉夫·卡尔沃维奇①的一个短小的作品，接着由科汉斯基演奏希曼诺夫斯基的《第一小提琴协奏曲》。我是上半场的最后一个演员，曲目有希曼诺夫斯基题献给我的四首玛祖卡舞曲、肖邦的《F 大调船歌》和《降 A 大调波洛奈兹舞曲》。这是音乐会的重头戏。在下半场，埃米尔·姆威纳尔斯基通过《特瓦尔多夫斯基先生》②、《哈尔卡》③ 以及他自己创作的一个舞曲，自豪地展示了华沙歌剧舞剧院的实力，然后合唱了一些在波兰很普及的歌曲。音乐节大获成功。法国人并不在意这样的节目安排，因为他们自己长达 6 小时的慈善演出更糟糕。姆威纳尔斯基先生的演出很成功。我还记得在这场音乐会上认识了他的儿子费利克斯，他 16 岁就参军抵抗过托洛茨基的军队（指苏联红军——译注），这时他已经罹患肺结核，几年后死于扎科帕内。姆威纳尔斯基对我的演出很满意。

"明年我打算在华沙和罗兹举行两场特别的音乐会。你愿意

---

① 密齐斯拉夫·卡尔沃维奇（Mieczyslaw Karlowicz, 1876 ～ 1909）：波兰作曲家。主要有《小提琴协奏曲》、交响诗：《回浪》、《永恒的歌》、《立陶宛狂想曲》等。

② 《特瓦尔多夫斯基先生》（Pan Twardowski），此为密茨凯维奇的一首诗，由莫纽什科配曲。

③ 《哈尔卡》（Halka）是波兰民族歌剧代表作之一，作曲是莫纽什科（1819 ～ 1872）。

担当我的独奏演员吗?"

我愉快地接受了这个建议。

一周以后,音乐节的第二场音乐会在加沃厅举行。费特贝格指挥了希曼诺夫斯基的《第三交响曲》,我则演奏了肖邦的《f小调钢琴协奏曲》。拉威尔光临了我们的这次音乐会,乔治·格什文①也出席了。科汉斯基和我与格什文都很熟。我上次在美国期间,他经常和我们见面,并给我们表演自己的新歌。我问他是否打算在巴黎逗留。

"不。"他回答,"我本想跟拉威尔上几节课的,但最后没成功。"

后来传出的说法是这样的:格什文向拉威尔提出上课的请求,那位法国作曲大师则问格什文道:"你一年创作挣多少钱?"

格什文谦虚地回答说:"嗯,10万到20万美元吧。"

"那我倒该向你学习如何作曲啦!"

在波兰大使馆举行了盛大的招待会。招待会上我第一次见到艾娃·居里,玛丽娅·斯克沃道夫斯卡·居里夫人的小女儿。她是个漂亮的年轻姑娘,一张小圆脸上长着一双黑眼睛,身材苗条,极为聪明。她说自己是个钢琴手,师从亚历山大·布拉伊洛夫斯基,最近刚举行过一场音乐会。很自然地,我想再次和她见面,她接受了我的共进午餐的邀请。

那是一次很长的午餐。艾娃·居里毫不迟疑地同意了我点的菜肴。她不无痛苦地告诉我她再也不进行公开演出了。

"我只想进行一次普通的首演。是想看看自己是否做好了步入职业生涯的准备,但是听众的行为令我气愤。演出还没开始,就有大捧大捧的鲜花送上台来。每一曲之后都有欢呼,但这和我

---

① 乔治·格什文(George Gerswin, 1898～1937):美国作曲家、钢琴家。作品有:歌曲,乐队作品如《蓝色狂想曲》,音乐喜剧如《一个美国人在巴黎》、《波吉与贝丝》等,是美国流行音乐的高峰。

的表现无关。到了音乐会的结尾，更是鲜花如海，欢声如雷。这都是对我母亲的敬意，此外什么都不是。现在我同意给每周一期的《老实人》（Candide）写音乐评论，在文章里我可以自由地表达自己的看法。我想，这样我对音乐的贡献会比我公开演出更大些。"

她对我谈及她的日子有多难。

"我的姐姐伊莱娜（即约里奥—居里——译注）和母亲一样成了大科学家，她也嫁给了一位物理学和化学教授。在父亲死于车祸之后，我就和母亲同住。每天清早母亲都去实验室，回家时已经被研究镭的工作搞得筋疲力尽——那些射线损害了她的健康。"

我不多讲居里夫人的生活细节了，艾娃已经在她写的母亲的传记里极好地表达了对她的敬意。我和艾娃成了好友，我们常在一起吃饭，我试图把她从消沉中引导出来。

"在家里，来看母亲的只有她的那些老教授朋友们，可我需要生活。我热爱生命、音乐、艺术和人们，我感到很孤独。"

一天，艾娃邀请我到巴黎圣路易岛她的居所，和她母亲共进午餐。居里夫人个头纤小，但身体笔直，头颅的比例不大，标准的波兰人模样。她棕色的头发梳成发髻，两鬓已经花白。我躬下身，满怀敬意地要吻她的手，但她不让我这么做，迅速地把手抽了回去，明显不喜欢别人的这种态度。我们用波兰语交谈，艾娃的波语说得也很流利。午餐没有邀请其他人，于是我们三人走进餐厅。居里夫人很高兴地了解到我和她的妹妹，尤瑟夫·德乌斯基大夫的妻子很熟。我谈到当年自己在扎科帕内为他的疗养院举行过义演。在上菜前，夫人谈起了共产主义的成就。

"法国和波兰有很多地方可以借鉴共产主义。"她说。我从艾娃那里知道她母亲的政治信仰，因此没敢和她争论。这时女仆端着一大盘冷龙虾和蛋黄酱走进来。

居里夫人严厉地问女儿："干吗这么奢华？"

艾娃气得脸颊通红，"鲁宾斯坦先生经常请我吃海鲜的，他特别喜欢吃这道菜。"

整顿午餐期间，我一直努力引起居里夫人对我的好感，尽管她对我的穿着打扮以及我对昂贵龙虾的喜好明显不赞同。直到我讲起自己起步的艰难和父母的贫困时，她的目光才温和了一些。

艾娃送我出门，对她母亲接待我的态度感到有些不自在。但她谈及她母亲的一件小事却感动了我。

"阿图尔，你看，我想当钢琴家，而不是像我姐姐伊莱娜那样做物理系的学生，母亲对此很失望。有一天早上，我看她脸色苍白、精神疲惫地要去实验室，看她可怜的双手被辐射严重灼伤，就心疼地求她留在家里，但她就是不听。于是我坚持要带她到研究所附近的一家好馆子吃午饭，你知道她怎么说么？'我没有勇气穿着破衣服、戴着旧帽子，和我典雅美丽的女儿一起出现在大庭广众之中'。"

我哭了。

59

这年夏天刚到，索霞去华沙探望家人，我和科汉斯基一起度过了美妙的几周。我们转遍了各家夜总会，主要在蒙帕尔纳斯地区，而不是蒙马特高地。我们都喜欢莫伊热什·基什林的陪同，他是个出色的波兰年轻画家，是蒙帕尔纳斯地区咖啡馆和"卡巴莱"演出场所的灵魂。喝下几杯酒，基什林就变得极为好斗。只要谁说话稍微不中他的意，那么鼻子上就必定会挨一记。一天，他用几记漂亮的上钩拳打退了两名警察，不过警察还是放了他，因为他打架的时候既快活又迷人。他有一颗金子般的心。

科汉斯基夫妇和我决定在圣让-德吕兹度过初夏时节，因为附近比亚里茨的赌场以及其他景点对我们俩的引诱实在太强了。我们在一座别墅租了一个套间，找人从巴约讷运来一架小钢琴，每天清早或一起或轮流练琴。下午我们去来自波尔多的好朋友布朗夏夫妇家，时间仍然花在音乐上，拉威尔和蒂博在那里也是宾至如归。我们用各种方式摆弄音乐，拉威尔会和我一起试弹几页他新作的四手联弹曲子，科汉斯基则拉他自己改编的曲子，其中斯特拉文斯基的《普尔钦奈拉》令拉威尔很喜欢，而法雅的歌曲更被大家公认用小提琴演奏比唱起来要好听得多。据大家的记忆所及，我还给科汉斯基和蒂博伴奏巴赫的《双小提琴协奏曲》。对我们四个人来说，这是个很好的音乐之月，只可惜时间过得太快。科汉斯基夫妇上华沙了，以便在回美国前和家人见见面。拉威尔回自己的老家锡布尔去完成其新作。蒂博到比亚里茨和家人团聚，他在那里有栋别墅。我则经巴黎去了威尼斯，再一次享受波里尼亚克公爵夫人的款待。

新钢琴已经到。波里尼亚克公爵夫人（温妮）很喜欢那琴优美的音色和灵敏的机件，尽管我觉得声音有点发闷。当然啰，这是威尼斯潮湿的空气使然。不过，用这琴工作我仍旧很愉快。

这次的另一位客人是瓦奥莱特·特里富西斯（Violot Trefusis），她舒适的房间紧邻大厅。我还清楚地记得第一次见到她的那一天。

那是去年春天，温妮公爵夫人就以特里富西斯的名义约我吃午饭，"她非常妩媚，又很聪明，是我的好朋友。"

不知怎么的，我竟然忘记了这场约会，等我想起来，午饭都结束了。我愧于让公爵夫人感到失望，于是赶往她给我的地址，以向特里富西斯女士道歉。管家告诉我客人们都走了，但他愿意替我进去通报。我在房前的小园子里等了一会儿，特里富西斯女士才出现，显然我打搅了她的午睡，因为她穿着睡袍、长统袜也松垮地落在拖鞋上。她对我忘记午饭的事情看得很轻。我们漫无目的地聊了许久，分手时已经像老朋友了。

一天上午用罢早餐，我坐到贝希斯坦琴边，开始练习肖邦的《第四谐谑曲》。有扇门打开了，特里富西斯出现在门口，披散着头发，身上只有胸罩和一条衬裙，热烈地叫道："这是我最喜欢的谐谑曲！"

就在这时，温妮公爵夫人从侧门走进来，对着特里富西斯高喊："你怎敢这身打扮就跑进我的客厅！"然后用手指严厉地指着她，"立即回你的房间去！"

吓坏了的特里富西斯慌慌张张地溜走了。

从心理学的观点看，特里富西斯是我认识的人中最复杂的一个。和典型的家庭主妇在一起时，她能谈论那些最平庸的话题，而一旦她身边是高素质的男女：斯特拉文斯基、莱昂-保罗·法尔格、普朗克，她的谈话就变得很有智慧——这些人也会饶有兴味地倾听她。她的形象的反差也极大，比如那天早上在宫殿里，她就像个娼妇；但在大型宴会上，她又是最为高雅的女士。她的容貌不算漂亮，滑稽的鼻子总让我联想到猪，破了她的相。但她的身材极富曲线，稍嫌丰满，因而愈发性感；走路的姿势也是慵懒诱人。简而言之，我喜欢她。

贝希斯坦琴比前几次用的小立式钢琴更能激发我勤勉地工作。这一次，威尼斯的社交生活也更加生气勃勃了。我获邀前往很多深宅大府，比如罗比朗特（Robillant）家族的"莫契尼格"，当时还很年轻的奥尔加·罗比朗特①对音乐的评论令我入迷。她母亲克莱门蒂娜依然是有名的美人。朱塞佩·沃尔皮（Giuseppe

---

① 奥尔加·罗比朗特（1900～1996）：艺术庇护人。

Volpi)，墨索里尼的财政部长，和他的妻子及女儿们，邀请我参加了几次在他们家举办的鸡尾酒会。其中一次，沃尔皮先生，这位魁梧的美男子，拿出一份波兰报纸，说："有一篇关于我的文章，恳请您把它翻译出来。"

我迅速看了一遍，文章把我的东道主骂得狗血淋头。想必是文章的头三个词让他起的疑心，"沃尔皮是个老狐狸"（而"狐狸"一词在德语里又是个犹太名字）。他看到我窘迫得满脸通红，更坚持要我翻译。

"呃……这个胡说八道的波兰人说沃尔皮是来自某个非洲犹太区的暴发户。"我翻译了文章，然后一笑置之："八成是有人向你要钱但你不肯给他吧。"

他拍着我的后背说："你猜对了！"

我哪里还有心思喝什么鸡尾酒啊。

60

10 月初，我从威尼斯又回到马捷斯特饭店。一天，我的朋友让娜·德·马尔热里夫人（Jeanne de Marjerie）打电话给我："阿图尔，我给你找到了一处漂亮住宅，地段也好。如果你愿意，我们坐车去看看。"

在去蒙马特的路上，她告诉我说，皮埃尔·弗雷内刚刚从这里搬走去同他父母一起住。

她打了辆出租车拉着我从很陡的勒比克街爬上高地，停在拉

维楠广场，就在著名的"洗衣船"① 对过，毕加索、马克斯·雅
各布（Max Jacob）、胡安·格里斯②等许多画家，在他们填不饱
肚皮的创业之初，都在这"洗衣船"里有过自己的画室。让娜推
开一扇大门，在门房前停下，请黑发散乱的女看门人带我们参观
弗雷内先生以前住的屋子。上了几个台阶、穿过左边的小门，眼
前豁然一个诱人的小院子。院子中央是个圆形鱼池，鱼池边围绕
着五棵高大的金合欢树、还有野栗子树和丁香花丛，十分悦目。
院墙下是花坛。一侧有两级白色台阶，通向一排平房，房子的式样
非常现代化，与环绕小院的简朴的蒙马特老屋形成了鲜明的对比。

平房里现在是空空如也，客厅狭长，两端各有一扇窗子：一
面朝向小院，另一面对着"洗衣船"。紧挨着客厅是当做卧室的
一个凹室，有道门通向盥洗间。房东还有个相当特别的附加条
件，平房后面的那栋楼房一层的三个小间也一起出租。租金非常
便宜，相比之下，我在马捷斯特饭店租套间的费用要算一大笔钱
财了。这个地方令我大为动心，以至于我拉着让娜在院子里跳起
吉格舞来。

不修边幅的女看门人约我第二天和房东见面。我准点到达
时，房东已经在小院里等着了。握手之后，他递给我一张名片，
上书：安德列·布洛赫（Andre Bloch），巴黎综合理工学院③工程

---

① 参见第 37 节之注①。"洗衣船"（Bateau – Lavoir）：巴黎蒙马特区一组建筑的
总称，于 1970 年拆除。包括毕加索、莫迪里安尼等在内的众多年轻的艺术家未成名前
曾在此聚居。因毕加索于 1907 年在此创作了其著名的《亚威农的少女们》一画而闻
名，并因他的画室成为 1908 年年轻的立体画派的捍卫者聚会的地方，而被认为是立体
派的诞生地之一。

② 胡安·格里斯（Juan Gris，1887～1927）：西班牙画家。1906 年移居法国。
第一次世界大战后法国先锋派主要成员。擅长绘画理论，开创综合立体派，作品多为
拼贴画和表现静物的油画。

③ 巴黎综合理工学院创建于 1794 年，在 2005 英国 Times Higher 的世界大学排名
里列第 10 位，是法国名校中的名校，法国四大名校之首。

师，这让我印象很深。布洛赫是个中年男子，有着鲜明的犹太人特征，外表像个谦恭的商人。我们签订了租房合同，还喝了女看门人朱迪思端来的红酒以示庆贺，不过那酒够差的。房东说他是皮埃尔·弗雷内的亲密朋友。

"真遗憾，那个婊子抛弃了他。现在他很不开心。他喜欢这房子，我希望你也会喜欢这里。"

装修之前，我请欧亨尼娅·埃拉苏里斯来当参谋（自然，是背着让娜）。她赞赏地四下观望，用手指着放床的位置。

"啊！红的！红的！床罩必须是红的！至于窗帘，灰色！和墙一样，要灰色！啊！"

让娜发现我在这些颜色上很顽固后相当吃惊。"看不出你对这些事情如此认真！"她说这话时还有点崇拜我。

她旋即安排装潢、布置家具、提出计划，还画了草图，并从她的长期供货商那里预购物品。

"我不论买什么都便宜些，因为他们喜欢和我打交道，而我也积极参与德鲁奥旅馆的拍卖。"

让娜干练而有品味。虽然她把这事当做消遣，但我理所当然地给了她报酬。

"我喜欢布置房间。这是我的爱好。我丈夫好面子，不喜欢我做这种事，因此别告诉他！"

有时她会匆匆忙忙地打来电话："马上过来，这里有六把精致的古董椅子可供餐厅用。你一定得买下。"

不到两周，虽然没有最后完工，但已经可以迁入了。有了双人床、钢琴，和一只古董床头柜。后面的三间房子还没布置，我们决定把左边的那间当餐厅；中间那个窄屋子做小厨房，它还有个门通往走廊；右边那间留着将来给仆人用。眼下，由女看门人朱迪思把早餐送到我的卧室，其余两餐我和平常一样在街上吃。随着时间的推移，我们找到了一张古旧、厚实的西班牙橡木餐桌和一张非常别致的客厅用桌子。外加那六把带刺绣垫子的椅子，客厅已经很像样了。要去波兰了，我把收尾工作留给让娜，并请她张罗个帮工，男女都行。我出发时已经近年底。

61

在华沙的两场独奏音乐会上，我的忠实的支持者们坐满了音乐厅。我演奏了贝多芬、舒曼和勃拉姆斯的许多作品，还有四首希曼诺夫斯基的玛祖卡舞曲以及一点李斯特。只是到了第二场音乐会我才演奏了肖邦的作品，而且数量也不多。但是在这两场音乐会上，听众都迫使我弹了《纳瓦拉》以及法雅的《火之舞》，还有我自己改编的《女武神之骑》。从此，我每年都回华沙。华沙的两场之后，是在罗兹、克拉科夫、李沃夫以及原奥地利占领的加利西亚地区的三四个小城市的音乐会。

在华沙停留期间，我接受了我的朋友雷沙德·奥登斯基的盛情邀请住在他家。可惜，他的"客房"不太舒服。他让我睡的那张沙发床很特别，头部垫得过高，床又不够长，结果，我脑后放着枕头，差不多用坐姿躺在床上，而两腿还悬在床尾。奥登斯基对他的安排很满意：唯一的洗澡间紧靠着他自己的卧室，他的卧室很舒服，有一张让人眼馋的双人床。他的早餐极为节俭：女仆很晚才来，只干两个小时，用高脚玻璃杯给我们上茶，外加面包卷和黄油。就这些。然后，奥登斯基会愉快地问我："中饭去哪里吃？"

到了用餐时间，包括晚餐，他一准出现在欧罗巴旅馆的高档餐厅——来当我的客人。

索菲娅，她父亲就是那位在战前与哥德弗拉姆大夫一起帮助我从银行获得贷款的伯恩斯坦先生，嫁给了斯塔尼斯瓦夫·迈耶尔，一位富商之子。她在柏林师从巴尔特，现在已经回来了。她原本打算把音乐作为职业，但她婚后放弃了这个计划。

她常在家中为来华沙的艺术家举办大型招待会，邀请相应的人来相聚。她造就了一个名副其实的沙龙，在华沙广为人知。

在克拉科夫和李沃夫，我又见到了所有的老朋友。他们看到我生活取得进展都很高兴。在众多钢琴家对肖邦的不同阐释方法中，李沃夫依然是唯一认同我对肖邦的理解的城市。

在这次为期短暂但挺紧张的巡演后，我匆匆赶回巴黎，急不可耐地想回到蒙马特，回到我平生的第一个自己的家。让娜·德·马尔热里知道我希望身边都是书，因此吩咐人在卧榻周围打了书架，客厅的空处也放满书柜。当我小心翼翼地把那些宝贵书籍分门别类地放好之后，便两眼含泪地看着它们。自从离开柏林，我还是第一次看见这些书摆在架子上。让娜忠实地执行了我的要求：床罩是漂亮的暗红色天鹅绒，灰色的布帘料子也不太重，拉上布帘以后我感到自己是生活在一个安乐窝里，而不是呆在一间敞开的凹室里。躺在床上，我还练就了一项杂耍本事：用脚趾头从书架上取书看。我从巴西带来许多蝴蝶标本，那种蓝色极为好看，钉在雪白的棉布上，镶入薄薄的带黑框的匣子里，我把它们挂在书架对面的墙上、摆在窗台上，怎样放都很漂亮。一月初家里已经有了地毯，我还听从让娜的建议，利用"大白楼"公司的年度促销季，购置了餐厅所需的一切亚麻制品和毛巾等等。瓷器、银器和玻璃制品开始慢慢地填满了小厨房的餐具柜。终于安了家，这感觉真是太好了，就犹如置身于天堂。

一次吃午饭时，让娜问道："阿图尔，你是否想有一个真正的随从，那种能为你做一切，管你的服装，给你准备丰盛早餐的人？"

"是的，不过这一定要花一大笔钱吧！"

让娜提出了一个数目，鉴于房租很便宜，这个价钱我完全可以接受。

第二天上午，朱迪思敲门说："有位先生想见您。"

走进来一个 30 岁左右，英俊得叫人吃惊、衣着整洁、举止得体的年轻人。过了好一会儿，我才意识到，这就是要找的随从。他的法语十分纯正，说话轻声细语，很有礼貌。一句话，他就是英国人所谓的绅士中的绅士。这个弗朗索瓦·德拉朗德此后长年留在我身边，而且迄今为止，没有人的服务能够超过他的。从此，生活对我微笑了。收拾行李，出门旅行，招呼客人，订出租车，一切都变得轻而易举。弗朗索瓦从来没休息过一天，他只在我肯定不需要他时才请假外出，仅此而已。如果某位女士需要他帮忙，他决不推托；衣服上也没有什么污渍是他洗不掉的，哪里撕破了他也会缝补好；而且出现意外情况时，他随机应变的处置也总是恰到好处。一次，有个心存疑妒的丈夫找上我的门来堵截他的妻子。弗朗索瓦一听见那人在向朱迪思打听我，就急忙带着我和那位夫人穿过厨房，从走廊跑到大院里。事先我并不知道这个大院通向一条后街，那条街离我的家有十分钟的车程。

我通常在床上吃早餐，一边看看晨报，或者读一本好书。穿衣也是伸手就有：鞋袜就摆在床边，牙刷上挤好了牙膏，搁在倒好了漱口水的玻璃杯上，衬衫和领带都已经备妥，外套熨平了，我要放进口袋里的各种东西也都整齐地排列着。我穿戴停当准备出门时，他已经叫好了出租车。

不过，偶尔我也会有麻烦。波兰驻布鲁塞尔的大使是塔代乌什·雅茨科夫斯基，他迷人的妻子曾是有名的女演员。我在比利时首都演出后，大使都要举行令人愉快的招待会，他甚至从一战的英雄阿尔贝国王那里为我争取来一枚勋章。

一天，他妻子打电话给我："我们正在巴黎作短期逗留，很想和您见见面。"

我抓住这个机会想回报一下他们对我的多次盛情款待。"能否请您和大使先生在后天一点钟赏光和我一起在拉吕饭店共进午餐？那家餐厅很棒。"

她十分高兴地接受了邀请，不过又补了一句："我们去里兹酒店用午餐好不好？那里的饭菜虽然不见得像拉吕饭店那样地道，不过我特别想看看他们酒店著名的领班奥利维埃是如何工作的。昨天我们看了爱德华·布尔代创作的《女性》一剧，我想看看现实中的这个男人。"

我当然同意了。

这出戏是那个演出季最成功的节目，说的是里兹酒店领班的故事，他是服务员行当中的怪人。这位领班乐于借钱给人，可以代办护照，能成人之美，也能棒打鸳鸯，他为同性恋者找伴儿、不论男女，连已经爆满的演出他都能搞到票——简直就没有他办不到的事。布尔代的戏惟妙惟肖地塑造了里兹酒店的奥利维埃，而维克多·布歇所扮演的这一角色同样令人难忘。

那顿午餐我还邀请了波兰驻巴黎使馆的参赞夫妇作陪。但我竟把这事忘得一干二净了。现在我就讲讲事情有多可怕吧。当天上午过了 11 点我摇铃让弗朗索瓦送早餐，他才提醒我。当时几乎连刮脸、洗漱、穿衣的时间都不够了，我要了一辆出租车，只希望别到得太晚。当然更没时间预订餐桌，或者安排特别的花样了。这次我处境尴尬。大家都有这种经验：欲速则不达。头一件就是弗朗索瓦找不到出租车，我挨到 1 点差 10 分才出了门。接着是我越是催出租司机快走，道路就越堵。真是场恶梦！不过和往日经常发生的一样，我突然灵机一动，让汽车开到里兹酒店在康邦街的后门。那时已经 1 点过 10 分了。我把大衣和帽子往衣帽间的女人手里一扔，就沿着长长的通道跑向酒店在旺多姆广场的正门，停下来喘口气，然后走进讲究的饭店大堂，我的四位客人正满面愁容地坐着等我。

看到他们，我一拍手，装出十分惊讶的样子叫道，"你们都在这里啊！难道我没有告诉你们，我会在另一边的吧台等吗？我还以为你们忘记了我的邀请。所幸我决定到这边来找找你们。结果，"我假装失望地说，"你们坐在这里干等，我却在那边点了饮料。"

我叫来了大堂的服务员："来四杯淡雪莉酒，我喝过了。"然后对他们微微一笑，"你们先喝口酒，我找一下那个领班，看看我的桌子是否准备好了。"

在餐厅里，我抓住奥利维埃的胳膊，塞给他一张 50 法郎的纸币，悄悄地说："我请了波兰大使和夫人，还有使馆的参赞夫妇，我们五个人，尽快准备一餐漂亮的午饭，还有鲜花、红酒等等。"

"没有问题。"他回答。

我返回来，嘴上挂着笑说："午餐几分钟后就准备好。"然后坐下来，讲起昨天晚上滑稽的一幕让大家开心。酒刚喝完，奥利维埃就出现了，他说："先生可以用餐了。"

他把我们带到一张餐桌旁，桌上点缀着鲜花、冰桶里镇了一瓶白葡萄酒、篮子里摆着精美的波尔多红酒、大使夫人的座位上有一份手写的精制菜单。我们享用了很棒的餐前点心，配一小玻璃杯波兰伏特加，主菜有里昂式肉丸串、橘汁鸭、菊苣沙拉、奶酪拼盘和极品咖啡。我的客人们不停地称赞我挑选菜肴的高超品味和我精心安排的良苦用心。

大使夫人一个劲地盯着奥利维埃看，审视他的每个姿态。午餐结束，在用漂亮的小杯子喝咖啡时，她用非常失望的语气对我说："这个奥利维埃不过是一个普普通通的服务领班嘛，与巴黎和布鲁塞尔的所有领班没有两样。想必布尔代是彻头彻尾地虚构了这个人物啦。"

听到此言，我紧紧咬住舌头，甚至咬出了血，否则我一定会向她高喊："扯淡！他刚刚就替我露了一手布尔代所描写的那种绝活！"

我的客人们一直不知道事情的真相。当我去付账并向奥利维埃致谢时，他宽容地一笑，说："小事一桩，不值一提！"

他把别人预订的时间靠后的一张桌子给了我。

62

瓦尔马莱泰为我得到一份在维也纳爱乐协会大厅（通称金色大厅——译注）举行独奏音乐会的合同。能再次去莫扎特、舒伯特、贝多芬、勃拉姆斯的城市演出，我真高兴。我愉快地回忆起战前我在那里举行的音乐会。那里现在有个新经纪人，叫胡果·克奈普勒（Hugo Knepler），想必他非常精心地宣传了我的音乐会，因为我看到满堂听众。见到楼厅正中的包厢里坐着埃米尔·冯·索尔（Emil Von Sauer）① 和他年轻的妻子（不知是第四任还是第五任）时，我深感荣幸。记得，我当时演奏的是普罗科菲耶

① 埃米尔·冯·索尔（Emil Von Sauer, 1862～1942）：德国钢琴家。曾师从尼古拉·鲁宾斯坦和李斯特。多次在欧洲和美国巡演。他的演奏技巧完美无瑕，风格高贵优美。略为不足的是，他在演奏中有时使人感到乐句间的句逗不够鲜明。自己还创作了两首钢琴协奏曲、两首钢琴奏鸣曲和一些练习曲。

夫题献给我的《回旋曲》。该曲出自他的芭蕾舞剧《浪子》的音乐，当我告诉作曲家我特别喜欢这一段时，他为我抄录并改编了这首曲子。听众对此曲反映一般，不过索尔表现出了很大的兴趣。

鉴于克奈普勒和我相互很满意，我同意要回来举行第二场音乐会。克奈普勒有个令人厌烦的坏习惯：在我上台开始演奏前，他会问"第一首是《热情》？"我点头称是，他就用最快的速度哼出主题，好像那是街头小调。我真该杀了他。

"丹麦国家歌剧院交响乐团邀请您去他们剧院举行交响音乐会。"瓦尔马莱泰告诉我。

这个消息很让我高兴。我非常想去斯堪的纳维亚各国以及荷兰演出，那里的人喜欢音乐是出了名的。

"一般认为，在哥本哈根取得成功就等于打开了通往瑞典、挪威，甚至芬兰的大门。"我说，"请在他们的大厅里替我安排两场独奏音乐会，我自己承担风险，对了，我听说那是欧洲最好的音乐厅之一。"

我期盼着那三场音乐会。离演出还有几个星期，瓦尔马莱泰写信告诉我哥本哈根交响乐团要我演奏法雅的《西班牙庭院之夜》。我打电话给他，"我很乐意演奏它，不过你必须告诉他们，我的条件是在这场音乐会的曲目中，我还能演奏另一首重要的协奏曲。"我最想演奏勃拉姆斯的《降 B 大调协奏曲》或者贝多芬的《G 大调协奏曲》，因为它们和法雅的作品存在鲜明的对比。《西班牙庭院之夜》是为带钢琴伴奏的交响乐团所写，钢琴部分不是真正的独奏，这怎么可能引起听众足够的兴趣来听我其余的两场独奏音乐会呢。瓦尔马莱泰转达了我的要求，但回答是："我们听说鲁宾斯坦先生只精通西班牙音乐，所以我们仅仅选了法雅的作品。"我大为生气。这等于给了我一记耳光。

"让他们见鬼去吧！把两场独奏取消掉！"

"不能这么做。我可以取消在歌剧院的音乐会，但您必须支付独奏音乐会的补偿金。"

"没关系。"我说，"我宁愿丢掉自己全部的钱，也不愿屈从于那些人。"

大概 10 年之后，弗里茨·布施邀请我作为独奏演员和哥本哈根广播交响乐团一起演出。我演奏了圣-桑的协奏曲，紧接着开了一场满座的独奏音乐会，并且在斯德哥尔摩、奥斯陆和哥德堡的音乐会也得到了酬金优厚的合同，此后，这几个城市在我后来的演出生涯中一直支持我。但我始终顽固地拒绝与哥本哈根歌剧院交响乐团合作演出。

日内瓦某委员会邀请我当钢琴比赛的评委，比赛将在我于日内瓦和洛桑的音乐会之后进行。这事很有趣，因为只有四位评委，另外三位分别是：欧内斯特·谢林、慕尼黑的彭巴威尔教授以及阿尔弗雷德·科托。

大约在比赛前一周，我遭遇了一次相当严重的车祸。当时夜色已经深，我穿着无尾礼服，手里拿着件薄外衣从一个招待会回家。一辆大汽车在克里希林荫大道上逆行，猛然撞上了我所乘坐的出租车。撞击很猛，我失去了知觉。一名警察在几个过路人的帮助下，把我送到附近的"拉里布阿席尔医院"（Lariboisiere）。医生给我注射了治疗脑震荡的针水我才苏醒，我的白衬衫已经被血水浸透了，并得知头上有一大条伤口，必须进行缝合。治疗完成后，大夫让我坐一下再回家。我怕流血过多，就照办了。但是大夫离开后，我打听自己是否可以走了，一个路过的护士严厉地说："没让你动你就必须留在这里。"

于是我就坐着，不时感到头晕，但又不敢不听话。早上 6 点左右，一个老女人穿着双拖鞋溜溜达达地走过来，在一张小桌子旁舒舒服服地坐下，用手指比划着叫我过去，然后冷冰冰地问我："你带钱了吧。一共 25 法郎。"

让我等这么久原来就为这个！一个警察觉得我可怜，把我塞进汽车，送我回家，还帮我脱了衣服。

医生在我头上裹了好多白绷带，让我两星期后再回去解开。第二天我有些无精打采，但很快就从惊吓中恢复过来了。那一大圈白绷带让我引人注目，但是我却沾沾自喜地到处炫耀，把自己扮成坚强的受害者。

送我去治疗的人中有一个在医院里等了很久，为的是观察我感觉如何。在我向他致谢时，他说："我发现一件怪事，撞车时，你的双手都裹在外衣里。"

我显然是形成了保护双手的条件反射，每次碰到危险，我的第一反应不是用双手去保护身体，而是把它们藏起来。

我就这么裹着绷带大摇大摆地去了瑞士，在洛桑和日内瓦，剧院经理都要就我的外表事先向听众打招呼，同时保证在绷带后面，所有的音符都已各就各位。

当我和比赛评委会的同行们会合时，我头上的特殊装饰反而给我带来了某些特权。彭巴威尔教授始终关心着我是否舒适，给我找最好的椅子，或者试着在我脑袋下面垫个枕头。由于参赛人数多，比赛延续了三天。听选手的弹琴是件乏味的事。我们听的演奏都不成熟，常有人甚至完全缺乏音乐天赋。但是第三天，出现了一个钢琴手，他的名字当时在音乐会圈子里早就众所周知了——克劳迪奥·阿劳①。他才弹了几分钟，我们就相互点头，满意地微笑。"这是个钢琴家。"科托说。阿劳获了奖，奖品是一架贝希斯坦演奏琴。早在智利我就第一次听说过他，他是当地的神童，所以我奇怪他为什么来参加这种比赛。那简直是用纯种赛马

---

① 克劳迪奥·阿劳（Claudio Arrau, 1903～1991）：智利钢琴家。毕业于柏林音乐学院。曾在圣地亚哥创办钢琴学校。1941年定居纽约。他演奏曲目极广，足以开75场独奏音乐会，能演奏60多部钢琴协奏曲，并录制过多种唱片。他的演奏技术辉煌、感情深刻，能通过丰富的音色变化表达作品的不同内容。

和拉车的马作较量。比赛结束后，谢林在他湖边奢华的别墅为我们举行晚餐。

几星期后，巴黎音乐学院院长亨利·拉博（Henri Rabaud）请我做那年的"音乐学院竞赛"的评委，竞赛是公众的年度大事。我了解到是科托推荐我担此殊荣的。在评委里，科托和我是外人，亨利·拉博当主席，另外三四个人则是音乐学院的教授。这种比赛无论对参赛选手还是评委都不是一件轻松的事。这一届比赛，全部 8 名参赛者都必须演奏肖邦的《f 小调叙事曲》，然后视谱弹奏专门为比赛写的曲子，比赛进程漫长又累人。一个叫德雷福斯（Dreyfus）的 15 岁的小伙子显示了真正的才华，而其他选手则引不起人的兴趣。傍晚，拉博带评委会成员走进一间屋子，我们要在这里仔细交换看法，然后投票。大家意见一致，一等奖应该授予年轻的德雷福斯。他才到音乐学院一年就获胜了。二等奖我们不情愿地授予一个年轻人，他虽把肖邦的《f 小调叙事曲》弹得很正确，但没有灵气。另一个二等奖授予一个相当有希望的参赛者。奖励就这么多。我们正要离开，拉博先生却提出一个请求，希望大家考虑。

"有个年轻人（我已经忘了他的姓名），他在一年级时获得了第二名，现在已经上四年级，这是他第四次、也是最后一次参加比赛。我们的规则是，如果二等奖获得者再次参赛，除非获得头奖，否则将一无所获。这个孩子家境贫困，但家里为他做出了巨大牺牲，现在期待他可以独立，甚至反过来帮助家庭。只有他获得头等奖才有这种可能，这能让他教钢琴，或者做其他有报酬的事。然而眼下，他离开音乐学院时什么都不是。先生们，我呼吁你们考虑他的悲惨境况并成全他，授予他一等奖，虽然这违背大家的良心。"

有一刻，桌子四周惊讶得鸦雀无声。

最后科托讲话了，"我认为，艺术是个殿堂，走进这殿堂的只有优选出来的人。在这个殿堂里，个人的境况没有存在的余地，也不应该根据它来行事。"

我认为他说得对。我很乐意资助这个可怜的人，推荐他去干任何可行的工作，但是要把一等奖授予一个不配得到的人，我觉得是对评委职责的背叛。科托的抗议被采纳了。

街上有一小群人在等着我们，是那位输家的亲属。他们一看见我们就喊叫起来："杀人犯！""凶手！""该把你们这些没有心肝的野兽杀死！"有些人还向我们吐口痰。我发誓再也不当音乐学院比赛的评委了。

63

夏天我休息得很充分，部分时间在多维尔度过、又在威尼斯住了几个星期，然后才回到蒙马特的家里。弗朗索瓦帮助我把简单的盥洗室改造成了一间漂亮的现代化浴室。我正在准备秋季的演出，理查德·奥登斯基和一批重要的波兰演员来到了巴黎，他告诉我他们和派拉蒙电影公司签了合同，来给一部很受欢迎的影片配波兰语。

"阿图尔，我有个好主意。"奥登斯基说，"下星期我们有一天空闲，不如你请我们这些演员吃一顿午饭，你不是很崇拜他们吗！"

的确，在这些人中，有三四个男女舞台演员是我所喜欢的。我把弗朗索瓦叫来商量。

"你怎么想，这里能容下 12 个人吃午餐吗？"

"当然可以，先生。"他回答，"天还暖和，我可以在院子里摆一张大桌子。"

"那好，"我对奥登斯基说，"以我的名义邀请演员们在空闲的那天来，不过不要早于下午两点，因为各色菜肴要向城里不同的地方预订，送餐和准备通常总要花上些时间的。"

午餐前的两天，我忙于预定奢侈的菜肴：普鲁涅尔饭店的龙虾、拉吕饭店的鸭子，以及位于多农路上的爱德华饭店的当时很有名气的桑莓挞。我还负责预定葡萄酒、伏特加和干邑。弗朗索瓦则向一家送餐公司要桌子、椅子和各种物品，包括咖啡在内。

我盼望着这第一次在自己的家里举行的招待会，何况客人们都是我十分欣赏的演员。

午餐会那天上午 9 点，热尔梅娜·德·罗思柴尔德男爵夫人打来电话，"亲爱的阿图尔，我想你没有忘记今天 12 点 30 分的午宴吧？别迟到，因为爱德华要早回法兰西银行。"

我差一点晕了过去。我完全忘记了大约两个星期前自己就接受了这一邀请。我没有解脱之策，只好装着很高兴地回答："当然了，亲爱的热尔梅娜，我将准时到达。"

我匆忙地穿好衣服，叮嘱在院子里摆桌椅的人，吩咐弗朗索瓦弄好鲜花，提醒向各家餐馆准时送菜。中午，我前往位于圣弗洛朗坦街的热尔梅娜夫人家时，对弗朗索瓦说："2 点钟准备好一切，要是我迟到了，就告诉奥登斯基，说我打来了电话，人在银行里耽搁了，随时都会回来。"

那是个值得记住的日子！拉伯雷写的《巨人传》里的国王也不可能比我吞下更多的食物！爱德华·德·罗思柴尔德不仅讲究饮食，而且食量惊人。他家的餐桌在巴黎以菜食精美而出名，餐单上总是品种丰富。他喜欢我作陪，一方面因为我识货，另一方面还因为我的故事能把他逗乐。这一顿午餐是从熏鲑鱼开始的。

"这不咸,你会发现它极棒!"男爵说。

接着上的是烤小山鹑吐司,搭配的沙拉是用西芹、苹果做成,别有风味。露松的刀功很讲究,所浇酱汁味道之美,我更是无法形容。这道只应天上有的菜肴之后,上了一盘奶酪拼盘。男爵挑了一大块很特别的奶酪给我,用不容反对的口吻赞扬着,迫使我把它吃下。最后一道极品刨冰,杯中装满了巧克力粉,这是他们家的特产,即使我死到临头也不会拒绝的。因为男爵和我都要晚了,咖啡才得以谢绝。快2点了,我乘出租车往家赶,看见客人们和心神不定的奥登斯基都已经在院子里了。我受到饥肠辘辘的客人们的欢迎。

弗朗索瓦悄声说:"先生,一切就绪。"

我把两位漂亮的女士安排在身边,然后,盛宴——对他们是第一场、在我是第二场——就从新鲜美味的龙虾开始了,佐料是精心制作的蛋黄酱和份量适当的胡椒面,客人们是大快朵颐。几口伏特加后,大演员们的舌头就松开了,每上一道菜,大家都热情欢呼。葡萄酒一眨眼就喝光了,干邑则给这顿美食增添了最后一味。我向读者保证,离开餐桌时我一点也不饿。直到今天,一想起那情景,我便立刻没了胃口。

演员们对组织这次宴会表示感谢,奥登斯基欣然接受。他用大家都听得见的嗓门对我说:"亲爱的阿图尔,下次你来华沙一定还要住在我家!"众人对这个慷慨的建议纷纷点头赞同。

这个季节过得特别精彩。我尤其记得一些假面舞会和化妆舞会。当时我很受欢迎,获邀参与了大部分舞会,玩得十分尽兴。其中当然少不了在歌剧院每年一度的正式舞会。大家一律身着黑装出席——参与者必须用黑色面具遮挡住眼睛和鼻子以掩饰身份。游戏的要求是认出假面之下是何人。我悄悄对一位女士说:"头套优雅,倩影销魂,若非热尔梅娜,更是何人?"然后看到热尔梅娜兴高采烈的样子,颇为有趣。

之后我们跳了许多舞，在外面阳台上要了一张两人桌，一起吃了晚饭。两支乐队不间断地演奏一步舞、圆舞曲和我最喜欢的探戈。

另外一场辉煌的舞会是米米·贝齐-布伦特组织的（她在赛纳河对岸有一幢带花园的漂亮房子），她称之谓"白色舞会"。宾客可以穿着任何式样的衣服出席，但必须是白色的。我决定打扮成一位豪奢的印度土邦主，服装是找剧院管理员借的，他还给我弄了一副很像样的大黑胡子，并把我的脸涂成了浅棕色。我头上裹着气派的白色缠头，为了强化效果，还在前面别了一枚我最好的金刚钻别针。这类别针我的收藏很可观，许多是朋友送的，另一些则是我自己定制的。伦敦邦德街上的一名珠宝商特别雇了一位专家来镶制别针①。

米米·贝齐-布伦特家的舞会真不错。有白衣的马戏团小丑、白衣的喜剧角色、白衣的哥伦比亚人，甚至还有个苏格兰人，他身着格子呢披肩和短裙、长袜、皮鞋，还有小帽和飘带，都是白色的。整个舞会就像个白色的大漩涡。晚餐的食品也大都是白色的，而服务员们个个都像厨师一样戴着白色高帽子。许久之后，满城的人还在谈论着这个舞会。

瓦尔马莱泰预告我将在加沃厅举行三场独奏音乐会。为此我准备了普朗克献给我的《逍遥曲》，和米约的《忆巴西》(Saudades do Brazil)，我还重复了在波兰音乐节上演奏过的希曼诺夫斯基的四首玛祖卡。令我惊讶的是，听众喜欢《逍遥曲》，

---

① 整个下面这一段文字是正文中的，但与下面要说的舞会关系较远，所以移至这里。"我的别针做成了各种样式，有漂亮的小马，有用红宝石做眼睛的苏格兰猎犬，还有驴、骆驼、耗子、狮子、公鸡、公牛以及一只猪等等。后来，在我的孩子们幼小时，为了逗他们，我总通过别针表示我当天的情绪。看到狮子、马或者狗时，他们就欢叫；看到耗子、猪或者毛驴时，孩子们就有点为我难为情。说到情绪，我总是力图做到真诚地表达。"

但不喜欢米约和希曼诺夫斯基的作品。不过这并没有使我气馁。他们两人在得到听众的认可前，都经历了艰苦的历程。

第一场音乐会后，让娜·德·马尔热里，在她的朋友多米尼克·安德烈家里为我举行了晚宴，那是位迷人的主妇。她邀请了著名作家亨利·德雷尼埃、阿贝尔·埃尔芒（Abel Hermant）、雅克·德拉克雷泰尔（Jacques de Lacretelle），到场的还有年轻的钢琴家雅克·费弗里埃。这是最令人开心的夜晚之一。席间的交谈活跃之极，稍后在客厅里，雅克和我四手联弹了各种曲子，最后我炫耀了一把自己曲目中最好的探戈和施特劳斯的圆舞曲，大家很满意。深夜，我们跟着女主人进厨房，在那里吃了炒鸡蛋，喝了咖啡。

第二场音乐会之后，我们有幸再次在安德烈夫人家聚会，这一次我们甚至更开心。

第三场我又演奏了《逍遥曲》，音乐会后，米霞·赛尔特请我和普朗克吃晚餐。用餐时，可可·夏奈尔和舞蹈家谢尔盖·里法尔不断地谈到一个年轻的钢琴家，他在巴黎的首演很轰动。

米霞告诉我："他和两个朋友——一位小提琴家和一位大提琴家，成功地离开了俄国，他名叫符拉季米尔·霍罗维茨（Vladimir Horowitz）。他在德国取得了巨大的成功，到巴黎演出时你刚好不在。等你们都在巴黎时，你必须听听他。"

里法尔补充说："他加演时弹的《卡门》里的舞曲，太棒了，我都想站起来跳上一会呢。"

我听了哈哈大笑，简直不敢相信一个严肃的钢琴家会在音乐会上弹奏《卡门》，不过他们的热情令我印象深刻，我暗下决心尽快去听他的演出。

我很满意自己的三场音乐会上听众满满的，票都卖光了，有人只好站着。该去华沙和姆威纳尔斯基同台演出了，接下来还有克拉科夫、李沃夫和罗兹。

64

一个寒冷的清晨我抵达了华沙，直接坐出租车上古城广场，爬上两截楼梯来到奥登斯基的公寓，司机帮我搬了行李。奥登斯基又是拥抱又是亲吻地欢迎我，但却没考虑该把那可恶的沙发床换换，以便我那不幸的双腿不必再空悬着。当天上午我就和姆威纳尔斯基进行了排练。在华沙和罗兹，我都要演奏贝多芬的《G大调钢琴协奏曲》，我特别愿意在他的指挥下演奏。他总是那么平静，表达自己的意见极为礼貌。他挥动指挥棒时节奏准确完美，效果极好而又毫无夸张的动作。他赞同我对这首协奏曲的阐释方案，那是自从我第一次听达尔贝演奏它时就一直刻印在心中的。

像以往一样，我在欧罗巴旅馆请奥登斯基吃午饭和晚餐，而在那张可怕的沙发上我也尽可能休息得舒服些。想到音乐会，我盼望着能向我忠实的华沙听众证明自己不是个仅会摆弄乐器的人，靠《纳瓦拉》来迷惑大家，而是个能够极准确地表现贝多芬协奏曲的音乐家。

排练时，索菲娅·迈耶尔来邀请姆威纳尔斯基和我在音乐会后共进晚餐，但是指挥谢绝了。"下星期我有《帕西发尔》的首演，我必须研读总谱。和阿图尔的这场音乐会反而可以让我在反复排练歌剧的过程中暂时休息一下。"他说。

不过我接受了邀请，因为我知道在那里会碰到我的大多数朋友。

音乐会是以贝多芬的《莱奥诺拉序曲之3》（Leonora No.3）开始的，之后是我的协奏曲，幕间休息后是《第五交响曲》。协奏曲取得了意料之外的大成功，这使我极为兴奋。幕间休息时，演员室的门被打开，走进来三位仙女，三个波兰美女。头发颜色较深的那个眼睛最漂亮，表情略带忧伤；个子最高的是标准的金发碧眼，迷人又充满活力；最后一位则百般妩媚地看着我，她对自己的魅力充满信心。

最高的那位上前一步说："我是埃米尔·姆威纳尔斯基的女儿。"然后介绍那个漂亮眼睛，"这是我的妹妹阿丽娜。"又指着最后一个说："这是我的表妹海拉。"

姆威纳尔斯基是这两个漂亮女孩的父亲，对我真是意外。我认识他的大女儿万达多年了，她现在是钢琴家维克多·瓦蓬斯基的妻子。他的两个儿子我则在巴黎见过。

那三个年轻姑娘身上有一种真正的魅力，波兰女人吸引我的那种魔力。然而，大概是出于本能，我只看着个子最高、名叫奈拉的姑娘，好像其他两个女孩根本不在屋内。介绍完后，奈拉代表她们三人夸了我的演奏几句。她还是第一次听到我的演奏。她们打算告辞时，我求她们音乐会结束后再来。

"我的朋友，斯塔希和索菲娅·迈耶尔夫妇今晚要举办大型招待会，如果你们愿意来，我就让他们邀请你们。"她们笑而不答。

交响曲结束，埃米尔·姆威纳尔斯也鞠躬致谢完毕，朋友和崇拜者便涌向演员室。索菲娅·迈耶尔第一个冲进来，她取了皮大衣就要回家。当我要她邀请姆威纳尔斯基家的三个姑娘时，她惊讶地看了我一眼。

"是她们央求你找我邀请她们的吧，不过情况你了解，我们不能邀请这么年轻的人参加这场招待会。"

我压住了心头的怒火才没有说出:"要是你这么看的话,那我就带她们去吃晚餐,放弃你可爱的招待会。"

音乐会后三个仙女再次出现时,我告诉奈拉,迈耶尔太太很遗憾不能邀请她们。听罢,奈拉高傲地微笑着回答:"我早知道她不会邀请我们的。"

我讨厌这场招待会,就提前离开了。第二天晚上我坐上了去克拉科夫的火车。这一次,波兰美丽的古都和华沙一样真诚地欢迎了我。此刻,在这片养育了我的国度,我完全感觉像在自己家里一样。但是,我演奏肖邦的方式依然只有李沃夫喜爱。我此次的独奏音乐会完全是这位波兰大师的作品,而且我可以欣慰地说,它十分成功。返回华沙后,我求希曼诺夫斯基给奈拉·姆威纳尔斯卡打电话,问她我们俩能否去她那里一起喝杯茶。当天下午,三位姑娘就邀请我们去吃茶点,地点就在姆威纳尔斯基宽敞的公寓里——歌剧院大楼的整个左翼。奈拉充当女主人。这一回,同以前跟波拉一样,我们两人,奈拉和我,一见钟情地相爱了。我们立即在对方面前局促不安起来。她接受邀请到欧罗巴旅馆和我共进午餐,但带上了她的表妹,奥登斯基也在场。那个夜晚是在歌剧院的包厢里结束的,但我们却不知道演了些什么。奈拉的父亲邀请我吃午饭。由于他妻子正远在立陶宛的庄园,奈拉就扮演起她母亲的角色,阿丽娜便显得孤零零了。午餐后,奈拉在我的伴奏下婀娜多姿地跳了肖邦的一首玛祖卡。她梦想当舞蹈演员,还告诉我她常参加歌剧院的芭蕾舞女演员们的训练。

去罗兹演出的时间到了,我要演奏贝多芬的《G 大调协奏曲》,由埃米尔·姆威纳尔斯基指挥我家乡刚成立的管弦乐团。我们的火车在演出当天早 8 点出发,到达以后刚好来得及去排练。头天夜里我们两人都很累。姆威纳尔斯基举行了《帕西发尔》的首演,半夜 1 点才结束,然后他又请歌唱家们慢条斯理地吃晚餐。我这边则忙着参加杜维姆、莱洪和马里安·赫马尔

（Marian Hemar）的"卡巴莱"表演，然后是为我举行的大型招待会，"卡巴莱"极为成功，他们甚至在表演中猛拿我开心。稍后我又被拉去参加有吃有喝的家庭舞会。当奥登斯基上床、我上沙发时，已经是清晨5点。

大家不难想象可怜的姆威纳尔斯基和我在7点45分宿醉未醒地赶到火车站时是什么状态了。我们向列车员付了小费，让他不要走进头等车的包厢来打扰，以便我们一路睡到罗兹。就在此时，尤瑟夫·图尔钦斯基（Josef Turczynski），音乐学院的著名钢琴教授，向我们跑来，高兴地叫着："咳，我来了！每周我都到罗兹上课。一般都在上午9点，但今天我成功地调整了时间，好和你们一起走！通常我头天晚上就走了！"

他正要跨进我们的包厢，姆威纳尔斯基阴沉着脸，柔和地小声说："尤肖（图尔钦斯基的外号），我们必须睡一觉。滚远点，拜托啦！"

虽然我们休息了一会儿，但远远不够，排练时我们迟钝不堪。所幸，乐队在常任指挥的调教下准备充分。下午好好地休息之后，我们晚上的演出非常像样。奈拉也来听音乐会了。我知道她是为我而来的，心中甜滋滋的。音乐会后，我左右为难：姆威纳尔斯基（我们现在熟悉得彼此直呼其名了）和他女儿邀请我去旅馆吃饭，而我又要关照家人；家里人永远不会理解我背离家庭传统的行为的，于是我只好悄声告诉他们与强势的姆威纳尔斯基维持最佳关系对我的音乐前途至关重要，并且答应只要一有机会就马上回家。晚餐的气氛有点紧张，因为奈拉搞不懂为何我不能整晚都和他们一起度过。好在次日在火车上，我尽量详细地向她解释了昨晚能和她在一起是多么地不容易。我们站在过道上，不停地交谈，还第一次向对方表达了爱慕之情。我有那么多话要对她说，便请求她第二天上午11点在"澡塘子公园"肖邦雕像下的长凳上和我相会。后天我就要去布达佩斯了。

到华沙之后我一直呆在奥登斯基家，接着是一个不眠之夜。我热切地希望和奈拉结婚，是的，我想结婚。她就是我爱慕不已的那种理想的波兰女子。的确，她很美，身材修长而匀称，面庞端庄小巧，双眼湛蓝、仿佛海水一般，很有个性的鼻子，好看的小耳朵，饱满的前额上是浓密的、稍暗的金发。最动人的还数她那颀长的脖颈，让她显得那么高傲。然而奈拉才 18 岁，而我过三个月就满 40 岁了。我确实感到她爱我。对此我甚至坚信不疑。但她生活在一大家人无微不至的关爱下，有令人羡慕的叔叔、姨妈和堂兄妹，她还怀着当大舞蹈家的梦想，我能让这年轻的生命跟我走么？让她进入我的世界？根据我自己可悲的阅历，婚姻本身是脆弱的，就算有爱情做基础也不行。她是能抵御住我漂亮的西班牙朋友们，还是能抵御住我那些成百上千的对手？这些家伙天天讨好漂亮的少妇。男人都害怕年轻姑娘，她们会带来麻烦；还有，诸位读者没有忘记我关于丈夫和情夫的观点吧。

第二天早上我心烦意乱。在公园相会时我要做出决定。我在街上找不到出租车，只好坐一辆很慢的马车，结果不仅约会迟到了，而且更加紧张。不过，我做出了决定：我要老老实实地把我心中的想法都告诉奈拉。

我在公园门口碰到她，她为我的迟到颇感不悦，甚至我解释了之后也没用。我们一言不发地走到一张长凳边坐下。我告诉了她我对她的爱情，以及多么渴望娶她，然后又讲了我的顾虑和我对我们之间年龄差别的担心，尤其是她还这么年轻。

"心爱的，如果你真的爱我，愿意在我拿不准我们的结合是否对双方都有利之前一直等我，那我就是天底下最幸福的人了。有一点我可以马上告诉你：整个大千世界上，你是我唯一愿意与之生儿育女的人。"

她默默地听着，然后轻声地、甜蜜蜜地说："我愿等。"

我出发去布达佩斯，脑子里则满是幸福和爱情的念头。在匈牙利首都的音乐会，从各方面看都十分有趣。我演奏了勃拉姆斯的《降 B 大调钢琴协奏曲》，由埃尔诺·多赫南伊①指挥。听众很满意，但指挥的赞许则令我更加高兴。他请我第二天吃午饭，席间我认识了他美丽的妻子，维也纳著名女演员艾尔萨·加拉弗雷斯（Elsa Galafres），为了和多赫南伊结婚，她离开了伟大的小提琴家勃罗尼斯瓦夫·胡贝尔曼②。也就是在那时，我认识了佐尔旦·科达伊③和贝拉·巴托克。我为有匈牙利三位最伟大的音乐家作陪感到骄傲。

布达佩斯的美景令我着迷，我觉得此处的多瑙河比在维也纳还要碧波荡漾。古城布达从山顶上俯瞰着河流，看上去真的很宏伟。而新城佩斯则兼有巴黎和维也纳之风韵。整个下午我都留连在一个著名的法国茶馆，从下午 4 点起匈牙利的所有美女都要在那里聚集——不过，我没有看她们。我给奈拉寄去一张明信片，只是想要她知道我在不停地思念着她。在去巴黎的路上，我在维也纳逗留了两天，以便和克奈普勒商讨我日后的音乐会，并去看了莱奥·法尔④轻松愉快的轻歌剧，由世界最伟大的笑星之一马

---

① 埃尔诺·多赫南伊（Erno Dohnanyi, 1877～1960）：匈牙利钢琴家、作曲家。毕业于布达佩斯皇家音乐学院。1849 年定居美国。主要作品按德国传统写成，有歌剧、交响曲、小提琴协奏曲，管弦乐曲（如《匈牙利农村》），器乐曲和钢琴曲等。作品以笔法洗练著称。

② 勃罗尼斯瓦夫·胡贝尔曼（Broniswaw Huberman, 1882～1947）：以色列籍波兰小提琴家。约阿希姆的学生。7 岁开始演奏生涯。他的演奏音色优美、气势磅礴、表情深邃，具有非凡的魅力。被认为是 20 世纪最杰出的小提琴家之一。1936 年在特拉维夫建立以色列爱乐乐团。

③ 佐尔旦·科达伊（Zoltan Kodaly, 1882～1967）：匈牙利作曲家。积极收集和出版匈牙利民歌。其作品的最重要特征是热情真挚和善于吸收民歌要素，如《孔雀变奏曲》、《加兰塔舞曲》、乐队协奏曲及室内乐等。

④ 莱奥·法尔（Leo Fall, 1873～1925）：奥地利作曲家、指挥家，毕业于维也纳音乐学院。在柏林、汉堡、科隆、维也纳等地任剧院指挥。当时重要的轻歌剧作曲家。作品有《金元公主》、《快活的农民》，歌唱剧《纯挚的兄弟之情》等。

克斯·帕伦贝格主演。

我愉快地回到蒙马特高地拉维楠路 15 号，而不再是某家旅馆。很高兴又看到了我的书籍、我的蝴蝶标本、还有我漂亮的椅子、盖着紫红床罩的卧榻，弗朗索瓦又在四周增添了一些艳丽的鲜花。

65

我的朋友们开始打来电话了，其中有米霞："阿图尔，我很高兴你回来了。来喝茶吧。有一个令人高兴的惊喜在等你。"

米霞家有客人：我记得是她的两个弟弟齐帕·斯坦因奈特、亚历山大·斯坦因奈特，以及后者年轻的妻子。他们都十分激动。

米霞骄傲地声言："给你们听一张神奇的唱片，符拉季米尔·霍罗维茨演奏拉赫玛尼诺夫的《d 小调第三钢琴协奏曲》。"

她把三四张唱片摞在留声机唱盘上，我们便听到了最精彩的演奏。那肯定是我所听到过的最好的唱片。米霞高兴地看到我吃惊的样子。

"他在音乐会上还要好。不久他将在歌剧院举行独奏音乐会。到时候你会在吗？"

她说的日子我要在伦敦演出，所以又听不到了。我得坦白承认，对霍罗维茨的巨大关注和兴奋，令我不无妒意。我最坚定的朋友和支持者们，我的最忠诚的崇拜者们，现在整天挂在嘴上的都是年轻的霍罗维茨。

我的小救星这时化身为维拉-洛勃斯出现在我面前,让我士气大振。一天上午,他手里拿着乐谱,刚到门口就叫道:"鲁宾斯坦,鲁宾斯坦!我为你写了一首长曲子,这曲子非常像你,简直就是你自己写的!"

听他夸张的言谈,我哈哈大笑,等看到扉页上的题词,我却深受感动。"《狂热之诗》(Rudepoema),献给阿图尔·鲁宾斯坦的钢琴独奏曲。我真诚的朋友,我不知道是否把你全部的精神都融入了这首《狂热之诗》中,但我可以坦言,我已经尽力捕捉到了你的秉性,并把它精确地写在纸上,就像拍一张你内心的快照那样。因此,如果我成功了,实际上就是你成功了,你才是这首作品的真正作者。"

我紧紧地拥抱了他之后,维拉-洛勃斯从我手里夺过乐谱,跑到钢琴边为我演奏起来。那是首很长、很复杂的乐曲。标题中"狂野"这个词,并无英语中"野蛮"的意思,在巴西大致就是"狂放"的意思。我就问他是否认为我是个"狂放的"钢琴家,他激动地说:

"我们俩都狂放!我们都不大重视刻板的细节。我创作,你演奏,都发自内心,我们赋予音乐以生命,这正是我希望通过此曲所表达的。"

我们一起读谱,一起轮流着困难地弹奏。不过我认识到这是首异常新颖的曲子,一些地方甚至很美。这让我很想学会它。我和维拉-洛勃斯在一起呆了一整天,带他出去吃晚饭,我们很迟才分手。

回到家中,我又把《狂热之诗》放到钢琴谱架上,从头阅读手稿,这次不受作曲家在场的拘束了。在我看来,这是一次里程碑式的尝试,表现巴西当地的卡博科人的起源,表达他们的悲伤与欢乐、战争与和平,并以一曲狂舞结束。这首作品的理念有点像《春之祭》，但有一个差别：斯特拉文斯基的作品交代得十分清楚，每一部分都有完美的形式，而维拉-洛勃斯的大部头则是一大篇即兴创作，和他所有的大型交响诗一样。不过，维拉—洛勃斯在音乐上无穷的创新才能常常弥补了他在形式上的不足、以及他对规则的漠视。在短小一些的创作中，特别是在钢琴作品和歌曲中，他依然是大师。我个人以为，把他称为不受羁缚的天才或者未经琢磨的宝石是再恰当不过了。他慷慨地把《狂热之诗》题献给我，溢美地称我是这部作品的共同作者，实在是大错特错；我自己作为阐释者的才华主要建立在理解音乐作品结构的需要之上。

巴黎的生活，还有它无尽的魅力，再次吸引住我。我根本无力抵御这种诱惑。戴西·费洛斯（Daisy Fellows），温妮公爵夫人漂亮的外甥女，举行了一场出色的假面舞会，称之为"换脸舞会"——获邀的客人必须装扮成另外一个人。活动真是别开生面，是我记忆中最有趣的一次。例如，萨尔维特（Salverte）伯爵夫人（人所共知她是法国王位的冒牌继承者的情妇）长得像著名服装设计师让·帕图（Jean Patou）的双胞胎妹妹，因此不难想象发生了什么。后者装扮成萨尔维特伯爵夫人，而伯爵夫人则变成了让·帕图，任何人都能猜出来谁是谁的。温妮公爵夫人古怪地化妆成肥胖的大胡子特里斯坦·贝纳尔（Tristan Bernard），面对这么可怕的嘲弄，贝纳尔自己也张口结舌，没了平日机智的言辞。不过，公爵夫人对自己却十分满意，对每个新来的人都要说："我是特里斯坦·贝纳尔。"亨利·伯恩斯坦用混凝纸做了个自己头部的面具，大摇大摆地顶在脑袋上，把自己的面孔遮盖了起来。至于我，则谦虚地装成了西班牙国王阿方索十三。以前就帮助过我的化妆师找到了合适的假发和标志性的胡子，令我的面容十分贴近国王的，我只须把下嘴唇向前一伸就可以了。每个人快活地扮演着自己的角色直到深夜，等我们变回自己时，大家都很开怀。

圣诞节和新年的庆祝照样是熬夜、肥鹅、露松和香槟，以及其他。这种必修课无助于我弹琴时手指更加精确。电话也不停地打扰，很难连贯地把一首作品从头弹到尾。

我记得一天下午，在街上吃完午饭后，几个朋友来到我家，想听听李斯特的《b 小调奏鸣曲》，我当时正在为音乐会准备这首作品。曲子弹到一半，电话铃响了。一个人拿起话筒，轻轻地放在桌子上。我弹完后，他才把话筒放回去。过了一了会儿，电话又响了。我对弗朗索瓦不耐烦地说："不管谁的电话，你都说我不在家。"

大家都看着他。

"主人出门了。"弗朗索瓦说，他听了片刻，然后非常自信地回答："不，您弄错了，主人没有在弹琴，是我在琴键上掸灰尘。"

大家哄堂大笑，因为都知道这位打电话的人刚刚听了一大段奏鸣曲。

然而我的心思却留在华沙、留在奈拉身边，满脑子想的都是结婚。内心深处，我希望能再得到她愿意等待的承诺，就像她答应过的那样，直到我打消一切疑虑。没有她的消息使我坐立不安，尽管我讨厌写信，但都想直接给她写信了，不过我也只能重复上次在公园对她说过的话。只有我感到能对她说"对，我已经准备好了，我要你，我要立即娶你！"之时，我才会得意洋洋地把信息附上鲜花一起寄过去。相反，很多细小的征兆却让我愈发没有把握了。不时有人突然问我："你准备什么时候和奈拉结婚？我们听说快了。华沙城里为此十分兴奋呢！"

离开华沙时，我还以为我们的爱情和婚姻的疑问能成为我们的秘密呢。

有两三个月，我在西班牙、意大利、布鲁塞尔，并且第一次在安特卫普、根特和布鲁日举行音乐会。这些城市给了我深深的艺术享受。在安特卫普有伟大的鲁本斯的工作室，保持得就像他离开时一个样；在根特我看见了凡·爱克①的三联组画。在德累斯顿见过拉斐尔的油画《圣母》后，还没有任何画作令我同样感慨的。佛兰德斯公爵的城堡完好地矗立在根特城中心，其威严和震撼力类似伦敦塔和罗马的圣天使城堡。布鲁日，诗人称之谓"死亡"，却与死亡相距甚远。这里有梅姆灵②一生的成果，还有众多运河穿过城市，沉思着流经那些数百年的老屋。我乘船在其中的一条运河上，看到岸边几位妇女正在做花边，她们身穿黑色长裙，头戴白色帽子，和古老的佛兰德绘画中的情景一样。我很惋惜，弗美尔③没有将这一场景画下，使之永生。

回到巴黎，我接到米霞约我吃午餐的邀请。到场的人都是精心挑选出来的：可可·夏奈尔、她漂亮的外甥女米米·布拉克–贝莱尔以及皮埃尔·布里松、《时代》杂志杰出的戏剧评论家。

"我有个令人愉快的惊喜给你。"米霞说，"霍罗维茨在歌剧院的独奏音乐会取得巨大成功后，我请歌剧院院长鲁谢紧接着安排一场你的独奏音乐会。他刚刚通知我 5 月份有时间给你安排一场。"

我过于傲慢，放不下架子当着客人们表现出这一消息令我多么欢欣，不过在午餐后，单独和米霞在一起时，我感激地紧紧拥抱了她。

---

① 杨·凡·爱克（Jan van Eyck，1390～1441）：文艺复兴时期尼德兰画家。《根特祭坛画》是欧洲油画史上第一件重要的作品。

② 梅姆灵（Memling，1430？～1494）：文艺复兴时期佛兰德斯画派画家。主要画祭坛画和肖像画。如《基督受难三联画》。

③ 弗美尔（Vermeer，1632～1675）：荷兰风俗画家。擅长以色彩表现空间感及光的效果。画有《挤奶女工》、《情书》、《站在维吉那琴前的少女》等。

66

我为这件大事非常仔细地准备了曲目。没记错的话，我以演奏《热情奏鸣曲》开始，继之为肖邦的三四首重要作品；幕间休息后，是两三首德彪西的曲子，两首西班牙乐曲，最后用《彼得鲁什卡奏鸣曲》结尾。

歌剧院的这场音乐会给了我许多快乐。这是在香榭丽舍剧院我的"第二次首演"之后，首次有这么多巴黎听众来出席我的音乐会，而且是在法国最好的剧院。

演出的成功超过了我的期望。我加演了三曲后听众才肯离开。在到后台来向我祝贺的朋友中，有一个清瘦的年轻人，个子比我略高，相当英俊，他用俄语对我说道："我叫符拉季米尔·霍罗维茨。在基辅我听过您的演奏，当时我才7岁。那是我生平第一次参加音乐会。"

我对迄今还没有听过他的演奏表示惋惜，并高兴地得知几天后他将在香榭丽舍剧院演出。我们一起吃了午餐，他讲了许多他生活中的事。

"我的老师是费里克斯·布鲁门菲尔德（Felix Blumenfeld），他是卡罗尔·希曼诺夫斯基的舅父。我在俄国举行过许多音乐会。"

之后，他详细讲述了他和他的两个朋友，米尔斯坦①和皮亚季戈尔斯基②，是怎样成功地逃离苏联的苦海的。在巴黎，我们有一个共同的朋友，年轻的作曲家和指挥、来自波士顿的亚历山大·斯坦因奈特。

来香榭丽舍剧院的听众多如潮涌。我在最后一刻才弄到一个加座。我记不得整套曲目，但永远不会忘记李斯特改编的帕格尼尼的两首练习曲：《降 E 大调》和《E 大调》。那远远超出了才气横溢和技巧娴熟，具有高雅从容———一种具有魔力、无法描述的东西。他还演奏了肖邦的两首主要作品：《幻想波洛奈兹》和《船歌》，演奏水平极高，尽管与我的理解完全相左。

那晚最成功的部分是加演，他自己改编的《卡门》第二幕的一首舞曲。他连弹三遍，欢声雷动，致使我们都跃起身来。最后一遍加演后，我和其他人一起，极其激动地跑到后台去看他。等他换衣服时，他的崇拜者们，其中大部分是我的朋友，就相互热烈地高声评论着演出，而我是嗓门最大的那个。霍罗维茨走出休息室，满身汗水，脸色苍白，以王者的雍容接受着人们的敬意。当我走近时，他说："唉! 我在《幻想波洛奈兹》中弹错了一个音。"

如果一场音乐会后，我能声称自己只弹错一个音，那我宁愿

---

① 纳唐·米尔斯坦（Nathan Milstein, 1904～1992）：美籍俄罗斯小提琴家。1920 年首次登台演出。曾与霍罗维茨联袂演出，引起轰动。1925 年定居柏林，1929 年旅居美国。

② 格里戈利·皮亚季戈尔斯基（Gregor Piatigorsky, 1903～1976）：美籍俄罗斯大提琴家。毕业于莫斯科音乐学院。1921 年离开苏联去德国。任柏林爱乐乐团大提琴首席。1928 年开始独奏生涯。1929 年起，与纽约爱乐乐团合作演出大获成功。先后与霍罗维茨、米尔斯坦、海菲兹以及鲁宾斯坦组成三重奏组，演出大受欢迎。他的演奏技术完美，风格高雅，擅长表演激情洋溢的浪漫派乐曲。公认为是同代人中最杰出的大提琴家。

少活 10 年。当我们走出剧院时，我的好友——一位很懂音乐的年轻漂亮的女士，说："不过，阿图尔，在《船歌》上你是独一无二的！"

短短的这句话长久地萦绕在我的心上。

亚历山大·斯坦因奈特请我共进晚餐，他写道："我们也请了霍罗维茨，别忘了，我的客厅里有两架漂亮的钢琴。"那是我们第一次在斯坦因奈特家中彻夜举行音乐晚会，这种晚会有过多次。我和霍罗维茨两人随手弹奏着各种作品——双钢琴曲和各种其他改编曲，比如里姆斯基-科萨科夫的《西班牙随想曲》，一大堆瓦格纳的作品，霍罗维茨刚开始接触瓦格纳的音乐，以及夏布里埃的《西班牙》。有时候，我和霍洛维茨两人视谱弹奏都有困难，比如德彪西的《白与黑》，视谱演奏能力特强的雅克·费弗里埃就接替我弹第二钢琴。然而在弹奏德彪西《夜曲》中的第二首《节日》时，情况就反过来了。

这次活动之后，我和霍洛维茨就成了亲近的朋友，相互直呼其名。有时，他会在上午来我的住处，向我咨询他加演哪些曲子的效果会好。不过，我已经觉察到两人之间存在着细微的差别。

他对我的友谊是国王对属臣的友谊，这就是说，他对我很友善，而又在某种程度上利用我。简而言之，他不认为我和他旗鼓相当。这导致我在艺术上开始感到沮丧。在内心深处，我觉得自己才是更好的音乐家。我对音乐的理解更为成熟，但同时我明白自身有可怕的缺陷：忽视细节。我把一些音乐会当做消遣，都怪我那抓住和学会作品要领的鬼才，和之后我当众随意演奏的恶习；虽然我自信在音乐的表达上更出色，但不得不承认，霍罗维茨是个好得多的钢琴家。

67

　　一天上午卡拉打电话来说："我在巴黎，想和你见见面。我有好多话要对你说。"

　　我对她没有任何芥蒂，立即请她吃午饭。她看上去和往日一样漂亮，同时充分利用了她自己的魅力和歌声般优美的嗓音，甜蜜又不经意地讲述了她和我的西班牙朋友间简短的恋情。

　　"他那么笨，我都不想再看他一眼。然而我却渴望再听到你的演奏。"她说。

　　她这话让我很受用。不管怎样，我们的友谊延续了下去。她喜欢我帮她评价新衣帽。我们会一起去剧院看精彩演出，一起受到友人的邀请。奈拉没来过任何消息。卡拉临时租了一套漂亮的房子，一次，我在送她回去的路上，漫不经心地说："我爱上了一个波兰姑娘。她才 18 岁，但我想和她结婚。"

　　"噢！"她用甜美的嗓音回应道，"又是你那套狂热，对波兰女人的迷恋，还要和她生个女儿！"她讥讽地淡然一笑。

　　科汉斯基和索霞来了。为了欢迎他们，我在自己的小院子里举行了很棒的鸡尾酒会。后来，只剩几个朋友时，我和科汉斯基演奏了奏鸣曲，那真是治疗我心病的良药。我们在一起演奏音乐，毫无功利的动机，还决定一同度过一段夏天。科汉斯基告诉我霍罗维茨和西班牙钢琴家何塞·伊多尔比在纽约引起的轰动。这没有让我觉得惊奇，因为美国人肯定从未听过有人这么弹钢琴。至于我，深秋将有一次大巡演，会从华沙开始———说起华沙我的心就发颤。我几乎确定，这一回我会向奈拉求婚。我一直在想着这事。

一天上午，索霞·科汉斯基给我打电话："我有件不愉快的事告诉你。勃罗尼斯瓦夫·姆威纳尔斯基来看我，还问起我是否知道你对他妹妹奈拉有什么打算。你打算和她结婚吗？她对你的沉默非常不安。我该对他说什么呢？"

哥哥保护妹妹，并严厉地提醒我对婚姻的承诺，这很经典，但也令我非常恼火。我还是第一次碰到此类事情。以前，在不同的时间里，曾有过两个英国姑娘与我谈婚论嫁，但我们的讨论仅限于两人之间，任何外人都不知情。这次，我突然感到中了全体波兰人的圈套了。还好我正要去华沙开音乐会，将有机会弄清楚这到底是怎么回事——是奈拉自己策划的吗？不过我内心全然不这么想；还是纯粹无中生有的纠葛？我自己已经下定决心要娶奈拉，她是世界上我唯一想娶的女人，但首先我得确信她是全心全意地、忠心耿耿地爱着我，这才是我期望的爱情。她的沉默和旁人那些不得体的行为使我不安。我让索霞替我回答奈拉的哥哥，我和奈拉的婚礼的日期只能由我们俩人决定，不需要任何人干预。

卡拉问我的计划和音乐会。

"你来罗马吗？"

"不。"我回答，"这次巡演很棒，从华沙开始，然后是布加勒斯特、希腊、特拉维夫和埃及。"

"哦，多好的旅程！我一直想看看希腊和埃及。玛莎·比贝斯库亲王夫人邀请我去她家，她丈夫是我的亲戚，就住在布加勒斯特附近。你去那里演出时，我能和你见面。"

她的建议对我不太有吸引力。我们的南美之行没有给我留下愉快的回忆，而且鉴于我们的风流韵事的结局，我也不能指望和卡拉一起去这些浪漫的地方能有什么好结果。眼下，我只是说："这个，如果你想看看希腊和埃及，我倒是个好向导。"

那个夏天，科汉斯基夫妇前去疗养，我则去了威尼斯，以便在巡演前好好休息一下。另外一位访客又是伯纳斯勋爵。我们多次探讨音乐。在广场还碰到一个非常聪明的俄罗斯人。我渴求解决生存的意义和目的这一问题，能和这样的智者交换看法，我感觉无比愉快。自然，这问题永远不会有结论，不过，从不同角度研究它是十分有益的。独处时，我的心思全在奈拉身上、还有结婚的事情。我的自我感觉糟透了。霍罗维茨的钢琴表现手段之丰富、演奏技巧之娴熟，使我深感羞愧，我的粗心和懒散，阻碍了自己充分利用天生的音乐才华。那些在音乐会上演奏的作品灌注了我的爱心，但也包含着我对它们的不恭与疏懒，我知道自己有本领很多曲子都弹得更好。我的情绪甚至低落到开始认真考虑是否放弃成为大钢琴家的雄心壮志，而去当一名钢琴教师，随便开几场音乐会，特别是在西班牙和南美，那里的听众毫无保留地认可我现在的这个样子。我知道自己天生是个真正的音乐家，但是我不去开发我的才华，反而把它当做资本活着。

回到巴黎后，我准备好了即将从华沙开始的巡演，并决定把自己的真实情况告诉奈拉。我计划来年去南美，积攒足够的钱，以保证我未来的妻子有舒适的生活。因为我除了一方面在不断浪费自己的才华，另一方面还是以前那个花钱大手大脚的人，依靠前一场音乐会的收入过着奢侈的生活，结果我的银行帐号上始终接近零蛋。

一天上午卡拉打电话来问："你什么时候去华沙？"

我告诉她日期后，她张口就说："时间对我去罗马尼亚正好。我可以和你一起去华沙，听听你的音乐会，然后准时出现在布加勒斯特。我在那边等你，之后我们一起去旅行。"

这可吓坏了我。我从未想过卡拉会出现在华沙，于是匆匆赶去和她见面。

"我很乐意领你参观雅典和开罗，但不愿意你去华沙。"

"为什么？"她装出一副天真烂漫的样子问道。

"你非常清楚为什么。"我不耐烦地回答。

"可是我们不必在一起嘛。"她极为柔媚地说，"我住在旅馆里，你可以住另一家旅馆、或者住在朋友家。"

这简直没法讨论下去。最后我说："如果你去华沙，就只好靠自己了。我不想被人看见和你在一起。"

有什么办法呢？我们乘了同一趟火车。我给奥登斯基打电报告诉他我将抵达华沙，请他不要告诉任何人。在华沙站，卡拉坐了欧罗巴旅馆接人的车，而我要了辆出租车。奥登斯基告诉我，当晚有出席英国使馆招待会的邀请。

"马克斯·缪勒夫人亲自打来的电话，我替你答应了。她说是在罗马认识你的，对你的音乐会非常热衷。"

我没有敢打电话和奈拉联系，更不敢去拜访她，也不知道他们会不会让我进门。我指望次日的音乐会上能见到她，那样就可以和她约时间了。

下午我打电话去欧罗巴旅馆，想了解一下卡拉的房间是不是合适，有没有人照顾她。但是旅馆没有回答我的问题，而是直接接通了她。我听到她的愉快的声音："你知道吗，我们两人都被邀请出席英国使馆的招待会。他们在罗马就和我很熟。请你 9 点来接我，招待会是自助餐。"

我最怕的就是这种情况了，但是我除了陪她一起去之外，别无办法。我唯一的希望就是奈拉永远不会知道这事。

当卡拉和我走进大厅时，我一眼就看到埃米尔·姆威纳尔斯基和他的女儿。我的心都停止跳动了。大使夫妇一起迎上来，把我们当成一对老朋友打着招呼，就像在罗马那样，然后兴致盎然地向来宾介绍我们。埃米尔·姆威纳尔斯基热情地与我握手，但奈拉却转身背对着我。这是我一生中少有的伤心欲绝的时刻。于是我彻底撇开卡拉，几乎硬逼着奈拉跟我来到一个墙角，好向她解释。她冷峻而盛怒地看着我，咬牙切齿地说："我没话对你说。"

"你必须听我讲。"我说，已经很不耐烦了，"明天下午我打电话给你，把一切都解释清楚。你没理由埋怨我。"

她苦笑一下作为回答，但同意接我的电话。不久她们父女就一起离开了。卡拉和我不得不留下，因为她是贵宾。

在回旅馆的路上，她说："原来你是要和这个金发姑娘结婚？我以为你喜欢波兰姑娘，可她是个德国佬。"

"她是我所爱的波兰姑娘的典范。"我厉声回敬。

"可她是德国佬！"她坚持己见。

我真想把她杀了。

可怕的一夜未眠之后——这次当然与奥登斯基的破沙发床无关——我早早喝了咖啡，然后不情愿地去音乐学院的大厅，像通常一样在独奏音乐会前试试钢琴和琴凳。但我的心思根本不在音乐会上。我在咖啡馆随便吃过午饭后，就去拉响了姆威纳尔斯基在歌剧院的家的门铃。我的心砰砰地跳着被带进一个大房间，奈拉独自坐在角落里。她没有说一句话。我于是向她坦白地讲起卡拉和我之间的一切，从最初一直讲到昨晚。

"你看，这已经不能再叫恋情了。分手之后很久，我才又在巴黎见到她，我告诉她我和你相爱了，并且要和你结婚。"

为了证明我讲的都是真的，我又复述了卡拉对她恶意的评论。听到最后这地方，她才终于通情达理地笑了。从此时起，我们才开始互诉各自的疑惑、失望、对别人插手的恼怒，以及一切折磨我俩的事。

奈拉说："我周围所有的人都说你不断地从一桩风流韵事跳到另一桩，说你对待女人不认真，说你到处宣扬自己是个铁杆独身主义者。这叫我怎能信任你呢？怎能相信你的爱情呢？但是，哪怕你给我写一个字，我也可以不在乎所有这一切的。你让我等你，但你知道么，等待有你这种名声的男人，等待这么长时间都不肯费事告诉我他不会食言，仍然是我一开始就爱上的那个男人，对一个年轻姑娘意味着什么吗？"

我沉默了一会儿，深深感到羞愧。

"是的，心爱的！"我回答，"你说得对，完全对。我真是个蠢才！我没有意识到、也不懂得这一切！现在我才知道你都受了什么罪，答应了要等我的决定之后，被抛弃、没人照顾，被那些没把我的诺言当真的人包围着，在此期间我虽然一直热爱着你，你却没有得到这方面的只言片语。我没有多少要辩解的。的确是这样，在没有遇到你之前，我是个顽固的独身主义者。"我告诉她自己的过去，在柏林的那最黑暗的时刻，以及我如何找到了要对生活无条件的爱这一真理。

"从那一刻起，我最亲爱的，我决心充分地享受每一刻，但不是去发挥自己的音乐才华，而是过着纵情享乐、沉迷于美食的生活。"

我反复说明对已婚女子的忠诚自己并没有信心。

"但在内心深处我知道，你是世界上我唯一愿意结婚、并与之养儿育女的女人。然而为了这一切成为可能，我必须保证你生活得舒适。所以恳求你等着我。别抛弃我。"

奈拉静静地坐着，不过我在她眼里看到爱情。当我提到那些谣传，提到她哥哥的干预，她断然否认她与此有任何关系。

"索霞骗你的。我哥哥永远不会做这等事，就算他说过什么，索霞也是曲解了话里的意思。不过我觉得有一件事得告诉你。有个叫密齐斯瓦夫·蒙兹（Mieczyslaw Munz）的年轻钢琴家想和我结婚。他疯狂地爱着我，不断地给我送花、写信，为了离我近些，甚至放弃了去日本的巡演。我告诉他我爱你，但是我也承认，我不相信你会和我结婚。"

这使我非常不安。

"奈拉，你不能嫁他。你爱着我呀，别忘了这一点。现在我得走了，晚上还有音乐会。在这种状况下演奏太可怕了。明天下午我再来。我不能让你嫁给一个你不爱的人。"

音乐会是场灾难。我把节目单上的曲子从头弹到尾，但对所弹奏音乐却没有一丝感觉。卡拉安静地坐在缪勒夫妇身旁，我还看到奈拉和自己的一些朋友坐在一起，同她们说着悄悄话，对音乐会并不太注意。

第二天我对她的再度拜访十分令人伤感。我一直求她等我。我谈到去南美的计划。"我确信等我回来，一切就能准备好了。"

我用尽甜言蜜语，告诉她我多么爱她。最后她同意等我。

68

卡拉独自去的罗马尼亚，而我搭下一趟火车前往布加勒斯特。这次巡演，如果只有我一个人，本来可以非常愉快、十分有趣的，但由于一系列不愉快的事而变得艰难不堪。这主要是我的错，因为我脑子里始终在担忧会输给我那年轻的对手，失去奈拉。

布加勒斯特的音乐会是在雅典剧院举行的，演出大厅华丽而高贵。在我对面的包厢里，坐着卡拉和比贝斯库亲王夫妇，亲王夫人还是著名的女作家。他们的到场令我不快，因为卡拉曾对我说过他们并不喜爱音乐。我记得那个晚上我弹了两首协奏曲，曲名忘记了，结尾是弗朗克的《交响变奏曲》，大获成功。音乐会后亲王夫妇和卡拉一起来到后台，邀请我第二天晚上在"蒙高什瓦亚宫"共进晚餐。

亲王说："你旅馆的服务员会告诉出租司机具体位置的，再说，大家都知道它在什么地方。"晚餐定在8点。

卡拉以前就告诉过我那个地方的神奇之处，还有宫殿和周围的环境是多么出名。

在要求签名的人群里，有个学音乐的年轻学生专门带着他的未婚妻前来向我表示感谢。

"我们两人都跟莫西塞斯库夫人学习。"他们没有说自己的姓名，许多年之后我才了解到，那个学生就是迪努·利帕蒂①，但那时利帕蒂本人已经去世，是他的遗孀告诉我的。很遗憾，在他生前我从未听过他演奏，但是他的唱片伴随着我，每次听到我都会深受感动。

"雅典旅馆"的服务员预定了一辆漂亮汽车，以便送我到比贝斯库亲王夫妇家。他替我开车门时微笑着说："半小时的车程，不过值得！每个罗马尼亚人都知道这地方。"

大约一刻钟后我们出了城，上了一条似乎没有尽头的路。车行大约45分钟，天色已经晚，我拍拍司机的肩膀，比划着问他是不是还很远。司机没回答，而是在一栋有灯光的小房子前停下，显然去问路了。他回来后，做了个无奈的手势。于是我们开始兜圈，到处打听，但一无所获。天越来越黑，时间越来越晚。我焦躁、疲倦，脸色铁青，然而语言不通，又无可奈何。气愤之

---

① 迪努·利帕蒂（Dinu Lipatti, 1917～1950）：罗马尼亚钢琴家、作曲家。除师从罗马尼亚老师外，还当过科托、纳迪娅·布朗热的学生。20世纪最有才华的钢琴家之一，对莫扎特、肖邦和舒曼具有特殊的鉴赏力。因患白血病早年英逝。其创作饶有钢琴家的情趣。

中，我只想到许多语言里都用的一个词，于是喊了起来："恶棍！恶棍！"

9 点 30 分我们到了"蒙高什瓦亚宫"。如果我会说罗马尼亚语，我会让司机返回城里的，不过我觉得首先要向我的东道主解释一下这么不可思议的迟到。走进大客厅时，我看见亲王独自呆着。我又气又恼，连解释迟到带抱怨司机，夹七夹八地说了一通。然而亲王并未对我的处境表现出同情，反而对我的遭遇觉得十分好玩并放声大笑。这愈加触怒了我。

"我真高兴你觉得这事好笑。"

我走出客厅，抓起大衣和帽子，然后跑到路上，对司机吼道："回布加勒斯特！'雅典旅馆'。"

司机顺从地抬抬帽子，我们驱车返回，一路沉默。

回到房间，我喝了杯冷牛奶，吃了点饼干和臭奶酪，算是晚餐。

两天后，我和卡拉在火车站见面时，她咯咯笑着重提了这件事。

"当你大发雷霆地离开后，马莎姑妈对她丈夫非常生气，并要我向你转达她的歉意。"

我们大笑了一番，事情就这样过去了。

雅典以明朗蔚蓝的天空欢迎我们。因为"大不列颠饭店"没有空房了，乐团的团长把我们送到附楼。这座附楼是伟大的首相韦尼泽洛斯（Venizelos）卖给旅馆的一幢大别墅。

"第一场排练安排在明天上午 11 点，不过我 10 点来接您，因为指挥想和您谈谈协奏曲。"

那是贝多芬的《G 大调钢琴协奏曲》。年轻指挥名叫德米特里·米特罗波洛斯。我心不在焉地听着团长的话，只想尽快吃完午饭，和卡拉去雅典卫城。

我们沿着陡峭的石阶身手矫健地向上爬，然后敬畏地停下来。卡拉无声的感慨让我很开心，对艺术和美她的确很敏感。我们花了好几个小时参观帕台农神庙和厄瑞克修姆神殿。我指给她看那些正面衣着端庄，但是赤裸着臀部的女性雕像，我特别敬慕这一风格的作品。

我们亢奋地回到旅馆。我收到时任英国驻希腊大使珀西·洛兰先生的留言。我立即给他打了电话。

"阿图尔，再次听你的演奏我们将感到开心。我要告诉你我娶了我在意大利的同事的女儿，说不定你们在罗马见过的。你明天能来吃饭吗？"

"很愿意啊，"我回答，"不过我不是一个人。卡拉·帕拉迪尼公爵夫人也在这里。我们能一起来吃晚饭么？"

对方沉默了片刻。"请等一下。我问问妻子。"

过了一阵，我听到他说："她宁愿你一个人来。"声音略显尴尬。

我也尴尬。"这令我十分遗憾，我怕是也不能来了。"

这事我没有对卡拉吐露一个字，但心里很恼火。

在第二天的排练上我认识了德米特里·米特罗波洛斯①，他是个清瘦的年轻人，文雅地对我做了自我介绍。

"我是布索尼的学生，"他自豪地微笑着说，"但我演奏技巧一般，成不了大钢琴家，因此当了指挥。很高兴由你来担任独奏。"

排练有点困难。米特罗波洛斯指挥的动作有些兴奋，而那只水平一般的乐队并不能精确地跟上他的指挥棒。这首协奏曲重复了三遍，我们才感觉音乐会时能够过关了。

---

① 德米特里·米特罗波洛斯（Dimitri Mitropoulos，1896～1960）：希腊裔美国指挥家。师从布索尼，1921年起在柏林、雅典和巴黎从事指挥和演奏生涯。1937年任美国明尼阿波利斯交响乐团指挥，1950年任纽约爱乐乐团指挥。以指挥20世纪音乐作品著称。

玛丽卡·帕帕约安诺听了排练。她师从施纳贝尔，眼下正在准备自己的音乐会曲目。我很愉快地听了她的演奏，她的水平已经不仅是个钢琴师，而是真正的音乐家了。

下午卡拉自己去参观博物馆。我正打算躺下休息，我的朋友斯特凡尼德斯就出现了。他依旧那么真诚，热情地拥抱了我。

"你要在雅典呆多久？"他问。

"还有三天。"然后我悄悄地说，"这次我不是一个人。卡拉·帕拉迪尼公爵夫人和我在一起。"

他从座位上跳起来。

"就是那位卡拉公爵夫人吗？在罗马我就很熟悉她。她是我所见过的最美的女人！她住在哪里？"

"就和我住在这里。"

"你是世界上最走运的人！"他叫道。我傻傻地笑笑。

"你不必为此自卑。她也有福气啊！"

这话让我舒服多了。他坚持要等卡拉。他几乎热泪盈眶地欢迎她回来，亲吻了她的双手，叫道："你比以前更美了！"

卡拉立即认出了他，而且十分高兴再次见到他。

他说，"尊敬的公爵夫人，您是否肯赏光，于音乐会次日，和我的朋友鲁宾斯坦一起来我家共进晚餐？"

卡拉看到我点头以后才说："好，十分高兴。我很愿意认识您的夫人。"

翌日上午的第二场排练进行得好多了，我高兴之余，就邀请米特罗波洛斯来跟卡拉和我一起吃午饭。他的意大利语比法语好，于是我们就用这一语言交谈。当晚，音乐会上的听众相当多，但我既不满意乐队，也不满意指挥。所幸，结束时我们做到了同步。听众的反应平平，多亏返场加演的两首曲子挽救了我那个夜晚。

斯特凡尼德斯夫妇举行了隆重的招待会。他起码邀请了 20

人。客人有外交使团的成员、希腊政府官员、还有东道主的私交。卡拉和我到得比较早，没过多久就宣告珀西·洛兰大使和他年轻的妻子来了。不难想象我对这一幕多么津津有味，尤其是卡拉还被当做了贵宾。斯特凡尼德斯向她介绍各位来宾，也包括洛兰夫妇。珀西爵士非常礼貌地握了握她的手，但他的妻子只是冷冷地点了点头。

卡拉对她说："你可能不记得我了，不过在罗马的一场为小姑娘举办的乏味的舞会上，我是见过你跳舞的！"

整个晚上她们只说过这么一句话。当然啦，卡拉并不知道这位大使夫人对自己很怠慢。我们逗留到所有的客人都走光了。然后，我们的主人，非常快活地端起最后一杯香槟，用十分夸张的词汇向卡拉敬酒。

第二天我们前往亚历山大。阿迪蒂的代理人做好了一切准备工作。我的音乐会在当天晚上举行。听众还是老样子，由希腊人、意大利人和带若干法国血统的犹太人组成。然而，法语却是那个城市的主导语言。因为卡拉非常想看看开罗，第二天我们就乘头班火车出发了。这回我运气很好，在市中心有名的"谢泼德饭店"成功地找到了两个房间。我的音乐会在真正的大厅——开罗的美国学校礼堂举行，这让我很高兴。音乐会上除了欧洲的殖民者外，也零零星星地有些红色的无檐毡帽。第二天我把自己交给了一名一流的导游，他身着阿拉伯样式的花长袍，戴着一串念珠，手上还不停地转动着另一串琥珀念珠。他很英俊，行为既恭敬顺从，又掌控着一切。他带我们参观金字塔，那架势就好像金字塔是为他的愉快而建造的，似乎是他本人眼都不眨一下就牺牲了成千上万人的生命。很明显他想取悦这位美丽的意大利女士。每说一个字，他的黑眼睛都会意味深长地瞟过来。我旁观这一幕可比欣赏金字塔带劲多了；我已经见过金字塔，而且第一次参观时就不太激动。同一个小男孩，也许是另一个，为了钱，向上奔跑了一百个台阶，我们转过去，看狮身人面像，它带着比以前任何时候更加深不可测的表情守护着自己的秘密。赶回"谢泼德饭店"时正好吃午饭，比起参观基奥普斯金字塔，我还是觉得这顿午餐受用得多。这家饭店以厨艺精湛而闻名，大厨常常亲自到餐桌边关照点菜，想吃什么都给做——当然啦，价钱不菲。我们喝完咖啡时，导游早就等得不耐烦了。

"现在我带你们去参观三个漂亮的清真寺。"他说，并照例补充道，"世界上最精美的！如果参观完了你们不太累，我们就去城外我父亲的畜牧场，他饲养纯种阿拉伯马。"

我们出于礼貌接受了他的建议，于是叫了一辆出租车出城前往马场。沿途，导游解释说他父亲养马的经费来自旅游者的捐献。我掏了数目可观的钱，但他父亲的形象在我心中也因而大大降低了。

那个"畜牧场"更像是为旅游临时搭建的。一共才有两三间没人住的木棚，围栏摇摇晃晃的，里面有三匹漂亮的阿拉伯马。突然一个穿得很穷的老头不知从哪里冒了出来。导游满不在乎地拍拍他的后背，然后傲慢地命令他向我们依次展示马匹。一匹漂亮的黑色公马已经备好了鞍，我们很喜欢这匹骏马。

导游亢奋地说："这匹马得骑一骑才知道它有多棒。"

"我来骑。"我说，"我喜欢骑马，这将是一次新体验。"我从未骑过纯种马。

卡拉惊讶地看着我。她用意大利语轻声对我说："想想你的那双手吧！"

"不用担心！"

我穿上了那身行头，在导游帮助下，左脚踏进马蹬，坐上马鞍后把裤子整理得舒服些，轻轻地握住缰绳，好让马信任我，然后轻轻地用脚后跟碰碰牠，就出发了。波托茨基伯爵的马术课现在派上了用处。我先让马小跑一会儿，然后狂奔一小段，绕牧场转了几圈后，在卡拉和导游面前停住，跳下马来轻松地说："嗯，骑马很开心。"

两人的嘴巴都合不拢了。我不得不详细向卡拉解释我怎么会有这一身好骑术。我这一手肯定比头天晚上的音乐会给她的印象更深。

当晚在"谢泼德饭店"吃饭时，有几个人走来祝贺我的音乐会，其中有两个法国人我在巴黎就认识，于是我请他们一道喝咖啡。他们两人来开罗做生意，对当地很熟悉。趁卡拉离开的当儿，他们提出要带我到有名的开罗的妓院去转一圈。

"你能看到独一无二的演出。"

我说，"我总不能带上位夫人吧？"

"看在上帝的份上，绝对不行！"

我往日的好奇心占了上风，于是决定跟他们去。告诉卡拉我要和两个熟人出去玩时，她也想去，但我坚决不同意。她生气得摔上了门。

我们三人参观了各种场所，到处都有难看的女人，多数是阿拉伯女人，做着各种下流的动作，她们原想让我们兴奋起来，但效果恰恰相反。我很晚才回去，心里满是厌恶的感觉，累了一天以后，直接回房间上床休息。

第二天上午，我相当迟才下去吃早餐，期待着能碰到卡拉，但她不在。我去敲她的房门，她让我进去了，但她眼中的怒火我以前从没见过。我突然意识到一个奇怪的事实：我从未见她哭过。她的确是我这辈子唯一没看见流泪的女人。在罗马，那可怕的一幕，以及多少次小吵小闹；在南美，我常常被迫独自参加宴会、把她撇在旅馆里的那些令人不快的时刻，她眼里都没有泪水，从来不顾影自怜。这一次她比以往更为生气，看到她如此较真，我也为昨晚丢下她一个人跑出去看那些下流情景感到羞愧。在去布林迪西的船上，我们相互间几乎没怎么说话，冷冷地握别

后，她就坐上第一列去罗马的火车，我则去搭乘头班前往巴黎的
列车。

69

回到拉维楠路 15 号，我看到家中井井有条。弗朗索瓦拿出
一扎信件，我花了好多时间才读完。瓦尔马莱泰给我寄来了在法
国演出的建议；米切尔先生则提供了几个日期，是些不太重要的
在英国露面的机会——像通常一样，大多数都在海滨；德克萨达
要我去西班牙各地演出；而在意大利，除了在罗马与圣塞西利亚
的音乐会，我还收到几个从没去过的城市的邀请。我决定第二天
再说，便跑到拉吕饭店去享用美食，然后又来到"天台牛肉馆"，
碰见奥里克、法尔格和科托，向他们讲起我旅途中的趣事。

复活节再度临近，到处是招待会、午餐、晚宴。这不停的
"旋转木马"让我常常感到极为失落。在小城市举办的众多音乐
会，演出曲目几乎一成不变，都在逐渐磨灭我对音乐天生的爱。
它成了一种例行公事，我唯一在乎的只是通过不算高的演出报酬
积攒尽可能多的钱。而我还得伤心地承认，这样挣来的钱全都用
到了阔绰的生活上、用到了送鲜花给请我吃饭的女主人、用到了
购制高雅的服装，还用在没日没夜的打出租车上。常有可笑又矛
盾的情况，不论那位女士，譬如罗思柴尔德夫人或是别人，找我
一起吃饭时总会说，"阿图尔，我不想让我的司机等我。如果我
把罗尔斯汽车打发走，你能送我回家吗？"

"当然，很高兴！"我会说，"我有上千辆出租车在待命哪！"

我开始厌恶孤独了。在英国驻波兰大使馆那场倒霉的招待会上与奈拉的重逢让我备感痛苦。尽管种种谣传和索霞的插手令人相当恼火，但我还是准备向奈拉求婚。我要请求奈拉和一个比她大22岁、远远谈不上富裕、艺术成就有限、栖身于蒙马特高地的一处平房的人共同生活。我完全理解她的愤怒，在华沙这种酷爱传播谣言的地方，看到自己准备嫁的男人竟然陪着一个漂亮女人出现，而他们之间的绯闻早就尽人皆知了。现在我完全寄希望于奈拉爱我，但是她透露有可能嫁给蒙兹，却粉碎了我的计划。这位波兰钢琴家在我永远放弃美国的那年来到纽约，并立即取得了成功，当时就不免令我嫉妒。他技巧精湛，工作认真，前景一片光明，生活富足无忧。在我看来，他完全有资格娶奈拉为妻。他能提供她需要的一切，而且只比她大几岁。想到写信我就浑身无力，而且比以往更甚，至于要提醒她我的爱慕似乎更荒谬。但另一方面，我又渴求她表露爱意的来信——我只关心这个问题；但她是那么矜持，不会动笔，我也很欣赏她这一点。很遗憾，我也很自尊。从小我就接受了一种哲学观点：求人怜悯没有意思，除非你能让别人主动帮你。

这一切催生了我的逆反心理。在西班牙、意大利和整个南美，听众们一直忠实地向我欢呼，这让我明白，在我的天分与个性中想必有一种神秘的力量，否则不足以让听众的热情保持这么多年。这种逆反转变成一种坚定的信念，我要用某种方式来证明这些国家能保证我获得足够的金钱，以便让奈拉确信她嫁的不是一个穷光蛋。于是，我从一个大手大脚乱花钱的人变成一个节省的人了。我接受了欧洲的全部邀请，而且这一次尽量地省钱，我甚至跑到豪斯曼大街的泛大西洋银行开了户头，那是家阿根廷的大银行。我给弗朗西斯科–鲁伊兹写了封长信，要他在阿根廷和乌拉圭尽力组织音乐会。我给里约热内卢的佩里亚斯也写信要他在巴西做同样的事情。我安排了整整三个月，用于在这些国家举行音乐会，还不算漫长的来回路程。

我又搭乘了早已熟悉的英国汽轮安德斯号，随身带了十来本书，以便打发渡海的漫长时间。在离开巴黎前，我得到一个非常的惊喜。希曼诺夫斯基新创作了一首钢琴和乐队的《交响协奏曲》，并题献给了我。作品很美。这是他用波兰音乐语汇写的第一部大型作品，十分合我的心意。他答应一旦刊印好，就给我寄来。

登船以后，白天我都在甲板上读书。旁边一位身材魁梧的绅士和我有同样的想法。通过书籍我们相识了。他叫埃米尔·范德维尔德，是比利时社会党的领袖，有名的国务活动家。我们常常中断阅读，就政治问题交换看法，我很高兴他饶有兴味地倾听着我粗浅的看法。航程过半我们便分别读完了自己的书，于是我们干脆相互交换书籍继续阅读。我们两人都从中受益。我了解了许多世界局势，他则接触了以前从未读过的法国小说中的男婚女嫁。

靠近里约时，城市独特美妙的奇景深深地打动了我，就像第一次看到时那样。我住进了"科帕卡瓦纳饭店"，它就建在世界闻名的海滩上。我的朋友卡洛斯·根勒建了饭店，还开了赌场。佩里亚斯为我成功地组织了这一次巡演，在里约有六场音乐会，两场在市立歌剧院，其余四场则在老歌剧院。

卡洛斯·根勒夫妇设晚宴为我接风。他们的朋友都跑来热忱地欢迎我。我感到他们很满意我这次一个人来里约。他们给我带来了令人惊异的消息，说："加夫列拉·贝桑佐尼嫁给了巴西最大的船王恩里克·拉热。"

我惊讶得目瞪口呆。

"这是什么时候发生的？"我问。

"两年前。"

"她在里约么?"我有点紧张地问。

"不,她回罗马和家人团聚了。"

我暗暗地松了口气。

我的首场音乐会很顺利。四年不来巴西,里约人还记得我,还是像从前那样爱我。现在我们彼此甚至更加亲近了,上次我演奏得不够尽情,当时我因为卡拉在场始终很紧张;而这次我心中只有音乐。幕间休息时我通常喜欢一个人呆在演员室,可这次佩里亚斯走进来,用崇敬的语气说:"拉热夫人的妹妹想要见您。"

一时间我不知道他指的是谁,最后才想起她是加夫列拉的妹妹阿德里亚娜,我在巴黎"女神游乐厅"的那倒霉的夜晚认识的她。佩里亚斯把她带进来时,她叫道:"亲爱的阿图罗,很高兴再次看见你!"

我们兄妹般地亲吻了一下,可是佩里亚斯一出去,她就嚣张地卖弄起风情来。很显然她想弄清楚她姐姐和卡拉·帕拉迪尼究竟看中了我哪一点。要是以前我是自由身时,我丝毫不会反对向她展示她想看到的东西;但现在我像条呆鱼一样冷冰冰的。她从此没再出现过。

维拉-洛勃斯很多年之后才回到他的祖国,作为享有世界声誉的巴西大师凯旋。那时,他在政府的支持下,创办了巴西音乐学院,并让我当了一名荣誉成员。在授予称号的隆重仪式上,我用葡萄牙语答谢了维拉—洛勃斯的讲话。那天晚上我们开心地笑着,回忆起我们在破电影院的第一次见面、他粗鲁的举止、还有他那时如何遭到里约音乐界的全面蔑视。

像通常一样,里约的最后一场音乐会后,我去了圣保罗,不过这一次我不仅在省城演出,而且也在该省其他的城市开了音乐会。我甚至有机会在一处咖啡种植园度了周末。不过给我印象最深的不是所见，而是所闻——新磨的咖啡的沁人心脾的香气穿过三四个房间飘进我的鼻子。它唯一的竞争对手是哥伦比亚的波哥大咖啡。在意大利也能喝到上好的咖啡，不过他们要花半个多小时才做得出十几滴。

我继续北上，到了萨尔瓦多、巴伊亚省、甚至到了累西腓和伯南布哥。在那里，我坐在一间咖啡馆，读着当地的报纸，获悉了弗雷德里克·哈尔曼悲惨的死讯，他是我动荡的柏林和华沙时期的朋友。他在指挥《纽伦堡的名歌手》序曲时，正好在演到自己最喜欢的段落时心脏病突发，倒在指挥台上故去。

我特别记得米纳斯吉拉斯州，其意为"主要矿井"，当地有巨大的金刚石和其他宝石的矿藏。该州首府有一个好听的名字，叫"贝洛奥里藏特"，（意思是"美丽的地平线"）。近年来，联邦的新首都"巴西利亚"也建在了米纳斯吉拉斯州。我高兴地在巴西巡演结束时向在里约热内卢的一家银行存了一笔可观的钱。

70

在布宜诺斯艾利斯，我悲伤地获悉我那慈母般的朋友苏珊·金塔纳老夫人已经离世，她的离去让整座城市空落落的。在一定意义上，她是我在阿根廷获得成功的保证人。她的女儿们继续邀请我去做客，但老夫人带给我的那种热情和善意已经无处寻觅，在我躁动的生活里，它曾是如此令人松弛和镇定。

还有更多的坏消息，马丁内斯·德·霍斯先生破产了。我在他家曾受到过那么多款待和帮助。全城只剩了这一话题。他们家在城里享有最为重要的社会地位，而且极其富有。他们在南部小城查帕德马拉尔的庄园，在阿根廷被称做大牧场，是国家的骄傲。马丁内斯·德·霍斯先生每年都去英国购买家畜。有一天他硬逼着我去参加一种叫做"短角"的纯种牛大型拍卖会，在会上他得意地花10万比索购入一头冠军牛。拍卖会后，他临时决定设宴，结果厨子犯糊涂，错把一只冠军鸡当普通的肉鸡杀了做菜。这次我登门拜访时，他们家里已经混乱不堪，房子已经卖了，全家正要搬到"广场旅馆"附近的一套公寓里。所幸，马丁内斯·德·霍斯的两个儿子都娶了百万富婆，因此查帕德马拉尔的庄园奇迹般地留在了家族手里。

路易斯·萨拉曼卡和奈娜·萨拉曼卡都在城里。这件事令我十分同情，但其结果之一却让我在道义上很感满足。为了钱，路易斯·萨拉曼卡，一个古老的西班牙贵族家庭的后代，娶了奈娜，这是没钱的贵族子弟们的习惯做法，他们耻于从事任何职业。婚后头几年，路易斯自私自利、对妻子不闻不问。布宜诺斯艾利斯的上流社会也常被他在交际场上的举止所激怒。最常见的是，他走进客厅，看一眼宾客，然后大声对他妻子说："这真无聊!"一有机会，他就撇下妻子和客人们，自己找一个有舒适沙发的房间，脱掉皮鞋，躺下打盹，直到该回家时为止。他的不良举止人所共知，成为笑柄，以至于他行为得体时反而有人会失望。现在，他的妻子不再是大遗产的继承人了，他的贵族气质反倒自然流露出来：一夜之间，路易斯·萨拉曼卡成了最会关心妻子的丈夫，小心地照顾着她，在马德里给她安了家，还争取到她梦寐以求的"王后亲随"的头衔。

一天，我在"广场旅馆"喝咖啡时，看见了从前在窗台摆花当暗号的女友。我吃惊地看着她从我身边若无其事地走过，尽管她肯定认出了我。事情过去了多年，我不觉得还有必要保守秘密，就向她走了过去。

"你不认识老朋友啦？"我有点伤心地问。

她还像以前一样美丽，但却愤怒地回答道："你上次来布宜诺斯艾利斯时用那样的方法侮辱我，我根本不该和你说话！"

我惊讶得话都说不出来。

她继续说："我打电话到你房间，一个女人用最难听的话叫我别再打电话，还说如果我来找你，就要把我扔出去。"

卡拉干的好事！我花了九牛二虎之力才把一切解释清楚，经过好长时间，她才最终同意坐下，并恢复我们的朋友关系。

到达的当天我就和弗朗西斯科·路易斯商定了在阿根廷和乌拉圭巡演的安排。我同意在大多数省城演出，并要求高额酬金，而且常常能得到。我的计划是积攒整整 100 万法郎，而布宜诺斯艾利斯和蒙得维的亚做出了很大的贡献。我认为这笔钱能够保证我未来的妻子过上愉快的生活。至少够我求婚的。我故意没提在这些音乐会上我的演出质量；如果我记得不错，我演奏得更为用心了。每场音乐会之前我都练琴，一般来说表现还好。但我的脑子里一直想着挣钱，而不是音乐。我要声明，这是我生命中唯一没有把音乐作为生存动力的一个时期。每场音乐会后，我都要贪婪地点算我的收入，并仔细地查看离心中的目标还差多少。同时我的生活比以前访演时简朴多了。我在市中心的中档餐馆吃饭，只是偶尔允许自己溜到"广场饭店"的餐厅吃点新鲜美味的银汉鱼。

节约的生活方式甚至发展到我谢绝音乐会后的晚宴。我宁可在自己的房间里吃一些简单的小吃。来往的伙伴都是与音乐有关的朋友们。拉法埃尔·贡萨莱斯是个优秀的钢琴家和教师，他和他迷人的妻子维多利亚成了我在布宜诺斯艾利斯最亲密的朋友。赫尔曼·艾里萨尔德也几乎与我天天见面，他是个有很高文化涵养、钟爱音乐的人。多亏他，我认识了我不能忘怀的阿梅丽娅·鲁罗的两个妹妹。在我和哈尔曼一家在瑞士科（区）旅馆度过的奇异的夏天里，阿梅丽娅哼唱的探戈如此甜美，至今还在我耳际回响。我们一起去看电影，有时去听一个新成立的管弦乐团的音乐会，那个乐团聘请胡安·何塞·卡斯特罗担任终身指挥。按照节目单上的预告，费特贝格要来当客座指挥。当我从罗萨里奥城返回时，费特贝格已经指挥了一场，取得了不错的成绩，于是我找贡萨莱斯夫妇一起去听第二场。我向朋友们保证说，他们将听到施特劳斯大型作品的上乘演出。

费特贝格先演了一首贝多芬的交响曲，效果不是太好，下半场是施特劳斯的《英雄的一生》。幕间休息时，我们到后台去看望他，发现他不太满意对贝多芬的演奏。

"这个乐团还得学许多东西。"他叫道，然后微笑着对我说，"阿图尔，我有一个消息告诉你。奈拉·姆威纳尔斯基在华沙嫁给密齐斯瓦夫·蒙兹了。我想，这会使你感兴趣……"

当然，这是个可怕的打击。一时间我都动弹不得，不过消息本身并未出乎我的意料。几个月来我一直在掂量这种可能性。但它终结了我身上的某些东西。我比以往更加玩世不恭，更认同路易十四的名言"我死之后，哪管洪水滔天。"我简直对什么都不在乎了。我面带笑容地感谢费特贝格告诉我这一消息，并没有告诉朋友们刚刚发生了什么事，打定主意坐下一班轮船回巴黎。

71

　　回到房间独自一人时，我久久无法入睡，反思着是不是因为我自身的过错才失去了她。我的性格中有个顽固的自私的特征：人不爱我，我也不去爱人。因此，明知一个姑娘正在考虑是否嫁给别人的情况下，我还给她写信说我爱她、求她等我准备周全，这完全违背我的天性。

　　一艘英国轮船把我送到瑟堡。漫漫旅途中，我要么在船舱里、要么在甲板上读书打发时间，只在用餐时和其他旅客交谈几句。《唐·吉诃德》完全吸引住了我。我以前曾读过法语本，也试过用这本书学习西班牙文，但是塞万提斯时期的古西班牙语给我造成了很大的困难。可现在重读这一伟大作品令我十分愉快，它高超的幽默让人笑出眼泪，同时又教导了我什么是人类深层次的价值。我欠着塞万提斯，此时此刻，不会有比他更好的朋友了。

　　时值 9 月初，巴黎还是空荡荡的。我无所事事，又不愿弹钢琴，就跑去多维尔打牌赌博。我自信能赢，俗话说："情场失意，赌场得意！"多维尔、比亚里茨和戛纳是我情有独钟的三座赌城。我去赌博并不在乎输赢，而是为了享受那种理想的私人聚会的气氛。大家都是常客，我们互相微笑，彼此交谈，但不涉及个人情况。我们一大堆人围在牌桌边，优雅地输钱，微笑着祝贺赢家。多维尔旺季已经过，留下的只是一群赌博成性的牌客。海滨铺着木板的步行道、周围的酒吧和餐厅都无人问津；街上只见少量行人；首饰店已经关门停业；但赌桌旁却是拥挤不堪。

匆匆吃完饭，我穿着正餐套装就冲进赌场那华丽的大楼，结果碰上三位负责的表情严肃的绅士，他们向我要护照，还逼我填写了一张简历表，然后我要从沉默的肖像画师身旁经过，凡是通过了刚才的严格检查的人，都要在这里留下侧面像。

赌徒从不会感到饥饿。吃饭对他们而言都是浪费时间。他们趁庄家在新局前洗牌的空当，跑到小吃部，吃两个冷的煮鸡蛋、一块三明治（根据输赢情况不同，夹奶酪或者夹鱼子酱），并大口喝下啤酒或香槟。当庄家重新摆好发牌盒时，大家便冲回各自的座位。我也尊重习俗，吃了自己的鸡蛋，而且考虑到钱还没有减少，又吃了两份三明治——读者不妨猜猜我夹的是什么！

我随身带了 10 万法郎的巨款，清晨 7 点走出赌场时已经身无分文。我在冷风中挣扎着回到旅馆，结了账，在车站啜着苦咖啡等了两个小时的火车，回到巴黎已经筋疲力尽了。

下个周末，我乘火车返回多维尔，这次身揣我从泛大西洋银行取出的 30 万法郎，为此我卖掉了一些阿根廷的证券。我在大桌前苦等空位，因为这是挽回损失的唯一办法。

在多维尔的这个赌季，我输掉了 50 多万法郎。我把这笔巨额损失当做自己给奈拉的结婚礼物。

72

巴维尔·科汉斯基夫妇从扎科帕内来了，回美国前他们要在巴黎逗留几周。索霞诉苦不迭，说巴维尔拒绝进行一年一度的治疗，我也发现他确实脸色苍白、神情疲惫，不过他的活力一如既往。

"我已经筋疲力尽。"他承认，"希曼诺夫斯基正在创作优美的《第二小提琴协奏曲》，他要我在独奏部分帮助他。我们在乐曲上花了大量的时间，不过我很高兴能对他有点用。"

巴维尔在此逗留期间，我们俩形影不离。我们常到米霞家去，很乐意在那里摆弄些奏鸣曲。

在拉维楠路 15 号，我举办了一次小型招待会，我和巴维尔为朋友们演奏。聚会开始时是鸡尾酒会，但我把大多数喜爱音乐的朋友们留下吃了自助晚餐，他们留连到深夜，听着各种故事，欣赏巴维尔对著名艺术家惟妙惟肖的模仿。

巴维尔的出现给我带来了奇迹。多亏他，我情绪平静了下来，还解脱了过去几周的痛苦状态。在回纽约的前几天，巴维尔单独来找我。

"有件重要的事情，"他说，"阿图尔，我要发财了。我希望你也能发财。美国现在有很多种办法，一开始并不需要太多的投资，就可以方便地在华尔街赊购股票发财。我投进了 1 万美元购买股票，现在已经价值 15 万了，而且每天还在增值。我才不打算把股票卖掉，因为我的经纪人保证很快就能达到 50 万美元。你也来吧，我相信你筹集些启动资金不成问题，而我可以帮你办理必要的手续。"

这听起来就像童话。他的话令我很动心，但还远远没有说服我。

"巴维尔，你很清楚，我能整夜地玩'九点'、在轮盘赌台前兴奋不已，我们俩也都爱打扑克，你还记得我们在华沙玩的'劈开'吧，当时我们赢了 10 万卢布，但谁也没有打算支付。"

我们开心地大笑。

"可是你看，"我继续说道，"玩这些游戏时我自己都在场。

我手里抓着牌，我亲手把钱押在轮盘赌的格子里，打桥牌时，我独自决定是否和对手争叫。但是我绝不会拿出一美元放到我不能控制的事情上。你讲的突然发大财的故事让我有点害怕。我觉得它完全不合逻辑。不管什么游戏，有人赢就有人输。但你说的这事似乎人人都会赢。"

我不仅没有加入他的计划，而且还真心诚意地警告他不要相信他的经纪人。

"那些家伙可能很危险。"

巴维尔把我的话一笑置之。"阿图尔，你没有想象力，你永远赚不了大钱。"

那又怎样呢？我从来不在乎金钱本身，只在乎金钱带来什么。分手时我们仍旧各持己见。

德克萨达来信建议我去墨西哥做一次短程巡演。

"我的代理人可以安排你在新建的"艺术剧院"开三场音乐会。他还计划在普埃布拉和蒙特雷举行几场音乐会。所有音乐会都采用分成的办法，你将获利很高，因为自1919年你连开26场音乐会之后，这里的人们都还记得你的大名。1月初会有不少很好的轮船开往纽约，你可以随意挑选。而从纽约到墨西哥城的火车现在也进步了，并且十分安全。革命已经结束，现在国家正欣欣向荣。"

重返墨西哥让我很开心，况且这次还没有安全问题，所以我接受了德克萨达的建议。在去墨西哥之前，我像往常一样忙着在西班牙和意大利轮流举办音乐会，还在伦敦过了很长时间，并在那里过了圣诞节和新年。一次，在乔姆利家吃午餐时我提起了自己的墨西哥之行。

"你什么时候去？"乔姆利夫人问道。

我回答应该是1月，她一听就叫道："我们也在1月份去纽约。罗克（从结婚起她总这样称呼丈夫，是罗克塞维奇的简称）将代表英格兰和美国队比赛马球。我们乘'威严号'轮船，你能和我们搭一条船么？"

我喜欢这个主意，日期合适，我还找到了一个好舱位。

航程很有趣。乔姆利夫妇邀我和他们一起用餐，我一边吃饭一边学了马球的全部知识。

"我所有的马球矮种马都在船上，而且我走运地找到这些英国队员。有个队员要让对手 10，是最高的让分了，其他的也都要让上 7 或 8。"他说，但他没提自己的让分是多少。

这一切都很有趣。不过我要说，乔姆利勋爵在旅途中怠慢了自己的队员们。他从没邀请他们和我们同桌吃饭，只是喝咖啡的时候偶尔过去和他们聊聊马和马夫之类的。

船上还有一位名人，俄国钢琴家符拉季米尔·德·帕赫曼。此刻他已经上了年纪，正前往美国作最后一次巡演。我在柏林时就记得他了，当时我听过他的几次音乐会，肖邦和舒曼的短小作品他演奏得很美，不过他曲目中几乎没有较大的曲子。他是个出名的喜剧性人物，短短的躯体上是一个大光头，颤音弹到一半时，他会抬起手，让手指在空中继续颤动，然后向听众眨眼表示："多难啊，多难啊！"成功的音乐会后，他会打断听众的掌声，大声声明："世界上只有两个钢琴家，另一个是戈多夫斯基①。"

他有几十个这种滑稽故事在流传，或许并非都是真事，但每个都很逗乐。在柏林时我经人介绍认识了他，此后他总是对我很友善，还把他的音乐会的门票送给我，所以很自然，当他得知我也在船上时，就邀请我去他的船舱。

他拥有一套豪华舱室，包括一间客厅和两个卧室，他自用一

---

① 莱奥波特·戈多夫斯基（1870～1938）：钢琴家、作曲家和钢琴教师。有时被人称为"钢琴家的钢琴家"。

间，另一个归他的秘书夫妇用。他躺在床上接待我，不过很清醒，情绪也好。他带着他那常见的滑稽表情对我微微一笑，让我在床尾坐下，然后就抱怨开了："我老了，必须躺着。这可怕的大海，可怕的大海！"旋即又笑着补充道："不过我帕赫曼比任何时候都弹得好！"

我天天都去拜访他，十分喜欢他有趣的路子；到了餐桌上，我就模仿他可笑的表情，讲他的故事，把乔姆利夫妇笑坏了。有一天，乔姆利夫人大叫道：

"阿图尔，我一定要认识这个人，你必须帮忙！"

我心里虽然没有把握，不过必须试一试。

再次见到那位老钢琴家时，我对他说："有一位女士，是您热情的崇拜者，她十分渴望能认识您。"

他做了个厌恶的鬼脸。"一位女士？我是个老头，又躺在床上，你要我拿一位女士怎么办？"

"她是乔姆利侯爵夫人，她丈夫是国王的侍从。"

他更加愁眉不展了。"他们想从我这儿得到什么，国王侍从、夫人、侯……？"

我感到必须再说明白些。"她是大银行家古斯塔夫·德·罗思柴尔德男爵的孙女。"

我的策略奏效了，他现在是啧啧称奇的表情。

"罗思柴尔德？"他的拇指和食指相互摩挲着。"非常富有啊！"他说。我点点头。

"那好吧，明天中午带她来。到时候我会下床的。"

夫人满怀热情地感谢了我。第二天中午，我去敲帕赫曼的门，他的秘书打开了门。

"请坐。大师马上就来。"

我们等了足足一刻钟，卧室的门才终于打开，符拉季米尔·德·帕赫曼走了出来，他身穿双排扣、丝质翻领的长礼服，白色的硬领上系着领结，脚蹬黑皮鞋，手指上戴满了钻戒（他收藏各种颜色的钻石出了名）。他握了握我的手，然后指着乔姆利夫人，声音颇大地问："罗思柴尔德吗？"

乔姆利夫人满脸通红。她未料到正是这个名字转变了大师的态度。他走上前，略一躬身，不以为然地看着她佩戴的祖母绿胸针。

"差劲的石头，您的这块祖母绿。"他说，"看看我这些美丽的金刚钻！"于是他伸出 10 个手指，个个都戴满了钻石。

乔姆利夫人被这情景吓坏了，一句话都说不出。她站起身，轻声含糊地客套了几句，就离开了船舱，我也跟着退了出来。

吃饭时，她本想把整个故事说给罗克听，但她笑得太厉害，罗克什么也没听懂。有好多年，只要一提起帕赫曼的名字，她就会大笑不止。

我决定抵达纽约后的第二天就乘火车去墨西哥。我不想见任何人，甚至不打算见科汉斯基。他八成又会劝我在股票市场上挣大钱。经过了这么多年后，我唯一想见的人是保罗·德雷珀。于是我要了一辆出租车，就直奔他以前的地址。但是我听到一个令人伤心的消息：我可怜的老朋友在几个月前去世了，死于可怕的"酒狂症"发作。

去墨西哥的旅途很长，但挺舒适。在旅途中，我一直猫在卧铺车箱里，一边喝咖啡、抽雪茄，一边读书。墨西哥的首都这一次看上去完全是另一座城市，街上是忙碌、面带笑容的人群，宽阔的林荫道旁矗立着高大的现代化建筑，还有一片大广场上树立着一位阿兹特克英雄的纪念碑。

德克萨达的代理人很能干。他把我带到城里最好的一家饭店，我要了一个舒适的房间，带有浴室和各种现代化设施。我们在一个叫"普伦德斯"的非常令人愉快的西班牙餐厅吃了午餐，从此，我去墨西哥便一直在此用饭。

我的朋友马努埃尔·庞塞像兄弟一样地欢迎了我。不过他正要去巴黎，继续学习作曲。这一次我的音乐会的性质完全不同于革命期间的那些音乐会。听众现在主要是富有的新生资产阶级以及许多外国人，大都为美国人，他们是来此帮助这个国家开采地下矿产的。墨西哥蕴藏着丰富的石油和矿物。所有这些变化都是在不足 10 年的时间内完成的。艺术剧院是用大理石建成的，有一道宏伟的台阶通向观众席。底层用于展览绘画和雕塑作品，以及其他文化活动。我感觉自己是第一次在一个崭新的城市演出，想到仅仅 10 年前，我曾在 6 周内在这里连开了 26 场音乐会，这事听起来相当荒谬。但我非常满意地声明，我在墨西哥的这些新听众对我忠心耿耿，就像罗马和马德里的听众一样。在第三场音乐会上，我听到有人喊"再来啊！再来啊！"，这喊声让我非常激动。

蒙特雷和普埃布拉变成了工业城市，但那里的音乐爱好者也比以前更多了。多次访问北美、中美和南美之后，我个人的结论是，墨西哥人和巴西人是整片大陆上天性最喜好音乐的人。诚然，他们远远没有接受过美国或西欧那么普及的音乐教育，但他们天生就懂音乐。我在俄国发现了相同的现象。德国人掌握音乐比其他民族更全面，但对于没有学过的音乐，他们根本不理解。俄罗斯农民干完活回家的路上要合唱，他们能找得到恰当的和声，相应的音程，依靠本能歌唱。

在墨西哥城，我收到古巴的来信，有个我不认识的音乐会经纪人——至少是他自封的——强烈要求我在回欧洲的路上去哈瓦那开几场音乐会。鉴于古巴一直是我的弱点，我便接受了他的建议。在去韦拉克鲁斯的途中，我穿越了尤卡坦州，那是玛雅人的国土，是古墨西哥文明最发达的地方。时至今日，它仍然是墨西哥最为自豪的州。

我在哈瓦那上岸时，那个给我写信的年轻人对我非常的友好。

他说："您不记得我，但我在为布拉卡列工作时见过您一次。我学过音乐，但是放弃了，原因很简单，没天分。现在我打算把杰出的艺术家引到这个岛上来，您是我想推介的第一人。"

当我们在饭店房间里讨论音乐会时，我才发现这个年轻人还不了解一个好经纪人应该怎样做。结果我自己必须又演奏音乐、又组织音乐会。于是我忙着主管大街上的海报、报纸上的广告、寻找合适的钢琴、合适的琴凳，还要找个调琴师，那些家伙通通是醉醺醺的。对一个本该和巴赫、贝多芬和肖邦打交道的人来说，这可是一大摊事情。不过，我年轻的经纪人在雪茄上是内行，他还知道什么地方有最好的咖啡。我请他吃午饭时，他让我见识了古巴的一种特色菜：新鲜小蟹。

第一场音乐会在我到达一周之后才举行。鉴于做了充分的准备，演出十分成功。我弹奏得很愉快，听众也很有品味。第二场音乐会的门票更是销售一空。我从墨西哥演到古巴，挣了不小的一笔钱，赶到纽约时，刚好搭船返回欧洲。

73

天气的变换叫我精神一振。到家时我情绪很好，又继续过起那愉快的巴黎生活。我去看了所有新上演的戏剧，还有那些出众的演员，如维克多·布歇、马克斯·迪尔利、于勒·贝里和哈里·博尔。如果我记得不错，萨沙·吉特里当时推出了《莫扎特》，青年莫扎特由伊冯娜·普兰坦普出演，她唱得十分可爱。雷纳尔

多·阿恩谱写了与这出小喜剧很相称的音乐。我也是坚定不移的
电影爱好者。在（20世纪）二三十年代，好莱坞和它的明星们正
如日中天。奢华的作品动辄耗费数百万美元，震惊了全世界。男
女明星们都成了偶像，大家说起他们来是那么亲切：称格丽泰·
嘉宝为格丽泰，呼玛丽·迪特里希为玛丽·黛德丽，还有克拉
克，还有加里，当然了，最出名的还是叫查理的小个子。卓别林
如果来欧洲，便会受到威斯敏斯特公爵的邀请去度周末。如果上
述大明星中有哪一位出现在巴黎，那么街上就会有大群的人跟在
后面，妨碍着这位明星的生活。而且这种情况会传染。杰出的知
识分子、科学院院士、甚至如我自己这样的穷钢琴家，也像其他
人一样爱上了格丽泰或者琼裘·罗杰斯。记得我一连看了6次
《女人万岁》（The Gay Divorcee），琼裘·罗杰斯和弗雷德·埃斯
泰尔（Fred Astaire）优美的舞蹈，伴着科尔·波特创作的乐曲，
令我极其着迷。弗雷德·埃斯泰尔嗓音纤弱、发干，却能直接打
动人心。他唱的小曲比歌剧中著名的女高音或男高音更感动我。

在"天台牛肉馆"以及其他所谓的知识分子夜总会里，原先
的话题不是最新的贡古尔奖、就是新发现的克尔恺郭尔（19世纪
丹麦唯心主义哲学家——译注）、要么就是佳吉列夫舞蹈团新出
的芭蕾舞，现在则是热烈争论哪位明星更红、哪部电影更好
看了。

上述情况听起来好像我一直没摸过钢琴，但实际刚好相反。
我上一次去伦敦时，亨利·伍德爵士交给我英国作曲家约翰·艾
尔兰的一部协奏曲的总谱。

"亲爱的鲁宾斯坦，为什么我们不进行这首乐曲的首演呢？"

我答应考虑他的建议，于是拿了总谱回家，仔细研读，并且
喜欢上了它。这篇作品很清新，有幽雅的英国风味，也很适合钢
琴。因此，尽管巴黎社交生活很热闹，我每天早餐后还是坐到钢
琴边，练习这部迷人的协奏曲。亨利爵士安排了两场完整的排

练，这帮助了我掌握该曲。正式演奏取得了成功。我很自豪，一方面因为自己克服了天生的懒惰，另一方面则是我让英国人看到我很理解他们的音乐理念。

音乐会后，一个叫弗雷德·盖斯伯格的人来找我，说我们在美国见过。

"你大概不记得我了。不过，我在这里为'主人之声'唱片公司工作，我想让你为我们灌制唱片。"他说。

我笑起来。"别费口舌了。唱片里的钢琴听着像班卓琴。早年在美国我就不打算和它发生任何瓜葛。"

"那么，"他微笑着说，"至少让我请你去一个好地方吃顿饭吧？"

"行啊！虽然我反对录制唱片，但我并不反对好好吃一顿。"

我们约好日子，他用自己的汽车来接我，车开了很远。

我问他："这家餐厅是在郊外一个特别的地方吗？"

"是的，确实如此。我把你带去伦敦东南的海斯镇，我们灌制唱片的地方。"

"这算是绑架啰？你们不是请我吃饭，而是用枪指着我逼我录音，对不？"

"别害怕，"他大笑，"我们会先请你好好吃一顿，之后的事情就掌握在上帝和你的手里啦。"

足足开了半个小时我们才来到一栋雄伟的工厂大楼前，然后径直去了餐厅。对这种地方而言，饭菜好得令人惊奇。盖斯伯格把我介绍给几个有趣的音乐家，他们都在哪里忙着录音，之后就向我开火了："鲁宾斯坦先生，拜托了，随便弹一首曲子吧。我们发誓决不出版，而且马上回放给你听，你自己评价声音如何。"

我未能顶住这样的攻势。喝完咖啡、抽过雪茄，我们就来到一间摆放着布吕特纳钢琴的录音室。那不是一架演奏琴，我于是说不想演奏，但是盖斯伯格说："先试试看……"

的确，这架布吕特纳具有我所听到过的最优美的歌唱性声音。我突然来了劲，决定演奏我心爱的肖邦的《船歌》。这架琴激发了我的灵感，这辈子我大概从没弹得这么好过。然后奇迹出现了：他们回放了录音，我眼含泪水。那是我梦寐以求的演奏，录音忠实地再现了绝妙的琴声（这是首批通过电子技术录制的唱片）。盖斯伯格胜利了。

这是非常重要的一天，我开始了新的生活。从那时起直到写这些话的今天，我便交替着参加音乐会公演和在特制的录音棚里严肃认真地工作，我独自坐在钢琴旁，小心翼翼，时常激情澎湃，而在我看不见的另一个房间里，有三四位先生则忙着把我的演奏保留到旋转的碟片上。开始的时候，我们的唱片保持着演奏的原貌，未做任何修改，不时有个错音，若干段落也可以弹得更好。我们不允许立即就听回放，录制的东西谁也不能动，要先做成母片。当然了，我们可以反复演奏作品，直到满意为止。对我而言，我总是倾向于选择虽然有些不太明显的错误、但却富有灵感的演奏，而不去选择那些小心翼翼的完美版本。

当时，就在海斯镇，盖斯伯格先生向我建议签订 5 年的合同，而我也欣然应允了。

几天后我去了格拉斯哥，计划和苏格兰管弦乐团一起演奏勃拉姆斯的《降 B 大调钢琴协奏曲》。指挥是年轻的英籍意大利后裔约翰·巴比罗利①。他原先是拉大提琴的，但是像许多大提琴手一样，因为乐器曲目有限而丧失了兴趣，于是投身指挥生涯，并且很成功。

从一开始我们两人就很投机。我们对音乐的感悟相同，各自

---

① 约翰·巴比罗利爵士（Sir John Barbirolli, 1899～1970）：意大利裔英国指挥家。曾任苏格兰乐队指挥、纽约爱乐乐团指挥。1943 年回英国。任曼彻斯特哈雷乐队指挥。

的断句方法又能给对方提供灵感。这一次我可以闭着眼睛表演协奏曲——根本不必看指挥棒。这场音乐会是我生命中的重大经历。格拉斯哥和爱丁堡的听众想必都感受到了这一点，因为他们为我们两人举办了一场盛大的招待会。约翰和我成了亲密的朋友。

74

一天早上，弗朗索瓦叫醒我说："爱德蒙·德·波里尼亚克公爵夫人要和你讲话。"

"亲爱的阿图尔，"她带着很浓重的鼻音说，"我希望你能在我家开场音乐会。我所有的朋友都想听你演奏。"稍顿、她又补充道，"当然是专业的。你开私人音乐会的酬金是多少?"

我一向讨厌和朋友们讨价还价。

"亲爱的公爵夫人，"我回答，"为你的客人、特别是为你演出，我感觉荣幸又愉快，至于条件请与我的代表瓦尔马莱泰先生谈。"

我很欣赏在她有名的音乐聚会上演出这一主意，她邀请的人都真心喜爱音乐。

当天下午瓦尔马莱泰跑来找我。

"我被烦得够呛!"他开门见山地说，"公爵夫人给我打了电话，问你在私人家里演出要多少酬金。我说和你通常的音乐会一个价钱，但她大为恼怒。她认为那不可能，几乎喊了起来，说她可不会向客人们卖票，那是完全的私人招待会。"

我越听越火。

"这真叫人生气！"我也喊起来，"她是巴黎最富有的女人之一，却舍不得你为我的音乐会定下的这点可怜的报酬。"

瓦尔马莱泰气得满脸通红，"你说得对极了！法国经纪人就够吝啬的了，但这个美国百万富婆比所有的人都吝啬。"我们决定坚持我所要的酬金。

也许诸位读者不信，可是公爵夫人拒付这个数目，事情就告吹了。自然，这次不愉快的交涉大大冷淡了我们的关系。

一天上午，我收到公爵夫人的一封信。"亲爱的朋友，一位希腊绅士，我的一个朋友，有个提议给你。"我答应第二天接待这位绅士。这位客人原来是个居住在巴黎的外交官。

他说："我打算在自己家为我们被放逐的乔治国王举办音乐会，波里尼亚克公爵夫人很好心地推荐我邀请你演奏。"

我非常客气地告诉他我愿意效劳，但请他和瓦尔马莱泰商谈报酬。

他兴奋地感谢我，"我马上去和他见面。"然后就十分开心地走了。

我立即给瓦尔马莱泰打电话，告诉他这件事情，并让他向希腊绅士在我标准费用上多要两千法郎。当然，瓦尔马莱泰又何乐而不为呢！

几小时后，他打来电话："这位迷人的绅士亲自来了，同意这个数额，并说酬金很合理。他还同意支付你挑选的钢琴的搬运费。"

那场聚会从各方面看都很成功。我的演奏让客人们很高兴，特别是希腊的乔治国王，他热爱音乐，在英国就听过我的演奏。温妮公爵夫人也是宾客之一。演出结束吃自助餐时，她对我说："亲爱的阿图尔，你看，我还是付了你要求的酬金。"然后她恶狠狠的笑道，"你甚至利用了这一点！"

我很久不见伊戈尔·斯特拉文斯基，他过于认真地对待我的建议，现在花在巡回音乐会上的时间比用于作曲的还多。不过有一天在从布鲁塞尔到巴黎的快车上，我看见他坐在餐车里。我们按俄罗斯方式相互拥抱之后，伊戈尔说："我从阿姆斯特丹来，昨晚刚在那里非常成功地演奏了我的协奏曲"。

我们要了一张双人桌坐下用午餐。伊戈尔喝了半瓶红葡萄酒，一直说个不停。我几乎没开过口，吃饭时只是喝水，在头天晚上时间拉得很长的晚餐后，我累得要死。

"阿图尔，你知道吗，"伊戈尔说，"我的技术有很大改进，你明白要归功于谁吗？车尔尼！他是为钢琴创作的最伟大的作曲家。"

我疲倦得很，无力奋起保卫肖邦和舒曼，任他去坚持其绝对信仰。

"现在我正在为钢琴和小提琴写一些作品，"他继续道，"一个年轻的美国小提琴家萨姆埃尔·杜什金替我们两人在美国组织了巡演。此外，我还忙于谱写一首钢琴和乐队随想曲。阿图尔，你会喜欢它的。钢琴声部我要按自己的方式写，多亏车尔尼我才能掌握它。"

喝咖啡时他又叫了两杯干邑白兰地，并继续兴致勃勃地讲述自己现在和将来的活动。临到巴黎前，他沉寂了好一会儿，突然忧伤起来，用俄语轻声地说："唉，真见鬼！有时我想，我所有的工作都是扯蛋……"

我们下了车，我很累，一言未发。

我还有两场音乐会，一场在土伦，另一场在圣拉斐尔。我高兴地接受了安排的日期，但不是为钱（挣的钱刚够支付旅费和食宿），而是为了有好朋友陪伴着在地中海岸愉快地玩几天。德尼丝和爱德华·布尔代夫妇在土伦附近有房子，并答应去那里住一周，就为了接待梅尔基奥尔·德·波里尼亚克侯爵和我，并参加我的音乐会。德尼丝的漂亮妹妹吉赛尔也要从波尔多来参加聚会。土伦的音乐会之后，他们还打算陪我去圣拉斐尔。途中，应玛丽—洛尔·德·诺阿耶之邀，我们在耶尔停留一天一夜。这些安排注定将会很好玩，而音乐会本身反倒不那么重要了。

在布尔代家的聚会就是连续 5 天的狂欢：精美的食物，大量的香槟、跳舞、打牌，都快没时间睡觉了。到了音乐会那天，布尔代夫妇领我参观了漂亮的土伦城，还有法国海军的战舰。街上到处是水兵，戴着缀有红色绒球的帽子。午餐当然是梅尔基奥尔·德·波里尼亚克请大家大吃一顿。此外，我注意到钢琴不太好，所以我必须坦率地承认，我对这场音乐会并无愉快的回忆。我的平常很懂音乐的伙伴们没有注意到它，因为它属于娱乐节目的一部分。两辆汽车把我们送到耶尔，巴黎有名的女主人、德·诺阿耶女子爵①为欢迎我们举行了盛大的晚宴。我们跳舞直到深夜，第二天前往圣拉斐尔时一脸的倦容。

音乐会将在下午 3 点举行。我们先找了家旅店弄点小吃，这时我才意识到一件可怕的事：我突然发现自己忘记下午要演哪些节目了。一种职业的骄傲不允许我向朋友们承认这一点，于是我随意地问道：

"爱德华，你是否在街上或者在报纸上看到过我音乐会的广告？我上场之前总喜欢核对一下相关细节是否有误。"

他请服务员去找晨报，但一份也没有。我去旅馆接待处焦虑地向搬运工打听："你们还有昨天的报纸么？"

"没有。我们总是随手就扔掉的。"他微笑着回答道。

这下我真的十分紧张了。我们该前往音乐厅了。

朋友们和我分手，去大厅找自己的座位，而我则冲上台阶来

---

① 玛丽-洛尔·德·诺阿耶（Marie – Laure de Noailles，1876～1933）：法国新浪漫主义女诗人。代表作有《生者与死者》。

到电影院的侧厅，见到第一个工作人员开口就问：

"快把节目单给我！我听说印刷有错误。"

"我看是找不到。"

应该开始演出了。我气恼地说："看不到该死的节目单，我就不登台！"

那一刻我失去了理智——甚至打算拔腿就逃，以后再找借口。三个人手里拿着节目单跑过来，我这才大大松了口气。第一份被我激动得撕坏了，第二份我才仔细地查看。

每当我回想起这件事，它对我轻率和漫不经心地对待自己的音乐会都是一种警告和惩罚。此后，演出日对我而言已经是神圣不可侵犯，受到了最大的关注。

75

1929 年春，巴维尔·科汉斯基夫妇来巴黎，这次要逗留几周。巴维尔最终成功地把全家从莱比锡搬到了巴黎。不久前他失去了父亲，于是把母亲和小妹妹安置在塞纳河左岸的一处虽小但温馨的寓所里。他的大姐嫁给了一个专画微型画的艺术家。他画的头像和 18 世纪的微型画没有什么不同。我和巴维尔很走运，拉了自己的朋友们坐下来让他画，并买下这些小艺术品。我也摆姿势让他画了一张小肖像画，我很喜欢，但二战时丢失了。

巴维尔来时身体状况很好，依旧不停地唠叨自己在华尔街取得的利润，还念念不忘让我听从他的建议，不过我仍然顽固地拒绝。玩股票等于赌博，而我在多维尔的损失尚余痛未消。

"我看你还是把一部分收益兑换成现钱，并存入银行吧。"我说。

"你把我当傻瓜吗？我的经纪人向我保证股票还会上涨好一阵，而且我所有的朋友也都这么看。美国从来没有像现在这样富有过。这对每个人都是个极好的机会。"

我听他讲述着，但不相信。华尔街对我是个完全陌生的世界。

我举行了鸡尾酒会欢迎巴维尔和索霞。看到巴维尔成了很受欢迎的人，大家多么地喜欢他的演奏和他巨大的个人魅力，我十分开心。索霞努力想获得米霞·塞尔特与可可·夏奈尔的友谊，但毫无结果。但这两位只是例外，我认识的人里，没有谁比她更能获得对她有用的人的好感了。索霞也是做媒的能手：会把一个英俊、有魅力、但无所事事的年轻朋友介绍给一位著名的女继承人，并且还做到双方确实签订婚约。德尼丝·布尔代临走前把我拉到一旁，充满信心地问道："阿图尔，你有这么漂亮的住处，为什么不举办一次大型招待会？谁也不会比你做得更好的。"

这句恭维话正好射中我那膨胀的自我，我当即决定要付诸实施。那是和煦的 6 月，天气看起来一时不会变，举办露天招待会没什么风险。

我带着极大的热情投入这项计划。德尼丝帮我发请柬。名单超过了 100 人，我有把握大约会来 80 个。那将是一场有助兴节目的盛宴。菜肴和饮料由我亲自过问，弗朗索瓦从旁帮助。节目我也自有主张。在蒙马特有一个小酒吧，我会偶尔去喝杯咖啡、或者是掺苏打水的低度威士忌。酒吧里有个机灵的小个子，他外表英俊、举止优雅，会在餐桌旁表演各种把戏，例如从侍者的口袋里掏出我的怀表笑眯眯地还给我；或者把我的手绢打五个结，然后两头轻轻一拉就把所有的结都解开；要么从我的头发中取出一摞扑克牌；他总是那么机敏和风度翩翩。我雇他来表演，条件是他表演时要与客人保持一定的距离，并且局限于玩牌和解开手绢结，对我客人的口袋则不能去碰。我还雇了两个中国小伙子，他们在梅德拉诺（Medrano）马戏团表演的小节目让我大为惊讶。譬如，其中一人牢牢地按住桌子，另一个则爬上去，向后弯腰，用嘴把地板上盛满水的杯子叼起来，然后一边恢复平衡，一边把水喝了。我没出多少钱就请了他们，让两人在演出结束后到我的招待会来露一手。到此一切都进行得很顺利，然而我下决心要向宾客提供舞池和伴奏乐队。

我不知这种事应如何着手。不过，我与艾尔莎·马克斯韦尔的友谊却帮上了忙。我给她打电话讲明计划，就听到她愉快地回答："你要的一切我都有。今天下午我带一个人来丈量一下地方，并把乐队的事告诉你。"

也不管我同不同意，艾尔莎和那个人一起丈量了场地的大小，然后若无其事地说道："我给海滨的勒图凯打了电话，最好的乐队现在就在那里。我可以把他们叫来为你演奏 3 小时，不过这将花你很大一笔钱！"

那确是一大笔钱，但我想，权当是我在赌场桌上大下了两注，结果都输了吧，至少我还换回一些我想要的东西。我曾好奇地想知道，艾尔莎从乐队提成多少，不过这并不重要。

我带着弗朗索瓦去找有名的餐饮供应商波代尔与夏博，花了几个小时选定各种服务：供餐台、桌子、椅子、餐具，以及足够的服务员。

我像一个初次登台的胆怯的艺术家那样期待着那场招待会。我在所有的音乐会之前都没有像那个晚上那么紧张。德尼丝和艾尔莎·马克斯韦尔傍晚就来帮我排位次、摆座签。如果没记错，晚餐一共安排了 75 到 80 个座席。艾尔莎的乐队很出色。一个专业人员在所有的树枝上挂了神奇的彩灯，晚间温暖而无风。

朋友们都到了。首先是巴维尔和索霞，这场招待会是给他们的惊喜。出于纯粹的虚荣心以及回想起他们在纽约举办的美妙的招待会，我也想让他们看看我有多大能耐。亲爱的巴维尔什么也不知道，甚至带着自己的小提琴，心中以为我们要演奏几首奏鸣曲。我的客人们来自巴黎社交界的各个方面：贵族、金融寡头、艺术家、知识界名人和豪客；波里尼亚克家族中我所有的熟人、福希尼-吕欣热夫妇、两对波尼亚托夫斯基公爵夫妇、多莉·拉季维尔、拉罗什富科；以及巴黎城郊圣日尔曼区的其他代表：罗思柴尔德家族的拉扎尔和韦尔。法兰西文学院也来了六七位。此外，还有塞尔特一家、戈代布斯基一家、布尔代一家，和亨利·伯恩斯坦、爱娃·居里、波兰公使阿纳托尔·缪尔斯坦、莫伊热什·基斯林、让·科托以及阿夏尔一家。斯特拉文斯基不在巴黎，而毕加索则没有晚礼服。《时代》杂志的评论家皮埃尔·布里松、谢尔盖·利发尔、让·贝拉尔以及其他许多我此刻记不起的人，都来了。这是个完美、精彩的招待会。各种人群都为能结识新人而十分高兴。

我亲自安排的佳肴更是备受推崇。我请温妮公爵夫人坐在右侧，左手边是热尔梅娜·罗思柴尔德。我的小魔术师以他相当出名的几手把戏使大家着了迷。晚宴快结束时那两个中国人出现了。宾客们围住他俩，惊奇地注视着二人的表演，这让他们又加演了几个灵巧的手技节目。之后……舞会就开始了。从勒图凯来的乐队由五人组成，他们上演了全套乐曲：一步舞、华尔兹、探戈，甚至还有很流行的法式爪哇舞曲。宴会一开始，周围邻居就都知道了。四邻把自己的窗户打开，挤在窗前看热闹。我小院子外的拉维楠广场上，人们从四面八方聚集起来。不过这一群人真值得赞扬，他们的举止十分得体。没有抱怨声，有的只是真诚的喜爱和给演出者的掌声。我们的爪哇舞曲更是俘虏了全广场的人，大家都兴奋地随着音乐舞蹈起来。我派弗朗索瓦和两个服务员拿着几瓶香槟款待窗前的看客们。清晨，对意外聚集的人群总格外小心的警察出现了。我告诉他们仅仅是寻欢作乐，他们就喝了杯香槟然后高高兴兴地离开了。早上 7 点左右，只剩下少数几位客人：爱娃·居里、缪尔斯坦、亨利·伯恩斯坦和科汉斯基夫妇。周围一片宁静，服务员开始打扫、整理，我和巴维尔决定演奏勃拉姆斯的《d 小调奏鸣曲》，零星的、半醉的客人们安静地聆听着。我留下弗朗索瓦打扫照管，就和余下的客人开车去布洛涅树林用早餐。几杯咖啡下肚，外加煎鸡蛋后，我们又来了精神，一边欣赏着清晨的美景，一边重温了晚会上那些温馨和有趣的时刻。

这一晚是浪子阿图尔·鲁宾斯坦生活中的最高潮。

76

一天，索霞带来了奈拉的消息，虽然我自己从未主动谈起过这个话题。她对奈拉婚姻生活的描述充满了恶意中伤。

"他们居住在辛辛那提，蒙兹在当地的音乐学校教书，不过由于埃米尔·姆威纳尔斯基担任了费城科蒂斯音乐学院的指挥教授，奈拉主要都待在费城，而不是和她丈夫在辛辛纳提共同生活。每次到纽约她都会来看我们，主要是为了服装来征求我的意见。阿图尔，除了穿衣服的事之外，她真的别的什么也不想。"

不难发现她的小故事有歪曲事实的情况。奈拉的朋友描述同样的事情就对奈拉有利得多。我不加评论地听着索霞的新闻，也没表示出兴趣。

我告诉巴维尔·科汉斯基，我已经决定和"主人之声"就灌制唱片一事签订合同，并劝他和我一起去伦敦，认识一下弗雷德·盖斯伯格，但巴维尔却说："看来我有更好的事情可做。在美国有一家叫布伦斯威克的大公司，是著名的台球桌生产商，该公司价值几百万美元，现在也从事唱片生产。他们已经和尤瑟夫·霍夫曼签了合同灌唱片，而且对我也有一个大计划。这对我意味着将在全美进行大量的广告宣传，而英国的唱片在美国依然很少为人所知。"

我没有坚持。

霍罗维茨来巴黎了，一天早上他打电话给我。

"你今天干什么？"他问。

我明白了他的暗示。"到拉维楠街来，我们一起去吃午饭。"

他立即同意了。他进门时我还穿着长晨衣。我们友好地拥抱之后，他就坐到钢琴旁，给我弹各种小曲子。

"海顿这首奏鸣曲的最后一个乐章适合加演，对不对？"

看到我并不完全有把握，他就东一点西一点地问我对加演曲目的看法。发现我对预先准备加演乐曲很反感，他十分惊讶。我总是临时自然地进行加演，曲目也是根据音乐会的气氛和自己的灵感决定的，我事先绝不知道要加演哪首作品。我请他去"富凯酒店"美餐一顿，饭后他去办些杂事，然后又回来等我请他吃晚饭，以及一两个夜总会。这就成了我们的友好关系中的日常安排。

雅沙·海菲兹也到巴黎了。他非常想和我见面，邀我到他的住处喝一杯，我在那里碰到他的几位美国朋友，并且和他约好第二天上午一起去逛商店，我买的一些物品他也十分想得到。早在纽约第一次见我时，他的眼睛就盯着我的特制金钥匙链、切割雪茄的小刀和其他随身物件，都是我在英国王室银器店"迈平与韦布"订做的。我的领带和搭配的上装手帕显然也让他夜不能寐。我不免担心他是否要把我的弗朗索瓦也弄走。他唯一不嫉妒的就是我当时的艺术事业。他和霍罗维茨都声称是我的朋友：霍罗维茨的友情主要体现在每次都欣然让我做东，而海菲兹则把我教的'正确'生活方式照单全收，不过这两个家伙由于美元挣得多，却在专业发展上鄙视我。至于我自己，我从未嫉妒过他们的巨大成就，而且，我认为海菲兹是当时最伟大的小提琴家，可他的演奏从未打动过我的心；霍罗维茨是最了不起的钢琴师，但不是伟大的音乐家。基于这个前提，我们三人相处融洽。

一天上午，波兰大使馆的一位随员打电话给我："鲁宾斯坦先生，我骄傲地通知您，法国政府授予您'荣誉军团骑士勋章'。奖章已经在大使馆，您随时都可来领取。"

这真是个巨大的荣誉。"荣誉军团勋章"是唯一需要全体委员一致赞成才能授予的奖章。只要一票反对就会否决。

当天下午，我就去使馆了解什么时候举行授奖仪式。根据习惯，要有一位法国高级官员致词，把奖章别在我的礼服的翻领上，并亲吻我的双颊。我询问门卫能否拜见大使，他从他的抽屉里拿出一个用棕色纸裹着的小包递给我："大使阁下把这个留给了你。"

小包里是放着奖章的盒子和文化部长签署的证书。

我被波兰大使阿尔弗雷德·赫拉波夫斯基先生粗鲁的行为深深刺伤了。他瞬间就把荣誉变成了耻辱。我拿上小包裹就转身回家，叫来弗朗索瓦，让他打开盒子、取出证书。

"弗朗索瓦，高声朗读证书，然后把奖章别在我的衣领上。"亲吻就免了。

　　每年，美术学院的学生们都要组织他们独一无二的传统舞会。只有在这个夜晚，市政当局才会对这些初露头角的艺术家在青春激情的驱动下的过分行为视而不见。舞会在巨大的瓦格拉姆厅举行，那里通常举行拳击比赛和其他体育活动。舞会叫做"四艺舞会"（Le bal de quat - z′arts）。委员会要定个主题：不是"古罗马"，就是"古希腊"，或者"迦太基"，但是学生们的理解总是一成不变，把自己的身体涂成可怕的红色或者棕色，并把面孔扮成大胡子的古人。画家、雕塑家和浮雕家们的所有漂亮的女模特都应邀出席。局外人想进入舞厅必须出示请柬，而且请柬还会被仔细检查。如果发现有假，来人多半会被丢进下水道。

　　一个波兰雕塑家，我的好朋友，以前曾送过我两次请柬。以前我没有提起过这事，因为那只是众多舞会或节庆之一，虽然那些活动都没这个激烈。这次说起来，完全是因为海菲兹强烈要求我带他去参加。我的雕塑家朋友不太愿意再去搞一张请柬。

　　他问："你是我们的一员，艺术是你的职业，但那个家伙是谁啊？"

　　真好笑，原来海菲兹并非如他自以为的那样为世人尽知。不管怎么说，我向朋友介绍了他的特长以后，他也就把海菲兹当做了"自己人"。

　　我们三人一起用了餐，然后雕塑家把我们带到他的工作室，用脏乎乎的油彩涂抹我们，然后让我们回家，脱掉衣服、鞋袜，换上拖鞋（他借给我们两双），又在我们腰间裹了些布，用别针别好。海菲兹一起到我家，弗朗索瓦帮着我们准备好赴舞会。我们乘出租车前往瓦格拉姆厅。接近大厅时，看到大喊大叫的"古罗马人"，显然灌了不止一种酒，从四面八方走来，有些还坐着敞篷马车，把无辜的过路人吓得不轻。两个体形魁梧的美术学院学生仔细地检查了我们的请柬。进入舞厅后，我们吃惊地听说，莫里斯·罗思柴尔德打算硬闯，结果被丢进了下水道。

大厅挤得满满的。中间有个圆形的表演台。姑娘们，多数是模特，穿着很薄的束腰衣裙，更加凸显了她们的裸体。乐队吵闹地奏着一步舞、圆舞曲、爪哇舞曲，但毫无效果，一对对跳舞的人紧紧相互搂着，根本不在意旋律和节拍，一点也不感觉羞耻。随着时间的推移，事情逐渐发展到淫荡的地步。位于画廊里的临时更衣室里塞满了束腰衣裙。舞蹈变了味，艺术被彻底丢弃。姑且算是古罗马的狂欢吧，但在我看来，巴黎大学生的想象力超过了他们效仿的古罗马人。海菲兹有点吓着了，眼睛瞪得老大。等舞台上有个漂亮女模特被两个胆大妄为的大学生强暴（当然是假装的）后，他马上就要回家，生怕警察会来抓"罪犯"。我安慰他，并带他去了更衣室，那里也提供黑咖啡，但我们撞上了特殊的一幕：照看更衣室的那个 40 多岁的女人正自愿地让六七个爱好者破坏她的贞节。我看得兴致勃勃，但海菲兹几乎晕了过去。他一直要求我离开，到了清晨 6 点，我们终于到了大街上。我俩穿着透风的衣服，冷得直打寒颤。

"海菲兹，你不饿吗？我可饿死了。"

"是，我也饿了。"

这个时候我们唯一能吃上东西的地方，是皮加尔广场附近的"德兼美修道院"。我们乘出租车前去，走进饭店时，里面只有一张桌子有人用餐，是位老先生，两旁还各坐着一个妓女。另外有两只冰桶，一只镇着一大瓶香槟酒，另一只插着蔫了的花。

看见我们，绅士叫道："鲁宾斯坦！你怎么啦？"

我简要解释了这身打扮的缘由，并把海菲兹介绍给他，他早就听说过海菲兹了。于是我们在邻桌坐下吃晚饭。

这时，我们脸上的油彩已经成了一团污垢，身上的衣服也掉了色，看着就像仓皇越狱的囚犯。我和餐厅经理阿尔贝特很熟，他给我们上了味道很好的快餐。此刻，我才想起邻桌的绅士是何许人。对这位多姿多彩的人物，请容我把他慢慢道来。他有两个兄弟，一个是红衣主教梅里·德尔·韦尔（Merry del Val），在梵蒂冈的地位仅次于教皇；另一个是智利派驻英国皇室的大使。无疑，我们的邻座是家中的不肖子孙，但他显然是三兄弟中最有趣的一个。他叫多明戈·梅里·德尔·韦尔，此刻已经灌下了许多香槟酒，所以挑选的女伴才这么差劲。不过他依旧风度翩翩地向她们献花。看见我们快喝完咖啡了，他突然带着狂热喊叫起来：

"嗨，伟大的艺术家们，你们不为这两位迷人的女士演奏点什么吗？"

我们十分窘迫，不过还有点幽默感，就站起来。我走到钢琴边，而餐厅经理阿尔贝特不知从什么地方摸出一把小提琴递给海菲兹，八成是哪个乐队落下的。我们演奏了一段我们俩都很熟悉的浅易的曲子，之后多明戈·梅里·德尔·韦尔对一个妓女说："把花送给这两位大师去。你这辈子再也听不到这样的演奏了。"

那女人乖乖地走过来，想吻我们的手，这时阿尔贝特走到海菲兹跟前，郑重其事地对他说："年轻人，你知道谁曾在这里演奏过吗？伟大的库贝利克（Kubelik）！"

海菲兹扮了个鬼脸算是微笑。这就是我们的"四艺舞会"之夜。

77

巴维尔·科汉斯基夫妇在回美国前，到埃维昂作短期疗养，我和他们一起去玩。巴维尔的伴奏皮埃尔·吕博舒兹也来了，我还带着个智利朋友、一位漂亮迷人的年轻女士。在埃维昂我们碰到了拉伊蒙德·冯·霍夫曼施塔尔。我们五人一起用餐，被巴维尔惟妙惟肖地讲述的故事逗得笑到肚子痛。巴维尔比通常还要风趣，但他的面色令我担心，疗养似乎对他毫无帮助。当我问他具体情况时，他却拐弯抹角，声称自己对治疗是满意的。在告别时，我极为忧伤。我一直思念着巴维尔。有他在场，我就不大会去干那些自己喜欢、但却无益的事情。

还是 1929 年，回到巴黎后，报刊上说谢尔盖·佳吉列夫在威尼斯去世。整个巴黎艺术界陷入了哀悼中。损失这位伟大的美学上的魔术师，令我们心痛不已。大家突然意识到所有的人都欠着他，过去这些年，这位大好人毫不吝啬地为人们提供着难忘的享受和激动。年轻的作曲家变成了孤儿，而舞蹈演员们听到这消息更是痛哭失声。

温妮公爵夫人邀请我上她在威尼斯的宫殿过夏末。我到达后的头一件事就是驾一叶贡多拉去公墓，在佳吉列夫坟前献上几枝鲜花表示敬意。更有为数众多的崇拜者涌到他的墓地致敬。

在威尼斯，我遇到了斯特拉文斯基，还有他这一时期固定的女伴维拉，他显然因为失去了这位对他的生命十分重要的人而深受打击。

我在公爵府举行了一年一度的答谢音乐会后就离开了威尼斯。公爵夫人邀请了她那些长住威尼斯的朋友：罗比朗特夫妇、安尼娜·莫罗西尼、迷人的音乐家乔尔乔·列维和他的妻子、几个当地的艺术家和凤凰剧院的院长。她还请了两位年轻的英国姑娘：希拉·庞森比、她后来嫁给了威斯敏斯特公爵，和希拉里·威尔逊，她父亲是威尔逊汽船的老板。希拉里成了我的挚友，后来她和芒斯特勋爵结了婚，但无孩子，完全献身于音乐，向优秀的教师所罗门学钢琴。在尔后的年月里她非常慷慨地帮助了年轻的音乐家们。

回到巴黎后，我和马塞尔·瓦尔马莱泰进行了一次长谈，最后甚至小小地争吵起来。

"我亲爱的朋友，"我说，"请多注意你为我筹划的音乐会的质量。我烦透了那些不懂音乐的小群听众。我只想在真正对我有感觉的地方演奏。你看，在罗马、佛罗伦萨、马德里、巴塞罗那，或者在南美各国首都举行的音乐会就能激发我的灵感。"

瓦尔马莱泰有点傲慢地微笑道："别看不上小城市和低酬金，至少够你几顿饭钱的。"

我听不进他的论点，我顽固地拒绝在我不喜欢的城市演出。

得到几周假期令我十分开心。我又可以愉快地纵情读书了，这是我一生的嗜好。我在雅各街周围转悠，那地方可以找到绝版的书籍、自传、史料以及作家和音乐家之间有趣的信札等无价之宝。找到一本稀罕书时，我会心跳加快，高兴得忘掉吃饭。我永远记得那一天，我发现了一家俄文书店，里边有首版《陀斯妥也夫斯基①全集》、《契诃夫②戏剧集》的精装版，以及带有精美插图的《战争与和平》和《安娜·卡列尼娜》。我听说肖伯纳③出版了几卷他的音乐评论，得知书已经售完并不再出时，我的心都碎了。在和我交情不错的书店，我让他们一旦来了我缺的版本就一定要给我留下。我的小平房被不断涌入的读物塞得满满的。

---

① 费奥多尔·陀斯妥也夫斯基（Fiodor Dostojewski, 1821～1881）：俄国作家，19世纪现实主义的杰出代表，出色的心理描写大师，曾被判刑流放西伯利亚。代表作有《罪与罚》、《被侮辱与被损害的》和《卡拉马佐夫兄弟》等。其创作方法和思想对欧洲好几代作家都产生过深远影响。作品受到世人的热切关注。

② 安东·契诃夫（Anton Chekhov, 1860～1904）：俄国作家。作品取材于普通人的生活，尤以短篇小说成就突出。对戏剧创作也有革新。代表作为《第六病室》、《套中人》。剧本有《海鸥》、《樱桃园》、《三姐妹》等。

③ 肖伯纳（Bernard Shaw, 1856～1950）：英国戏剧革新家，赞成温和社会主义，戏剧创作形式新颖别致，内容大胆。代表作有《凯撒和克里奥帕特拉》、《人和超人》。获1925年诺贝尔文学奖。

一些较会经营的剧院，例如香榭丽舍喜剧院、安托万剧院、佳作剧院和车间剧院，都有自己的书亭，上演谁的戏，就卖谁的书，他们还接受预订，可以提供特制的、装帧精美的书籍。

记得我就是通过这个办法购买了米塞、多代、博德莱尔、韦莱纳甚至库德林的带插图的全集的。我在波兰的好友们一直为我收集稀有的波兰文书籍。多亏他们我骄傲地成了波兰大诗人密茨凯维奇的首版《塔杜施先生》的拥有者。在克拉科夫，他们甚至为我找到一本带原装生皮封面、要用钥匙开锁的《编年史》。作者们也纷纷把新书寄给我，还附有亲切的题词，他们听说我热爱文学，很是赞赏。

在这简短的假期中我几乎没有碰过钢琴，不分白天黑夜地读书。有时我醒得很迟，因为我读书读到了天亮，弗朗索瓦便把早餐送到我床上，要是一本书没有读完，我就不起床。

可以毫不夸张地说，在这几个星期中我忘掉了自己所有的烦恼和痛苦，一直生活在激情亢奋之中。这次我才明白，那些好书是我探讨深奥问题的理想的朋友。如果在书里看到一些观点和我的相类似，我就感到很幸福；然而要是碰到有文章和我的信仰对着干，我就会热切地保卫自己的论点。有些书，比如一些音乐作品，成了内在的自我的伙伴，而且只要我的头脑清醒一天，它们就会一直如此。

一天上午，我惊恐地读到华尔街股市崩盘的消息。起初我没有完全明白这一消息的分量。我经常读到有关股市"黑色交易日"的消息，听说在这支或那支股票上失败的投资，但几天之后，我才懂得，这次是整个美国经济体系像纸牌搭的城堡一样垮掉了。我突然意识到这对科汉斯基意味着什么，但我无从了解他受到多大程度的影响。虽然机会不大，我还是希望他非常有远见地挽救了自己投入的资金。一直没他的消息，我又不敢和他联系，我曾多次提出忠告并表示担忧，因此再主动联系反而会伤害他，在了解到确切情况之前，我只有耐心等待。在巴黎，这成为大家的唯一话题，但生活方式却没有任何明显的变化。不管怎么说，这使我更加清楚了金钱的价值。我写信请鲁伊兹和佩里亚斯下个演出季替我在巴西和阿根廷组织巡演。这样我就能了解到自己在里约和布宜诺斯艾利斯的投资情况了。

在西班牙和意大利的音乐会一如既往地受到欢迎，不过这次我很注意账目情况，因为在这两个国家，酬金都是按提成的办法计算的。报纸每天都依旧报道着可怕的消息，上百的银行破产、几十人自杀、数百万人失业，令全世界羡慕的美国财富似乎已经完蛋。到处都在指责美国，说它不负责任地允许人们通过纯粹的投机建立巨大的财富。

我的智利友人，胡安尼塔的一名亲戚想去安达卢西亚。我讲的关于塞维利亚春会和格林纳达的故事激发了她的幻想。

"但是如果你不当我的向导，我就不去！"

我一直拿任性的女人没办法，永远抵御不了女人的要求，而且我更热衷于带人参观好地方、给他们指点博物馆里的佳作、一起去城里最好的餐厅，一旦我能展示贝德克旅游指南中缺少的好东西，就感到特别骄傲。德克萨达为我匆匆在安达卢西亚安排了两三场音乐会，去看塞维利亚和格林纳达的时间非常充裕。这次短期巡演中我只记得在塞维利亚的那个夜晚，当时多亏了我的朋友胡安·拉菲塔，才成功地找到最好的弗拉门戈舞曲的歌手和吉他手为我们演奏。那位可爱的智利女士十分厌烦这类娱乐，她逼着我迅速离开，到了大街上，就对演员们大加指责。

"你怎能忍受这么可怕的嘶叫，阿图尔，你不是个高雅的音乐家吗！我看他们只不过是群野人。"

这就让我对那位女士的好感锐减了不少。把她安全送回巴黎的家时，我感到很庆幸。

这一年的圣诞节和新年，巴黎的节庆气氛不那么浓烈。全欧洲都逐渐感受到了美国金融危机的后果。有沙文主义情绪的法国人突然厌烦起缺少大手大脚花钱的美国游客的日子来。冬季度假中心、旅馆和餐厅抱怨它们大受损失，许多地方只好关门大吉。这一切如乌云一样笼罩着欧洲。从德国传来了坏消息，伟大的自由主义领导人瓦尔特·拉特瑙遭暗杀后，国家一直动荡不安。而波兰在那条完全人为的"但泽走廊"上麻烦不断，波、德双方都不满意。

早春时节，巴维尔·科汉斯基夫妇来到了巴黎，他告诉我他那可怜的发财梦是如何破灭的，他痛苦不堪，不过精神还好。他算机灵，损失只限于开头投入的那一万美元，也没有债务。朱里亚音乐学院还支付着薪水，此外他尚有几场计划中的音乐会。我提议我俩一起在英国，然后在西班牙举行几场小提琴和钢琴奏鸣曲音乐会。他十分喜欢这个主意，于是我们决定明年春天来做这事。然后他们上扎科帕内了。

返回马德里再次举行演出时，我因遍及西班牙的骚动而感到紧张。人们在议论国王和普里莫·德里维拉将军之间发生的强烈分歧。整个国家都因他们的观点不同而分裂了。

开音乐会之前，圣·毛罗公爵到我住的"宫廷饭店"来看我。

"我代表王后陛下前来，她请你谅解她明天不能出席你的音乐会。在这些日子里她不能离开王宫。社会党人有暴力行为。你我都知道那些可怕的人有多危险。"

这时我才明白政治形势恶化到了什么程度。

公爵离开后的事就更为荒谬了。一个热情崇拜我的年轻音乐家手里拿着一篇乐谱来找我："这是西班牙社会党送给你的大礼。它是新的革命颂歌的初稿。"

　　我从来没有如此强烈地感觉到，全体西班牙人民对我这样喜爱。我一方面被当做坚定的保皇党人，另一方面又被社会党视为"他们中的一员"。

　　盖斯伯格打来电话："你愿意录制勃拉姆斯的《降 B 大调钢琴协奏曲》吗？某月某日我们有一个好乐队，指挥是艾伯特·科茨。"

　　我不仅愿意，而且激动不已。日期正好在我去南美之前的几天。

　　抵达伦敦的当天上午，盖斯伯格就把我带到录音厅。那是个难看又空空荡荡的大房间。曾用来开过几场流行舞会。

　　"我给你准备了一架上好的贝希斯坦钢琴。"

　　听了这话我还是心里没底，因为最近我一直碰不到真正的好乐器。在录音前也不能如我所愿见到科茨先生。我们要在两天的时间里完成这首最长的、有四个乐章的协奏曲，而且结果完全不令人满意。各种事情好像都在和我们作对：钢琴声音很好，但有点儿跑调，而且调律师又无力把它调好；科茨先生在大厅的另一端指挥乐队，离我很远，导致我只可能与管弦乐团后排的打击乐器和各种铜管乐器为邻。在这种情况下，指挥和独奏演员之间根本建立不起密切的沟通，结果我们双方都不满意对方演奏的乐句。我认为这两天的艰苦努力劳而无功，因此要求盖斯伯格毁了原稿。

　　如果记得不错，我是这样对他说的："我们的合同包括一个条款，我有权禁止发行我认为不合适的录音带。"

　　盖斯伯格做了保证。我垂头丧气地去了南美。

　　这次巡演留下来的尽是不愉快的回忆。无论在巴西还是阿根廷，音乐会的数量都比以前少，而且门票也不总能售完。见到老朋友们很是高兴，大家和以前一样热情，但我在这里也感觉得到美国经济崩盘造成的阴影。好在里约的银行和阿根廷信贷银行还是老样子，我总算松了口气。

从南美回来后我惊愕地获悉卡罗尔·希曼诺夫斯基在达沃斯住了很久，那里是有名的结核病疗养地。但当我回来时，他已经回华沙了。我一直不知道他的健康状况已经坏到需要进行如此治疗的地步。

78

弗雷德·盖斯伯格欺骗了我：勃拉姆斯的《降 B 大调钢琴协奏曲》的唱片已经开始销售。火头上我本打算撕毁与他的合同。

"你没有任何理由生这么大的气。音乐家们喜欢这唱片，销售情况良好。"说罢，他又告诉我艾伯特·科茨不反对发行这张该诅咒的唱片。从此，我告诫自己要更加小心。

盖斯伯格对我今后录制唱片的事有着宏大的计划。

"你为什么不给我们录制那些在音乐会上非常成功的西班牙作品呢？《纳瓦拉》、《特里亚纳》和《火之舞》怎么样？"

我的回答闪烁其辞。"我想你应该知道，我是按自己的方式演奏这些作品的。它们不仅是那些音符，更是音乐内容的综合。"

他听不进我的话，坚持要那几首曲子，因此最后我答应在仔细研究那些作品之后，再决定我能否担负这个责任。现在，

"主人之声"在阿贝大道上建立了极棒的工作室,拥有最现代化的设备。在那里工作愉快而有效,院子里的小餐厅还挺不错,大家也就不用为吃饭浪费太多时间了。准备录制《纳瓦拉》时,我的朋友霍伊蒂·韦伯格求我允许她在现场观摩,她很爱慕这首曲子。我和盖斯伯格警告她不能发出任何声响,她也发誓会屏住呼吸。钢琴很好,这次是斯坦威琴,而我也全力投入作品。中间乐段我从未弹奏得这么好过;而且没少掉一个音符(当然我认为该弹的那些音符),很是高兴。但在我弹出最后一个强和弦之前,韦伯格小姐热情地高喊起来"真棒啊!"于是整段录音就毁了。我真想杀了她。之后我又弹了四遍,才允许他们去出版。

西班牙发生了政治激变。1930 年,整个加泰罗尼亚地区和西班牙中部地区受到革命的威胁。军队听命于一位狂热的将军,他准备为挽救王室而战;而国王却是个坚定的自由派,不愿自己的国家浴血。他用高贵的言词宣布自己逊位,然后十分体面地从卡塔赫纳港乘坐一艘西班牙军舰前往意大利。王后和孩子们去了巴黎。革命委员会请求受到全体西班牙人爱戴的皇太后伊丽莎白留在王宫内,并保证她将受到和以前一样的礼遇。尊贵的老夫人却拒绝了。她说:"我的位置在国王身边。"

她第二天就离开了,由奥尔良的贝阿特丽斯公主陪同去巴黎与王后会合。她一抵达就病倒在床,两天后便去世了。

就在同一年,我在欧洲大陆开了几场音乐会之后,回到伦敦继续录制唱片,在伯利街找到一处很好的公寓。我试过几首西班牙乐曲,但没有决定是否要发行唱片。同时我开始认真练习肖邦的夜曲。米切尔先生在两三个城市为我安排了音乐会,并根据我的要求,正在准备巴维尔·科汉斯基和我在威格莫尔厅的独奏音乐会。后来这场音乐会是我俩最好的演出之一。我们演奏了贝多芬的《克鲁采奏鸣曲》、《c 小调奏鸣曲》以及勃拉姆斯的《d 小调奏鸣曲》。盖斯伯格很兴奋："你们为什么不灌制奏鸣曲呢？"

"为什么不呢？"我问巴维尔，心里很欣赏这个主意。

巴维尔有点推诿地回答："我和'布伦斯威克公司'有口头约定，所以我不知能否这样做。"

第二天我请他们两人到"萨沃伊酒店"吃饭。盖斯伯格一再让巴维尔放心他对"布伦斯威克公司"的保证，尤其是得知他们还没有任何确定的录制日期和曲目之后。我们正喝着咖啡，盖斯伯格突然一拳打在桌上，说："伙计们，我们马上去阿贝大道录制勃拉姆斯的那首奏鸣曲吧！你们的演奏实在太美妙了。"

巴维尔和我互相看了一眼。

"我们一时兴起就做决定是否太冒险啦？"巴维尔犹豫道。

我笑起来，"巴维尔，这首曲子我们差不多摆弄过上千次了吧。我们就算被麻醉了也照样能演奏。"

于是我们在阿贝大道下了车，直奔录音室，发现所有工作都已经准备就绪。盖斯伯格这个鬼东西，他早就机智地安排好了一切。嗯，我要说，虽然时间已晚，我们的演奏依旧自然、流畅。巴维尔拉的慢板乐章从来没有这么美过，而最后那个困难的乐章他一个音都没拉错。

在第一批录音之后，我的情绪非常愉快，并经历了几次爱情奇遇，不过不值得花笔墨细说。一次是受阿维拉的蛊惑，另一次涉及一位非常漂亮的波兰女士，她对我很好，甚至陪我去西班牙做了一次短暂的巡演。我在比亚里茨过完了夏天，并经常跑到圣让德吕兹和圣塞瓦斯蒂安找拉威尔和我的朋友布朗夏尔夫妇一起吃饭。我们还观看了由加里托和贝尔蒙特参加的盛大的斗牛。那一次，我还在精神上大大战胜了最为保守顽固的厌世派乔姆利侯爵。乔姆利侯爵来比亚里茨单纯是为了参加高尔夫球比赛。一天，我在街上遇到他，就拉他陪我去圣塞瓦斯蒂安看著名的斗牛。他似乎无法拒绝我这个人，只好接受，不过在伦敦我一提斗牛他就恶心。更有甚者，那天晚上他还跟我去了贝尔维尤赌场，看我怎么玩"九点纸牌"，在戛纳时，他就是不肯陪自己的妻子下赌场。而且他还喜欢上了这种赌博。当我把这事告诉他妻子西比尔时，她根本无法相信自己的耳朵。在他过世前，每当我们一起吃饭，他总要兴致勃勃地重提这段往事。

四、婚姻与家庭

79

在 1931～1932 年的演出季里，我计划再度去华沙和罗兹。我不得不像以前一样接受在奥登斯基家下榻的邀请。看来，那张要命的沙发床注定是用来惩罚我的罪孽的。此外，那房间里的暖气坏了，我冷得直发抖。

"今天晚上有格里高利·皮亚季戈尔斯基的音乐会，也许你想去听吧?"

我很高兴有这样的机会，听说他和符拉季米尔·霍罗维茨与纳唐·米尔斯坦同时逃出了俄国。

爱乐音乐厅根本没有坐满，有好多排座位都空着。我在衣帽间存放大衣和礼帽时见到一张熟悉的脸，那是奈拉，就她一个人。我诚恳地向她问好，并亲吻了她的手。在波兰有一种习惯，就是只吻结了婚的女士的手。她反过来也把我当成了老朋友。我们相互客套了几句"你的情况如何?""家人好吗?"之后，就进入了音乐厅。看到有那么多空位子，我们就坐到了一起。

皮亚季戈尔斯基演奏得很美。他绝对是卡萨尔斯之后我所听到的最好的大提琴家，但是和奈拉的意外相遇使我不能集中注意力听音乐。演出结束后奈拉带我去演员休息室，并把我介绍给这位了不起的大提琴家。相貌英俊的艺术家也是一个非常有魅力的人。这之后，我们之间就产生了亲密的友谊。

回到衣帽间，我问奈拉："要不要和我一起去吃点东西?"

"这个时间所有的地方都关门了。不过，如果你愿意，我们可以去'阿德里娅'，那是个跳舞的好地方。"她回答说。

在那个讲究的大舞厅里，我们找到了一张好桌子。奈拉的朋友哈丽娜·利尔珀普小姐也和我们坐到一起。还有雷沙德，无论我在哪里，他都有本事找到我。我先请哈丽娜跳舞，接着和奈拉跳。她的舞跳得很棒。当我们高兴地跳着华尔兹时，她半真半假地问道："怎么样，你现在会同我结婚吗？"

"当然啦，你该知道的。"我也以同样的口吻回答道。

从此刻起，我们就转换了态度，开始认真调情了。我把她送到瓦维尔大街她的家里，她父母从费城回国后就在那里弄了套好房子。她说埃米尔·姆威纳尔斯基正为严重的关节炎所苦，而且今后注定要坐轮椅，但并没有失去奇妙的生命力。

"他甚至很乐意给那些知道能从他那里学到许多东西的年轻音乐家传授指挥艺术。"

在分手前，我们第一次接了吻。

我自己的音乐会结束后，就由奈拉陪伴着在华沙度过了空闲的几天，大都是在瓦维尔大街。她的父母秉承出名的波兰式的好客，几乎每天都请朋友们来吃饭，比如罗曼·雅辛斯基，他是个杰出的青年钢琴家，不但文化素养高，而且能表演即兴喜剧，逗得大家笑破肚皮。在启程的前一天，我请求奈拉和我单独用午餐。我在华沙老城漂亮的广场边选了一家刚开张的新饭店，地点是富凯尔家族大宅的二楼。富凯尔家族是 1765 年建立的葡萄酒窖的主人，他们最出名的是百年匈牙利托卡伊葡萄酒。我好容易才预定了一张两人小桌。奥登斯基一早就赶到一个工作室去拍电影，我则小心翼翼地坐出租车准时接上奈拉去了餐馆。我是想弄清她的意图：她是否要回美国？还是真想离婚，真的想嫁给我？

我们刚刚点好菜，奥登斯基就出现了。"我就知道今天你们一定会来这里吃午饭!"他说着，满脸的微笑和喜悦。"为了不迟到，我匆匆结束了拍摄。你们点了哪些菜?"

我和奈拉同仇敌忾，但又这辈子最言不由衷地欢迎了他。他剥夺了我们交换对未来看法的唯一机会。当天下午，我就出发前往罗兹，然后返回巴黎，继续我在那边的光棍生活，而朋友们对我的不可救药早已习以为常了。

80

圣诞和新年佳节临近了。我本打算和阿夏尔一家度过圣诞夜，和布尔代一家一起过除夕夜。布尔代一家除夕夜要带我去参加多场招待会。圣诞夜后，我收到一张来自扎科帕内的明信片。卡片上说:"要不要来和我们一起过除夕? 这里有冰、雪、一口好酒、还有舞会。——奈拉"这张明信片，还有它上面那些并不太大的诱惑，改变了我的计划。我找了个托词不参加布尔代的晚会，然后派弗朗索瓦去订前往克拉科夫的卧铺票，我要到那里转车去扎科帕内。12 月 30 日下午我抵达了目的地，看见奈拉在车站等我。

她把我带到了一幢漂亮的别墅。

"我在这个家庭膳宿公寓为你订了一个房间。这地方由我表妹伊尔卡经营。我的妹妹阿丽娜也在这里。饭食简单，但很不错。我希望你会喜欢这里。"

当然，奈拉在的地方我都喜欢。

用餐时我被正式介绍给其他人，别墅里还有三四位客人，晚餐和同伴我都喜欢。奈拉漂亮的妹妹对我爱搭不理，然而她表妹伊尔卡却对我展示了迷人的待客之道。

晚餐后，我把奈拉带到"莫尔斯基的眼睛"，因为她在明信片中说要喝上一两口，我便点了一瓶冰镇香槟酒。就在招待员给我们倒酒时，奈拉却突然宣布："我不喝香槟。"

这有点让我生气。她本可以早些告诉我的。我有些赌气地一边聊天一边独自喝光了一整瓶香槟。不过，那用了3个小时。漫长的交谈又把我们带回发现彼此爱慕的那一刻，我们为从头开始而感到幸福。在那个受到祝福的夜晚，我们忘掉了从美妙的第一时刻以来所发生的一切。

第二天是除夕。清早，奈拉穿着滑雪服出现在餐桌旁，我们互吻并道早安之后，她愉快地宣布："我和我的朋友们去滑雪远足，晚饭前回来。"说完就离开了。

我气得昏了头。她大老远地把我从巴黎找来，让我丢下朋友们，难道就是为了枯坐一整天等她，而她却和朋友们去滑雪作乐！所幸我有一个长处，就是不会让自己闷得慌。于是我这一天就与我从巴黎带来的一本十分精彩的书为伴了。

在午餐时我还碰到了一桩开心的意外，出现了一位美丽的女士，她生着一头漂亮的黑发。后来我了解到，她就住在我隔壁的房间里。她似乎对在那里碰到我很吃惊，因为用餐时她一直盯着我。当伊尔卡把我介绍给她时，她对我在克拉科夫的音乐会大加赞赏。

为了庆祝除夕夜，我跑到"莫尔斯基的眼睛"去订了一张桌子和一瓶香槟酒（不管奈拉想不想喝），还订了点花。晚餐时分奈拉才回来，一边吃一边绘声绘色地描述着美丽的雪景、壮观的日落以及开心的滑雪运动，令我神往不已。晚餐一结束她就去换衣服准备跳舞。午夜前一小时我们来到了"莫尔斯基的眼睛"。

那地方已经挤满了人，而那位黑发女士就和她的几个朋友坐在我的邻桌。

来了些波兰小吃和伏特加之后，我们就跳舞了。然后我们坐下吃宵夜，我吩咐打开香槟酒，对奈拉严肃地说："我一直用香槟酒迎接新年。在这一点上，我甚至有点迷信。"

就在子夜前，奈拉注意到那个黑发女子目不转睛地看着我们，特别是我。

"你认识她吗？"她不快地问。

"是啊，我午饭时认识她的。"

奈拉不喜欢这事。当乐队停止演奏，扩音器里宣布新年来临时，惯常的喧嚣便开始了——在昏暗的室内，尖叫、呼喊、亲吻、畅饮、还有互致新年快乐，持续了好一阵。奈拉不高兴。那女人的目光激怒了她。她把怒火发泄到我身上，指责是我勾起了那个女人如此的行为。

我回敬道："我当然会注意漂亮女人的，谁让我一整天都被撇在一边呢！"

听罢，她冷冷地回答："明天我去远足。"

于是我们大吵起来。我们相互说了几句气话，然后奈拉站起身，拿了大衣就走了。新的一年开始得这么不愉快。我傲慢地坐着没动，喝光香槟后，我问经理哪里能找到滑雪教练。

碰巧舞会上就有一个。没说几句话，他就同意次日一早带我去附近的山上。早餐前我们就出发了，我穿着最厚的鞋，他借给我一副滑雪板和滑雪杖。我非常认真地听从他的指点，摔了十来跤，滑雪板也飞了，但学会了相当自信地到处活动。我的腿一向很结实。

早餐只有我一个人，显然大家都宿醉未醒。午饭时我才遇到奈拉，她只是说道："我们后天才去远足。"

我们和解得十分缓慢，不过多亏那黑发女人不在场，最终我们憧憬着未来、一起欢度了新年。

第二天我到城里最好的一家商店买了整套滑雪装备。离开商店时，镜子里的我十分可笑，头戴一顶绒球羊毛帽，身穿一件厚套头衫，肩膀鼓鼓的像个打擂台的，下身是灯笼裤和厚袜子。不过我一直弄不明白，店员们怎么会忘记卖给我一双合适的靴子。我自己的鞋看着不错，但实际上不行，让我吃了不少苦头。回到别墅，我一脸骄傲地向奈拉声明："明天我和你们一起去远足。"

她当我是说着玩，笑了起来，但看到我古里古怪，却穿戴妥当，也不免大为吃惊。

我们坐着雪橇到了一座高山脚下。这回可考验我了。我模仿着他们侧着身子向上攀登，但一路上那该死的滑雪板还是掉了两三次。大伙登上山顶时，我的同伴们发出了胜利的欢呼。他们指着山背面的一个窝棚说："我们滑下去，好好来点格罗格酒和香肠。"

大家高兴地"之"字形向下滑去，奈拉和他们在一起。我可不想被落在后面，看到他们安全地到达窝棚，便下决心直着冲了下去，心里还为自己的顽强沾沾自喜。但结果出了事故。到山脚时，我速度极快，根本刹不住，于是整个人就飞到空中了。我的头和半截身子随之都栽进了雪里，只有两条腿露在外面。奈拉和两个没有进窝棚的同伴赶紧过来帮我，心里害怕极了，以为我已经摔死。实际上我的运气好得不可思议，只是跌进一大堆积雪，如果有一块石头，我肯定当场就一命呜呼了。我的头离开雪堆时，满脸都是血。不过那是一场虚惊，只是落地时擦破了点皮。进了窝棚，大家都很关心我。三杯热酒一喝，我不免略带醉意地嘲笑起自己的冒险战绩来。

此后几天，我和奈拉及阿丽娜在比较缓的坡上滑雪，以便能更好地展现自己滑雪技术的进步。我在克拉科夫的音乐会经纪人听说我在扎科帕内，就建议我三天之内在那座古都举行一场音乐会。我高兴地同意了，能填满钱包真不错。奈拉留在了扎科帕内。但我惊讶地发现我的最小的姐姐弗朗尼娅出现在克拉科夫音乐厅。音乐会后，特奥菲尔·迟钦斯基全部用美金支付了我的演出费。一些朋友来向我祝贺，众人离开后弗朗尼娅走进休息室。

"莱昂又开始赌博了，并且输得精光。求你帮帮我吧，我绝望了！"

我把刚到手的美元都给了她，口袋空空如也地返回扎科帕内。

奈拉计划去德累斯顿，她想跟著名的玛丽·魏格曼学习舞蹈。在华沙，奈拉已经是相当出名的舞蹈演员了。她举行了一场独舞表演，动作是自编的，配音是自选的，演出取得了很大的成功。好多年后，尤瑟夫·波托茨基伯爵夫人还对我提到此事。她当时是慈善协会的主席，奈拉就是为该协会举行独舞演出的。

我遗憾地离开扎科帕内。当时我还不知道，对我，这已经是新生活的开始了。

81

在巴黎，我告诉最亲近的朋友们我打算娶一个年轻的波兰姑娘。

"别做梦了，你一个老巴黎，找个来自蛮荒草原的女孩干什么？"德尼丝·布尔代说。

我试着描绘奈拉。"要知道，她可聪明了。"

大伙哄然。

"我认为她很美。"我着重强调。

"你不必用这个外来妹的美貌来打动我们。"

"她单纯极了!"我稍显急切地说,"她还是个很有才华的舞者。"

他们不但嘲笑,还大摇其头。

这时我便稍显随便地补充道:"她可不像巴黎女子那样被惯坏了,她还很会做菜呢。"

一听此话,布尔代和马塞尔·阿夏尔热情地高喊起来:"你太有福气了,太有福气了!"

鉴于有希望吃上一餐美食,他们已经准备认可奈拉了。

两周后我前往伊斯坦布尔、希腊和埃及。这三个地方那么不同又如此有趣,每去一次,我都会更加喜欢它们。那里总有新东西可以发现。贝克麦江夫妇和他们的猫、善良的斯特凡尼德斯一家、弗里曼和玛丽卡,他们给我的感觉,仿佛我一生都居住在那些地方似的。我在这几个国家的听众仍然是那些人,但他们现在已经成了朋友,而不再是吹毛求疵的购票听众了。

穿过汹涌的大海我抵达了亚历山大,阿迪蒂的代理人在那里等候我。我再次为那些希腊人、意大利人和犹太人献演——没有看见任何一个听众是戴红色土耳其帽的。这次我在开罗的曲目相当雄心勃勃:我将以肖邦很难的《降 b 小调奏鸣曲》开始,接着演奏 6 首练习曲,幕间休息之后表演《彼得鲁什卡》和李斯特的几首作品。登台前 10 分钟,有人塞给我一份电报:"有病住院(她说了医院的地址和名称)。请急速给我寄些钱来,奈拉。"

我受到这一霹雳,坐了下来。心里翻动着各种可能患上的疾病的可怕想法。情况不明令我备受煎熬。然而,1 分钟之后我就要演出肖邦的《降 b 小调奏鸣曲》了。此时此地,我平素的职业天性占了上风,我带着比以往任何时候都更多的感情演奏了这首奏鸣曲。任何强烈的情感,不论是心爱的人的疾病或死亡,不论是妒意大发或极度孤单,不论是何种悲剧事件,总令我在音乐会上发挥得更好。演奏是我心绪的救生圈。在整个音乐会上，我用全部的心灵去创作音乐。我甚至返场了两次。但是当我再次回到休息室，又拿起电报时，便决定立即去德累斯顿。阿迪蒂的代理人看见了我读电报时的表情，也注意到音乐会后我是多么心灰意冷。他好像十分担心我会自杀，因此一直寸步不离地把我送到房间。他替我办好了去德累斯顿的事宜，而且第二天一早还陪我去银行办了电报汇款。

经过漫长的旅程，我终于抵达了德累斯顿，然后就大包小包地直奔医院。医院告诉我奈拉回家了，地址就是她在扎科帕内给我的那个。几分钟之后，我拉响了奈拉寓所的门铃，被人领到她的房间，看见她开心地微笑着——她因在德累斯顿见到我而喜出望外。

"你来了我真高兴!"她说，"有些症状本来让我很担心，不过后来都没事了。"

我们热烈地拥抱以庆祝这个好消息，并立即着手安排晚上的活动。我把行李留在附近的一个旅馆，带着奈拉上了一家好餐厅。翻看剧院演出的栏目时，我们发现歌剧院正在上演《帕西发尔》。报上说票已经售完，但我们还是兴冲冲地决定试试自己的运气。在剧院票务处，我又拿出在巴黎屡试不爽的老一套。我声称自己是波兰派来写评论的人，但忘记预订门票了。工作人员显然不相信我，但很宽厚地卖给了我两张楼厅边座的退票。我们爬了四段楼梯，气喘吁吁地坐下欣赏这部伟大作品以及这座同样著名的德国歌剧院，理夏德·施特劳斯的所有歌剧首演都是在这里举行的。

指挥是冯·舒赫。聆听第一幕时我们充满了感情。但第二幕令我们生厌，不论音乐还是企图勾引可怜的帕西发尔的肥胖的德国卖花女的歌声，都让我们忍俊不禁。于是后面古纳曼茨的那些没完没了的独唱就令我们难以忍受了。我们自然地对望一眼，就跑下楼，在附近找到一间咖啡馆躲了进去，细细地讨论了我们的未来。

我邀奈拉陪我去布拉格，我的下一场音乐会就在那里举行。

"那最好不过，"她说，"但我要去一趟柏林，看一眼我可怜的父亲，他要去达克斯治疗他那可怕的关节炎。从华沙来的火车会在柏林西里西亚车站停半小时，我要和父亲吻别，并祝他好运。"

"那我送你去柏林！"我说，"该把我作为未婚夫介绍给你父母了。"

奈拉有些犹豫。

"父亲肯定会感到高兴。他一直喜欢你，相信你的才华。可我妈，她一听说我们的事情就大叫，'咱们可别来这个！'"

不管怎么说，她同意了我的计划。我们抵达柏林时恰好来得及去西里西亚车站迎接来自波兰的火车。奈拉冲上去拥抱母亲，她母亲就站在打开的卧铺车厢的门口。我慢慢地跟着奈拉走过去，姆威纳尔斯基太太冷冷地握了我的手。她丈夫对女儿既亲切又温和，对我也客客气气的。尽管疼痛难忍，他还是坚强地微笑着。

他们的火车开走后，我们又赶往另一个车站去搭乘前往布拉格的火车。我们安顿在舒适的卧铺上过夜。天亮时我醒了，悄悄地穿好衣服。火车停在比尔森时奈拉还睡着。比尔森有出名的啤酒和兵工厂。我下车去买晨报，看到有个人在我们的车厢外卖热香肠，最好的香肠通常叫做"法兰克福香肠"或者"维也纳香肠"，其实都产于捷克斯洛伐克。我贪婪地逮着两条，涂上很棒的芥末，一转眼就吃掉了。最后一口还没有咽下，我手里已经又拿了一对。我鼓起勇气就着一杯佳酿比尔森啤酒吃光了它们，我可从未喝过啤酒。我伸手去拿第三对香肠时回头看了一眼，正好在车厢的窗户看见奈拉严肃又不赞成的面孔。我赶快把第三对香肠扔回卖货柜，就像搞小小恶作剧被当场抓住的男孩一样。这对我的婚姻可是个不祥之兆!

1 小时后,上午 8 点我们抵达了布拉格。由于音乐会在当天晚上举行,我们决定安排好旅馆的房间就上床睡觉,访问柏林并在火车上度过一夜之后,我俩都需要好好歇息。当电话在远远的桌上响起来时,我睡得正香。我跳下床,用不高兴的声音叫道:"喂!"

一个男人的愉快的嗓音用德语回答说:"我是松恁塞因(就是阳光的意思!)。你一定还记得我,我们和埃米·黛斯廷一起去伦敦动物园玩过,你在猴子笼前模仿它们的动作引得我们大笑不止。"

我记得黛斯廷和猴子,但不记得什么松恁塞因。

"是的,"我打着马虎眼说,"我能为你做什么?"

"昨晚拉威尔开了音乐会,和玛格丽特·隆演奏了他的协奏曲。他知道今晚你演出,但很难过不能在这里过夜了。他们今天上午去巴黎。拉威尔一直在为你错过他的音乐会,而他又错过你的音乐会而遗憾。"

我不敢相信我的耳朵,因为自从我认识拉威尔起,他就从未遗憾过什么,而且从不在意他周围的人。所以很容易理解,他对我如此友好的表示是怎样地打动了我。

"他们什么时候离开?"我焦急地问。

"10 点 30 分。如果你马上行动,还可以在车站和他们告别。他们乘卧铺去巴黎。"

当时 10 点 10 分。尽管奈拉反对,我还是飞快地穿好衣服,坐电梯下楼,跳进第一辆空出租车。

"去车站,快!"我对司机叫道。

我在 10 点 20 分赶到了,跑进车站大厅,询问去巴黎的火车在第几站台。"走 3 号通道。"我跑下一段台阶,又跑上另一段台阶。结果错了!"这是 2 号通道。"人们告诉我。于是我又上上下下，气喘吁吁。最终我看到拉威尔站在自己的车厢前。我向他冲去，期望他能热情地问候我，反复地握手，甚至拥抱一下。然而我落空了。拉威尔看来根本没发现我的存在，口中念念有词地咒骂着玛格丽特·隆，那位法国著名的女钢琴家。

"白痴，这个女白痴！她总是丢三落四！她把车票弄丢了，这白痴。"他来回踱步，火气越来越大。

当可怜的隆小姐胜利地喊道："我找到车票啦！找到啦！"时，火车已经要开了。

一听此话，拉威尔机敏地跳上阶梯，都没看我一眼就消失在车厢里了。火车走了，而我却留在站台上更加狠毒地咒骂起松愍塞因先生，然后返回旅馆。奈拉还在舒舒服服地休息。我十分没趣地告诉了她整个经过。真不错，她没有笑话我。

旅馆里有法国大使馆送来给我的一个便条，是奥德丽·帕尔写的，她是个法国人，嫁给一位英国外交官，我第一次访问里约时认识了他。奥德丽·帕尔是个漂亮女人，有着最标准的希腊轮廓。我记得，当时克洛岱尔正爱着她。她在信中写道："亲爱的阿图尔，我正和法国大使夫妇在一起。我们大家都要出席你的音乐会。不知你能否赏光在5点钟来喝杯茶。请给我打电话。"

我打电话说我同意。

"亲爱的奥德丽，我和我的未婚妻在一起。我是否可以把她带来？我想让你认识一下她。"

她征得大使的同意后回答："当然了，非常高兴。"

那晚音乐会的开篇曲目是布索尼改编的巴赫的《C大调托卡塔》，难度很大。午餐完毕大家离开后，我就在餐厅的钢琴上练习了一小时。有些客人返回来聆听我的苦练，仿佛那就是音乐会了。

我们准时到达大使馆，被领进客厅，奥德丽把我们介绍给主人。在场的还有其他几位客人。刚刚落座，我就开始有声有色地大谈和拉威尔的遭遇。

"那个白痴松恁塞因要给我付出代价的!"

奥德丽·帕尔突然站起来,打断了我,大声把我介绍给一位客人。

"这是松恁塞因先生……"她说。

一股寒意掠过客厅。松恁塞因在鸦雀无声中含混地咕哝了几句,而我则极不自然地想把整件事一笑了之,之后我们便匆匆离开了。

回忆这场音乐会我并不感到光彩。在巨大又半空着的大厅里,《托卡塔》听来带有回声,其他的曲目我也找不到灵感。奈拉独自坐在空空的包厢里。奥德丽·帕尔在大使夫妇陪同下来向我祝贺,愈加令我感觉到自己演出得挺糟。松恁塞因默默地站在门口,不敢接近。

音乐会后,我们在布拉格有一天空闲,还有两张汉斯·普菲茨纳①的歌剧首演的票。那歌剧是一部沉闷的后瓦格纳作品,歌手们唱得不够好,不足以吸引住我们的注意力,唯一很棒的是乐队的节奏和美妙的声音。在节目单上我找到了指挥的姓名:格奥尔格·塞尔②。奈拉和我都没有听说过他。

"这是个伟大的指挥家!"我深信不疑地表示。我说得太对了!

第二天上午我对奈拉说:"我在意大利有几场很好的音乐会。

---

① 汉斯·普菲茨纳(Hans Pfitzner, 1869～1949):德国作曲家。毕业于法兰克福音乐学院。1892～1933 年间在美因茨、柏林、慕尼黑执教并指挥。1908 年起,任斯特拉斯堡市音乐总监和该市音乐学院院长。他最著名的作品是歌剧《帕莱斯特里耶》。

② 格奥尔格·塞尔(George Szell, 1896～1970):著名匈牙利裔美国指挥家、钢琴家。曾指挥过的乐队有:斯特拉斯堡歌剧院、布拉格德国剧院、达姆斯塔德、杜塞尔多夫、柏林歌剧院、格拉斯堡苏格兰乐队、曾常驻海牙乐队和美国克里夫兰乐队(从 1946 年到逝世)。在美工作期间,他把克里夫兰乐队训练成了一个卓越的演奏团体。

你难道不想去吗？替我请上阿丽娜，她会是个出色的女伴。第一场音乐会在维罗纳，但我们可以在帕多瓦相会，然后去威尼斯玩两天。"

她高兴地同意了。

82

奈拉回了德累斯顿，我则回到巴黎。这一次，我更加认真地准备自己在意大利的演出曲目，特别是要在奥古斯都音乐厅演奏的贝多芬《G大调第四钢琴协奏曲》和柴科夫斯基的《降b小调钢琴协奏曲》。我几乎隐姓埋名地过了两个星期，单独一人吃饭，最后和弗朗索瓦一起去帕多瓦，比奈拉和她妹妹所乘的火车早到一小时。我看着她们姐妹俩走出车厢，奈拉鲜嫩得像朵雏菊，而她妹妹戴着一顶学生帽外加面纱，显得有些滑稽。在参观了威尼斯和维罗纳之后，我们就出发去罗马参加奥古斯都音乐厅的盛事了。

现在我可以显示一下，在这永恒之城自己受人欢迎达到了何等程度。在挤得满满的奥古斯都音乐厅里，雷鸣般的"太棒了！"的叫好声、听众为了凑近倾听我的加演节目而向舞台的涌动，使得奈拉和她的妹妹目瞪口呆。以前她们从未见识过这般的成功。圣马蒂诺伯爵为我感到骄傲，并邀请我和两姐妹去罗马最好的俱乐部用晚餐。

第二天上午，我的一位意大利朋友——他现在墨索里尼手下当部长，给我打来电话："领袖想见见你，下午会派一辆车来接你去威尼斯宫，他将在那里接见你。"

这一邀请使我受宠若惊，早就听说墨索里尼会拉小提琴，而且对音乐感兴趣。我本以为我的那位朋友会和我一起去，并将我介绍给领袖，但令我惊讶的是，车里只有司机一人。于是我便独自一人去宫殿。在戒备森严的宫殿入口，两个男人仔细地审视了我，还从口袋里掏出点什么，大概是我的几张照片吧，然后陪我走到那著名的接待室。大家知道，领袖是坐在办公桌后面接待客人的，办公桌放置在房间的远端，以便他仔细审视逐渐走近的访客。习惯于公开演出的我，用平常的快步走了过去，与这个强人会面并没有给我留下特殊的印象。墨索里尼半起身和我握手。我知道他法语说得很流利，但不如我的地道，就用法语向他致意，这对我有利，我暗自希望能掌控谈话。但还是他赢了。

"我的朋友告诉我，"他用意大利语回答，"你对我们的语言很熟练，因此我们就讲意大利语吧。"

我立即感到低了他一截。当时我的意大利足以应付在餐厅点菜或者向旅店提出要求，但尚不能用于紧张的对话。

"我听说，先生在许多国家演出都取得了很大的成功。"领袖说。

我以谦虚的微笑作答。

"自从华尔街大灾难以后，各国都在限制携带货币出境，那先生是如何取得自己的演出酬金的呢？"

话锋这么一转让我有些意外。我试着用磕磕巴巴的意大利语向他解释音乐会经纪人自有应对之策。

"听说在西班牙尤其困难，"他继续道，"但据我所知，所有欧洲国家都对货币情势修订了严格的立法。"

此刻我是又急又气。我原本想我们会谈论音乐而不是金钱。

我使尽浑身解数用意大利语说道："我们首要的是要获得人心，而不是金钱。"

墨索里尼鼓掌高喊："讲得好！太好了！"

我的这句话自己听来就像威尔第的咏叹调，然而它取胜了。

谈话结束后，他站起身来把我送到门口，这在他是个罕有的举动。第二天上午我收到一张他的相片，上面用意大利语题写着："送给伟大的艺术家阿图罗·鲁宾斯坦。顺表钦佩之意。贝尼托·墨索里尼"。这还不是全部：我的朋友们告诉我，在紧接着的演说中，墨索里尼站在威尼斯宫的阳台上，面对下面的群众，着重强调了我的那句歌剧式的话语。

在罗马那次胜利后，我们很快就经由那不勒斯登船前往巴勒莫，住进舒适的伊希埃拉别墅。甚至弗朗索瓦都得到了一个朝着大海的房间。我们于清早抵达。好好休息了一阵后，奈拉和我漫步走进花园。有奈拉分享我对这个地方的偏爱，我感到十分幸福。阿丽娜和在世界上任何一个地方一样，照旧只是盘算着自己的舒适。在我们吃客饭时，她有个叫人十分恼火的习惯，会把没有吃完的水果塞进自己的手提包里带回房间去。我求她不要这样做，但她根本不理。当我热情地准备给她们看一个特别美的地方或者广场，她却逼着奈拉陪她去鞋店，而且一呆就是很久，弄得看什么都没时间了，而我可怜的奈拉却不敢拒绝她。

我又一次在马西莫剧院演出，里面坐满了巴勒莫音乐协会的长票持有者。奈拉坐在正对着舞台的包厢里，和音协主席、大音乐迷德尔·摩纳哥男爵一起。此公非常热爱西西里，带我们看了很多人都不知道的城市美景。他唯一的缺陷就是斜眼，旁人老搞不清他是在看你或是在看别的东西。德尔·摩纳哥给我打包票，说我不论什么时候来，都可以在马西莫剧院演出。

奈拉决定陪我去突尼斯，我计划在那里演出一场。我们俩兴奋不已，这下可以有机会亲眼目睹汉尼拔的迦太基了，其实只是些遗迹。阿丽娜决定回罗马等我们。我给了她一些钱用做开销，心中庆幸这么一点代价就把她摆脱了。在巴勒莫的最后一晚，皓月当空宛若仙境。我和奈拉在花园里散步，满院的茉莉花香。我们漫步来到海边的长凳，就在那个地方，我清晰地意识到我们互相拥有。

我们情绪极好地来到突尼斯。城市看起来就像个法国的省城，但居民更多来自意大利而不是法国，虽然法国的烙印很明显。四周的乡村则纯粹是非洲风味。这片土地昔日曾是强大到威胁罗马生存的迦太基，现今空无一物，只有零星的遗迹让人追忆汉尼拔的帝国。不过，这里的乡间却是美丽的，哈马马特湾更是旅游者的天堂。

我的音乐会的听众来自三教九流，而且过于斯文了。只有我演奏的西班牙作品得到了热情响应。

我们回巴勒莫搭乘前往那不勒斯的船，却收到阿丽娜的电报催我们紧急汇款，于是奈拉决定改乘刚投入运营不久的巴勒莫到罗马的水上飞机。她不听我的，我只好让她独自上路，主要不是因为我害怕，而是我不想再见到她妹妹。

奈拉决定不再回德累斯顿，那里已经开始能领教到希特勒的手段了。

"我要和父母留在华沙。"她宣称。

春天一到，我将在西班牙作一次小巡演。

"要能让你看看西班牙就太妙啦！"我对奈拉说，"我肯定你会和我一样爱上它的。对我而言，它是波兰之外的第二故乡。"

她犹豫了片刻才表示同意。我们定下在巴塞罗那汇合。

那个礼拜真愉快。我的朋友欧塞维奥·贝特兰德（Eusebio Bertrand）听到我打算结婚的消息极为高兴，盛情款待了我的未婚妻：他全家出动，大摆午宴，又安排了有趣的游览，参观蒙塞拉特山的修道院，那是瓦格纳的歌剧《帕西发尔》中放圣杯的地方。贝特兰德的女儿梅赛德斯喜爱音乐、颇具魅力，从不错过我的音乐会。她和奈拉年龄相仿，外加一个伊萨贝尔·马尔法，她们三人马上成了好朋友。

在巴塞罗那举行的音乐会算不上最好的，但我的听众没有让我失望，哪怕我演奏得很糟。

我们乘船去了马略卡岛的帕尔马。我答应为筹建肖邦纪念碑在当地义演一场。有位叫何塞的神甫，一直在为造纪念碑事向来岛上的许多艺术家集资。我的独奏音乐会在瓦德摩萨镇举行，钢琴的位置据推测好像就在肖邦当年居室的门口。肖邦的居室到底在哪里已经无关紧要，但肖邦的英灵可以在空气中感觉到。这一次神甫把座位摆放在长廊里，听众和我都大为感动。我演奏的大部分作品都是肖邦在此地创作的。有位出生在罗兹、在巴黎已经大为出名的作曲家亚历山大·汤斯曼也听了音乐会，还和我们一起吃晚餐。他给我们讲了些他婚姻中的伤心事，看起来他非常不幸。

音乐会后我领着奈拉欣赏了岛上的美景。

第二天，神甫把我们送到开往巴塞罗那的船上，并答应将着手纪念牌的修建工作。我和奈拉到甲板上呼吸新鲜空气并且谈心，因为我发现她情绪抑郁。

她说："我感到对不起蒙兹，汤斯曼的忧伤让我想到他。在这样沮丧的时候，我是否该回到他身边呢？"

我也心烦意乱起来。我花了许多时间才抚平她的良心谴责。一到马德里，我立即拉她去看普拉多博物馆，她才又恢复了原来的样子。

我们连续三天参观了普拉多博物馆，而埃斯科里亚尔圣洛伦索皇家修道院则令她难忘，那是最为庄严肃穆的修道院，西班牙国王腓力二世就在那里结束的生命。在马德里，我让奈拉看到了西班牙人对我意味着什么，她终于明白了我为何这样热爱和感激这个国家。不带奈拉到塞维利亚去看看，我就不愿离开西班牙。

塞维利亚是歌曲和吉他之城，安达卢西亚称之为"蜂蜜和石竹花"之城，而朴素的卡斯提尔人则叫它"铃鼓西班牙"。然而五天之后我在巴黎还有重要安排。我托"王宫饭店"的服务员代购火车票，他建议道："你不如坐飞机。马德里和塞维利亚之间有航班来往，旅程还不到两小时。"

我没有问奈拉，就买了两张当天下午起飞的机票。因为内心暗自嫉妒奈拉已经飞过一回，我若无其事地说："我们坐飞机去塞维利亚，你没意见吧。我喜欢乘飞机旅行。"

她觉得那是理所当然的。

在附近的机场，我们进了个木棚，里面已经有四名旅客。时间一到，我就勇敢地跟在奈拉身后上了那架小飞机，但心跳却加快了，满怀期待，说实话，还有些恐惧。我们六名旅客三人一组面对面地坐在长凳上。大家痛苦地相互注视着。引擎发动起来。小飞机在剧烈的抖动中上升，我心想这是我们的最后时刻了。不久飞机就平稳下来，我可以像雄鹰一样俯瞰我们可怜的地球，于是心中突然充满了骄傲和得意。很快我们就胜利地飞越了科尔多瓦山脉。我不禁同情起那些可怜的登山者来，为了登上顶峰，他们每走一步都冒着生命的危险。但这时我们开始降低飞行高度，危险地盘旋着，大地仿佛倒转过来时，我惊恐地抓住奈拉的手，面色惨白。几分钟之后，我们安全地降落了。我装出笑脸对奈拉说："这很美，难道不是吗？"

她却不吃我那一套。

从那天起，我飞行了上百万英里，穿越山谷、飞掠山巅，喜爱它超过所有的其他交通工具，因为它不仅舒适、甚至奢华。

一到旅馆，我立即联系老朋友胡安·拉菲塔，他是安达卢西亚人的典型代表。我们抓紧时间，首先仔细参观了西班牙最大的主教座堂，接着爬上了教堂附属的美丽的吉拉尔达塔，然后又去蛇街购物区快乐地游荡，拉菲塔领着我们去了三四个咖啡馆，他大喝淡味雪利酒，而我们则点了热巧克力。晚饭后，他自豪地把我们带到他心爱的圣克鲁兹区，那里是步行专区。之后的两天，多亏我的朋友拉菲塔，我们欣赏了塞维利亚能提供的一切！一场斗牛，两晚最好的弗拉门戈的歌舞。奈拉的热情和她对安达卢西亚生活方式的理解，引得我想带她看看格拉纳达，但我只有两天时间了。

"你是否愿意今天晚餐后坐一夜的汽车？那样，我们一清早就可以到格拉纳达，一个白天能看多少就看多少，然后晚上乘火车去马德里。"我问她。

她喜欢这个主意。

我雇了一辆像样的汽车，半夜出发。实际上奈拉一路上都打着瞌睡。早上 5 点我们抵达了格拉纳达。深红色的朝阳刚从内华达山后探出身影，而城市的灯光依然亮着。等我们在一个能看到城市另一端的露台上吃了些点心、喝了口咖啡后，已经是天光大亮了。于是我带她仔细地参观了各处，诸如阿尔汉布拉宫等等，最后搭乘夜车返回马德里。

在那里，我们俩就分头走了。奈拉长途旅行回华沙去办离婚，而我则回巴黎等她。

巴黎的第二届波兰音乐节比第一届更棒、更精细。这一次，有两位国际大人物，帕德雷夫斯基和万达·朗道夫斯卡，在音乐节组织下举行了独奏音乐会，两场演出都安排在香榭丽舍剧院。第三场音乐会有乐队参加：由费特贝格指挥、巴维尔·科汉斯基演奏的希曼诺夫斯基的《第一小提琴协奏曲》；而我则演奏了四首玛祖卡舞曲，舞曲由年轻而很有才气的波兰作曲家阿尔弗雷德·格拉德斯坦创作。那些玛祖卡非常现代，但保持了非常纯粹的波兰特色。我很喜欢这些作品，并把它们表达得极为成功。帕德雷夫斯基和科托在包厢里欣赏了这场音乐会，并且对格拉德斯坦的作品印象深刻。音乐会后我成功地使热尔梅娜对帮助格拉德斯坦产生了兴趣，她按月提供补助以协助作曲家创作钢琴协奏曲。

帕德雷夫斯基的音乐会还是他公开表演时的典型模式。先是照例让听众苦等，最终登场时，把他那有名的深鞠躬做上十几次，才坐下演奏肖邦的曲目。我不记得整个曲目了，但是在结束独奏音乐会的《降 A 大调波罗奈兹》中，他干脆是用拳头毫无区别地敲击低音符。接着发生了一件怪事。听众热情不高地鼓着掌，礼貌地等待他的加演；帕德雷夫斯基返场后，深鞠躬到头都快碰到地面了，并且一直坚持着直到掌声越来越热烈，然后他才坐下，一连弹了四首曲子，不让听众离开大厅。在我的记忆里，那是一场可怜的音乐会。

万达·朗道夫斯卡则大获全胜。她早就是巴黎听众的宠儿，这次展现了自己在羽管键琴上的绝对超群的技艺。

音乐节的余波非常奇特。帕德雷夫斯基邀请希曼诺夫斯基、费特贝格、科汉斯基和我到他在奥赛饭店的包间里用晚餐。令我惊讶的是，他把希曼诺夫斯基安排在自己的右侧，让我坐左侧，这有违常规，因为费特贝格身为音乐节的指挥和我们这群人中的长者，理应得到一个贵宾席。帕德雷夫斯基重又对我热情起来，令我深深感动：因为从我到莫尔日拜访他以后的这些年来，我一直感到他被圣彼得堡一家俄国报纸上的一则不当的新闻激怒了。当时有位先生问我对帕德雷夫斯基的看法。我信心十足地回答："帕德雷夫斯基是一个天才人物，哪怕不弹钢琴，也一样会大名鼎鼎。"那人的文章发表时却简化成："在鲁宾斯坦看来，帕德雷夫斯基是个伟人，不过是个差劲的钢琴家。"听说这话传到了大师的耳朵里。最近我听说有人问帕德雷夫斯基谁是最有才华的年轻钢琴家，他毫不犹豫地提到了我，真让我喜出望外。

在维尔纽斯，多亏一个同学的帮助，奈拉拿到了离婚证。密齐斯瓦夫·蒙兹表现得极其高尚，尽管他因失去奈拉感到非常不幸，还是尽力帮助她恢复了自由。八九天之后，奈拉就到了巴黎，她已经可以嫁给我了。于是我安排她住在斯克里布酒店。她现在是我正式的未婚妻了，我便郑重地把她介绍给我大部分的朋友。

我出席了一场在农业厅的音乐会，主要是出于对朋友的义务而不是兴致，不过，我借机把奈拉介绍给了米霞·塞尔特。米霞非常唐突地把奈拉仔细打量了一番，对自己的所见很是满意，并"命令"她立即改变发式。奈拉听从了她的话，并一直采纳米霞的所有建议。而米霞则经常重复着一句话：我倒希望你是我的外甥女，米米过分惹我生气。"

帮奈拉找到这种母亲般的支持，我很高兴。

罗贝尔·德·罗思柴尔德为我们举行了一次隆重的午餐会，他自己、他的一家人以及各位宾朋第一眼就喜欢上了奈拉。大家立刻认定奈拉"很巴黎"，而她也马上把巴黎当成了自己的家。

我们通常在拉维楠路的住所吃午饭。我的管家弗朗索瓦和附近一个面包师的妻子关系不错，她有一手烤鸡的绝活。多奴路上的爱德华给我们送来他有名的山莓薄饼。奈拉对我的午餐印象深刻。这进一步令她确信我对烹饪艺术很有鉴赏力。饭后我们一般都会长谈，我向她说起我对婚姻的认识。

"每一天，我们都应该反省我们是否仍然想维持这段婚姻，绝不要想当然地对待彼此。"

马塞尔·阿夏尔夫妇立即喜欢上了奈拉。我们非常渴望立即领到结婚证，但令我们失望的是，巴黎要求住满一个月，而英国的法律只要求两星期。我们别无选择——那就去伦敦吧。

巴维尔·科汉斯基夫妇从扎科帕内赶来，剩下的假期他们决定在勒图凯度过。巴维尔似乎对我和奈拉的婚姻很满意，他对奈拉说："我警告你，要是你使他不开心，那我一定杀了你！"

索霞态度冷谈，如果说算不上有敌意的话。当我邀请他们参加婚礼时，她却闪烁其辞。

83

　　在一个雨天，我们坐火车从加来登上火车轮渡，忍受着常有的怪味和大浪。奈拉穿着暖和的大衣、戴一顶可爱的棕色帽子，拉我上甲板去呼吸新鲜空气。我把自己的一副马形钻石领带别针借给她，替代她的帽针，好让她的头部更显优雅。我们手拉手在散步，突然一阵强风把帽子和别针一股脑儿吹到了海里。奈拉绝望地看着我；而我则窃喜自己不会游泳，否则我八成会冒险像骑士般去挽回损失。我的可怜的未婚妻秀发飘飘地来到多佛尔。在维多利亚车站，我叫出租车把奈拉送到梅费尔饭店，而自己照旧租了伯利街的那个套间。

　　第二天上午，我忙着按必要的步骤登记结婚，结果得知最早要到 7 月 29 日我们才可以办手续。

　　一天上午，约翰·盖斯伯格打电话来说："阿瑟，我有个好主意，你和约翰·巴比罗利以及伦敦交响乐团一起录制柴科夫斯基的《降 b 小调协奏曲》。日期已经定好了，录音工作室也准备就绪，你同意吗？"

　　一时间我不知所措。与婚礼相关的事宜使我忘记了音乐，我突然深感羞愧。

　　"嗯，是，弗雷德（即盖斯伯格），我同意，我很高兴地同意。"

　　于是我马上开始准备这首协奏曲，特别是针对第一乐章中那些危险的八度。录音那天我心情愉快、状态良好。巴比罗利、乐队和我都充满了灵感。整部协奏曲在两天内就录制完了。盖斯伯格答应给我小样。

我的朋友们真诚的英国方式一贯令我感动，现在他们又以这方式极其热情、真心地对待奈拉。莱斯莉从各方面帮助奈拉，就像母亲一样。西比尔·乔姆利夫人叫我们中午去吃顿便餐，席间她突然宣称："你必须让我来主持你们的婚宴。如果我丈夫罗克不出席，我希望你们不介意。这可是我第一次开门迎客，以前无论是午餐还是晚宴，我们的客人最多也就十一二个人。"

我满怀感激地接受了她的盛情，同时又骄傲地向奈拉证明了我在宏大的伦敦城有多么受欢迎。尽管开销已经很大了，我还是决定邀请奈拉的哥哥勃罗尼斯瓦夫来当我婚礼仪式的伴郎。他欣然同意，尤其是能来他喜爱的伦敦，他在这里有许多好朋友。

我为他在"萨沃伊酒店"订了房间，能有奈拉的娘家人出席婚礼也令我很替奈拉高兴。

婚礼前两夜，我们收到一份叫我永志不忘的堂皇大礼。西尔维娅·斯帕罗嫁给了普利茅斯的一位名叫康托的律师。他在战争中受了伤，成了残疾人，只能弯着身子走路。他们的礼物就是在他们家举行两个晚上的音乐会，纯粹的天籁之音。雅克·蒂博、莱昂内尔·特蒂斯、萨尔蒙德和西尔维娅有时客串第二小提琴、还有我，连续两晚彻夜演奏我们最喜爱的室内乐。我们演奏了勃拉姆斯的四重奏、舒伯特的三重奏、德沃夏克的四重奏、福雷的四重奏、莫扎特的四重奏、贝多芬伟大的《大公三重奏》。蒂博和特蒂斯还拉了几首他们自己的作品，我当伴奏。我们沐浴在这欢快的音乐中。西尔维娅模仿谬丽尔·德雷珀，在休息的时间给我们上了好吃的冷盘。奈拉虽然热爱音乐，但我看她却是受害者，当时她身体不太好，需要睡眠，不过她勇敢地坚持下来了。

一天早上，乔姆利夫人告诉我们一个坏消息："我亲爱的，你们的婚礼宴会得在 27 日举行了，因为 28 日我全家要去诺福克消夏。"

这是个打击，但我没有屈服。

"好。那么我们就 27 日举行婚礼。"我回答。

于是我巧妙地疏通关节，登记官同意把日期定在 7 月 27 日。由波兰大使康斯坦蒂·斯基尔蒙特、莱斯莉·乔伊特、路丝·德雷珀（她正在伦敦舞台上演出）和勃罗尼斯瓦夫·姆威纳尔斯基担当证婚人。到了大日子那天，婚礼于下午 3 点整在卡克斯顿大厅举行。奈拉一早就被莱斯莉女士接走，受到很好的照顾。上午 9 点我赶到"爱丝普蕾"取婚戒。大清早，我在店里只看到一位顾客，西班牙王后维多利亚·欧亨尼娅，结果她成了第一个向我道贺的人，多好玩啊！

我穿着午前音乐会用的社交礼服、戴着高礼帽和白手套，拉上勃罗尼斯瓦夫到离我的住所仅隔三幢房子的"夸利诺饭店"吃午饭。我们俩都极为紧张，我为失去自由的前景担忧，而他还对他妹妹的离婚心有余悸。为了定定神，我们在上菜前先喝了两杯烈性威士忌。这杯酒解放了我们的舌头。在去卡克斯顿大厅的路上，勃罗尼斯瓦夫对他妹妹大唱赞歌。大使和路丝·德雷珀已经到场，过了一会儿奈拉来到，她穿着长裙，新换了发式，戴一顶大帽子，手里捧着我派人送去的一束夜来香。呆板的房间被我预订的红色康乃馨装点一新。对婚姻登记官那一连串不吉利的问题，我们俩都用大声的"是"作了正确的回答。证婚人在婚姻证上签了字。莱斯莉邀请我们在乔姆利夫人家的婚宴前，先到她家小憩片刻，喝杯香槟酒。我一个人喝了大部分香槟，又跑到钢琴边快乐地弹奏了所有广为人知的婚礼进行曲，还有几首即兴发挥的。我租了一辆敞篷汽车，拉着大伙前往肯辛顿皇家花园。

我们走进宅子时，巨大的客厅早就挤满了人，还有许多人站在屋外、在紧挨着肯辛顿公园的花园里。这是我所见过的最大的招待会之一。所有有空的大使夫妇都到了场，还有许多英国政府的官员，艺术界的代表均系有名望的音乐家、作家、演员和画家。唯一没有出席宴会的是乔姆利勋爵，他当天早上就下乡去了。两张巨大的自助餐桌上面，摆满了在桶里冰镇的香槟和各种美味食品。似乎每个人都要前来向我们祝酒，我至少要呡一口香槟作答。所幸，所幸奈拉滴酒不沾。到该离开的时候，我都快站不住了。我这一辈子从来没喝过这么多的酒。在热情感谢并拥抱了女主人后，我们上了敞篷汽车，已经作为夫妻双双地回到我在伯利街的住所。各家报纸都派出了文字和图片记者，他们在卡克斯顿大厅和婚礼上把我们团团围住。尔后我们惊讶地在最新的晚报的头版上看到自己的照片。我们结婚日的最后项目是在"夸利诺饭店"吃晚餐。那天我真的喝醉了，这是我生平第一次，也是最后一次醉酒。我一直感觉天旋地转，舌头都痉挛了。我只记得格特鲁德·劳伦斯走到我们的桌前，对没能参加婚宴表示歉意。她好像解释了一个多小时，我一直想站起来，但恍惚中似乎只是坐着。

第二天，尽管我头疼得很厉害，但还是心情郁闷，因为巴维尔·科汉斯基没有参加我的婚礼。我知道，要对此负责的是索霞。这很可能是她对我以前拒绝参加她的婚礼所进行的迟到的报复。但是我感到缺少了的不是她，而是巴维尔。

我们带回巴黎一大堆礼物。西比尔送给奈拉一枚漂亮的镶钻石和蓝宝石的胸针；玛戈·阿斯奎思和伊丽莎白·比贝斯库送给我们一只很漂亮的古埃及猫；克里斯特贝尔给了我一封肖邦的亲笔信；而莱斯莉则送了一条古董金表链；还有许多其他礼物，我已经记不得了。在巴黎，我们同样看到一堆包裹，装满了精美的礼物。我记得有热尔梅娜·德·罗思柴尔德给奈拉的钻石别针；珍稀书籍，还有写了题献词的书；以及我所有朋友赠送的各种各样的可爱礼品。唯一没有送我任何礼物的人是温妮·波里尼亚克公爵夫人，但是她邀请我们到她威尼斯的宫殿去住几个星期。

我自己要送奈拉的结婚礼物原本是枚上好的钻石戒指。为这事我曾向罗贝尔·德·罗思柴尔德请教，他给我派来一个他很熟悉的珠宝商。这个珠宝商带来了几块切好的钻石供我挑选，然后送去卡蒂亚店镶上白金。我选了一颗形状像祖母绿、切工精细的宝石，同意了他的价格，第二天一早就去银行，像通常一样，要他们从阿根廷把钱转过来。可是银行的经理告诉我，我在阿根廷的钱被冻结了，只能在阿根廷国内使用，这让我大吃一惊。真是个坏消息呵。在欧洲挣的那些钱，我基本都用于意大利和西班牙的快乐时光、用于奈拉在巴黎和伦敦不小的开销、用于邀请她的哥哥以及用于婚礼上了。我给瓦尔马莱泰打电话，请他马上为我组织几场音乐会，以便度夏之需。他保证尽力而为。

"现在，"他说，"请你去埃维昂，那里随时都有机会。"

我突然变穷没让奈拉惊慌失措。她已经习惯了这种变化，并已经准备好去埃维昂了。

我们住在"皇家饭店"，那里我很熟悉，次日清早我们在自己的阳台享用了早餐。来了一份电报：瓦尔马莱泰已经通知我第二天在多维尔开一场音乐会、再过两天在勒图凯有一场，第三场就在埃维昂本地。我同时收到一封来自热尔梅娜的令人愉快的信，信中邀请我们去她在戛纳的别墅过上几周。我们立即回电报欣然接受。我的老救星又开始起作用了，它使我身无分文还能给妻子献上最珍贵的蜜月，既在戛纳的蔚蓝海岸、又去威尼斯，后者更是度蜜月的天堂。

瓦尔马莱泰人很好，他亲自驾车送我们去这三个海滨胜地参加音乐会，这三场音乐会无奈地打扰了我的蜜月。更糟的是，它们并没有让我的口袋装满黄金，只是提供了生活费，让我无忧无虑地过上几个月。

热尔梅娜在自己美丽的别墅十分好客地招待了我们。只是成千上万的蚊子不停的骚扰有点让我们败兴，如果停止驱赶，根本就别想吃饭、行走和睡觉。我永远忘不掉在岸边小岛上的那次野餐。热尔梅娜坚持要按照传统举行这次野餐。于是热尔梅娜、她的女儿杰奎琳和丈夫、奈拉和我穿越大浪登上了那该死的小岛，在一棵看上去很不错的大树下安顿好，事后我们才发现那里竟然是个蚂蚁冢。我就不必描述吃饭时是否愉快了，不过我要说，回到戛纳时大伙是多么的开心。

在热尔梅娜的盛情和难耐的热浪中度过两个星期之后，东方快车把我们径直送到了威尼斯。9月初是这座总督之城的理想季节。这一次，公爵夫人十分慷慨地派她自己的摩托艇来迎接我们，并特别照顾，让我们住进俯瞰大运河的贵客房。在长途旅行之后，带四根立柱的宽敞大床真受欢迎。好好地休息了一阵，我们的精神十分饱满，能彻底地享受这座仙境般的城市为我们提供的一切了。公爵夫人看到我和新娘子很幸福，感到十分满意。

"她对你很适合。"她说，从此她爱屋及乌地对奈拉产生了友谊。另一方面，奈拉也对温妮公爵夫人极其吸引人、又异常复杂的个性十分着迷。

为让我的假期锦上添花，巴维尔·科汉斯基夫妇来到了威尼斯。他甚至把自己的爱犬"幸运儿"也带来了。可怜的巴维尔把自己全部的爱都转移到了那条狗的身上，它带给他内心极为渴求的温暖。当然了，大部分时间我们都在一起，但是，当巴维尔以"我不能撇下'幸运儿'，它会感到孤独"为由，不愿意进入公爵府或者学院时，我的心都要碎了。奈拉和我都为巴维尔担心。他不但失去了通常的幽默感，而且食不甘味。我们常常不得不在他旅馆的房间里伤感地玩玩"劈开牌"，我可怜的巴维尔在威尼斯就是这么过的。他出发去美国时我十分难过，我知道自己会非常想念他的。在我的生命中，我们的友谊占很重的分量。

84

苏俄（驻巴黎）文化处的代表来到我在拉维楠街的家，建议我去俄国举行几场音乐会。当我问及演出费时，他亲切地微笑道："每场音乐会我们支付你一千卢布，并负担旅途的头等卧铺车票。由我们安排所有事宜：旅馆、交通，等等。你可以用这些卢布购买许多实用的东西，我们会开出境许可证的。"

当我提到我妻子时，他补充说：

"这当然包括你们两个人。"

我很欣赏这个不碰自己的钱包就能过一个月的主意，不过奈拉有点犹豫。她有第一次世界大战时的可怕记忆，当时她一家为躲避德国进犯立陶宛而逃到了莫斯科。她6岁不到就经历了整个战争悲剧和共产革命。

"心爱的，看看这个我们俩都很熟悉的国家发生了什么将会很有趣。鉴于波苏关系现在很友好，我们也没风险。"

我们决定接受邀请，于是我签了合同。

我们乘北方快车到华沙，再转乘去俄国的火车。当我们越过德国边境时，有个人上了火车，他在走廊里来回踱步、不停地观察我们。在餐车里用早餐时，我们浑身不自在，好像大家都责难地看着我们。我们还一无所知，但这已经是希特勒时代的开始了。我们终日闷坐在自己的包厢内，最终抵达波兰边境时，才算松了口气。华沙的气氛很紧张，原因是德国的最新事态：希特勒的早期行动、在慕尼黑对鲁登道夫将军不成功的暴动、还有他猛烈攻击社会党人、共产党人和犹太人的新书《我的奋斗》，起初人们还嘲笑这本书。波兰人最关心的是"但泽走廊"问题（那是在两片国土之间人为搭建的桥梁）。而今国家社会党，此刻已经被称做希特勒的纳粹党了，获得的大胜看来是对和平的可怕威胁。

我们情绪消沉地坐上了去莫斯科的火车。很快，西方世界和共产俄国之间的巨大反差就令我们震惊不已。在波兰边境的车站，文雅、制服整洁的海关官员迅捷、高效地检查了我们的行李。餐厅柜台上供应着各种馋人的波兰烹饪艺术的产品。餐厅里客满，所有的餐桌上都欢声笑语，一如波兰各地。当列车徐徐进入俄国一方，即便风景也变得冷清凄凉了。到了车站，全副武装、身着污秽咔叽布制服的警察登上火车，粗鲁地拿走了我们的护照，让我不禁联想起我第一次接触沙俄边境的情景。海关人员花了一个多小时彻查我们的行李。最终我们获准进入小吃部喝杯茶，可柜台上除了两瓶枯黄的花朵，什么吃的也看不到。戴着肮脏围裙的服务员在我们面前放下两杯淡茶，当我们向他要柠檬时，他粗声粗气地回答说："没柠檬。"

我们的旅伴都在其他桌子边静静地坐着，眼睛惊恐不定地环视着周围。这首让人泄气的前奏曲对我们即将面临的情势是很好的准备。

经过漫长的旅程，我们在一个清晨抵达了莫斯科。一个身穿皮夹克、头戴鸭舌帽的大胡子男人正在等候，他代表苏联音乐司欢迎了我们。寒暄后他用俄文说（我和奈拉俄文都讲得很流利）："我被派来陪你们。"

接着他又挖苦地微笑道，"我会一直陪着你们。"

这听起来与其说是提供协助，还不如说是威胁。

他把我们带到"国民酒店"，我以前来访时就熟悉那地方。

这个曾经很高雅的饭店看上去穷酸而破败。老电梯时灵时不灵。奈拉立即开始在床上寻找"不速之客"，检查床单费了相当长的时间。卫生间也给我们造成了许多麻烦。浴盆里没有水塞子，洗脸池的水管的上端破了个洞，一打开人就被水淋湿。不过奈拉倒是想办法把水导入了脸盆。

食物的状况带有悲喜剧性质。一天有面包，却没黄油；第二天有了黄油，但又没了面包。总是缺少一些基本物品。不过最恼人的是那些所谓餐厅的工作人员对这些缺点的漠不关心。我们的特派陪同坚信在苏联的生活十分美满。他对我们的抱怨一笑置之。"那么，在资本主义国家干活的那些奴隶们又如何呢？"他讲的每句话都挂着"资本主义"和"帝国主义"这类词汇。我倒宁愿坐在巴黎林荫道的露天咖啡馆里听听他的高见。

在起居室，我找到一封用俄语写的信。我打开信封，习惯性地先看了落款。说起来完全不可思议，签的名竟是谬丽尔·德雷珀。她告诉我她现在以美国共产党使者的身份居住在莫斯科，已经学会了俄文，如我所见，并将在音乐会后来拜访我。我早就和奈拉说过谬丽尔的一切，所以观察她们之间的交锋会很有趣。缪丽尔坚持要说俄语，我觉得很可笑，这让她十分气恼。此后我再也没有见过她，何况我也不想见她。

我的第一场音乐会在莫斯科音乐学院柴科夫斯基大厅举行。用了一架老斯坦威钢琴，而且检修得不太好。我不记得整套曲目了，但肯定演奏了《彼得鲁什卡》，我对它期望甚高，以及我最拿手的肖邦的作品。大厅里坐满了人，但我不知票是卖光的，还是发光的。俄罗斯人从内心热爱音乐。他们全神贯注于演出，投入了整个心灵。他们容易激动和兴奋，也容易失去兴趣和失望。我的演奏令他们无限欣喜，尤其是我对肖邦的诠释、以及阿尔贝尼斯的作品，这些作品他们从未听过。然而《彼得鲁什卡》只得到了冷冷的、礼节性的掌声。我加演的曲子《纳瓦拉》和法雅的

《火之舞》引起了野性的喊叫和欢呼。从沙皇时代起就一直负责演员休息室的老管理员对我长叹一声说道："没茶，没柠檬，也再没蛋糕了。活着真没有盼头。"这是我在俄国整个逗留期间听到的唯一一句真话。

音乐会后第一个来看我的是海因里希·涅高兹。久别重逢，我们俩都高兴得大叫，热烈拥抱对方。他现在是音乐学院的院长，这真是很高的职位。听到这个消息我很开心，因为我和卡罗尔·希曼诺夫斯基常常会担心他的境遇。他同意和我们一起去"大都会饭店"用晚餐，那是唯一常常云集着各国大使和外国旅游者的饭店。

我们的俄国陪同，他实际上是被派来监视我们的，用自己的汽车把我们送到那里，并说会等着送我们回去。我还清楚地记得这家餐厅战前的情况，它还是老样子，但疏于照管。涅高兹已经在等着我们。于是大家坐下享用这顿应得的晚餐。奈拉和我都饿昏了。我们点菜时，波兰大使馆的专员亨雷克·索科尔尼茨基走到我们桌前。他和奈拉很熟，我看奈拉见到对方也很高兴，便邀请他和我们一起吃。他说整个大使馆都去听了我的音乐会，斯塔尼斯瓦夫·帕代克大使先生打算举行招待会欢迎我们，还计划邀请苏联外长里特维诺夫参加。我们四人热烈地用波语交谈起来。

涅高兹谈起为什么《彼得鲁什卡》在音乐会上引起的反应平平。

"你看，阿图尔，听众熟知《彼得鲁什卡》的每个音调，但在俄罗斯，谁也没有看过这部芭蕾舞剧，他们还以为这只是俄罗斯民间音乐的集锦呢。此外，作品相当长，因此听众有点轻视它，尽管你弹得那么完美。"

我还要补充一句，涅高兹认为我的演奏技艺有了全面进步，这令我十分愉快。吃完饭已经很迟了。

"海因里希，明天务必和我们一起吃午餐。"分手时我对他说，他接受了邀请。

坐在饭店大厅打瞌睡的俄国陪同把我们送回了家。

早上，涅高兹声音颤抖地打来电话："昨晚我一直呆在"国家政治保卫局"（俄国秘密警察）。他们想知道为什么有个外国使馆专员开车送我回家，所以我就不敢来吃午餐了。"我在莫斯科逗留期间，几乎就没再见到涅高兹。他更是不敢接受波兰使馆招待会的正式邀请了。

招待会非常有趣。它使我有机会结识了年轻一代的俄国音乐家，他们围着我打听世界其他地方的音乐生活。他们只知道和听说罢工、革命、警察对工人施暴以及诸如此类的胡话。里特维诺夫对我大加赞美，这显然令我们的特务陪同十分惊异，之后他对我们更为尊重，做事也更细心了。

下一个安排是在圣彼得堡，现在叫列宁格勒了（今天又叫圣彼得堡了——译注）。能再次见到这座古都，一想到它豪华美丽的宫殿和教堂、想到当年的安东·鲁宾斯坦钢琴比赛、想到安德列·迪德里希，我相当的兴奋。抵达的那个早上冷极了，我们被送到古老的"欧洲饭店"，它曾是欧洲最好的饭店之一，但现在是那么寒碜，缺乏管理。音乐厅还是同一个，只是名称由贵族院大厅改为爱乐大厅。钢琴很棒，而且我高兴地获悉普罗科菲耶夫正在城里。第一场音乐会在我抵达的当晚举行，并且确实取得了巨大的成功。列宁格勒的听众比莫斯科的要热情得多，而且好像还和沙皇统治时期的一样。人们穿着更好，举止更有风度。休息时像旧时一样，给我提供了茶点。普罗科菲耶夫出席了音乐会，他很高兴看见我、听我演奏，第二天还和我们一起在饭店消磨了几个小时。我们的谈话围绕着苏俄的音乐形势。"现在对音乐的欣赏处于最低潮。他们甚至搞到有一段时间禁止公开演奏肖邦的地步，理由是它那种'过度柔情'有损俄国人民的性格。至于我自己，我仍被当做西方世界颓废音乐的代表人物。幸运的是，音乐界的那些同行对我还算尊重。"

我的第二场音乐会在两天后举行。

接着访演的城市是敖德萨和基辅。乘火车去敖德萨要走 18 个小时。我们固定的陪同把我们送到车站，在车站我们看到了令人伤心的景象：几十个人——男人、女人和小孩，躺在大厅肮脏的地板上，散发着可怕的臭味，足见他们在那里已经很久了。不知他们要去哪里，但显然他们是在等待允许出发。

波兰领事夫妇在车厢外等着我们，他们还给奈拉送来了鲜花。于是我们聊起来，由行李员把行李搬进包厢。上车检查是否一切都已经妥当时，我才失望地发现包厢里没有卧铺。我立即跳下车向我们的陪同交涉，但他却冷冷地说，优先权给了某些官员了，你们将就着睡吧。我火冒三丈。合同中清楚列明我们有权享受普通卧铺。于是我对等着拿小费的行李员大叫："把我们的行李再搬下来，我们不走了。"

行李员照办了，而我们的陪同紧张起来："我想下一站你们就有卧铺了，那些官员八成会下车。"

这对我已经太过分了。

我忍不住，于是大喊起来，"我知道你在撒谎，就像你们国家的每个人一样。"

波兰领事夫妇吓得脸色苍白。他们害怕会发生最糟糕的事情。不过我们的陪同软下来了。

"求您，求您务必相信我，在下一站您一定能得到卧铺的。"

"那你必须和我们一起走，去证明这一点。"

可怜的家伙只得服从。我们拉着他上路，两个小时后火车停了很久，他给我们解决了卧铺，不过他必须等上整整一夜才能返回莫斯科。他得到了一次很好的教训。

我们在音乐会那天的清晨抵达敖德萨。当地皇家音乐学院的两位文质彬彬的教授到车站迎接我们，把我们送到饭店，遗憾的是，他们还带来了有关钢琴的糟糕消息。

"这是一架战前的钢琴，不过你肯定能充分发挥的。"

尽管事先得到警告，我还是为钢琴的状况感到不安。但令我们十分欣慰的是，音乐会开得出乎意料地好，甚至在莫斯科遭到冷遇的《彼得鲁什卡》，在这里也大受欢迎。

音乐学院的院长同意和我们一起在"英格兰饭店"用晚餐，那是一家很好的老店，但现在也像其他饭店一样水平下滑了。

"叫人害臊的是我们钢琴系的学生未能听上你的演奏。我们只有很少几个座位。有个 13 岁的男孩极有才华。他梦想能为你弹几曲。不知你明天早上能不能来见见我们的学生？这对我们会是极大的荣幸。"

这有点难，因为去基辅的火车一过中午就开，但奈拉鼓励我去。

"我来收拾，你从音乐学院回来时一定会准备好的。"

我一向喜欢年轻的钢琴学子。我有许多话要对他们说，有很多想法愿和他们分享，总之，我很喜欢和他们在一起。聊了一阵，院长就把自己那个有才华的学生介绍给我。一个矮小、红发的男孩胆怯地握了握我的手，就直奔钢琴。才听了贝多芬《热情奏鸣曲》的头几小节，我就看出在我们面前的是个真正的天才。我想多听几首，于是他像真正的大师般弹奏了尚未广为人知的拉威尔的《水的嬉戏》。我亲吻他的双颊，并记下他的名字"埃米尔·吉列尔斯"[①]。我认真地写下来，因为我决意要告知海因里希

[①] 埃米尔·吉列尔斯（Emil Gilels，1916～1985）：苏联钢琴家。师从涅高兹。1938 年获布鲁塞尔国际钢琴比赛一等奖。同年任莫斯科音乐学院教授。在此前后举行过大量独奏音乐会，并与欧美各著名乐团合作演出。1955 年起 12 次访美演出，大获成功。在伦敦演出同样轰动。演奏曲目从古典到现代无所不包。其演奏充满了浪漫主义的睿智，能得心应手地掌控钢琴音响。70 年代后开始倾向于内在地表达作品的深刻内容。曾获多种国家奖项。

·涅高兹。我情绪高涨地回到饭店，赞不绝口地把这个神奇孩子的事告诉了奈拉。

在火车站发生了激动人心的一幕：年轻的吉列尔斯来了，他在寒冬中只穿着一件单薄的外套，两根手指从手套的破洞里伸出。他紧握着三枝玫瑰花来献给奈拉。这件礼物很可能使他失去一顿午饭。回到莫斯科后，涅高兹惊讶于我对吉列尔斯的评价，便立即让他来到首都，想办法帮他进入了莫斯科音乐学院。1938年，我有幸成为伊丽莎白女王钢琴比赛的评委，在比赛中，评委们一致决定把头等奖授予技艺超群的钢琴家埃米尔·吉列尔斯。

后来，我从斯维亚托斯拉夫·里赫特那里了解到另一则趣事。在纽约的一次招待会上，他随口对我说道："你在敖德萨演奏《彼得鲁什卡》的那场独奏音乐会我正好去听了。当时我在学绘画，但您的演出令我相信，我该成为钢琴家，因此，我的从艺生涯从某个方面说应该感谢你。"

在恶臭的车厢里煎熬几个小时之后我们来到基辅。当地负责音乐事务的"同志"把我们带到曾经鼎盛一时的"大陆饭店"。我伤心地回想起与达维多夫一家和雅罗申斯基一起度过的美妙时日，更伤心地看着眼前这阴沉沉的城市以及这座饭店。奈拉是第一次来，她惊诧地看着这座在我的描述中魅力四射的首府，简直不能相信这里曾经居住过那么多杰出的波兰人，巴尔扎克在这里找到了他的汉斯卡夫人，而李斯特也是在这里遇上出身于伊凡诺夫斯基家族的魏特根斯坦公爵夫人的。但我们决心不气馁，尽量充分地利用这次机会。我的音乐会还是在20年前的那个老音乐厅里举行，那时我为全城优雅的精英演奏过。所幸，现在这些不修边幅的听众仍然表现出对音乐天生的热爱，他们听得专心致志、满怀共鸣。在这里，《彼得鲁什卡》同样引起了欢呼。

第二天我带着奈拉去散步，想让她看看美丽的圣米哈伊尔东正教教堂。教堂的屋檐是绿色的，有着金色的洋葱形圆顶。外观依旧，但其内部则被可怕地亵渎了。他们把它改造成了反宗教的博物馆。著名的鲁布廖夫的圣像也看不到了。我们厌恶地退了出来，而且突然感到一阵刺骨的寒冷。

"走，我们去找个没有限制地出售伏特加的地方。"我对奈拉说。

在苏俄不可能无限制地购买食物，东西只能在苏联辛迪加开设的商店里购买。我的外国艺术家的地位相当于特供（特殊工作人员），这意味着我可以在特供点购买食物。在莫斯科时，我曾走进这样一个地方，拿出自己的特供卡后，他们就问我是要一公斤鱼，还是一公斤鱼子酱？读者诸君请猜猜我会怎么选择！我们吃了整整两天鱼子酱，最后奈拉烦透了。

"所有的东西上都有一股鱼子酱味，整个房间全是这个味儿。我实在受不了啦！"

于是我把罐头里剩下的鱼子酱送给了打扫房间的女工，她都高兴疯了。匮乏极其严重，帮我们端茶的那个人胆怯地问我能否拿走我们已经泡过茶的柠檬片，那是我们从波兰带来的。听说俄国物品匮乏后，我们就从波兰带上了柠檬和其他短缺的食品。

奈拉突然叫道："我看见一个卖酒的商店了，门像是开着的。"

我终于可以花些卢布了。我们高兴地看到货架上放着好多瓶酒。柜台后面坐着冷漠的售货员。听我要一瓶伏特加酒，他摆摆手表示不行。

"伏特加没有了，"他说，"不过你们可以买到高加索酒。"

看到我们失望的表情后，他大概动了恻隐之心。

"我们刚刚进了一种白兰地，一批几百瓶。你们喜欢的话，我可以卖一点。"

一见酒瓶上的标签，奈拉和我简直惊讶得话都说不出来了。那是波兰最贵和最好的酒。波兰的大家族有时候会成桶地把这种"老窖"——人们都这样叫这类酒，在地窖里存放超过一个世纪。

售货员给我们看的酒瓶上贴着波文标签。这一瓶直接来自桑古什科公爵的地窖,已经窖藏了 80 年之久。当时在波兰,一小杯就要卖 3 美元。我们奇迹般地做到了用一种若无其事的口吻询问可否买些这种"奇怪的酒"好送送朋友,售货员微笑着回答说:"你们要多少都可以。好酒使人健康嘛。"

他估计着我们俩能搬走的量拿来很多瓶。我们运回旅馆的肯定有十几瓶,其实际价值超过了我在俄国挣到的所有卢布。

我访演的最后一个乌克兰城市是哈尔科夫。我不禁回想起1910 年参加安东·鲁宾斯坦钢琴比赛后造访库谢维茨基的情况来。此地和苏联其他地方一样,听众都是共产党的高层,他们有钱买门票。真正的音乐学生和音乐爱好者收入微薄,买不起票来听音乐。

波兰总领事竟然是奈拉在华沙时的熟人。他邀请我们到他的公寓玩了一整天,我可以练琴,而他的妻子还按最地道的波兰方式款待了我们。我们则送给东道主一瓶"老窖",这意外的高贵礼品赢得了热情的欢呼。酒的味道比我们想象的还要好。在没有给我留下任何印象的音乐会之后,我们在总领馆度过了一个愉快的夜晚。

第二天,发生了一件非常奇怪的事情,而且此后再也没有重复碰到过。面对饭店提供的难以下咽的午餐,我们决定开一瓶宝贵的"老窖"。这酒帮我们吞下了那些既齁咸又难啃的鲱鱼。我们两个人不知不觉间就喝完了整瓶"老窖"。读者诸君或许会以为急救车就把我们送到了医院,那可是大错特错了。我俩精神抖擞地蹦到领事馆去喝咖啡,我还坐到钢琴边练琴,而奈拉则和领事一家打桥牌,如果我没有记错,她还赢了。

莫斯科是我此行的最后一站,离音乐会还有整整一周空闲,我们就在各个剧院里消磨时光。那才真是我们此行的最为难忘的时刻。斯坦尼斯拉夫斯基和聂米罗维奇—丹钦科艺术剧院还是老样子，甚至更好了，昔日我在那里曾有过难忘的经历。斯坦尼斯拉夫斯基已经去世，但他的合伙人在剧院的保留节目中增加了歌剧，并要求歌手必须是成名的演员。我们观看了柴科夫斯基的《叶夫盖根尼·奥涅金》，唱得精彩、演得也完美；我们也欣赏了契诃夫的《樱桃园》，就像是剧作家本人将其搬上舞台的。

对在第一次世界大战之后重返莫斯科的这次旅行，我还有几个别样的回忆。符拉季米尔·霍罗维茨的父亲有趣的来访。他尽说些我音乐会的事情，听得我飘飘然的，不过他的主要目的是了解他儿子的行止和成就。当然啦，我带来的他儿子的情况使他大为高兴。

另一场会面却令人伤心至极。亚历山大·萨达耶维奇先生是沙皇时期驻华沙的文化专员，他那时常到维多利亚饭店和我交流对最近的音乐会的看法。他非常热爱和崇拜拉赫玛尼诺夫，是拉氏的朋友，曾把拉氏的《第一协奏曲》和《第二协奏曲》的首版乐谱当做礼物送给我，还逼着我当场视奏那些作品。但是如今在莫斯科我见到的是一个潦倒的老人。他的衣衫磨出了毛边，只穿着一双高筒橡胶鞋。他和我谈起他生活中的伤心故事，还有残存的旧时代上层的凄凉生活。他说："我看，我比其他人还强些。"奈拉送给他一些紧俏物资，如上好的肥皂、针线、柠檬、茶叶和咖啡以及十几包糖。我真不忍去看他收下那些东西时哭泣的样子。

还有一个非常感人的情景，那也显示出曾经有钱有势的人的悲惨下场。在一间剧院，我们坐在边座的最后一排。周围有一群只有站票的人，其中两位老妇人容貌举止显然是贵族。奈拉和我自觉地起身让座。她们开始不愿意，但最终还是坐下了。第一次幕间休息的时候发生了非常辛酸的事：一个老太太打开她的破手提包，颤抖着掏出两大块饼干递给我们。我们猜那是她们的晚餐，但却之不恭，只有收下。

返回波兰前，我们挖空心思想把所剩的卢布买些有价值的东西。很遗憾，苏联政府设立了两类商店：一类是能用卢布购物的内贸商店，另一类是只能用美元购物的所谓"外汇商店"。在这些外汇商店里，有些商品是共产党人从宫殿和富人宅邸中窃取来的，甚至有沙皇冬宫中的碗碟、刀叉和餐巾。我们贪婪地看着这些财宝，但身无所需的美元。而在另外一类商店里，只有些古怪和无用的东西。我记得我们买了三个"不求人"，那抓背的小手是象牙做的；一架不响的钢琴，售货员声称那是安东·鲁宾斯坦的；奈拉还买了各种可有可无的旧织锦和衣料。

有个书店，我很高兴地将货架上的书扫购一空。大部分书装订得很差，印刷也不佳，所幸文字未经窜改。这样我就需要一个新箱子来装书。昔日莫斯科最大的"大世界和小世界"百货公司现今空空如也。这里只剩些俄国的传统玩具。在一个昏暗的角落里躺着几只箱子，自然不是皮制的，而是用一种不知名的材料做的。我们把书塞进箱子，庆幸自己不必继续抱着那些沉甸甸的东西了。但在街上我们遇到了可怕的意外：箱子解体成了两半，所有的书籍都掉进雪里。好在离旅馆已经不远，因此麻烦还不算太大。

在最后时刻我想再利用"特供卡"买些新鲜鱼子酱，但是奈拉厌恶的表情让我却步。

"行李中不许有这种味道。"她说，于是我放弃了。

几个月后，我们在马克西姆餐厅用餐。"奈拉，你想吃什么?"我问她。

她犹豫了一会儿说："我要一点儿鱼子酱。"

当领班小心翼翼地给她上了一小勺时，我忍俊不禁！

"我想吃就吃。"她不容分说。

在俄国逗留期间，最重要的时刻是与普罗科菲耶夫和涅高兹的重逢，以及在剧院里度过的时间。此外，令我十分满意的是，官方音乐会演出公司坚持邀请我再来。

85

回巴黎的路上，我们在华沙停留了一下，我的岳父母给我们提供了一个小小的居所，离他们家不远，是奈拉的哥哥勃罗尼斯瓦夫结婚前居住的地方。房间里有一架钢琴，让我大为高兴。

瓦尔马莱泰写信说，如果我愿意演奏李斯特的《降 E 大调协奏曲》，瑞士的伯尔尼管弦乐团希望我当独奏演员，和他们合作举行一场音乐会。我迄今未弹过这首曲子，非常乐于能在瑞士首都举行首演。于是我购买了总谱，仔细研读后，决定接受这一建议。

这首结构巧妙的优美曲子充满热情，不满三天我就默记于心。像通常一样，我每天练琴不超过 3 小时。

有件事很开心，在搜寻书籍、古玩的时候，我在一家古董店发现了一幅巴维尔·科汉斯基动人的肖像画；那是他在布鲁塞尔学习时有人给他画的。这幅画一直堂皇地挂在我家，直到第二次世界大战爆发，我才和我别的财物一起丢失了它。

音乐会的前夜，我坐火车抵达了伯尔尼。唯一一次排练安排在第二天上午 10 点进行。我记得排练前很有趣的"序曲"：对于李斯特协奏曲的"首演"我还是有些紧张，早上 7 点我穿好衣服，匆匆吃过早餐，便跑到饭店的大堂，那里有一架旧钢琴，主要是当摆设用的。我就在上面紧张地练习起乐曲中许多危险的段落。完事后我发现，厅里挤满了许多老人、打毛线的妇女和看晨报的男人；他们一直在倾听我的练习。我不想让读者老是对演出结果悬着心，我要说，演出意外地好！瑞士方面已经邀请我参加下个季度的演出，而且在很有音乐鉴赏水平的苏黎世额外增加了一场音乐会。

在巴黎等着我的是个特大消息：奈拉怀孕了。我满眼泪水地拥抱了妻子。

"这将是个女儿！是个女儿！"我大叫道。

自从青春期开始，我就一直热盼有个女儿，因为我天生崇拜女人。女儿才真正是自己的，即使她恨你也一样。正是这种真正拥有的感觉才能使一个占有欲强的头脑平静下来。

圣诞节和新年的庆祝，在要做父亲的人看来，完全是另外的色彩了。这一回，我对奈拉是关心过头了，不断要求她休息，而奈拉则突然显露出了异常的活力。拉维楠街 15 号一夜之间就一个从光棍窝变成了真正的家庭。突然出现一间有炉子和必备餐具的厨房，又不知从哪里冒出个女仆，而我雅致的小饭厅则变成了婴儿室。

霍罗维茨从米兰来访，很吃惊地在我们家里吃到了一顿可口的饭菜，而不是被我们拉到饭馆去。

"你知道吗，"他半讥讽地说，"你给我做了一个好榜样。我要和万达·托斯卡尼尼结婚了。"

我把这当做一个大玩笑。他逗留巴黎期间一切照旧：给我弹自己最新的加演曲目，剩下的时间则和我们一起度过。

稍后我获悉，他真的和万达·托斯卡尼尼结婚了。我们给他发去了贺电。

在下个演出季他再次单独出现在巴黎，仍然整天和我们泡在一起。有天深夜，我们把他送回旅馆，分别时他十分恳切地说："下星期天我请你们吃午饭。"

我大为惊讶！那是我第一次听到他邀请什么人吃饭。

"这太荣幸了，瓦洛加，但很遗憾，星期六晚上我在阿姆斯特丹演奏柴科夫斯基的协奏曲，由门盖尔贝格执棒指挥，然后有晚宴。所以要到星期天下午我才能回来。"

"如果你不去吃晚餐，就可乘夜车回来嘛！"他说。

我不愿让阿姆斯特丹音乐厅的经理们失望，并且非常不喜欢乘夜车，夜车到巴黎是早上 7 点，但是奈拉站在他一边。

"阿图尔，我们不能拒绝瓦洛加的第一次邀请。我们不难拒绝晚宴，这样星期天早上就能回来。"

阿姆斯特丹的这场音乐会至今令我记忆犹新。排练时，门盖尔贝格令我很难堪。一上午他都在排练马克斯·里格的一首长篇作品。休息后几乎没有时间排练柴科夫斯基的协奏曲。

"不要担心，"他带着浓重的荷兰口音说道，"乐队了解这首协奏曲，我也了解。"

"我同样了解。"我不耐烦地说，"问题在于我们有没有时间一起了解它？"

"我们不用排练整首作品，"他说，"只要演奏几个重要段落就够了。"

我只有同意，但并不满意。我们开始排练。开头很顺利，因此门盖尔贝格把乐队停下，开始排练另外的部分。当我们演奏到华彩段时，他又停下了乐队，大嚼起一块点心来，那点心是他厚着脸皮放在钢琴上的。

"演奏华彩段结束前的几小节。"他说。

我照办，但他错过了乐队进入的时机。我礼帽地重弹一遍，但他又错过了。他恼怒地停下乐队。"你演奏的是这首协奏曲的第一个还是第二个版本？"他问我。

"当然是后一个！"然后我又转向乐队说："众所周知，在我之前已经有一个鲁宾斯坦讨厌第一个版本了。"[①]

---

① 原注：柴科夫斯基把本曲第一个版本题献给了自己的朋友尼古拉·鲁宾斯坦，尼·鲁宾斯坦非常不喜欢这一作品，于是作曲家又把乐曲改成题献给汉斯·冯·彪洛。故有此笑话。

　　一听这话，乐队哄堂大笑，而门盖尔贝格只简单地说："请再弹一次。"这一回他认真盯着总谱，我们才算通过了。

　　音乐会取得了巨大成功。门盖尔贝格留在舞台上，倾听我加演的曲目，并当众亲吻了我。时间已经不早，奈拉和我匆忙去赶火车。早上7点我们回到了家里，赶快吃了早餐就躺下休息，等待霍罗维茨的电话。但是电话没有来。11点时，奈拉等急了，就打电话到"威尔士亲王饭店"。霍罗维茨忘掉了邀请，决定去看赛马，作为补偿，他提议在他房间内来些小吃。他的行为令我们又好气又好笑。我们穿好衣服，乘车去到他下榻的饭店，在大堂我给他留了一张便条，内容我还记得很清楚："亲爱的瓦洛加，我不想妨碍你去看赛马，因此邀请奈拉去一家不错的饭店用午餐，而她已经接受了邀请。"

　　在街上我对奈拉说："那个可怜人会感到很尴尬的，八成会给你送来一些漂亮的鲜花。"

　　我们在布洛涅树林区的饭店吃了午餐，看了一部电影，下午很迟才回到蒙马特高地。我的经纪人打电话来："霍罗维茨的经纪人让我告诉你，他不喜欢你的信，鉴于我对此事毫不知情，因此只是原话转述。"这下我真生气了。

　　"让你的同行转告他的顾主，我不想再听到他的消息——我受够他了。"

　　此后好多年，我们没有相互说过话。偶尔遇到他的妻子，我也只是客气几句，但我们从不提及他的名字。

　　两位杰出的德国经纪人逃离希特勒对犹太人的威胁，加入到瓦尔马莱泰的演出公司，因为在法国不允许他们独立经营。其中之一是弗雷德里希·霍罗维茨先生，在德国他曾是钢琴家符拉季米尔·霍罗维茨的经纪人（两人不是亲戚）。另一位是保罗·席夫博士，他在科隆有一个著名的代理公司，并在加沃厅听过我的演奏，又听过我作为独奏演员和乐队一起的演出。他坦率地对马塞尔·德·瓦尔马莱泰经营我的事业的方式表示奇怪。我决心采取行动，却既惊且喜地发现，瓦尔马莱泰自己也真心支持让席夫博士作为我的新经纪人。作为代理公司名义上的经理，瓦尔马莱泰在席夫所赚的钱里有一份提成。

如同中了魔法，我的事业一夜之间大有变化。斯德哥尔摩、奥斯陆、哥本哈根和荷兰的许多城市都有演出等着我。席夫还劝我不要继续在加沃厅举行音乐会。

尽管我在欧洲的艺术事业大有进展，可是我仍旧需要被冻结在南美的存款。我这未来父亲的地位令我感到对家庭的福祉负有切实的责任。我计划让奈拉到华沙她父母身边生孩子。

"今年夏天你能不能陪我去巴西和阿根廷做短期巡演？"我问道。"我想在 5 月开始，以便及早回来，然后去波兰。"

她很高兴地同意了。"回程的时间很充裕。孩子出生不会早于 8 月底。"

我为巡演做了通常的准备。无论是巴西的佩里亚斯还是阿根廷的鲁伊兹都答应会尽量缩短巡演时间。库克旅行社向我推荐最新的德国豪华汽轮，并答应预定一个带浴室的舒适船舱。我对这个主意有些抵触，但奈拉劝我接受它。

"我曾多次乘坐德国轮船从纽约航行到不来梅港。"她说，"非常舒适，服务一流。"

这是 1933 年初，希特勒党连续取胜的消息接连不断地涌来，令人不安。经年迈的冯·兴登堡总统同意，希特勒就任了帝国首相，情势的恶化可谓登峰造极。希特勒的著作《我的奋斗》一书有语录出版，我惶恐地看到其中不仅恐吓共产党人，还刻骨、狂热地仇恨犹太人。他鼓励自己的特别卫队粗暴地攻击犹太人。

我立即取消了预定的德国船票，并让库克公司的职员转告公司，作为犹太人，我从此不愿再与德国发生任何关系。那名员工保证一定转达给德国轮船公司。一周后我收到了轮船公司总裁的一封私信，信中向我保证他对犹太人深怀敬意与感激，他公司的生存和财务上的巨大成绩都要仰赖犹太人。在信的结尾他恳求我重新考虑自己的决定。"我愿以自己和全体成员的名义保证，我的旅客们将把与先生同乘一船看做是一种荣幸。"这信说服了我：如果这么高位的人敢写这样的信，那就表明还有正派的德国人。这位总裁信守了诺言。我们像所有其他人一样受到了很好的对待和服务，没有什么可以抱怨的。我们船舱的服务员曾在不来梅的一个德国家庭服务多年，她对希特勒歧视犹太人的态度满腹牢骚。

"他肯定疯了！"她叫道，"怎能对德国犹太人的慷慨和爱国主义熟视无睹呢！"

尽管如此，我们还是躲着其他旅客，在漫漫旅途中一直玩拼字游戏消磨时光。最终我们精通到能用四五种文字来玩。我们在这游戏上投入的热情也感染了同行的旅客。

到达里约时，景色一如我初次到访时令人陶醉。这一次，我要和奈拉分享宝塔糖山、科尔科瓦多山上美丽的耶稣像以及那不可思议的蔚蓝的海天一色。佩里亚斯在"宫廷饭店"为我们预定了一个迷人的套间，有朝向海湾的窗户，还能看到街对过的市立歌剧院，我的音乐会就要在那里举行。因为从窗口可以看见售票处，我们就猜起行人中谁会在售票处驻足，谁会不屑一顾。我们对这个小小的游戏十分投入，并大肆攻击那些让我们失望的人。

卡洛斯·根勒给奈拉送来了鲜花，邀我们当天晚上一起吃饭。他和他的妻子吉尔达把全家召集到一起，来祝贺我们的婚姻和即将出生的孩子。根勒一家的所有女眷都对奈拉很友善，并努力让她过得舒适。

我的音乐会十分顺利，因为那时我已经赢得了一群核心的支持者，他们听我演奏时就像是我的朋友。

我们在圣保罗也受到类似的欢迎。在该城逗留期间，我们一直享受着恰法莱里一家的款待。巴西这个演出季的经济收入比以前要差，很显然，美国的经济危机已经波及整个南美了。

不管怎么说，我们情绪高昂地前往布宜诺斯艾利斯。朋友们如果看到我这个死硬的光棍汉不但已经结婚，而且就要当父亲，他们的表情一定很有趣。和我预想的一样，奈拉一下子就被大家接受了。奈娜·萨拉曼卡和维多利亚·贡萨莱斯投入全部心思地照顾起她，还为她预约了当地最好的妇科大夫。第一次就诊时，这位大夫就向我保证她一切正常，不用担心。我即将成为人父的事情常常被大家取笑。我对做父亲的相关事项完全无知，只好开口请教奥德翁剧院的老经纪人———一位子女众多的父亲和祖父，问他如何准确分辨分娩的前兆？此公被问得不知所措。

"我必须承认，对此我一无所知，但女人们对这个问题了如指掌。你别急，该来的时候它自然会来。"

由于我的无知，我还对可怜的奈拉犯了个大错。在一次特别成功的早场音乐会后，我邀请拉法埃尔·贡萨莱斯、维多利亚·贡萨莱斯以及几个年轻的狂热分子到"巴黎咖啡馆"喝热巧克力。当时奈拉怀孕已经进入第九个月。健谈的拉丁人盛赞我的音乐会，于是我又点了香槟。聚会迟迟不散，声音越来越大。奈拉突然痛苦地抽泣起来。我害怕得要死，问她怎么啦，而她则满眼含泪，用孩子般的声音答道："我累极了，累极了。"

大家立即跳起身来，我迅即付了账，把她带回家。安稳地躺在床上后，她平静地说："你不了解，我要费多大劲才能坚持在那燥热的剧院里听完长长的音乐会，之后你又想出这个可恶的念头，要我忍受你的那些朋友，他们大声叫嚷、抢着说话。"

我臊得满脸通红，只能结结巴巴地说："我发誓，再也不会发生这种事情了！"

我相对不这么重要的另一桩心事，就是在银行里的存款问题。行长非常客气地在他的办公室接待了我，并把实情和盘托出。

"你的存款什么事也没有。像通常一样，我们把利润都继续投资了，但是法律不允许携款出境。不过，既然你来了，想怎样处理就由你了。"

这最后一句话让我吃了定心丸。我有足够的钱以防不测了。

弗朗西斯科·鲁伊兹把我的巡演安排得比以前任何一次都好，自然也比巴西的巡演强，在布宜诺斯艾利斯，我的音乐会都是满座的，还有许多外省的城市想邀请我。

马斯特罗加尼夫妇已经成了我的朋友，我在他们家为奈拉举行了一个晚会，令她十分激动。我们听了布里吉迪塔的歌唱，由洛佩斯–布恰尔多伴奏，他们现在是夫妻了。

科隆剧院举行的一场音乐会之后，一个矮个子男人摸进了我的休息室。"我生在罗兹，"他说，"来这个国家时还是个孩子。现在我在这里是皮货商，很受欢迎。我对你有个好建议。美国的金融危机对阿根廷有很大影响，人们不买昂贵的皮大衣了。鉴于听说你不能把钱带出这个国家，我能以高折扣卖给你一件漂亮的绒鼠皮长大衣。10年之前，我绝对不会考虑售价低于2.5万美元，但现在我以8千美元卖给你。在巴黎，你很容易以三倍的价钱出手，那边的市场依然活跃。"

他的建议似乎很好，而且他还说自己是个大音乐迷，这个出生在罗兹的小个子说服了我。

我趁他没改主意，赶紧买下了那贵重的皮大衣。当我向奈拉炫耀时，她却很是挑剔。

"这样的皮毛当然漂亮了，但大衣的款式已经过时。"

我解释说这只是投资，我猜可可·夏奈尔或者让娜·朗雯女士会高价收购的，并补充说我在欧洲缺钱，她这才显得满意了。她只穿过一次，是去科隆剧院听歌剧，引来一片羡慕。

阿根廷副总统胡里奥·罗卡先生对我非常欣赏，他帮我搞到一个特许，在国外我可以每月从我在阿根廷的存款中提取一定的金额。

随着时间的迅速推移，奈拉越来越害怕按照我们计划中回华沙生孩子的长途旅行了。当我向朋友们表露我的忧虑时，他们笑了。

"阿图罗，"他们说，"在我们国家，每个家庭起码有六七个孩子，而且个个健康，所以就算你要留下，也不用害怕。"

那个晚上，我和奈拉做出了重大决定。她将继续遵照医生的吩咐行事，而我则尽量多办音乐会，为我的孩子尽量多赚钱。

从此，奈拉就变成了典型的准妈妈。晚间上床后，她置身于一堆毛线之中，对我言道："不知生男生女，以防万一，我把蓝色和粉红色毛线混着织。"

除此之外，床上还多了一些书籍。

"你读什么呢？"我好奇地问她。

"哦，我正学西班牙语。"她淡淡地说，"我可不想被医生和护士蒙在鼓里。"

在这两件事上她十分勤奋，常常是我已经酣然入梦，而她还在刻苦用功。她超凡的语言天赋再次得到印证。不到两周的时间，她已经能用西班牙语轻松地与仆人沟通，在餐厅里点菜。看到我的朋友们惊异于此，我十分开心。

我完全不谈音乐怕是让各位读者很吃惊吧。嗨，大家请放心。由于将为人父、我忙着憧憬未来，自然比以往更不用功了，不过，我在音乐会上的演奏却是空前出色。对我们诠释者而言，如果想向敏感的受众传达内心的情感，神圣的音乐艺术是唯一的手段。阿根廷听众感觉到我正处于获得了细腻灵感的状态中，而我在阿根廷和乌拉圭的成功都有赖于此。"阿图罗先生，你不妨每年来这里举办他至少50场音乐会！"鲁伊兹说，当然，他这么说，不无个人利益的考虑。

可怜的奈拉还陪我去过蒙得维的亚一两次，她想见见我的朋友们，却在夜航的轮船上苦不堪言。

一天傍晚，奈拉平静地说："我想，你得马上送我到医院去了。"

奈娜·萨拉曼卡早在圣菲（Calle Santa Fe）附近一家很好的医院里为奈拉准备了一个房间，所以我们只需通知一下我们到达的时间即可。助产士接管了一切，奈拉被送进了她自己的房间。我要求、并被安排到奈拉隔壁的房间，在那里神经紧张地等待着事情的发展。没过多久，奈拉出现在门口，跳了几步玛祖卡舞，大概是要我放心，但却十分轻率。

过了一段时间，助产士说分娩即将开始。她虽然力图劝阻我，但我坚持要留在现场。我们一起进了产房，助产士在护士们的帮助下做好了一切准备。过了一阵，我听到呻吟声，并很快成了大声的抱怨。我冲到床边，握住奈拉的手，爱抚着试图安慰她。此时，我可怜的奈拉突然发出了野蛮的尖叫，持续不断，而且声音越来越响。我攥紧她汗湿的手，自己也快要晕倒了，只好闭上眼睛。我觉得自己就像个杀手一样罪孽深重。即使到了今天，我仍然可以发誓说，那是我一生中最可怕的时刻。

接下来，我们听见人类新生婴儿那独特的声音。此时，我痉挛般地哭喊起来，若非护士们把我送到一把椅子上，我八成会瘫倒在地。

"是个小姑娘！"助产士说。

我又哭又笑。助产士去给孩子洗澡，而护士们则照管着我。我被喂下一片药，又被用冷水冲了头。等平静下来，我却愤怒地说："你们为什么不去关照我可怜的妻子？"

这时发生了一件不可思议的事：奈拉十分平静，用她那循循善诱的口吻说："我们必须尽快再要一个孩子，让她孤单一人多不好。"

我一句话都说不出来。

我一边感激、轻柔地亲吻我的妻子，一边偷眼看了一下我女儿那红红的小身子。助产士告诉我奈拉勇气超群。

"她拒绝任何止痛药或镇静剂，坚持要听孩子的第一声啼哭。"

这话令我既自豪又感叹。

看着奈拉安静地躺在房间里，还有旁边婴儿床上的孩子，我心中充满了从未经历过的幸福感。

"我有女儿啦！我有女儿啦！"我对自己哼唱着。多年的夙愿终于实现了。

奈娜和维多利亚带着鲜花来拥抱奈拉，但她们做了件不可原谅的错事。她们没有告诉我，可怜的奈拉当天还需要一个私人护工来随时照顾大人和孩子。而我则因为头脑简单，以为这都是医院里护士们的职责。我可怜的奈拉，这一夜虽已经筋疲力尽，却还要照顾小女儿，按铃呼叫护士也不管用。我本想陪她过夜，但她坚持让我去睡觉，我只好服从。然而我久久不能入眠，回味着这一天的恐惧和喜悦。

吃午饭时我醒来了。我小心翼翼地打开门，看见奈拉在睡觉，就出去买鲜花和小礼品来纪念这个日子——1933 年 8 月 18 日。我也买了几份晨报，奈拉喜欢通过阅读来提高西班牙语。她看上去又可爱气色又好，还允许我仔细地端详了我的女儿。

"你给她照张相吧。"她说，并让我去拿相机。我按她的指示照了几张。突然间她叫喊起来："他们今晚在科隆剧院上演你喜欢的《纽伦堡名歌手》，你必须去看。"

我反对任何要把她一人留下的想法，但最后还是听从了她的话——心中自然是相当满意。

演出一流。弗丽达·赫姆佩尔①出演伊娃一角，她在第三幕

---

① 弗丽达·赫姆佩尔（Frieda Hempel, 1885～1955）：德国女高音歌唱家。在未什林首次登台后，到柏林歌剧院演唱。1907 年在伦敦科汶特花园剧院、1912 年在纽约大都会歌剧院演出。她饰演的《玫瑰骑士》中的元帅夫人声誉卓著。保留剧目丰富。1917 年退出歌剧舞台，从事音乐会演出。

中对汉斯·萨克斯唱的一首长歌让我流下了眼泪。那天晚上我非常脆弱。回到医院，我向奈拉生动地描述了演出的情况，尤其是弗丽达所扮演的伊娃，我们俩几乎异口同声地叫起来："我们就给她起名伊娃！再说，这是个很美丽的名字。"

几天后我们回到了"广场饭店"，维多利亚为奈拉找了一名看护。又演了两场音乐会之后，我们着手返回巴黎。我的密友们建议我购买黄金制品，甚至英国的金英镑。我听从了他们的主意，于是很快就拥有了两百枚金币、给奈拉买了一条金项链、还有些主要用黄金打造的其他首饰。

奈娜·萨拉曼卡有一个好建议。

"我认识一个英国保姆，她多年来一直照看我朋友们的孩子，她想回国休假，但经济条件不允许。如果你们给她出路费，她就能在轮船上照看你们的孩子。"

我们急忙采纳了这个建议。

第二天早晨，比林顿小姐，一个典型的英国保姆，前来认识我们，并看看孩子。她满眼激情地看着小伊娃，好像以前从来没有见过婴儿似的。我安排行程，走运地在一艘开往马赛的法国轮船上找到合适的船舱。两天后我们就开心地登船出发了。我的大部分朋友都来送行，手里拿着鲜花和旅途中吃的点心。

在轮船的休息室里喝下午茶时，我们突然听到比林顿小姐和服务员在大声争吵。我走过去，她愤怒地说："鲁宾斯坦先生，他们船上只有中国茶。我不想呆在没有锡兰茶的船上。不如我在下一站下船，然后返回布宜诺斯艾利斯。"

她显然决心已经定，我可吓坏了。

"比林顿小姐，"我说，"我郑重地答应你，在蒙得维的亚我们要停靠三小时，我一定给你找到那种茶。

至少有10家商店根本不知道自己店里的是哪种茶。不过，我在启锚前的最后一刻总算找到了锡兰茶。在汪洋大海上，每天下午比林顿小姐都会出现，她把睡熟的婴儿放在身边的童车里，安顿好，傲慢地命令道："麻烦，开水。我用自己的茶叶。"

其他旅客不厌其烦地欣赏着这一景观。

西班牙著名的弗拉门戈女舞蹈家安东尼娅·麦尔塞也在船上，大家叫她"阿根廷"（她出生在那里）。我十分景仰她。一天在甲板上，她仔细地观察了我们的孩子，然后预言："她将是一个舞蹈家。"

对"年轻的"父亲来说，那是一次幸福的旅行。

到了巴黎，在比林顿小姐回伦敦前，我带着她去游览市容，她对这次旅游永不忘怀。现在她已经退休，居住在英国，还与我们一直保持着友好的通讯。

86

巴维尔·科汉斯基和他太太从华沙来访，他刚在那里参加了卡罗尔·希曼诺夫斯基《第二小提琴协奏曲》的首演。他和希曼诺夫斯基在扎科帕内共同创作了这首曲子，巴维尔写了曲子的华彩段。晚上演出时，可怜的巴维尔身体虚弱得只能坐着演奏。我们一直担心会出现最坏的情况。但现在亲眼看到他，我不免还是大为震惊。他消瘦了，脸色少见的灰暗，漂亮的杏仁眼也失去了光泽和灵动。他徒劳地努力做出开心的样子，我看了真想哭。我唯一的知心朋友落到这么无望的境地，真是太可怕了。

米霞·塞尔特宴请科汉斯基夫妇和我们，奈拉决定把孩子放在便携摇篮里带去。巴维尔忧郁地久久凝视着伊娃，然后握住我的手，我们俩的眼睛都被泪水浸湿了。第二天他们返回纽约，这是我最后一次见他。1934年1月他因癌症在纽约去世，享年47岁。我此后的漫长岁月里就缺少了一位谁也无法替代的朋友了。

有个决定我们必须迅速做出。奈拉说："母亲来信说，照顾万达的儿子们的保姆卡罗拉现在空出来了。我看没谁比她更适合照顾伊娃了。最好是，我立即带着孩子去华沙请她，而你负责房子的必要改造。"

为了扩展空间，我当然要把房子来个大变样。

我依然好运不断，在位于道尔夏姆普斯街我的平房的下面，也就是著名的"洗衣船"——众多画家事业的起点——的前面，有个鞋匠铺，被我成功地买下了。让娜·德·马尔热里也来帮忙，她由一个小伙子陪着，先看了看地方，然后俩人简短地商量了几句，似乎就胸有成竹了。我放手让他们去做。大房间很快就被打扫得干干净净，墙壁和天花板涂成了米色。可是刚刚完工，墙壁上就突然出现了返潮的斑点。那年轻人大呼小叫的："我们只好加墙裙了。"他看到我有点吃惊，就补充说道："别担心。我们会用颜色合适的便宜木材。不做普通的深颜色墙裙，而是能让房间感觉温馨和愉快的那种。"

在我放床的凹室和浴室之间的那小块地方用来安装窄旋梯，其余的空间则放衣橱。令我骄傲的卫生间没有动。最早入住时，我让人将卫生间涂上了黑色的天然漆，只剩下浴池和洗脸池的内侧是白色的。这是我借鉴胡安尼塔·甘达利亚斯在伦敦的漂亮卫生间的想法，我一向很欣赏那个卫生间。我卫生间里用的香精也是受她的感染。很快，我就为奈拉母女的返回做好了准备，一起来的还有奈拉一心想雇用的家庭保姆。

保姆卡罗拉是个矮胖的波兰农村妇女，40多岁，不识字，也不算聪明。不久，她对我们俩就忠心耿耿的了，而且日夜照顾孩子，洗呀、喂啊、忙个不停。我们按照法国仆人的习惯，建议她星期日休假，而她回答时都要哭了："求先生太太允许我留在家里。那些尿布我随时要洗。"

她只有一个小小的习惯让我既恼且笑，一有机会她就要脱掉鞋子，赤着脚走路，甚至客人在场也一样！

我接着要去伦敦录一段时间的音，奈拉带着孩子和卡罗拉住进我们在伦敦伯利街常住的公寓。第二天上午，卡罗拉推着童车，由我陪着来到附近的圣詹姆斯公园。我把她们带到一棵大树的荫凉下，说道："卡罗拉，你看，那是白金汉宫，国王和王后就住在里面。这公园多么翠绿啊！"

她愉快地回答："是啊，这里非常适合我带着宝宝来！"

一天晚上，在录制完肖邦的夜曲后，我带着奈拉去"萨沃伊烤肉馆"用晚餐。在餐厅里我们碰到了可爱的伊冯娜·普兰坦普与她的新任丈夫，法国大演员皮埃尔·弗雷内。伊冯娜和萨沙·吉特里分手了。

"我再也受不了他疯狂的嫉妒和强迫我工作的方式了。他能半夜叫醒我，让我立即跟他对下一出戏里的台词，或者在我穿衣服、甚至吃饭的时候，他也要我这样干。经历过这些以后，和皮埃尔一起生活，那真是置身天堂！"她说道。

两人听说我们把孩子带到伦敦来了，就坚持要马上看看。我们四人颠着脚尖走进婴儿室。奈拉开了灯，他俩看着我们熟睡的孩子，伊冯娜又嫉妒又羡慕，眼睛里都是泪水。当小伊娃醒过来吓得大哭时，我们这两位深夜来客转身逃出房间，结果卡罗拉花了很长时间才让孩子安静下来。

回法国前我一直在录音。那时声音是录在蜡盘上的，演奏者在录制过程中不能试听自己的演奏。要确认演奏效果，只有等到母版做成之后。被迫在不能了解录制效果的情况下弹奏，令人颇有受挫的感觉。

接下来我在布鲁塞尔有场音乐会，伊萨依请我和他一起举行慈善演出。曲目中有一首弗朗克的《小提琴和钢琴奏鸣曲》，此外我们各自有一些独奏曲。西班牙的伊丽莎白王后和美丽的玛丽·何塞公主要去听，公主钢琴弹得很好，已经能演奏舒曼的协奏曲了。年迈的大师和我步入音乐学院的大厅，受到了听众热烈的欢迎。我们计划背奏那首奏鸣曲，我坐下来准备好。伊萨依点头示意，让我开始。我柔和地弹起引子开头的 4 小节，速度适中，却惊恐地发现伊萨依静静地站着，并未把小提琴抬到颌下。我以更大的力度把那 4 小节又弹了一遍，但仍旧听不见伊萨依拉的琴声。我正要第三次弹那简短的前奏，大师果断地制止了我。尔后他面向听众，大致说了如下的一段话：

"我必须先向在座的各位表达我对塞扎尔·弗朗克，不朽的大师和我亲爱的老朋友的敬意，才能开始演奏这首杰作。"

接着他长篇大论地谈了他个人对忠厚的弗朗克的看法，说完之后，他点头示意我重新开始那倒霉的 4 小节。他用下颌夹稳了提琴，再一次辉煌地演奏了这首奏鸣曲。

他意外地发表即兴讲话的原因令人难过。在他该开始拉琴时，可怜的伊萨依右手一阵颤抖，几乎连琴弓都握不住了。一席讲话让他缓了过来。几天之后，这位不幸的大师不得不接受右腿截肢手术，他的右腿感染了，而且已经无法医治。手术后我去医院探望时，他愉快地说："我们的下一次音乐会什么时候举行呢？"

可惜，几个月后他便辞别人世了。这是我最喜爱的小提琴家，也是一位最为大度、最有魅力的人。

87

　　一天早上，巴黎报纸上出现了一篇文章。读后我差一点从椅子上摔下来。不幸的主角是胡安·阿维拉。不过这回他独特的疯狂行动却惨淡收场。我已经很久没有见过阿维拉了，不过听说他吸海洛因上了瘾。最近，他还改名换姓。西班牙有一种习俗，丈夫可以采用妻子继承的贵族头衔。和阿维拉分居的妻子，在她父亲去世后的成了女侯爵，而他利用这个机会也摇身一变成了侯爵。在冠冕堂皇、"两袖清风"之际，他在法国蓝色海岸遇到另一个臭名昭彰的人物——一个正宗的公爵、西班牙的显贵、国王的亲戚。两人的共同点是永远缺钱而且为搞到钱能够不择手段。

　　于是阿维拉又有了一展身手的好机会，他脑子里很快便形成了一个超凡的计划：现在要让使他倾家荡产的毒品把他再变成富翁。阿维拉在尼斯结识了一个非常富有的人，其副业是以极高的价格出租小汽车。阿维拉很快就搞清楚该如何利用此人趋炎附势的大弱点。

　　"有位公爵正要秘密出使法国，我是他的副官。我们不想在火车或者其他公共交通工具中被人看到。在巴黎有一笔巨款等着我们。现在需要找一辆罗尔斯–罗伊斯汽车把我们送到那个大都会——在途中还得经常停留。你得命令司机支付途中的一切开支，直到我们抵达巴黎。公爵殿下答应慷慨大方地给司机支付酬金。公爵殿下答应给司机丰厚的酬金，说不定甚至给你一枚西班牙勋章。"

那人千恩万谢，顺从地接受了全部条件。于是，我们的两位英雄就极尽奢华地过了两周，分段短途旅行，碰到以烹饪艺术闻名的地方，则多逗留一阵。我不禁跟随着阿维拉的胃口做起美梦来。

芒特，巴黎近郊的一个小镇，也是他们的最后一站，他们在这里遭了报应。不知怎的，这两位"王室人物"豪华、悠闲、开支不菲却从不掏钱的旅行方式引起了法国警察的兴趣。因此他们决定在我们的两位朋友到达巴黎前进行检查，因为到了巴黎他们就很容易从警察的指缝中溜走了。一打开他们的行李箱，警察就找到了大量的海洛因。通过审判才发现，他们滥用了一个趋炎附势之徒的信任，而自己却一文不名。货真价实的外国贵族头衔使他们免受牢狱之苦，但被判驱逐出境。这个被大肆宣扬的案件让巴黎读者大大愉悦了一番。而我们这些胡安·阿维拉的朋友则深深得知了他的厚颜无耻。

"看看忠厚的老阿维拉又干了什么吧！"这便是我们的评价。

大概一年后，我在蒙特卡洛举行音乐会的那一天，看到一个孤单的身影正围绕着赌场前的一个大花坛转悠。那就是阿维拉。

"这是我能呼吸法国气息的唯一地方了。"他感伤地微笑着说。他没有告诉我他何以为生。

我们最后一次见面又是场面壮观。当时我正在摩洛哥巡演，在卡萨布朗卡的音乐会上，我弹完奏鸣曲的第一乐章后停顿了片刻，以便迟到的听众入厅就座。我注意到在这些听众中有一位穿着优雅晚礼服、钮孔上别着一朵白色康乃馨的绅士。我高兴地认出那是阿维拉。他在音乐会上的出现，表明他又可以居住在法国的领土上了，因为摩洛哥当时仍在法国的治下。幕间休息时，阿维拉到演员休息室来看我，奈拉见到他很是激动。

"胡安，你又能居住在法国了，我很高兴。"我叫道。

"不，哪里啊！"他大笑，"什么也没有改变。现在我和妹妹住在丹吉尔市，那是法国的治外之城。不过，当我读到今晚有你演出的消息后，我不能不来再听听你的演奏、看看你的人。"

我们当然邀请他一起吃晚餐，席间他对自己那著名冒险的描述令人忍俊不禁。

"那是全面了解法国烹调的极好的机会。"他说的时候一副馋像。

在晚餐行将结束时，出现了两名警察。"先生们，我正等着你们哪！"阿维拉说。

他为这最新的英勇之举付出了被拘禁三天的代价。

西班牙内战爆发时，阿维拉无法袖手旁观。他参加了在佛朗哥指挥下作战的摩洛哥军团，在战斗中阵亡。这是个充分利用了的生命的美丽的结束，而他那虽不道德但却无畏的哲学也保持得完好无损。

88

这一次，我在巴尔干国家和埃及的巡演更为有趣，因为我有机会向奈拉介绍这些国家的历史遗迹。她的在场令我以新的眼光来观看这些辉煌的奇迹。那是我们第一次见到图坦卡蒙国王在卢克索的墓，欣赏优美的卡纳克神庙。自然，我的朋友们盛宴庆贺了我们的婚姻。

在伊斯坦布尔的电影院我们看了一部德国电影，影片中一个女歌手的嗓音的宏亮和美妙让我们惊讶。她的名字叫吉塔·阿尔佩。事有凑巧，我在旅馆的大堂翻看柏林报纸时，发现一则轻歌剧首演的广告，主角正好是吉塔·阿尔佩。我们当即决定在回华沙时要去柏林一睹此剧。我做了各种安排，并立即给我在柏林常住的旅馆拍电报订票。

这样我们就到了柏林，很兴奋地期待着这部戏。然而我们大失所望：阿尔佩的声音就像个破气球，毫无光彩和美感。歌剧本身更是无聊透顶，所以我带奈拉跑到我钟爱的"菩提树大街咖啡馆"，以便找回感觉；那里的气氛总是欢快、活跃。

然而，那天晚上只有少数餐桌旁有客人。我们刚坐好，房间里便奇怪地安静了下来，而且我们能感到大家都看着我们。我匆匆付了钱，咖啡也没喝，就回到旅馆。埋藏着恐怖的希特勒时代开始了。回到华沙我们才最终松了口气。

波兰驻莫斯科大使帕代克先生通知我，俄国官方邀请我去俄国，在莫斯科举行两场音乐会，在列宁格勒开一场。我乐意地接受了邀请，能再次给敏悟的俄罗斯听众演出是绝对的愉快。奈拉带着卡罗拉和孩子留在华沙她父母家。

这次我觉得莫斯科更有趣了。人人都在谈论着年轻的肖斯塔科维奇①的歌剧《姆青斯克县的麦克白夫人》②取得的巨大成功。肖斯塔科维奇在《第一交响曲》中已经显示出他惊人的天赋。我

---

① 季米特里·肖斯塔科维奇（Dmitri Shostakovich, 1906～1975）：苏联最杰出的作曲家之一。他共创作了15部交响曲，其中《第七交响曲》、《第十交响曲》和《第十一交响曲》是现代交响音乐的力作。他作有同样数量的弦乐四重奏，也是现代四重奏音乐中的优秀作品。还创作了歌剧《鼻子》、《姆青斯克县的麦克白夫人》、芭蕾舞剧《黄金时代》等。

② 《姆青斯克县的麦克白夫人》是在一个强调极权与暴力、压抑本能渴望的社会中，为一名特殊妇女的解放而做的一次辩护。故事发生在从沙皇专制向现代社会过渡时期的苏联，歌剧表达了对当时一位勇于冲破压制和奴役、寻求解放的女性的高度赞美与同情。在尼古拉·列斯科夫（Nikolai Leskow）的小说中，卡捷琳娜·伊斯玛依诺娃（Katerina Ismailowa）是一个十恶不赦的魔鬼形象。而在舞台上肖斯塔科维奇却将其展现为一位"充满活力、多才多艺的美丽女子"，"然而在实行农奴交易、金钱至上的俄罗斯，她却被阴暗、可怖的家庭环境无情地吞没了。"

那集向导、助手和暗探于一身的新伙伴帮忙搞来了我抵达当晚的歌剧票。这部戏剧改编自同名的俄罗斯小说，音乐部分有力又优美，其直白、无情使我感到震撼。

我的第一场音乐会是第二天晚上在音乐学院的柴科夫斯基音乐厅举行。那天上午，我接到阿图尔·罗津斯基①的电话。他是个指挥，事业起步时在华沙歌剧院给埃米尔·姆威纳尔斯基当助手。后来他成为洛杉矶交响乐团的指挥，现在受邀来莫斯科指挥一场特别音乐会。我在独奏音乐会上又一次演奏了《彼得鲁什卡》，这回比上次更加成功。罗津斯基是第一次听到这首作品，并留下了很深的印象。我于是请他吃晚餐。自然，我们谈及他多年前就认识的奈拉，也谈到了奈拉的同学哈丽娜·利尔珀普，罗津斯基正准备与她结婚。等我提到自己对肖斯塔科维奇的歌剧的热衷时，他兴奋地叫了起来："它才是我来这里的真正目的！由于纽约已经听说了这部歌剧，我千方百计想第一个把它搬上纽约的舞台。您肯帮助我吗？"他问道，"我们一起去看歌剧，然后你把我介绍给一个恰当的人。我只想得到总谱。因为我不懂俄语，我求你当我的翻译。"

我答应尽力而为，主要是想有机会和一位音乐同行一起再听一遍这部歌剧，并且可以共同探讨。第二次观看的时候，我看着罗津斯基那么热情，自己也更为开心了。他急切地想得到总谱，我不得手他就不让我安生。当然，俄国人也明白由罗津斯基这样有名望的人搬上舞台对他们自身也很重要。

由于口袋里塞满了带不出境的卢布，我决定尽量多花掉些。在一间摆满各种商品的商店里，我找到了一条貂皮，奈拉可以用

----

① 阿图尔·罗津斯基（Artur Rodzinski，1892～1958）：美籍波兰指挥家。曾在李沃夫歌剧院、华沙歌剧院和爱乐乐团任指挥。后应斯托科夫斯基赴美，在费城、洛杉矶、克利夫兰、纽约和芝加哥等地的乐队担任指挥。享有世界声誉。

它做一顶帽子。那里也有漂亮的波斯丝绸刺绣工艺品，但我失望地得知这些都不能携带出境。这次，在那间书店里，我看到了一些书籍，是有精美插图的版本，并且可以带出境，但有卷老埃尔泽菲尔①出版社的书例外。所以我制定了一个战略计划来对付海关人员。貂皮用一大块手绢裹起来，然后塞进衣服口袋。厚大衣随意地搭在左臂上，但里面藏着贵重的波斯织锦。我把书籍胡乱塞在箱子里，那本艾尔泽菲尔的书却放在最上面。我知道火车被放行开往波兰边境之前，起码要停靠一个小时。

海关人员要我打开两个行李箱。一只仅放了衣服和鞋子；但另一只里面有书。那人认真地检查我的衣物，还拿出几件来翻看衣袋。他好一阵才弄完，然后转向第二只箱子。他敏锐的目光一眼就看到了那本埃尔泽菲尔——其实那并不特别困难，因为那本书的装帧很新颖。他拿到手里，严厉地看了我一眼。"这本书你不能携带出国。"他说。

我做出一个极为吃惊的表情。

"但是他们卖给了我，我为它是付了钱的。"

"他们应该告诉你这一本是不能携带出境的。"

"那么你把钱退还给我。我付了款的。"我愤慨地说。

"我不能那样做。我没这权力。"

这时我扮演成一个大受委屈的人。

"那就是说我该把书白送给你啦？"

"话不要这么说。这书以后怎么办我们也管不着。我们只知道你不能把它带出去。"

"如果你不允许我带走它，那么我要求你把书寄给莫斯科的

---

① 老埃尔泽菲尔指路易斯·埃尔泽菲尔（Louis Elzevir，1546～1617），他是荷兰一个传统悠久的书店、出版、印刷业经营公司的创始人，起初在莱顿经营书店和装订，后发展成为大出版商，出版的书籍现被收藏家视为珍品。其子和侄子均继承家业，并均有建树。

波兰大使馆，让他们替我保管。"

他耸耸肩膀表示不可能。这可惹恼了我。

"我在你们国家举行音乐会，你们给我卢布，这卢布我既不能兑换，也不能带走，当我想要买几本好书，你们又要拿走。"

这造成了个小小的混乱。另外两个海关人员走过来想了解是怎么回事。我于是大诉其苦："这位官员不让我带走我想要的这本书，这书是我用你们支付我的合法货币买下的，那是我的劳动报酬。"我拿出了护照。

"我是作为特供人员被请来举行音乐会的，我想自己总该享受特供待遇了吧，但我看到并非如此。在这个保护劳动者的国度里，你们却要我白干活。"

他们三个力图平息我越来越大的火气。最后，他们答应把书寄到波兰大使馆。这时火车开动的笛声响了。

"你们必须给我一个收条。"我说。

于是他们手忙脚乱。第一个人在一张纸上划拉了几笔，关上我的箱子，拎起来就向车厢跑去。另两个慌忙催促我。

"快点，火车就要开了。"

我照办，但却装成非常地不乐意。

火车离开苏俄前往波兰，一个旅客走进只有我一个人的包厢。这是德米特里·米特罗波洛斯，他在俄国巡演取得圆满成功后正返回希腊去。

"你把我吓坏了。"他说，"我远远地看着这一幕，还担心他们会把你抓起来。"

听他这么说，我把大衣扔到座位上，给他看了我宝贵的织锦，然后从口袋里拉出漂亮的貂皮，开心地笑着告诉他："是我故意上演了这一出喜剧。我把书放在显眼的地方，就算是笨蛋也看得见，这样他们才没时间更加彻底地搜查我。"

在波兰车站精致的小吃部里，我们用鳕鱼和伏特加庆贺我的战略性胜利，那里堆满了上好的波兰食品。奈拉对织锦和貂皮称赞不已，貂皮的长短刚好做一顶漂亮的帽子。

埃米尔·姆威纳尔斯基邀请米哈乌·孔德拉茨基来吃饭，还告诉我说他是个有才华的作曲家。对我可怜的岳父来说，陪坐在桌子边是一次真正的折磨。当把伊娃给他抱来，而我的小女儿用特有的小孩的动作拍打了他的秃顶时，给他造成的痛苦真是惨不忍睹。

我们边吃边聊，话题都是夏天的计划。年轻的孔德拉茨基提了一个建议："我岳母在美丽的萨沃伊山间有一所木制别墅，就在圣热尔韦近旁的高处。她在出租房间。你们租两大间就绰绰有余了。"

他提出的房租听起来令人高兴。从年轻时起，我就老希望有个长长的、不用做事的暑假。孔德拉茨基立即着手替我们打理，几天后，我们就带着卡罗拉和孩子回到了巴黎。

一天早上，奈拉声明她又怀孕了。这一次，我做父亲的自豪和高兴里，又夹杂了一丝忧虑，但是奈拉要我放心。

"心爱的，别紧张，别担心！我不会生病的。说真的，怀孕时我反而感觉更好。"

米切尔先生为我在英国安排了两场音乐会，这让我有了灌制几张唱片的机会。上次我在伦敦录音之后，我明确地意识到这将改变我今后的音乐生活。自从我离开巴尔特，并未找个有莱舍蒂茨基这样水平的老师、或者更好些的比如跟布索尼去上课，我不得不为此付出高昂的代价。我当时太年轻，没能力把握自身的音乐教育。当然，这不是为我的懒惰找借口，那是个天生的缺点。但在内心深处，我始终渴望能有个音乐家指导我，就像柏林时期的阿特曼博士。他在五年之内每天教导我三小时，这样我才有足够的时间学习音乐。他没有照例灌输那些枯燥的教条，而是神奇地启发我了解不同文字的文学瑰宝，并使我尔后得以从原文领略它们的魅力。他看出来我愿意探讨哲学、宗教和政治，后来这对我有无可估量的帮助。

很遗憾，在音乐问题上，我接受的是必需而枯燥的训练。但无人理解我的才能在深层次上的需要。

说到我的第一批唱片，我记得首次听到自己演奏的样品时，我是多么的胆寒。我突然认识到，面对听众演奏时，我表达的是当时的灵感与情绪；而由于集中精力演奏，我实际上不可能批判性地审视自身。在听自己录音的小样时，我才明白我只能从自己身上学到新东西。从那时起，第一次听自己的录音样品就成了我最重要的课程了。

89

奈拉想要辆小汽车，她以自己能驾驶为荣。

"我们花在出租车上的钱太多了。"她说，"买一辆不贵的汽车要节省得多。我知道你能按月分期付款的。"

她说服了我，不过，我坚持要买雪铁龙牌的车。

"我认识雪铁龙先生本人，"我说，"他和从罗兹来的戈尔德费德尔小姐结了婚。如果我直接找他买车，说不定价格还更优惠。"

他还真就卖了一辆。那是辆灵巧的小车，奈拉精挑细选的。过了两三天，她自豪地驾着我们的新雪铁龙车，带着我直接从工厂开了出来。坐在方向盘后面，她感到巴黎真是她的家了。

我们在蒙马特高地的生活轻松了许多。奈拉兴致勃勃地驱车冲上很陡的勒比克街，就在我们家门口的人行道边停下。

奈拉对汽车的热爱和知识具有感染力。我妻子的驾驶技术比随便一个出租车司机都好，这一事实令我有点酸溜溜的，因此，我终于决定自己也要拿到驾驶执照。连续两周，我一早就坐出租车去位于马约门的驾校。教练让我坐到方向盘后面，然后问我是否骑过自行车。

"骑过。"我答道，"但仅仅一次，因为我马上就摔倒了，从此就再也没有碰过那种危险的车辆。除非很必要，我绝不会让双手受威胁，不过我很清楚如何左右转弯。"

我的教练特别爱教我如何泊车。我最痛苦的是他要我停下，倒进两辆汽车之间狭窄空隙的时候。每次尝试都会让我的心停止跳动，因为我觉得肯定会把两边的车都撞烂。所幸一切顺利，但我发现这是因为车里有两套控制系统，而我的教练绝不会让我制造麻烦。他教给我怎样加速，这一点我学得最开心，等我问他如何停车时，他说："很简单，只要你的脚松开油门，汽车就会自己停下来。"

不久，我们就欢快地在福什大街上来回跑了。我逐渐爱上了这些课程，但该死的泊车作业是例外。

一天上午，我的教练郑重通知，他已经安排好我某日去考试，而且他认为我很有机会过关。我离开时，他递给我一本交通规则手册。

考官上了年纪、灰白的大胡子、一脸的不耐烦，令我紧张不安。当我顺利地泊好车时，自己也很满意，然后他命令我绕着"白色广场"的纪念碑转圈，并突然叫道："停车！"我立即把脚松开了油门，但汽车继续前进。"停车！"他又叫了一声，这使我火起来。所幸，这时汽车自己停下来了。考试结束时，考官在一张卡片上写了些什么，面无笑容地交给了我。卡片上写着："三个月内，您有权再考一次。"

我回到家，带着一肚子苦水向奈拉抱怨："这个家伙从一开始就恨我，他肯定是个反犹分子。尽管我定位泊车做得很漂亮，就像你做的那样，但他还是没有给我驾驶执照。"

"下次你会做得更好的。"奈拉安慰我说。

几天后，我在布鲁塞尔有一场音乐会。晚春的好时光让奈拉萌生了一个想法："我开车送你过去，你看如何？"

我当然很高兴。和奈拉一起我感觉很安全，我也愿意看看法国和比利时的风景，而坐火车就看不到了。在《米其林餐厅指南》① 标为一星级的地方意外地吃了一顿上好的午餐之后，我们来到了比利时边境。从这里开始就是鹅卵石铺的路面了，这样我们就走得慢了些。在一长段直路上，我想让奈拉看看我确实学会了开车，能够掌握方向盘了。奈拉为此有点不安。

"你随时都可以接管的。"我这样安慰她。

我俩交换了位置，我握着方向盘，嘴里随着汽车在鹅卵石上跳动的节奏，高兴地哼着轻快的小曲。突然，一辆缓慢的大车，由一前一后的两匹马拉着，好像从地底下冒出来似的，从辅路插了进来。我的脚离开了油门，但已经太迟了。若不是奈拉立即停住了车，就会发生一起小车祸。她重掌大权后，我便乖乖地坐在她旁边，直到布鲁塞尔。

音乐会后，我们顺利地返回巴黎，并开始做消夏准备。奈拉憧憬着和我驱车、卡罗拉和伊娃在后座、直奔目的地——圣尼古拉-德韦罗斯。

我们快活地走了大约两小时，突然，我们前面的汽车为了躲

---

① 《米其林餐厅指南》是由轮胎公司老板兼美食家米其林从 1900 年起所编写的一本手册，借以评价欧洲各地餐饮业的高下，每年更新一次。标有一颗星者是可顺道品尝之地；有二颗星者为值得绕道造访之处；有三颗星者则为值得专门前往享用之所。

一只狗，猛然刹住。奈拉来了个漂亮的急刹车，我们的车在距离前车就几公分的地方停住了，但后面的车撞上了我们的车尾。我们惊恐地回头，看看伊娃和卡罗拉是否发生了什么事，幸好，孩子仍在安详地睡觉。不过我们可怜的汽车则被严重撞瘪了。我们不得不在第戎耽搁几个小时修车，之后才开上通往楠蒂阿的路，楠蒂阿被我们的《米其林餐厅指南》用三颗星标为法国烹调圣地之一。《指南》标对了，我们享用了那用楠蒂阿调味汁烧的淡水龙虾佳肴。之后，我们继续向终点前进，一路欢歌笑语。从宜人的圣热尔韦村开始，盘山的道路就变窄了，那幢小屋就矗立在海拔 1000 公尺高的山顶上。

一位友善的老妇人和她十分俏丽的女儿非常亲切地欢迎了我们，并把我们带入房间。一间是卧室兼起居室，里面有一把折叠沙发，旁边的一间稍小些，供卡罗拉和孩子使用。除了我们，还有两对夫妇也住在这里。晚饭时，狩猎归来的孔德拉茨基才出现，他把我们正式介绍给他的妻子和岳母。

夜里我几乎没合眼，因为沙发太窄，我随时都有可能掉下来，到了白天，我们又为钢琴发起愁来。孔德拉茨基有一架立式琴，他建议将其摆在离房子不远的马厩里。鉴于我打算主要在晚间工作，奈拉在钢琴旁的蜡台上插了四根蜡烛。我找到一把舒适的椅子，带了一大包乐谱去马厩，草拟了各种曲目计划。

从一开始，我们在圣尼古拉逗留期间的生活就相当新颖、往往很可笑、而且一直令人兴味盎然。吃过午餐，我爱溜到山下的圣热尔韦村去，在那里我很快就发现了一家非常吸引人的茶馆和人们能想象得出的最好的点心。过一阵奈拉用车接我时，会喝一杯热巧克力，而把点心留给我。早餐后，我们经常爬上附近的小山岩，在那里我们发现一种波兰叫做"橙红菌"的蘑菇，这种蘑菇呈浅红色，平平地生长在草地上。法国人认为它有毒，而在波兰则是一大美味。1934 年 8 月 18 日，就在圣尼古拉，我们的小伊娃度过了自己的第一个生日。

现在夜晚属于我了。当大家都躺下睡觉时，我就走进马厩，把自己关在里面，开始一种奇怪的音乐生活，一种对我而言全新的生活。在一定程度上讲，这可谓来自上天的启示；然而实情不过是我发现了练琴的乐趣。

我第一本书的读者很清楚，我在童年时的练琴是欺骗和做假。我通常左右手轮流着弄出些噪音来，而其实是就着巧克力或者时鲜的樱桃看一本精彩的小说。后来，我的小聪明让我能很快学会一首协奏曲、奏鸣曲或者一些较短的作品，而且我还胆敢极其自信地在音乐会上演奏它们，碰到技术难点，我就滑头地使用踏板或者使劲砸，让无辜的听众认为我弹得很完美。在无数的音乐会上，通过反复演奏众多的作品，很大程度上帮我不用特别努力就越弹越好。自我从艺起，最讽刺的情况就是，常有人在报刊上批评我演奏贝多芬缺乏深度，对舒曼的理解不够诗意，处理肖邦有些干巴，但是却无、从无、绝无任何人怀疑过我的钢琴演奏技术不够完美！直到最后，我才发现我是唯一知道自己的钢琴技术到底差到什么程度的人。

在圣尼古拉的那些夜晚，成了我对待自己艺术的转折点。当我得以清晰、恰如其分、不用踏板、不硬使劲就成功地演奏肖邦的三度练习曲时，我突然感到一阵身体上的舒适。我开始认真地训练我左手的手指，而此前我一直厌恶地忽视了它们。现在我想听到所有音符都明确发出的声音，迫使顽固的无名指听从使唤。我没完没了地重复某些并不重要的经过段，仅仅是为了我可怜的左手得到更多的尊重和信任，因为我感到，无名指逐渐变得灵活和独立了。

我从自己的常备曲目中拿出一首首作品，极其仔细地研究被长久地忽视的所有段落。这样练习了几夜，有时我会干到凌晨两三点钟，过了几天，我发现每晚总有六七个听众，甚至更多，一夜又一夜围着马厩坐着。发现干巴巴的练琴也算得上奏乐，这让我更有信心了。

观看我们的小伊娃本身就纯粹是一种乐趣。在 1 岁生日时，她母亲给她戴上了一个花环，并趁孩子勇敢地独自攀爬一块小岩石时拍了照片。

我们逗留期间在艾克斯莱班和沙莫尼有音乐会，于是我们情绪极其高昂地驱车前往，盘旋下山时简直如跳华尔兹。

我每天去茶馆的结果，是为巴黎的家找到了一位极好的女仆。她就是在茶馆服务的漂亮黑发姑娘，打理茶馆极为有效，奈拉便禁不住建议她和我们一起去巴黎，而她也当场同意了，令我们很是高兴。

我得红着脸承认，在离开圣尼古拉前，我又一次参加了驾驶的考试，心想在圣热尔韦这样的小镇，考官不会对我的驾车技术吹毛求疵的。我骄傲地独自驾车沿着盘山道下行，成功进入圣热尔韦找考官，然后开始了愉快的路考。突然间，我的汽车被一群疯狂的绵羊包围了，我也完全呆住了，不知是该后退、该向前、抑或干脆压死几只？直到考官帮我摆脱了这个难题。驾照自然是拿不到了。我在茶馆一边听人同情我输掉了与绵羊的战斗，一边吃了过量的点心来安慰自己。

带着新女仆回巴黎后，我们给弗朗索瓦调换到另一个房间，让女仆住进了他那间。就在此时，一个叫斯特罗克的先生，一个著名的主管远东地区演出的经纪人来拜访了我。他是安排在日本、中国和菲律宾群岛巡演的唯一人选。荷兰方面建议我在爪哇岛举行 20 场音乐会，那里像荷兰一样也有个叫"艺术界"（Kunstkrink）的机构。斯特罗克先生建议从 1935 年 4 月开始去日本巡演，至少 12 场音乐会；在上海、北平和天津举办一些；如果我在爪哇演出后还有时间，他还建议我去菲律宾群岛举行几场既有趣、报酬又不错的音乐会。

对我来说，整个建议远非"有吸引力"一词可以形容。我很走运，找到从巴黎一路睡到东京的方法；我们两口子往返的膳宿都包了；还能小停一下，在莫斯科开两场音乐会并在列宁格勒开一场，回程也一样。这一回，前两次毫无用处的卢布可以在这漫长的旅途中大显身手了，而且还是头等卧铺包厢！坐船不仅要花很多钱，航行还至少要浪费一个月，但乘坐横穿西伯利亚大铁路的快车只需 10 天时间。

对像我这样一个天生有冒险愿望、希望变化和认识世界的人来说，这真是个极好的机会。爪哇要我整个 6 月和部分 7 月在那里逗留。协会确定的标准演出费为每场 300 美元，斯特罗克先生的出价也很像样。我对整个演出方案越来越满怀热情了。这意味着半年都安排满了报酬丰厚的音乐会，外加梦幻般的旅游路线。

奈拉预计在 1 月下半月分娩，她保证一定会陪我参加这奇妙的旅行。两个孩子就放在华沙，能得到最好的照顾以及她母亲的监护，我岳母不能直接照顾孩子，因为岳父埃米尔的健康状况迅速恶化。他那讨厌又无药可治的关节炎已经开始损害他的抵抗力，但这位真正的绅士并没有失去幽默感。他拿自己的死亡来开玩笑，还警告家人参加葬礼时别忘了关门。

"小偷们就等着这样的机会呢！所以千万小心！"

在此期间，席夫博士为我安排了数量不少的音乐会：在斯德哥尔摩两场，哥德堡一场，奥斯陆一场。此外还再次去了罗马。我允诺"主人之声"录音公司录制肖邦的全套波洛奈兹舞曲，并于录音期间在英国举办三四场音乐会。

圣诞和新年期间奈拉留在巴黎。我们由马塞尔·阿夏尔和朱利埃特·阿夏尔夫妇以及其他几个朋友陪着大肆庆祝。大致就在这段时间里，我们的生活中突然出现了一个稀奇的人物：她是个出身中产的波兰女子，不知碰上什么奇缘，成为一个年迈的美国百万富翁的护士，此人临死前与她结了婚，并把全部财产留给了她。这发生在著名的 1929 年大萧条的前夕，当时大家只知道她是伊莲娜·沃顿夫人。突然归她掌管的财富把她镇住了，她孩子般地跑到银行，请行长把她所有的钱都堆在她面前。大概出于农民的本能，她暂时没有投资。这一做法在经济危机期间不仅挽救了她的全部财产，而且因为后来低价收购华尔街最好的有价证券，还翻了好几倍。于是她就变成了最富有的波兰女子。我还是单身时，就在戛纳认识了她。她把科汉斯基夫妇请到那里，住进了昂贵的"卡尔顿饭店"，大量地给他俩送礼，还想拉上我。我出于本能拒绝了，因为我讨厌她缺乏风度、还不停地吹嘘自己的财富。诚然，她帮助了许多人，为人慷慨大方，但附带一个臭毛病，总爱向受惠者提起她的那些馈赠，尤其是在大庭广众之中。很自然，那些被毕苏茨基严厉的新法律搞得财产大为缩水的波兰高等贵族都来追求她，企图恢复自己的财产。涅希维什的拉季维尔公爵（李斯特说他们家的宫殿是自己见过的最像仙境的）、旺楚特地区的波托茨基伯爵都在其婚约候选人之列。但她最后选择了意大利人齐塔迪尼伯爵，此人时任意大利驻华沙使馆的参赞。她租下乌雅兹多夫斯基林荫大道上最奢华的公寓，但是由于她丈夫极端的性虐待行为，他们很快就离婚了。

奈拉是在米霞·塞尔特家认识她的，她很快便对奈拉及我特别友好。有一天，她硬要奈拉答应在她去美国时住到华沙她的漂亮的公寓里去分娩。我对这个想法不太热心，不过看到奈拉喜出望外的样子，也就没有勇气劝阻她了。

于是，1 月初，奈拉就带着卡罗拉和伊娃回到华沙，住进了豪华的套间，那里有必需的仆人，甚至包括一名优秀的厨师。后来她告诉我，她只得不间断地接待伊莲娜的朋友们，请他们吃自己喜欢的菜肴，特别是很养人的立陶宛饺子。

那段时间，我则按照席夫博士和米切尔先生的安排举办音乐会。

1月底，我开始录制肖邦的波洛奈兹舞曲。1935年1月28日，著名的犹太复国主义者、在伦敦极受尊敬的纳胡姆·索科洛夫博士举办了一场外交宴会，英国外交大臣约翰·西蒙先生、波兰大使拉钦斯基伯爵以及捷克斯洛伐克共和国的缔造者之子杨·马萨雷克都出席了。谈话主要涉及希特勒危险的种族优越论、他奇怪的政治动作：如意外地和波兰签订友好条约、在萨尔地区公民投票中的胜利、他极端残暴的反犹法律，这些法律蛮横地鼓吹破坏犹太人的财产和商店、剥夺德国犹太人的一切人权。绅士们谈吐睿智，但无人提出哪怕任何微小的建议以采取有力的行动对抗希特勒的危险行为。

有人提到我的生日，于是众位先生礼貌地向我致敬，表达了良好的祝愿。出门时，杨·马萨雷克提议用他的车送我。在路上他说道："为了向你致敬，去我的大使馆喝一杯香槟，吃块蛋糕，如何？工作人员还没有睡觉，会高兴加入我们的庆祝的。"

我情绪高涨地接受了这个提议，只因为马萨雷克很合我的心意。他不是那种典型的外交官。他奔放、直率，没有丝毫的虚伪，但他身上最让人感到可亲的，是他真心喜欢我。眨眼间，他便即兴组织起一场迷人、诚挚的生日招待会。他给我们倒满了香槟，大家便也真心地向我祝酒。其间，他走出房间很久才回来，然后对我说："阿图尔，我送你件礼物。"

我像通常那样言不由衷地反对着，但又很想知道礼物是什么。他带我来到走廊里的电话机旁，说："这就是我的礼物。"

这位知心的人接通了奈拉。她已经在医院，用虚弱、疲劳的声音说道："我想已经到了分娩的时刻，就把这当做你的生日礼物吧！"

我说："明天我就结束录制波洛奈兹舞曲。务必立即让我知道！"我祝她一切顺利、说我爱她等等，挂上电话，我又吻了马萨雷克的双颊，感谢他的这一最美好的礼物。

第二天上午，我开始录制最后两首波洛奈兹舞曲。《降A大调波洛奈兹舞曲》进行得很完美，演奏了两遍我就满意了。午饭后我弹奏最后、也是最难的一首，《升f小调波洛奈兹舞曲》作品第44号。我充满灵感，弹得比以往都好，但很可惜，在兴奋中我错敲了两个低音音符。损失这么出色的演奏令我痛苦以至愤怒，因为我不得不再来一遍。激动之下，我宣布："我明天再干。我现在要重复的话，连刚才的水平都达不到。"

他们求我休息片刻再试试，但没有成功。我上了出租车匆匆赶回住所，点了茶和可口的英国热煎饼。这时电话铃响了。奈拉以有力得多的声音向我胜利宣布："阿图尔，我们有儿子啦！很漂亮，有8磅多重哪！"

"乌拉！太棒了！心爱的，谢谢你！"我大声喊叫，尽说了些脑子里冒出来的蠢话。我当即做出决定，出版那首《升f小调波洛奈兹舞曲》，管它错不错的，让我儿子知道他出生时他的父亲在干什么，不是很有趣吗？

很遗憾，4天以后我才有机会看到自己刚出世的孩子。我在哥廷根和斯德哥尔摩有音乐会，而在四天间隙后在罗马则还有与乐团合作演出的一场。我决定从斯德哥尔摩飞往华沙，然后从那里去罗马。抵达华沙时，我的家人都回到了齐塔迪尼夫人的府上，奈拉容光焕发，已经能来回走动，可爱的小家伙头发金黄，身体结实。有一次很滑稽：我正在客厅练习要在罗马演出的协奏曲，婴儿室传来一声叫喊把我震聋了，我连自己的琴声都听不见了。此后一两年，他就用这样的叫声宣布他饿了，后来才会用波语孩子习惯用的单词"米呀米"！有这么个强壮的小鲁宾斯坦当儿子令我很是骄傲。我们决定给他起名"巴维尔"来纪念我的挚友科汉斯基。

两天后，我乘波兰飞机到柏林，然后又换了架意大利的去罗马。那时的飞机还都相当小，也就只能坐十一二个乘客，而且飞得又低，每遇高山峡谷，不免上下波动。穿越奥地利山脉的航线相当艰难，所以当飞机准备在威尼斯着陆作第一站停留时，我们都很开心。但是降落极其危险。一场大雨把小机场淹了，飞机终于停稳时，我们才大大地松了口气。在休息室苦等了两个小时后，驾驶员进来宣布："我奉劝各位乘夜班火车去罗马，我们没有把握飞机能否从淹了水的跑道上起飞。"

我问驾驶员："您也乘火车吗？"

"不。"他回答，"我今晚必须把邮件送到罗马。"

我天性里有一种东西，总会让我接受挑战。冒险吸引着我。坐火车笃定可以赶上在罗马的排练，但我另有想法。

"如果我今晚想到罗马，你愿意带上我么？"

他微笑着，"当然，你有权一起走。"

半小时后，我们三人：驾驶员、副驾驶和我，已经坐在飞机里。他们试图起飞时，我的心都不跳了，不过飞机冲上了天，我一生中最危险的一次飞行也就开始了。飞越可畏的亚平宁山脉时，我们剧烈地颠簸着，好似就要坠毁一般。山区的危险过去之后，驾驶员坦白地宣布："但愿可以清楚地见到台伯河。如果我们想安全抵达罗马，那就是我们唯一的希望。"

鉴于写这些文字时我还活着，诸位读者想必知道我们不仅见到了台伯河，飞机还安然降落到"永恒之城"的土地上了。我这危险的小小壮举得到了报刊的好评，从而提高了听众对柴科夫斯基《降 b 小调钢琴协奏曲》作品第 23 号的热情，可惜我的表演并不够好。

返回巴黎时，那里正在上演悲剧。我们出色的女仆让娜深深地爱上了弗朗索瓦。我不知弗朗索瓦如何回应，但我刚到家，让娜就鼻涕眼泪地向我哭诉，还说要立即回圣热尔韦村去。她因嫉妒、恋爱和欺骗而陷入狂怒。事实上，弗朗索瓦几个月后就结婚了。他的新娘是和我们同住一幢大楼的贩卖头饰的小店主。不过，他答应暂时留下帮我们照看。他细致地帮我收拾好行装，我便前往华沙，跟奈拉一起开始我们的大冒险了。

与此同时，奈拉在华沙附近的奥特沃茨克租了一栋小别墅，那里据说对健康有益。通往房前的道路没有铺设路面，只垫了一层厚厚的沙子。别墅有个客厅，还摆了架钢琴，房间的数量充足，可以安置孩子们、卡罗拉以及奈拉的一个表妹（扎科帕内的伊尔卡的妹妹）——奈拉把全家的担子交给了她。房子里甚至有一间我们用的大卧室，与我们的使用时间相比，价钱相当合理。尽管我可怜的岳母不敢离开她丈夫的卧榻，但还是应允会关心我们的小家。

五、东方大巡演

90

2月底，为远征做好充分准备，带齐应付各种天气的服装，我们便坐上火车驰向俄国边界，在那里，花了很长时间接受护照、签证和车票的检查，我们最终获准登上了头等卧铺车厢。这种车厢我25年前肯定在欧洲其他地方坐过。

火车刚启动，奈拉就以难以置信的旺盛精力，动手清除我们包厢中大群的虱子、臭虫和蟑螂。她本以为自己赢得了这场战斗，却很快发现那不过是开始。到莫斯科之前我们几乎没有合眼，而且不敢脱衣服，只是脱了鞋。

在莫斯科，有个"导游"一如既往地在等着我们，不过这次还有两名波兰使馆的工作人员陪着。其中之一是亨雷克·索科尔尼茨基，他是奈拉的老朋友和以前的追求者。两场独奏音乐会是在一个小一些的厅里举行的，之后我收到了两张前往东京并返回巴黎的头等车票。

在列宁格勒，令我极为惊讶的是，据称门票售罄的大厅里几乎没有听众。我记得演奏时我很焦虑，紧张地感到不知发生了什么不正常的事情。我没有返场，不是因为无人欣赏，而是有其他神秘的理由。我们回到饭店后，奈拉告诉我一些令人毛骨悚然的情况：基洛夫，斯大林最好的朋友，列宁格勒的主要领导人，在三个月前被暗杀了，而斯大林正开始大规模地清洗可疑的持不同政见者。她说："一个满脸泪水的妇女悄悄告诉我，成千上万的人被警察抓走，要被送往西伯利亚。她还说没有一个家庭不遭殃的。"这是个可怕的消息。我们迫不及待地想返回莫斯科。官方对这整个案子是秘而不宣的。甚至波兰大使馆都不愿给我们透露一点信息。

回到莫斯科，我们由向导带着来到火车站，我们的卧铺车箱是老牌的比利时"铁路卧车"公司的产品，看样子比我们来莫斯科时坐的还要陈旧。我们就要坐着这节车厢，用 8 天时间前往符拉迪沃斯托克，就是以前的阿瑟港（即海参崴——译注）。奈拉同虫子们的战斗每天都得进行。盥洗设备肮脏得无法形容，想起来就令人作呕。每日三餐都在损害我们的味觉。为我们服务的那个人似乎从不洗澡，也不换衣服。桌布上污迹斑斑，我们受不了餐车上提供的"万能餐巾"，只用随身携带的餐巾纸。食物是索然无味的一团，还声称是鱼或者肉，但谁也吃不出区别来。

我记得，当我们停靠在一个车站时，有几个农妇，大都已经上了年纪，在严寒中衣服穿得很单薄，向我们兜售新鲜的烤鸡和农村自制的奶酪。警察发现这私人小买卖后，就把她们无情地毒打了一顿。

有一天，好像是旅行的第 4 天，我俩都失去了耐性。午餐时，我问服务员："您是否同意由我妻子做鸡蛋，鸡蛋我们自己有，她知道我喜欢什么味道。"

我从未见过比那更吃惊的表情，不过大惊之下，他居然同意了。奈拉在仔细清洗炊具之后，显然在厨房里示范了什么叫烹饪。然后，她轻易地从诧异的服务员那里拿到了干净的桌布，摆上了我们两人的饭菜。一夜过后，我们欣喜地发现整个餐车的气氛都变了。所有的餐桌都铺了洁净的亚麻桌布，三名服务员也首次洗净了多年的污垢，并换上了纤尘不染的围裙。

奈拉还获得了一个胜利。有个同路的工程师，我们不时地同他交谈几句，他怀着共产主义的幼稚看法，竟想让我们赞赏这他称之为"漂亮、崭新的卧铺车厢和餐车"。

"在西方有这样的车厢吗?"他骄傲地问。

我们心软,不愿让他失望。一天他病了。大家纷纷议论,奈拉就去打听详情。她具有诊断的超常直觉,猜到工程师哪里不舒服,并进行了治疗,结果帮助他很快恢复了健康。从这天起,我们这两个穿丝袜、打领带的卑鄙的资产阶级,变成了全列车最重要、最受尊重的旅客。每个人都想对我们表示钦佩。

我要一提的是,在漫长的西伯利亚之旅中,我们除了皑皑白雪外,时而还看到向前延伸的浓密森林和冰封的贝加尔湖。旅伴们指着一些破败的小屋,自豪地说:"在你们国家没有这种漂亮建筑,对吧?"

第8天,我们到达一个叫满洲里的车站,有人告诉我们那是朝鲜边界(原文如此,下同——译注)。我们等待海关人员,但很久都没人来,我们甚至发现四周安静得出奇,突然间火车开动了。这时我们才敢走出包厢,去打听点消息。我们走过了几节车厢,没见到一个人影。很明显,不算列车司机,火车上只剩下我们自己了。这样过了半小时,火车停在一个小站,立即冲进来一群日本警察和其他人员。警察客气地请我们离开车厢到一栋小房子去,而由其他人员来照料我们的手提箱和其他行李。两个警察把我们带进一个房间,要我们在桌边坐下,那里已经围坐了至少十几名日本军官。他们有个英语翻译,并且盘问我们一个多小时对俄国军队的见闻。当确信我们根本没有看见任何情况后,他们才让我们去放松一下。

我们从满洲里到这个小站的路程具有历史意义:就在那一天,俄国把自己控制的从满洲里到哈尔滨的铁路移交给了日本①。

---

① 1935年3月23日,原中东铁路的所属权被苏联以1.4亿日元的代价转让给伪满洲国所有——实际上由日本控制。

我们已经到了日本一边——这种感觉真奇怪。在哈尔滨短暂停留之后，我们在当时被日本人占领的韩国首都汉城过了一夜，第二天早上我们径直去釜山港，从那里坐上了开往下关的轮船。之后我们立即坐上火车，过了36个小时才到达东京。火车开得很慢，经常停车，但是卧铺车箱和其他用品都绝对干净，而且服务很周到。

我们从哈尔滨给斯特罗克先生拍了一份电报，告诉他我们抵达的日期和时间。所以不难想象，我们发现车站上没有人接我们时是多么的惊愕了。

我们默默地站着，像迷失在大千世界的一双孤儿。我模糊记得在最近一次大地震后，东京唯一没有受损的一座建筑就是帝国饭店。我们带上行李，坐上一辆干净的出租汽车，我吐字清晰地说："帝国饭店"，所幸，司机听懂了。我们期盼看到著名的日本樱花正在盛开，斯特罗克在巴黎就提起过它，但却失望地发现街上天寒地冻，还有积雪。汽车停在一栋三层的白色楼房前，墙上写着英文名字。我畏缩地走到接待处，担心饭店客满，却吃惊地发现接待员用蹩脚的英语告诉我："先生，您的房间已经预定好，钢琴在房间里面。"然后他把我们带到一处有大号卧室和漂亮浴池的房间，墙角立着一架闪闪发光的日本立式琴。接待员甚至听得懂"早餐"这么珍贵的单词，于是，感谢上帝，他们提供了非常可口的早餐，有上好的咖啡、烤面包和英国橘子酱。

餐后，我们又哼又唱，轮流占领了浴室，经过在西伯利亚快车上每天和跳蚤的战斗，这是我们朝思暮想的事情。我在浴缸里享用了一通烫人的热水、把身子和头发洗得干干净净，把脸也刮得从未有过的光滑。

我们愉快地躺到床上，想好好休憩一下。突然间，我看到钢琴、衣橱和桌子在地板上滑动起来。

"你是否看到了我见到的情景？"我问奈拉。

她那惊恐的目光便是答案。所幸，一两分钟后就不晃了，而且，这在不断遭受大地震折磨的日本，只算是一个提醒。

一阵急促的敲门声把我们从平静的小憩中惊醒。我跳下床，穿着睡衣，打开一条门缝看看是谁。原来是斯特罗克先生，他不但没为不去接站表示半分歉意，反而恼怒地大嚷："你们坐错了车，我还以为你们会乘从大阪开出的豪华车下午3点到的。"

我让他进屋，相互解释了缘由。显然，我们从哈尔滨拍的电报只提及我们到达下关的日期，而没说具体的钟点。他说的那趟车快得多，而且他不但要亲自接站，还要组织几百人的隆重欢迎仪式。大使和夫人、波兰使馆全体人员都要来，还有200多人要代表主人之声录音公司向你们赠送鲜花和礼品、另有那些通常喜欢送往迎来看热闹的人。"我们很不安。

我对斯特罗克说，"依我看，你只要通过扩音器解释一下，说我们已经抵达，经过长途旅行之后正在饭店休息。"

他阴沉着脸听了我的建议："我只会六七个日语单词，而且这样一来，简直会要了咱们生意的命。"

突然他的脸上阴云消散、阳光明媚起来。

"我们还有几个小时。如果你们穿上衣服，拿上两三件行李，我们坐火车一个小时以后就可以到横滨。然后我有办法让咱们坐上去东京的豪华特快，我就假装是跑到横滨去迎接你们的。"

当然，这个主意听上去活像一出法国滑稽剧，不过正因为如此，我们才喜欢它。

"行啊！"我们两人同时叫起来。"你可以看到我们会表演得很出色的。"

我们穿上了最好的衣服，套上旅行用的大衣、帽子和围巾，在三只箱子里塞了些很轻的东西，然后溜出饭店，驱车直奔火车站，一刻钟后就乘上了开往横滨的列车。一小时的旅程都用在讨论如何尽善尽美地演出这幕小小的喜剧上了。豪华快车来了，我们上车时遇到些麻烦，因为我们没有支付从大阪起的全程卧铺费用。但是斯特罗克会的几句日语，已经足够让列车员和我们一起欣赏这场滑稽戏了。而我们也是带着自我欣赏的情绪完成进日本首都的正式、辉煌的入城式的。

斯特罗克先生没有夸大其词。人群肯定超过 1000 人，日语的欢迎声此起彼伏、中间还夹着几声亲切的波兰语。当然，我们最得意洋洋的还在于我们外表极为整洁、精神十分饱满。波兰大使夫妇见我们历经可怕的长途旅行还能保持这种状态，喋喋不休地惊叹和羡慕都让人有点厌烦了。要不是我们太过于沉醉在这巨大的成功里，我们还真可能把伪造入城的秘密透露给他们呢。斯特罗克更过分，他向众人炫耀我们时，竟呷着嘴唇嚷嚷："有谁见过直接从巴黎来的人抵达时穿得像他们俩那样？"上千人大摇其头。

之后，我们不得不费力地顶住房门，不让记者进入我们的房间。否则，那些到处找素材、越来越不得体的记者还不知会对睡得乱糟糟的床上的睡衣怎么描写呢。我们在这出喜剧里唯一受到的惩罚就是都快饿死了，还必须假装在房间里打开行李和安排诸事，然后才能下楼用餐。

第二天全力用来准备在日本的巡演。第一场是和管弦乐团的音乐会，指挥是近卫秀麿子爵，他是日本首相近卫文麿公爵的弟弟。我演奏的是柴科夫斯基《降 b 小调钢琴协奏曲》。首次排练安排在次日上午。乐队除了第一小提琴是德国人外，全由日本乐手组成。乐队算不上一流水平，但能同不少与我合作过的地方交响乐团相提并论。事实证明，子爵是位专业指挥。他曾在莱比锡和纽约学习音乐，能讲一口流利的英语。唯一使我颇为担惊的是，每当我独奏协奏曲中的大段落时，日本乐手全都低下头打盹。看到乐手们在自己辉煌的华彩段打瞌睡，我作为钢琴家的自尊心颇受伤害，这些段落在欧洲是像具有魔力似的引人注意的。

不过，当我了解到日本人只要手头无事可做，就能立即进入睡眠状态，我的惊讶就变成一种有趣的感觉了。

有一天上午，我在大堂等汽车，一位派头十足的日本绅士，兴冲冲地走到接待处，打听某人是否还在饭店里。得到否定的回答后，就在我坐的长沙发的另一端坐下，把头往后一仰，不到半分钟，便张着嘴打起呼噜来了；当要找的那个人出现在大堂时，他立即精神抖擞地站了起来。日本人随时随地入睡的本领如此普遍，以至不论男女，都能在公共汽车上抓住扶手保持平衡，站着睡到目的地。

奈拉以女性的敏锐很快发现，日本人具有模仿的天赋。

"阿图尔，"她说，"你可以用伦敦的衬衫做样子，定做一打衬衫，而费用还不到伦敦做一件衬衫的价钱。我打算用漂亮的日本丝绸，依我最好的衣裙样子，缝制上两三件。价格便宜得荒唐。"

还真别说，不到两天，我就拥有了 18 件衬衫，另外还有和我英国手工皮鞋仿制得一模一样的 4 双皮鞋。

第二次排练效果很好，估计演出会不错。之后，我和奈拉就去银座逛街。来到这条名闻遐迩的街道时，我们惊异得驻足喘息了一阵。尽管地上还有积雪，但所有的樱花树上都绽放出了盛开的粉红与白色相间的花朵。我们相信了大自然的奇迹，直到走进商店，一个会讲英语的售货员自豪地笑着解释："这些樱花都是纸做的。"

我必须把这种不接受天候误人的态度归结为日本人性格中最特别的一面：他们坚决要按时看到樱花，为此不惜教训一下大自然。我们很是欣赏这一点。

斯特罗克在一个夜总会的雅座安排了一次晚会，雇来一些艺妓。

"这是日本正宗的景致之一。"他微笑着说。

奈拉原则上反感我对别的女人表现出兴趣，但对这一娱乐很好奇。像许多欧洲人一样，我们喜欢吉尔伯特和萨利文的《日本天皇》，也熟知《蝴蝶夫人》。对我们来说，"艺妓"一词意味着一个有趣的、充满快乐的未知世界。斯特罗克把我们领到一个舒适的房间，让我们把鞋脱下，留在门外。房间里面有一张低矮的圆桌，我们盘腿坐到垫子上。三个艺妓进来了，她们身穿色彩漂亮的和服，梳着极为考究的发式，脚上是金质人字拖鞋。至此一切正常。突然，我和奈拉交换了一下不屑的眼神。三个女孩的牙齿都烂了，部分还已经发黑（原文如此——译注）。这个小小的发现夺走了我们预期的快乐。她们的节目包括歌唱、舞蹈，还有伺侯我们用餐。而所谓的舞蹈就是髋部、胳膊和双手不可思议的缓慢动作，同时用苍白的嗓音唱着一段在日本随时随地都能听到的旋律：

在这个我觉得是平生最长的半小时中，我没有沉睡过去简直是奇迹。艺妓迈着碎步消失了，再度出现时端着菜盘和筷子。奈拉机灵地掌握了这个该死的餐具的用法，然而我无论怎样都学不会。我们每人身旁都跪着一个艺妓，试图帮助我们用餐，也让我们有机会更加清楚地看她们的牙齿。此刻我真的焦躁不安了。管我的艺妓看到我不太喜欢那些食物，又不太会使用筷子，就变得厚脸皮起来。她拿起我的筷子，夹了一块我描绘不出的什么东西，便硬往我嘴里塞。我可不吃这一套：狠狠地瞪她一眼，并在她抓筷子的手上不算太轻地打了一下。斯特罗克明白了是怎么回事，就匆匆付了钱，于是我们走出门，为能呼吸到新鲜空气和忘掉那些发黑的牙齿而高兴。

音乐会开得很棒。获得的切实的成功足以保证巡演顺利。很遗憾，有个极为令人伤心的消息在等待我们。一份电报传来埃米尔·姆威纳尔斯基的噩耗。当然，我们原本就知道他没有治愈的希望，但是，他突然辞世的确凿消息依旧是沉重的打击。然而，巡演还得继续进行。

我们去观看了一场歌舞伎演出。表演在挤满人群的剧场里延续了五六个小时。见到男人扮演女角有点惊异，而在冗长的爱情戏里我们却忍不住要笑，男人扮的情夫对着其男扮女妆的情妇咆哮，仿佛在以死相胁，可是他对象的声音却比任何女演员都要高八度，台词又是那么地顺从，以致我们都担心他随时都会被杀掉。全体观众擦着眼泪深受感动。后来别人告诉我们，这是日本最动人的爱情戏之一。在很长的幕间休息时，现场观众都涌到出售多种纪念品的商店——按照日本的习惯，出门做客或者短暂外出归来，都绝不能不带件包装漂亮的礼物。

结合我所描述的这一切，1935 年的东京给了我们一个强烈的印象，它不久就将成为世界性的大都会之一。

我在大阪——与东京匹敌的城市——举行的第一场独奏音乐会上发生了一件不愉快的事。音乐会的前一天，我同意参观该市的第一家钢琴厂，那里主要是立式钢琴，两三架小型演奏琴，一架形体很大、但装腔作势、声音也不太好的大型乐器。和往常一样，我受到请求在来宾簿上签名并提出宝贵意见。我礼貌地同意了，并写下祝他们在发展这一重要行业时一帆风顺。音乐会那天，我当着一位很好的调音师的面试了试汉堡产的斯坦威琴，然后就让调音师着手工作。演出前，我在大厅里看到了漂亮的鲜花，在演员休息室也有惯常的小礼物。开场之时，当地的经理六七次跑过来说："就等您了！"我定了定神，迈步登上舞台，对十分热情、人数众多的听众鞠了三四个躬，然后满怀信任地走向钢琴。可我看到了什么？不是我的斯坦威，而是当地工厂产的钢琴！我感觉得到体内怒火熊熊，走下舞台，高叫着，让观众也能听到："立即去搬斯坦威，否则取消音乐会！"

经理吓得要死，刹那间那架日本钢琴就被移走了，而不到3分钟，我已经坐好，用前所未有的热情开始了音乐会。

我也在名古屋、神户和奇妙的古都京都举行了独奏音乐会。京都是唯一保持了一点古代日本骄傲传统的城市。妇女大都穿着传统和服，也丝毫见不到东京那种对欧洲的模仿。我们在那里看到了古老的传统戏，实际上更像一种多样性的歌舞表演。乐手们一个挨一个地坐在观众四周，相互间保持一定的距离，眼睛看着正前方，演奏时没有指挥。但是他们总能同步地开始和结束。我们非常喜欢这个效果。

日本的庙宇全都很古老，而且赋予了整个城市极其庄重的外观。在波兰大使和夫人的陪同下，我们参观了宏伟的日光古庙，那里埋葬着寺内的许多修士。对三个天生的天主教徒和一个纯血统的犹太人而言，亲眼见识这种与我们如此格格不入的宗教真可谓触目惊心，然而它启迪了千百万高度智慧又文明的人获得信仰。

德川侯爵是著名的日本幕府统治时代的将军之后，是位日本绅士和真正的武士，他对我的音乐会非常感兴趣，而且似乎喜欢欧洲音乐。我们和他第一次友好地见面之后，就立即获邀去他在东京郊区的庄园度周末，而我们也爽快地答应了。这是了解日本显赫家族私人生活的良机。一天傍晚，侯爵用自己的汽车接上我们，不足一小时就来到通向他家的一个漂亮花园，他家的房子基本上看不到日本传统建筑的影子。侯爵亲自把我们带到一个很舒适的大套间，包括一个大卧室和起居室；之后，他领我们下楼，介绍他夫人，他们都是一身欧式装束。用罢相当不错的晚餐，侯爵和我留在餐厅，而女士们则按英国方式上了客厅。我们享用了雪茄，交流了日本的往昔和今天的生活，随后起身与夫人们汇合到一起。在去休息前，主人宣布道：

"明天，早餐后，我的妻子愿意向你们展示传统的茶道，那是传承了上千年的习俗。"

第二天上午，在房间吃过丰美的早餐后，我们便盛装等候茶道开始。我们看见大客厅里正在做准备，不一会儿，女主人身穿古典的和服堂皇地出现了。她的头发极其艺术地挽着，就像日本古代浮世绘上的那种。她的表演令人折服。同一位优雅的夫人，昨晚还以伦敦五月墟贵族区里女主人的风度接待了我们，眼下却变成了一名传统的武士的妻子。她向我们郑重其事地鞠躬四次，然后轻巧地走到一大块垫子旁，缓慢而优雅地跪坐下来。一个女佣用一只大托盘托着茶具出现了，她用缓慢到夸张的动作把托盘放到女主人面前非常矮的小桌上。这时，难以置信的表演开始了。我不想详细描写茶道的每个细节来耗费读者的耐心，只说个梗概吧。

许多世纪以来，这个仪式就始终是考验即将出征的武士的神经的。告别的茶水应该极其缓慢地递上。随着时间的推移，这种缓慢不断发展，以致于我们几乎把眼前的表演当做恶作剧。我们来算一下：拿起一条雅致的餐巾要用 10 分钟左右；一只纤手拿着餐巾伸向茶壶，我估计，又要 10 分钟时间；把茶壶移到一只茶杯前也差不多要花同样的时间。倒满一杯茶要用整整 3 分钟，其余的杯子以此类推。到了此刻，我早就想尝尝那宝贵的饮料，但刚伸出手，女主人就不满地严厉瞪了我一眼。我羞愧地放下手，继续耐心地等着——天啊！要特别耐心啊——然后才能端起那贵重的杯子。展示这种难以相信的缓慢动作对我倒起了个可笑的作用，因为我记得，我把杯子端到嘴边时，也不敢短于 3 分钟。茶道表演结束后，奈拉和我都大大地松了口气（是我们这辈子最松快的时刻之一）。但由于习染了散漫的欧式言不由衷，我们还是十分热情地向这场非同寻常的表演欢呼。我们的男女主人也很满意，不过我看他们的赞许也不乏某种虚伪。

我不想详细描写一场场的音乐会了，但是满大厅的听众显然都聆听得十分专注，而且也没有打盹的意愿。然而，我演奏的音乐显然没有打动他们，唯一的例外是突强或突弱，每到此刻，听众的表情都有变化。听众和我之间的这种小小的戏剧场面，在乐曲结尾时却必然地终止了，那时台下一片死寂，人们不知我是演奏完了呢，还是要继续演奏，这也令我感到不舒服。当我给出绿灯之后，听众才发出由衷的掌声。斯特罗克先生认为巡演取得了很大成功。现在要去中国了。斯特罗克先生的家在上海，他妻子和两个女儿都对他的工作给于帮助。

我们乘坐一艘日本汽轮开心地来到上海。斯特罗克一家已经把一切都准备妥当，因此我们在中国的逗留从一开始就很愉快、很有趣。上海地处扬子江流域，被认为是当时中国最重要的工业中心。但城里不健康的政治形势令我震惊。那时市区分别在法国、英国和美国手中。我们的饭店位于法租界，那里街道的冠名都是克莱蒙梭、白里安、彭加勒，等等。街上的行人讲的是法语，道路交通由法国警察指挥。走几步就能进入英租界。更为生动的一景，是由裹着漂亮缠头巾、蓄着大黑胡子的印度锡克人充当英国警察。美国租界一看摩天大楼便知。

有好几天，我都没看见谁像中国人。斯特罗克一家带着轻蔑的表情回答了我中国人在哪里的问题，说城南没有铺路面的街道上和那些拥挤不堪、只能描述为贫民区的地方，可以见到数以百万计的中国人。我得承认，这样的描述打消了我们探访这座城市惨兮兮的合法主人和居民的念头。

我的三场独奏音乐会在一座剧院里举行，听众完全是欧洲人和美国人。不过，为他们演奏真的没有给我带来愉快。整个中国都笼罩在不安之中，因为日本军队正从长城外面展开包围，占领了一些重要据点，千方百计地骚扰着中国。

我们下一站的城市是古都北平。我俩是在音乐会的当天清早坐火车抵达的。我们在法国人开的舒适的北京饭店预订了一个套间。经理骄傲地对我说，"音乐会将在我们的节日厅举行。"在房间里吃早餐时，我们收到信函、接到电话，一如置身美国或巴黎。来自芝加哥的作曲家约翰·奥尔登·卡彭特①很有钱，他声称自己有一所大房子，和妻子在里面居住了一年，安静地创作他的新作品。他的第一任妻子对艺术极感兴趣，在这里设立了妇女艺术俱乐部，并已经开始举行重要的展览。她去世后，卡彭特娶了他家的世交，好朋友埃伦·巴登小姐，她是美国最大的牛奶公司的主人。当时在美国，到处可见"埃尔西奶牛"。

在这意想不到的地方遇到从前的好朋友真令我高兴。他们愉快地提出要领着我们参观这座中国古都里所有值得一看的地方。然而，在音乐会当天我宁愿一个人独处，吃过简单的午餐，我才去看了一眼演出大厅和钢琴。当我问及调音师时，谁也不知道我要的是什么，但饭店经理告诉了我城里没有调音师。我走进位于底层、又大又漂亮的舞厅，钢琴就放在非常洁净的舞台上，可我打开琴盖时，却惊恐地认出那是一架老旧的席德梅伊尔（Schied-meier）琴。我用手指在琴键上跑动了一遍，于是生平第一次得出结论，哪怕有最好的愿望，我也不能用这架乐器开音乐会。当我强调地声明无法举行音乐会时，音乐会的组织者和饭店经理都吓得脸色苍白。他们大叫着要说服我。

"你不能对我们做出这样的事来。我们要负责的！大使们要从政府所在地南京赶过来。"

组织者甚至以后果严重来威胁我，但这次我毫不退让。整个下午就这样过去了。那两个人极其绝望，不知要如何把音乐会被

---

① 约翰·奥尔登·卡彭特（John Alden Carpenter, 1876～1953）：美国商人、作曲家。作有爵士哑剧《疯狂的猫》；芭蕾舞剧《摩天大楼》、《公主的生日》等。

取消的消息通告听众。即便如此，那些重要的外交官大概也已经从南京出发了。

突然，不知从哪里冒出一个住在饭店里的美国小伙子，他主动找到我说："我听说你碰到了麻烦，不过你为什么不找莱昂夫人借她新买的斯坦威演奏琴呢？"

"谁是莱昂夫人？"我问。

"她是常驻此地的美国领事的妻子，也是美国驻东京的大使约瑟夫·格鲁的女儿。这位大使想必您是认识的。"

我的确认识她父亲。在东京时他对我非常友善，没有落掉一场音乐会。

我们走进电话间，不到 3 分钟电话就接通了。我先抱歉这么唐突地打电话，然后说她父亲对我极为客气，接着难过地告诉她，由于大厅里的钢琴太差，音乐会不得不取消。

"如果他们推迟音乐会，您是否愿意发善心把您的钢琴借给我？"

她热情地回答："我当然会借给您钢琴，请不要取消音乐会。一刻钟之内琴就送到舞台上。"

"不，不。"我急切地回答，"您如果把琴交给那些不知如何搬运钢琴的人，他们可能会毁了钢琴的。"

"让我来操心吧。"她说完就把电话挂了。

美国小伙子和那两个垂头丧气的男人听到这个消息非常激动。只有我一个人对搬运工感到担心。我们忧心忡忡地坐下等待，突然间，我们似乎听见了合唱的声音，开始是在大街上的简单曲调。然后，这声音在旅馆大堂里变得响亮多了。此时我们分辨出大约 20 个人声在很近的地方有节奏地哼着号子："哼荷！哼哈！哼荷！"，那是 20 个苦力用十根粗竹杠抬着踏板和琴腿都固定好的斯坦威钢琴走进了舞厅。他们用号子声保持脚步的节奏一致，因为他们相互看不见。40 只脚快速地迈向舞台，上台阶时则放慢了号子的节奏，放下钢琴时没有一点声音，然后轻轻地抽出竹杠，他们的头和肩膀才露出来。我相信，他们从没有得到过比那天晚上更多的小费。他们离开了，其实是开心地跑出了饭店，既不喊号子，也没有节奏。

音乐会极为成功。全部来自欧美的优雅听众向我热烈地欢呼。见到老朋友真好。有卡彭特夫妇和奥本诺先生，后者现在是法国大使。音乐会后我们愉快地缅怀战争期间在里约度过的美好时光。当时奥本诺是克洛岱尔的参赞。他和他妻子决定逗留北平，第二天陪我们一起过。莱昂夫人是个非常迷人的年轻女士，而且热爱音乐。我满怀热情地感谢她帮助音乐会如期举行。后来莱昂夫妇成了我们的朋友，他们甚至还被派驻巴黎工作过一段时间。

接着的两天，我们参观了世界上最美、最有趣的城市之一。我在大街上意外地被年轻中国女性的美貌所震撼，她们已经不再遭受古代缠足的可怕折磨了。与日本女子不同，她们个子高、苗条、风姿绰约。此外，还有一点令人莫名其妙地兴奋，她们穿的长裙侧面开口很高，因此每走一步都可见到匀称的小腿和大腿（原文如此——译注）。

卡彭特夫妇领我们参观了紫禁城，在皇帝统治时是不准闲人入内的，现已经对旅游者完全开放了。紫禁城纯粹的中式建筑完好无损。内部更有许多无价的珍宝值得一看。我记得自己羞红了脸，那是负责人指着一堵空墙平静地说："这面墙上曾有全中国最杰出的一件艺术品，一大块玉雕，其雕功艺术无与伦比。但它被与义和拳作战的法国人、英国人和德国人打碎带走了。真是丢人，原来法国、德国和英国的士兵也扮演过入侵罗马帝国的汪达尔人①的角色。

---

① 汪达尔人是日尔曼的一支，因入侵罗马帝国时破坏文物而臭名远扬，因而现在大部分欧洲语言中破坏文物的行为就叫做 vandalizm。

奥本诺夫人带着奈拉和我去了北平著名的商业中心。那时已经是傍晚，街上全黑了，但我们刚迈进商业中心，左右两边所有的橱窗里就亮起了灯光——知名珠宝商展示着他们漂亮的深绿色玉石、各种项链以及许多品味高雅、非常迷人的物件。我们在北平购买了一大堆东西，心满意足地来到了另一个大城市——天津，我要在那里举行一场音乐会。天津看不到一丝北平的美感，反倒有个事情惹怒了我。在市内最大的广场上矗立着一座显眼的雕像，而我简直不敢相信自己的眼睛，那竟是老熟人英国女王维多利亚，她坐在白色大理石的椅子上。见鬼，她来天津干什么？只有上帝知道。

在这里，就像在前几座中国城市举行的音乐会一样，听众似乎都来自伦敦、巴黎和纽约。我们下一站是马来亚的新加坡，在上海的斯特罗克安排我在那里露个面。我们乘火车离开天津，在上海转搭开往新加坡的汽轮。我高兴地发现那里离爪哇很近，荷兰的"艺术界"协会安排的重要巡演就在爪哇等着我。我们下榻于有名的拉弗尔斯饭店，这也是个小型的旅店集团，类似于巴黎的"里兹饭店"、开罗的"谢泼德饭店"和伦敦的"萨沃伊酒店"。我们在热浪中大汗淋漓地来到旅店，冲了半天澡才恢复了精神，然后换上最薄的服装。我们高兴地安坐在著名的露台上，那里从早到晚都挤满了白种人，他们喝着各种各样的饮料，装出抵抗炎热的样子。突然，我听得一声高喊："阿图尔！"原来是诺埃尔·科沃德，他昨晚到的。他请我们过去坐，给我们点了两杯杜松子酒，然后大费口舌地向我们解释他为什么来这里。他这样完全没有必要，因为如我对他的了解，他自己对此也不太清楚。他的在场、他的魅力、机智以及对音乐的真正热爱，在新加坡的音乐会之前如同给我打了一针兴奋剂。音乐会在维多利亚厅举行，那是座宏伟、肃穆的英国建筑。英国国旗环立舞台两侧，舞台后方是一架管风琴，琴管就像伪装起来的武器那样可怕。不过，那架斯坦威琴格外的好。

很遗憾，开场前 1 小时，奈拉因为可怕的食物中毒倒下了，我不得不留下她一人，提心吊胆地去开音乐会。我担心自己演奏不了，但是，就像之前和之后的许多次一样，我职业音乐家的血液又一次拯救了我，我比以前任何一次都演奏得好。科沃德表现出来的热情、掌声、以及比谁嗓门都大的欢呼，的确大大地帮助了我。

在音乐会的结尾，听众被科沃德操纵着向我强烈欢呼，那意味着他们期待我加演多首乐曲。音乐会的经办人，同时也是维多利亚厅的经理，正在舞台的侧翼等我，他脸上带着极度不安的表情问道：“您是否还要弹点什么？”

“当然啰，”我回答，“如果他们坚持。”

我加演了肖邦的一首漂亮的短乐曲。反应更加热烈了，于是那人紧张得发抖地问：“您还要加演吗？”

这次他吓着了我。

我对他说：“不弹是否更妥当？我们走吧？”

他嘴唇颤抖地说：“不。上去吧，上去弹，去吧。”

我真的开始害怕了。在这些偏远的英国殖民地，任何残暴的事情都可能发生，而我明显地感受到危险的气氛。当我第二首加演乐曲结束走下台时，掌声依然不停，那人一面鼓掌一面绝望地问：“刚才是最后的了吧？”

这太过分了。

“你怎么啦？”我问，“你吓坏我了。你必须告诉我是怎么回事，我很害怕呢。”

他嗓音发抖地答道：“您看，每场音乐会后，我都要在管风琴上演奏国歌，而每次我都怯场得要命。”

一时间我无言以对，旋即笑出了眼泪。等我坐在拉弗尔斯饭店的露台上，把这故事讲给科沃德听时，更是笑得前仰后合。夜晚结束得很开心。奈拉安静地入睡了，别人告诉我，医生止住了她的疼痛，还给她吃了安眠药。

第二天我们乘船前往巴达维亚（今雅加达），那里有一家漂亮饭店，名副其实地称为"印度饭店"①。午、晚两顿都是印尼餐，配有20种不同的食物，但分量都很小，有鱼片、肉块、不知名的蔬菜，以及其他能吃的东西。但是我要说，相对于菜肴的味道，场面壮观的上菜方式更吸引我们的注意。20碟菜竟然由身穿蜡染服装的20位服务员排成队端上来，而且还来了好几趟。

若不是那里极度的炎热，我会感觉三场在巴达维亚的音乐会是在荷兰举行的。

奈拉说身上疼痛，这让我们两人都觉得不安。在万隆——荷兰在爪哇的首府举行的音乐会上，一个澳大利亚医生允诺将在自己的诊所为奈拉治病。我接连有三四场音乐会，因此不得不痛苦地留下她一人，不过，我成功地找到一架小飞机，每天上午都坐飞机去诊所探望她。感谢上帝，几天后她痊愈了，又能继续随我去巡演了。

我们在音乐会的当天下午到达一个小镇。在一家由荷兰人经营的、很干净的旅馆登记之后，我打听举行音乐会的剧院或大厅在哪里。接待员说："音乐会就在这个饭店举行。"

"你们有舞厅吗？"我问。

"没有。就在这间大堂里举行。"他说。

我微微一笑，心想他并不清楚自己在说什么。"瞎说。这里还坐不下50个人。"我对他讲。

"哦，"他绷着脸说道，"您的听众不会超过20个人的。"看到我不把他的话当真，他又多讲了几句说清了事情的原委。原来，城里的四个种茶的家族非常喜爱音乐，他们决定只要是"艺

---

① Hotel des Indes——当时荷属印尼被称为东印度，故有此称谓。

术界"协会举办的音乐会,他们就共同负担全额费用。听到此话我很开心。那16位来听我演出的听众,享受到了我在爪哇最好的一场音乐会。通常,在听众很多的情况下,我必须在开始时下工夫抓住他们的注意力,如果恰好来了灵感,我就能赢得听众;但这一次,这寥寥数位音乐迷却激发着我立即亮出了看家本领。

音乐会后有一个小型联欢。一对特别热情的夫妇邀请我们第二天到他们的茶场做客。奈拉出生在农民和种植园的环境中,她对种植业始终乐此不疲,自然喜欢这个主意。

第二天自由支配,我们一早就乘车沿着陡峭的山路,来到一处荷兰风格浓郁的可爱住所。窗户玻璃反复清洗过,闪闪发光,其余物品也件件精美,但最吸引人的,是茶。

我一直喜欢喝颜色相当淡的好茶。在波兰,我们用高高的玻璃杯喝茶,还要加柠檬,我能一口气喝6杯到12杯。我喜爱英国喝下午茶的习惯,但对茶叶的产地无所谓。但在此地,在爪哇人的茶场,我才呷了一口他们端上来的茶,就被它的滋味征服了。从此,我便不停地要求、乞求主人再倒一杯。到了午饭玩桥牌时,我大概已经干掉了十好几杯。用"甘露"形容它太苍白无力了。任何饮料,不论酒、咖啡、巧克力茶,甚至牛奶,都从未让我的味觉如此绝对地获得满足过。奈拉也热情有加,但她更为她自己丰富的知识而骄傲,懂得为什么此地茶场的茶叶比我们常用的要好,似乎比品尝茶水的味道更重要。告辞时,我们还沉醉于在山上度过的这一天。

巡演进展的速度很快,没有一刻感到单调,每个城市都有它自己的独特之处。一次,奈拉从箱子里取出我的演出服,把黑色外套挂在衣架上,要更衣时,她拿起外套,结果惊起了上千只蚊子,嗡嗡地飞满了整个房间。我们吓坏了,抄起手边的任何东西来驱赶它们。我到现在还在奇怪,这些昆虫怎么没有咬死我们?好在又是我们打赢了。

下一座城市是所有地方中最热的，苏腊巴亚（即泗水），岛上的第二大城市。此地的床铺都挂着优良的蚊帐。我们决定脱衣上床，尽量安静地躲在里面。但还有更大的麻烦。有些不知名的大型昆虫，看着像个小动物，似乎有能力把我们的蚊帐撕成碎片，它们重重地撞击蚊帐，发出可怕的、难以忍受的噪音。第二天早上，为了起床和处理音乐会当天的琐事，得有巨大的勇气。所幸，我们也享受了意外的艺术消遣。离苏腊巴亚不远就是日惹，皇帝的住在地。我听说还有个皇帝之后，不免十分惊奇，而一位荷兰官员答道："我国政府一直在日惹的皇宫里保留着皇帝，不过，我们荷兰的总督府就在皇宫广场的对面。"

我问："皇帝和总督保持着友好关系吗？"

"是的。"我的"情报员"回答："皇帝称总督为'叔叔'。"

我们很幸运，到达的那天正好是爪哇一年一度的全国节日。这一天，御用嘎麦兰①乐队可以在皇宫前面演出。我非常好奇地想听听这种演出，它能吸引数千名热情的爱好者聚集起来。我对它的了解仅限于：上次在巴黎举办的世界博览会上，一只来自巴厘的嘎麦兰乐队给有机会听到演出的德彪西、拉威尔和其他音乐家留下了很深的印象。我本人也为这新奇的声音迷倒了，而且不得不承认它是音乐，原因在于它是一种有条理的、预先确定的声音序列。我也明白了为什么这种音乐能触动那些作曲家的想象力了。

最后一个城市玛琅位于爪哇岛最西端，所幸它座落在山区，炎热要轻一些，而巡演的终点是巴达维亚。我的报酬丰厚，是用荷兰货币支付的。下一站是菲律宾群岛的马尼拉，又是和斯特罗克一起。时间才到7月初，我高兴地得知，在乘日本轮船去香港之前我们有几天空闲。在香港等一两天后我们要转乘美国轮船去

---

① 嘎麦兰：印度尼西亚器乐合奏，其中有竹木琴、锣和其他打击乐器。

马尼拉。我和奈拉两人都为能有机会去巴厘岛旅游感到兴奋，我们都听说过那里的奇妙。在新加坡，当我们情绪高涨地提起可能去巴厘岛时，科沃德大叫起来："太好啦！我马上给我的朋友史密斯发电报，他将让你们尽兴游览个遍。"

两地之间有空中航班，我搞到了下一班的机票。我们的旅伴是两个有趣的美国人，富有的多丽丝·杜克是烟草公司的女继承人，她正度蜜月，新郎是一位有欧洲背景的迷人绅士。我们马上就熟识起来，因为他们两个都听了我在新加坡举行的音乐会。

我忘不了飞行中的一个可怕时刻。飞行员急于向我们展示这个岛屿的优美，把飞机开得很低。我们四人都坐在靠窗的位置，以便欣赏风景。当我们看到机身正下方恐怖的火山口高高地喷出火焰，几乎碰到飞机，请想象一下我们有多么惶恐。我们高声惊叫起来。所幸，什么事也未发生。不过，那个美国人跑进驾驶舱，愤怒地向飞行员抗议。飞行员回答说，他原想让我们体验一下就近观察真正的火山的快感。

不久，我们就在这个具有魔力的岛屿的一个小机场降落了，而小岛的魔力也立刻奏效了。我们走出飞机，没受到任何人打扰，如同坐直升机随意降落了一般。有一条很好的道路，两边是高大的树木，但突然冒出一长队高个子妇女，提着水果和其他礼品，大摇大摆地从我们面前游行走过。她们衣着漂亮，裙子鲜艳而胸部袒露。突然间，她们像梦一般消失在拐角处。我们后来得知，类似的队伍每天都有，与她们宗派的佛教仪式有关。

一名个子很高、头发金色的年轻小伙子自我介绍说："我叫史密斯。我的朋友科沃德给我发来电报，让我领你们看看岛屿。我乐于效劳。"

我得承认，我没有期望科沃德仁兄会真的发电报，因此这令我喜出望外。史密斯把我们带到一个小旅馆，它干净又叫人愉快。实际上那是荷兰政府的招待所。

第二天完全花在音乐和舞蹈上了。我把我们的美国旅伴介绍给史密斯，他同意让他们加入我们的行列，而且他真的尽了全力提供方便。他组织了一次漂亮的表演，我印象最深的是一个不超过10岁的小男孩的卓绝舞蹈。他双手、双脚和头部的动作，既与躯干的扭动和谐地配合着，又生动地相互对比着。他会做几个跳跃，然后把动作放得非常缓慢。舞蹈由一个巴厘人的嘎麦兰乐队伴奏，乐队与爪哇的很类似，但增加了几件打击乐器。白天，我们看到好几起和上午那次差不多的宗教队伍，只不过衣着的颜色不同，礼品不同，而且是顶在妇女们的头上，这让她们走路时有种特别优雅的姿态。令我们既意外又高兴的是，这里的气温虽高，却很干爽宜人。

晚上，史密斯为我们安排了一场男声合唱音乐会。24个人面对面站成两排，其中一排开始唱出一段旋律，不过这旋律是以每个人同度唱一个音符的方式唱出来的。而对面的那12人立即接上，但所唱旋律要高出半个音。他们这样重复几次后，就开始加快速度，结束时两个音疯狂地交替着，形成了又响又长的颤音。这些人唱着切分音符而节奏不乱，简直太令我惊奇了。我觉得这是我们参观这个美丽海岛的高潮点。

第二天，精力旺盛的史密斯驱车经过缓坡、可怕的火山、稻田和美丽得惊人的森林，带我们在岛上转了一圈。此地的景色具有一种独特的美，我在众多的旅途中从未碰到过。

第三天清早，我们告别了美国夫妇，大大感谢了史密斯给我们在这个神奇的小岛上带来的忘怀的记忆。然后，我们租了辆敞篷汽车来到一处码头，从那里搭乘一只桨划船不出1小时就能到达爪哇。在早晨的清新空气中，沿着不宽但精致的道路穿行于友善的树林，这样的短途行进真令人陶醉。时而有三两只猴子既紧张又好奇地窥探我们。受到惊吓的那些，便吱吱地叫着跳到高处的树枝上去；其余的则留在地上自若地让我们通过。

在码头上，我们租了一只配有两个桨手的大船。出了一件可笑的事情：平时我从不晕船，能在公海上抽雪茄，但在这不稳当的桨划船上却晕得一塌糊涂；而奈拉，在大型汽轮上，只要稍有晃动便害怕出事而跑回船舱，但这次小船不住地摇晃却让她如履平地。靠岸时，她轻盈地跳上了岸，而我则不得不由两名桨手搀扶着，以免掉进海里。我们坐火车来到巴达维亚，吃了一顿精美的告别印尼的美餐后，就登船前往香港。

抵达香港的中心维多利亚港那天，天气特别闷热潮湿，在巴厘爽人的三天之后，这令我们尤其不舒服。我们住进城里最好的饭店，那里的餐厅有空调。还要等两天时间，去马尼拉的美国汽轮才到。

香港这个美丽的岛屿，英国的殖民地，令我着迷。它比上海、天津这样的大城市有趣得多；在那些大城市，无处不在的欧洲人和美国人让我十分厌恶。这里和当时许多其他殖民地一样，英国人就如同在自己家里，当地人似乎只是画中的背景，这景象有时使人感到好像是在看演出。

饭店的餐厅由一个俄国人当领班，或者说监工。他径直走到我们桌边，千方百计要我觉得以前见过他。事实上根本没有这回事，但我也装模作样的让他高兴。于是他就一刻不离地伺候在旁。午餐后，我和奈拉出去散步。香港城市的富有和重要性令我俩印象颇深。

"奇怪，斯特罗克为什么不在这里组织一场音乐会？"我问奈拉。

就在这时，我们看见一家气派的乐器店，它的橱窗布置得很别致。

我对奈拉说："我们进去看看，了解一下这个城市的音乐生活。"

我们走进商店，看到几架钢琴和一些其他乐器，就像在欧洲哪些外省的城市一样。我向店主、一个有礼貌的英国人，作了自我介绍，他说知道我录制过唱片，并问能为我做些什么。

"在这个城市里音乐会由谁组织？"我问。

他叹口气："这个大而富有的城市对音乐根本不感兴趣。4个月前，我试图推介一位钢琴弹得很好的年轻英国女士。音乐厅里没来一个人。有了这次经历，我劝您不要在这里进行公演。否则您会大失所望的。"

我们回到饭店，又累又热，直奔餐厅去喝茶并享受空调。那个俄国人又出现了，我没话找话，说到让人泄气的音乐会的消息，他听了似乎很生气。

"那人是个笨蛋！"他叫道，"他想要大家为三流的演员掏钱。他从来没有勇气去请大艺术家。如果您同意，我明晚就可以在旅馆的顶楼组织音乐会。"

我们不相信地笑着，但他严肃起来。

"那里有一个漂亮的舞厅，可容纳将近 200 人。我可以收高价，而且能把舞厅塞满。"

我从来无法拒绝挑战。"我倒很愿意看看会有什么结果，"我认同了。

他迅速地回答说："我马上请三四个记者到您这里来，明天一早在两家主要的报纸上就会登出一则篇幅不大但位置显著的广告。"

我准备了一套十拿九稳的曲目，唯一有分量的就是肖邦的《葬礼奏鸣曲》。天哦，这家伙成功了！"记者根据采访发表了生动的报道，广告也很有吸引力，不到中午票就卖光了。总督宣布要出席，而那个俄国人得意扬扬地告诉我："每个在香港数得上的人今晚都会出席音乐会。"

当我提到天气炎热时，他说："我们有很好的空调设备。"

钢琴是不错的斯坦威，虽然不是大型演奏琴，但对这个厅已经足够了。但空气湿度很大，我好容易才穿上自己的演出服。

听众到齐后，我便乘电梯来到顶楼。按照俄国人给的信号，我连跨两个台阶上了舞台，看来一切都安排得十分妥帖。优雅的听众很守规矩，我一开始演奏就都安静下来了。第一首作品是肖邦的谐谑曲。刚弹了几个小节，突然有十多台电扇发出巨大的噪音，完全盖过了我的琴声。设备想必非常原始，在这种奇特的情况下，我勉强完成了谐谑曲的演奏。曲终，我走下舞台，在幕间休息之前我可从来没这么干过，逼着负责的人把电扇关掉。完事后，我返回台上，向听众微微一笑，继续演奏我的曲目。但随着音乐会的进展，热浪替电扇们报了仇。可怜见的，我多年来曾在各种天气条件下坚持熬过为时漫长、消耗体力的音乐会，直到结束都衬衫笔挺、硬领完整；但现在我脑袋发晕、浑身大汗。幕间休息时，俄国人只好找来冰水，和奈拉轮流在我的额头敷毛巾降温。

略为清醒些后，我更加努力地继续演奏。最后一首是李斯特的狂想曲，观众们高声欢呼，可我鞠躬时，几乎已经神志不清。我一直搞不清自己是如何完成两首加演曲目的，但我刚离开大厅就晕过去了。我苏醒后，被人们送回房间，可怜的奈拉不得不使劲扒下紧紧沾在我身上的衣服。她扶我坐在电扇前，但想让我离开电扇上床休息时，却大费口舌。

第二天早晨，我又神清气爽，可以继续旅行了。此外，我挣了一大堆英镑。而我即兴的俄国经纪人对他自己的那一堆也很满意，并周到地提供服务，直至我们离开。分别时，他说："回欧洲的路上，你们肯定还要在香港停留，而且时间一向都比较长，那您何不再演一场呢？"

身为无畏的赌徒，我回答说："为什么不呢？"对此也没多想。

经过 3 天平淡的旅行，我们来到了马尼拉——吕宋岛富有的首府。斯特罗克的代表是个很帅的西班牙人，他说听到过我在西班牙取得的成功。这是个好消息，让我立即感觉到很亲切。我们去了市内唯一的饭店，正好也叫"马尼拉饭店"。

在饭店用完非常可口的午餐后，我接待了两位绅士，他们以一家大西班牙俱乐部主席的名义邀请我出席为我举行的宴会。我还得到了一张为期两周的贵宾卡。我高兴地接受了，因为想象力已经把我带到了那些相似的西班牙俱乐部中。

我的第一场音乐会是在次日晚上举行的。这天上午，当地的经纪人把我带到了一间很大的剧院或者电影院（我已经说不清楚），那是一栋讲究的现代建筑。

"在马尼拉的全体西班牙人都将到场。"他满意地说。

我看到一切都符合我的心意：钢琴音色好、机械部分灵活、连摆放的角度都合适、琴凳舒服、高度恰当。我很受鼓舞，觉得为了听众应该保持最佳状态。我和经纪人商定，下午我要在舞台上练琴。

"请务必保证，在我工作时，不要让任何人进来。"

他照办之后，我们就返回了酒店。

好好休息之后，我又乘出租车回到大厅。放我进去的那个人说，他要离开了，不过谁也不会来妨碍我的。

"您结束练琴后，很容易叫到过路的出租车。"

我开始认真练琴，没有注意时间，等突然发现不到一个半小时音乐会就要开始时，才慌了起来。

我向门口奔去，希望能很快拦住一辆出租车，却惶恐地发现自己眼前是从未见过的热带暴风雨，大街上自然是空无一人。我想返回大厅，找个人帮忙，但门已经上锁。我独自一人，陷入毫无办法的困境。然而，想必有个专管钢琴家的神，因为一辆私家车突然在我面前停下，有人用西班牙语问道："我能帮您什么忙吗？"

不到10分钟，我已经踏进饭店，大大松了一口气。我原本以为今晚自己会注定穿着湿漉漉的常服登台演奏的，但奈拉觉得我遇到了麻烦，早就准备好了一切。我只要一边套上演出服，一边狼吞虎咽地对付一个鸡肉三明治和一杯咖啡就行了。

那场音乐会一直留在我的记忆中。对演过多次的作品,我好像是第一次弹奏;而听众做出的反应也像在西班牙的巴伦西亚和奥维耶多一样。

第二天,我才意识到自己在这个城市取得了很大的成功。菲律宾上流社会的妇女都簇拥着奈拉,并决定为她开个茶会。那些妇女出席时甚至都穿着华丽而具有异域情调的装束。那装束和我们以前见过的没有丝毫的共同点。奈拉很好奇,她们告诉她那是正式场合才穿的,布料是用菠萝树的纤维织成。奈拉热切地同意也要量身订做一套,试穿两次后,就骄傲地和那些夫人们一起出现在一场欢宴中间了。

马尼拉异常好客地款待了我们。美国总督弗朗克·默菲先生、密歇根州的参议员,在政府大厦为我们举行了晚宴。宴会上,我们被介绍给了曼努埃尔·奎松先生,他是菲律宾参议院主席、未来的首任总统。

多丽丝·杜克和她的新郎乘着租来的漂亮游艇抵达,还邀请我们和奎松先生参加在船上举行的奢华宴会。有对巴塞罗那的迷人夫妻,是我在加泰罗尼亚省会的几个朋友的亲戚,自告奋勇地充当我们游览全岛的导游。他们俩很活泼,我们立刻就感到了善意,于是接受了他们的建议。男的名叫胡安尼托·洛佩斯。

在马尼拉的第三场,即最后一场音乐会之前,那个典型的西班牙俱乐部为我举行了宴会。如同在西班牙和英国一样,这种俱乐部只对男子开放。不过俱乐部主席的妻子邀请了奈拉和另外两位夫人共进晚餐,地点就在我们宴会厅隔壁的小客厅里。

俱乐部主席长篇大论地把我介绍给俱乐部的八十几个成员,夸张地赞扬我的音乐会,云山雾罩地吹嘘我在西班牙的成功,更说到有我到场是多么荣幸。但是他的演说家的杰作对我成了纯粹的折磨,因为我知道来而不往非礼也,而且大家都期待着我天花乱坠的答词。

现在我必须承认了，我认为自己是本世纪最了不起的闲聊大师之一。在一小群朋友里，我可以喋喋不休让别人一个字都插不进，但在正式场合，要是有人为欢迎我站起来发表讲话，我就算只说声"谢谢"，也会因为惊慌失措而开不了口。这一次更是糟糕，我努力站起身，双腿在桌子下面发抖，想开口说几句，却连声音都没有，结果只像被抓住脖子的鸡一样发出了奇怪的声音。在场的人大概以为我不太舒服，但停顿了片刻之后，我磕磕巴巴地用最蹩脚的西班牙语说了几句感谢的话。稍后，当聚会随意起来，若干会员围拢在主席和我身边时，我又恢复了闲聊的本事，用双关的笑话和精选的趣闻逗得众人开怀大笑。事后，奈拉时常模仿我那被捏住脖子的鸡叫声，她当时在隔壁房间都听到了。

洛佩斯不是俱乐部会员，然而我们其余的大部分时间都是与他们夫妻一起度过的。他们真是快乐的一对。洛佩斯酒量有限，开车送我们回饭店时，总是把车开得歪歪扭扭的，那种时候他妻子就用西班牙语责备："No hagas dibujitos（别乱画画）"从那时起，如果碰上不能完全信任的司机，我和奈拉就说这句话。

最后一场音乐会在邻近岛屿的首府伊洛伊洛举行。

我的经纪人说："我先给您打个招呼，由于当地的旅馆很糟糕，有个大夫，一位厚道的绅士，邀请您和您的妻子到他家过一个晚上。"

不经我预先同意就接受邀请的做法不合我的胃口，但像通常一样，我毫无办法。

我们乘小飞机短途飞行就抵达了伊洛伊洛。那里炎热、潮湿的天气立刻让我们想起苏腊巴亚。大夫是个和蔼、面带笑容、皮肤呈古铜色、年过半百的男人。他把我们带到他家。看到一大群孩子极为好奇地盯着我们时，我们还真有点吃惊。右侧有个大房间，楼梯非常漂亮，好多双棕色的大眼睛就隔着栏杆看着我们。

大夫谦和地解释："我们有 19 个孩子。希望他们不会打扰你们。"

此时，一位高大的女士走进来，很显然是他的妻子。她至少有 7 个月的身孕了。真要命！奈拉和我交换了一下眼色，轻声用波兰话重重地诅咒了马尼拉的那位经纪人。

所幸，事情并没有我们担心的那样可怕。午饭只是我们四个人一起吃，之后我就回去忙业务上的琐事了，比如检查演出大厅和钢琴，看看各方面是否合我心意。城市本身没有什么吸引人的地方。听音乐会的是一群相当奇怪的人，看他们脸上的表情，会以为是被警察押送来的。他们对音乐的反应好像是在听我用波兰语发表长篇报告，只有当有人给出信号时，才会鼓掌。请诸位读者允许，我对这场音乐会的谈论就此打住。

演出完毕，我的衣服全湿透了。我们的主人允许我只穿着最轻薄的睡衣吃点心。我说话不敢声音太大，怕女主人会立即生产。我们和大夫闲聊时，他骄傲地宣称："我妻子有两次生了三胞胎，三次是双胞胎。"

然后他把我们带进我们的房间。白天里，奈拉和我都认为，晚上我们的房间大概要弄两个吊床，但该上床休息时并无动静。医生给我们指了指两张包着硬皮座垫的沙发，说："在伊洛伊洛，我们就睡在这上面。"

他拿起两个小枕头，不好意思地补充道："这不是用来放头的，而是用来分开两腿，我们这里又热又潮。"

离开房间时，他又微笑着说："我们这里把这小枕头叫做'荷兰寡妇'"。

我们俩一时无语，然后半信半疑地照着他的话去做。

我痛苦地说："等待着我们的是不眠之夜了。"然后又用波兰话咒骂了几句。

我们在硬沙发床上躺下，噫，我们竟然立刻美美地睡着了，好像从来没睡过觉似的。

我们舒舒服服地醒来，而且很饿，但我们决定在伊洛伊洛的最后一夜宁愿去最差的旅馆，也不要留在这个婴孩工厂了。去马尼拉的飞机第二天一早7点起飞，这正好成了我们搬到旅馆去的理由。大夫崇高的职业令他善解人意，他帮助我们在一个名不副实的"旅馆"里找了个简陋的房间。没有可去之处，我们就在屋里一丝不挂地呆了一整天，读书，焦急地等着永远离开伊洛伊洛。

但在半夜里却发生了可怕的事。我们被惊醒了。建筑的木结构在剧烈颤动，似乎马上就要倒塌。同时，可怕的热带暴雨在狂风驱赶下肆虐着，仿佛要摧毁一切的障碍。我们惊恐地跳下床，想打听发生了什么，我们打开门，却看到人们在上上下下地奔走。所幸我们找到了经理，于是问他会不会发生大危险。他回答："还不会。暂时是7级台风，但愿不要更糟。"

我们回到房间，在恐惧中等待着。风势稍稍小了一点，但暴雨一直不停。

"飞机肯定不能起飞了。我们注定要留在这个被上帝遗忘的岛上了。"我绝望地说。

清早，经理上来平静地说道："快收拾，公共汽车已经等着送你们上机场了。"

大概不用说我们有多轻松了。

到了机场，我们钟爱地看着飞机，一小时后风雨略驻，我们就启程飞往马尼拉了。就在这趟短途飞行中，我对奈拉说："从现在起，我们要赶快，必须回家和伊娃过生日。"

我们准时抵达马尼拉，但降落时机场水深过膝。一些人赶来帮忙，把我们六七个旅客抱到汽车里。我们平安无事地抵达马尼拉饭店。时间还早，而我们乘坐的多拉班轮公司的轮船要傍晚才启航，因此我们还有时间去取票和收拾寄存在这里的行李。我给莫斯科的演出公司发出一份急电，通知我们到达的日子，大概是8月15日。

奈拉觉得我们应该在离别前邀请洛佩斯夫妇吃顿午饭。他们答应来。我们梳洗更衣已毕，便去设在饭店的多拉班轮公司办事处，这倒满方便的。

我要求出票并准备付款，办事员却冷冷地问道："您有出境许可吗？"见我惊奇的样子，他就补了一句："您交清税款了吗？"

"搞错了吧，"我说，"你在说什么啊？"

他面无笑容地回答："您现在身处美国领土，我们不能给你出票，除非你有许可，证明税务当局认可你在这片国土上的收入。"

我非常不耐烦："我在这里有经纪人，他该告诉我这些事的，但他从未提到这回事。"

那人转过身去，我就没办法了。我跑去找饭店经理，了解他们是否有权扣住我的票。

"是啊，"他回答，"你必须去税务所，申报你在这里的收入。"

我真想宰了我那经纪人，他除了跑来和我结清账目，就从没出现过。我很难问清税务所在哪里，什么时候开门，于是只能焦急地等待着洛佩斯夫妇。他们一出现，我们就告诉他眼下的难关。事实证明，他们的友谊远远胜过我的期待。洛佩斯说："让我来办吧。"

他把税务员叫到多拉班轮公司办事处。然后告诉他，事情很紧急。没有那个经纪人，要列出我的收入清单是完全不可能的。洛佩斯真有气概，他对税务员说，看见我被当做打算欺诈美国国库的人来对待，他感到羞耻。税务员不为这些解释所动，这反而惹恼了洛佩斯："我是马尼拉一个正直的市民。请你们出一份声明，我来签字，以此保证由我归还鲁宾斯坦先生可能拖欠美国的债务。"于是，税务员、票务处的人和洛佩斯忙活起来，草拟了声明，然后洛佩斯签了名。

几分钟后，船票已经在我的口袋里了，我们四个人这才一起友好愉快地吃了告别午餐。下午，这对好夫妻把我们送到港口，我们反复地拥抱、亲吻、拍打脊背，表示感谢并希望很快再见之后，我和奈拉两人终于上了船。

经过一夜的折腾，以及不知能否成行的担心之后，我们默默地坐在甲板上休息了很长时间。突然间我恍然醒悟。

我对奈拉说："心爱的，你想到了吗？我们必须精确计算行程才能赶回去给伊娃过生日。如果迟到了我可受不住。"

可怜的奈拉！多少个礼拜她一直挂念着孩子们，热切地盼望着信件或者电报，如果有延误便心烦意乱。因此她现在只淡淡一笑："你倒问我！"

晚上，我们正坐在餐厅里，轮船在可怕的大风的袭击下突然剧烈摇晃起来。不到一分钟，饭厅里就没人了，大家纷纷回到各自的舱室，一进屋，奈拉就扑到床上，好像在等死。而我则惊慌地寻找事务长打听消息。

"先生，这是台风。"他回答说，"我们希望能够躲过去。不要担心。旅途会很不舒服。不过，台风袭来时，在海上还是比在陆地更安全。"

最后这句让我镇定了不少。我打算把这好消息转告奈拉，但她根本不听。

连续四天糟糕透顶，恐惧、缺少食物、一直无法入眠，我们摇摇晃晃地靠上了香港。这里的台风一天多前就消停了。我们先要在当地消磨一整天，然后去上海，从那里乘火车，一路抵达华沙。轮船缓慢地靠向码头，所有旅客都站在甲板上，寻找朋友、家人，或者只是好奇地向周围观望。

我看到有个身穿白色套装的男子站在人群前列，使劲地挥动着手绢。

"他大概是在向你招手。"奈拉说。

我心虚地向他挥了一下手，那人竟然激动得跳了起来。等船靠近许多，奈拉和我同时认出他来。"俄罗斯领班！"我们叫道。

最终允许我们上岸时，他像疯子似的冲过来，用俄语叫喊着："感谢上帝，您们来得正好！"

他这近乎歇斯底里的欢迎让我有点不安。

他接着说："您有现成的节目单吗？"

"干什么？"我大叫道。

"今晚您有演出，票已经卖光了。"

"什……什么？"我张口结舌。

"我们不是说好了吗，您不记得啦？我从多拉班轮公司了解到您的船什么时候到达，就立即发出了音乐会广告，省得耽误时间。现在一切已经就绪，就缺节目单了。"

我的职业素养再次救了我的命。我把伊洛伊洛、税款、台风全忘了，思绪集中到曲目上；刚进旅店几分钟，就把节目单交给了他。

那俄国人不好意思地说："您另外还有一场。在离此不远又非常重要的中国城市广州，有一所规模很大的大学，他们出高价请您明天下午去那里举行一场音乐会。坐火车不到两小时就可抵达，夜里回来。"

这可让我生气了。"我们明天去上海。我们必须在一个十分重要的日期之前回到家里，给我全世界都不行。"

"不耽误时间，"他热情地叫道，"我都计划好了。后天，意大利巨轮威尔第伯爵号开往上海，比您要乘的船到得还要早。而且我已经给你们预订了船票。"他得意地补充道。

这个俄罗斯坏家伙知道怎么对付我。我只有一切照办了。

然而，奈拉对此颇为抵触，并决定让我一个人去广州。那俄国人告诉我，听众全是中国人，主要是学生。这使我难以选择曲目。我最后定了一套折衷的：巴赫的《F大调托卡塔》、贝多芬的《降E大调奏鸣曲》，其余是几首仔细挑选、但风格迥异的曲子，比如《彼得鲁什卡》、肖邦的作品、当然还有李斯特的《第十二狂想曲》!

香港的音乐会是第一次的翻版，这不是指曲目，而是指气候。这一次，那个机灵鬼找到一个办法，只打开部分电扇，我因而也少受了些"热罪"。我们俩对收入也都十分满意。

第二天一早，他和我一起乘火车到了广州，那是一座地道的中国大城市。在纯粹中式建筑风格的饭店里，我收到"扶轮国际"来的一封信。那些美国商人邀我去船屋上参加一个午餐会，还希望我做一个简短的发言。音乐会安排在下午4点，之前我还有许多事情要办，但我渴望消遣，也就同意了。

在一条精致的英国风味的船上，又大又长的桌边坐着十分热情的中国商人，而主持人则是俱乐部里一个典型的美国人。午餐是鸡肉拌饭，半中式半美式，可怕极了，然后是冰激凌，又硬又冷像块石头。刚吃一口，那老一套就开始了。端上用白水代替的咖啡后，主席敲了敲锤子，表示该我发言了。我这个平常笨嘴拙舌的演讲者今天却对眼前这群中美商业天才恭维话滔滔不绝，并为我赢得了当天的第一次掌声。

那场音乐会是我一次难忘的经历。学校巨大的礼堂被中国大学生们挤得满满的。大学校长是牛津大学毕业生，他以近乎谄媚的中国礼节接待了我。钢琴也惊人的好。这样的环境使我比以前许多音乐会都弹得更出色。《托卡塔》之后，我得到欢呼。我就想，啊哈，这些听众无论我弹什么都会叫好的。但是我错了。贝多芬的奏鸣曲得到长时间的掌声，但我火热地演奏完《彼得鲁什卡》后，大礼堂里一片沉寂，听众不知道该曲是否已经结束，而且掌声也很冷淡。我本寄希望于十拿九稳的老战马——李斯特的《第十二狂想曲》的，但却大失所望。听众站起身来，准备离开大厅，似乎并不知道加演为何物。我虽然对自己的表现满意，但仍旧有点伤心。

在后台，校长握住我的双手，对我深深鞠了四五个躬，并邀请我到他的私人办公室喝茶。我对这位受过良好教育的学者很坦率地说："是不是我演奏了第一首作品之后，您的学生就受够了？要么他们在中国的书里读到过，在我们的世界里巴赫是最伟大的音乐家，因此对他表示了应有的敬意？"

我带点挖苦的问题使他感到有些慌乱。"不，不，不，哪里是这样！您错了，完全错了！您看，我们中国人都有一双极为灵巧的手，因此您在那些作品中展现的技巧的高超和力量在他们眼中不算什么。然而在您演奏的巴赫的作品里，他们感到了音乐压倒一切的伟大，他们给您的欢呼是出自对他们以前从未听到过的崇高音乐的钦佩！"

他的话堵住了我的嗓子。"我们自己的听众看到一点点炫技表演和快速的指法就那么容易激动，这对他们是多好的一课啊！"

我情绪高涨地回到香港，但是我的俄国同伴却一路怒骂这群他所谓的"中国的不学无术之徒"。在九龙下车后，我高兴地看着宏伟、华丽的威尔第伯爵号轮船，联想到自己很快就能在伊娃的生日见到她。奈拉一直在等我吃晚饭，见我们回来十分开心，晚餐自然是由我们的餐厅领班兼音乐会经纪人非常小心地服务的。用餐时，我给奈拉讲了一天的历险；而她则一直忙着做回家的准备。她说："我给波兰驻上海的总领馆发了电报，请求派个人来帮助我们解决车票，照看轮船转火车过程中的行李。我发现抵达上海是星期六，而那时很多机关都不工作。"

我们的俄国人帮助我们把此刻已经增加了很多的行李装上了船，与我们道别，并真心希望能很快再见。

啊，我们真喜欢这条威尔第伯爵号，我们又回到欧洲了。我记得自己吞下一大堆意大利面条，那是我一顿吃得最多的一回，而且和米兰的萨维尼饭店里的一样好吃！一路上我们也休息得极好。

星期六清晨，我们驶进扬子江口，并得到通知午前就可抵达上海。但是轮船突然放慢了速度，一直这么令人着急地慢慢磨蹭着。我们似乎根本没有前进，小船都能轻易地超到我们前面。中午过了两个小时，然而情况一点都没有变化。我们苦恼得几乎放弃了希望。

"我们永远到不了上海啦！"我对奈拉说，"如果我们今天赶不上火车，就得浪费两整天。"

我了解到误点是低潮造成的。

我们最终上岸时已经过了3点。看到波兰副领事在码头等候，我们才大大地松了口气。

"你们赶快去售票处，再过半小时他们就关门了。"他把我们塞进汽车，告诉了司机地址，自己则留在港口看管我们的行李。

"拿到票后，我的汽车会把你们送到火车站，我在那里等你们，因为火车1小时后就将开出。"

我们听从了他的安排，冲进还开着门的售票处，向一个工作人员询问车票在哪里，但回答是管票的人已经离开去度周末了。

"我们不需要那个人，只需要我们的车票。"我烦躁地说，"售票处还在营业啊。"

那个工作人员把我们带到一张桌子旁，无所谓地说，"车票一定在某个抽屉里，但他把钥匙拿走了。"

我开始大叫大嚷："那我就把桌子砸开！我要控告你们公司。我们必须乘这趟列车走。"

几个雇员惊恐地看着我。最后，其中一个冒着险说："他就住在附近，我试试把他找来。"

我当然同意，我立即打发奈拉去车站和副领事一起在开车前办妥一切手续。

"我在这儿等那个该死的家伙，然后尽快与你们会合。"

我站在办公室前，忐忑不安地等了不知几个小时，最终，那个家伙在办事处眼看就要关门的时刻回来了。

我跨上等候已经久的出租车，一路上大嚷着让司机开快点——

每一分钟都很宝贵啊！到了车站，我跳下出租车，在人行道上几乎摔了一跤，但奇迹般地又站稳了，接着就疯狂地奔向月台。火车就要启动，月台上只剩下了奈拉和副领事。在行李车厢旁有两个苦力。这时副领事吩咐他们赶快把我们的全部行李都搬进行李车，他已经准备好了行李标签和票据。奈拉一言不发地站在月台上。

"上车，快上车！"副领事叫道。

我们刚迈上一步，火车就开动了。我只有向我的同胞挥手表示感激，然后，不夸张地说，充满胜利感地瘫坐在我们的座位上。根据我仔细的计算，如果从此一切顺利，我们将于 8 月 18 日抵达奥特沃茨克——正好是我们小东西的第二个生日。

我们哼着歌，穿过半列火车去餐车吃饭，乘客来自各个国家。中国领班给我们安排了一张四人桌。同桌的是两个法国人，典型话多的那一类，立刻就滔滔不绝地和我们聊起来。其中之一为能给我提供宝贵的信息而感到很欣慰。他咧嘴笑着告诉我们："这趟到天津的路上，如果不迟到三天就算幸运。现在时值扬子江泛滥季节，火车要是停下来等上几个小时或者几天，我是不会感到奇怪的。"

这个消息使我们倒了胃口。前往天津的两天的路程变成了磨难，我们一直害怕被水灾困住。抵达目的地前，"老人河"扬子江没有制造任何麻烦，我真不知该如何感谢。

我们在一个温和的夏日到达天津。早餐后，我把奈拉留在饭店，自己去俄国的领事馆领取签证和到莫斯科的回程车票，但是要进领馆很难，我得出示护照才让进入。经过很长时间的等待，我终于见到了领事。当我请他给我所需物件时，他查找了一堆文件后，漫不经心地说："我们这里没有您的任何东西。"看到我变了形的脸，他补充道，"通常这种东西他们都发送到驻哈尔滨的领馆。"

这个消息彻底击垮了我的精神。我清楚记得整个旅行日程，火车到哈尔滨是清早 7 点，而 8 点就再度启程了。我对领事说：

"求您帮我个大忙，给您在哈尔滨的同事打个电话，告诉他我进退两难的处境，看他是否能提供协助?"

领事耸了耸肩膀，说："对不起，但是我们领馆在这件事上无能为力，而且很可能哈尔滨也没有您的任何东西。"

我回到旅馆，把一切都告诉了奈拉。当我们两人平静一点之后，我做出了决定。在饭店员工的帮助下，我给驻哈尔滨的俄国领事馆发了一份电报。

我生平第一次也是最后一次，绞尽脑汁在正式的文书里用了那么多求情的话；同时我撒了个谎，声称我某日在莫斯科安排了一场音乐会，日期无法更改，如果我不能及时赶到，损失将无法弥补。这是封有点降低人格的文书，但是绝望的我，只好使用所有的手段了。当天下午我们情绪悒郁地继续上了路。火车要把我们带到朝鲜边境，带到长城脚下的一个小镇。这个消息使我们精神一振。

傍晚我们到达时，长城的全貌真是迷人的景色。

"长城长达 2400 公里（原文如此——译注）。"我对奈拉说，"在耶稣诞生之前数百年就开始建造了。它并不像课堂上教育我们的那样，为了阻挡文化的发展而建，而只是为了保卫这个高度文明的国家免遭北方蛮族的进犯。"

我们高兴地获悉，火车要停 3 小时——一个探访长城的意外机会。有位会讲英语的人指了去一家意大利餐厅的路。

"只要多给些小费，领班就会帮助你们。他经常为旅游者服务。"

我们很容易就找到了那个餐厅，一个满面笑容的意大利人立刻迎上前来。他收了我的小费后，叫来一辆人力车，安排送我们上长城。

"你们要他等多久，他就会等多久，然后又把你们拉回这里。"他对我们说。

我们舒舒服服地坐上车，这种奇怪的车辆由一名苦力小跑着驱动，这些苦力显然擅长跑步。

车夫在一扇奇怪又沉重的铁门前停下。在铁门边，我们看到一行台阶砌入墙体，直通墙顶。看到城墙顶部开着鲜花，奈拉拍着手说："我想去摘几朵！"

那苦力看到我们向台阶走去，就用汉语喊了起来，并疯狂地比划着。我理解他是不想等我们，就对他做出安抚的手势，表示不会很久。但那人一直大叫着，我都烦了。

"别担心，"奈拉说，"不付他车钱，他不会走的！"

我们开心地拾级而上。来到顶部时，长城之宽令我们吃惊。我猜足够并排站20个人。奈拉高兴地摘了几朵稀奇古怪、颜色各异的野花。

"我要把它们夹在书里。"她说。

景色很一般。地形单调，长满高高的植物和灌木，所以没多久我们就走下来，看到那苦力难以置信地摇着头。

刚到餐厅，那苦力就兴奋地奔向领班，用手指指着我们，显然是在告状。意大利人双手交错，并叫唤起来："上帝啊，上帝！他们会杀死你们的，他们可以杀掉你们的！"

原来，在灌木中躲藏着日本狙击手，谁敢上长城顶部，就开枪打死谁。我们幸免于死是一种奇迹。我和奈拉一想到我们可能为几朵可怜的小花丢了性命，就后怕得发抖。

我们登上火车前往满洲里。在月台上我们听到旅客们在交谈，说几乎每天都有强盗袭击列车的事情，夏天强盗们躲在灌木丛中。我们害怕死了。从长时间的巡演回来，我身上带着大量金钱，奈拉也有一些钱、自己随身的首饰以及新买的珠宝。虽然极度困倦，但我们仍旧折腾了半夜，力图把值钱的东西巧妙地隐藏起来，然而刚藏好，我们又担心会忘记藏到哪里了，于是又连夜把它们取出来放回原处。

早上7点我们抵达了哈尔滨，一夜未眠，不单单是害怕强盗袭击，主要还是因为担心被迫在哈尔滨呆上三天，从而使及时赶回华沙的希望破灭。此外，我也不知道莫斯科的音乐会是在到达到当天举行呢，还是最晚在第二天？我计划要和莫斯科演出公司进行电话协商，求他们帮助我解决在满洲里的签证，如果可能，把音乐会订在我们到达到那一天，最迟在第二天。

我们下了火车，决定立即行动，这时一个衣着很讲究的绅士向我走来，极为客气地问："我没猜错的话，您就是阿图尔·鲁宾斯坦先生吧？"

我微笑着对他说："是的，我是。不过，别要求我签名，我忙得很！"

他哈哈大笑。"签名您可以稍后再给我。我是苏联领事。我身上有您电报中所要求的你们的签证和必备的证明文件。你们看起来很累，不妨先把你们的护照给我，然后直接去餐厅好好吃些早点，我等一下把东西送过来，再让你给签个名。"

唉，我已经满眼泪水了，真想亲吻他的手。但他是天生的绅士，发现我很激动，就不容分说地把我们推进餐厅。读者诸君肯定明白我是怎样的感受。早餐还从来没有这么好吃过。喝咖啡时，领事过来了。他拿出公文让我们签字，时间一到，还把我们送回车厢。

在向满洲里进发时，我们的胆子壮得可以去征服全世界了。满洲里此刻已经变成令人敬畏的俄罗斯边境。我很熟悉那些身穿灰色大衣、腰别手枪、满脸狞笑、随时打算给我们找麻烦的家伙。我们又来了，经过差不多6个月的历险，带着多得难以置信的行李。我不记得具体数字了，只知道至少有20个箱子。

在这些海关人员审视的目光下，我们把全部行李摆放在一张长溜凳子上，他们刁难地指着我们那一大堆物品，命令我们全部打开。

在紧急时刻，我脑子里总会涌出一堆好主意来摆脱困境。这时，我拿起我的车票，指着旅行日程说："先生们，你们看，我们是从巴黎去东京的，现在又要返回巴黎。你们可以把全部行李直接送到华沙，反正我们要经过那里。而且我保证，里面没有会让你们国家感兴趣的任何东西。我们只需要随身携带一只小箱子，装些我们的日常用品和我的演出服。我是钢琴家，路上要在莫斯科演出。"

他们有点意外，不过更满意我们在离开俄罗斯之前不碰自己的行李。于是他们同意放行，让我们只带些他们不感兴趣的小行李。我极为同情地看着其他旅客被那些不友善的人用仔细的检查和盘问折磨着。在小吃部，我们得到了两杯淡茶（没有任何其他东西），最终登上了那非常陈旧的比利时卧铺车厢，或许跳蚤、蟑螂等等是新换的。我不再费笔墨来描述到莫斯科的长途旅行的细节。只说一句，现在是夏天，风景显得很美。

在各个车站，穿得花花绿绿的农妇们都在出售新鲜鸡蛋、奶油和水果——这次没有来自警察的阻挠。不过，有件事让我越来越不安：我们的列车抵达大站的时间晚了几个小时。每次停站，我的不安就增加一些。当我们接近莫斯科时，我绝望地发现我们已经迟了几乎 24 小时。

与此同时，却发生了一件既叫人好笑，又叫人恼火的事情：当我们的列车最终在莫斯科站停下后，月台上出现了一个由十几个官方人士组成的代表团，要为列车上的两位服务人员颁发奖章，表彰他们在工作中取得的杰出成绩。对此，奈拉和我都气得笑了好一会儿。

来接站的演出公司经理带给我一个令人欣慰的消息，这一下就平息了我的火气。

"很遗憾，我们没有能确定音乐会的日期，所以只能在您下次来访时安排了。"他说。

那天是 8 月 16 日，于是我恳求他为我们预订 17 日去华沙的车票。演出公司的经理把我们带到"国民酒店"里的一间破屋子，但这次我们无所谓，心里只想着我们孩子的生日。晚餐我们吃的是俄国有名的酸菜汤，不过这次汤里缺少了必要的佐料。

"今天既没有面包也没有黄油。"服务员说。当我们要咖啡时，他则说，"我们只有茶。"

吃完饭我们回到自己的房间，却等来一个新的打击。演出公司的经理来敲开了我们的门，十分激动地走进来。

"斯大林同志要您明晚在克里姆林宫演出。我们正在举行国际医学大会，他希望能用音乐会来犒劳大家。"

我面如死灰。

"这不可能，绝对不可能！"我叫道，"肯定还有别的钢琴家或者艺术家，他们比我更强。"

那人大吃一惊。这个可怜的家伙本以为我会为这么高的荣誉感激地亲吻他的双手的。他问我为什么拒绝，我说道："如果18日不能回华沙，我就自杀！"

奈拉在旁边严肃地点点头。我这戏剧性的突然爆发把他吓住了。

"请别担心，我会竭尽全力妥善安排的。"说完他就离开了房间。我们两人大大地松了口气。

17日，伴着幸福的期待，安然坐在自己的包厢前往华沙时，我们的心跳加快了。奈拉给她母亲和弟弟都发了电报，让他们知道我们会在什么时候到达。18日傍晚，我们正点抵达了华沙。

奈拉第一个跳下车去找母亲和弟弟。我则收拢我们的东西，叫来行李搬运工，然后下到月台上。我和搬运工站在月台上，但不见奈拉的影子。过了一阵，我看到她灰心丧气地跑回来。

她叫道："谁也没有。我沿着列车走了一趟，谁也看不见。每个角落我都找了。他们要么没有收到电报，要么不在城里。"

这是个打击，但奈拉拿出了可行的建议。

"如果我们的行李到了，就把大部分东西留在寄存处，带上最重要的坐出租车去奥特沃茨克。"

令我们高兴的是，行李和我们一起到了。于是我们在搬运工的协助下，执行了奈拉的计划。搬运工找来一辆出租车，车里能装多少就塞了多少，连我们自己都是勉强挤进去的。余下的就送到行李寄存处保管起来。我们把奥特沃茨克别墅的地址告诉了司机，就出发了。我们急不可耐——天越来越黑了，因为在车站上浪费了一小时——催促司机开快些，但他用批评的眼神看着行李："装这么多行李，怎么快得起来？"

到奥特沃茨克疗养中心走了不到半小时，然后汽车拐上了通往别墅的狭窄沙路。就在这里发生了可怕的事情：车轮陷进了沙里。虽然车轮发疯似地转动，车就是原地不动。我们都下去使出全力推车，但无济于事。司机不帮忙，却在一旁怨天尤人。最后，他看到我们脸上的绝望表情，才说："附近有一个站，不如找辆马车来帮你们把东西运过去。"

我一句话没说，便向那个站跑去，那里还真有一辆旧马车和一匹疲惫的老马。我掏出足够的钱，让他们赶快行动。我们赶到陷车的地方，把行李搬到马车上，我对老车夫说："行李必须和我们一起走，但我们可以步行。"我们和车夫一道走着，车夫拉着马，前进的速度实在很慢。我们看上去肯定就像迷路的朝圣者。

我们拉门铃时，是 12 点差 10 分。奈拉的表妹穿着睡衣来给我们开了门，我们绕过她，直奔孩子们的卧室。奈拉打开灯，灯光弄醒了我们的小女儿。她猛地坐了起来，怀疑地看了看我们，又细细察看在她小床边挂着的我们的照片，这才打消了对我们的疑虑。当奈拉张开双臂搂住她时，她用责怪的口气问："你们又要出门吗？"

我们俩转向小巴维尔的摇篮，他正在睡熟，我们亲了他，但没把他弄醒。

奈拉痛苦地哭起来，我则感觉自己是个罪犯，不过也很骄傲；时间还没到午夜。那晚，我们都不能入眠。

第二天一早，我们匆匆冲下楼，看见女儿正与卡罗拉和奈拉的表妹一起吃早饭。这才是真正的欢聚。勃罗尼斯瓦夫和岳母的电话急切地响了起来。真不凑巧，我们打电报的那天，他们已经接受朋友的邀请去乡间小住了。

我讲着夸张的故事，想逗我美丽的金发小女儿开心。她听着，但没有笑。吃完早餐，她起身拉着我的手，甜甜地说："演点什么吧。"

就这几个词，使我的感情激动得无法形容——我的亲生女儿要我为她演奏。我把她带到客厅，那里有一架陈旧的小演奏琴。我打开琴盖和顶盖，把她放在一张舒服的椅子上，便坐下来准备弹琴。我迟疑了片刻：是弹一首儿歌呢，还是弹点严肃的东西以永远记住这一刻？我还没下决心，伊娃就没耐心地叫起来："留—声—机!"

我的激动变成了响亮的笑声。伊娃给我指了指小小的留声机，卡罗拉告诉我哪一张唱片是她最喜欢的，于是她听着，拍着小手。

小巴维尔才6个月大，他的生活很平静，就是吃和睡。那几天我们真是幸福的一家。

91

我独自一人回到巴黎，因为奈拉得留下结清别墅的账目以及其他欠款。她也想和刚刚守寡的母亲呆上一段时间。

巴黎像每年这时候一样，人都走光了。大部分的地方都上了锁关闭了。甚至我的经纪人席夫博士很可能也外出度他那应得的假期了。

一天，勃罗尼斯瓦夫·胡贝尔曼来看望我。这次会面十分有趣。我们有许多重要事情要谈。胡贝尔曼是个杰出的艺术家和高尚的人。希特勒上台前，德国人和奥地利人都认为他是当代最伟大的小提琴家。他 13 岁时演奏了勃拉姆斯的协奏曲，作曲家高兴得亲吻了他。现在，他被盲从于希特勒的德国人对犹太人的攻击深深地伤害了，因而便给戈培尔写了一封公开抗议信，此信受到人们广泛的传阅和评论。大指挥家威尔海姆·富特文格勒听命于戈培尔，公开谴责了这封信。

胡贝尔曼和盘托出他的来意。"我制定了个计划，希望你能赞同。计划是在特拉维夫成立一个管弦乐团，成员由那些被驱逐出境的优秀音乐家组成，他们不光是从众多的德国城市，而且从那些仿效希特勒反犹的国家，比如奥地利、波兰、匈牙利和罗马尼亚被赶出。我似乎取得了一些不错的进展，不过还必须借助你的力量。我们非常需要那些依然生活在自由世界的富有犹太人的赞助，而你在巡回演出的音乐会上有机会为这个乐队募集资金。"

我激动地接受了挑战，并答应竭尽全力。

有两三天，我忙着为迎接全家的到来而收拾我们波西米亚式的房子。之后，巴黎的人开始慢慢地多了起来，而我体内光棍汉的血液也复苏了。我又开始不去旧日的老巢走一遭就不上床睡觉了。和法尔格，有时和拉威尔用言语交锋真是愉快。拉威尔提的问题不用我回答，因为他喜欢自己提问，然后自己作答，就这样没完没了。我还要坦承，考究的法国菜看很快就让我忘掉了过去六个月的咖喱和米饭——我不喜欢但让我活了下来。

席夫博士回来了，在我耳边不断提出各种音乐会的建议。前景一片大好！当奈拉带着孩子们和卡罗拉抵达时，我在体力、精神和音乐上都已经恢复。奈拉的不可思议的旺盛精力和能力，把我们可笑的家变成了天堂。我们的小厨房运转起来，像华沙拉鲁茶馆的厨房一样好。奈拉甚至找到了一个波兰厨师和一个波兰女佣。因为天气还暖和，她在我们的小院子里为孩子摆了个游戏围栏，小伊娃就在一大堆玩具包围中，开心地忙这忙那。

前往伦敦途中，加来和多佛尔之间的海水特别汹涌，于是我决定一直坐在露天甲板上。突然间，我发现拉赫玛尼诺夫就坐在我身边。这里，我引用希曼诺夫斯基写的一封信。在我把我们的这次邂逅告诉他之后，希曼诺夫斯基给他的妹妹写道：

"我知道拉赫玛尼诺夫与阿图尔·鲁宾斯坦在船上有关我的谈话的另外一个版本。他们谈了很久，拉氏严厉地批评了现代音乐，把斯特拉文斯基和拉威尔等人骂得体无完肤。但当阿图尔提到我的名字时，拉氏突然满面放光，并开始友好地询问起我的情况，称我是个极为迷人的人。阿图尔很得意，就问道：'那就是说你喜欢他的音乐啦？'拉氏答曰：'什么？他的音乐是大粪，不过他这个人很不错'。"

我保证本访问记完全真实，而不是像《插图信使报》所报道的那样。

从秋天直到圣诞节，我一直忙于音乐会。

漫长的东方巡演，以及经常重复的曲目，使我对那些作品的掌握更为扎实。因此我才有机会扩大保留曲目，甚至在巡演过程中也行。我发现自己有一个在同行中独一无二的本事。那就是我在漫长的一生中，从未丧失过对公开演出及其相关活动的热爱。旅行、哪怕并不舒适，不断变换城市、旅馆、饮食和天气，这一切我都喜爱。更有甚者，如果我不得不在一个地方呆上超过两三个月，哪怕是巴黎、伦敦、罗马或者威尼斯，被迫走同样的街道、看同样的房子和商店，我就会气恼。逛过大半个世界之后，我便常说："我从不出门，而总是回家。"因为我在哪里都感觉是家。

席夫博士先把我送到瑞典和挪威演出，我喜欢初秋时节去这些国家，能看到无垠的森林披上了金黄的叶子。在这些北方的国度，太阳光很强，有助于人们抵御寒冷。瑞典人令我感到兴趣，他们个子太高，感情太有节制，而且常常太过自负，这叫人不悦。但是，同样那些人，能够出人意料地表现出极度的宽厚热情。在我看来，他们是由矛盾构成的。身材高大、满头金发的漂亮姑娘走在街上，对谁也不看一眼，但我知道她们热情得足以无拘无束地爱，而他们的家人也认可。

在音乐会上情况也一样。他们填满大厅，整个演出都认真地听着，一动不动，但演出结束时，却出现了意外的情况。他们疯狂起来，大叫大嚷，高声喝彩，摇晃椅子，人们的这种行为举止在那不勒斯都不会出现。是的，瑞典人是内心火热的人。

我的经纪人赫尔梅尔·恩瓦尔邀请我到他的包厢出席里夏德·施特劳斯《阿拉贝拉》的首演。我被介绍给坐在前排的两位女士。一位是他的妻子，另一位是很有吸引力的黑人女子。当时，有色人种的人物在瑞典是极为罕见的，而我更为她极具智慧的表情感到相当惊异。她的音乐品味也是异乎寻常的。《阿拉贝拉》算不上施特劳斯最好的歌剧，而那位女士在幕间休息时表达的看法，在我看来绝对正确。当我和恩瓦尔单独一起时，我终于得知了她是谁。

"这是玛丽安·安德森，当代最伟大的浪漫歌曲①的歌唱家，"他说，"她在瑞典和芬兰受到崇拜，她随便挑什么时间演唱都满座。"

这让我很兴奋。

"有机会听她演唱吗？明天晚上我就要离开，你能否求她随便挑个地方为我唱一唱呢？"

恩瓦尔把我的热烈愿望转告给了安德森小姐，她做出了只有

---

① 指舒伯特、舒曼、布拉姆斯、沃尔夫、施特劳斯等人的德国浪漫歌曲。

大艺术家才有的反应。第二天下午，当我住的饭店的餐厅空闲时，她和她优秀的伴奏一起出现，并按我的要求演唱了所有最为动人而优美的歌曲。她的唱功我无法描绘，但每次回忆起来，我眼中仍有泪水。我深表感激地亲吻了她的双手，从此再也没有错过听她演唱的机会。

挪威相当的不同。瑞典统治挪威将近百年之后，挪威惊人地和平独立了。此后，挪威很快恢复了它独特的个性，甚至颇有些要凌驾于自己邻国之上的感觉。挪威人提醒着世界，用他们伟大的北欧海盗时代，用他们的骄傲：易卜生①、比昂松②、画家蒙克③、更不要说爱得华·格里格④了，他的音乐表达了挪威人的灵魂。挪威人和丹麦人有许多共同之处。不过，这三个国家中丹麦最有吸引力，它的首都哥本哈根也最值得游玩。我很喜欢在这些国家演出，并且成了那里的常客。

---

① 易卜生（Henrik Ibsen，1828～1906）：挪威剧作家、诗人。以社会问题剧著称。作品有《玩偶之家》、《群鬼》等，对世界戏剧发展产生了巨大影响。

② 比昂松（Bjornson，1832～1910）：挪威诗人、剧作家、小说家。其戏剧创作成就尤为突出。诗作《是的，我们永远爱此乡土》被用作挪威国歌歌词。获 1903 年诺贝尔文学奖。

③ 爱德华·蒙克（Edvard Munch，1863～1944）：挪威油画家和版画家。1892年后逐渐形成自己的画风。多以生命、死亡、恋爱、恐怖和寂寞为题材，用对比强烈的线条、色块、简括夸张的造型，抒发自己的感受和情绪。作品有《风》、《扫雪的矿工》、《呼喊》等。

④ 爱德华·格里格（Edvard Grieg，1843～1907）：挪威作曲家。1862 年毕业于莱比锡音乐学院。主要作品有《钢琴协奏曲》、《培尔·金特》组曲两套等。他主要是一位抒情作曲家，尤以亲切活泼的小品见长。

六、1937 年：我最长的旅行和胜利重返美国

92

我记得，在 1935 ~ 1936 年的演出季里，我在全欧洲进行了演出，并愉快地看到，每举行一场音乐会，我都更受欢迎。1936年新年后，我得到了一个好消息：巴黎歌剧院的院长鲁谢先生终于决定上演卡罗尔·希曼诺夫斯基的芭蕾舞剧《山盗王》(Har-nasie)，主角由时任歌剧院附属芭蕾学校校长的谢尔盖·利发尔担当。这对我们是个好消息。希曼诺夫斯基要来巴黎住一段时间，以便监督排练，并将成为报刊和电台的牺牲品。我很高兴能和他久别重逢，并为他的芭蕾舞剧能在巴黎用尽可能好的方式上演感到骄傲。他抵达后，我们却为他的模样感到十分忧虑。他更加虚弱，而且眼睛里总带着奇怪的悲伤。他一直紧张和担心巴黎会如何接受他的芭蕾舞剧。可怜的希曼诺夫斯基患有旷野恐惧症，总被一群无聊的崇拜者包围着。他时常到我们家来吃饭，非常喜欢小伊娃，孩子的早熟令他着迷。

"阿图尔，我给你带了一件好礼物。"有一天他这么说。"交响协奏曲的首版总谱。你知道吗，我照你的建议做了，在许多城市举行了演出。你永远不会理解这让我付出了多少代价，可我急需用钱呀。波兰政府对音乐津贴吝啬得可怕，但我得养家糊口啊！"

当时我只能帮助他一点小数额。我自己也有了一大家子人！

我争取出席了《山盗王》的首演。大家对其寄予厚望，而演出也确实成功。利发尔在克服困难、塑造波兰山民这一主角上尽了最大努力，而乐队演奏得很好。报刊的评价甚高。当时巴黎最重要的音乐杂志出了专刊介绍希曼诺夫斯基，其出版商亨利·普律尼埃还真是他的崇拜者。波兰大使为希曼诺夫斯基举行了隆重的午餐会。

时值社交旺季。罗思柴尔德兄弟爱德华和罗贝尔经常举行盛大的宴会；米霞·塞尔特和可可·夏奈尔接待着一批批名人；电影院里挤满了弗雷德·埃斯泰尔和琼裘·罗杰斯的热情追随者；各个大使馆举行着一场场舞会。

我又一次接到了来自南美的邀请，1937年夏，我要去巴西、乌拉圭、阿根廷和智利演出。

席夫博士也积极为我筹办去美国的巡演，但哥伦比亚经纪人协会主席亚瑟·贾德森先生冷淡地回复"鲁宾斯坦是票房毒药"之后，他就泄了气。另一个经纪人科皮卡斯先生坦率地写道："我可以为他安排一场和乐队的演出，条件是他在卡内基大厅举行两场独奏音乐会，场地和广告费用自理。"对此我和席夫两人只能一笑了之。接着就来了一个意外的邀请，澳大利亚广播委员会提出优厚待遇举行15场音乐会，还包了全部费用。我愉快地接受了——心中渴望着见识一个新国家。

这样，1937年的演出季就很丰富了：首先在欧洲有50多场音乐会，接着是在南美的40多场音乐会，然后乘船回欧洲，以便从阿姆斯特丹飞往澳大利亚。

正当所有这些音乐会的合同都签好后，突然发生了一件绝对意外的事情。

我刚刚完成长途巡演，去了法国各省和西班牙、意大利、比利时、荷兰等国，又到英国举行几场音乐会，正在回家的路上，打算和家人一起好好休息，享受巴黎美丽的春天。我的天性是绝不安于现状，因此不论是令人兴奋的巴黎春天，还是肖邦的《降

A 大调波洛奈兹舞曲》，对我总是新颖奇特的。我们幸福地呆在那个虽有些荒诞、却相当浪漫的家里。观察小伊娃在她那小小的游戏围栏里欢腾嬉戏实在惬意，围栏旁的小金鱼池周围长满了天竺葵和秋海棠。

我的小伊娃是个任性的孩子。她非常可爱、令人着迷，早早就显露出了舞蹈才华。当她不高兴时，只要我和奈拉跳上几步，她就高兴地跳起来，节奏正确地模仿着我们。她 4 岁时开始上舞蹈课。她的老师是波兰著名舞蹈演员马蒂尔达·克舍辛斯卡，沙皇尼古拉二世昔日的情妇。列宁就是从她在圣彼得堡的宫殿（即斯莫尔尼宫——译注）的阳台上每天对群众发表演说的。革命后，她以平民身份嫁给了沙皇的侄子安德烈大公，居住在巴黎，教授舞蹈。她被我们的女儿迷住了，每次上完课后，她的丈夫总要给小伊娃一些零食。

一天晚上，我和奈拉用过晚餐便去附近的一个电影院，但我们到了才发现票已售完。看到我失望的表情，售票员，肯定也是影院老板，给我们提供了两个位置，还不要我们付钱。

"我总会为特殊客人保留几个位置的。"他说道。

我面带笑容地问他："你喜欢音乐么？"

他一副吃惊的表情。

"我对音乐一窍不通。不过我是你们的邻居，常在凉台上观看你们可爱的女儿游戏，我认出了你们是她的父母。"

我们大大感谢了他一番。我和奈拉极其骄傲，多亏了小伊娃的魅力我们才能得到票。

我不能再吊读者的胃口了！上面提到的意外，是席夫博士来的一个电话，他得意地宣布说："一位知名的美国经纪人正在我的办公室，他提议你做一次重要的巡演。我告诉他你不情愿再去美国，但他坚持要见你本人。说你肯定还记得他。"

我答应去和那个先生见面，但只是为了让席夫博士高兴。

一进办公室，我立即认出面前这个胖胖的、煞有介事的中年绅士是那个小个子胡罗克。14年前的一天早上他在纽约听过我为夏里亚宾弹奏《彼得鲁什卡》，并要我同年在马戏场参加蒂塔·鲁福的音乐会，而且取得了相当的成功。现在，那个谦卑的小个子已经可以用绝对权威的腔调谈论美国的音乐事务了。

回顾了往昔之后，他开始谈正事。

"我想向美国推介你，打算在37～38年的演出季安排20场音乐会。"

我笑了。"那将是你的一大失误。"我说，"我14年没去美国了，但我知道他们还清楚地记得我。因此你要介绍的是一个现年50，他们以前听过，但很失败的人。鉴于我野心勃勃，因此我决定不再返回你的国家。我对自己在欧洲和南美取得得的成功十分满意。"我又补充道："顺便说一句，1937年，我已经签了100多场音乐会，有欧洲、南美，还要第一次去澳大利亚。"

"你什么时候在澳洲演完?"他问道，对我的话置若罔闻。

"11月中旬。"我回答。

"那很好! 我们可以从12月初开始，一直安排到3月底。"

我勃然大怒。

"如果我回家时还像上次那样不大成功，你认为该给我多少钱才对得起我呢!"

"让我来操这个心吧。我保证你每场音乐会都有优厚的酬金。另有两张从巴黎起止的头等舱票。并负担全部广告宣传费用以及钢琴运输费用。我和席夫博士已经商定了你的演出费。"

他说服了我。在贾德森先生和科皮卡斯先生伤人的回复后，真高兴听到有个重要的美国经纪人要我去演出。我给奈拉打电话，告诉她这个好消息。因为她一直梦想我能重返美国。

最终，我学着美国习惯对胡罗克说："好吧，我 O. K. 啦!"我们俩握了手，但分手前他说："我希望你不会取消音乐会，就像上次你和波士顿交响乐团做的那样。"

我气疯了。

"我要你收回这句话。这是我这辈子听到过的最无端的指责。"

于是他收回了。我在与人合作的 37 年中，从来没有因为自己的原因取消过一场音乐会。何况，那在美国是独一无二、名噪一时的事故。

等到席夫博士对合同满意，我就签字了。奈拉十分欣喜。突然间，我想起了玛丽安·安德森。我对她的热情总是有好结果。每次经纪人按照我的推荐和她签约，她都能立即取得巨大的成功。我对胡罗克讲了前因后果，然后说："你应该把她引入美国，我保证她能获得胜利。这是我听到过的最伟大的浪漫歌曲歌唱家。"

胡罗克表情酸楚。

"有色人种不会出票房的。"他说着行话。但是我的坚持显然影响了他。他去阿姆斯特丹听了她的演唱，当晚就与她签订了合同。

至于我自己，则一想到一年之内就能把音乐会开遍半个地球，便有点激动。毕竟，我是个天生的冒险家。

93

我们在卢森堡的蒙多夫莱班疗养地平静地度过了夏天。在找到套房前，我们在一家饭店过了一夜。多年之后，所有被指控有罪的纳粹分子在纽伦堡审判前就都被关押在同一所饭店。想到这个饭店，我就不寒而栗。

一天早上，电台晴天霹雳般地报道了西班牙发生内战的消息。我们守在收音机旁听着事态的最新发展。很快人们就发现，那明显是希特勒德国和苏联的争夺。在我自己看来，可怜的西班牙人被两大对手当做了工具。

奈拉和孩子们在这座摩泽尔河畔可爱、平静的小镇感到很愉快。每天清早我都忙着喝下令人作呕的治疗泉水，然后就给一个来自遥远的美国田纳西州孟菲斯的年轻钢琴手上课，他是我的连襟维克多·瓦蓬斯基介绍过来的。有趣的是，我从教学中领悟的东西远比自学时要多。依仗着我天生的音乐才能，我能立即理解为音乐会挑选的作品。音乐能对我开口说话。但是，当我听学生演奏同样的作品、却不能认同时，我便不得不考虑如何给他讲解作品的结构、指出作品的高潮、以及把握作曲家意图的方法。经过这样深入的解释后，我自己的演奏反而明显提高了，因为在我的本能中加进了对作品结构的详尽了解。面对着堆积如山的音乐会，我工作起来情绪极好。

当然，此刻我已经拥有了很多的保留曲目，它们从未在澳大利亚演过，而14年前，也只在美国演了其中很少的一部分。去南美演出的曲目给我造成了许多麻烦。我在里约、布宜诺斯艾利斯这样的城市至少要面对6场独奏音乐会，而在蒙得维的亚、智利的圣地亚哥还更多；不过，无论如何我可以依靠阿尔贝尼斯、法雅以及最近4年内积累下来的一些好作品。

回家后，我们觉得巴黎比过去任何时候都更加漂亮了；主要原因是我们自己气色好多了，体重减轻、状态出色——我们全家四口。奈拉成了全城最有名的主妇之一。她的烹饪才华把法国全部的美食家都吸引到了我们的餐桌上。值得一会的各路人物都愿意接受邀请来我们在蒙马特的安乐窝。著名剧作家，如爱德华·布尔代、亨利·伯恩斯坦以及马塞尔·阿夏尔，画家基斯林，波兰大使以及波兰文化专员、大诗人杨·莱洪，都在我们的餐桌上出现过，他们身边还簇拥着聪慧、美貌的女性。

一天我们决定举行鸡尾酒会，邀请了所有的朋友和熟人，计有 100 余人。我们还精选了十几位朋友在鸡尾酒会结束后留下来，奈拉为他们准备了晚餐。但是出现了一个麻烦的巧合。美国大使在同一天下午也举办鸡尾酒会，邀请了我们俩和我们的许多朋友，要更改日期已为时过晚。然而，如果了解巴黎人对聚餐和酒会的狂热，就不会奇怪几乎我们所有的客人都参加了两个聚会了。不过最后的胜利者是奈拉，因为波兰和美国的两位大使不但在使馆酒会结束后来来到我们家，而且还显然十分高兴能找到座位坐下来吃一顿正餐。这种正餐都要延续到深夜。通常会有一点音乐、模仿秀、还有很多笑话。

奈拉和我前往伦敦，我要去为"主人之声"唱片公司录制唱片。我们发现英格兰人心颇为烦乱：乔治五世国王刚刚故去，威尔士亲王接掌王位，而他却过分迷恋于一位离婚多次的美国女子。逗留期间，我们吃了一顿十分重要的晚餐。西比尔·科里法克斯夫人现已寡居，却更加热衷结交名流。一天上午，她打电话来说：

"亚瑟，星期三，你得和奈拉一起来我家吃晚餐。国王要来，所以别对任何人讲。"

我明白，她是想让我去大肆宣扬。我们当然接受了邀请，而且我巴不得看看迷人的威尔士亲王变成大英帝国国王陛下的样子。这位完美主妇操办的晚宴在一定程度上发展为历史事件，因为那是这位年轻的国王在退位前参加的最后一次聚会。像其他客人一样，我们被要求早到半小时，因为国王要最后一个出现，于是，温斯顿·邱吉尔、哈罗德·尼科尔森、乔伊特夫妇、达夫·库珀、黛安娜夫人、还有我们俩，就啜着鸡尾酒慢慢地等待。突然，大门洞开，国王在辛普森夫人陪同下走进来。在场的夫人们在国王面前都行了宫廷礼，但对辛普森夫人的欢迎就较为冷淡。在进屋就餐前，轮到我向国王问候致意，国王吃吃地笑着问道："自从我上次见你之后，你又弄坏过其他钢琴了么？"

奈拉被安排在国王一桌，而我和辛普森夫人、温斯顿·邱吉尔以及莱斯利·乔伊特一桌。席间，我和邱吉尔先生进行了一场有趣的争论。英、美的报纸一直卖弄的语言知识令我生厌，它们在称呼德国人、法国人、意大利人和西班牙人时，分别使用他们母语中的敬称，而对其余各国的人则一概藐视地使用英语的"先生"。我向哈罗德·尼科尔森略带讥讽地抱怨了这事，结果被邱吉尔先生无意中听到，于是他盛气凌人地回答：

"你看，我们的报纸主要对这几个国家的消息感兴趣。"

这样轻蔑的回答刺伤了我。

"我本以为，从上次大战之后，英国有许多理由对所有其他国家感兴趣的，因此我看，要么抛弃这种照顾的称呼，要么学会所有国家的称呼，这才更有礼貌嘛。我现在就可以提供几个。我实际上是波兰的潘·鲁宾斯坦，而不该简单地用'先生'来打发，俄国的斯特拉文斯基应冠以'高斯巴津'，而对荷兰绅士应称之为'迈希尔'。"

那两位先生于是埋头大吃，对我的滔滔不绝置若罔闻，这个话题就这样打住了。

饭后，在起居室喝完咖啡，科里法克斯夫人利用时机对我说："亚瑟，劳驾，给我们弹些什么吧！陛下很想再次听你弹奏呢。"

可怜的国王只好点点头，不论是否情愿，我也只好坐到钢琴边。这种场合，我喜欢弹肖邦的《船歌》。演奏时，国王对奈拉说："我喜欢《霍夫曼的故事》，现正在科汉特花园剧院上演，而我最喜欢的是这首《船歌》①。"

后来奈拉把这告诉了我，我们两人大笑。那晚之后不久，国王为了他心爱的女人退位了。之后，当他们身为温莎公爵和温莎公爵夫人的时候，我时常见到他。

我从伦敦出发到阿姆斯特丹，要和蒙特以及阿姆斯特丹"音乐大楼"乐团合作演出勃拉姆斯的《降 B 大调钢琴协奏曲》。

那时，西班牙内战已经令人人担心。著名作家安德烈·马尔罗和欧内斯特·海明威站在左翼一边参加了战斗。一天，我的友人科尔多瓦的梅里托侯爵到访，他请我在布尔戈斯为佛朗哥的支持者们举行一场音乐会。

我很难拒绝，但我还是很难过地说："您必须理解，全体西班牙人都无条件地对我那么友好。因此，我无权支持谁反对谁。"

这位高尚的人理解我的感情，没有强求我。

我在普莱耶尔音乐厅成功地举行了一场肖邦作品独奏音乐会。另一场有趣的音乐会是在很好的阿姆斯特丹"音乐大楼"举行的。格奥尔格·塞尔代替了常任指挥威廉·门盖尔贝格，来与我合作演奏贝多芬《第四协奏曲》。我为能认识他并为将与他合作感到高兴，因为他在布拉格歌剧院那次给我印象太深了。在排练前我们互致问候，那是我们初次见面，在我看来，塞尔更像一个德国风格的音乐家，而不是一个有着匈牙利姓氏的捷克人。当我独奏了协奏曲的开头部分后，他让我停下来，并大声说："这一段，阿图尔·施纳贝尔演奏得要慢些。"

这多此一举的评论令我大为光火。第一乐章完成后有一段休息时间，在休息室，他拿着总谱开始教育我，阿图尔·施纳贝尔是怎样令他完全满意地演奏这一协奏曲的。

"请告诉您那位阿图尔，我这个阿图尔对此感觉不一样。"我

---

① 歌剧《霍夫曼的故事》中也有《船歌》，但为奥芬巴赫所作。

十分气愤地说，然后便不再与他说话。

音乐会上，他把《第四协奏曲》指挥得很出色，但我们并没有和好。到了幕间休息我就离开了剧院，也没等他指挥完《英雄交响曲》。第二天上午，米霞·塞尔特带着奈拉一起抵达，她想带奈拉看一些特别的商店，还想当天下午在莱顿听听音乐会的第二场。我本想再次演出结束后就走，但米霞坚持要我们留下来陪她听《英雄交响曲》，于是我有了意外发现。无论是之前还是之后，我都没有听到过演奏得如此优美的这部交响曲，其中的《葬礼进行曲》感动得我热泪盈眶。

1936～1937年演出季中，我记得的东西就是：一场接一场的音乐会、经常回巴黎休息几天、社交聚会、准备演出曲目、以及在罗马偶然发生的一件可笑的事。

在我罗马的音乐会上，埃莱娜女王和太子妃玛丽-何塞公主通常都会出席。玛丽-何塞王妃来自比利时，是我以前的熟人。有一次，女王邀请我到萨沃伊别墅做客，那是王室的寝宫，在罗马附近。她被她女儿们簇拥着，请我在一架布森多夫钢琴上演奏。谁知那琴机件很紧，几个强有力的和弦一弹，一根弦就断了。看到我尴尬的样子，女王微微一笑说："在另一个房间我还有一架漂亮的贝希斯坦钢琴，我们都过去吧。"

我们一群人穿过了三四个大厅，有一位公主还抬着那笨重的琴凳。结果非常完美，贝希斯坦钢琴让我像模像样地开了一场小型音乐会。

在奥古斯都音乐厅的一次晚场音乐会之后，女王和玛丽-何塞王妃邀请我共进了一次美妙的晚餐，晚餐的菜肴是由她们自己端上餐桌的。

在戛纳的赌场内举行的音乐会之前，我找机会拜访了我可怜的卡罗尔·希曼诺夫斯基。他卧病在床，住在格拉斯的一家医院里。看到他日益消瘦，我心如刀割。他已失去了嗓音，只能悄声说话。他悲伤地一笑说："如果再抽一根烟，那我就完了。"

我做出巨大的努力来鼓舞他，因为我自己也同样需要安慰。听说我将举行独奏音乐会后，他悄声说道："我要参加这次音乐会。给我找个没人看得见的座位。"

"在音乐会之前你能来和我一起去吃午餐吗？"我问。

"能和你坐在一起我是再高兴不过的。不过，我不能吃你吃的午餐——只能吃他们让我吃的东西。"

音乐会要在两天后的下午 4 点举行。午餐时分，门卫打电话说大堂里有一位先生在等我。我急不可耐地要见他，就从楼梯上跑了下去，而没有乘电梯。我惊恐地看到，希曼诺夫斯基一见我，就把手里的香烟扔掉了。他无力地微微一笑说："我没有打算点燃，但我习惯于手指间夹一支烟。"午餐我们两人谁也没有吃多少，后来我们坐到露台上，我喝咖啡，卡罗尔要了一杯牛奶。因为我不想让他讲话，自己就不断地讲故事、说闲话、他《山盗王》的成功所带来的有趣反响。一直讲到要换衣服去开音乐会。我预订了一辆高级轿车，以便音乐会后送他回格拉斯，然后我们慢步走向赌场。经理把自己的包厢让给卡罗尔，那个包厢就在钢琴后面，观众看不见。音乐会前我从来没有那么紧张过，一直担心他会不喜欢这首或那首作品，或者不喜欢我的演奏方式。所幸，那天音乐会的曲目里没有他的作品，否则万一我不能让观众喜爱它，还不知会多么糟糕。希曼诺夫斯基带着淡漠的平静听完了整场独奏音乐会。他似乎只是想离我近些，仅此而已。

音乐会后我们坐上轿车，原计划是先把我送到饭店，再把希曼诺夫斯基送回格拉斯。但我突然要司机停在一家花店门前，然后跳下车，买了一大束花送给了他。

"感谢你出席我的音乐会，让我不胜荣幸。"说完，我拥抱了他。

　　他忧伤地微笑着感谢了我。我快快地下了车，感到这是我们的诀别，在大街上伤心地哭了起来。

　　之后不久，医生就把希曼诺夫斯基送到洛桑的医院，1937年3月29日传来了噩耗，这位伟大的作曲家以及我最尊敬的朋友去世了。因为大家都知道这事不可避免，所以我们首先想到的是葬礼的花销。我要在伦敦举行一场音乐会，并要录制唱片，第二天一早就得动身，不过奈拉在我们的朋友卡西密什·克朗兹陪同下，带了足够的款子，立即去了洛桑。抵达后，他们惊讶地发现希曼诺夫斯基的妹妹、女歌唱家斯塔尼斯拉娃以及波兰政府的一干人员正在负责。波兰使馆的文化专员莱洪代表政府来处理各种事务。波兰的国库在资助音乐事业方面一直相当吝啬，部长甚至公开抱怨希曼诺夫斯基不断要钱。然而，希曼诺夫斯基是肖邦之后唯一能在全世界自豪地代表波兰的作曲家，他的需求理应得到这个小气政府的帮助。如今他已不在人世，当局却大肆宣扬人民悲惨地失去了一个伟大的儿子。他们为华沙的追悼会进行了闻所未闻的宣传。去观礼的人密密麻麻有10余万。遗体在部长们和家人的陪同下，由专列运送到克拉科夫，在斯卡拉（Skalla）的教堂的地下墓穴举行隆重的葬礼，只有全国最杰出的人物才配在那里长眠。灵柩上还挂着"波兰复兴大十字勋章"——国家的最高荣誉。真是苦涩的讽刺。多年来，我可怜的希曼诺夫斯基一直因他们的小气备受折磨，现在他们却慷慨地大把花钱做秀。最令我气愤的是，他们竟然请求希特勒政府让运送希曼诺夫斯基遗体的列车在柏林停了很久，以便受到军队的致敬（原文如此——译注）。

　　奈拉从洛桑回来后，我们便开始准备南美之旅。我机械地做着准备；两位挚友——可以说是唯一两位朋友的去世，在我内心里留下了可怕的空白。

六、1937年：我最长的旅行和胜利重返美国

上路的日子到了。我在楼下整理和包装乐谱，奈拉和她的朋友巴霞·辛凯维奇-拉丰特在楼上，她是奈拉的朋友，被请来照顾孩子们，好让奈拉收拾行李。我突然听到巴霞的一声尖叫："快来！巴维尔病得很厉害啊！"

我抛开一切，冲上旋梯，看到小巴维尔脸色发青、呼吸困难。奈拉把他抱在怀里哄着，巴霞则在打电话叫医生。热尔梅娜派来的罗尔斯-罗伊斯汽车已经到了门口，准备送我们去火车站。我打电话给我们的家庭医生，他答应立刻去车站与我们会面，不过巴霞叫的医生已经赶到了。他观察之后说，孩子患的是惊风，并给了他吃一点镇静药；孩子的气色恢复了，但高烧未退。

奈拉、保姆卡罗拉、两个孩子乘坐罗尔斯-罗伊斯去火车站，我带着行李坐出租车跟着。可怜的小巴维尔猛烈地呕吐，把汽车的地板都弄脏了。

在里昂车站，我们的家庭医生已经在开往马赛的卧铺车厢里等候，他立即检查了孩子，并诊断为扁桃体发炎。从出生起，巴维尔一有点小毛病就会发高烧。医生告诉奈拉旅途中的注意事项，给了点药片，还答应安排一个同行在饭店等我们。

由于卡罗拉搭乘另外一列较为便宜的火车，要比我们晚两个小时才到，可怜的奈拉在孩子身边守了一整夜，除了我那微不足道的帮助，谁也指望不上。我们抵达后，立即前往诺阿耶饭店找到了医生。小巴维尔的体温已略为降低，经过长时间的检查后，医生说："我想可以把孩子带上船，随船的医生可以方便地照顾他。"

这使我们大为放心。我甚至带着小伊娃去买了些玩具。

轮船将在傍晚起航。我们的船舱都不错，而且相邻。卡罗拉立即把巴维尔放到床上，随船医生来看时，孩子已经睡着，于是他允诺稍后再来。

扩音器里发出了通知，要求送行的人离开轮船，这就意味着我们准备出发了。突然，我陷入了深深的自责，变得手足无措。一想到要把自己生病的孩子置于没有医疗条件的船上，我就承受不了。我必须听听医学权威的意见。我跑到船长室，他看起来是个很温和的人。

"我恳求您帮帮我，您是否能推迟1小时开船？"看见他不情愿的表情，我就讲起我的困难处境，这下他心软了。

"赶快去找大夫吧，为你的延误不能超过1小时。"他肯定看到了我眼中深深的感激之情，因为他笑了。

手里拿着地址本，我匆忙地询问哪里有电话，有人说码头边人们告别的地方就有。尽管我天生讨厌打电话，但还是还很利索地接通了巴黎的热尔梅娜。她在巴黎说起过马赛有个很好的专科大夫，但忘了告诉我他的号码，所以我求她赶快给我。所幸，电话号码就在她手边。她还想询问巴维尔的情况，但我没有回答，挂上听筒就立即试着打给教授。一位秘书说他没空，因为候诊室里挤满了病人。

我生气地说："十万火急啊，他必须接电话！"

过了两分钟，我听到了他的声音："我能为您做什么？"

我用几个悲剧性的词描述了病情，求他马上来。

"但这不可能。我正接诊，我自己的病人。"

我以沮丧的声音回答道："我是个靠开音乐会挣钱养家的可怜钢琴师。正要去南美巡演，若您不给看看我是不会出发的。"

他不耐烦地问道："您究竟是谁啊？"

"我叫阿图尔·鲁宾斯坦。"

"阿图尔·鲁宾斯坦？伟大的钢琴家吗？"他突然大叫起来，"我立即就来。"

我哭了！不到一刻钟他已来到船舱。我想吻他的手，但他把手抽了回去。"这是我的职责。"

奈拉尽快地告诉了他孩子的情况，然后他极为专业地查看着孩子，我和奈拉在一旁摒着呼吸等待他的结论。

"你们可以上路。"停了一会儿，他说，"别担心。我会给这里的医生留下我的意见。你们的孩子会好起来的。"然后他转身对随船医生说话。

"教授，我们该给您多少报酬？"我问。

"您在音乐会上给我的快乐已经足够了。"

虽然我钦佩他的慷慨，但我尤其感激更深层的东西。他听到我的名字后立即提供了帮助，令我更为珍视自己的才能了。

我跑向船长室，在门口就大声叫起来："我们可以开船了，谢谢，太感谢啦！"

还不到 1 个小时，汽笛声很快就响起了来。

两天后小巴维尔已能起床，我们又成了幸福的父母。在欧洲繁忙的演出季之后，我们终于能在去阿根廷的长途旅行中好好地休息休息了。南部海洋的空气和平静给了我们新的活力。

布宜诺斯艾利斯的朋友们给我们租下了一个医生的寓所，我们觉得那里十分舒适。医生的工作室成了孩子们游戏的地方。他们去玩书架上的试管中保存的人类胚胎，对此我们和卡罗拉很难阻止，因为那些东西太吸引他们了。

鲁伊兹安排的巡演只有少数在布宜诺斯艾利斯，多数都在外省举行。我外出时，奈拉就和孩子们留在布宜诺斯艾利斯。鉴于我的钱仍然被限制出境，我便把这次挣的继续投资，并且这次我决定把所有的钱都留下来，因为我感到在巴黎保留大量现款已经不太安全了。法国似乎也中了希特勒的魔咒，出现了越来越多的反犹征兆。

在阿根廷的科尔多瓦，有件事叫人喜出望外，我碰到了马努埃尔·德·法雅和他的妹妹。内战爆发后，他们成功地离开了西班牙。这次重逢令我们两人都很高兴。看到他那一如既往的洁癖真是有趣：他每次握完手就立刻拍手召唤他妹妹，而后者则端来一碗溶液让他迅速地搓洗。西班牙可悲的内战使他闷闷不乐。他看上去憔悴而疲惫，但还在继续创作他的大型清唱剧《阿特兰蒂达》。他太虚弱，不能来听我的音乐会，但还是给我写了一封动人的信，那信至今我还保存着。

我不停地在阿根廷和乌拉圭旅行，只要回到布宜诺斯艾利斯，我们便常去"广场饭店"的烤肉馆用餐，到科隆剧院看歌剧演出。

在智利的圣地亚哥和瓦尔帕莱索我还各有 6 场音乐会，现在，它们有了飞机往返。当时穿越安第斯山脉是相当危险的，因为飞机不是飞越山峰，而是在山峰之间穿行。奈拉留在了布宜诺斯艾利斯。

当时胡安尼塔·甘达利亚斯居住在圣地亚哥，她邀请我去她家里住。我这趟飞行相当危险，飞机为了加油和了解山区的气象资料，要在门多萨降落，再次起飞后，我们在峡谷中被突降的浓雾包围住，飞行员只好极为冒险地调头飞回门多萨。等了 1 小时，大雾散去，这下我们才安全地降落在圣地亚哥。

我和胡安尼塔一起度过了很多愉快的时刻。她有一栋漂亮的房子，几乎是一个人住，因为她的两个女儿已经出嫁，三女儿卡门则和父亲一起留在伦敦。餐厅里的大笼子里有一只漂亮的彩色鹦鹉，不停地呱噪着。我问亲爱的胡安尼塔鹦鹉这么喋喋不休她烦不烦，她却难过地说："他还算个伴儿呢。"

她对我说："真希望奈拉能到这里来。我以为，当她看到观众这么喜爱你，会开心的。"

她打电话劝奈拉来，等我也一起劝说时，奈拉答应立即过来，孩子们留给卡罗拉照料，并由维多利亚·贡萨莱斯负责监护。我们原来预计她会在我的第三场音乐会那天到达，但是飞机和旅客必须在门多萨过夜，因为穿行安第斯山脉的通道被封闭了。第二天天气变得更糟，而且没有好转的希望。奈拉等得不耐烦，就放弃了飞来这里的打算，而折回布宜诺斯艾利斯去了。我们在智利这边也为她失败的尝试感到懊恼。

在圣地亚哥和瓦尔帕莱索我分别演出了 6 场，无论是听众还是我自己都很满意，终于到了返回的时候了。我取了机票，但泛美航空公司却电话通知我，说 24 小时之内都没有航班。歌剧院的经理萨尔瓦蒂先生劝我加演一场。临时加演门票还能销售一空令我受宠若惊，但连续两天的天气都没有任何好转，使我对返回布宜诺斯艾利斯有些担心。5 天后，我们的轮船就要启程返回欧洲，而开航前夜 我还有一场广播音乐会。

我记得，在星期六，萨尔瓦蒂劝我举行在圣地亚哥的第 8 场音乐会，他说："星期天你一定能起飞了。"

星期天，就是我们的返回欧洲的轮船启程的前两天，和那场音乐会的前一天。这场额外音乐会的曲目是仓促准备的，主要是阿尔贝尼斯和法雅的流行作品，以及肖邦最受欢迎的曲子。在这一组音乐会中，本场是最为成功的。幕间休息时，萨尔瓦蒂走进化妆室，得意地宣布："明天还没有航班，我们不妨在 11 点增加一次日场音乐会。"

我苦笑着说："就怕最终我只能为些阿猫阿狗演奏了！只有一个晚上，你怎能在一夜之间召来真正的听众呢？"

"如果我马上在门厅挂上一幅广告，宣布明天上午将会有同样曲目的一场音乐会，那么这些听众就会再来。当然，我也会在电台和星期天的报纸上发布些消息。"

胡安尼塔举行了告别招待会，邀请了她的家人和若干好友，但我并不太高兴，觉得自己被安第斯山囚禁了。鉴于我星期一得在布宜诺斯艾里斯举行音乐会，而星期二上午就要启程返回欧洲，现在是心急如焚。

胡安尼塔的一个朋友从事旅游业，他突然问我："你愿意乘德国飞机飞回布宜诺斯艾利斯吗?"

"当然愿意。"我说,"只要能飞到就行。"

"我知道星期一清早有一架飞机要起飞,打算找一条飞越安第斯山的航线。你愿意冒这个险吗?"

"只要能到那边,我干什么都行。"

萨尔瓦蒂说得对,第二天日场音乐会的听众大部分是头天的那些人,甚至还卖出一些站票。

胡安尼塔的朋友在星期天下午给我送来了一张机票。我给奈拉打了电话,兴高采烈地告诉她这个消息,让她关注我抵达的时间,并多向德国的航空公司了解情况。奈拉这些天一直心烦意乱的,得到这个消息,一方面松了口气,但另一方面又担心起其中的风险来。

我们一共6个人,小飞机上有2个硕大的引擎。高个子驾驶员和他的副驾驶爬进自己的座位,上午8点我们起飞了。我依然沉浸在胡安尼塔动人的惜别之情中,十分的伤感,而未感到害怕。飞了半小时,飞机试图穿越山脉但被迫折返,我们这些乘客才害怕了。

我们长久地搜寻着通道,却一直不成功,只好降落加油。再次飞上天空后,飞机开始无情地上下颠簸,仿佛我们最后的时刻到了。突然,驾驶员高兴地宣布:"我们到达另一边了。"

万岁,我们安全啦!飞机必需在科尔多瓦加油,不过有望于傍晚抵达布宜诺斯艾利斯。但科尔多瓦上空有浓雾,我们不在油料很少的情况下在空中盘旋。

当我们的飞机在滂沱大雨中降落在布宜诺斯艾利斯时,已是晚上6点钟。奈拉站在舷梯旁哭泣。她紧紧地拥着我,很长时间都不肯松手。两位机场官员见此情景,说:"这位女士心神非常不定,我们只好让她直接来到飞机旁边。"

我的时间只够赶回家,喝杯咖啡,吃个三明治,换上晚装,在 9 点以前赶到音乐会现场。

奈拉告诉我："电台一直广播着有关你们飞机的消息，而且听他们那吓人的口气，我想你们肯定飞不过安第斯山，飞机只怕每时每刻都会坠毁。电台还警告听众，音乐会可能取消，现在肯定说不定正在安慰听众呢。"她说着，含泪的眼睛微笑起来。

1 个小时后，我自己在挤得满满的剧院里开始演奏贝多芬安详的《降 E 大调钢琴奏鸣曲》时，也微笑了。电台转播了音乐会。

然后，我们和贡萨莱斯、赫尔曼·艾里萨尔德（German Elizalde）一起参加告别晚餐，磨蹭了很久，晚上其余的时间则用来收拾行李。上船以后，睡了一整夜的孩子们这时一定要和我们玩耍，而我们像木头一样倒头便睡，一连睡了 12 个小时。

在这趟漫长的旅途中，我主要在斟酌着曲目。我十分重视曲目编排，甚至可以说我善于搭配曲目是出了名的。南美的听众永远也听不够我为他们准备的西班牙音乐和一些类似《彼得鲁什卡》这样完全相反的作品。我演奏肖邦作品的方式完全折服了他们，但我在波兰就不能这么说。

现在，我面前的是相距甚远的两块大陆：澳大利亚和美国。前者，我从未去过；后者，间隔 14 年之后，我感觉像个新手。轮船上有一架很不错的钢琴，这让我可以练习在这两个国家的保留曲目。

那一年的日程安排极其紧张，我甚至没时间一瞥在巴黎举办的世界博览会。我刚到家，席夫博士就递给了我去悉尼的往返机票。当晚我就去了阿姆斯特丹，然后转乘荷兰皇家航空公司（KLM）的飞机前往澳大利亚。

今天很难想象当时的旅行是个什么样子。那时我们要飞 9天，真正的"日暮而落，日出而飞"。我们一共 10 位乘客。飞机的两台发动机看上去很可靠，而驾驶员和领航员都是稳健的荷兰人，第一眼看去就讨人喜欢。

看着地图上我们将要加油、过夜的地点就令人开心，那都是些十分有趣、甚至风景如画的地方。

我记得（不知为什么）我们在雅典过夜，可以再次先欣赏雅典卫城的美景才上床休息。接着是开罗、然后是巴士拉；在巴士拉上空我们飞得相当低，都可以闻到被太阳烤焦的土地和地下石油的气味；我们在阿拉哈巴德过了一晚，我抽时间去参观、欣赏了印度土邦主漂亮的红色宫殿。

下一个降落加油的地方是加尔各答，我们降落时很危险，机场被淹了，飞机小心地滑行着，停稳后，我们要淌水才能进入大楼。飞行员告诉我们一个坏消息："在这种条件下不能起飞。航空公司为你们订好了旅馆。但愿明天可以起飞。"

这消息反而让我本人很高兴；我热衷于不断变幻的景色，甚至愿意每一站都有一天能自由支配。

我们终于可以睡个安稳觉了，因为不存在起飞的问题。在正常时间，而不是清晨5点，吃一顿美味的英国式早餐的感觉特别好。

一位旅伴以前曾在加尔各答居住过，他自告奋勇地当了我的导游。我们游荡着，街上人群拥挤，两侧满是敞开大门的商店，店里可以见到人们在金属圆盘上锤打着漂亮的图案、编织着色彩缤纷的莎丽。欧洲和美国货并不少见。商品陈列在露天，而手工艺人则在商店内干活。所有这些原本很是平常，但却发生了一段相当特别的插曲。一头巨大的白牛迈着极为缓慢的步子向我们走来，人群让开了一条路，仿佛这头畜生是位土邦主一样。那头牛似乎和我们一样，对陈列的商品颇感兴趣，随心所欲地东啃一口、西咬一下。我的同伴悄悄地说："在印度，白牛是圣物，谁也不敢碰它。"

我的导游带我离开市中心，来到比较宽敞的地方。我们看见了一座奇怪的房子，是平房，窗子没有镶玻璃。靠近大门时，有一股可怕的恶臭。我惊恐地看着我的同伴，而他却说："焚烧死者。你感兴趣吗？你可以进去看看。"

我要承认自己的好奇心胜过了厌恶感，于是我们走了进去。那里一排放着 6 张桌子，每张桌子上都有一具正在燃烧的尸体，有个人负责照料，时而添加些木头当做燃料。这无疑是我平生所见、甚至所能想象的处理尸体最可怕的方法。这缓慢的过程简直叫人恶心。

晚上用餐时，我们的飞行员宣布，机场已干，我们很可能次日上午启程。起飞后我们很快就降落在缅甸的一个城市，我们原计划要在那里过夜的。接下去过夜的地方都没什么意思：一个是马来亚的吉隆波，第二个是巴厘以东的帝汶岛。我们在荷兰人的府邸过夜，沿途，当地人蹲在人行道上咀嚼着一种可怕的东西，把嘴和下巴都染红了，像涂了鲜血。帝汶是到澳大利亚的达尔文港前的最后一站。在这两点之间是一片汪洋，不免让我们这些乘客对印度洋上空这 3 个小时的航程有些担心。所以最终踏上澳大利亚坚实的土地时，我还真是高兴。

通过海关检查，我走进一座大厅，吃惊地看到墙上悬挂着一幅大广告，是宣传在澳大利亚最高峰——科希秋什科峰——上的冬季运动的。我相当熟悉我们波兰的历史，特别是波兰民族英雄塔代乌什·科希秋什科的生平，但从未听说过他跟澳大利亚有过什么关系！我对自己的无知有点惭愧。

第二天清早我们飞往悉尼，途中，在一片荒原里加了很长时间的油。那里发生了一件奇事。在我们到达后的几分钟，一架飞往欧洲的飞机降落了。没多久，一位高大、魁梧的女子从飞机里冒出来，手里拎着一个很显眼、能装两把小提琴的琴盒，这种琴盒只有买得起两把琴的独奏演员才使用。我正懊恼地认不出此人是谁，却突然看见一个矮小的男子走下飞机，那是伟大的艺术家勃罗尼斯瓦夫·胡贝尔曼，我童年起就认识的老朋友。我们相互拥抱，彼此都很惊喜。他的秘书给我们照了一张像，然后我们便各奔东西。

那时我才了解到，整个偌大的澳大利亚大陆竟没有水路，无怪乎所有重要些城市都位于海滨。飞机低低掠过长满灌木的无边平原，我们可以看到众多的袋鼠受到发动机声音的惊吓，一跳闪开几公尺远。

中午时分，我们抵达了悉尼。当飞机向着机场大楼方向缓缓滑行时，我大大松了口气。走进真正的浴室洗个澡，打开行李，重新成为钢琴家，这该是多大的享受啊！当飞机停稳后，我把两件大衣往胳膊上一搭，另一只手提着箱子，第一个走下舷梯。几个穿着整齐的人和两个摄影记者正在等我。当我真诚地伸出手时，那位显然是澳大利亚广播委员会头头的家伙却没有握；他依然笔挺地站着，掏出一些纸，开始对我发表演说。这篇精心准备的欢迎辞持续了几分钟。在我以为已经结束时，另一个人拿着一张报纸走上前，宣读起有关我的到来的消息。他结束后，大家就都看着我，等待我做出回应。我真想宰了他们。我再次感觉到自己对这种演讲的过敏，结巴、又语无伦次地说了几句，声音也像是别人的。看得出来他们对这情况不太高兴。搞完这一套，他们才带我过海关、查护照，然后两个人陪我坐进一辆高级轿车直奔饭店。

我想单独呆着，便极力感谢那两人的帮助，但他们却一动不动，还不停地重复着："您有充裕的时间。"

"那好啊，"我回答，"这么长时间的旅行后，我要好好休息几小时。我只想在房间里简单地吃些东西，然后睡到吃晚饭的时候。"

他们害怕极了。"有一场欢迎您的大型午宴，客人们45分钟后就到。"

这可是沉重的打击，但我像通常一样未露声色，而是打起精神以便挺过去。我开始匆匆地刮脸，从箱子里取出一套压得很皱的衣服，央求女服务员立即熨烫一下，所幸她自己就能做，收拾妥当，我下楼来到一间拥挤的餐厅包间。

那两位先生安排我坐在大桌子的正中，两边各有一位女士。我按波兰的老传统亲吻她们的手，但她们不习惯于此，用劲挣脱，手指关节几乎打掉了我的牙齿。我们大约 20 个人围在桌边，每人面前都有一份手写的餐单和若干只玻璃酒杯，午宴看起来很隆重。我又累又饿，正打算享用刚端上的热呼呼的清炖肉汤，有人却敲了敲玻璃杯表示要讲话，那是澳大利亚广播委员会的主席。他热情地欢迎着我，但我却很难听懂他那奇怪的口音。他讲完后，我对他点头微笑表示感激，然后伸手舀汤，这时杯子又响了，另一个家伙站了起来，宣称自己是澳大利亚广播委员会的音乐顾问，并开始用我最憎恶的方式来吹捧我。然而事情并没有到此结束。我右侧的那个女士站了起来，热烈地告诉我她对我在伯恩茅斯（Bournemouth）演奏柴科夫斯基《降 b 小调钢琴协奏曲》的那场音乐会是多么的印象深刻。她坐下后，所有的目光便都转向了我，等待着我的回应。这下我真恼了，而且我必需不情愿地承认，我感到很委屈；但这恰恰给了我勇气。我站起身来，口齿清楚地说道："女士们，先生们。你们慷慨的欢迎让我很受感动。"之后我改变了语调，坏笑着继续："但很不幸，这些话都说给了一个又累又饿的旅行者。你们无法想象，要是我能先好好地洗个澡、休息一下，这些话会让我多高兴，所以我请你们就满足于我的一句真诚的'谢谢大家'吧！"

我开诚布公的嘲讽博得了热烈的掌声。

回到房间，我感到一阵兴奋。这是我生平第一次用清楚的嗓音发表讲话，而且全是真话。我的随员们（我是指从机场起就跟着我的优雅的绅士们）依然包围着我，他们的发言人低声并怯懦地说："鲁宾斯坦先生，我知道您肯定会不高兴，不过悉尼音乐学院已经等了您半小时了。"

看到我眼睛里的狂怒，他迅速地补充道："院长是俄国人，特别崇拜您。"

这个可怜人显然不知道此刻我根本无所谓，我心知自己只有认命。

在音乐学院，楼梯上挤满了男女学生，大声为我鼓掌，我很费劲才来到二楼大厅。

一个黄发稀疏的胖男人张开双臂在等我，他按俄罗斯习惯三次亲吻了我的双颊。接吻的前奏过后，他后退三步，从口袋里抽出一张纸，操着带俄国腔的澳大利亚英语对我讲起话来。他回忆了与我的多次相遇，虽然从未发生过；又大大吹嘘了一番我的演奏艺术；最后把我作为老朋友介绍给学生们。现场再一次不详地沉默着，等待我的回应。

我被他的谎言和夸张的赞扬激怒了，就带着刚刚获得的自信发表了讲话，轻松地找到了合适的词句我解释了我对音乐和钢琴演奏的看法，甚至为自己的演讲神魂颠倒（读者勿笑）！他们则向我欢呼。

我与几位教授相互问候，并同许多学生握手，然后被送回饭店，终于在房间里美美地吃了些点心，振作起精神打开行李，洗了个热水澡，踏踏实实地睡了一觉。

我在悉尼的第一场音乐会是与澳大利亚广播委员会的乐团合作的，指挥有个德国名字、又有个英国"爵士"称号。我首演的曲目是柴科夫斯基的《降 b 小调钢琴协奏曲》。乐团远远谈不上胜任。指挥是个不错的音乐家，他向我坦言，他与乐手们合作有许多困难。所幸我发现，现场听众和澳大利亚的普通公众似乎都还满意。成功的转播对我的整个巡演十分有利。

完成了在悉尼的协奏音乐会和独奏音乐会后，我在那位"发言人"的陪同下坐火车去了墨尔本。位于维多利亚州的墨尔本使我倍感新奇，主要是由于它与悉尼强烈的对比。悉尼明显受到了美国的影响。那里的旅馆、商店、商品，厚颜无耻的广告，使我想起巴尔的摩或者匹茨堡，而我第一眼就感觉墨尔本是个精致、老式的英国城市。

迷人的饭店只有三层，没有电梯，从敞开的窗子吹进来的舒爽的过堂风迎接着我们。很可惜，旅馆的伙食也和英国地方上偏远小镇的一样，没有味道。伦敦、曼彻斯特、利物浦抑或布里斯托尔那些大城市都很精明地在英式大餐厅旁边再开一间很好的法式烤肉馆。而这里引起人们普遍兴趣的首要话题是赛马，就和在他们原来的国家一样。听众也较为节制，但对我的音乐能理解得较深。当然，我记起了伟大的梅尔芭①，她用出生地做了自己的名字，以及可怜的弗里茨·缪勒，我早年在柏林学习时的竞争对手。

澳大利亚广播委员会主席对悉尼的乐团并不满意。"我们需要一个大指挥。您在悉尼的最后一场音乐会将和乔治·施内沃特②合作。他的巡演就排在你后面，但他不会留下来。你认识能约束悉尼乐团的人么？这个乐团有最好的乐手。当然，托斯卡尼尼和斯托科夫斯基这种顶尖的指挥都不必考虑了。我们出不起价钱。"

我当即找到了合适的回答。"格奥尔格·塞尔。"我热情地回答道，"我想，谁也不会比他更能训练好你的乐队了，而且他碰

---

① 内莉·梅尔芭女爵士，GBE（Dame Nellie Melba，1861 年 5 月 19 日～1931 年 2 月 23 日，澳大利亚女高音。她是澳大利亚第一位获得国际声誉的女高音，也是当时世界上最著名的歌剧演员之一。

② 施内沃特（Georg Schneevoigt，1872～1947）：芬兰指挥家、大提琴家。在赫尔辛基爱乐乐团任大提琴手 8 年。然后作为独奏演员在欧洲巡演。1901 年首次以指挥家身份登台。先后在慕尼黑、赫尔辛基、斯德哥尔摩、洛杉矶、马尔默任指挥。

巧还有空。"

他双手击掌，说道："胡贝尔曼也同样热情地推荐了他。"

亏得我们两人，澳大利亚荣幸地见证了自己的乐团被这位伟大的指挥大师改变了面貌。

在墨尔本享受了3场音乐会之后，我到了南澳大利亚首府阿德莱德，一个有特色而安静的城市。对我的演出的反响极为热烈。西澳大利亚的珀斯是我回墨尔本再度亮相前的最后一站。

在回悉尼的路上，我在澳大利亚联邦的首都堪培拉举行了演出，在这座新兴的小镇上，英国总督戈尔勋爵客气地邀请我在音乐会当天去参加他的家宴。他们夫妇极其真诚地款待了我，还安排我坐在他们两人中间，另外只有两个随员。

"我们要出席您的音乐会，"总督以他生就的英国绅士音调说，"你看，我对音乐一窍不通，呵呵。不过我期望今晚能学会点什么，能吗？"

我突然想起一个自己很感兴趣的话题。

"刚在澳大利亚降落时，一幅宣传在澳大利亚最高峰举行冬季运动会的广告令我意外，那座山峰叫做科希秋什科峰，是我们波兰民族英雄的名字。我对他的生平十分熟悉，知道他从未到过澳大利亚，也和那座山没有任何关系。"

戈尔勋爵由衷地笑了起来，"亲爱的朋友，呵呵，你看，这又是一个可怕的本地名称。我记这些鬼名字可费了大力气了。"

我难为情地坚持了一下："不过拼写完全一样啊！"

"哦，呵呵，我还记得好几个这样的例子呢，哈哈。我要是说出来，您会惊讶不已的。"

我放弃了这一话题。

音乐会的听众很多，主要是外交官们。幕间休息时，使团里有些我在其他国家见过的朋友来看望我，突然，戈尔勋爵也出现了，他在门口就兴奋地大叫起来："我怕是个大傻瓜，先生。没错，我就是个大傻瓜。那座我这辈子也记不住名字的山峰，呵呵，的确是你们的民族英雄，呵呵。有个波兰工程师首先征服了顶峰，天呐，他就用这个该死的名字命名了。"

我们俩，以及现场其他人，哈哈大笑起来。

我在悉尼的最后一场与乐团合作的音乐会是由乔治·施内沃特指挥的。我和他在荷兰已经有过合作。他是芬兰人，一位杰出的音乐家，虽然年事已高，但活力不减。我们一起漂亮地演出了一首勃拉姆斯的协奏曲（我不记得是哪一首了）。后来在休息室，施内沃特先生问我："你去过动物园吗？"

"没有。"我回答——没有其他的答案。

"你错过了悉尼最好的东西。明天下午你有空吗？"

"有。"我说。

"我很乐意上午和你一起去，但我要排练。那里有许多东西可看，但下午时间偏短，因为动物园要关门。你一定得去看看笑鸟。"

"笑鸟？"我问。

"是啊，它们可好玩了。它们模仿你、嘲笑你。你一定得看看。一定得看看。"他拍打着自己的膝盖。

第二天我急不可耐地等着。他排练完回来，我们就匆匆吃过午餐，直奔动物园。他说得对，那是世界上最好的动物园之一。那里有许多在别的地方看不到的动物。

我在养袋鼠的大笼子前驻足许久，结果让施内沃特急得不得了。我又对鸭嘴兽着迷了很长时间，当然，到了树袋熊馆也一样，这些小东西静静地坐在树枝上，就算你把它拿到手上玩，它也不在乎。当我逛到装满猴子的大笼子时，施内沃特硬拉我离开，几乎撕裂了我的风衣。

"不够时间看鸟啦！"

这时，我们已经走了不少的路，我有点累了，但老先生却不肯放弃。

我们匆匆经过了不少有趣的动物，最后才来到一个孤零零的圆形笼子前。笼子里面有十几只大鸟，长着深棕色的羽毛，长长的鸟喙耷拉在胸前，阴沉沉地看着我们。施内沃特用胳膊肘碰碰我，期待着大笑。鸟儿静悄悄的。施内沃特有点不耐烦，也想要刺激一下那些鸟，于是滑稽地笑了一声。鸟儿们没有反应。老先生这下子气坏了，发出可怕的沙哑的声音。直至他眼泪盈眶、猛烈地哮喘咳嗽起来，那些难对付的鸟儿依然不肯让步，而似乎只是不满地看着我们。施内沃特歇斯底里地叫喊起来："我要让它们笑，我一定要让它们笑！"

就在这时，响亮的汽笛声通知参观者，动物园即将关门。我的同伴极度受挫地耷拉着脑袋，丧气地小声说："我们得走了。"

出动物园的路很长。我们刚踏上主径，就发生了一件可怕的事。一阵尖锐、嘲讽、幸灾乐祸的笑声钻进了我们的耳朵，我深感受辱，真想跑回去把那十几只混账鸟的脖子拧断。在回饭店的路上，施内沃特一直咳嗽不止。

我在澳大利亚的最后一场演出，是在昆士兰州的首府布里斯班举行的。第二天，我就乘荷兰皇家航空公司的飞机，开始返回阿姆斯特丹和巴黎的漫长飞行了。

回程是同样的长，还有新的意外事件——我在飞机上的邻座竟然是个纳粹官员。开始时我们都恨不能用目光杀死对方，但由于出现了预料不到的状况，我们的看法又变得如兄弟般一致。我举一个好例子：在缅甸首都仰光，我们要过一夜，鉴于时间充裕，就去参观了世界上最出名的一座佛教庙宇。那座庙的圆顶是纯金制成的。朝圣者和参观者的施舍都是薄薄的金叶。我和那个纳粹都打定主意要看看这座庙宇，但那里有个规矩：不许穿鞋，光穿袜子走过一条泥泞的小路。一脚的烂泥令我们共同反感这种考验，我们俩友善地相视微笑了。

94

回家真开心，尤其是在澳大利亚取得成功而且口袋里还装着新得的款子。奈拉很喜欢听我讲述自己在旅途中的奇遇和音乐上的感受，不过却在专心准备着最重要的事情——我 14 年来第一次去美国巡演。

在安排独奏音乐会和与乐团合作音乐会的曲目上，我花了很多时间，并在通信中与胡罗克激烈争执。作为一个精明的经纪人，他用我能搜罗到的所有广受欢迎的作品招徕听众来填满廉价的楼厅。对此我坚持了立场，不让他干涉我的决定。

我高兴地获悉，相当多的指挥都愿意跟我合作，其中不乏我的朋友：如纽约爱乐乐团的约翰·巴比罗利、旧金山交响乐团的皮埃尔·蒙特和辛辛那提的欧仁·古森斯。欧仁·奥曼迪①建议我在费城举行 3 场音乐会，而阿图尔·罗津斯基（现已经和奈拉儿时的伙伴哈丽娜·利尔珀普结婚）不仅邀请我去克里夫兰举行一场音乐会，而且要我到他们家去住，我也只有勉强同意。在音乐会期间，我从不爱住朋友家，因为我需要特殊的膳食，而且更不好意思打搅主人，比如请他们给熨烫演出服之类，这些事在旅

---

① 欧仁·奥曼迪（Eugene Ormandy, 1899～1985）：出生于匈牙利的指挥家。自幼在匈牙利皇家音院学习小提琴，作为神童经常演出，17 岁已经成为小提琴教授。1921 年赴美并加入美籍。任明尼阿波利斯交响乐团指挥五年，后任费城交响乐团指挥直至去世。

店里就很方便了。

离开巴黎之前，我们还有痛苦的一幕：我们不得不让孩子们由保姆卡罗拉带着去华沙，以便得到我岳母的关照。在巴黎北站，当火车开动，孩子们探出车窗向我们挥手告别时，奈拉禁不住哭出声来，时年 4 岁的小伊娃安慰道："别哭，妈妈，我们会回来的。"这话使奈拉哭得更伤心了。

收拾行李那天最烦人，很难决定该带什么，留什么。第二天我们带着办好美国签证的护照，坐上去瑟堡的火车，并在那里换乘"玛丽女王号"轮船。登上轮船的那一刻，我感到自己斗志昂扬，这次我觉得能对付美国了。当晚，我们饭后去沙龙喝咖啡，一个活泼、娇小的女士向我们自我介绍说，她是布兰奇·克诺普夫，有名的出版商艾尔弗雷德·克诺普夫的妻子。旅途中她一直陪着我们，希望用她对本诺·莫伊谢耶维奇的真诚崇拜来引起我的兴趣，不过同时，她对文学的喜爱和知识却强烈地吸引着我。

另一个旅伴是斯坦威公司汉堡厂的厂长威廉·斯坦威先生。我在 20 年代初曾和他有过一面之交，所以现在他友好地微笑着走到我们身边。

"我听说过许多您的美妙故事。"他说。

愉快地聊了两三天后，他建议我在音乐会上重新使用斯坦威钢琴。因为我们两个都清楚地记得 14 年前是怎样分的手，我露出了严肃的表情，尽管暗自为这个建议而高兴。"我会认真地考虑您的建议的。"我回答，"不过，我得先试试你们最新生产的乐器。"

他真诚地表示了同意，我十分开心。

到达纽约时，天气宜人。胡罗克先生来到码头，帮我们办完手续，并驱车送我们到"大使饭店"，我们在那里订了一套不错的公寓。我们在起居室坐定，给他上了杯茶后，便第一次讨论起我们眼下的安排。

"甚至在您正式首演前，我就已经安排了一场。"他自负地微笑道。

"在哪儿？"我问。

"就在纽约。一位阔太太来过电话。她问你什么时候到，打算给你举行个聚会。怎么举行呢？那，我就说：'如果你想让他演奏，那可得支付酬金啊'。"他微笑着补充道，"于是，我从她那里搞到了一笔像样的酬金。"

"我希望不是范德比尔德小姐。"我说，想起了自己与他们糟糕的经历。

"不是。是一个叫什么查德威克的小姐。她说她是你的朋友。"

"天哪，"我叫起来，"多萝茜·查德威克！那是我最好的朋友啊。为她免费演奏都可以。"

他一脸不以为然的表情："只要我为您工作，您就永远不会白白地为人演奏。"

我的第一场音乐会定在星期四，由约翰·巴比罗利指挥纽约爱乐乐团，我独奏，演出勃拉姆斯的《降 b 大调钢琴协奏曲》。星期五下午还是这个曲目，然后星期天就换成柴科夫斯基的《降 b 小调钢琴协奏曲》。

胡罗克走后，我们给多萝茜打了电话。

她说："我邀请的全是老朋友，例如达姆罗什一家、约翰·巴比罗利、海伦·赫尔、霍伊蒂·韦伯格，当然还有索霞·科汉斯基。我希望你会很高兴与他们重逢。还有，阿瑟，"她补充道，"我很开心你能来演奏。"

我为胡罗克令人倒胃口的行为道歉，但她一笑置之。

"他做得完全对。我很高兴，你终于有了一个真正的经纪人。"

在多萝茜家的聚会令人愉快。她有一架上好的斯坦威演奏琴，我弹了几首最叫座的肖邦作品和西班牙音乐，宾客们也反响热烈。可敬的多萝茜——她对我的朋友希曼诺夫斯基和科汉斯基提供了很多帮助，我们一直是忠诚的朋友，直到她去世。眼下，在她家的这种预演令我信心大增。

威廉·斯坦威打来电话，说已经为我准备了一堆斯坦威大演奏琴，以便我从中挑选。在约好的时间，我来到位于第57街的斯坦威琴行新大楼。进门迎面是一个圆形大厅，两三位秘书正在雅致的办公桌旁工作。墙上挂着巨幅肖像，有帕德雷夫斯基的，还有尤瑟夫·霍夫曼的。我乘电梯下到地下室，那里有条通道穿过摆满钢琴的大展厅。通道尽头是一扇紧闭的大门。大门开启后，我看到一间像个阴森的停尸房的大厅。十几架如同巨型棺材的演奏琴排成一排。公司董事长西奥多·斯坦威先生极其诚恳地欢迎了我，并把我介绍给亚历山大·格雷内尔先生。

"他负责这里所有的钢琴，这些钢琴会被运往美国各地，供众多挑选我们乐器的钢琴家在音乐会上使用。"

格雷内尔先生用俄语对我说："我出生在波罗的海边的拉脱维亚。当您在圣彼得堡音乐学院的安东·鲁宾斯坦钢琴比赛上取胜时，我就是那里的学生，这一定让你惊讶吧！"

两位绅士打开了三架钢琴的琴盖，让我挑选一架用于演奏。

"您最喜欢的钢琴，我们就保留着归您支配。"他们说。

我挑了一架机械部分不那么灵活的钢琴，就是说琴键较紧，但声音最优美。

自早年从事钢琴艺术后，我一直不满意钢琴的一般的声音；我要通过手指来唱出我内心的歌声。没错，我总要听到这种打击乐器发出歌唱性的声音。

排练异乎寻常地顺利。约翰·巴比罗利意气风发的指挥具有感染力，因而无论乐团还是我都像着了魔似的。

音乐会是一次征服。满座的观众向我们喝彩，《纽约时报》

的评论家奥林·唐斯先生以欢迎词的形式写道："我们想念鲁宾斯坦先生很久了，他回来我们真高兴。"

甚至星期五下午的音乐会也大获成功，听这类音乐会的连票观众大都是富有的老太太。星期日我演奏的是柴科夫斯基，像通常一样，引起了楼厅听众的很大热情，但惹恼了《先驱论坛报》的一位老评论家，他只认他所钟爱的演奏家的诠释。

现在，关键是我的独奏音乐会了。成败在此一举，因为整个美国都在等待纽约报界的意见。

我仔细选择了曲目，而且没有接受胡罗克的建议安排"稳拿的"作品。我决定以弗朗克的《前奏曲、众赞歌与赋格》开始，接着是我钟爱的德彪西的两首作品，以及《彼得鲁什卡》，它在纽约是新作品，幕间休息后，我打算演奏我最心爱的肖邦，并以《降 A 大调波洛奈兹》结尾。

胡罗克的广告创造了奇迹。尽管我们产生过争执，但在卡内基音乐厅，我还是看见我独奏音乐会的海报上面写着："阿图·鲁宾斯坦——钢琴王子"。这个不必要的头衔激怒了我。

"'钢琴王子'干嘛用的？为什么我的名字中丢掉一个字母h，成了阿图"？（斯拉夫语系的"阿图"就是拉丁语系的"阿瑟"，但拼写略有区别。译注）"我对胡罗克喊叫。

"您就弹您的钢琴，广告的事由我来管。"他宽容地笑着说。

我竭尽全力地挖苦着反驳道："倘若我报复你的广告，那么我会说：'胡罗克——经纪人中的上帝'，而不是一个可怜的'王子'。什么时候我才能荣幸地看到我的名字前面不加称号？"

在下一场音乐会上他就给了我这个机会。

这场音乐会是在星期六下午举行的，那是开独奏音乐会最好的时间，而胡罗克成功地把卡内基音乐厅填得满满的。我等着上场时，他跑进来，得意洋洋地告诉我："嗨，我把所有著名钢琴家都找到音乐厅来听你的演出了：拉赫玛尼诺夫本人、戈多夫斯基、约瑟夫和罗希娜·列维涅夫妇，以及其他所有在纽约的钢琴家。"

听到这个消息，我意识到自己身上发生了巨大的变化。以前，一听说音乐厅里来了个钢琴家，我就吓得要死；这一次，我只是很欣慰能为他们演奏。

我一登台，就受到一阵热情的欢迎，这释放出了我内心的全部激情，这激情是为了我要演奏的音乐，这激情我也要和听众分享。我感觉到了那苍天的恩赐，一种捉摸不定、被称为灵感的东西。

听众热情而越来越关注地接受了弗朗克的作品。之后，《彼得鲁什卡》成了音乐会的高潮。它是第一次在美国演出，节目单上注明作品是为我而写，并题献给我，这也增加了听众的兴趣。鉴于我以前听过管弦乐团的演奏，而不是钢琴曲，因此一如既往地自由发挥。听众爆发出欢呼声、尖叫声，和高声的喝彩。我轻快地躬身致谢，然后离开舞台准备幕间休息，却惊讶地看到拉赫玛尼诺夫正独自站在休息室。

"我现在来，等一下就太挤了。"他用喉音浓重的俄语说道，并同时用一只手碰碰自己的额头和胸口，意思是说我这次的演奏用了心也用了脑。

大厅里的欢呼声越来越高。

"我等着。"他说，并让我上去鞠躬致谢。

当我回来时，他愤怒地说道："别在美国演奏像《彼得鲁什卡》这样肮脏的作品，他们不喜欢这种现代音乐。"

他正说着，胡罗克出现了，并大声喊叫道："出去鞠个躬，他们正叫唤呢。"

的确，听众中传来了咆哮声。回到幕后，拉赫玛尼诺夫再次悄声警告我："偶尔，现代小品，是完全可以的，但不要这种又长又可怕的。"

胡罗克把我推上舞台，但观众仍不放弃。这时，拉赫玛尼诺夫有点不耐烦地说："加演吧！"然后就走了。

下半场我演奏的肖邦受到了特别的对待。人们对每首单独的作品都报以掌声，以前我演奏某个作曲家的一组作品时从未有过这种事。这次我很仔细：我的演奏不但蕴含着最深的爱，而且弹奏每个音符时都想到要满足掏钱购票的美国听众。演奏《降 A 大调波洛奈兹舞曲》时，我尤其热情四射。被我的演奏激动起来的听众迫使我加演了 4 次。我离开舞台时骄傲地感到，我已经在合众国赢得了坚实的立足之地了。

胡罗克欣喜若狂："难道你不满意我的听众接受你的方式吗？"

当然，我当然满意。"他的"听众太奇妙了。

更使我高兴的是列维涅和戈多夫斯基的反应，他俩早就以自己的方式宣布他们确信我总有一天会有所成就的，他们说对了。

海伦·赫尔太太我早年就认识，当时她叫文森特·阿斯托尔太太。她邀请我们参加"音乐家应急基金会"组织的慈善午餐会，她是该基金的主席。基金的司库是我早先在柏林的熟人姚朗塔·梅罗，她嫁给了斯坦威的伙伴伊里昂先生。午餐会在"圣瑞吉酒店"的大舞厅举行。出席的至少有 300 人，我们被邀请坐在发言席上。当客人们正在吃饭时，约翰·巴比罗利和沃尔特·达姆罗什紧张地从口袋里拽出了长达好几页的讲话稿。约翰讲了整整半小时，沃尔特也充分利用了自己的好嗓子。两个人都说，没有音乐的生活一文不值，因此在桌边大嚼的每个人都应该慷慨解囊，以防音乐消失。尽管讲话很长，对自己的钱包还存在明显的威胁，听众们还是客气地给予了掌声。这时，海伦悄声对我说："阿瑟，你也讲几句，好不好？"

"行啊。"我仗着刚刚在澳大利亚受到的训练，欣然同意。海伦通报了我的名字，然后我站起身，看到可怜的奈拉脸色苍白、呼吸急促。我绘声绘色地描述了莫扎特和舒伯特短促而悲惨的一生，以及我自己享受着这么多分外的恩惠，心里十分愧疚。让他们在求告无门中生存与死亡，本是维也纳永世的耻辱。而现在，它却沐浴在他们的荣光中，利用他们的名声大发其财。"这样的罪孽绝不能再发生了！"我悲怆地说道，"此时此地，我们就有需要帮助的伟大艺术家，而这一次，我们要竭尽全力，让他们能安安静静地生活和创作。"

我即兴的夸夸其谈取得了意外的成功，尤其对奈拉而言。她很久才从惊奇中回过神来。

"这是澳大利亚的功劳。"我洋洋得意地告诉她，"从今往后，你会听到我日日夜夜地发表演说了。"

事实上，"音乐家应急基金会"已经悄悄地以年收入形式向一些后来大大有名的美国作曲家提供了很大的金额，包括让"基金会"引以为傲的伟大的贝拉·巴托克①，直到他去世。

几天后，多萝茜给我打来电话，说："阿瑟，我请你帮个大忙。我那条街转角处小书店的老板，一直对我讲他那 13 岁的儿子多么有才华，但他却无力买钢琴。你能否听听这个男孩弹琴？我要不要提供钢琴就取决于你的意见。"

我当然同意了。第二天下午，多萝茜把男孩带到了饭店。斯坦威给我送来一架上好的钢琴，于是我邀请他们俩来到我住所的起居室。

小男孩外表并不吸引人，脸上长满了雀斑、一头卷发乱蓬蓬的、还用深色的眼睛冷漠地打量着我。他折腾了一番琴凳，又试了试琴键，然后十分出色地弹奏了巴赫的前奏曲和赋格。

---

① 贝拉·巴托克（Bela Bartok，1881～1945）：生于匈牙利的纳吉圣米克洛斯（今罗马尼亚境内），是 20 世纪最杰出的音乐家之一，是匈牙利现代音乐的领袖人物。同时也是钢琴家，民间音乐学家。

另外三首肖邦和李斯特的作品过后，我确信他已经是一个钢琴家了。

"多萝茜，"我说，"你都可以送他两架钢琴了。"

这个叫维利（即威廉）·卡佩尔[1]的男孩立即对我亲密有加，还力图通过说他自己老师的坏话来取悦于我，而他的老师约瑟夫·列维涅恰好是我的朋友。当我申斥他时，他却哭喊起来：

"他不理解我。我与他没有任何沟通。但您要是能教我，我感觉自己定能获得真正的进步。"

我当下就拒绝了他。

"年轻人，你需要磨练，还要经常有人听你弹琴。我不适合当你的老师，因为我的音乐会太多，但是只要有可能，我会很乐意听你弹琴的。"

他开心地走了，而我则为帮他获得一架钢琴感到满意。

瓦尔特·吉泽金预告了一场德彪西作品的专场音乐会。我曾在巴黎听过他的演奏，那时他是作为德彪西作品的最佳诠释者登台的。我又去听了他的演奏，并着迷于他细腻的手法，以及他对那些往往很难捉摸的作品所作的真正印象派的处理。

路过饭店大堂时，我意外发现吉泽金要在上午 11 点参加一场所谓"早课"。这个时间开音乐会非常糟糕。吉泽金肯定也发现了，因为我那次听他弹的贝多芬、肖邦和李斯特，其水平都远远低于我的预期。

我的下一场音乐会要归功于奈拉。著名的费城柯蒂斯音乐学院的创建人玛丽·博克夫人，在奈拉和她父母一起在费城居住期间就很喜欢她。此时奈拉写信告诉博克夫人她已经和我结婚，以及我在纽约举行了成功的首演，博克夫人就邀请我在柯蒂斯音乐学院为学生演出一场。当时，学院的院长是尤瑟夫·霍夫曼，博

---

[1] 威廉·卡佩尔（William Kapell, 1922～1953）是美国钢琴家。

克夫人对他的崇敬直如上帝。我很走运，自己在卡西米尔厅①举行音乐会时霍夫曼正好外出巡演。

那是一次很困难的亮相。挤满了大厅的年轻学生们盯着我，仿佛我一旦令他们失望，就会被他们生吞活剥了一般。不过，多亏了《彼得鲁什卡》，我把他们成功地争取过来了。霍夫曼给我发来电报，对不能参加音乐会表示惋惜，这是他少有的礼节。

我们邀请博克夫人共进晚餐。尽管她对霍夫曼无比崇拜，但似乎还满喜欢我的演奏，并且也认可了我这个奈拉的第二任丈夫。我觉得，这让我的太太十分满足。

95

罗津斯基夫妇（阿图尔和哈丽娜）极为亲密地接待了我们。阿图尔在克里夫兰当地的报纸上读到了有关消息，为我在纽约的成功感到高兴。

"这会使你在这里的首演轻松许多。"他说。我打算演奏勃拉姆斯的《降B大调第二钢琴协奏曲》。

上午对音乐会的排练很顺利，乐队很像样，而严格的罗津斯基仔细地过了一遍总谱。午饭后，他要好好睡上一觉。而我和奈

---

① 卡西米尔是尤瑟夫·霍夫曼父亲的名字，霍夫曼为纪念他父亲，将此厅冠以这个名称。

拉则利用这段时间去看了一部我们早就想看的电影①。那是关于德雷福斯案件和埃米尔·左拉的故事，很精彩。保罗·茂尼（Paul Muni）饰演的左拉很出色。回到罗津斯基家时，我们很兴奋，觉得左拉的故事比音乐会更有趣。罗津斯基为此有点不高兴。不过，我和他的脾气相差甚远。电影引起的兴奋使我在演奏协奏曲时的感情比在纽约更为浓烈，而且取得了相当可喜的成功。后来在晚餐时，罗津斯基因听众的认同而十分满意。

"你两年后务必再和我们演出。"他说，"我们从来没有连续两年邀请同一个独奏演员的。"

不过我非常高兴地发现这次情况不同了。董事会直接要求罗津斯基和我签订下个演出季的合同。不久，罗津斯基夫妇来到纽约，他要替美国全国广播公司为托斯卡尼尼新建的乐团挑选乐手。托斯卡尼尼的回归让纽约人很高兴。自从他愤怒地离开了纽约大都会剧院，放弃了爱乐乐团，并发誓永不再回纽约，已经过去几年时间了。

从此，我的旅行演出比我预想的顺当多了。虽然在芝加哥发生过一个不愉快的意外。不过，像通常一样，到后来反而成了有趣的故事。在芝加哥的首场，我准备演奏柴科夫斯基的《降 b 小调钢琴协奏曲》，由著名的奥托·克勒姆佩雷尔指挥。我再次不情愿地接受了住到私人寓所的邀请。卡彭特夫妇还记得我们在中国的聚会，坚持要我们住到他们家。卡彭特夫人是位过分热心的

---

① 本片名"The life of Zola"（我国译为《左拉传》），生动地表现了法国著名作家埃米尔·左拉（1840～1902）的创作和生活。影片着重介绍了已经成名就年届 60 的左拉，为犹太军官德雷福斯的冤案奋不顾身辩护的史实。影片塑造了一位真挚、善良，勇于为社会公正而斗争的天才文学家的形象。

德雷福斯于 1894 年被诬陷出卖军事机密，被判为终身监禁。1898 年 1 月，法国军事法庭又宣告证据确凿的诬陷者无罪，激起了社会公愤。左拉遂发表了致法国总统的公开信《我控诉》，并多次出庭为德氏辩护，揭露法国军方某些人的卑劣行径。鲁宾斯坦在《我的漫长岁月》中曾多次提到此案。

主妇，她从早到晚地举行各种聚会。

在音乐会的前一天，客人源源不断。有午前的访客，大型午餐会，几位重要女宾的下午茶，当然还有鸡尾酒会，隆重的晚宴，以及晚宴后宾客的来访。女主人毫无倦意。

"阿图尔，你必须和这位大好人聊聊……"，"某某夫人特别希望认识你，你就和她一起坐坐吧……"诸如此类，令人难耐。所幸，我设法脱了身，去和克勒姆佩雷尔弹奏双钢琴，他很喜欢这么玩，而且是个很好的钢琴家。

音乐会定在星期日下午 3 点举行。上午的排练很成功。有人告诉我，柴科夫斯基将是最后一个节目。回到卡彭特家，奈拉通知我音乐会前有场 12 人的宴会。我实在受不了啦。

"海伦，"我说，"我不和客人们一起吃了。我想呆在自己的房间里，来一杯咖啡就行。"

午宴是以我的名义举行的，但海伦显然注意到了我的脸色。

"我带奈拉去音乐会，4 点差一刻汽车会来接你。"

我从窗口看着小汽车纷纷离去，前往音乐会会场，自己则和以往一样紧张。突然，女佣跑上楼，冲进我的房间。

"音乐厅来的紧急电话，问发生什么事情了。您现在已经迟了一刻钟。"

很容易想象我多么的惊愕。我冲到大街上，幸运地叫到一辆出租车，慌慌张张直奔音乐厅。经纪人早已焦急地等在门口。

"见鬼了，你怎么搞的？"他大叫道。"我们不得不告诉听众您遇到了小小的意外。现在克勒姆佩雷尔在指挥交响曲，这本该在幕间休息后演奏的。我可以告诉您，他简直火透了。"

幕间休息时，克勒姆佩雷尔根本不愿和我说话。但当我们走上舞台演奏协奏曲时，听众高兴地看到我还活着、又受到交响曲的感召，给我们来了一阵小小的喝彩。这个伤心故事的最终结果是，我们的演出引发了更热烈的喝彩。此后，我总是认真核对演出的准确时间。

在旧金山，我的老朋友皮埃尔·蒙特拥抱我表示欢迎。

"您的音乐会成了大事了。音乐会不在我们通常演出的歌剧院，而将在市政礼堂的大厅里举行，那里可以容纳 10,000 人。"我安排的曲目是贝多芬的《G 大调钢琴协奏曲》和拉赫玛尼诺夫的《c 小调钢琴协奏曲》。

第二天上午，奈拉陪我去排练，因为我们对这样大型的大厅心里不踏实。蒙特排练完序曲后，就走过来和我们寒暄。

"很奇怪，到现在钢琴还没有运来。"他说，"我只好现在就让乐队休息，而不是曲目过半后再休息。我希望钢琴随时能到。"

然而休息结束时钢琴仍旧不见影子。斯坦威在旧金山的代表只用套话宽慰我们急切的电话。

"钢琴在路上了。"

时间到了，乐队集中在舞台上，蒙特阴沉地说："我让他们排练全奏部分。"

我不喜欢这样，便跳上舞台。

"我来哼唱我的部分。"我宣布。

信不信由你，大家就这么过了一遍贝多芬的协奏曲，由我扯着嗓子哼唱钢琴部分，而且这招还挺灵。我们结束时，钢琴已经被匆匆搬上舞台，拉赫玛尼诺夫的作品得到了正常的排练。

胡罗克安排的巡演尚未结束，德克萨达已经建议我去墨西哥城演出三场，他在西班牙爆发内战后逃了墨西哥。鉴于奈拉想看看这个有趣的国家，我就同意了。胡罗克为能帮我在美国取得牢固的立足点而高兴，并建议我从墨西哥回来后，在纽约卡内基音乐厅举行第二场独奏音乐会来结束这个演出季。

"我已经为明年预定了扎实的合同，你今年演出过的所有城市全都发出了重访的邀请。"

墨西哥之行是一次愉快的放松。我遇到了所有的老朋友，我美国巡演的成功再次证明了他们对我的看法。他们见我婚姻完满很是高兴，强烈认同我的选择，并对我们发出了一大堆邀请。我们逗留的时间不长，但无论从什么角度看都很值得。德克萨达又显露了自己的本色。

"阿图罗，我有个好主意。"我动身前他说，"你和胡罗克的合同执行完后，我们可以去哥伦比亚和委内瑞拉。它们现在是拉丁美洲最富的国家，有了你在西班牙的好名声，以及在美国的成功，我们可以在那里赚大钱。"

我那喜爱冒险的血液又在沸腾了。

"这难道不好玩吗？"我问奈拉，但她板着脸。

"我离开孩子们太久了。在你纽约的最后一场音乐会之后两天，'法兰西号'轮船就起航。我们该马上请胡罗克去定下船票。"

我没有让步。

"奈拉，我们需要钱。这次巡演根本没有让我们富起来。"

"这不会超过两周时间的，"德克萨达插话说，"而且保证真的划得来。"

奈拉软下来了。

"行啊，我一个人上船，你和德克萨达一起去吧。"

"心爱的，"我开玩笑说，"我会从哥伦比亚带回一袋祖母绿宝石，扔到你脚下（哥伦比亚以盛产祖母绿宝石闻名于世）。"

但她没心情说笑。我们只得在纽约难过地暂别。波里尼亚克夫妇也乘同一艘轮船回法国，答应会好好照顾奈拉。

我飞往哥伦比亚的首都波哥大，德克萨达已经在那里等我。在机场他警告我，这座城市海拔超过 2400 公尺。

"走路要慢，要是感到心跳得厉害，就坐下休息。"

不过他的警告并不必要，因为这个不同寻常的高度对我没有产生任何影响。

和在其他拉美国家一样，我与西班牙的密切关系早已人所共知，并帮我得到了两场满座。

挣到钱我欣慰异常，便跑去购买答应过奈拉的祖母绿，可我找到的第一位珠宝商说，所有哥伦比亚开采的祖母绿都被运往美国了，在当地是买不到的。我不是那种轻易放弃的人。驻节当地的波兰领事，人非常和善，他向我透露："我认识两个犹太商人，是波兰移民。我让他们来找你，估计他们能帮上忙。"

两名会讲波兰话的小个子男人走进我的房间。

"你们有真正的祖母绿出售吗?"我问。

他们狡黠地笑笑。

"谁真心想要，就一定能得到。"

默不作声的那人从口袋里拿出个像是用手绢结成的小包袱，小心地打开，展现出一捧具有各种形状和光泽的祖母绿宝石。我迅速地挑选了一些，因为价钱可以接受，就成交了。在交钱之前，我又向他们要了一个装宝石的漂亮小口袋。

波哥大有理由为自己纯正出色的西班牙语以及很高的文化水平感到骄傲。我结识的人也都受过很好的音乐教育。

我和德克萨达一起飞往（委内瑞拉的首都）加拉加斯，一路上他不停地嚼着番荔枝，并把果核吐进一个纸口袋里。我很不喜欢从离山顶仅几公尺高的地方飞越那些高山。

当时的加拉加斯像个西班牙的小省城：狭窄的街道、低矮的房屋、一片引以为傲的方场，方场一端有一座大剧院，另一端是饭店。市中心还有一个典型的广场——其正中是花坛环绕着的喷泉，周围摆着长凳。委内瑞拉是个骄傲和富有的国家，骄傲是因为诞生了玻利瓦尔①，他把整个大陆从西班牙手中解放出来；富

---

① 玻利瓦尔（Simon Bolivar，1783～1830）：委内瑞拉政治家，南美西班牙殖民地独立战争领袖，一生曾把 6 个拉美国家从西班牙殖民统治下解放出来，获"解放者"称号。1819 年建立大哥伦比亚，当选为总统。

有则是因为有石油。当时的人口不是太多。从欧洲，主要是从德国来了许多犹太移民。这里我也举行了几场很好的音乐会——肖邦、阿尔贝尼斯和法雅总是最受欢迎。

最后的一场音乐会之后，我同意和两个热烈的音乐爱好者一起吃饭。德克萨达有自己的食谱，从不吃正餐，所以等我们吃完了才出现。我们在城里的主街上漫步走着，我突然发现街道尽头有一片霓虹灯的绿洲。

"这么晚了，那边在干吗？"我问，"他们是否在准备什么特殊的庆典仪式？"

回答带有怨气。

"大庆典呗！"其中一人愤愤地说，我们正被这些逃避希特勒的可怕的犹太人入侵。现在他们成为我们城市的主人了。您所看见的是电影院、咖啡馆和两家百货大楼，都是犹太人建造的，也都归他们所有！"

这激怒了我。

"他们做这些事时诓骗过谁吗？"我大声叫道，"他们是找自己人来造的，还是他们没付钱？"

"他们当然没有欺骗过谁，"他们有点意外地回答说，"但是我们的同胞不甘心外人这么张扬地来这里安家落户。"

"活见鬼，为什么你们自己不建设呢？你们那些肮脏的石油不是什么都能换来么？在这死气沉沉的偏远城市，他们让你们得以一瞥美好的生活，难道你们不该感谢他们吗！"

德克萨达力图让我平静下来，但我拉着他一言不发地回到饭店。我们次日上午就离开了，口袋里装着充足的委内瑞拉货币。

在回纽约的路上，我们不得不在牙买加停留 24 小时。到达金斯敦时已经是吃下午茶的时候。在市郊一家小饭店的露台上，我们欣赏了我生平见过的最美的一次日落景色。太阳慢慢地沉下去，犹如沐浴在血色中，并向周围放射着五颜六色的光芒。德克萨达不知什么时候消失的，直到晚饭时分才出现在餐厅。

"我给你敲定了一场音乐会。"他说，"明天上午 11 点你要在一座新电影院的揭幕式上演奏。这座城市很有钱，我可不能干坐24 小时而不去弄些来。"

真有趣，当我们观赏着充满诗意的日落时，他其实是在把计划想得更周全些——先找各家报纸、见电影院的经理，然后安排音乐会方方面面的事务。他也不问我一声，就把我在加拉加斯最后一场独奏音乐会的曲目交给了他们，而这一次我甚至演奏得更好。

德克萨达和我在机场分手。他前往墨西哥，我则经哈瓦那飞回纽约。胡罗克的办公室为我预定了法国豪华班轮"诺曼底号"的船票。在船上我遇到了索霞·科汉斯基，我们成了旅伴。

那是我记得的最为愉快的旅行。不论你想品尝那种著名的法国风味，轮船上都有。除了餐厅之外，上甲板还有一个非常讲究的烤肉馆，它看上去像顶大帐篷，但餐费要另算，不在船票之中。有个不错的乐队，在用餐时和晚些时候的舞会上演奏。自然，所有喜好豪华的旅客都接踵而至。有当时名声大振的达尼埃尔·达里厄[1]；也有依然年轻焕发的戴维·尼文[2]和迷人的布赖恩·阿亨[3]，他们二人都没有结婚，便成了我的好伙伴。

下午茶后，船上的电影院总会放一部好电影，它可以和巴黎

---

[1] 达尼埃尔·达里厄（Danielle Darrieux, 1917～）：法国电影女演员。后成为国际明星。主演的电影有：《欢乐》（1951）；《红与黑》（1954）；《罗达弗的姑娘》（1966）。

[2] 戴维·尼文（James David Graham Niven, 1910～1983）：出生身伦敦贵族家庭。在好莱坞，从临时演员擢升为一流演员。共拍有影片 100 多部。1958 年以《分离的桌子》荣膺奥斯卡最佳男主角奖和纽约电影评论最佳男演员奖。主要作品有《环球世界八十天》、《孤军血战记》、《金龟婿》、《尼罗河惨案》、《逃往雅典娜》等。

[3] 布赖恩·阿亨（Brian Aherne, 1902～1986）：英国舞台和银幕演员，他在好莱坞的演艺生涯为其成功奠定了基础。

或者伦敦最讲究的影院媲美。惯例的水手抚恤基金音乐会也相当出色。我们拟订了一组好节目，达尼埃尔·达里厄和其他两个漂亮女士去出售节目单，向十分开心的观众收取捐款。

第一次真正成功的美国巡演之后舒适又吸引人的回程给了我一个思考的机会，来评价在过去的 14 年中，我和美国都发生了些什么事。

当然，所罗门（即索尔）·胡罗克促成了我返回美国，但是我很快就发现，这并不是他一个人的功劳。在可怕的经济萧条的头几年，古典音乐唱片业处于完全停顿的状态。"维克多唱片公司"制作的第一张重要唱片恰巧是我演奏的柴科夫斯基《降 b 小调钢琴协奏曲》，由当时它的姐妹公司"主人之声"在英国录制。这张唱片大量地卖到了想听好音乐的美国人手里，于是我的名字就为人熟知了。本着出众的直觉，胡罗克了解听众的需求，很快就明白已经到了推出我的时候了。1937 年，他还远远不是那个享誉世界的演出经纪人。当时他只有一小间办公室，和强大的全美音乐会艺术家公司（NCAC）① 有联系，后者是"哥伦比亚协会"的主要对手。不过，胡罗克选择合作者时运气极好。办公室实际上是由一位叫做梅·弗罗克曼夫人的年轻妇女在管理，因为她的老板总为了寻找天才而四处旅行。她的秘书安娜·奥佩尔曼小姐也很理想。而胡罗克的女婿则负责广告业务。

胡罗克真正喜爱的是芭蕾舞。谢尔盖·佳吉列夫是他的目标。他力图效仿佳吉列夫，并最终超过他。他接收了佳吉列夫的芭蕾舞团，当时叫"蒙特卡洛芭蕾舞团"（剧团当时蛰伏在那里）。他的主要独唱、独奏演员就是玛丽安·安德森和我。而我可以毫不夸张地说，我们三人是一起在美国发迹的。

---

① 经多方查证，NCAC 全称是"National Concert Artists Corporation"，译名为"全美音乐会艺术家公司"。

玛丽安·安德森成了美国公众的偶像。但身为黑人，她不得不承受种族歧视的屈辱。在城里，她能让热情的听众填满音乐厅，自己却连个落脚的地方都找不到——高档旅馆里没有她的位置，只有去黑人聚居区。她的遭遇引起了强烈的反对，当主管华盛顿著名"宪法大厅"的"美国革命女儿会"禁止她入内，而理由又是她的肤色时，这种反对达到了高潮。胡罗克闪电般地做出了反应。他获得了在林肯纪念碑前的大草坪上举行音乐会的许可，在此音乐会上，玛丽安·安德森将举行义演。它成了一个重大的历史事件。总统夫人埃莉诺·罗斯福是"美国革命女儿会"的重要成员，她退出了该会，公开表示愤慨，并和其他高级人士一起坐在舞台上，主持了这场音乐会。据说，到场的多达 10 万之众。玛丽安·安德森的胜利开创了一个伟大的运动，并最终建立了有关公民权的法律。此后，胡罗克成了独立的经纪人，并开创了奇迹般的事业。从这些事件中，我自己的事业也获益良多。

现在，我想对诸位读者谈谈我第三次访美时看到的美国音乐和文化生活的状况。在我的第一本书《我的青年时代》里，我轻蔑地批评了那里的音乐状况，那是在 1906 年。

我第二次到美国是在 1919 年，那正是所谓"喧嚣的 20 年代"之初，战争胜利的狂喜和因禁酒令而身价陡增的酒精，使得我很难得出明确的判断。我听过烂乐团加好指挥，也听过烂指挥加好乐团。那时期明显存在对音乐的需求，但十分缺乏鉴赏力。

现在，时值 1938 年，我在此看到了欧洲用了 100 年才取得的进步。全美各地，管弦乐团犹如雨后春笋般地出现，对乐团的支持并不只是市政当局的职责，还出于社区民众对音乐不断增长的热情与喜爱，他们为了乐团，每年都难免要承担大量的费用。

我还看到，学习的热情也在增长。除国立大学外，哈佛、耶鲁、普林斯顿大学鼓舞着富有的公民去创建出色的私立大学，这些私立大学迅速树立了名望，并纷纷设立了严肃音乐系。极具学术和文化价值的企业也很快地出现了。

库谢维茨基在檀格坞（即坦格尔伍德）创建了漂亮的暑期音乐中心，就在马萨诸塞州森林的一大片空地上。它给杰出的波士顿交响乐团带来了收入颇丰的暑期演出季。而库谢维茨基的组织才华以及他创造性的想法，则令檀格坞成为音乐制作方面自由交流的场所。从早到晚，各个小型音乐工作室都被不同类型的音乐人占领着，他们兴奋地搭配不同的乐器摆弄室内乐、提供或抓住机会学习这种最为高雅的音乐形式，室内乐的本意就是在房间内、而不是在音乐大厅里演奏。

这一美妙的音乐生活后来被鲁道夫·泽尔金移植到了马尔伯勒，就是他在佛蒙特的漂亮庄园。很快，南加州也跟着效仿起来，并且得益于当地亚热带的气候，全年可以举办好几次此类的音乐节。在宾夕法尼亚州的伯利恒，一年一度著名的巴赫音乐节吸引了四面八方的听众，而其质量之高更是无与伦比。

这一次巡演中，听众在音乐会上对我已经有了更为深入的理解。我乐观地期待着来年的演出季。

96

奈拉在勒阿弗尔港接我。这个可怜人做了一个小手术，看上去脸色苍白。回到拉维楠街，我又高兴地感到自己是个真正的巴黎人了。进屋后，我从口袋里小心翼翼地掏出那包祖母绿，并用夸张的姿势把那个小口袋丢在奈拉脚下。"心爱的，我信守了诺言。是不是？"

奈拉捡起它，打开，看到一大堆小小的祖母绿宝石，大感惊讶。我们决定马上送到卡蒂亚首饰店去做成胸针。

几天后，奈拉去华沙接孩子们和保姆卡罗拉。我独自一人，漫步到市中心，却惊愕地发现每一堵空白的墙上都张贴着吓人的反犹标语。美国曾有过这方面的报道，但我无法相信那是真的。

现在回到巴黎，我才知道已经发生了可怕的事情。权欲熏心的希特勒在德国消灭了自己所有的反对派，并把人民催眠到盲从于他的地步。他早期的反犹运动已经发展成了令人感到屈辱的冷酷法律。德国的歌剧院和交响乐团驱逐了所有的犹太成员，但最使我感到气愤的，是那些所谓的文明国家，它们全然漠不关心地接受了这种非人道的做法。巴黎知道希特勒任命了一个特使，海因里希·阿贝兹，在法国组织所有的反犹宣传，而且后果严重。

即便是波兰，一方面受到希特勒收回"但泽走廊"的恶毒演讲的惊吓，另一方面也传染上了这魔鬼般的反犹运动。大学对犹太学生设置了繁杂的条款，并迫于天主教学生的强烈要求，给犹太学生安排了特别座位。

受到邻国对自己固执的理念默不作声的鼓励，希特勒便开始实行蓄谋已经久的报复和征服计划。他的军队没有得到同盟国的允许就占领了莱茵区。这个举动获得成功后，希特勒更加大胆了，他解决掉奥地利独裁者舒施尼格之后，亲自率军第一个开进维也纳。我必需提及，他受到了奥地利纳粹群众的热情欢迎。令我更感到痛苦和失望的是，墨索里尼曾经当面向我表示过，他对德国种族主义的法律很不赞同，现在却突然改变了自己的政策。

然而，巴黎的日常生活照旧进行着。奈拉始终是个很实际的妻子和母亲，打定主意要为全家找一处更好的房子。我们整整转悠了一个多星期，但由于我坚决反对住在通常邻居都很糟糕的公寓里，最终没有发现合适的地方。很遗憾，我们看的独立的小寓所，大多数是医生或者牙医住过的，屋里还散发着消毒剂的味道。

这时，比利时王后伊丽莎白邀请我到布鲁塞尔当伊萨依钢琴比赛的评委会委员。我欣然接受。这一国际赛事对全世界的钢琴家们曾是极为重要的大事。评委会成员极为资深，包括许多著名钢琴家，如埃米尔·索尔、奥尔加·萨马罗夫、瓦尔特·吉泽金、伊格纳齐·弗里德曼和尼古拉·奥尔洛夫。希特勒派了一个加入了纳粹党的音乐家来观察比赛进程。波兰决定派出拉乌尔·科查尔斯基，他曾是神童，6岁时就从头到脚挂满了奖章；后定居在德国，并发展成一个非常平庸的钢琴家。高贵的比利时王后担任比赛的庇护人，她始终在自己的包厢里坐镇，这一次是由女儿玛丽·何塞陪同着，后者已经是年轻的意大利王后了。

参赛的全是一流的钢琴手。埃米尔·吉列尔斯演奏了勃拉姆斯的帕格尼尼主题变奏的两个套曲；这位年轻人来自敖德萨、受我的庇护，他的演奏方式毫无疑义地证明他的杰出，并最终获得了头等奖。在参加半决赛的11位选手中，有阿图罗·米开朗杰里①，他现在是意大利著名的艺术家，当时的表演虽未能令人满意，不过他展示的技术已经无懈可击了。

比赛告一段落时，我拉弗里德曼和奥尔洛夫去随意找点小吃。我看到吉泽金独自站着，就极为友好地要他和我们坐到一处。

"别让那个德国纳粹一起来。"我神秘兮兮地说。

---

① 阿图罗·米开朗杰利（Arturo Michelangeli，1920～1991）：意大利钢琴家。先学小提琴，后改学钢琴。1939年获日内瓦国际钢琴比赛一等奖后，被波洛尼亚音乐学院聘为钢琴教授。第二次大战中参军当飞行员。战后恢复演奏生涯，很快被公认为钢琴名家。他的演奏技术无懈可击，演奏既有古典派的内在与平衡，又有浪漫派的热情和感染力。他录制的唱片虽不多，但质量十分完美。1952年由于患重病被迫中断欧美巡演，留在意大利办学。学生中有波里尼、阿格里奇等。

"你说这话是什么意思？"他傲慢地说，"我就是个十足的纳粹。希特勒正在拯救我们的国家。"

我怒不可遏，厉声说道："听好了，吉泽金，最好给我闪开。"此后，我再没有和他说过话，甚至没有看过他一眼。

王后的宴会之后，我们回到了巴黎。我对米霞·塞尔特提到了吉列尔斯的情况。

"阿图尔，我想听听吉列尔斯的演奏。"她说。

我俩都想请吉列尔斯和他的同伴、在比赛中获得三等奖的雅库伯·弗里尔一起来我家，但在当时，那是件非常复杂的事情。他俩都住在使馆里，不是做客，而是便于当局进行监视，不过我们知道他们是愿意来的。

我们打电话到使馆找吉列尔斯，回答的是陌生的声音。显然是那个被指派要随时盯住他的人。

"你找吉列尔斯同志有什么事？"

奈拉说是要请他们吃晚饭，对方很高兴地同意了。然后补充道："我是他们的好朋友，我们到哪里都寸步不离。"他滑稽地补充道。

当然，米霞很愿意过来。于是，我们一起等了差不多两个小时。打电话去，俄国使馆又没人接，我们只好自己吃了；夜里11点半左右，那三位老兄才出现。他们又累又饿。

"我们出发就晚了，因为使馆里没有车，出租车也找不到。最终找到一辆出租车后，又被司机冷血地丢在了错误的地址。"这三个俄国人谁也不会法语或者其他外语。绝望中，他们又叫了一辆出租车返回使馆，希望有人能帮忙，但大使馆里已经是一片漆黑。最后弗里尔挽救了局势，他找到了我们的地址和出租车，这才到了我家。

自然，我们先要喂饱他们，等吉列尔斯同意坐到钢琴边时，已经将近2点钟。他以天籁般的声音弹奏了使他获奖的勃拉姆斯的《帕格尼尼主题变奏》。然后，吉列尔斯高尚地邀请他的同行弗里尔给我们完整地弹了一首肖邦的奏鸣曲，这可把米霞气坏了，她等了大半夜，就是想多听听吉列尔斯的琴声。

97

巴黎美丽的春天总有丰富的社交活动，我们参加舞会、午餐和晚宴，我们也常在家里请客。

一天，在热尔梅娜家吃午餐时，女主人的一个年轻的亲戚，明卡·施特劳斯太太，说起房子的事来，因为她和她丈夫也在找住处。我们便竖着耳朵听。

"福什大道上就有一处漂亮的房子要出售，"施特劳斯太太说，"波里尼亚克公爵夫人的外甥弗雷德·辛格租用了一段时间，但他现在要去伦敦，房子就空出来了。可惜啊，那房子对我们太小了，而且设备也不够完善。"

我和奈拉相互会意地瞟了一眼，便随意地问起房子的具体位置。午餐后，我们品完最后一口咖啡，就直奔福什大道，并很快在街对面发现了通向一小片广场的大门；看门人给我们提供了宝贵的信息：虽然还未发布售房广告，但相关事宜由著名不动产代理人弗朗克·阿图尔负责。

"如果你们想看房子，我有权领你们参观，尽管里面还有人住着。"

我们跟着他绕过一个环形花园，来到一所漂亮的三层小楼前。那楼每层都有三扇大窗户。有个小门和一处小花坛通向玻璃顶的游廊。小楼的底层是会客室，十分不错；二层有一大间主卧室、两个其他房间和一个大浴室；顶层有佣人的房间、储藏室和客房各一间。奈拉以母亲的精明眼光，立即就明白需要作那些调整。

我们见到了辛格太太，她愿意把多数家具和设备留给买家。离开时我们有些恍惚——这栋房子简直就和我们梦想中的一样。第二天上午，我们第一件事就是去豪斯曼林荫大道找弗朗克·阿图尔代理社，并受到我这位同名者的友好接待。他给我们讲了这所房子的浪漫故事。

"我听说，有个英国富翁为自己的巴黎情妇买了这栋房子，他死后，其继承人便决定尽快卖掉此屋。"

我们真想知道那情妇如何了，但阿图尔也一无所知。

"你打算出售这座房子么？"

"我要等他们同意才能这么做，房价也还没有确定下来。"

最后这句话令我极为不安，万一价钱超过我的能力就糟糕了。

弗朗克·阿图尔理解我的不安："我可以把他们家的电话告诉您，说不定您可以获得更多的细节。"

他好心地立即接通了电话，话筒里传来了用英国口音回答的悦耳的声音。我提心吊胆地自我介绍，说是想买房子。

"我们决心卖房子。"那声音回答道，"但眼下这种动荡的时局，我们也不知道在法国应该开什么价钱。"

"夫人，我不是一个富翁，只是一个靠演出为生的钢琴师，我住公寓有困难，因邻居们会抗议我练琴。我觉得这栋房子对我和我的全家都很理想。"

"您愿意说说尊姓大名么？她问。

当我告诉她后，听到她高兴地小声叫了起来。

"是阿图尔·鲁宾斯坦！我们最近听过你的演出，而且非常喜欢你的独奏音乐会。如果是你要房子，那我们再高兴不过了。"

　　于是他们通知了弗朗克·阿图尔，然后我们就当着法国公证人的面签订了合同。奈拉和我一起成了这座房子的共同主人，我们真是喜出望外。

　　因为在美国的未来有了保证，我们就在艾克斯莱班①租下了一栋漂亮的别墅。我们的客人是索霞·科汉斯基。奈拉的妹妹阿丽娜去荷兰参加瑜伽功聚会时，也来过我们这里小住。

　　我幸运地为这座别墅找到一架好钢琴，并前所未有地愉快地练习了新的保留曲目。我最关注的是巴赫的《意大利协奏曲》和优美的《c小调帕蒂塔》，前者我从未演奏过，而后者我在巴尔特老师跟前演奏得很糟糕。在我的肖邦的曲目中，我加进了他最后一首谐谑曲和最后一首叙事曲以及几首练习曲。新作品中，我记得有夏布里埃的《布雷幻想曲》、希曼诺夫斯基的四首玛祖卡舞曲、以及德彪西和拉威尔的几首短曲。鉴于美国评论界喜欢卖弄自己的做派，我还对原有保留曲目中的若干作品从演奏技巧上进行了改进。

　　我们为小伊娃的5岁生日搞了一次开心的聚会，并邀请雅克·蒂博和玛格丽特·隆当贵宾。我记得在艾克斯莱班和埃维昂举行的音乐会搅扰了我几天的休养，但那其实有好处。因为长时间不公开演出通常都会令我情绪低落。

　　由于我们的新家有些小改动，又要进行粉刷，我们在艾克斯莱班要一直逗留到9月底。蒂博劝我到他居住的比亚里茨去演出。

　　"9月时我们最好的时光。此外，我们还可以一起玩玩嘛!"他说。

　　一天早上，一些新闻把我们吓坏了：希特勒在占领了捷克斯洛伐克的苏台德地区——按他们所称，此处居住的全是德国人。之后，他邀请英国首相和法国总理以及作为特别贵宾的墨索里尼

---

　　① 艾克斯莱班：法国东南部罗纳-阿尔卑斯大区萨瓦省的小镇，紧邻布尔歇湖。

在慕尼黑举行会议。早前，为了了解希特勒的意图，英国首相张伯伦已经在巴特戈德斯贝格和他谈过，并警告说，他煽动性的演讲将引起危险的后果。会议结束后，张伯伦胜利地回到伦敦，手里挥舞着一张纸，大声说："这个文件意味着和平。"听到此话，全世界都松了口气，但事态的进一步发展粉碎了人们的一切希望。当时，参与慕尼黑会议的人纷纷保证这是走向和平的一步，但却无人响应。每个人都清楚地感到，在巴特戈德斯贝格见面后，希特勒行为露骨，法国和大不列颠屈从于慕尼黑协议极为耻辱。

慕尼黑会议的结果比人们所担心的更为糟糕。西方列强乖乖地接受了希特勒的要求，而墨索里尼则成为希特勒的全面伙伴，并很快变成元首的一颗小小的卫星。

当报刊报道墨索里尼奉希特勒之命发布了反犹法规后，我愤怒已极，立即决定把墨索里尼颁发的勋章退回给他，并用电报解释我的理由。我还清楚记得电报的文稿："深受你们歧视犹太人的法律的伤害，我羞于继续佩戴你的勋章，谨此将其退回。阿图尔·鲁宾斯坦，犹太钢琴家"。邮局官员拒绝受理这份电报，不过，我并不罢休。在电话机旁等了很长时间后，我成功地接通了通讯部长，我认识他本人。他完全理解我的姿态，但建议我说："鉴于你的电文没有侮辱性的言词，我会亲自授权拍发。但你发报前，不妨先给'哈瓦斯通讯社'① 送一份副本。因为意大利政府可能宣布，墨索里尼本人收回了你的勋章。"

他很好心地帮我办妥了一切，所以意大利报刊在墨索里尼收到电报前已经刊印了我的电文。

---

① "哈瓦斯通讯社"（Agence Havas），是全球第一家通讯社，创始人是法国人夏尔·哈瓦斯（Charles Havas）。哈瓦斯社成立于1835年，并是19世纪全球最有影响力的通讯社之一，另外两大通讯社路透社和沃尔夫社的创始人也在那里工作过。1940年纳粹德国占领巴黎，哈瓦斯社瓦解分裂不复存在，1944年巴黎光复后，在原哈瓦斯社的原址组建了一家新的通讯社，即法新社。

　　我的电文激起了强烈的震怒。圣塞西利亚乐团的秘书写道，我将永远不能再在罗马演出，然而其他城市，如米兰、都灵、佛罗伦萨和威尼斯则发出信件表示遗憾，说今年不能邀请我去演出，但希望不久就能听到我的演奏。

　　到比亚里茨参加音乐会的短途旅行在某种程度上缓和了我的愤怒。雅克·蒂博是个极其出色的同伴，他在音乐会后邀请我去美美地吃了一顿，然后把我送到车站。我乘卧铺回到巴黎，去监督我们新房子的改造工程。

　　骄傲地巡视完新家产后，我回到艾克斯莱班，练琴也比以往更认真了，对细节尤为注意。时隔这么多年，终于得到美国的认可，这大大地改变了我的生活。在回纽约前，席夫博士给我在普莱耶尔厅组织了一场演出，令我十分高兴的是，上座率相当不错。

　　奈拉和我共同经历着为我们的新家寻找、挑选物品、并最终爱上它们的特殊乐趣。当我们为某个地方找到唯一合适的一件精美物品时，例如桌子、椅子或灯，我们都会一阵激动。我们没有追求特定的风格，只是要让每件东西都与其他的物品相互协调，让所有房间都散发温馨。我们的卧室布置得特别美。

98

　　我收到一个十分意外的邀请，立陶宛总统安塔纳斯·斯梅托纳想让我在他们国家的临时首都考纳斯举行一场音乐会。事实上第一次世界大战之后立陶宛①就和波兰分开了，维尔纽斯市归属波兰。这首先导致了两国边界的封锁关闭，继而是完全断绝外交关系。因此，邀请我这么个波兰人实在是殊荣。音乐会成了我第一次访问奈拉出生地的机会。到此刻为止，我虽已经多次被邀前往，但都未能如愿。奈拉将不能陪我同往，因为新家占据了她所有的时间。

我前往考纳斯的路上，要在华沙开一场音乐会，并在那里收取以特别文件形式寄来的立陶宛签证。音乐会和以往一样成功，但会后阅读三位评论家的回顾却令我厌恶，他们不是客观地评价我的演奏，而是对我进行反犹谩骂。

奈拉的母亲姆威纳尔斯基太太到考纳斯来听我的音乐会，就住在她可爱的侄子杨·格罗马茨基家。音乐会开得异常隆重，我刚走上舞台，就感觉到听众对我的祝愿，他们并为总统亲临音乐会以示对我的尊重而感到高兴。曲目是精选的，并没有过分突出肖邦，他的作品仍可能被认为在政治上有挑衅性。作为最后一首加演曲目，法雅的《火之舞》也和以前一样十分胜任。斯梅托纳先生对我的讲话十分热情，而我则对立陶宛的音乐爱好者做出了很高的评价。

音乐会后，我和岳母以及她的侄子情绪极好地一起吃了晚餐。次日上午，姆威纳尔斯基太太带我去了他们在伊尔戈沃的庄园。巴维尔·科汉斯基曾对我讲过伊尔戈沃的美妙之处，他就是在这里受的教育，奈拉出生时他还在此。奈拉自己也深深地热爱这个地方，总是不断地讲起它。

他们的房子座落在一个山丘上，俯瞰着浩荡的涅曼河。我们得

---

① 立陶宛：自 13 世纪起为大公国。14 世纪与波、俄联合成功抗击了十字军进犯。1386 年立陶宛大公雅盖洛被选为波兰国王，并与波兰女王结婚。1569 年波兰和立陶宛正式联合成一个国家。从此，两国人民便风雨同舟、休戚与共。1795 年波兰遭俄、普、奥三国瓜分，立陶宛被俄国占领。1919 年，波兰、立陶宛前后获得独立，波兰不愿立陶宛独立。1920 年派军队占领了维尔纽斯，将其纳入波兰版图。立陶宛不予承认。从此两国争执不停。1940 年维尔纽斯才成为其首都，立陶宛则成了苏联的一个加盟共和国。1991 年苏联解体，立陶宛重新独立。

坐船划过这条河。老式的房子不算大，但使人感到温暖。我最喜欢的是那间宽大的音乐室。我在这间空屋里坐了很长时间，觉得四壁回响着曾在这里演奏过的全部音乐。餐厅使我想起希曼诺夫斯基在蒂莫舒夫卡的家，因为两个地方都挂着各自祖先们灰暗、褪色的肖像画。给我印象最深的是巨大的厨房，由家里著名的厨娘芭芭拉主宰着，在长长的墙上挂着一溜铜制煎锅，从颇大的 1 只开始，然后"渐弱"到最小的一只；如果记得不错，我数了一下大概 20 只。在这漂亮的厨房和放满水果的地窖里，我感到奈拉就在周围。

整个庄园由奈拉的表弟亨雷克·赫伦采维奇经管着，他和他老婆、孩子都住在这里。他领我参观了庄园里的一切：家畜、粮仓、马厩等等。我非常喜欢那些苍老的野栗子树。

我在这里度过了美妙的两天，被他们当做国王一样对待，特别突出的是我岳母和芭芭拉的厨艺，然后回到华沙呆了一两天，接着就返回巴黎了。

奈拉在我们的新家创造了奇迹。看上去我们在这里似乎都住了好几个星期了。我们开始认真地考虑举办一个乔迁聚会，最后决定安排在去美国前的告别音乐会之后。我们的宾客名单雄心勃勃，而大家也都接受了邀请；更让我们惊喜的是，奈拉的母亲悄然在招待会当天抵达，并打算多住些日子。只有一个小麻烦：席夫博士接受了一场在马赛的音乐会，时间就在招待会次日，我们需搭乘早班飞机。

我必须实话实说，招待会十分轰动。整个巴黎的上层社会似乎非常愿意来庆祝我们入住这栋小小的房子。奈拉把一切都安排得美妙无比，受到了每个人的称赞。就餐的有 50 余人，每张桌子上都有用冰桶镇着的香槟。巴黎最著名的女主人之一热尔梅娜·罗思柴尔德也羡慕起奈拉的才干来，这最令她骄傲。没人愿意离去，我记得很清楚，最后一个客人告别时已经是早上 6 点。

时间只够我们换换衣服，收拾两件行李，然后直奔飞机场。

一上飞机，我们就倒在自己的座位上，立即熟睡起来。

有人拍拍我的肩膀把我惊醒了。我极为惊异地发现那是英国著名作家赫伯特·乔治·威尔斯①。我曾在两个场合遇见过他，记得还和他进行了长谈，涉及政治和对音乐的态度。我们就有关音乐对个性形成的影响交换过有趣的看法。现在，看着我一脸的睡意，他微笑着说："对不起，我弄醒了你。但我很想知道你在伦敦是不是有很多朋友。"

"我在英国各地都有许多朋友。"我带着骄傲的自信回答。

"那么，"他用严肃的声音说，"假如你去敲我的门，你就会多一个非常好的朋友了。"

我没有回答，但深受感动，他也看出来了。之后，我们住在同一家饭店，又在大堂相遇，并饶有兴味地谈了许久，直到各自去用午餐才分手。

那天晚上的音乐会算不上我最好的，所以我暗自发誓，以后再也不会在演出前冒险把自己弄得这么累了。

99

1939 年 1 月，我们把孩子们留在舒适的新房子里，由他们的外婆照料，精神饱满地来到纽约。胡罗克到码头来接我们，帮这

---

① 赫伯特·乔治·威尔斯（Herbert George Wells, 1866～1946）：英国作家。主要作品有科幻小说《时间机器》和《星际战争》，社会问题小说《基普斯》、《托诺一邦盖》以及历史著作《世界史纲》等。

办理过海关等等事宜。这一次，我们住进较为简朴的"格拉德斯通饭店"，这是索霞·科汉斯基推荐的。

与上次不同的是，这次我很自信。我觉得无论听众还是音乐评论界都希望再次听我演奏，而且事实上，我非常认真地准备了自己的曲目。由于欧洲的政治气氛不安宁，能到美国来的钢琴家不多，不过，我仍然有几位可怕的对手，他们多年来一直拥有众多的追随者。狂热的支持者围绕着辉煌的符拉季米尔·霍罗维茨，他和托斯卡尼尼女儿的婚姻更为他增添了光彩；德国古典音乐迷恋者们则向此道的专家鲁道夫·泽尔金效忠；阿尔弗雷德·科托留下的加里西亚学派的崇拜者，则被法国杰出的钢琴家罗贝尔·卡扎德絮①继承了；霍夫曼和拉赫玛尼诺夫虽然登台的机会已经很少，但依然在演奏。

至于我自己，尚有很长的路要走，好在凡我此前演过的地方，一律邀请我回访。我对人们所说的"事业成功"有着非常明确的个人观点。听起来或许可笑，但如果你的听众会挤到票房前、填满音乐厅，因而那些讨厌你的经纪人、指挥和协会不得不向你发出邀请时，那就算是事业有成了。你将因此主宰局势。我取得成功的第一个直接标志是，胡罗克三思之后认为叫我"钢琴王子"更合适。

"维克多唱片公司"向我提出录制弗朗克的《前奏曲、众赞歌和赋格》和布索尼改编的巴赫的《C大调托卡塔》。这个公司和伦敦"主人之声"有关系，鉴于我和后者已经有了合同，因此不必和"维克多"签新合同。两个公司可以相互使用对方的唱片，条件是英国的公司拥有全部欧洲、非洲和澳大利亚的

---

① 罗贝尔·卡扎德絮（Robert Casadeusus，1883～1947）：法国钢琴家、作曲家。1924年在枫丹白露美洲音乐学院任教，后任院长。作品有交响曲、钢琴协奏曲、室内乐、钢琴奏鸣曲等。

市场，而"维克多"则垄断南北美洲和日本。正因为如此，我的柴科夫斯基《降 b 小调钢琴协奏曲》才能那么早就出现在美国。

我同意录制这两部作品。我的录音师是查理·奥康纳（Charles O'Connor），他是个爱尔兰人，很好的聊天对象，但工作起来就是另一个样了。在录制过程中，他老是匆匆忙忙的，而我则从不让步。我会不断重复某一段落，直到无法再进一步提高。与"维克多公司"的合作并不愉快，我感到自己被忽视了，没有要进行宣传的迹象，而且过了很久第一批录音的初样才送来。而另一方面，伦敦的"主人之声"对我十分殷勤，简直把我宠坏了。

那次的巡演很劳顿。当时，航空旅行还不太普及，而美国的火车则舒适又诱人。那一季，我跑了一大片地方，还去了加拿大的广大地区。胡罗克在中小城市给我找了一大堆合同，他自负地宣称："我要让他们等着，这对他们有好处！"

我特别记得东岸的两场音乐会。分别在华盛顿和波士顿。在华盛顿，我们获邀住在波兰大使馆里，我在伦敦和巴黎的老熟人杨·切哈诺夫斯基现在是大使。音乐会后，他和他美丽的比利时妻子为我举行了很棒的招待会，在这个招待会上我结识了许多人物，他们在我尔后的生活中起了重要作用。其中之一是弗吉尼亚·培根（Virginia Bacon），她的活力和好客无人能及，至今，她依然是我们的亲密朋友，直接称呼我们为"家人"；另一位是艾丽斯·朗沃思（Alice Longworth），她是西奥多·罗斯福光彩照人的女儿，早在 1906 年就记住了我；我也认识了外交使团的许多成员。我还开启了一年一度在著名的宪法大厅举行的音乐会的传统，这传统一直延续到 1976 年，我在那里举行最后一场音乐会为止。

波士顿又是另一番情景。我在库谢维茨基的指挥下演奏了勃拉姆斯《降B大调钢琴协奏曲》，并受到了极为热情的欢迎。之后，在库谢维茨基家的晚餐上，有个年轻人被介绍给我，他是波士顿《先驱报》的评论员。库谢维茨基对他十分奉承，但是第二天的早报上还是出现了一篇由那小伙子写的痛批我的演出的评论。朋友们告诉我，那家伙常常攻击听众喜爱的音乐家，在波士顿十分惹人讨厌。所幸，他在第二年就被开除了，但库谢维茨基两年之内都不敢让我去演出。

我清楚记得我们第一次对洛杉矶的访问。而这一回是洛杉矶管弦乐团邀请我去的，其指挥已经是罗津斯基的继任人艾尔弗雷德·沃伦斯坦①。当时，好莱坞是全世界关注的中心。美国电影工业统治了世界市场，流淌出神话般的财富。像"米高梅"、"华纳兄弟"、"萨姆·戈德温"、"环球工作室"和"哥伦比亚制片厂"这样的大公司的老板，个个都是大富豪。誉满全球的演员也都收入极高，如克拉克·盖博、加利·库珀、加利·格兰特、罗纳特·科尔曼、还有查尔斯·博耶尔。查理斯·卓别林则成了世界的偶像。

来到这座电影界的麦加城，我和奈拉这种铁干影迷特别兴奋。坐在饭店的咖啡厅时，我们会不时地用胳膊肘碰碰对方。

"看那个人，"我会悄声说，"他在卡罗尔·隆巴德主演的那部电影中是管家。"

或者，看到吧台旁边坐着的很不起眼的一位金发姑娘时，奈拉就会说，"在那部凶杀片中，她演的是芭芭拉·斯坦维克的朋友。"

在市中心的"爱乐大厅"成功排练了贝多芬的《G大调第四钢琴协奏曲》之后，我们在回"贝弗利威尔夏酒店"的路上去了

---

① 艾尔弗雷德·沃伦斯坦（Alfred Wallenstein, 1898～1983）：美国大提琴家、指挥家。

一家上好的餐厅。邻桌坐着一位漂亮的年轻姑娘，正和一个年长的绅士进行严肃的谈话。对我仔细打量那姑娘的行为，奈拉很不满意。

"心爱的，我看她，因为她是头一个明显不是演员的年轻漂亮的女子，是社会的普通一员，而且在和她父亲谈话。"

我的音乐会很成功，大厅满座。事实表明，指挥沃伦斯坦很擅长与独奏演员合作，十分精于伴奏。许多人都到后台来祝贺我，其中有我先前的老朋友勃罗尼斯瓦夫·卡佩尔和他妻子。我们四人在晚餐时欢庆重聚、十分高兴，勃罗尼斯瓦夫是"米高梅"影片的成功作曲家，他答应领我们去看看制片厂。

艾尔弗雷德·克诺普夫把我们介绍给他的异母兄弟埃德温——一个时髦的电影制片人。后者的妻子，讨人喜欢的米尔德丽德·克诺普夫邀请我们和两位明星一起吃了午饭。

在米尔德丽德·克诺普夫家的午餐会上，我们认识了她邀请的两位电影明星。一个是早已成名的奥莉维·德·哈弗兰，另一个是她妹妹，而我惊讶地发现她便是我在餐馆里欣赏过的那个姑娘。她的事业刚刚起步，艺名是琼·芳登，并终于成了大明星，也成了我们的好朋友。

多亏卡佩尔，我们才得以在"米高梅电影制片厂"参观了由漂亮的诺玛·希勒主演的《绝代艳后》的拍摄。在我们看的那场戏中，扮演路易十五的约翰·巴里莫尔躺在停尸床上，不敢呼吸。我们见到演员们丰富的服装和复制的凡尔赛宫，都张大了嘴。后来去电影院观看这部片子时，我们兴奋地等待着这个场景，但它被删剪了，一直没有出现。

沃伦斯坦立即聘请我下个演出季再来。于是我们就离开了，高兴地期盼着今后的重返。

我的巡演顺利地进行着，唯一不愉快的事情是碰上了倒霉的食物中毒。那是我在圣路易斯和符拉季米尔·戈尔施曼①合作演出之后，乘火车去斯克内克塔迪的路上碰到的。当时奈拉留在纽约安排音乐会。造成中毒的罪魁祸首是不新鲜的香肠；尽管我不喜欢那味道，可还是愚蠢地咽了下去，并着实受了一番罪。我用完餐刚返回自己的包厢，便感到一阵可怕的瘙痒，整夜我都在挠自己的皮肤解痒。

一到斯克内克塔迪，我就跑去找饭店推荐的大夫。他立即给我做了全面的检查，然后忧心忡忡地声言："这是巨荨麻疹。"

"巨"字比"荨麻疹"更加吓我，因为后者是什么意思我还不懂。

"为了救你的命，我要给你打一支厉害的针水。荨麻疹是严重中毒的症状。"

他那针也够要命的！在我印象中，他往我身体里注入了足足一香槟酒瓶的救命药水。

音乐会前的整个白天我谈不上愉快，不过和以往一样，当我面对听众坐到钢琴边，便又忘掉了自己的麻烦，展现了相当不错的水平。但是弹奏加演的曲目就不那么情愿了，因为瘙痒又变得难以忍受。离开音乐厅时，我还以为错戴了别人的帽子，因为它对我好像太小了。

我永远忘不了那晚在前往纽约的火车上发生的事情。躺在自己包厢的床上，瘙痒消停了，但我的头上发生了奇怪的事情。最初当然是帽子的问题，不过当时症状还不明显。我爬起来照镜子，才惊悸地发现脑袋的整个顶部都肿了。睡觉是谈不上了，整夜我都在不停地去照镜子，并且发现肿胀迅速扩展到很大的面

---

① 符拉季米尔·戈尔施曼（Vladimir Goldschmann，1893～1972）：俄裔法国指挥家，1947 年入美国籍。在巴黎曾为佳吉列夫芭蕾舞团指挥。1924 年首次赴纽约演出，尔后任圣路易斯交响乐团和丹佛交响乐团首席指挥。

积，简直难以想象。

火车在清晨 6 点抵达纽约，不过旅客可以在车上睡到 8 点。但我匆忙穿好衣服，立即赶到"格拉德斯通饭店"，打电话叫醒了奈拉。

"心爱的，别害怕，"我说，"不过你大概认不出我了。我的头大得像个南瓜。我会给你解释一切的。"

奈拉跳下床，跑到走廊里，见到我便惊叫起来。我说了前因后果，她立即打电话给我们的朋友加尔巴特大夫，大夫匆匆赶来，在门口就叫道："哦，是巨荨麻疹。"

我那肿胀的脑袋依旧讨厌这个"巨"字。大夫安慰我说，幸好不是嗓子肿，不然我早就没命了。

"你应该在床上静养几天，我会派一个可爱的女士来，由她治疗你，但你必须接受治疗，不得提出异议。"

"我不会反对任何治疗，不过明天上午我有排练，而周四、周五和周日都有音乐会，所以不能躺在床上。"我坚决地说。

加尔巴特大夫哈哈大笑。"那你是想让整个卡内基音乐厅看到你这副模样啦？"他讥讽地问。

"绝对没错。我带着颗肿胀的头甚至能弹得更好。"

别想说服我，我坚持己见并最终获胜，但我得接受一种治疗，这种治疗让我现在提起笔来还会脸红。当天下午，一位高贵的年长女士来到我们的房间。她一身严肃的黑衣，高高的衣领，还戴着一顶小巧的、雪白的护士帽。她是一位瑞典男爵夫人，并专断地下令道："脱掉长裤和内裤，侧卧。"

我照办之后，她优雅地摆好各种器具，然后就用可怕的灌肠剂向我猛烈进攻。可怜啊，我不得不六七次接受这种丢人的"治疗"。

等我去排练时，巴比罗利看见我都吓傻了。他勉强定了定神，然后走上舞台，向乐队宣布："等一下会有个可怕的怪物和我们一起演奏莫扎特的作品，不过，我保证，那真的是鲁宾斯坦！"

我的露面恰如其分地受到惊愕的窃窃私语的欢迎，但当我们演奏起来后，一切便都正常了。

音乐会上我穿什么成了问题，因为我穿不上正常的衬衫和硬领。最后奈拉想到一个天才的办法，用一条白围巾裹住我的脖子，再用别针把围巾别到我的白马甲上面。为了让这身行头显得风雅些，我把自己的珍珠领带夹插在这件即兴衬衫的正中间。

按照我的要求，投射到我身上的灯光被减弱了，因此只有头几排的听众会被我的鬼怪般的面容吓到，而我的音乐很快就让他们镇定下来。星期五下午的音乐会要容易些：听众、乐队、甚至我自己都习惯了，已经不太在意我的外表了。

然而星期天发生了滑稽的转变：多亏那位男爵夫人"优雅"的治疗，脑袋上部的肿胀消退了，但是面孔的下半部又肿了起来。我看起来特别像一头小猪：眼睛一条缝，鼻子被挤成一堆，耳朵支棱着，脸和脖子肿肿的；即便如此，我还得演奏柴科夫斯基的协奏曲。由于这部作品的性格使然，演奏时，我的头动得比演奏莫扎特的协奏曲要多得多，我感到那些肿胀处也一直在晃动。

在印制的节目单上，我厌恶地发现，反面是整页的耸人听闻的广告："迄今灌制的最伟大的唱片——柴科夫斯基协奏曲，符拉季米尔·霍罗维茨演奏，阿图罗·托斯卡尼尼指挥。"后来我听了这张唱片的成品，无论在艺术上还是工艺上都有缺陷。

所幸，不到一周，肿胀和那位男爵夫人都消失了，生活又恢复了正常。

我在纽约的肖邦作品独奏音乐会巩固了我在这个最为重要的城市中的地位。美国的巡演令我在长长的演出季里十分繁忙，此外，我还收到维尔弗雷德·范·维克的一个急件，邀请我在返回时去南非巡演。这一形势不仅十分有利，而且激发了我了解这个遥远的国度的兴趣。

美国的音乐界正激动于伟大的阿图罗·托斯卡尼尼的重返，犹太人尤其感激他的高尚姿态——他指挥了刚在特拉维夫成立的以色列交响乐团一个月，未取分文报酬。

也许读者诸君会奇怪我现在似乎很少写自己的演奏和音乐会了，然而描写漫长巡演、详细地抄录一场场音乐会的节目单是根本不可能的。我只能说，我的演奏明显进步了，这主要是因为美国听众比其他地方听众的要求更高，也因为灌制唱片的缘故，那不仅要有灵感，更要求每个音符都完美。这一切让我爱上了练琴，让我学会了从弹奏的作品中发现新的内容。

100

在巴黎，孩子们和他们的外婆欢天喜地地欢迎了我们。我们可爱的新家开始和我融为一体了。每一天，它都变得更为雅致。我那些心爱的藏书终于得以在几个大书架上安身。总而言之，在让自命不凡的欧洲各国十分敬仰的美国成功地举行了两趟巡演，我感觉自己已经置身于世界之巅了。

社交季比往昔更为丰富。我们获邀参加各种各样的招待会。我尤其记得在美国大使馆为法国社会党领袖和人民阵线创始人莱昂·布吕姆特设的晚宴。这场宴会的结尾很愉快。布吕姆是保罗·杜卡的姐夫，很懂音乐。他要我在晚宴后留下，当其他客人们都告辞后，便和大使两人一起要求我弹些曲子。那是一次又长又美的音乐聚会，分手时我们都极为欢愉。

社交季的最后一次大型舞会是在波兰大使馆举行的。那是一桩盛事。巴黎上层人物云集于此。乌卡谢维奇大使请求奈拉在舞会上跳一个玛祖尔舞，她的舞技无与伦比。奈拉一直热爱舞蹈，是我们的婚姻结束了她的艺术生涯，这让我常常愧疚。所以这一次，她带上了自己进行过艺术修饰的漂亮的传统波兰服装，还有一个缝着许多彩带的头饰。舞会很晚才在大使馆的花园里开始，大使找人在花园里修了个舞池，还找了个优秀的波兰乐队。舞会越来越活跃时，奈拉换上了她的演出服。大使一个手势，一对对舞伴便停止了跳舞。乐队开始奏起一首大家熟知的玛祖尔舞曲，奈拉和她的舞伴奥古斯特·萨莫伊斯基伯爵便出色地展示了这一最高贵的波兰舞蹈。奈拉获得了巨大的成功，以致她不得不单独重跳一遍。在馆舍内用过美味的晚餐后，大家一直跳到凌晨。在回家的路上，我却明确地感到所有的人都有同一种悲剧性的想法。这场舞会结束了一个欢愉的时代——天知道未来会是什么样。

法国对希特勒的危险行为所抱的态度令我深感苦闷。德国代理人和奸细们进行反犹宣传，却不会受到当局的任何抗议和干涉。法国报刊刊登了针对犹太人的最卑劣的文章，而大街上原本通常用于张贴音乐会和其他海报的空白处，现在却刷满了最具侮辱性的反犹口号。我们听说，波兰也给数百万犹太人的生活制造了许多困难。然而生活还得继续下去。

有一天，一个年方15的钢琴手和她母亲从美国旧金山来找我，那位母亲说，她们家乡的一位富有的女士让她们来巴黎，以便女儿跟我学钢琴。那姑娘名叫劳拉·杜布曼，而且相当有才华。那位母亲同意等我从非洲回来，然后和我家一起去多维尔，在那里热尔梅娜提供了一幢别墅给我们度暑假，我答应了接纳这姑娘。我出发前给她上的几次课让人很满意，她既聪明又有乐感。

全家准备去多维尔时，我则前往南安普顿搭乘一艘驶往开普敦的英国海轮，旅程一共10天。当我第一次迈进轮船的餐厅时，一位女士叫道："阿瑟，真意外啊！"

我记得在伦敦的某次聚会上碰到过她，但想不起她的名字了。我走到她的桌子跟前，她便把我介绍给她丈夫德文希尔公爵。

她解释说："我们在出公差，我丈夫现在是殖民地事务部的次长。"

他们慷慨地邀请我坐下来一起吃，这让我极为开心，因为谁也不像公爵那么喜欢听我讲趣闻轶事。只要我一说故事很好笑，他便轰然大笑起来。

一个上了年纪的女士和我们同行，公爵夫妇早在伦敦就认识她。他们向她介绍我，但她问了6次才搞清楚我是谁。她已经全聋了。晚餐后，公爵会提议玩一盘桥牌。

"我们正好四个人。"他会说，"当然啰，不来钱。"

我无事可做，只好每天晚餐后就与德文希尔夫妇以及那个耳聋的老太太坐下玩桥牌。为了好玩，每到第二局我都会叫个大满贯，就为看看拿一手烂牌到底能输掉多少；如果还是很乏味，我就会中断游戏，开始讲故事，而每次都会对公爵造成同样的影响。

原来，开普敦是个迷人的英国城市。我当地的经纪人是个英国人，在饭店用午餐时，对有关我的巡演、风土人情、政治局势、以及荷兰人的后裔布尔人，他都一一详细介绍了。

"你了解金刚石么？"我问，因为我决定要给奈拉买一些。

"这个自然。"他答道，"戴比尔斯公司垄断了这些宝石，如果你有机会遇到它的董事长艾尔伯特·奥本海默爵士的话，比较起伦敦邦德街、纽约第5大道或者巴黎的和平街的价格，他或许能帮你只花其中的一小部分价款就可买到。"

这就对了！他的回答帮我找到了正确的途径，我下决心一定要见到可畏的艾尔伯特爵士。

我在开普敦举行了3场很好的音乐会。演出用的音乐厅让我感到颇有兴味，因为它有一则关于帕德雷夫斯基的趣闻。音乐厅有很多敞开的窗户，我的经纪人对我说："他开音乐会的那天，一只小鸟飞进大厅。当晚，倒霉的帕德雷夫斯基就在受惊的鸟儿围着他并在他顶上乱飞的情况下进行演奏。他气恼得当即中断了巡演返回了欧洲。"

尽管我真心钦佩本诺·莫伊谢耶维奇，但他在此地的巡演也让人泄气。由于他对纸牌游戏十分钟爱，比如扑克和桥牌，在这方面的名声反而盖过了在钢琴上的造诣，而报刊对此也到处宣扬。

至于我，则很是幸运，既没有鸟儿钻进音乐厅乱飞，打牌也不那么上瘾。我的经纪人向我保证，我是第一个在南非得到青睐的钢琴家。

接着的3场音乐会要在南非最大、最举足轻重的城市约翰内斯堡举行。期待音乐会之余，我也希望能见到住在那里的艾尔伯特·奥本海默爵士。但抵达后我才得知他去了金伯利，金刚石矿井的所在地。

"别失望，"我的代理人说，"你也要在金伯利演出的，到时候一定会见到他。"

我在约翰内斯堡的首演大获成功，以致我的经纪人立即给我额外安排了3场音乐会，其中两场与乐团合作演出。这让我士气大振，并因此真正和听众进行了交流。我热情地演奏了自己最喜爱的曲目，由此赢得了许多人心和许多朋友。

在一场与乐团合作的音乐会的幕间休息时，一位极为优雅的女士由两个男子陪着来找我。

"我是奥本海默夫人。"她自我介绍说。

我的心跳加速，并让人给她搬来一把舒适的扶手椅。

"我想请你帮个大忙。"她说。

我猜她肯定要我加演什么曲子，我已经准备为她加演整首柴科夫斯基的协奏曲。

"夫人，我将尽全力为您效劳。"我媚笑着说。

"昨天我和德文希尔公爵一起吃了晚餐，他讲了您许多神奇的事情，还说您做的滑稽表情是最棒的。您能给我做几个吗？"

我一时无语，接着生起气来。

"哦，他喜欢我做鬼脸，"我酸溜溜地说，"行啊，那我就认真做几个。"

于是我做了两三个最可怕的表情，斜眼吐舌的，足以吓死随便哪个孩子。

"我希望公爵是指这几个表情。"我冷冰冰地说。

奥本海默夫人立即意识到自己的失态了，并开始急切地道歉。但这一来，她却犯了最大的错误。

"您知道，我不懂音乐，从不参加音乐会。我今天来只是为了认识您。"

她尴尬地走了，而我也放弃了金刚钻的念头。

约翰内斯堡是我生平到过的最富有的城市之一。地下埋藏着无数的金子，还有多得让人吃惊的矿工，他们都是黑人，要深入到地下一英里去采矿。法律规定，如果在任何人身上搜出一颗原钻，就要关押 10 年。矿工离开矿井前，都要接受最带侮辱性的搜查。

阿龙·基施上校作为英国军官在大战中丢了一条腿，他从以色列跑来，提醒我兑现向胡贝尔曼许下的诺言，要我在巡演中帮助宣传新成立的特拉维夫管弦乐团。他亲身走遍了全世界富有的犹太人定居点，为管弦乐团集资。我给他讲述了我在澳大利亚做的好事，并把他介绍给我在音乐会期间认识的几个重要人物。

他不断打电话询问有谁可能提供资助，我都有点厌烦了，然后他突然提出要在我最后一场音乐会之后举行一场大型招待会。他说要以我的名义邀请全城最重要的人物。

音乐会一结束，我就兴致勃勃地来到举办招待会的饭店，而且由于我音乐会前从来不吃东西，满脑子里想的就是吃点什么。基施在饭店大堂接待了我。

"我们要等所有客人都到场。"

人已经到了相当不少，但一直还有成群的客人来到。过了一阵，大堂聚集了不少于200人。我不免纳闷并盘算起来，这么多客人的自助餐和酒水会要多少钱，又该由谁来付账，是他自己，还是乐团？我正想着已经到了进餐厅的时候，身着高雅晚礼服的基施上校发出一个信号，表示他有话说。"哈哈，终于要请我们跟着他进餐厅了。"我想。但我十分吃惊的是，他竟滔滔不绝地大谈维持一个水平一流、阵容完整、外加一个优秀指挥的管弦乐团是多么困难。他的论据翔实，有统计资料和各种细节。他漂亮的演讲延续了半个多小时，我饿得不行了，但更坏的事情还在后面。他最后不是弄些我急需的吃喝，而是大声宣布："现在请阿瑟·鲁宾斯坦讲话，他是胡贝尔曼的好朋友，从一开始就在协助胡贝尔曼的计划。鲁宾斯坦先生更丰富的知识和更雄辩的口才都能清楚说明由管弦乐团演奏音乐对世界意味着什么。"然后他把我推上他的位置。

那一刻我实在想宰了他。不过，我只是礼貌地微微一笑，发表了一个饿着肚子的人所能做的最长的演讲，颂扬了音乐、作曲家、指挥家、演奏家和管弦乐团。讲完时我几乎晕了过去，心想这总值一顿美味的晚餐了吧，但接下来才是真正的灾难：客人们礼貌地纷纷感谢了基施和我的精彩演说，然后安静地离开了，只留下我们两个人。

"太好了!"我轻快地叫道,"我们终于可以清清静静地吃晚餐了!"

上校不耐烦地挥了挥手,说道:"你说什么呀?两小时前城里所有的餐厅就都关门了。再说,我也什么都吃不下,音乐会前已经有人请我吃了晚餐。"

我饿得整夜未能入睡,第二天早上 7 点就叫了早餐。

之后的音乐会很辛苦。只要是有点分量的城市我就有演出,甚至包括中央政府所在地比勒陀利亚,而按常规首都是禁止举行音乐会的。

抵达金伯利,接到艾尔伯特·奥本海默爵士的电话时,我很高兴,起因显然是他妻子。他非常客气地邀请我参观一下金刚钻矿井,我呢,说得温和些,是高兴得跳了起来。我没指望在音乐会上见到他,为我知道他不懂音乐。第二天,他的汽车把我接到了矿井,我们停在戴比尔斯公司的办公室前。艾尔伯特爵士,一个风度翩翩的中年男子,首先带我参观了陈列室,我在那里欣赏到一些特别漂亮的钻石。这对我可是恰当的时机。我向艾尔伯特爵士坦言自己梦想着为妻子购买几颗钻石,然后承认欧洲的大珠宝商的要价对我是太高了。

"这里是否有什么首饰商店,我能便宜一些购买几颗呢?"我一脸天真地问道。

他笑了。

"我们这里没有商店。世界各地的买主都是直接来我们的办公室。不过我很乐意派一个手下人带些珍藏去你饭店的房间里,你随便挑,按批发价结算。"

对于我的感谢,他只淡淡地说了句"这让我很愉快",告辞时他吩咐一个秘书带我去参观矿井。我所见到的并不令我太感兴趣:人们用一个铁丝筛子清洗着一块块肮脏的矿石。

在旅馆用完午餐后，送钻石的人来了，但他坚持要去我的房间，进屋后还反锁了门。然后他走到桌子边，开始解裤子，这让我颇为鄙视。突然，他抽出一条长长的塑胶带子，默默系好裤子后，把带子平放在桌上。原来那条带子里装着价值数百万的金刚钻。那人逐一摊开一些包着宝石的小口袋，宝石都是包在纸巾里的。

"这是 1 克拉重的宝石。"另一包是 2 克拉的，接着是 3 克拉、4 克拉和 5 克拉的，最后一袋全是 10 克拉的——昂贵而硕大的钻石。所有宝石都是切工精美、品相绝佳。看到摊在我面前的这大批财宝，我被迅速钩起了一连串的犯罪念头。这人个子很小，看上去很弱，我突然发现壁炉旁挂着一根沉重的拨火棒。只要用这拨火棒猛击一记就能杀了他，我心想，一边打量着他，可我把尸体怎么办呢？别傻了，我抛开了自己天才的想法，却不免敬仰起职业杀手来，他们能干净利落地应付这种局面。

我又成了礼貌的潜在买家了。我非常仔细地察看着宝石，心里有数自己能买得起什么样的，最后挑选了一颗 7 克拉重、祖母绿外形、品相极佳的金刚钻。价格并没有挤干我的钱袋，那人告诉我，这个价格只是邦德街上的百分之二十。这就使我能再买六颗 1 克拉的钻石，用来给奈拉做几副漂亮的耳环了。我付了钱，那人走后，我自豪地看着自己的收获，自言自语："终于有了迟到的结婚礼物了！"

我的巡演将在南非最南端的城市德班结束。我吃惊地发现这座城市全然不同，它好像独立于这个国家其他部分。这里有大量的印度人后裔，影响力很大，令其他居民畏惧。据说，圣雄甘地①就是从德班出发，去印度推行他的伟大运动的，这让我颇为

---

① 圣雄甘地（Gandhi Mahatma 1869 ～ 1948）：印度民族解放运动领袖，提倡"非暴力"抵抗，任印度国大党主席，印度独立后，被印度极右分子杀害。

惊异。我音乐会上的听众难以形容，但从脾性上讲，他们对音乐的反应似乎比这个国家里其余地方的人都要强烈。

我的经纪人对整个巡演很满意，并建议我签订一个两年后再来演出的合同。他给我购买了一张帝国航空公司的头等机票回家，搭乘英国造的水上飞机。那是一趟最为有趣的旅行：飞机从开普敦起飞，很快就翱翔在著名的克鲁格公园——世界最大的国立野生动物公园上空了。驾驶员为了让我们看清，尽量低飞，我们神魂颠倒地看着几百只斑马在乱窜、成群的大象晃动着耳朵、长颈鹿伸直了脖子想看清飞机、还有一群鸵鸟扇动着自己的羽毛图凉快。

我们在安哥拉附近停了一次，飞了不远，又停在达累斯萨拉姆，那两个地方都很无聊。第三站，我记得是维多利亚湖，尼罗河的起点，能看到非洲一些高峰的美景。我们在苏丹首都喀土穆过了一夜，那里炎热难当，浴缸烫到了我的臀部和双手。餐厅服务员说热浪全年都不会消退，我当即决定再也不到这个该死的国度来了。下一站是尼罗河的开罗段，我感觉像回到了家；途经比雷埃夫斯时，我得以再次一瞥心爱的雅典卫城。

我们抵达（意大利南端的）布林迪西时，发生了一件非常不愉快的事。意大利警察上了飞机，拿走了我们的护照去检查。鉴于我对墨索里尼的那个愤怒的姿态，我在这片意大利的水面上很不自在，而当警察归还了所有人的护照，唯独没有我的护照时，我更是惶恐不安。我突然明白他们是要逮捕我！焦虑地过了半小时后，一名警察终于拿来了我宝贵的护照。我猜他们请示了罗马当局是否要扣留我，但最终得到了否定的答复。当飞机起航飞往马赛——我的目的地时，我才大大松了口气。

在港口，我远远地就看到一个女子动人的身影在挥动着一方白手绢。真高兴，那是奈拉。她是从多维尔来接我的。这是那种美妙的巡演后的一次归来，我们俩都感到极为幸福。奈拉购买了回巴黎的卧铺车票，火车要半夜才开，而现在才傍晚，所以我们还可以在这个快活的城市度过几小时。我们把行李留在饭店，决定去一家以浓味炖鱼闻名的餐厅好好地吃一顿晚餐。我点好菜后，就让饭店开了一瓶香槟酒，一边愉快地啜饮着，一边等着上菜。

金刚钻我藏在眼镜盒里，因为我知道，直接放在口袋里比放在任何别的地方都更安全。喝了两杯上等冰镇香槟后，我突然从口袋里掏出眼镜盒，送到奈拉的面前，开玩笑地说："这个盒子，你能给我多少钱？"

她有点紧张地回答，"阿图尔，别再喝了。长途旅行之后，酒容易上头的。"

我又抿了一口香槟，重提了上面的问题。现在她真的吓坏了。

"你已经醉了，我们走吧！"

我把眼镜盒又放回口袋。

"如果你什么也不给我，那你就别想得到它。然后我继续吃浓味炖鱼、喝酒。我没有醉，只是高兴。

后来，在卧铺车厢里，我把眼镜盒给了她。

"没关系，"我说，"反正我会给你的。"

她反而好奇起来，取出眼镜，发现纸巾里有硬东西。

"当心，"我说，"不要掉到地板上。"

终于，我们的小游戏到了高潮。赞赏了我的小礼物后，我理所当然地被她拥抱和亲吻了。

第二天回到巴黎，我们就去了卡蒂亚首饰店，决定挑选一件相称的铂金镶座，他们也为耳环做了一套设计。

在巴黎住了几天，奈拉急着要回到孩子们身边，我也为能看到他们感到高兴。劳拉·杜布曼和她的母亲已经到了多维尔，就等着继续上课了。

热尔梅娜·罗思柴尔德提供给我们使用的别墅位于迷人的小镇蓬莱韦克（有种奶酪就是以此地取名的）和多维尔城之间。它是罗思柴尔德家族的赛马养殖场的一部分。我们给孩子们找了一个新的法国家庭教师伊冯娜小姐。我的岳母决定要回自己在立陶宛的庄园，但没过几天，奈拉的堂妹尼娜·姆威纳尔斯基来到我们家做客，我们都很欢迎。她能说会道，又很诙谐，虽然有时不免尖刻些，但总体上很有魅力、大家都喜欢她。

我让人从巴黎运来一架小型演奏琴，于是劳拉·杜布曼每天下午都过来上课。上午，我则用于准备赴美的新曲目。工作之余，我通常走到赌场，玩玩"九点"牌，我玩它其实是为了保健，因为我的兴趣已经不在玩牌上了，然而，我又从不喜欢为了散步而散步。

我们大家都生活在紧张、不安之中。希特勒那尖厉的声音在广播中日益粗暴地、不间断地威胁着波兰，还恶毒地攻击法国、英国与波兰的结盟。

一天，奥古斯特·萨莫伊斯基伯爵开着他那小小的汽车出现在多维尔，他车上唯一的乘客，一只巨犬，因为车顶太矮都抬不起头来。他抵达时只见到孩子们的家庭女教师伊冯娜小姐——一个相当漂亮和性感的女孩。闲聊了几句，他就用自己的小车把她带走了，姑娘给孩子们做下午茶时，头发还有些凌乱。奈拉好好地责备了伯爵一顿，但他并不太在意。

另一位客人杨·劳埃从伦敦来访，他是奈拉妹妹阿丽娜的丈夫。他去英国做生意，带来了令人吃惊的消息："整个国家都认为战争是不可避免的。"奈拉的收音机主宰了我们在多维尔的生活；我们愤怒又无奈地听着希特勒在电台里叫嚣，吞食着各种能买得到的报刊上的政治新闻。

我们的好朋友阿纳托尔·缪尔斯坦和他的妻子黛安娜（罗贝尔·罗思柴尔德和内莉的女儿）带着三个年幼的女儿在多维尔度

过了夏天，与我们一起经受着不安。缪尔斯坦曾是波兰外交官。第一次世界大战时他还只是个随员，德军占领布鲁塞尔后就一直留在当地，帮助地下运动出版秘密报纸。他以公使衔参赞的级别从外交界退休。现在我们经常来往。缪尔斯坦和华沙保持着联络，几乎每小时都给我带来最新的消息。法国和英国对波兰施压，不让它调动武装部队，与此同时，我从缪尔斯坦那里得知，德国人的坦克和大炮实际上却已经包围了整个波兰。按理说，英国和法国应该进行动员，但根本没有任何这类迹象。

我离开法国两天，到荷兰的斯海弗宁恩演出。在成功的音乐会后，我和朋友们一起去愉快地用晚餐，正在吃饭时，听到一则可怕的消息，德国外长里宾特洛甫刚刚前往莫斯科会见斯大林，双方要签署秘密协定，据此，俄国将不阻挠希特勒的军事行动。这对同盟国是致命的一击。我们的前景突然一片阴暗。第二天，我就带着这个坏消息返回了。

这片欢愉的胜地笼罩着凄风苦雨。到了8月中旬，小镇寂静了下来，人们都回自己的家了。看样子只剩下了我们和缪尔斯坦一家；海边的空气对孩子们的身体有益。

尼娜·姆威纳尔斯基仓促决定返回华沙，"趁还没出什么事。"杨·劳埃自告奋勇陪她回去。

终于，在一个凄惨、难忘的下午，电台报道："波兰受到德军三个方向的进攻。德国空军猛烈地轰炸了华沙的战略要点。"在这条简短的消息之后，播送了由费特贝格指挥的肖邦的《英雄波洛奈兹》，以及华沙市长坚决保卫首都的声明。

从那一刻开始，我们一直关注着战争的进程，我们的心脏带着焦虑和愤怒在跳动。波兰人一有机会就进行英勇的自卫。在但泽市郊区的韦斯特普拉特要塞，守军整整坚持了3星期。全国以坚定不移的勇气在战斗，等待着英国和法国反击，只不过，反击一直没有打响。英法两国的议会激烈地辩论着得失。最后，足足过了 4 天，等德国已经巩固了自己的地位时，他们才做出对德宣战的决定。但没有迹象显示会对德军发动任何进攻。

我突然对自己家人的命运极感紧张。随着波兰被占领，他们势必会受到希特勒可怕法律的约束。

此时，可怜的波兰遭受了更可怕的打击：斯大林以前和毕苏茨基签定了两国间为期 10 年的互不侵犯条约，现在背信弃义地越过了波兰东部边界，进攻波兰了。正在撤退的残余波兰军队以为俄国是来支援他们的，却落入了魔鬼的圈套。"英勇的"俄国军队易如反掌地占领了波兰东部的广阔地区，不费一兵一卒。一切就这么完结了。波兰政府带着国库，逃到了罗马尼亚，他们多数后来都到了英国。

9 月底，希特勒控制了全波兰，并一直用非人的残忍控制到战争结束，但却没有干涉俄国人。我们守在收音机旁，守在如今已经是风雨交加、人去楼空的多维尔，注视着整幕悲剧。

我记得一天下午，缪尔斯坦夫妇、奈拉和我从沙滩上看着大海，我突然有种不能抑制的愿望，想要消失在大海中。奈拉和阿纳托尔·缪尔斯坦想必意识到了这一点，因为他们突然把我从那里拉走了。

七、第二次世界大战，逃往好莱坞和我的美国国籍

101

我们回到巴黎以确定自己的计划。我本估计巴黎已经是一派战争景象——就是我清楚记得的 1914 年的巴黎——但这一次，它却是一幅完全不同的图景。没有出逃的人，相反，人们度完假纷纷返回了城里。只有灯火管制令我想起上一次战争，然而不同之处是夜生活依旧活跃。每天清晨和下午都有战报，声称有炮弹穿越马其诺防线，未造成人员伤亡，但有效地击中了重要目标。战争的头几天，人们对这些战报津津乐道。在各咖啡馆里，人们热烈地讨论和研究着每天射击的战绩。不过，日复一日地阅读类似的战报，双方却均无实际进展，逐渐形成了无所谓的态度。一家报纸把这场战争描绘成"奇怪的战争"，不久便成了全法国通行的标语式说法，并很快在各处扩散开来。

我的法国朋友们，可能还有其他的法国人，都认为他们必须牺牲"可怜的波兰"，而且，只要对希特勒宣战，就能牵制住他："我们不可能为了挽救一个但泽，而冒引起世界大战的危险。"

陆陆续续有难民途经罗马尼亚逃到巴黎。缪尔斯坦和我很高兴能为他们提供些许帮助。波兰大使馆，曾经那么友善，也突然敌视起犹太人来了。我挖苦这个新阶段道："只要一个国家在政治上受挫，犹太人立即就会成为替罪羊。"

我在美国的头几场音乐会定在 11 月中旬。由于战争，在欧洲的音乐会寥寥无几。10 月上旬我只收到阿姆斯特丹的两场音乐会的邀请，我爽快地接受了，计划从荷兰直接坐船去美国。我甚至为全家预订了漂亮的荷兰轮船"新阿姆斯特丹号"的船票，心中认定它不会受到潜水艇的攻击。

临近启程的时间，奈拉突然变得异常紧张。

"就算潜水艇不击沉轮船，那德国人也可以上船，抓走我们这些波兰公民。美国派了一条救援船来接在法国的公民。我相信布里特大使会尽全力帮助我们的。"

起初我是坚决反对这样做的。逃跑不符合我的天性。我更愿意去阿姆斯特丹举行音乐会，然后乘坐普通班轮去美国。虽然我五个星期才在美国有合同，但我有责任带着家人离开正在打仗、进行灯火管制的国土。可是奈拉坚持要立即离开；美国轮船"华盛顿号"已经到达波尔多了；我只有屈服。

我们去了美国大使馆，我们的朋友布里特大使非常真诚地接待了我们，当奈拉向他详细叙述了整个事情后，他同意在我们那如今已经极为可怜的波兰护照上签证，还吩咐下属尽可能安排好我们的旅行。

我们收到通知尽量少带东西，这可真头痛；我原本计划用装衣服的大箱子把不想留下的东西一起拉到"新阿姆斯特丹号"上去的。我们收拾了几只手提箱，都是些必需品；我心爱的书籍、宝贵的乐谱、以及可爱的毕加索的作品只好留下，真让我有点心碎。

出发前夜，热尔梅娜来告别，并像以前一样让我们坐她的大号小汽车去火车站。甚至答应在我们离开后照管我们的财产。

我们带着两个孩子和伊冯娜小姐一起去波尔多的那天，天空下着雨。要和我们一道走的索霞·科汉斯基在火车上和我们会合。波尔多看起来像个难民营，我是多么欣赏它漂亮的歌剧院和上好的餐厅啊。如今街头到处是惊异的呼叫：

"你怎么在这儿呀？"

"我真不知道你是美国人！"

也有呼喊我们的："阿图罗，奈拉！"原来是艾斯特莱拉·布瓦瑟万夫人，她是来送她母亲上船的。我们在巴黎成为的朋友，那是一天晚上我和她、热尔梅娜·塔耶弗尔一起去看了"卡巴莱"演出之后。凌晨4点左右，我们怎么也想不起《伊戈尔王》中的一段咏叹调怎么唱了。我回到蒙马特的家，但不能入睡，总惦记着那段咏叹调。直到早上8点我大叫一声："有了！"我由于一夜没合眼而十分恼火，于是穿好衣服，跑到花店，在一张卡片上写下那段可恶咏叹调的头几小节，还用词不雅地加了一句："这是那咏叹调，见你的鬼吧！"之后我们就成朋友了。

在波尔多意外碰到的另一个人是我的老朋友让娜·布朗夏尔（Jeanne Blanchard）。拉威尔、蒂博和我常在她家吃吃喝喝、把玩音乐。

这就是我们离开法国时的真实图像。自然，我们之中没人把这场"奇怪的战争"当真，即便如此，轮船上还是拥挤得要死。旅客人数超过正常容量的两倍。有人担心起船舶的载重来。"到了公海上我们就会沉没的。"他们说。

可怜的奈拉被分在一个大舱，不得不和伊冯娜、两个孩子，还有索霞·科汉斯基，另加一个带着孩子的女人挤在一起。

至于我自己，则受到国王般的待遇，被分在一个豪华套间，包括两个小舱和中间一个浴室。我的舱室只有我一个人，另一个舱室则住着三个天主教神甫。这是一种滑稽的组合：天知道是因为我是犹太人、他们不愿受我的毒害呢，还是我生理上令其厌恶，反正整个路程中我从来没有机会看见他们。早上我还没醒他们就消失了，晚上我还没回来他们就锁了门。他们从不使用那间浴室，因此我便堂而皇之地一个人享用。

这次旅途中最糟糕的是用餐时间。一日三餐只能分三拨轮换进行。我们一家人和索霞被分在头一拨，这可能要归功于布里特先生，然而因为小伊娃，这一特权却把我们变成了最遭人讨厌的食客。伊娃满 3 岁后，就不肯吞咽食物。不论咬下一大块肉、鱼或者其他食品，她都存到一侧的腮边，任你千方百计就是不咽。这简直是在折磨伊冯娜，她只好陪着坐到第二拨用餐时间，甚至到第三拨的时间。连食堂的头头也抱怨起这讨厌的行为了。唯一救了伊娃命的食物就是西红柿。她极爱吃西红柿，可惜不是天天有。

这一磨难又持续了几年。我记得有一次在墨西哥，我绝望地对着可怜的孩子大叫："别跟我说你咽不下去。一个人什么东西都能吞得下的！"接着，我撕下一大张报纸，艰难地咀嚼着，当着吓傻了的姑娘的面，吞了下去。

102

来码头接我们的胡罗克先生再次帮了大忙。他在"白金汉饭店"预订了一个舒适的套间。饭店虽简朴，但位置很好，紧挨着斯坦威大楼，卡耐基音乐厅几乎就在对面，到胡罗克的办公室也只需步行 5 分钟。

我们到达旅馆是吃下午茶的时候；我替所有人进行了登记，然后被带到那套有三间屋子的套房。伊冯娜小姐和孩子们立即就像回到了家里，而我突然发现奈拉没有和我们一起上楼来。过了许久仍不见她的人影，我便下楼到大堂去找她，但无论行李员还是接待处都没有见到她。这可神了，因为她确实是和我们一起进了旅馆的。

我们在不安中等了一个多小时；就在我想打电话报警时，终于有人敲门了。我赶紧去开门，奈拉带着两个黑大汉走进来，那两人每人都端着一个大板条箱。她脸红红的，劈头就问："支票本在你身上吗？我得给这两人付钱。"

在我填写支票和签名时，那两个人在桌子、椅子和地板上摆开了一整套厨房用品：瓷器、刀叉、桌布、餐巾，甚至还有一个烤箱。当他们卸完后，奈拉就叫一个人去客厅后面的小厨房，他把冰箱和橱柜里填满了食品后，才最终卸空他的板条箱。全部干完之后，我递上支票，那两个人就走了。

这时才到了高潮点。奈拉宣布："半小时后开晚餐。"我和孩子们无话可说。

虽然听起来难以置信，但不到半小时我们5个人就高兴地坐在桌边了。孩子们有自己最喜欢的食物。有一大份番茄色拉和冰激凌，而我则能在饮用一大杯咖啡的同时，享受着雪茄。这成了我们在这家旅馆漫长的逗留期间的生活方式。

距巡演开始还有一个多月，所以我有许多时间听音乐、上电影院和看戏。

波兰著名男高音歌唱家杨·凯普拉（Jan Kiepura）打算为波兰难民举行一场音乐会。我立即决定参与其中。胡罗克为此租下了大都会歌剧院，音乐会上下两部分的节目均由凯普拉与我合演，按凯普拉的安排，上半场最后一个节目由他演唱，下半场最后一个节目则由我弹奏。当然我演奏的全是肖邦的作品。尽管票价相当高，但歌剧院的票都卖光了。人们对我俩的热情很高，不过主要还是考虑到音乐会的目的。

一天早上，我接到从费城打来的电话。一位自称是弗雷德里克·曼的绅士，滔滔不绝地讲起他打算为新成立的以色列管弦乐团举行晚宴。

"著名科学家爱因斯坦教授是我的嘉宾。我请了 300 位客人，每人收取 50 美元。我知道你是胡贝尔曼的朋友，所以我坚信晚宴后你会愿意演奏一两首曲子的。"

我想，这个弗雷德里克·曼很机灵。他知道，只要一提爱因斯坦、胡贝尔曼，还有以色列管弦乐团，我就不好拒绝做任何以前从没做过，以后也绝不会做的事情。经一位费城的友人证实的确要举办一场这样的宴会，于是我便表示了同意。

我们在晚宴前一小时抵达费城。在我们换衣服的沃里克酒店，一个 30 岁出头的年轻人在一个豪华套间里等待我们，这是专为我们在费城的短暂停留预备的。

"我非常高兴认识您，千真万确。"他说，并交给我一件小玩艺儿，那竟然是一只漂亮的最新款式的瑞士怀表。

"您会满意我的聚会的。我请到了费城所有的富人，您、爱因斯坦教授和我都在主桌，您坐在我妻子身边。我雇了《音乐美国》杂志的主编莱奥纳德·利布林就以色列管弦乐团为题发表长篇演讲。

我脸色煞白，出名的好记性让我又想起他那些不诚实的牌局和他保留的欠账单。

我对曼先生说我不能容忍此人出现在晚宴上。

听了我的叙述，曼先生骂了几个脏字，然后立即离开去打发掉利布林。我欣赏他的果断。等奈拉和我收拾妥当，就跟着曼先生愉快地步入舞厅，厅里许多桌子边都坐了人。

在我们的桌子上，曼夫人正和爱因斯坦教授谈话。我们被介绍给这位伟人，当时在场的一个摄影师问教授是否愿意摆个姿势和我照相。

"当然愿意。"爱因斯坦带着迷人的微笑回答。

那张照片我至今还保存着，可笑的是，相片上我严肃、恭谨的表情貌似个正在深思的哲学家，而爱因斯坦的长发和开朗的微笑则把他变得像个德国咖啡馆里的小提琴手。

教授坐在我妻子旁边，我被安排在漂亮的曼夫人的右边。主人曼先生则一直很忙，而且还被必须即兴发挥的开场演讲弄得有点紧张。

曼夫妇天性豁达，这使我们在晚宴结束时已经感到和他们如同至友了。爱因斯坦表示，他太腼腆，无法讲话，但是很愿意听听我的演奏。我知道他是位热情的业余小提琴家，特地演奏了布索尼改编的巴赫的《恰空舞曲》，这显然使他很高兴；之后，又特地为富有的座上客们演奏了肖邦的《降A大调波洛奈兹舞曲》。弗雷德里克·曼为自己晚宴的成功而十分开心，我们则当夜就返回了纽约。

再次聆听拉赫玛尼诺夫和霍夫曼的独奏音乐会是十分有趣的。这两位大钢琴家自身的生命和艺术生涯都到了暮年。我听过他们鼎盛时期的演奏。那时霍夫曼以其高度集中的力量和击键的超强力度令人惊异，所以轻易就给人以"伟大的演奏家"的印象。与此相矛盾的是他漠不关心地谈论音乐、以及对音乐的发展毫无兴趣。现在，在他艺术生涯的尾声，由于他嗜酒如命，已经不幸地丧失了上述的力量，他的演奏缺少了对音乐的真诚的感情。

拉赫玛尼诺夫的演出给了我截然相反的印象。在他早先的音乐会上，我一直痴迷于他那绚丽又无从模仿的音色，乃至将他手指太快的跑动和他过分的自由速度所带来的不安感觉都抛诸脑后。他的演奏总有一种不可抵御的感官的魅力，十分类似小提琴家克莱斯勒。他们两人在演奏自己的作品时最为出色，而那些作品又过于依赖他们的官能。在这最后一场音乐会上，我听到了他对音乐的更为纯粹的处理。人们显然沉浸在清新的音乐之中。他使用的速度恰当，明显尊重作曲家们的意图。我特别记得他演奏的肖邦的一首夜曲和两首练习曲。意识到下述情况极有意思：当这两位大钢琴家在事业的竞争行将结束、不再害怕其他对手时，他们都显露出了自己的本性。

由霍罗维茨演奏、托斯卡尼尼指挥的柴科夫斯基《降 b 小调钢琴协奏曲》的唱片发行了。我买回家听后很惊讶，不仅指挥和独奏演员之间不协调，而且唱片在工艺上也有缺陷。我碰到的人看法都一致，我还高兴地听到人们声称他们宁肯选择我和巴比罗利灌制的这首协奏曲。然而整个事件令我非常心烦。我从各方听到消息，说唱片商店告知：我的唱片被下架了，市场上只有霍罗维茨的版本。我十分担心，便跑到美国无线电公司（RCA）的办公室，相当愤怒地提出了抗议。古典唱片部主任虚伪地微笑着说道："你的母盘坏了。"

这太过分了。

"肯定是你亲自弄坏的，"我叫道，"我要投诉！"

大卫·萨尔诺夫（David Sarnoff），美国无线电联合企业著名的创建人对我们很友善。他和他的妻子曾和我们一起"别墅酒店"吃过饭。由于美国无线电公司拥有维克多公司，因此我准备直接请他解除我和维克多公司的合同。哥伦比亚唱片公司总裁戈达德·里贝尔森（Goddard Liberson）向我提出一份上佳的合同，这也正巧刺激了我做出决定。

萨缪埃尔·霍齐诺夫①，是海菲兹的妹夫和大卫·萨尔诺夫的右手，我便求他帮忙安排我和他的上司见面。说明来意后，他强烈地警告我："萨尔诺夫先生特别讨厌有人投诉他的手下。"

"管他的，"我回答，"无论如何请你帮忙约个时间。"过了两三天，我得到一个信息，于某日中午 11 点到萨尔诺夫先生的办

---

① 萨缪埃尔·霍齐诺夫（Samuel Chotzinoff，1889～1964）：俄裔美国钢琴家。17 岁定居美国。是津巴利斯特和海菲兹的钢琴伴奏。曾担任《纽约世界报》、《纽约邮报》的音乐评论员，也在柯蒂斯音乐学院执教。

公室。

在洛克菲勒中心 30 号，我乘直达电梯到了 52 层，然后有人把我领到这位大权在握者的私人办公室。我带着老熟人的友好微笑走了进去，而他则非常客气地接待了我，只是面无表情。

"请坐！"他说。

我突然好笑地意识到他似乎是担心我会开口借一大笔钱。

"我能帮助您做什么呢？"他坐在办公桌后严肃地问道。

我做出恭顺的表情，提心吊胆地说："我是来求您行个大方便的。"

他脸色阴沉，或许以为我要借的钱数比他设想的要大一倍。

"这个，"他说，"我未必能答应得了。"

"绝对是个大忙，萨尔诺夫先生，但是只有靠您点头了。"

他已经不耐烦了。我感到他准备拒绝任何可能的数目。

"请您务必解除我和您属下维克多唱片公司的合同。"

他似乎没明白我在说什么。

"为什么？为什么？"他突然激动起来。

"这不重要，"我平静地回答，"我只是求您解除我的合同。"

"你意思是想去哥伦比亚公司吧？"

"正是。"我说。

他有点紧张了。"如果我允许所有的艺术家都离开的话，那我就没生意了。"

"哎呀呀，萨尔诺夫先生，"我安慰他说，"这对您是小事一桩，而对我，则是一件头等的大事！"

友好的微笑（就像晚宴上的一样）出现在他的脸上。

"既然您想离开我的公司，一个好于哥伦比亚公司的企业，那必然有非常重要的理由，不妨把它们都说出来吧。"

我没有让步。

"我不喜欢告状。"我说，"我只想离开您的公司。"

这时他急切地要求："阿瑟，你写一封信，说说你到底反对我的公司什么——我必须知道——说出全部细节。那时我再决定是否满足你的请求。"

"我一定满足您的愿望。"我回答道。我们的会面到此结束。

回到旅馆，我不到 10 分钟就写出了对奥康纳制作唱片的方式的全部看法，还有关于《柴科夫斯基协奏曲》的整个事件，包括对我最优秀的唱片的打压，然后立即寄了出去。

自从在费城参加为以色列管弦乐团举办的晚宴之后，弗雷德里克·曼先生便常来我们住的旅馆做客。他会给孩子们带些玩具，然后坐下来畅谈自己的生活。

"我是个生意人，"他说，"但我的心属于音乐。我本来想当音乐会钢琴家的，可我的手出了问题，这就毁了我的希望，但一有时间，我仍然会练琴。"

漂亮的曼夫人是他的第二任妻子。

"我在我前任岳父的纸板箱厂工作过。由于无法取得进展，于是我决定自己办公司。我找到了一个合伙人，很快就搞得不错了。"

听着他的叙述，我判断他是个很有闯劲的生意人。不过我最欣赏的，是他对自身犹太人血统的深深眷恋。他的父母是从俄国来的移民。他有三个妹妹和一个弟弟，自己也是三个女儿的父亲。显然，是他在照料着全家。此外，他对音乐事务甚感兴趣、尤其关注钢琴世界的音乐会以及经纪人问题。

我与美国无线电公司属下维克多公司的麻烦让他无比生气。他甚至跑去教训了倒霉的奥康纳一顿，并全盘卷进了这场官司。凭着爱冲动的天性，他会找哥伦比亚唱片公司总裁里贝尔森讨论用高价把我拉进该公司。过了一阵，他又去威胁美国无线电公司，扬言如果不能令我完全满意，我就离开他们加入哥伦比亚。先放下他不提。在美国无线电公司内部开始发生大事了，萨尔诺夫先生下令解雇了古典唱片部的几位高级人员，其中包括奥康纳，还放风要解雇更多的人。

顺便说说，在这里我想起了一个可笑的场景：一天下午，我正在旅馆的房间练琴，奈拉在隔壁的卧室。电话铃响了，说是美国无线电公司属下维克多公司的副总裁要拜访我。我请他上楼来，一个矮个子男人张开双臂、咧嘴笑着就出现了。

"阿瑟，又看到你真开心啊（其实，此前我从未见过他）！我真高兴能为你摆脱那可恶的奥康纳。"他继续说道，"现在我们有个非常好的同事愿意继续为你录制唱片。我能叫她上楼来吗？"

"可以。"我敷衍道。

过了1分多钟，一个妖娆的年轻女子，穿着一件不该在大白天穿的袒胸露臂的晚礼服，走进屋来。

"她也是很棒的音乐家。"那人介绍着，并对我挤挤眼睛。

我们正要坐下，我的妻子出现了。狠狠地盯了那女人一眼后，她说："我丈夫已经习惯于录音时由男士陪同。"

"我妻子说得对。"我补充道，"录音是很辛苦的工作，娇嫩的女士不太合适。"

我的客人们明白了暗示，便匆匆地离去了。

美国无线电公司很快也辞退了这位老兄，萨尔诺夫亲自挑选人马成立了全新的班子。我和约翰·巴比罗利一起录制的柴科夫斯基的协奏曲胜利地重返各家商店。

弗雷德里克·曼并未到此为止。一旦美国无线电公司答应对我的唱片给予应有的注意和尊重，他就决定说服我不要去哥伦比亚公司。实际上，新的班子组成后，我就做梦也不想变更公司了。巧合的是，美国无线电公司也开始使用弗雷德里克·曼的纸板箱了。

一天上午，我的新任唱片制作人约翰·费弗（John Pfeiffer）打来电话："公司决定补赏您由于柴科夫斯基协奏曲的唱片一事所受的精神和经济损失，并提议您和费城乐团录制格里格的《a小调钢琴协奏曲》，由奥曼迪指挥。您只管放心，这样的组合销售起来一定会超过所有人的。"

我颇为冷淡地听着这番话；早年我在柏林时，这部协奏曲在音乐界相当受轻视，而这也严重地影响了我，因此拒绝了录制该唱片。但他们执拗地坚持己见，甚至去找我的妻子来说服我。奈拉的反应是去购买了这首作品的钢琴曲谱，打开来放到我的谱架上。既然平生第一次看到这个作品的谱子，我便出于好奇，从头到尾弹了一遍，而且惊奇地发现，曲子易弹又优美。

美国无线电公司的人员非常兴奋。录制的时间定在3天之后。

"我们没有其他空闲的时间，不过您可以视谱演奏。"他们说。

不过我闪电般地学会了这部作品，而且背奏了它。他们说得对，格里格乐曲的唱片销售得很轰动。多年之后，我在艾尔弗雷德·沃伦斯坦指挥下灌制了这首乐曲的立体声唱片，那张唱片在很长的时间内都是收藏者的最爱。格里格的这首协奏曲在美国受人喜爱的热度也从未减退。

在1939~1940年的演出季，我在北美巡演的范围要比以前的巡演更大，因而我一直置身旅途。我将有意不提巡演的细节，而是如我许诺的那样，多写音乐和音乐家，以及我对他们的感受和信念；我认为，这里没有描写每场演出的余地；那是诠释者和听众之间内心深处的交流。

圣诞节，西奥多·斯坦威先生，著名的钢琴公司老板和热心的绅士，请我作为特邀嘉宾出席为他的主要员工和工匠举行的年度午餐会，我十分荣幸。

"在您之前，我们的唯一客人是帕德雷夫斯基。"他对我说。

那是个大场面。在一张桌子上坐着10位或者12位上了年纪的先生，每人都佩戴着金质奖章——都是为公司工作了50年的人。喝酒时，斯坦威开始向我介绍自己最优秀的工作人员。

"这位负责踏板，这位是键盘专家。"另一个是监督琴弦的，木材的质量则由三个人把关，金属弦轴板也有自己的专家，然后是行政官员、广告专家、财务出纳、收发，等等，等等。"

午餐结束时上了香槟，斯坦威先生提议向我祝酒，盛赞我的钢琴成就，还给我添加了很多其他才能，结尾时更是用词华丽。现在轮到我作答了。我先是说，在斯坦威先生讲话时，我羞愧得真想躲到桌子底下；接下来我指着刚刚认识的各位人士说道："这是键盘大师，那几位精选完美的木料，而最棒的弦轴板多亏那边的那位先生。"对神奇的斯坦威钢琴的这些建造者表示了感激和敬仰之后，我双手交叉、绝望地大喊道，"那我做了什么呢？我只会破坏！"

103

4月，巡演途中，我读到希特勒令人震惊地占领了丹麦的消息，过了几天我们才知道那只是他占领挪威的跳板。但是在挪威他遇到了英国陆、海军，还有法国军队的有力抵抗。全美国胆战心惊地关注着这场长时间的主导权争夺战的进程。挪威人民为了保卫自己的国土英勇奋战，却被自己的领导人吉斯林无耻地背叛了，而吉斯林将像犹大一样，永远成为叛变的象征。

一天上午，我在胡罗克的办公室了解到，1940年夏，蒙特卡洛芭蕾舞团将赴南美巡演。

"我们夫妇俩也和他们一起乘船去。"胡罗克说，"如果你愿意，我也可以为你在那里组织巡演。"

"呃，南美可是我的地盘，我在那些国家的经纪人如今依然拿着小额的提成呢。"

不过我当即决定了也要去。受到这一旅行的吸引，路丝·德雷珀也为她自己组织了巡演。

正当我们期盼着这次巡演，欧洲却传来更为危险的消息。希特勒以空前的野蛮攻击了荷兰，安静、中立的德国邻邦。同时，他制服了比利时的一半领土，包括布鲁塞尔。这个人把我们吓坏了，所有的德国人都盲目地服从和崇拜他，他强大、灵活的陆军和空军迄今未遇到任何严重的抵抗。但是我们依然希望法国人、英国人以及比利时剩余的部队会奋起反击。

当传来比利时军队投降，从而使法、英军队身陷绝境，凭借最后一个尚未陷落的港口英勇抵抗时，不难想象我们是何等地沮丧。

我就不描写从敦克尔克的果敢、神奇的撤退代表着什么了，但我知道，它将被我们的后辈长久地铭记。和孩子们以及他们的法国家庭女教师一起舒舒服服地登上一艘温馨的美国轮船，但我们仍日夜生活在悬虑不安中，大喇叭里不断报道着消息。

除了叶弗雷姆·库尔茨（Efrem Kurtz）指挥的蒙特卡洛芭蕾舞团、胡罗克夫妇、路丝·德雷珀和其他有趣的人物外，和我们一起航行的还法国有名的美术教授亨利·福西隆（Henri Focillon）。他有点畸形，轻微的驼背令他长着稀疏的灰白头发的脑袋一直向右歪着。虽然这一描述不令人鼓舞，但我要向读者保证，再找不到比他更加令人着迷的人了。只要和这位有吸引力的人一接触，任何人都会爱上他。教授和我们大家一样，被前线来的消息搞得心神不宁。

刚刚在海上过了几天，传来的消息就变得非常令人惊慌了。大批德国军队穿过比利时边境进入法国，并向色当迅速推进，一如冯·克鲁克将军在 1914 年的行军路线。这次德国人遇到的抵抗很弱，因为法国人本以为敌人要从东边进攻，主要指望靠马其诺防线来抵挡的。日复一日，我们深感绝望地注视着德国人长驱直入。可怜的福西隆教授极度沮丧地关注着时局，只有当广播里传出法国人尚在零星抵抗的几行消息时，才略感慰籍。

在这些悲伤的日子中，船上的生活依然愉快地进行着，就像平时任何一次渡海旅行一样，这都是蒙特卡洛芭蕾舞团的缘故。它继承了佳吉列夫芭蕾舞团的传统，是个跨国团组，更关心它自己的小问题，而不是欧洲战场。甚至胡罗克和他的妻子也没有太重视这些事件。因此，精力充沛的芭蕾舞团团员们每晚都去舞会，尽情地享受着他们的假期。

6 月 10 日我们抵达了里约，就在这个可怕的日子，纳粹占领了巴黎。可怜的福西隆忽而嚎哭，忽而沉思。他被在 1918 年身为胜利者的法国军队遭受的迅速失败深深地触动了。对我而言，这是世界末日。我立即想象到纳粹闯进了我的家，犹太人被纠缠和受到威胁，就像在德国和其他被希特勒控制的欧洲国家一样。另外一个小小的惊愕，是反复无常的墨索里尼对尼斯发动了精确计算过的进攻。

所有的旅伴都要继续前往布宜诺斯艾利斯，我们则要在巴西开几场音乐会，然后才去与他们会合。

在里约热内卢，我们找到了几个华沙的好朋友，这真是令人激动的意外收获。他们是杜维姆和他的妻子、莱洪、浪漫诗人卡齐密日·维仁斯基以及查尔托雷斯基公爵。我们请他们全体吃了晚饭。大家坐在桌旁苦笑着，仿佛这是不久前在华沙的一个快乐的日子。朋友们讲述了德国人入侵波兰时那些可怕的细节，还有他们抵达里约热内卢前不得不承担的种种危险和困难。他们适应不了里约炎热的天气，因此决心前往纽约，尽管他们知道入境会非常麻烦。我们答应尽力予以帮助。

音乐会开得很好，因为只有练琴能让我摆脱那种消沉的心态。我在里约和圣保罗周围的各省开了许多音乐会，心情灰暗之时，我就愿意独处。

一次在返回里约的途中，一个我早先就熟识年轻人力劝我去看望一位画家，看看他的画；他认为这位画家是巴西最伟大的艺术家，也是世界最伟大的艺术家之一。我因为不太相信那个年轻人的智慧和他的艺术口味，相当长的时间里一直不肯去，直到有一天他硬拉我们去找了那位画家，他的名字叫坎迪多·波蒂纳里（Candido Portinari）。

在一幢小别墅的门厅，一个矮小的瘸腿男人正在打电话，看见我们也没有停下来。我们的同伴默默地把我们领到楼上。在第一个房间里，散放在桌子上的一些版画引起了我们的注意，我们每幅都仔细看了，还真是大师之作。

"他的油画在隔壁房间里。"我们的朋友说。

那里挂着一组反映巴西黑人生活情景的大幅油画，异常新颖。这些作品的题材都运用了极其独创的处理方法，画面似乎染上了这个国度那热烈的阳光，美丽的蓝色也十分夺目。

我和奈拉两人简直被波蒂纳里迷住了，这个矮小的瘸子，此刻正走进房间。他看见我们的表情后，就咧嘴笑起来。

"哎呀，我一直想认识你。"他叫道，"我爱你的演奏，你知道吗，我出生在一个叫布罗多夫斯基的小镇，这个地名来自发现它的人。"他如此这般地絮叨了好一阵。

"我非常想画你们。你们愿意坐下让我画么？"

当他给我们看了两个著名诗人的很棒的肖像后，我们同意了，并很快和他成了亲近的朋友。波蒂纳里听了我后面的音乐会，我们还一起度过了几个夜晚。

他看到了我们的孩子后，就坚持要立即为他们画像，他画了十分新颖的素描，这些素描很快出了名，帮他从那些也想为自己的孩子画类似肖像的人那里挣到了许多佣金。

在我们启程前，他画了奈拉和我的肖像。

在阿根廷，生活又恢复了平静。鲁伊兹在布宜诺斯艾利斯为我们租下一套底层的公寓，那房子是一个富有的单身汉季节性地出租的。我们常请胡罗克夫妇、福西隆夫妇和路丝·德雷珀来这里吃午饭，甚至为芭蕾舞团举办了大型招待会。

担任美国拉丁美洲事务国务秘书的纳尔逊·洛克菲勒意外地发来一份电报，邀请我在纽约当代艺术博物馆举行一场音乐会，以庆祝波蒂纳里的个人画展。他还要求我准备一份包含维拉—洛勃斯作品的曲目。我很高兴能为这两位艺术家兼我的挚友效力，但这也意味着我得扎扎实实地练习维拉-洛勃斯的《狂热之诗》了，这部作品我已经好长一段时间没有弹过。

我们看了蒙特卡洛芭蕾舞团的好几场精彩演出，见到了弗拉门戈舞的著名女舞蹈家卡门·阿马雅，也出席了一个名叫"两个男孩"（Los Chavalillos）双人舞组合的首次登台演出。舞者之一叫安东尼奥，另一个叫罗萨里奥，他是安东尼奥的表弟。这两兄弟都才十几岁，无疑是我见过的最好的西班牙舞蹈家。安东尼奥后来获得了世界声誉。卡门·阿马雅是个十分狂野的女子，跳舞时插在头上的梳子常常脱落。实际上，胡罗克在她身上铸成了他一生中的一个大错，他和卡门·阿马雅签约，并声称她将在美国引起轰动。然后他进行广泛宣传、安排大型演出，隆重推出阿马雅，结果却不大成功。最终他只好安排她去各处的夜总会跳舞了事。而安东尼奥，在我提笔时，依然是一颗明星。

我在阿根廷科隆剧院的第一场音乐会是早场，其场面特别的感人。幕间休息时，几十个从华沙、罗兹和其他波兰城市逃出的人的希特勒占领的熟悉面孔，像通常一样来向我打招呼，由此上演了撕心裂肺的一幕。他们不少人并不知道对方也到了布宜诺斯艾利斯，于是免不了一阵高呼、哭喊、拥抱，有人找到了以为永远失散的亲戚，有人发现了最好的朋友。我猜这些人幕间休息后都没有回到原来的座位上。但我心满意足，因为是我的音乐会让他们重逢。到了下一次我重返这里时，他们中间有的人已经成了自己行当中的佼佼者，在新的国度里成为受人尊敬、经济宽裕的公民了。

托斯卡尼尼带着他的美国国家广播公司管弦乐团南下，以及斯托科夫斯基和他新组建的管弦乐团的到访，让巴西和阿根廷的音乐爱好者大为兴奋。两国的听众对两位指挥的出众人格的印象远比对他们麾下乐团的印象要深得多。在这段令人心烦意乱的时光里，我总的印象是这样的：阿根廷军队，尽管接受了德国的训练，但却站在法国一边；而巴西对待欧洲悲剧的淡漠，却让我不太高兴。

大约在回纽约的前一周，伊娃得了水痘。病症很轻，但我们上船时，她还有一点痘斑，所以就躲在我们的朋友奈娜·萨拉曼卡的巨大身躯之后。一切都很顺利，可是第二天，巴维尔身上也出现了同样的症状。这里我们犯了一个大错：我们的法国家庭教师伊冯娜害怕会被隔离，不但没有报告随船医生，反而和护士交上朋友，并说服她一起隐瞒大夫。整个旅程中巴维尔一直躲在船舱里，我们对这种不当的手段也视而不见。其实，巴维尔的情况比伊娃的还要好，当我们抵达纽约时，他已经能下地了。但很遗憾，他身上也留下了明显的痘斑。

于是一场小戏就在所难免了。下船之前，旅客先要接受医生的检疫，然后还要面对护照检查。我们在等候时，一个人走到奈拉身边，请她跟他去一下。我立即知道出事了。可怜的奈拉不得不面对随船医生和当地的卫生检疫官。很显然，有人发现和大家一起上船的小男孩一直看不见，便打了小报告，说我们隐瞒了天花疫情。

奈拉解释说，没有报告随船医生，是因为巴维尔的症状明显很轻，但医生们严厉地声明他们要让两个孩子在埃利斯岛经过较长时间的隔离，还用很重的话批评了奈拉的行为。

通过了护照检查之后，我们没有得到允许取行李，而是以带我们看看孩子们接受隔离的地点为由，被送到埃利斯岛上。小巴维尔吓得歇斯底里地大叫，紧紧抓住母亲，绝望地哭泣着，然而我的伊娃却像个母亲那样，说道："别担心，我会照顾他的。"

我们要离开时，一个警察命令我们跟着他，并带我们来到一个大屋子，那里都是没有入境证件、等待批准或拒签的移民。我们听到身后的大门被锁上了，这样我们实际上就成了囚徒。

那个大厅非常可怕。可怜、肮脏、还有生病的人不断地到处转悠。电话亭始终被人包围着，我和胡罗克好容易才联系上。他十分不安，但答应到华盛顿去搞释放我们的文件。

在情绪低落之中，我突然在大厅的角落里看到一架立式钢琴。我跑过去，打开琴盖，拖过琴凳，开始练习维拉-洛勃斯的《狂热之诗》。谁也没有注意我，大家都像先前一样在交谈和转悠。我忘掉了周围环境，认真练习起这个大型作品中艰难的段落。

傍晚时分，我们被领到监狱的食堂，里面摆着普通的长桌和长凳。提供的食物恶心至极，我们甚至没有去碰。当我们回到大厅后，男人和女人就被粗暴地分开了。我看着奈拉和伊冯娜从眼前消失，甚至没能对她们道一声"晚安"；而我自己则进了一个有四张床铺的小间，另外三位同伴颇令人反感。我力图和衣睡觉，但只是到临晨才打了个盹。

早餐的鸡蛋是臭的，我无法下咽。随后两个带着武器的警察把我们带到院子里，男女分开、两人一组地绕圈散步。中午时分，我突然在人群中看见了雷沙德·奥登斯基。

"你这可怜的家伙，你也被关在这里啊！"我叫了一声。

"不。"他平静地回答说，"胡罗克把释放你们的文件托付给我了，不过在我们出去之前，你得答应我一件事。我需要帮助，想当你的秘书。"

我当然答应了他；只要能离开这里，我愿意答应一切。他帮我们获得了探望孩子们的许可，我们本来担心会见到孩子们处于情绪极度低落的状态，但来到他们的走廊时，却立即分辨出他们愉快的尖叫和笑声。他们已经圈占了整所医院，而且显然乐于呆在这里。

埃利斯岛上的事件让我对美国移民局留下了痛苦的感受。使我愤怒的是，那些不幸的人，冒着在他们的故国遭受牢狱之灾、甚至死亡的风险，来投奔这个以自由自诩的国度，却仅仅因为没有相应的文件便受到了最屈辱的对待。我们自己的事例是个愚蠢的错误，医生们以为我们的儿子患有天花，而实际上他只是普通的水痘，而且在我们抵达港口前，症状已经消失。

104

最终回到"白金汉饭店"后，我们就决定租下东48街的一小栋房子，那房子属于一家叫"海龟湾"的联合企业。孩子们高兴极了，因为有个可爱的小花园可以玩耍。

从几乎已经被德国人全部占领的欧洲大陆来的难民与日俱增。我很难过地听说爱德华和热尔梅娜·罗思柴尔德夫妇被迫匆忙离开巴黎，把一切都丢下了；他们生平的头一次飞行竟然是从里斯本到纽约——一条当时令人十分畏惧的航线。因为随身没有带太多的钱，他们落脚在"格拉德斯通饭店"。我们和他们一起在这家无聊的饭店吃了晚饭，席间，爱德华男爵显示出他是一位怎样的大贵族。用餐的整个过程中，他的举止就像我们是坐在他位于圣佛罗伦汀街的豪宅中一样。但他的妻子透露，没有男仆的帮助，他穿衣、刮胡子有多么困难。

奈拉邀请他们到她的包厢里欣赏我最近在卡耐基厅举行的音乐会，还发生了一个动人的事件：在巴黎的时候，有一次罗思柴尔德夫妇举办招待会，奈拉很羡慕热尔梅娜的一条裙子。

"我倒是很愿意送给你，因为我觉得这裙子对我显得太年轻了点。"男爵夫人说。奈拉高兴地收了下来，但一直没机会穿。

现在在纽约，热尔梅娜说："很遗憾，亲爱的，我不能接受你的邀请，因为我没有衣服穿。"

奈拉突然想了起来："嗨，你有，你有一条美丽的裙子，而且是你自己的！"

一个善有善报的有趣故事。

下面是这个家庭的另外一个生动的侧面：我的朋友、大提琴家格里高利·皮亚季戈尔斯基娶了爱德华和热尔梅娜的女儿雅克琳为妻；他在我们之前就来到了纽约，在"皮埃尔饭店"租了一套漂亮的公寓。我们去拜访他们，却惊讶地看到雅克琳手里拿着巴松管走进客厅，向我们打了招呼之后，便吹起了一首曲调。

"由于罗思柴尔德家族失去了所有财产，我决定靠吹奏巴松管来挣钱。我发现这在美国是最受人欢迎的乐器。"我们哈哈大笑，但不得不承认，她已经吹奏得相当不错了。

胡罗克为这个演出季搜罗了格外多的音乐会合同。

"欧洲再也派不过来钢琴家了，所以，整个国家都是我们的。"他诡谲地笑笑。

我不喜欢他的这个玩笑，因为这涉及一个悲惨的现状，而我正在逐渐认清它。欧洲的难民实际上已经不再增加。所有的出路都被封锁了，我极为担心我的家人。

希特勒在他占领的欧洲各国残酷对待犹太人的做法已经众所周知，所以当我在纽约见到外甥女马丽娅·朗道和她的弟弟杨的时候，真是诧异。我这个外甥女结了两次婚，又离了两次婚，战前一直居住在布鲁塞尔。随后，她像许多人一样，逃到了里斯本，以便搞到一份签证，好前往大西洋彼岸随便哪个国家。她先到了哥伦比亚的波哥大，开了一家生意很好的女式帽店。她弟弟在罗兹有个工厂，战争爆发时措手不及。他开着轿车逃到瑞典，接上老婆孩子跑到里斯本，然后和他姐姐搭上同一班飞机去了哥伦比亚。他在波哥大也弄得挺像样，建了一家纺织厂。

但是姐弟俩由于远离大城市而感到不高兴，便幻想能来纽约。作为有办法的人，他们很快就实现了目标，并在纽约高兴地发现我已经在经济上站稳了脚跟。从此，我往往对他们大有用处。马丽娅在"第五大道萨克斯百货店"的女帽部找到了工作，一干就是很多年。

还有一个人来到纽约也让我们非常高兴。多亏弗雷德里克·曼与犹太移民委员会的关系，我们成功地为杜维姆（波兰大诗人）和他的妻子、表弟弄到了签证。他们到达的那天晚上，我们为他们举行了一场愉快的欢迎宴会。在另外一些波兰人的帮助下，诗人杨·莱洪，我们在巴西遇到的又一个朋友，也到了纽约。杜维姆、莱洪，以及阿纳托尔·缪尔斯坦的出现，大大地丰富了我的生活，我又有极好的谈话伙伴了。

在现代艺术博物馆的音乐会取得了巨大的成功。无论是波蒂纳里还是维拉-洛勃斯都在美国出了名。《狂热之诗》由于其野性的冲击力、内容的丰富和规模较大，给听众留下了很深的印象。这场音乐会上还演出了他的另外一首让听众欣喜与吃惊的作品，那是20把大提琴演奏的"乔罗"。

我这一年的巡演是迄今所有巡演中最有成就的一次，无论从听众接受程度，还是从票房收入来说都是如此。这是我的大事业的开端，它一直连贯地延续到1976年3月我89岁时在卡耐基大厅的最后一场音乐会。巡演期间，我实际上走遍了整个美国以及从蒙特利尔到温哥华的加拿大。我妻子陪着我演出了前几场，然后因为伊冯娜通知打算回国而不得不放弃了。法国南部还处于贝当政府的治下，所以她回去也是安全的。

目前只有英国武装抵抗着希特勒。希特勒不敢贸然进犯英伦三岛，但其空军不分昼夜地进行着可怕的狂轰滥炸，破坏了伦敦的大部分和很多其他大城市。英国皇家空军进行了顽强的反击，而全体英国人民都勇敢坚定地起来保卫自己的国家。

我们这些身在美国的流亡者，敬畏又十分钦佩坚强的英国人，并深切地感到美国应该伸出援手。富兰克林·罗斯福总统经常明确地表达他对希特勒的严重不满，对英国的极度同情。他允许美国公民参加加拿大陆军和空军，但担心如果确实宣战，会遭到国内的强烈反对。一个势力庞大的美国团体参与了反对美国进行任何干预的示威，他们把这个组织称做"美国优先"。他们的队伍每天都在壮大，有重要的政治人物加入，此外，参加的还有诸如查尔斯·林德伯格——第一个单独飞越大西洋的英雄，这样的人物。这些人表现出同情德国的倾向，自然发表了反犹的宣言。许多德裔美国人显然很受希特勒胜利的影响，甚至欢欣鼓舞。当希特勒进攻俄国时，罗斯福总统决心予以帮助，下令提供各种武器。美国船只每天都在阿尔罕格尔斯克港卸下宝贵的军火。

春天，胡罗克建议我在洛杉矶和旧金山演出后，去夏威夷举行一场音乐会。这个主意我很喜欢，夏威夷和火奴鲁鲁这些名字一直吸引着我。我们在火奴鲁鲁的逗留是愉快的，但我从头至尾不能摆脱我是在扮演着某个角色的感觉。刚到港口就有盛大的欢迎仪式，姑娘们穿着草裙，强行在你的脖子上戴上"蕾依"（当地的美丽花环，每位旅客抵达后都有），耳边随时响着"阿洛哈"的土话（当地话表示欢迎之意），但我们听着有些尖利——不过归根结底，那场面是很好看的。我们住进了一家修建在海滩上的当地风格的旅馆，品尝到了菠萝的真正味道，这水果是该岛的骄傲。当地的姑娘们还表演了舞蹈，这些女孩显然还没有被任何古板的美国制片人聘用过。所幸，这一重要表演仍旧保持了原来的风貌。

欢送我们的表演比欢迎我们到来时的还隆重。我们郑重其事地用夸张的动作把那些"蕾依"抛入大海，以示我们还要返回这仙境般的岛屿的承诺。我们乘坐轮船在一个清晨抵达了旧金山。在回纽约的路上，我们打算在洛杉矶租下一栋房子作消夏用。但我们乘坐的"云雀号"列车要半夜才出发，所以我们必须在旧金山过整整一个白天。

没错，那天过得很奇特。在"圣弗朗西丝饭店"用过早餐，由于无所事事，我们就决定去电影院，那里上演着两部长片。3个小时的影片反而刺激了我们看电影的胃口。我们在咖啡馆匆匆吃了点东西，便准时赶到一个大影院去看下一场。那场电影延续了几乎4个小时，但我们还是不满足；散场的时候，我们看到下一部又是好电影，便冲了回去继续看。此刻已经是晚餐时分，不过我们并不感到太饿，随便啃了两口，就跑回去看一部曾在报纸上读到过介绍的电影。结果这部电影是那天最长的，是一部怪异的恐怖片。悲剧性的时刻来临了：我们应该在电影结束前就离开，否则就会误了火车。我们内心在苦苦地挣扎：是看完电影，在旧金山多呆24小时呢？还是去赶火车？我们在绝望中选择了后者，整夜都在卧铺车厢里苦闷地翻来覆去："谁作案杀的人？"我敢说，那天，我们打破了一天内观看电影数量的记录。

我们在大洛杉矶居住区的布伦特伍德成功地找到了一幢漂亮房子，内有游泳池、有个能欣赏花园景色的大露台，地下室的宽敞游艺室里还有张台球桌。我们租好这房子准备消夏，然后就去纽约给孩子们通报这个好消息了。

在艾尔弗雷德和布兰奇·克诺普夫夫妇的举行的晚宴上，一个新世界向我打开了大门。那一晚，我特别兴奋地讲个不停，描述着我生活中的各种轶闻和奇遇。克诺普夫两口子被深深打动了。

"阿瑟，你必须把这些全都写下来。这会是一本精彩的书的！"艾尔弗雷德叫道。

我大笑着说："我连信都懒得写，可你竟然叫我写书！"

他们俩突然严肃起来。

"别不当真，"布兰奇说，"我们觉得你能行。只要把今晚说的这些故事写下来，就是很有趣的读物。"

艾尔弗雷德劝说道："明天务必来一下我的办公室，我们签个合同吧。"

他的提议触动了我。我对书的热情常常让我有写作的冲动。我不再考验读者们的耐心了——总之，我同意啦！第二天，我们签定合同后，艾尔弗雷德递给我 250 美元。

"这是你的预付款，这样我们的合同就合法了。"

口袋里装着合同和美元，我迫不及待地要动手写作了。

德克萨达邀请我去墨西哥城开几场音乐会。正常情况下，我会拒绝的，但我灵机一动，心想在那遥远的首都，我可以不受打扰地动笔写作，而事实上，到下的第一个夜晚，我便热切地涂写起开篇的那几页了。那次旅行中，音乐会是第二位的，一有空我就写作。

一天晚上，音乐会结束后，一个波兰难民告诉了我一个重要信息。"我们波兰人现在有机会以移民身份进入美国了。战争使得从波兰移民美国之事完全停顿，美国当局便批给波兰难民一些新名额。这对我们是个大好机会，因为正常情况下我们要等待 5 年。"

这个消息让我很是动心，便决定立即行动。第二天美国领事馆证实了我得到的信息。唯一的条件是要全家一起进入美国。我给奈拉发了电报，让她带着孩子们尽快过来。弗雷德里克·曼夫人，虽然怀着孕，但坚持要陪我们一家来。由于没有签证，他们在墨西哥边境遇到了一点麻烦，但在我的帮助下，他们最终安全抵达了墨西哥城。那段时间我很忙碌，音乐会、写书、还要为美国领馆填写没完没了的表格。两天后，弗雷德里克·曼本人也跟来了，因此除了原来那摊子事情外，我又兼职给弗雷德里克夫妇当上了导游和翻译。

最终，我们拿着证明我们有意成为美国公民的文件跨过了美国边界，而这一天本该在 5 年之后才能到来的。

不久之后，我们在加利福尼亚布伦特伍德地区安了家，住在一幢称做"卡梅丽娜"的房子里。我们很喜欢那房子。巴西尔和欧依达·拉什伯恩夫妇为我们举行了奢华的欢迎宴会，欧依达是我见过的最大手大脚的女主人，在他们位于贝莱尔区的漂亮房子的入口处，一名男仆手捧一大盘鱼子酱迎客，还有佐餐的饮料。所有好莱坞的著名演员和制片人都是座上客。两名摄影师忙着给我们中的不同人群拍快照。在餐厅里，中间的桌上摆放着最精致的插花，坐了大约 40 位客人，其他客人也有一些较小的桌子。两盏巨大的银质枝形大烛台照亮了房间，每盏都有 20 根蜡烛。这一晚我们认识了查理·卓别林、查尔斯·劳顿、贝蒂·戴维斯、莱斯利·霍华德、雷克斯·哈里森、埃塞尔·巴里摩尔、奈杰尔·布鲁斯、梅尔·奥勃兰、希区柯克、埃罗尔·弗林和玛丽·黛德丽。我还高兴地见到早年在巴黎的老朋友查尔斯·博耶尔，他娶了迷人的苏格兰女演员为妻。

后来在博耶尔家的便宴上，我认识了罗纳德·科尔曼，他优美、低沉的嗓音和辉煌的演技曾经让科汉斯基和我神魂颠倒。

"只要一部电影里有你出场，我们就会跑去看。"我告诉他。

他听了很高兴："真是巧极啦，因为我妻子贝妮塔·休姆一直说要把我介绍给你，她在伦敦认识的你，还听过你的演奏。"

我和奈拉两人热忱地加入了这个杰出的英国群体。

同时，查尔斯·博耶尔也介绍我们认识了在好莱坞的法国移民。他家的客人里有让·雷诺阿，他是著名画家和优秀电影导演的长子；勒内·克莱尔，电影界最重要的人物之一；演员让-皮埃尔·奥蒙和马塞尔·达利奥，还有杰出的作家雅克·德瓦尔。

被拉什伯恩夫妇和博耶尔夫妇热情介绍给这么多的人之后，我们决定在自己的新家举行聚会，那所房子也很适于派此用场。我们就食品供应人、酒商、以及桌椅出租等问题向洛拉·卡佩尔请教，她则简单地回答说："我给你们派一个能解决所有问题的人来。"

来了个黑头发、有点发胖、戴着副眼镜的德国血统女人帮我们办理聚会。她看上去不太好接近，但不到 10 分钟，便显示出极为能干。没多久，聚会的必需品都已经齐备。多亏她，我们才得以举办一场正式的晚宴。这位凯瑟琳·卡德韦尔成了我们不可或缺的帮手。她为我们找到了一个叫佳美子的日本厨师，并在各方面都使我们的生活更为轻易。这场夜宴成了奈拉的壮举，她在佳美子的帮助下亲自下厨做了所有的菜肴。我挑选了酒，而且想起以前在蒙马特高地举行的招待会，给树打了泛光灯，便决定这里也重来一次。那个电工名字很好听，叫做南丁格尔（意为夜莺——译注），而且很有艺术品味。奈拉的菜肴和南丁格尔的泛光灯成了那晚的最得意之作。

应邀而来的客人可谓是个大拼盘。其中有查理·卓别林、蒙特卡洛芭蕾舞团中的最杰出的男女舞蹈演员；《西线无战事》的著名作者埃里希·马利亚·雷马克①，和他一起来的格里尔·加森；博耶尔夫妇、科尔曼夫妇、恩斯特·刘别谦，和阿纳托尔·理维克、戈特弗里德·赖恩哈德、他是著名的奥地利导演马克斯·赖恩哈德的儿子；拉什伯恩夫妇；萨尔卡·维尔泰尔，她是为葛丽泰·嘉宝写电影剧本的女作者；指挥家艾尔弗雷德·沃伦斯坦和夫人、优秀的钢琴家和伴奏家哈里·考夫曼，当然还有勃罗尼斯瓦夫和洛拉·卡佩尔夫妇。

在宴会上卓别林对我说："我的儿子拥有你所有的唱片，他是你的大乐迷。所以当我告诉他受到你的邀请时，他说：'鲁宾斯坦邀请……你？不可能！'"

我们好一通大笑。

饭后，我们安排了特别节目。卓别林表演了他最新电影中的几个噱头，奈拉和蒙特卡洛芭蕾舞团的舞蹈明星弗雷德里克·富兰克林优美地跳了一曲玛祖卡舞，接着达尼洛娃和其他明星在我伴奏下表演了《彼得鲁什卡》中很长一个片段。宴会持续到将近凌晨3点。

第二天，听说雷马克尽管喝了超过1公升白兰地，还是奇迹般地把格里尔·加森安全地送回家之后，我们才松了口气。

一天，我们欣喜地得知希特勒已经进攻俄国了，把他全部的军队都投入了的战斗。我们本希望希特勒终于碰上了对手，但很快却痛苦、失望地听说希特勒全线告捷，已经占领了乌克兰，只碰到了很弱的抵抗。斯大林和他的助手匆匆地离开了莫斯科，躲到了国家的腹地。只有列宁格勒顶住了敌人的包围。

---

① 雷马克，埃里希·马丽亚（Remarque, Erich Maria, 1898～1970）：德国小说家，参加过一次大战，1932 年移居瑞士，1933 年希特勒上台后，他的作品遭禁，于1939 年流亡美国，加入美国籍。主要作品有：《西线无战事》，《凯旋门》等。

"卡梅丽娜"已经和我们融为一体。孩子们泡在游戏室里面，简直无法把他们从那里拉出来。一天，我们冲动起来，打算在加利福尼亚定居，而且自己买一栋房子。朋友们说，影星帕特·奥布赖恩正在布伦特伍德造一所新房子，并打算把隔壁的老房子卖掉。那房子我们第一眼看去就很喜欢，特别是院子，里面生长着白桦树，在波兰很典型，但在加利福尼亚却很稀罕。游泳池旁边还有个淋浴室。

帕特·奥布赖恩是个可爱而慷慨的人。他仅以15,000美元的价钱，便将他宽大的房子和全套完好的设备卖给了我。

"如果你当时同意给我的女儿马福尔奈恩上钢琴课，我会把房子白给你的。"后来他这样说。

虽然这买卖很棒，但却给我带来一些麻烦。几星期后，我刚刚成为这栋房子全权拥有者时，便收到萨克拉门托税务局的一封信。信中严辞诘问我是如何让银行兑现我的支票的，因为那是非法的。波兰人在美国的钱遭到冻结，银行要为任何违反规定的行为负责。我惊得目瞪口呆。

"银行肯定不知道我是波兰人。"我对奈拉说，"现在他们要倒霉了。"

我不等演出季开始，便来到纽约，直接找到我的银行经理，他对我微笑着说："我们非常清楚你是波兰公民。但我不愿意破坏你购买这栋房子的大好机会。不用为银行担心，我们对付得了。"

我并不满意，于是去华盛顿找财政部长小亨利·摩根索，他极其和善地接待了我。

"就您的情况而言，我们会搁置此事，不过如果您需要的话，我还会指示银行允许您每月提取2万美元。希望这钱够用。"

事情就这样圆满地结束了。

我们在这栋房子里幸福地度过了7年。我记得我的朋友莫伊热什·基斯林来过，他在我们家住了几个星期。经过英雄般的努力，我们成功地把我的岳母从立陶宛转到瑞典，我的经纪人恩瓦尔帮她搭上一架飞往纽约的飞机。奈拉的弟弟勃罗尼斯瓦夫历尽磨难，途经一个俄国集中营、伊朗、开罗和伦敦，最后抵达美国，来到好莱坞后当了我的秘书。当他们最终分别安全抵达洛杉矶机场时，我全家是一片欢腾。

我们在布伦特伍德的大事，当然是我们的女儿阿丽娜——她比巴维尔小 10 岁、儿子约翰尼——他比阿丽娜晚两年出生。

105

音乐会的巡演迫使我长时间告别加利福尼亚，离开那热闹、愉快的生活。鉴于我在东部各州的演出占绝大多数，纽约显然成为我的活动中心；胡罗克和他的团队、以及美国无线电公司下属维克多唱片公司都随时和我保持着联系。那时，我每周有 3 至 4 场音乐会。我在位于麦迪逊大道和第 58 街交汇处的"麦迪逊饭店"租了一个讲究的小套间，包括一间卧室和一个客厅。只要有可能，在周围城市举行音乐会后，我都是回到纽约来。"麦迪逊饭店"几乎成了我的第二个家。

1941 年底，我的巡演特别有趣。我以独奏演员的身份和所有的管弦乐团进行了合作，因而能对不同的指挥进行比较。例如在明尼纳波利斯，我在希腊人德米特里·米特罗波洛斯指挥下演奏过。他个性奇特，是个禁欲主义者，又是个神奇的指挥，拥有不可思议的记忆力。之后是波士顿交响乐团，库谢维茨基富有魅力、广受爱戴，他最拿手的是俄罗斯音乐；但人也很自负——某场音乐会后，有位入迷的女士对他说："你是位神！"

"是的，"他当即回答。"但责任太重啦！"。

匹茨堡交响乐团有位杰出但易怒的弗里茨·赖纳；克里夫兰现在由格奥尔格·塞尔掌控，我十分赞赏他；而在纽约，我的朋友约翰·巴比罗利被阿图·罗津斯基代替了。我就是在那个不祥的 12 月 7 日、星期天下午，和他演奏勃拉姆斯的《降 B 大调钢琴协奏曲》的。乐队已经奏完了交响曲，漫长的幕间休息刚结束，我正要踏上通往舞台的台阶，突然听到几个舞台管理员恐惧的大喊起来，罗津斯基本人也在叫喊，他做着夸张的手势冒了出来。

"日本人在火奴鲁鲁攻击了美国，他们轰炸了港口，并摧毁了停泊在那里的美军舰队。电台刚刚广播说有严重的伤亡和巨大的破坏。"

我们仿佛遭了雷击一般，但音乐会还要继续。罗津斯基被责成向公众宣布这个可怕的消息。当我走向钢琴时，他对我说："你得先奏《星条旗》。"

我们看到观众席上一片骚动，但一曲《星条旗》恢复了秩序；大家都肃立着，然后默默地坐下听勃拉姆斯的协奏曲；而我们的演奏也特有激情。最后一个音符刚结束，听众就奔向大门，乐团、罗津斯基和我则直奔收音机，希望能了解一些新情况，然而那不断重复着的灾难性的消息令人难耐。

回旅馆后，奈拉打来电话，告诉我整个西海岸一片惊慌，大家担心还会有更大的危险。

此后的事情后来都写进历史了：罗斯福对日宣战，并同时对日本的同盟希特勒宣战。我们一夜之间就卷进了这场世界大冲突之中。日常生活的条件发生了明显的改变，一切事情都要为战争让路。所有美国青年都应征入伍，妇女们组建了辅助队；其余民众都忘掉党派纷争，跟着自己的总统，团结得像一个人。大家都购买了战争债券；很快首批部队就在爱尔兰和英格兰登陆了；空中运输全留给了军队，平民很少能搭乘飞机，因此我又被迫坐着火车去举行音乐会。回洛杉矶的家要走 4 天。

这时，纽约的报纸开始报道一些可怕的情况，都是有关希特勒企图灭绝犹太民族的计划。报道说，盖世太保的头子海因里希·希姆莱把被占各国的犹太男子、女人和小孩集中起来，不知送到什么地方去了。鉴于无人知道他们在哪里，生活状况如何，于是流传开了最为可怕的说法。那个时候，没人能够猜测到纳粹分子会进行那种邪恶、无法想象的大屠杀。当然，由于通讯中断，每个在欧洲有亲属的人都生活在深深的不安之中，为他们家人的命运担忧。

在我们布伦特伍德的家中，战争也带来了变化。奈拉和帕特·博耶尔、维尔莉·曼戈（Verree Mangoo）、希瑟·安杰尔（Heather Angel）等几位女士一起，每周 3 次乘公共汽车去军营小吃部服务，给小伙子们端咖啡、三明治和点心。我妻子还被派到一个特别的了望哨监视敌人的飞机，每天值日 1 小时。她还通过了急救考试。

至于我，则是百无一用：参军打仗，已经太老，儿子又太小。我唯一能做的是购买战争债券，并急于和音乐家同行们共同举办音乐会，以期帮助为战争进行的种种努力。在"贝弗利威尔夏酒店"的游泳池举行了一场特别五彩缤纷的音乐会。游泳池的圆形更衣室有很多小隔间，被改装成了漂亮的包厢，票价高得离谱。在游泳池的一端建起了舞台。音乐会的曲目包括贝多芬的《克鲁采小提琴奏鸣曲》，由雅沙·海菲兹独奏、我伴奏；两套浪漫歌曲，由洛特·勒曼演唱、布鲁诺·沃尔特伴奏；中间则穿插些海菲兹的独奏（伴奏是他自己带来的），以及我的独奏。这样的组合无论对哪个音乐会经纪人都是很大的成功，而且实际上也带来了巨额的收入。对我们这些演奏者来说，最高兴的是由于露天游泳池的影响，音乐的声音出人意料地饱满。

之后，塞缪尔·戈尔德温①请我为他自己办的慈善机构组织一场音乐会。

"我以为，雅沙·海菲兹会乐意和你合作演奏几首奏鸣曲的。我为他拍了一部电影，为此我还亏损了许多钱。"

海菲兹拒绝演出，不过优秀的小提琴家约瑟夫·西盖蒂②很高兴地同意了。我们填满了爱乐音乐厅，演奏了两首奏鸣曲，还有一些独奏作品。

此后不久，我的音乐会工作再度开始，然而却很不轻松。坐火车从洛杉矶到西雅图要花 36 小时。由那里到温哥华和附近的维多利亚城还要几个小时，之后我继续东进，到艾伯塔省的卡尔加里和埃德蒙顿演出，这个省由于宝贵的矿产一下子富裕了起来。那两座城市的人口每个月都在增加，但其条件还远远谈不上舒适。在卡尔加里，当地的经纪人在溜冰场上铺好木板，搭了个帐篷，就让我演出，而这一切都是在零下 10 度的气温中进行的。

第二天一早我来到埃德蒙顿，当地的组织者到车站迎接了我。相互介绍之后，我十分气愤地对他说："你都不能相信，你在卡尔加里的可爱同行昨晚是让我在什么地方演出的！"

他做了个痛苦的表情，我还以为是同情的表示。沉默了一会儿，他吱吱唔唔地小声说："我万分抱歉，不过，你在这里也将在溜冰场上演出。"

这可真受不了！然而，我天生的幽默感此刻正好涌到脑际，

---

① 塞缪尔·戈尔德温是好莱坞 40 年代动作片大导演。

② 约瑟夫·西盖蒂（Joseph Szigeti，1892～1973）：匈裔美国小提琴家。1905 年在柏林首次以独奏家身份登台。1906～1913 年旅居英国。曾在日内瓦音乐学院执教。在欧、美、亚各地独奏巡演。誉满全球。尤以演奏巴托克和普罗科菲耶夫的作品著称。著有《情系琴弦》等。

我由衷地笑道："从此以后，我不论到那里，都只希望在溜冰场上演出。"

今天，这两座富有的城市都已经有了最完美的音乐演奏厅。

战争把纽约变成了欧洲城市的大拼盘。午餐会最富巴黎传统，是在罗贝尔·罗思柴尔德夫妇位于第 5 大道漂亮的公寓里举行的；而在下午茶的招待会上则能遇到许多常常出没于维也纳、布拉格和布达佩斯的人物，那是在浪漫歌曲著名的女歌唱家赫尔达·拉桑斯卡（Hulda Lashanska）的家里。晚饭后，在空闲的日子，我就和杜维姆、莱洪以及其他一些波兰朋友相聚，我们畅谈到深夜，就像从前在华沙时那样。在这些林林总总的聚会上，战争也占据着不同的地位。在罗思柴尔德夫妇和他们的朋友主要讨论战争的不同进程会在政治和经济方面造成的影响。茶会上，人们声音洪亮、姿势夸张，我们仿佛置身于维也纳的歌剧世界。末了，杜维姆和莱洪又会带给我在华沙共度的那些美妙时刻。

从欧洲新来的两个人鼓起了我所必须的士气，一位是杨·马萨雷克，捷克斯洛伐克第一任总统的儿子，我当初在伦敦就认识他，另一位是莫伊热什·基斯林，我赞赏和喜爱的波兰画家。基斯林像在第一次世界大战时一样，又志愿报名加入法国军队，但因年龄缘故被拒绝了。这个机灵鬼不仅奇迹般地从法国南部逃了出来，而且还带着一大堆自己的画作。我们花了整整一天替他制定计划，他急需得到帮助。

"到布伦特伍德和我们一起住吧。这会是我们的荣幸和快乐，而且据我看，加利福尼亚的气候与里维拉的很相近。你会愿意在那里画画的。"我的邀请正合他意。

基斯林在春天来到了我们家，并且开心地住了几个礼拜。他刚到一两天，我们就为英国人在阿拉曼的胜利开香槟酒庆祝。可怕的隆梅尔被击溃的消息让我们大大地松了口气。在好莱坞的英国人更是不亦乐乎。

基斯林给当时年仅 9 岁的小伊娃画了一张珍贵的肖像，接着他又为我全家四口画了一张，作为我们结婚 10 周年纪念的礼物。我们大摆筵席庆祝这个日子，邀请了 50 多人参加正式的晚宴。其中有常客查尔斯·博耶尔夫妇、罗纳德·科尔曼夫妇、巴西尔·拉什伯恩夫妇、阿道夫·门约夫妇（Adolphe Menjous）、勃罗尼斯瓦夫·卡佩尔夫妇、埃德温·克诺普夫夫妇，新朋友中有芭芭拉·赫顿和她的第三任丈夫加里·格兰特、塞缪尔·戈尔德温夫妇和大卫·塞尔兹尼克（David Selznick）夫妇，以及其他许多人。根据好莱坞的习惯，我们租了一块人造纤维草坪，盖在我们自己沾满晚露的草坪上。晚宴后来了一段迷人的幕间表演：我的小伊娃一头金发披到腰间，身穿芭蕾短裙，脚蹬舞鞋，模仿着安娜·帕夫洛娃的著名演出跳了《天鹅之死》。她和着圣-桑优美的旋律起舞，最后那么感人地死去，引得许多客人热泪盈眶。伊娃已经开始认真学习芭蕾舞，佳吉列夫芭蕾舞团中最优秀的女演员之一玛利亚·贝克菲夫人每天给她上课；此外她还在家里接受文化教育。

宴会办得很成功。只有基斯林一人感觉不大好，他刚刚来到这里，还无法忘却那场被他抛在身后的欧洲的悲剧，即使这么亲切的聚会也做不到。当客人们散去后，我们俩坐下来长谈了一次，谈到了我们的那些不在场的亲朋好友，我们都为他们可能遭遇的厄运感到担心。

一天上午，我惊喜地接到一个电话，竟然是拉赫玛尼诺夫本人的声音。他在贝弗利山租下了一座房子，并用少有的客气和友善的语气邀请我们去喝茶。我们是他唯一的客人。他坐下来，极其文雅地和我亲切谈话。

"有霍夫曼做邻居，你还开心吧？"我冒昧地问了一句。霍夫曼一生都是他的朋友，但最近却变成了酒鬼。

"他连技术都丢了。"拉赫玛尼诺夫耸耸肩，淡淡地说了一句。

几天后，我为他举行了便宴，同时还邀请了罗纳德·科尔曼夫妇和查尔斯·博耶尔夫妇。在餐桌上，这位俄罗斯大师言之凿凿："对我而言，最好的钢琴协奏曲是格里格的。"这是相当令人吃惊的看法。当我声明我已经和奥曼迪一起录制了这首协奏曲后，他坚持一定要马上听听。大家围着留声机喝咖啡时，我播放了刚刚收到的校样。他闭上眼睛认真地倾听着，其他的客人都注视着他。而我自己则像一个正在考试的音乐学校的小学生。协奏曲结束前，没人说一个字。最后，他懒懒地抬起眼皮：

"钢琴走音了！"他只说了这么一句。

然而在卡内基音乐厅，我和费城管弦乐团演奏这首协奏曲的音乐会上，拉赫玛尼诺夫却在观众欢呼时走上舞台，在众目睽睽之下，高举双手为我鼓掌。

另外一次，拉赫玛尼诺夫又打来电话："我们想请你们夫妇明天晚上来我们家吃饭。只有斯特拉文斯基夫妇在场。"

"什么？斯特拉文斯基夫妇？"我不能相信。

"唉，我的妻子和斯特拉文斯基的夫人在'农夫市场'成了好朋友了。"

哈哈，这还差不多。那两位老兄谈论起对方的作品都是那般厌恶，说他们俩在一起吃饭真难想象！

我们到得稍晚，便有了下面这幅图景：拉赫玛尼诺夫坐在矮椅子上，抱怨肚子疼，双手捂着肚皮。斯特拉文斯基在房间里转悠，很有兴味地看着书架上的书籍。

"噢，你在读海明威的书啊？"他向主人问道。

"我们租下了这座房子，包括书和其他的东西。"主人咕噜了一句。

而两位夫人却在房间的一角高兴地聊着天。

不久之后，我们被引入餐厅。等大家入座，拉赫玛尼诺夫按他那标准的俄罗斯习惯，从长颈酒瓶往几个小酒杯斟上伏特加酒。他端起面前的小酒杯，向我们点了点头，一饮而尽。我们相互传递着几个"冷盘"，拉赫玛尼诺夫又重复了一遍仪式，于是我们都举杯喝酒。没多久我们就喝干了三杯。直到此刻，谈话才活跃起来，我们的声音也提高了。吞下一小片压缩鱼子酱后，拉赫玛尼诺夫嘲笑地对斯特拉文斯基说："哈哈！您的《彼得鲁什卡》、您的《火鸟》，就从未给您带来一分版税，嗯？"

斯特拉文斯基满脸通红，但立刻又气得灰白："您的《升 c 小调前奏曲》和其他那些协奏曲，都是在俄国出版的吧？可您还不是靠演出为生，不对吗？"

女士们和我生怕这番对话会导致两位作曲家大闹一场，然而你瞧，却发生了完全相反的事。两位顶级大师开始计算起原本可以挣到的数额了，他们如此地专注于这项重要工作，以致于我们吃完饭离开餐桌时，他们竟然撤到一张小桌子边，继续幸福地做着本该挣到的巨大财富的白日梦。告辞时，他俩在门口真诚地握着手，相互允诺继续研究还有没有漏掉的数目。

尽管我们从布伦特伍德的住房获得种种舒适和愉快，但我还不是十分满足；我急需一个驾驶执照。我们的家在布伦特伍德非常僻静的地段，离商店和电影院都相当远。有时，我脑子里会浮现出一个带苦涩味道的想法：我是自己妻子的囚徒。我会问她："你能送我去理发店吗？"

而奈拉则会回答："你不能明天去么？我现在正忙着呢。"

这样被"延误"了几次之后，我决定采取行动。勃罗尼斯瓦夫·卡佩尔给我介绍了一个教练。那是个德裔美国人，对待自己的工作可认真了；每一个动作他都让我重复十几二十次。上了两周的课后，我已经准备好应付最为困难的路考和交通规则测验了。我顺利通过了考试，心情激动地紧紧抓着那宝贵的驾照——我终于有了在大地上驰骋的自由了。但这还不够，我想要给全家来一个他们这辈子最大的惊喜。

　　那个时候，城郊到处都是二手车的贩子，我们注意到不少地方的广告上面，才用过二三年的汽车就打极为荒唐的折扣。我的教练带我来到这样一个地方，我们在那里找到一辆眩目的白色敞篷凯迪拉克，外表新得就像刚出厂似的。

　　我当场就买下了这台动力工具，然后坐到驾驶座上，骄傲地开回了家。慢慢拐到车库前的通道时，我反复按着刺耳的喇叭，结果我的家人和佣人们都跑了出来，目瞪口呆地看着我大摇大摆地把车开进车库中的第二个车位。驾照大大地改变了我的生活。"贝弗利威尔夏酒店"里那亲切的咖啡厅、遥远的电影院、购物中心、还有拜访朋友们，现在都对我大门洞开了。

　　那年的夏天，我第一次在著名的"好莱坞碗形剧场"演出。那里原先有个天然的状似圆形剧场的凹坑，这使公民委员会产生了将其改造成露天音乐厅的想法。大碗底部修起一栋建筑，中间是一个状若贝壳的大型舞台，周围是演员更衣室以及其他用途的屋子。包厢和一排又一排的长凳围绕着大碗，依陡峭的山势而建，剧场可容纳 28,000 人。

　　我演奏的是柴科夫斯基的《降 b 小调钢琴协奏曲》，指挥是莱奥波特·斯托科夫斯基。令我惊讶的是，我演奏可以不用扩音器，最后一排也能清楚地听到我的琴声。在亚热带气候的洛杉矶（原文如此，下同——译注），整个夏季没有降雨，而且夜晚很温暖，这无疑令"好莱坞碗形剧场"更受欢迎了。我一向厌烦在露天演出，因为钢琴需要密实的墙体来传递穿透性的声音，一到露天就无能为力了。而唯独"好莱坞碗形剧场"的贝壳形穹顶能为钢琴创造出优美的音响。

　　纽约的"刘易斯森体育场"也在夏天举行音乐会，胡罗克也曾让我在那里演出柴科夫斯基的钢琴协奏曲，由皮埃尔·蒙特指挥。当晚正好有风，而有风时我如果不戴帽子总会十分慌张。于是我无奈地坐在舞台上，奏响乐曲开头那强有力的和弦时，我只有暴露在越来越大的飓风中。我试图让我的头躲开我的死敌，但大风得寸进尺，无情地搅乱了我的全部头发，我记得——虽然说起来谁都不会相信，我演奏时脑袋都藏到了键盘下面了。

还有一次，在费城的"罗宾汉幽谷剧场"，则发生了另一种露天灾害。我与格奥尔格·塞尔默契地合作演出勃拉姆斯的《第二钢琴协奏曲》，我刚开始弹，正情绪饱满，天空中却雷雨大作，无论是观众还是我们演员都只有惊惶地躲避。当晚的音乐会取消了，次日上午整个费城还是喷嚏声不断。

就在好莱坞一派歌舞升平，而我那漫长的巡演也极为成功地结束时，前线传来了战事急转直下的消息。日本人偷袭珍珠港后，美国人在菲律宾群岛又遭受了严重的挫折，这迫使麦克阿瑟将军把残部撤退到了澳大利亚。但他发誓一定会回来的，而他信守了诺言。

苏联驻美国大使里特维诺夫恳求华盛顿帮助他的正处于困境中的国家。勇敢的英国人坚定地保卫着整个世界。生逢其时的温斯顿·丘吉尔向自己同胞许诺的只是流血和流汗。

此时，世人才逐渐了解希特勒正倒行施逆，犯下人类历史上最为卑鄙与不可饶恕的罪行——他建立了集中营，用毒气室残害了数百万人的生命。我伤心得不能再写了，我全体家人的容貌不断浮现在我眼前，他们和 600 万犹太人一起成了这非人的暴行的牺牲品。

华沙犹太隔离区的起义第一次展现了犹太人不屈不挠的勇气，他们顽强地战斗到最后一个人，这勇气后来把他们带回自己先人的国土——以色列。

与此同时，加利福尼亚的生活变得前所未有地令人激动。由于战争、财富以及好莱坞的前景，吸引了残存的自由世界中所有艺术界和知识界的精华。代表音乐界的是世界著名的作曲家们，如斯特拉文斯基、勋伯格、拉赫玛尼诺夫等人。有些指挥家们定居在那里，如斯托科夫斯基、布鲁诺·沃尔特①和艾尔弗雷德·沃伦斯坦，但其他人则来自美国四面八方。他们一起把"好莱坞碗形剧场"音乐季打造成所有露天音乐节中最有吸引力的一个。钢琴家、小提琴家、大提琴家和歌唱家们在此聚集一堂。文学界则有众多大作家代表，例如托马斯·曼②、奥尔德斯·赫胥黎③、弗朗兹·魏菲尔④、利昂·福伊希特万格⑤等等。当然啰，最优秀的制片人、男、女演员们则活跃在好莱坞的各大制片场里。影星们转眼之间就变成百万富翁，但他们往往承受不了精神压力，因此八卦报刊上永远是写不完的离婚、酗酒、赌博和其他轰动新闻。

众所周知，托马斯·曼在写一部巨著；奥尔德斯·赫胥黎远远地居住在郊区，以便能安静地从事写作；马克斯·赖恩哈德到城里来拍电影，好完成他那著名的《仲夏夜之梦》；而斯特拉文斯基和勋伯格始终在作曲。

最后这位给我们音乐家们造成了许多麻烦。仅仅由于年龄的

① 布鲁诺·沃尔特（Bruno Walter, 1876～1962）：德国指挥家、钢琴家、作曲家和著述家。纳粹上台后，他加入法国籍，后移居美国成为其公民。以演绎莫扎特、马勒和布鲁克纳的作品和指挥歌剧见长。著有回忆录《主题与变奏》以及有关马勒的专著。（此公文中未见）

② 托马斯·曼（Thomas Mann, 1875～1955）：德国作家。以小说《布登勃洛一家》获诺贝尔文学奖。

③ 奥尔德斯·赫胥黎（Aldous Huxley, 1894～1963）：美籍英国作家。英国大博物学家托马斯·赫胥黎之孙。从事诗歌、小说、剧本、文艺评论创作。代表作有《勇敢的新世界》、《针锋相对》等。1937年移居美国后，其作品带有神秘主义色彩。

④ 弗朗兹·魏菲尔（Franz Werfel, 1890～1945）：奥地利小说家、剧作家、诗人。1938年纳粹吞并奥地利后流亡法国，1940年移居美国。作品有长篇小说《模萨·达的四十天》，剧本《特洛伊女人》，诗集《世界之友》等。

⑤ 福伊希特万格（Lion Feuchtwanger, 1884～1958）：德国犹太小说家，以写历史传奇闻名，作品显示深刻的心理分析。1938年被逐入集中营，1946年逃到美国。作品有《约瑟三部曲》、《戈雅》等。

缘故，他被加利福尼亚大学解聘，于是没有了经济来源。我加入了决定帮助他的音乐家的行列。最好的办法是替他找到谱写电影音乐的委托。我们成功地说服了一个电影大亨接受这位大作曲家，并给他一份合同。勋伯格不仅很高兴地同意了，而且对这个计划表现出了很大的兴趣。而他们的面试是如何进行的竟也广为人知了。

大亨说："教授，我有一部电影，正好适合您的风格。您必须为这幕电影谱写一部您生平最好的音乐。"

勋伯格平静地回答："我想首先谈妥财务问题。我的音乐要5万美元。"

大亨双手高举："可是，教授，我们支付作曲家从未超过1万美元。"

勋伯格抗议道："这部曲子我得花一年的时间，这是我最低的要求了。"

"啊呀，教授，"大亨笑了，"干吗要花一年呢？您只要写出几段旋律，我的男孩们就能为管弦乐团配器，他们会按照您的吩咐去做的。"

"你的儿子们？"勋伯格问。

"不。我们有一帮人，在制片厂，他们一个晚上就能完成乐曲，把它改编成管弦乐作品或者其他的东西。他们很在行。"

大师那些忧心忡忡的朋友们认为他本该接受那1万美元的，但勋伯格却很有尊严地回答：

"我总不能为了维持生计的1万美元而亲手扼杀我的音乐吧！"

斯特拉文斯基是另一种类型的人。在我的劝告下，他发现不论是以钢琴家身份还是以指挥身份，公开露面都很容易赚钱；虽然他在这两方面并无特别的才华，完全要靠自己大作曲家的名声，但他还是不停地巡演，并成功地聚敛了一笔可观的财产。

我很高兴有能力帮助我的朋友亚历山大·汤斯曼①在一部由查尔斯·博耶尔主演的电影里负责作曲，博耶尔也慷慨地提供了协助。

雅沙·海菲兹、埃马努埃尔·费尔曼②和我同在一座城市，这一情况没有逃过美国无线电公司下属维克多公司的注意。没费多少口舌，我们就同意录制贝多芬的《大公三重奏》、舒伯特美妙的《降 B 大调三重奏》和勃拉姆斯的《B 大调三重奏》。和海菲兹共事总会长见识，就技术的完美而言，谁也别想和他匹敌。他一向是声音优美、技术无瑕、音质纯正，不过一旦涉及合理诠释，我们俩就常有根本的分歧。

埃马努埃尔·费尔曼是合我心意的艺术家。他是大提琴的顶级大师，也是录制过程中我们灵感的源泉。在录制贝多芬和舒伯特的作品时，我一直在和海菲兹争论，和费尔曼却从无必要。不过最终，我们把前两首三重奏都录制成了精良的唱片，这些唱片至今仍是收藏家们的珍品。但是我们三人对勃拉姆斯的三重奏均不太满意，不过令我欣慰的是，就在 1972 年，我和亨雷克·舍林格③、

---

① 汤斯曼（Aleksander Tansman，1897～1986）：波兰作曲家、钢琴家。1919 年在华沙获作曲一等奖后，很快就定居法国，作为作曲家和钢琴家足迹遍布欧、美、南美和远东。1941 年旅居美国，大战结束后又回法国，直到谢世。

② 费尔曼（Emanuel Feuermann，1902～1942）：美籍奥地利大提琴家。11 岁即公开演奏大提琴。曾在科隆音乐学院和柏林高等音乐学校执教大提琴演奏。1938 年定居美国，经常同一流的管弦乐团合作演出。

③ 亨雷克·舍林格（Henryk Szeryng，1918～1988）：墨西哥籍波兰小提琴家。师从弗莱什、蒂博、布朗热和庞塞等。通八种外语，二次大战期间曾任波军总司令传令官。并为盟国驻欧、亚、非部队演出 300 多场。1948 年起担任墨西哥大学音乐系教授。1952 年发现帕格尼尼《e 小调小提琴协奏曲》，并进行了演出和录了唱片。1978 年在华沙举行"协奏曲音乐会"，演奏了巴赫、贝多芬和勃拉姆斯的小提琴协奏曲，十分成功。留下了许多宝贵的录音唱片，包括莫扎特全部小提琴作品的录音唱片。演奏以声音优美雅致、风格高尚著称。

皮埃尔·富尼埃尔①又一起为该曲灌制了一张相当不错的版本。

　　录制完唱片以后，海菲兹、费尔曼、我，外加其他音乐家，又欢快地没日没夜地奏起了室内乐。一次，在海菲兹位于海滨的住处里，我请求同行们演奏我所钟爱的舒伯特《双大提琴弦乐五重奏》。在第二乐章，当其他人演奏持续的长和弦时，我恳求海菲兹和费尔曼用轻微得几不可闻的声音进行伴奏。这是舒伯特的最后一部作品，对我而言，那音乐听起来总像是平静而顺从地迈向死亡。我一直渴望在自己的临终时刻能听到这个乐章，哪怕是听听唱片。那个晚上，在海菲兹的住所，我似乎激发了同行们的灵感。海菲兹、费尔曼、神奇的中提琴家威廉·普里姆罗斯②、和另外两位杰出的音乐家进行了最为难忘的演奏，我不禁想起在德雷珀家和蒂博、特蒂斯和卡萨尔斯一起度过的那段时光。

　　托马斯·曼是非喜爱音乐，从未落下过我的一场音乐会，常作为一名热衷的听众来我家。当他了解到我年轻时在柏林就是他的大作《布登勃洛克一家》的热情读者时，竟高兴地和我多次畅谈起他正在创作的小说《学者浮士德》，令我不胜荣幸，那书的主题就是音乐。我们曾在他家用过一次有趣的晚餐，除了我们之外，客人只有斯特拉文斯基和维拉·苏杰伊金（作曲家的妻子过世后，就娶她为妻了）。那真是一顿智慧大餐。

　　基斯林在贝弗利山找到一处很好的画室，搬了过去，这使我

---

　　①　皮埃尔·富尼埃尔（Pierre Fournier，1906～1986）：法国大提琴家。学习于巴黎音院。以独奏家和协奏曲独奏家身份在世界各地巡演，也和他人合作演奏室内乐。曾任巴黎音院教师。

　　②　威廉·普里姆罗斯（William Primrose，1903～1982）：苏格兰中提琴家。原来学习小提琴，后听从伊萨依的劝告该学中提琴。1930年接受"伦敦弦乐四重奏组"邀请担任中提琴手，在欧洲和南、北美洲旅行演奏5年。后在巴西、意大利、西班牙。加拿大和美国演出，获第一流中提琴家的声誉。接着在美国广播交响乐团担任首席中提琴。很多作曲家专门为他写作曲子。与钢琴家巴宾、小提琴家戈德伯格、大提琴家格劳丹组成著名的"节日四重奏组"，在欧美享有很高的声誉。

大为遗憾。

"你家光线不足。"他解释说,"不过,不论你白天晚上什么时候来,我都欢迎你。"

我们帮助他举办了一场颇受人赞赏的画展。电影聚居地的新富们发现自己突然热爱上绘画艺术,花大价钱购买了不少画作。我们为画家举行了小小的庆功宴。

这一年的秋天,我有幸第一次演奏卡罗尔·希曼诺夫斯基题献给我的《交响协奏曲》(Symphony Concertante)。欧仁·奥曼迪同意把它排入他和费城交响乐团常规的 6 场巡演的曲目中。我们对这首优美的作品进行了三次全面的排练。而那些场音乐会以非常特殊的方式留在我的脑海里。每多演出一次,这部作品就和我多亲近一分。最后一场碰巧在纽约,我演奏得非常自由自在,简直就像即兴演奏自己的作品一样。

我想起了那个时期,自己曾和斯坦威钢琴公司发生了一次小争执。他们的宣传部门搞的单调的钢琴广告已经让我厌烦很久了。广告永远是那么一句话:"不朽人物使用的钢琴。帕德雷夫斯基、霍夫曼、拉赫玛尼诺夫和其他人使用的钢琴。"就算这著名的三位艺术家比我们其余的人伟大得多,也不该由斯坦威来评判。我严辞向亚历山大·格雷内尔表示了自己的抱怨。他把刊登在《时代》杂志上的广告页寄给我作为回答,我惊讶地看到有四五行依照字母顺序列出的钢琴家、伴奏家和室内乐演奏家的姓名。我的名字也在此列,格雷内尔先生还用红笔在下面划了一道。

原来如此!我给他回信:

"尊敬的亚历山大·格雷内尔,衷心感谢这则优秀的广告。实际上,每当我们谈起贝希斯坦、布吕特纳、波森道夫、埃拉尔德、普列耶尔、梅森和哈姆林、克纳伯以及鲍德温钢琴时,我从来都没有忘记提及斯坦威钢琴。"

次日，我接到格雷内尔一个简短的电话。"我能来见见你么？"他劈头就问。哎呀，斯坦威又要和我解约了，我心想。我让他下午来。他开头就说："我把你的信给西奥多·斯坦威看了。"

我说："你做得很好。那不是秘密。"

"你知道他怎么说吗？"他继续说道，"格雷内尔，他完全正确。我们做广告的那些人是群笨蛋！"

我们由衷地笑起来。

此后，他们才公平地对待我们所有的人。

勃拉姆斯的《降 B 大调钢琴协奏曲》似乎与这场大战有着某种神秘的联系。阿图尔·罗津斯基再次邀请我与他合作演奏这部作品。

"去年，偷袭珍珠港的事件搅乱了你的演出。因此，让我们给人们一次不受打扰地聆听这部作品的机会吧！"

然而又发生了一件出乎意料的事。在音乐会前发布了斯大林格勒战役取得伟大胜利的消息。欧洲似乎又喘过气来了，而希特勒的末日即将来临。那年冬天我的巡演都是乘火车完成的，漫长又辛苦，然而却充满了希望和热情，观众明显与我同感。

一天，我在麦迪逊饭店闹了个笑话。隔壁房间里住着一个上夜班的记者。我早起练习柴科夫斯基的协奏曲，严重干扰了他的睡眠。他大怒之下找经理狠狠告了我的状。

"隔壁的那个家伙总是在我最需要睡觉的时候砸他的钢琴。你们就不能禁止他发出该死的噪音么？"

经理礼貌地问："您住在那个房间？"当他听到房间号后，说道，"噢，原来是阿瑟·鲁宾斯坦的隔壁。我们应该多收您 5 美元的房租。"

回到家，我见到布兰奇和艾尔弗雷德·克诺普夫夫妇的一堆信件，询问我的书写得怎样了。我已经寄过从墨西哥城开始写的

80 多页手稿，让他们过目，但此后一直未提笔。写一个会弹点钢琴、能逗家人开心、4 岁"大寿"时已经成为全城名人的孩子，在我是件轻松愉快的事。但 10 岁时已经完全是另一码事了，我短短的自传就此打住。我记得自己是个让人讨厌的男孩，满脑子奇思异想，被丢在柏林由完全陌生的人照顾，一想起要写这些我就会僵住。我求克诺普夫撤销我的合同，收回预付的定金，但他们就是不听。

"你总会写出来的。"他们坚持道。

又过了四分之一个世纪，在多维尔家中，有个雨天，全家人劝我再次提笔。

"在关于你的封面故事和采访报道中，有那么多的捏造和误解，"他们说，"你总该告诉我们你一生的全部真相吧。"

106

一股强烈的希望在我们胸中涌动。人们无处不感到胜利即将来临。美军已经打进意大利，虽然进展缓慢，经过频繁的交战，最终占领了罗马，维克多·埃马努埃尔国王因之被迫将墨索里尼解职。墨索里尼，这个性格复杂的人的可耻下场已经众所周知，他为下错赌注付出了高昂的代价。

残存的波兰军队在安德尔斯将军的率领下，穿越了半个俄国、亚洲和非洲，在意大利和美军会师，多次浴血奋战后，取得了蒙特卡洛战役的胜利。

七、第二次世界大战，逃往好莱坞和我的美国国籍

我们住在好莱坞的人仍旧活得富裕而欢乐，此时更是趾高气扬。我们让自己相信，正是那些由庆典、聚餐、音乐会、一百美元一张票的晚宴构成的"战争努力"才使得胜利可以企及，然而奢华、昂贵的影片继续在拍摄，明星们百万美元的收入也从未中断。

我自己的生活中则有了越来越多的音乐会。胡罗克每年都在增加我的演出场次，而我也喜欢面对新的听众。我变得更受欢迎了，这不仅因为自己的钢琴演奏，更因为我从不取消演出。我的时间分割给了东部和西部，而总部就在麦迪逊饭店。我常常在东部和中西部过冬，夏天和假期则回家。

我对生活的热爱从来没有改变过，它帮助我欣然承受紧张的巡演、旅途的劳顿、气候和饮食的不断变化。与许多厌烦这一切的同行们相反，我热爱巡演的方方面面。直到1976年我的最后一场音乐会为止，每一趟火车、每一架飞机、每一家饭店，都意味着探险，而且我总是热切地盼望着每一个变化。另一方面，如果在同一个地方住上超过一个月的时间，我就会感到不安。

战时美国的音乐生活不是太活跃。诚然，每个城市都有一个管弦乐团，而且多数都是很专业的，但其"音乐餐单"都一个样。只要有贝多芬和柴科夫斯基，听众就愿意挤满音乐厅。有几年时间曾兜售过西贝柳斯①，可是最终却导致了一定程度的消化不良。全国仅有两大歌剧院：东部纽约的大都会歌剧院和西部的旧金山歌剧院。芝加哥反反覆覆，但一直没能在中西部取得巩固的地位。

和音乐密切相关的只有芭蕾舞一直在发展。索尔·胡罗克有

---

① 让·西贝柳斯（Jean Sibelius，1865～1957）：芬兰作曲家。作品有《英雄传奇》、《芬兰颂》、4首《卡莱瓦拉传奇》和7首交响曲；其他还有《夜骑和日出》、《流浪诗人》、弦乐四重奏《亲密的声音》等。

机会把安娜·帕夫洛娃的芭蕾舞团引入美国；反过来，其经纪人的才华受到这个芭蕾舞团的启发时，他又逐步在美国发展了对这门艺术的热爱，并几近狂热。可以大胆地说，芭蕾在当时成了美国最受欢迎的一种艺术形式。战后，胡罗克也主要忙于把欧洲的各大芭蕾舞团引入美国。

战时，独奏演员并不多。我们这些在美国参战前就过来的人都定居了下来，而且大部分人都获得了美国国籍。而那许多留在欧洲的人，在战争进程中与美国中断了联系，因此美国在若干年里只好忍受我们这一小撮。伟大的克莱斯勒由于年事已高，已经停止举行音乐会。埃马努埃尔·费尔曼过早地死于手术，十分可惜。

海菲兹和霍罗维茨依然最为抢手。但他们难以相处的个性总是妨碍他们真正地受到大众的欢迎。两人要价之高，令经纪人们望而却步；霍罗维茨总在最后时刻取消音乐会，更让他们烦恼。胡罗克则利用了这一点，要求他手下的艺术家随时等候音乐会组织者的召唤。能活跃音乐会生活的杰出艺术家还有：米尔斯坦、西盖蒂、鲁道夫·泽尔金、罗贝尔·卡扎德絮、和玛丽安·安德森等。我们大家的保留曲目则大同小异。从巴赫到浪漫主义，间或点缀几首德彪西、拉威尔和普罗科菲耶夫。

小提琴家们主要都当独奏者，演奏人们熟知的协奏曲。他们的独奏音乐会已经和我年轻时大不相同了，当时，诸如萨拉萨特①、伊萨依、克莱斯勒或蒂博这样的巨子，还有科汉斯基、米

---

① 帕布洛·德·萨拉萨特（Pablo de Sarasate，1844～1908）：西班牙小提琴家、作曲家。1859 年毕业于巴黎音乐学院，随后开始旅行演出，足迹遍及五大洲。1870 年回法国时，已经是享誉世界的音乐家了。1876 年在维也纳演出大获成功。由于他的演奏风格完全不同于德国学派的大师约阿希姆，其成功的意义就更大，对小提琴艺术的发展具有重大影响。自己也有作品留世，如《引子与塔兰泰拉舞曲》、《吉卜赛之歌》、《卡门幻想曲》等。

沙·埃尔曼以及他们同时代的人，不是演奏由钢琴家伴奏的小提琴音乐，就是请一位同等水平的钢琴家举行钢琴和小提琴奏鸣曲独奏音乐会。现在演出同样的奏鸣曲却标成是小提琴带伴奏的作品，而完全不顾钢琴部分通常更为困难的事实；而且为了强调自己的独立性，小提琴家们常常喜欢在奏鸣曲里给小提琴独奏加上大段的巴赫套曲。听众对此种作品中刻板的严肃印象颇深。而我这号人不喜欢这种巨大的改变。对我而言，小提琴理所应当与管弦乐团合作演奏协奏曲。当它们独奏时，在伊萨依或者克莱斯勒演奏比较轻巧的一类作品——这也符合小提琴的性格——时，我会入迷，甚至激动得流下泪水。另一方面，如果小提琴演奏室内乐、包括奏鸣曲，或作为管弦乐器的一分子时，我对这一乐器也是深为敬重的。在我看来，巴赫以舞曲形式写作重要的小提琴独奏曲和大提琴独奏曲，是为了进行深入研究，而从未梦想过这些作品会在音乐厅里面对着广大的听众演奏。

战争期间，室内乐音乐会数量不多。不过仍有若干组合在专属的小型音乐厅进行演出——这在任何语言里都与"室内乐"这一称谓相符合。例如"布达佩斯四重奏组"就有许多支持者，国会图书馆便是它的常驻地。

说完这些以后，我还要由衷地感谢热爱音乐的美国人。我上面提及的两个歌剧院，以及各个管弦乐团都完全由美国民众在维持，在战争年代，他们虽为许多不便所困扰，但却从未减弱自己对音乐的渴求。我本人大大得益于那些岁月。摆脱了早年各种使我分心、严重影响我的工作的活动，并在与听众逐渐的接触过程中得到激励，我开始更热衷于扩大自己的曲目，也更为仔细地准备自己的录音工作。与此同时，我意识到阐释者是多么重要。正是我们，演奏家们，才能让伟大的音乐创作者所技巧高超地谱写的作品获得生命。

当然，这只是事情的纯属职业的一面；我依托于音乐的生命其实差不多是这样的：从幼年起，音乐就一直活在我的体内，仿佛呼吸和心跳一样自然；不论听到什么，我都会全神贯注。我过去和现在都能够按我希望听到的那样奏出我记住的音乐，整部的歌剧、长长的交响曲、歌曲、室内乐以及，感谢上帝，所有的钢琴音乐。音乐于我是与生俱来的，我只能称之为第六感官；除此以外，我还有先天的好记性，不论什么钢琴曲，我只要看上两三遍谱子，就能背奏。虽然不肯花时间钻研困难的乐句，但我能清晰地感受到各种风格、各个民族的作曲家的意图，即使流行音乐也不例外。

在对待音乐会的演奏和听众的态度上，我与我想得起来的任何钢琴家都截然不同。我要是喜爱上了什么作品——而我从未在听众面前弹奏过任何自己不喜欢的东西——总会急不可耐地把对那了不起的作品的第一感受呈献给听众，而通常情况下，这感受也能够得到听众的理解和喜爱。我敢十分自信地说，每一次演出对我都是下一场音乐会之前重要的一课。因为恰恰在听众面前弹奏时，我能发现自己一时兴起运用的一些东西。

在战争年代，我通过自己的方法学会了很多新作品，还在音乐会上试验过。仍然活在我心中的那些作品，我就予以保留，不再感兴趣的，就将其扬弃。例如，我开头很喜欢亚美尼亚作曲家阿拉姆·哈恰图良的钢琴协奏曲。其东方风情令我着迷，因此虽然它在技术上有难度，我还是设法掌握了它，并在几个音乐会上演奏了它；但最后一次演出时，该作品内在的平庸使我失去了情绪，我便放弃了它。相反，格里格的协奏曲，在我冒失的年轻时代，曾被我称为"便宜货"，而后来随着一次次的演出，它用洗练手法表达的北欧柔情却愈发惹人喜爱了。我曾愉快地演奏过拉赫玛尼诺夫鬼魅般的《狂想曲》，其基础是帕格尼尼的一段由多人用过的老主题。这首作品和他其余的作品一样都不够崇高，而崇高是每篇音乐大作的特点；但却具备了性的冲击力，从而搔动了人们的音乐感官。

不久前，我还首次公演了希曼诺夫斯基的《交响协奏曲》。它是我内心所钟爱但又难以向听众传达的一部作品；那情感上的精华被大量变化的和声、变调、与繁复的配器掩盖了，只有经常并挚爱地研读，才能发掘其优美的本质。圣-桑和柴科夫斯基的协奏曲是我的老朋友，我始终依靠着它们，而且每一首我都多次录音，每次录音时我也都试图弹得更好。不过总是超不过第一个版本。

我过去和现在都深深地崇拜普罗科菲耶夫，值得自豪的是我曾赢得了他的友谊。然而我只公演过他很少的一部分作品。在事业的早期，我曾很成功地弹奏过他的《魔鬼的诱惑》（suggestion diabolique）以及其他几个短小作品。很久之后，我弹过他的动人的《瞬息的幻影》，但却把他美妙的奏鸣曲和协奏曲放在了一边，那些作品的难度要求付出长期而艰苦的劳动。我那时太懒惰，达不到能公开演奏的水平，不过我在家里读谱子，常常在头脑里完美地演奏它们，并满足于此。我常常听到我的同行们演奏这些作品，并永远不会忘记斯维亚托斯拉夫·里赫特演奏的《第六奏鸣曲》，以及由作曲家本人在纽约卡内基音乐厅亲自出马的《第三协奏曲》世界首演。

我这一生公演的核心作曲家有贝多芬、莫扎特、舒伯特、舒曼、勃拉姆斯、肖邦和李斯特。随着时间的推移，我把这些作曲家更多的作品加进我的保留曲目，灌制了许多唱片，并最终灌制了除练习曲外的肖邦的全部作品。在音乐会上我弹奏过许多练习曲，但把那些我觉得没有把握的作品排除在外。

107

艾森豪威尔成功地在诺曼底登陆，虽缓慢却有效地向巴黎进军，使我们心花怒放。过去这几年的可怕梦魇正在慢慢消散。好莱坞简直是喷发出了生命力。为了庆祝好消息，举行了一场又一场的聚会，而电影制作人更是早就筹备着关于打胜仗的影片了。

伟大的费城交响乐团在奥曼迪指挥下来此举行访演，我担任勃拉姆斯《降 B 大调协奏曲》的钢琴独奏。我尤其记得出席这次音乐会的有托马斯·曼和奥尔德斯·赫胥黎。两人都爱音乐，而后者更可称为音乐的饱学之士。

在"好莱坞碗形剧场"的音乐会已经越来越为人所知。所有来过的指挥均展现了各自的诠释，而我在加州居住了 13 年，因此每年都参加演出，并有机会作为独奏演员和下列指挥合作过：斯托科夫斯基、奥曼迪、塞尔、施坦伯格①、罗津斯基、比彻姆②、克勒姆佩雷尔③、沃伦斯坦、巴比罗利和布鲁诺·沃尔特，

---

① 威廉·施坦伯格（William Steinberg, 1899～1978）：德裔美籍指挥家。先后任匹茨堡交响乐团、伦敦爱乐乐团、波士顿交响乐团、纽约爱乐乐团指挥。

② 托马斯·比彻姆（Thomas Beecham, 1879～1961）：英国指挥家。创建了伦敦爱乐乐团和皇家爱乐乐团。对浪漫派作曲家抱有好感，是柏辽兹、比才及其他法国作曲家作品的天才演释者。

③ 奥托·克勒姆佩雷尔（Otto Klemperer, 1885～1973）：德国指挥家。1933 年被纳粹驱逐，到了美国。指挥洛杉矶爱乐乐团。重病致残后又返回欧洲，专心致力于古典音乐。是贝多芬和勃拉姆斯作品的卓越演释者。

我好像还和其中的某些人合作过两次。库谢维茨基是最后一位，而且那次还有一个故事，到时候我自然会讲。

尽管反感露天演出，但我还是喜欢这些夏日的音乐会。必须与这么多气质不同的人物建立音乐上的联系，是很有兴趣的事，而且我总能从中有所感悟。有时，我则被迫提出自己的构想。

当时还发生过一些意外情况，后来都变成了有趣的轶闻。例如，我记得在一个炎热的上午，我和托马斯·比彻姆爵士排练贝多芬的《G 大调钢琴协奏曲》。他情绪不佳，我也一样。钢琴放在贝壳形穹顶的边缘，我弹完起始乐句后，便等待乐队的大段全奏。那天上午，托马斯爵士对乐团特别没有耐心。他每两小节就让乐团停下，不是尖刻地批评这个乐手，就是破口大骂那个乐手，然后没完没了地重复同一个段落；我就穿着短袖衬衫干坐在毒日下暴晒，而他连一句道歉的话也没有。终于可以把手指再次放到琴键上时，我的从身体到内心都快沸腾了。在余下的排练中，比彻姆和我仅就速度问题简短交换过意见，工作结束时我们明显地相互憎恶。

在停车场，我刚坐进我崭新的"弗利特伍德型"凯迪拉克，托马斯爵士不知从什么地方钻了出来。

"我说，亲爱的老伙计，"他极为礼貌地说道，"我住在一个朋友布朗利家，他在大都会歌剧院工作，他家离你处不远。能不能麻烦你捎我一段？"

我的胳膊依旧感到被阳光烤得刺痛，于是冷冷地说："当然，托马斯爵士，请上车吧！"

到了街上，我终于按耐不住了。

"托马斯爵士，你当我的乘客，我可太荣幸啦！"

"哪里哪里，谈不上，亲爱的老伙计！"他满足地微笑着。

"真的，"我胸中恶意翻滚，"这可是个难得的机会。今天是我第一次独立驾车。早上我才拿到的驾照，所以你看……"

　　一听这话，托马斯爵士立即蜷缩到座位上，脸吓得煞白。

　　"我不该和你一起走的，我真不该和你一起走！"他嘀咕着。

　　这下我可乐开了花。我一个开了两年车的老司机，装作紧张得要命地坐在方向盘后面。可怜的托马斯爵士焦急得大汗淋漓。

　　"当心，你当心，现在是红灯！"

　　"谢谢你，托马斯爵士，我没有发现。"

　　这一小小的游戏整整持续了三刻钟，直到抵达他的目的地。我停下车，他摇摇晃晃地爬出车厢，恶狠狠地瞪了我一眼，低声地说了句："谢谢你。"

　　另外一次，我要在格奥尔格·塞尔指挥下演奏舒曼的协奏曲。我正要走上舞台，有人告诉我："伊戈尔·斯特拉文斯基坐在包厢里。"

　　我慌乱起来。大家知道，此公讨厌钢琴，讨厌为钢琴写的浪漫主义音乐，讨厌有钢琴独奏的音乐会。他的到场使我弹奏得格外小心，没有落掉一个音符。第二天早餐时，电话铃响了。

　　"是斯特拉文斯基先生找你。"伊娃说。

　　我拿起听筒，准备好进行一场激烈的争论。

　　"阿图尔，"伊戈尔用俄语说，"昨晚我去听音乐会了。"

　　"是的，我知道。你为什么会来？"我干巴巴地问。

　　"我想听听这首舒曼的协奏曲，因为我一直都没听到过这首曲子。你看，这首作品写得很好，声音悠扬，太美了。"

　　"哈哈"，我想，"这可是一个相信音乐可以不带感情的人说的，是我的一个重大胜利。"

　　我又记起一个发生在"好莱坞碗形剧场"的故事。故事发生在我和库谢维茨基最后一次在那里演出之际。他在波士顿交响乐团和檀格坞夏日音乐节指挥了 25 年，刚刚退休。因此，这是他第一次以客座指挥身份开音乐会。剧场提议他举办两场音乐会，第一场不需独奏演员，第二场由他挑选独奏演员。库谢维茨基坚持要选我，这使我很懊恼，因为根据我的亲身经历，而且大家也都知道，他是个最糟糕的伴奏者。然而一想到他在俄罗斯时曾大力帮助过我，我也不愿拒绝他，以免使他难过。

曲目是拉赫玛尼诺夫的《第二钢琴协奏曲》。库谢维茨基抵达时是第一次排练的前夕。我们把鲜花送到他下榻的酒店，并邀请他在演出前一天共进晚餐，我还提议用我的汽车去接他。像通常一样，在第一场没有独奏演员的音乐会上，听众不足四千，这使他大为不悦。波士顿使他习惯于场场客满，他早已十分任性和自负了。

吃饭的那天晚上，我来到饭店接他，但他让我在起居室等了好久，然后衣着优雅地走出来，按照俄罗斯习惯亲吻了我三次，挽起我的手臂，一起走向电梯。在走廊中间他停下脚步，郑重其事地说："阿图尔，我要你答应我件事。"

"当然，我答应。"我回答，"什么事呢？"

"你答应就好，不许问。"

我笑起来，"你为什么不能告诉我？"

"阿图尔，我们是老朋友啦。我想，我有权请求你盲目地答应我的。"

我感觉有点为难。

"好吧，只要不是去杀人，我想我什么都可以答应你。"我回答。

听到这话，他抓住我的双臂说道："我要你答应我明天你演完协奏曲后不返场加演。"

"谢尔盖，这不可能啊。人们总是期望加演的。"

此时他变得非常严肃："阿图尔，你已经答应了。"

"是的，我已经答应了。"

"那你就必须遵守诺言。"他补了一句。

我起这么个誓并不快乐，但我决定信守诺言。

回家后，我把他这一奇怪的要求告诉了奈拉，她淡淡地说："晚餐时我会告诉他你做不到，因为这将得罪你的听众，他们那么喜爱你。"

但当奈拉提到这个话题时，库谢维茨基一脸的严肃。

"请别谈这件事，阿图尔已经向我做了承诺。"

第二天上午，奈拉在排练前向经纪人抱怨起这个问题，经纪人大为光火。

"如果对这种愚蠢的话语也要当真，那咱们关门算了。"

但当他试图改变库谢维茨基的心意时，却遭到后者的严词拒绝。

那是我一生中最糟糕的排练之一。第一乐章我们费了很大力气以求同时结束演奏，我只能期望晚上正式演出会好些。可是，在第二乐章中我突然爆发了：由于露天环境音响效果的缘故，他的速度很慢，以致我不能用钢琴唱出那长长的旋律。我要求加快些速度，但他坚决不肯。

"阿图尔，"他叫道，"这多么优美，多么优美！要加快就毁了。"

这让我实在是受够了。我事不关己地把协奏曲熬到结尾，然后一言不发地离开。那天剩余的时间里，我气愤、焦虑，直到演出的时刻。

晚上，我沉闷地走进演员休息室。库谢维茨基自然地把我的协奏曲安排在幕间休息之前。他打算用柴科夫斯基的《第四交响曲》来结束音乐会。那是从未让他失望过的一部作品。一名助手来到我的房间说：

"大师请先生去他的房间。他想和您谈一谈。"

我进去时他正舒服地躺在沙发上。

"亲爱的朋友，"他说道，"别再生我的气啦。我知道你不满意我，但是我答应第二乐章按照你的速度进行。其他的嘛，我们会演出得很漂亮的，还有，"他补充道，"记住，别加演。"

"当然。"我说，"不过我有个好主意。如果听众像我担心的那样坚持要求加演，我就通过麦克风直接告诉大家：对不起，但是库谢维茨基先生不让加演，我只能让大伙失望了。"

他激动地回答："干吗提我的名字？你说你不喜欢加演就足够了嘛！"

"这不行。他们在这一点上太了解我了。"

他静静地站着，额头上的汗珠在发亮。

"这个……这个……那就来个小小的加演。"

我长话短说吧。我加演了《降 A 大调波洛奈兹舞曲》，该曲引起了暴风雨般的掌声，然后我还另外加演了两次。许多人在交响曲演奏前就离开了剧场。

108

同盟国夺回巴黎时，侨居在好莱坞的法国小社群深为激动。我和大家聚了一次，会上人们眼含泪水为胜利干杯。全美国都兴高采烈，巴黎似乎成了胜利的真正象征。

但从此以后，我们就不断听说可怕的德国集中营的情况了。在集中营里，囚徒们受尽了痛苦的折磨和试验，最后还被活活烧死。稍后，美军证实了这些事情，并披露出了全部骇人听闻的细节。我意识到我居住在罗兹和华沙的全部家人就是被这种非人的方法杀害的。现在我已经风烛残年，但要承认，自己依然不能理解，一个文明的民族，在音乐和艺术上有诸多贡献，受人高度尊敬，怎能犯下这一无法形容、不可饶恕的反人类的罪行？

一直没有任何直接的消息。大约一年后，我才从一个逃到罗马尼亚的外甥女那里获悉，我那人口众多的大家庭，只有她、她丈夫、她的两个兄弟和他们的妻子幸存下来。如果不是我们又将要有一个孩子的消息，我会陷入抑郁的深渊。一想到在我全家惨遭灭门之灾后，还会有新生命降临，我就十分欣慰。

回到纽约，我大为意外地得到一个令人愉快的邀请。美国全国广播公司管弦乐团的指挥、大名鼎鼎的阿图罗·托斯卡尼尼预告将举行贝多芬的系列音乐会，包括邀请不同的钢琴家演奏五部钢琴协奏曲。他找我弹奏《第三钢琴协奏曲》。他的邀请令我高兴，这有很多原因，最主要的，是我十分珍惜和这位伟大的指挥家一起演奏音乐的机会，而且我也终于能认识他了。但与此相关的还有一个小难题：托斯卡尼尼是符拉季米尔·霍罗维茨的岳父，而我已经有8年不和霍罗维茨讲话了。我思量他是否打算让我们两人和解。只要霍罗维茨为他粗鲁的行为向我妻子和我道歉，我就满意了。不管会发生什么，我热情地接受了邀请。

我带着这个消息跑去找胡罗克，他相当冷淡地听着。

"他们来过电话，但日期冲突了。当晚你要在卡内基音乐厅举行肖邦作品独奏音乐会。"

我作起难来。

"你不能改个日子么？他们就不能改个日子么？"

"不，这不可能。你知道约定的时间意味着什么。"接着他又笑起来："他的音乐会在5点半开始，你的独奏音乐会是8点30分开始。所以如果你愿意，就可以既在这里又在那里演出。因此如果你愿意两场都参加，我没有什么可反对的。反正我会多挣些钱。"

"我当然愿意接受一天两场。"

胡罗克抛掉讥讽的口吻，变得热情起来。"令人激动啊！"他叫道，"还没有谁胆敢在下午和托斯卡尼尼合作演出，而2小时后又在卡内基厅举行一场独奏音乐会呢！"

霍齐诺夫安排大师和我在"美国国家广播公司"的一个工作室进行一场私下排练。我随身带着谱子，准备让大师参照着总谱，由我完整演奏一遍。在我们等他时，霍齐诺夫说道："你知道吗，大师还从未指挥过这部协奏曲，所以相当紧张。"

我虽然知道托斯卡尼尼在原则上反感独奏乐手出现在他的音乐会上，但没想到我会是第一个与他合作这首作品的人。

托斯卡尼尼走进房间来了。他的身材优雅、矮小但比例匀称。他面目俊秀，由于高度近视，深色的眼睛蕴含着异常丰富的感情：从柔和的忧伤到怒火中烧。他爱在排练时大发脾气是出了名的，对此我都有点害怕；然而大师热情地和我握了握手，用意大利语对我致意问候。

"大家都认为我难以打交道，但实际上我完全不是这样。年轻时我经受了许多磨难。"

然后，他用丰富的手势、高声的话语和全套的鬼脸，跟我讲了他在米兰的斯卡拉歌剧院给坏脾气的老指挥当年轻助理时所受的折磨。

"唉，我受过什么样的罪啊，我受罪呀！"他说道，"一天上午，他吩咐我排练某个新作品，我求他：'指挥先生，请别来排练场。'可是这个可怕的人还是来了。没过几分钟，我就听到他的叫喊：'托斯卡尼尼！托斯卡尼尼！长号，长号！'我想我还不如死了好，但仍继续指挥下去。"说到此处，他都要哭了。"20小节后，我又听到他喊叫：'托斯卡尼尼，圆号，圆号！'这简直太过分了。我想我就要发疯了，于是我转过身来，挥舞着双拳吼叫起来：'指挥先生，你这个狗娘养的，我要杀了你！'嗨，鲁宾斯坦，你不知道我遭的是什么罪啊！"

我走向钢琴，但他制止了我："第一乐章你采用什么速度？"

"我称之为适当的速度—tempo giusto。"我微笑着回答。

他装着没听见我的回答，有点激动地说："几天前晚上，我在收音机里听到一个钢琴家，他这样弹……"他就以夸张的快速唱出了该协奏曲的头几个小节。

"这不可能。没人能这么弹。"我忍不住说道。

"噢！"他满意地说，"你弹得要慢些。"

大师就这么极为机智地掌握了这首他并不太熟悉的协奏曲的实际速度。当我提出向他弹一遍整部作品、就像我对许多指挥家做过的一样时，他自信地回答："完全不必要。就弹一下华彩段的结尾吧。"

他让我把这几小节重复了好几次，然后微微一笑，满意地说："非常感谢！"他真挚地握了握我的手，就出去了。

到了出名的"双音乐会日"的上午，我乘出租车去参加那首协奏曲唯一的排练。在第5街我的司机刹车过猛，使我的额头撞在了前排座椅的背上。我匆匆忙忙的，还有些紧张，便没有在意这事，可我刚进演员休息室，托斯卡尼尼太太便叫喊起来："我的天啊，你额头上在流血呢！"

大师也呆住了。但我还未开口，他妻子就已经开始处理我的伤口了。没过几分钟，一条粉色的绷带就堂而皇之地裹住了我骄傲的眉毛。

这个小事故明显地让大师变温和了。他挽着我的手，把我送到钢琴边，用混杂的意大利语和英语亲切地把我介绍给乐团，尔后便发出开始的信号。协奏曲的速度稍快了些，不过整段的齐奏被他指挥得异常富有活力和节奏。他从不中止乐队的演奏，而指挥们常常这么做。我以自己的速度进入我的独奏部分，但很快就感到他并未与我协调，在许多重要的地方，我们简直就是各奏各的。大师并不在意这个问题，而是继续指挥整个乐章，好像一切都恰如其分。到了华彩段落时，我得承认，自已已经十分泄气了。我把华彩段过了一遍，像前两天一样，大师又让我把结尾重复了两三次，好让乐队重新进入。弹完整个乐章后，他笑着问我："你能否把这一乐章从头再来一次？"

我失望地想："这有什么用？"他既不愿意和我、也不愿意和乐团解决问题，摆出一副毫不在乎的自我满足的样子。不过，我自然回敬了他一个微笑，于是，他开始从头排练整个乐章。

此刻，发生了真正的奇迹：这一次速度对头了，在乐队齐奏的声音中表达出了全部应有的细微差别。我怀着崭新的希望进入自己的演奏，天啊，托斯卡尼尼没有丢掉任何一处细节。他全神贯注，每个乐句我们都漂亮地同步结束。他充分尊重了我的力度，只要我使用最小的自由速度，他都会控制住乐队；华彩段后，他又及时准确地进入；我们精彩地结束了这个乐章。

演出过程中，每到危险地方，他就对我挤挤眼睛。第二乐章完成得很顺畅、优美，因为这段音乐是钢琴和乐队之间的精彩对话。第三乐章完成得非常专业，而且具有这位大师的磅礴气势。

"我非常期待这场音乐会。"排练后他对我说。

我们之间一次也没有提到他女婿的名字。

维克多公司正在录制托斯卡尼尼指挥的全部音乐会，十分欣赏我们的排练，便决定录制演出的实况。我应坦诚地说，我们两人演出时都充满了灵感。令我十分满意的是，全美国都通过电台聆听了这场音乐会，唱片也获得了很大的成功。

回到饭店，成功演奏贝多芬作品获得的幸福感，突然间变成了一阵惊恐：今晚我的肖邦音乐会是什么样子？时间刚够换一套衣服、喝杯咖啡并坐车赶到卡内基厅。第一首乐曲是《幻想波洛奈兹》，这篇作品由于曲式复杂，难于弹奏和演绎，不过似乎前一场音乐会的灵感一直延续到了这一场。我从未以如此的激情演奏过肖邦的作品，那绝对是我艺术生涯中值得记忆的一天。

托斯卡尼尼后来给我寄来了一张漂亮的相片，还有题词："给阿瑟·鲁宾斯坦，纪念我们第一次艺术相聚时难忘的日子（1944 年 10 月 29 日）。阿图罗·托斯卡尼尼"

那年秋天，我在东部的音乐会比往年更多，但我计划 12 月底和 1 月初留在家里，我们的孩子预计在这期间出生。胡罗克已经答应我在 12 月 15 日结束巡演，在大都会歌剧院幕间休息时，有个人跑来问我："鲁宾斯坦先生，我们需要你 12 月 19 日的节目单。"

大家可以想象我有多吃惊吧。"你肯定搞错了。"我说。

"不，不会的。你和美国无线电公司乐团合作演出。"

"真荒唐！"

第二天上午我去见胡罗克。

"昨晚一个家伙坚持要我 19 号的节目单。你知道这事吗？"

胡罗克极其狡猾地笑了。

"这个，"他说，"因为你那天晚上在卡内基音乐厅有场独奏音乐会，我想你下午肯定愿意和美国无线电公司乐团演奏的。"

我气得一时说不出话来。"你不遵守诺言，"我叫道，"这两场音乐会我都毫不知情。"

当然还是他占了上风。两场音乐会早就发出了预告，无法取消了。

"别生气。"胡罗克用父亲般的口吻说，"事情不像你想的那样糟糕。我已经为你搞到了一张优先机票，所以你只损失一天的时间。"

这消息立即让我平静下来。

"你怎么做到的？"我问。

"哦，是这样，我答应他们，在去洛杉矶的路上，你可中途在埃尔帕索停留一下，为促销战争债券演出柴科夫斯基的作品。我知道，你会喜欢这么做的。"

这只该死的老狐狸，我要杀了他！

结果，在埃尔帕索的演出变成了可怕的磨难。由于大雾，音乐会推迟到第二天举行。我在圣诞节当天才赶回洛杉矶，人也只剩了半条命。第一件事就是给胡罗克发了一份满纸脏话的电报，并通知我已经决定把所有的独奏音乐会推迟到和费城交响乐团一起巡演之后，和费城的巡演将从1月16日开始。那个滑头知道什么时候该让步。"一切都办妥了。"他回电，"别为任何事担心。"

我美美地在家休息，并兴奋地等待着孩子出生。但孩子并不急于来到这个世界。它一天天地拖延，直到我不得不懊恼地出发前往费城。

1月17日，我和奥曼迪的排练被一封电报打断了："我们的女儿在今早出生了。"我愉快地叫了一声："我有了个小女儿啦！"

我没有听到大家的祝贺，反而是一个小提琴手的问话："雪茄烟呢？"

看到我惊讶的面孔，奥曼迪解释道："在美国，生了孩子后，父亲是要请朋友们抽雪茄的。"

休息时我跑到街角的雪茄店。选雪茄时我有点为难。我心想，大家都知道我只抽最好的雪茄，难道我能给他们差一些的吗？不行。我买了两盒我抽的那种牌子，跑回来，打开第一盒，等乐团再度集中起来时，我把烟盒递向第一小提琴："我的女儿请先生抽一根雪茄。"

他拿了3根。别的小提琴手于是纷纷效仿。我还没有发到小提琴组第3排，第一盒烟就完了。第二盒寿命更短，而乐团的大多数人还是身无雪茄。我只好答应音乐会上我会带更多的来。烟草的故事咱们长话短说：一共用了15盒才打发掉乐团里面的诸位雪茄瘾君子。我并不吝啬，而且孩子的出生值得这么做，甚至更多，但我十分伤心，因为和乐团巡演的6场都结束时，又有一个低音提琴手带着一副可耻的神态走到我跟前。

"我一支也没有得到。"他走的时候也没得到。

这次的东部巡演让我很不耐烦，我盼着尽快看到我新生的孩子。终于回到加利福尼亚时，我看到的已经是个漂亮的宝宝，而不是一个在襁褓中啼哭的初生儿。一个幸福的父亲面对着一个刚刚获胜的新世界；为了这个新世界，千百万无辜的生命惨遭屠杀，千百万人倒在战场上，还有英勇的英国，他们一直战斗到光荣的终结。当然，还有罗斯福、邱吉尔和斯大林的雅尔塔和会，会议懦弱地屈从于斯大林令我们愤怒的所有要求。我们这些天生的波兰人，感到两个西方领袖出卖了我们的国家。

109

我的演出季最后几场在太平洋西岸，包括在"好莱坞碗形剧场"的演出和旧金山的一场独奏音乐会。但后者让我极为愤怒。去年我在该城亮相后，两位主要评论家指责我只演奏古典和浪漫主义音乐，却忽略了一些新的、不知名的作曲家。

我在旧金山的经纪人，一个女人，给我寄来了这些评论，还建议我今年介绍部新作品。我还记得我的回答："我愿把自己的曲目与绘画相比。除非我对无名画家产生了热情，否则，我并不急于举办他的画展，而宁愿邀请观众再看一次那些不朽的画家的作品，这些作品在博物馆永远都受人仰慕。"

我以为那个女人能理解我的意思，所以当我收到她下面这封信时，简直气坏了。"两位评论家，弗朗肯斯坦先生和弗雷德先生应我的请求，很好心地为你草拟了几份曲目的范本。我希望你会采纳其中的一个。"我回电说："取消我的音乐会。你的冒失逼我如此。"

那女人可没想到会这样。她陷入了绝望，于是就没完没了地打电话来："虽然音乐会要在两个月后才开，但歌剧院的票确实已经卖完了。"我坚持己见、拒绝演出；但与此同时，联合国选定于4月底在旧金山歌剧院召开隆重的成立大会。我沉浸在欧洲战场的胜利和希特勒自杀所带来的狂喜中，希望我这场音乐会能不必举行，但音乐会的日子是个周日，那天剧院是空闲的。正是这个事实改变了我的决定。我去演出，但附加了一个条件：不印节目单，而代之以另外的小册子，其中写着我的下列解释：

"对没有节目单的音乐会需要解释几句。

这不是我的第一场即兴曲目的独奏音乐会。这种音乐会我在巴黎、马德里、巴塞罗那、布宜诺斯艾利斯和悉尼都举行过，在那些城市我确信人们不会认为我是标新立异或者为自己做广告；我对热爱音乐、有文化素养的旧金山的听众拥有同样的把握和信心。不过，这种脱离通常做法的主要原因是我从长期的经验中发现的一个事实，即事先确定和公布的曲目会严重阻碍一个成熟的、自由的艺术家对自己的艺术做出最好的展示。

在舞台上面对听众时，我们这些演奏者都能准确地感受到演出厅的'气氛'、它的音响效果、每次品质都不相同的钢琴、最终还有自己的精神状态——然而，如果演奏者仅仅因为曲目早已印制并公布，便被迫演奏并不适合于当时情境的作品，那么，上述这一切感受就都没有意义了。

事先安排曲目，我们还必须克服其他困难，比如，我们的经纪人为吸引票房提出增加某些作品的合理要求，或是评论家希望演奏不寻常、不普及、很少能听到的作品。看来，这些顾问们不但忘记了他们只是一小部分口味特殊的听众，而且也忽略了我们是有个性的艺术家，而不是活的乐曲目录。

我确信，世界各地的听众最喜爱和理解此时此刻能激发起我们灵感的那类作品。这一深刻的信念促成我在今天下午举行没有节目单的音乐会——我将在舞台上逐一通告每一首作品。"

我蓄意地猜测着那些评论家对此如何反应。奈拉忧心忡忡的，这次也陪我一同前来。那个星期日的上午，我走上歌剧院的舞台时，眼前的景象十分壮观。一长排各色旗帜代表着那些聚集于此来签署历史性宪章的各个国家。我试图寻找波兰国旗，但没有看到。平常放置钢琴的舞台中心处，现在摆着一张长桌子，上面有绿色的台布和扩音器；钢琴则在改装过的乐池上。几个包厢被电视摄像机和其他设备占据着。

大厅的样子妨碍着我集中注意力来选择相应的曲目。有一阵子，我脑子里只有进行曲和赞歌。钢琴旁边安置了一个高高的扩音器，是我用来宣布选定的曲目的。女经纪人多萝茜·格兰维尔得意地告诉我：

"大部分特使都找我要票，他们不说英语，所以愿意参加音乐会。我只好增加座位。"

不用说，我陷入了恐惧又掺杂着渴望的心情——要怎样既与评论家们斗争，又在这隆重的场合很好地展现自己呢？

到了音乐会开始前一小时我才拿定主意要演奏什么。我记得有肖邦的带有葬礼进行曲的奏鸣曲，还有勃拉姆斯和舒曼的作品，最后是《彼得鲁什卡》。奈拉太紧张了，在包厢里坐不下来，于是决定从后台观看。一个没有票的波兰画家朋友尤里乌什·卡纳莱克陪着她。

这朋友无意中提到："多滑稽啊，因为不知道什么样的政府会接管波兰的政权，所以没有波兰国旗。"

这消息让我灰心丧气。

我的心怦怦地跳着，不过仍然镇定自若，走上舞台就弹起

《星条旗》——战时美国所有音乐会都首先演奏的曲子。听众们起身肃立，充满敬意地聆听着我在此情感召下的庄严演奏。

奏完此曲，我站起身来要报第一首作品，却突然发生了奇怪的事情，一种盲目的冲动控制了我。我用高亢、愤怒的声音对观众说道："各个伟大的国家在此聚集一堂，想把世界变得更美好，可我看不到引发这场残酷战争的波兰的国旗。"然后我喊起来，"我要演奏波兰国歌。"

我坐到钢琴边，开始演奏波兰国歌——"波兰没有灭亡，只要我们还活着。"① 此曲起初是为在拿破仑领导下战斗的波兰军团创作的。我以惊人的冲击力，速度缓慢地演奏着，并用带共鸣的强音重复了最后一个乐句。我演奏完，观众齐刷刷地站起来，向我热烈地欢呼。

过了一阵，我的情绪才稳定下来，然后，我用平静的声音报出了肖邦的葬礼奏鸣曲。这场音乐会对听众和我自己都值得回忆。走下舞台时，我看见奈拉和卡纳莱克都非常感动。

"为什么你没有告诉我你打算这么做？"奈拉问。

"它是突然冒出来的。"我咕噜着。

当时我不知道，波兰军队将不会忘记我的这个自发的举动。他们感谢我在此历史时刻为波兰国旗恢复了其应有的地位。

第二天早上，我打开报纸，心想一定能看到两个评论家的恶毒反击，由于我的公开挑战和教训了他们的傲慢建议，但是令我惊奇的是，他们两人各自写了文章盛赞我爱国主义感情的爆发。

---

① 波兰国歌：1795 年波兰被俄、普、奥三国瓜分。大量爱国志士和军人流亡国外。在意大利组建了一支由亨雷克·董布罗夫斯基率领的波兰军团。该军团参加了拿破仑 1806～1807、1809、1812 年进行的多次军事行动。1797 年产生了一支颂扬其统帅的军歌，词作者是尤瑟夫·维比茨基，曲作者不详。后来此曲成了波兰国歌。

好莱坞兴味盎然地关注着道格拉斯·麦克阿瑟将军在对日战争中的胜利推进。人们都说："他遵守了他要打回来的诺言。"现在，胜利已经指日可待。两年前，我们也曾激动地注视过杜利特尔将军为珍珠港报仇而对东京进行的轰炸。

在战后的这段时间，德克萨达为我安排了南美巡演，起点是墨西哥和古巴。我妻子、伊娃和巴维尔陪同着我。在墨西哥开音乐会我感觉就像在家里，那里喜爱音乐的听众从未让我失望。我的两场音乐会是在艺术剧院举行的，它那著名的歌剧厅是用大理石建造的。

第一场音乐会时，发生了不愉快的事，不过，和通常一样，过后说起来还很有趣。那天是全国性的大假日。全城五光十色、灯火通明。我的音乐会定在晚上 9 点开始，紧接在一场爱国主义的戏剧之后。那晚飘起了细雨，我们看见一大群人站在剧院前面，就问出了什么事情，一个人说："我们在等候鲁宾斯坦的音乐会。前面的戏还没散场。"

我们一直坐在汽车里，直到看戏的观众离开，我才穿过舞台入口直奔演员休息室。此刻已经晚点，我正焦急地等待时，电灯突然熄灭，几分钟之后灯光又亮起来。这种情况一连发生了 3 次。我非常不安，就出去打听情况。一个舞台工作人员告诉我："我们要用电梯把你的钢琴送到舞台上去，但每次按钮电梯都会失灵，而整个大楼就陷入黑暗。"他又笑着补了一句，"街上的灯光耗尽了全部电力。"

误点一个多小时了，但他们还是拿电梯没办法。每当他们尝试运送钢琴，我们就淹没在黑暗中。一部分观众觉得这事挺有趣，但大部分人很是恼火。看台传来了大声的抗议。工作人员试验了各种办法，甚至想把经理办公室里的小型演奏琴拿来代替。

直到夜里 11 点半，才有人大胆宣布，音乐会无法举行了，票两天后仍然有效。我从未听到过那么厉害的抗议声、口哨声、喊声。第二天清早，我的钢琴已经被放到了舞台上，在之后的两天里，它默然地面对着在它眼前上演的戏剧。

按照德克萨达的计划，我的南美巡演要经过古巴、委内瑞拉和巴西到达阿根廷，但抵达哈瓦那后，我们却遭到了严重打击——既没有轮船，也没有飞机。一切运输工具都被美军征用了。

我们在潮湿、闷热、难以忍受的天气里煎熬了漫长的两个星期。我本想在起居室的立式琴上练习，但琴键粘住了，我敲击下去后，还得自己把琴键抬起来。有时候我站起身来，裤子都会粘在琴凳上。奈拉和孩子们都快受不了了，不过我找到了一家自我吹嘘有空调的酒吧，但要喝光两杯杜松子酒后，才能微微感到些凉意。

经过两周的噩梦后，终于有一架小飞机把我们送到了墨西哥。办理返回美国的签证遇到了麻烦，我们又在墨西哥首都滞留了数日，好在那里海拔很高，天气凉爽。最后终于回到了家，那感觉真好！

1946 年 12 月 8 日，我们的儿子约翰尼出生，大约一周后，奈拉的母亲姆威纳尔斯基太太也抵达了。在她经历了所有的磨难后，这真是一次令人高兴的团聚。

就在那段时间，一封信使我泪流满面，信是我哥哥伊格纳齐写的。自从离开巴黎后我就与他失去了一切联系，而且我对他在法国沦陷区的命运没抱什么希望。他和那些可怜人一样，在恐惧中一直东躲西藏。巴黎解放后，他犯了 3 次心脏病，被罗思柴尔德医院收治时已经奄奄一息。医院给他治疗，希望最终我会替他支付医疗费用。

虽然历尽苦难，他还是活过来了。我被此深深打动。就请正要到欧洲寻找新的精彩节目和人才的胡罗克去看望我哥哥，并以我的名义把他可能需要偿还医院和大夫的费用如数给他。胡罗克回来后，给我讲述了见到我哥哥时他的可怜状况——皮包骨头，但却依然富有魅力、思维敏捷。

"我给了他价值 1500 美元的法郎，这可以支付他所有的费用了。他微笑着对我说：'嗯，我弟弟的钱来得还不算太晚。'"

110

我的生活展开了一个新的时代。同盟国赢得全面胜利以及希特勒在自己的地堡里畏罪自杀——他对自己所犯下的罄竹难书的罪行的自我惩罚——这对我的性格发生了一些影响。这场战争历尽艰辛才取得胜利，而我在整个战争期间，一直依靠音乐和家庭才维持了对生命的热爱。但多年以来，我清楚地了解同胞们的遭遇和战场上可怜的小伙子们的情况，精神一直是麻木的，因此我从未让自己尽情享受自己那越来越大的成就和落在我手里的巨大财富。现在我感觉到一股新的力量。未来是有希望的。

德克萨达建议我到阿根廷、乌拉圭和智利去巡演。"在庇隆将军新政府的统治下，"他写道，"我们有机会在科隆大剧院演出 6 场独奏音乐会。"他向我担保，如果我同意他销售预订门票，巡演的票肯定会迅速被抢光。"人们已经有 7 年没有听过你，再说，由于战争之故，这里一直没有任何艺术家来过。他们现在渴望再度听到你、见到你。"

我很高兴能重返心爱的阿根廷，我欠这个国家很多，而这一次将能够向听众提供丰富得多的曲目了。奈拉也为能与我同行而激动，我们可以把孩子们留给他们的外婆和凯瑟琳·卡德韦尔照顾。

冬季演出的开头很成功，包括在纽约和南方各州的一系列音乐会。在佐治亚州的哥伦布市演出后的第二天，我和当地音乐协会主席一起安静地共进晚餐。正吃着，从布伦特伍德打来一个电话找我。话筒里我听到我岳母用平静的声音通知我："奈拉刚刚做了胆囊手术。手术很顺利，我让外科医生直接跟你说。"外科医生向我确认了手术很成功。

"不用担心。"他补充道。

这消息惹恼了我。我觉得他们事先应该和我商量一下。奈拉的确向我提起过她想在和我一起去阿根廷之前做这个手术，但我没有想到她会在我不在她身边时和没有我同意的情况下就做。

两天之后我回到纽约，接到奈拉自己打来的电话。她声音很弱，抱怨伤口痛，还因为支票不能兑现被退回而感觉苦恼。

"一定是你忘了存入现金了。"她说。

我火了，因为我出发前向美国银行我们的共同帐户存入了很大一笔钱。奈拉听到我大嚷着威胁要起诉银行，就哭着放下了话筒。银行当然向我表示了道歉并承认了自己的错误。

第二天早7点，胡罗克叫醒了我，说我的内兄没能联系上我，情况是可怜的奈拉正在做一个紧急的手术以清除血栓，血栓形成后已经威胁到了她的生命。他建议我立即飞回家。

惊慌之中我请求胡罗克帮助我弄到下一班去加利福尼亚的机票。这一次，胡罗克心胸开阔，充满了同情和友谊。他上午过来接上我，亲自送我去机场，还想办法说服了一个旅客让出机票，帮助我登上了客满的飞机。

我始终不会忘记这趟反复起降，总也到不了目的地的飞行，我很清楚妻子躺在手术台上，生命危殆。飞机最终降落在洛杉矶之前，我一直坐在座位上，不吃不动。我的内兄来接我上医院，我从他的脸上看出，奈拉还活着，但存活的希望不大。我看见手术后的她精疲力尽，没有一丝活力。她喃喃地说："我想死，我撑不住了。"整个漫漫长夜里,我一直在努力帮她恢复活下去的愿望。清晨她总算睡着了,危机终于过去了。她恢复得很慢,有个很好的护士在她身旁不分昼夜地守护了好几个星期,不过多谢诸神,她的体力正在逐渐增长。

我只身前往阿根廷,途中在波多黎各停留了一下,举行了一场音乐会,并与德克萨达汇合。提前两个月,我就找人把一架上好的斯坦威钢琴用船直接运到布宜诺斯艾利斯。一到目的地,我们便高兴地得知,科隆剧院六场音乐会的票已经销售一空。

但第二天,德克萨达给我带来了坏消息:"新总统胡安·庇隆是个独裁者。他正在摧毁整个国家,你已经认不出它了。他最新的法令之一就是在把文化送到民间去的借口下,要求在科隆剧院举行的每项演出都得由电台转播。"

我不能接受此事,便说:"你知道我讨厌电台,而且鉴于这些音乐会是由我自己承担风险,我有权拒绝这么做。"

"不,不行,无人能够例外。"

"对此他们不支付报酬?"我生气地问。

"不支付。"德克萨达回答。

这太过分了。

"那我干脆就不在科隆剧院演出了。"我说,"你可以另外租一个大厅——剧院或者电影院——我们退还票款,通知他们会另行订票。"

德克萨达办事很有效率。他当天就以分成的形式为我的演出租下一个比科隆剧院更大的电影院,而且我还不必向政府官员提供免费的包厢。

广告头一次发布,我的忠实的布宜诺斯艾利斯的听众们就涌到了票房,我十分高兴,心想演出的时候肯定满座。

钢琴大概早已到港,我让德克萨达去办理交货手续。他带回来的却是不可思议的故事:

运送钢琴的轮船已经到了。但港口当局说，钢琴起码要三个星期之后才能卸下。他们说，港口拥塞，有很多船排在我们前头。

我未置一词，吩咐叫来一辆出租车，和德克萨达一起去了港口。我告诉负责人必须帮助我把钢琴从那倒霉的船上卸下来，因为我急需它，而他却礼貌地微笑道："没有 3 个星期绝对不可能。"

听罢此言，我恼怒地问："如果我是在科隆剧院举行音乐会，你是否也不肯帮忙？"

他又笑起来，"我们说不定会帮忙。"

这下我明白了——原来是庇隆先生的命令。

我脑子飞快地转着。一回饭店我便扑向电话，没几分钟就与西奥多·斯坦威联系上了。当我把我的麻烦告诉他并征求他的意见时，他愉快地回答说："阿瑟，如果你愿意承担高额开支，我可以立即用飞机给你发去一架漂亮的演奏琴。"

我惊讶了——这简直像神话。但他平静地给我保证："现在我们有专门的运输飞机。"

"嗬嗬！"我说，"那请立刻送过来，拜托，拜托！"

不足 24 小时，一架漂亮的乐器已经在布宜诺斯艾利斯飞机场着陆了，而且那里一点也不拥塞，嘻嘻。几小时之后，那架钢琴已经胜利地放在电影院的后台，我也可以一试其音了。音色可真棒。

自然，报刊对这种事情很乐意连篇累牍地报道，最后整个故事都上了纽约的杂志。恶意中伤的舌头认为这是广告噱头，但我想庇隆先生最清楚事情的原委。

作为报复，有几个官员令人厌烦地找上门来，检查我的护照，核对我的逗留期限，等等。这些以前我都没遇到过。我泰然处之，不过也用自己的小手段报复了他。我对朋友们大讲庇隆夫人艾薇塔的笑话。众所周知，在嫁给庇隆前，她从事过世界上最古老的行当。在一次正式招待会上，她把美国大使、一位退役海军上将叫到一边。

"你们的一些杂志，"她愤怒地对他说，"称我是妓女。就算开玩笑，我也要强烈抗议。"

"夫人，"大使回答，"我退役20年了，可是人们依旧叫我海军上将！"我的朋友们都很喜欢这个故事，便一传十、十传百地扩散开来。

在我的记忆中，布宜诺斯艾利斯的这个演出季是最好的。多亏美国听众要求很高，我的曲目增加了许多新作品，而且准备得更充分了。另外我还要说，在当地缺席了7年也大有裨益。

一天，我遇到了一位灰白头发的漂亮夫人，仔细一看，原来是我以前的女友，就是在"广场饭店"以花瓶为信号与我幽会的那位女士。我们一起甜蜜地重温了往事。

我在布宜诺斯艾利斯加演了三场；又在蒙得维的亚演出了四场，并享受了与当地老朋友们快乐的聚会、他们也都高兴地看到我取得了显著的进步；然后我去了智利，第一场音乐会后，我亲爱的胡安尼塔把我所有的朋友都叫到她家，盛情地款待了我。歌剧院经理雷纳托·萨尔瓦蒂很高兴四场音乐会的票已经全部售罄。

在智利首都圣地亚哥短暂而愉快的逗留之后，一架又小又慢的飞机将我带到秘鲁的首都利马。抵达的第二天晚上，我要演奏贝多芬的《G大调钢琴协奏曲》、肖邦的《f小调钢琴协奏曲》和柴科夫斯基的《降b小调钢琴协奏曲》，乐团的指挥并不出名。

糟糕地飞行了漫长的7个小时之后，我半死不活地抵达了利马。

"我只想随便吃点东西就上床睡觉。"我对来机场接我的当地经纪人说。

"可……可他们在等你哪！"他怯懦地说。

"谁等我？"我烦燥地问。

"乐团啊，已经等了半个多小时了。这是唯一的一次排练，但明天到音乐会之前你就自由了。"

"我排练到一半或许就会瘫倒。"我对他说。但像通常一样我还是投降了。

我走上歌剧院的舞台，看到乐队和指挥都已经就位，但此外还有数百人来听排练。这我就不能容忍了。

"他们必须走，否则我不弹。"我坚决地声明。费了一番周折才把听众们请走，于是我迷迷糊糊地开始弹奏贝多芬的《G大调钢琴协奏曲》，而且我竟然鬼使神差地和乐团同时结束了。

"休息吗？"指挥问。

"不。"我回答，"如果现在休息，我就会睡着，谁也叫不醒我。所以现在就请演奏肖邦吧。"

乐团才开始齐奏，我就跳了起来——他们演奏的是《e小调协奏曲》，而不是已经预告的《f小调协奏曲》。

"不是这首协奏曲呀！"我对指挥叫道。

但这个怪人继续挥动着他的指挥棒，并未停下乐队，平静地回答："我们没有《f小调协奏曲》的谱子，所以就演奏这首。"

我无奈地一屁股坐到琴凳上，张着嘴巴听了整段的齐奏，该我进入时，信不信由你，我像架自动机器似地开始演奏，一直弹完了这整首该死的协奏曲。

取得这么个异乎寻常的成就后，重量级的柴科夫斯基作品简直如同过家家了。

排练结束后，他们实际上不得不把我抬上汽车、送进房间。我什么也没有吃就上床睡觉，一觉睡了12个小时。在音乐会上我又精神抖擞了。

令人受用的南美巡演之后，我途经巴拿马和墨西哥回到了家，很高兴地看到我的妻子正在逐渐康复。

这个夏季的末尾我和全家人一起在家里度过，在我印象里那是个相当愉快的假期。我的妻子日益强壮起来；历经五年的恐惧和担心、战争终于大获全胜；我自己也正取得更大的成就；想到这些，我便比任何时候都更加热爱生活。每天上午，早餐之后，我最大的乐趣就是和我那小阿丽娜在阳光明媚的游戏室里嬉戏。我们都叫她拉丽。她是你能想象到的最机灵的小东西，2 岁时就能自己用卡片搭房子，比我都强。伊娃在舞蹈上已经有长足进步，很有成为芭蕾舞演员的潜能。离家 5 分钟的车程就是高尔夫球场，我和奈拉去上了几节课后，便胆大妄为地玩起这种困难但十分有益健康的运动。

胡罗克在洛杉矶安了家，房子有个漂亮花园，离我们家不远。一天，他带着一份滑稽的建议来到我家。

"'共和制片厂'在拍摄一部有关一个钢琴家和一个指挥的影片。他们要你为电影演奏。而在银幕上，人们会看到那姑娘，即女钢琴家在演奏。"

"这怎么可能呢？"我问。

"他们把这叫做'配音'（dubbing），'共和制片厂'音乐部主任会给你详细解释的。"然后他笑着说，"你知道这项工作我为你要到多少酬金吗？6 万美元！"

"什…什…什么？这简直难以相信，他们不是只愿给勋伯格一年的工作支付 1 万美金么？"

"是啊，我知道，"胡罗克狡猾地说，"而且你的合同为期只是 2 个月。"

我们两人开怀大笑。不过，我自己还是有些担心。

"你看，"我说，"虽然钱很多，但我还是想看看剧本。我必须知道我将卷进一部什么样的电影里。"

胡罗克办事很快。当天下午我已经脚本在手。那故事瞎编得厉害，所讲述的职业钢琴家的生活、以及处理重要音乐问题的方法都极为荒谬。我立即给胡罗克打电话："我一点不想沾染这种垃圾。"

他据理力争，不过主要是谈钱，倒是很有权势的共和制片厂的董事长协同电影导演弗朗克·博扎克拜访了我。两人都很能蛊惑人心，但在音乐问题上却完全是门外汉。我感谢董事长提出的慷慨的合同，但措辞坚定地解释我不能让我的音乐被如此有失尊严地使用。我的话让董事长很受刺激。

"鲁宾斯坦先生，我的制片厂名声很好。我不同意你对这个剧本的尖锐批评。"

博扎克十分信服地点头称是。

"不过，"董事长继续说，"我会让博扎克先生和他的编剧们明天来向你咨询。我会命令他们在脚本中删除或者改写你有意见的地方。"

"既然如此，那我很乐意与你们合作。"我说。

第二天下午，博扎克先生在六七个人陪同下来到我的音乐工作室。

"我们来和你解决问题。"领头的编剧说。

我们在一张大沙发和周围的椅子上坐定，然后我问是喝咖啡还是来杯酒。

"我很乐意喝点威士忌加冰块。"其中之一说。其他人纷纷点头附和。

我拿来一瓶自己喜欢的威士忌、还有冰块和苏打水。他们按自己的口味动手调配，然后咂着嘴说，"这酒真地道。"喝了两三圈后，他们掏出脚本，开始了大声的争论。他们竭力为自己的文本辩护，但却拿不出让我更满意的方案。我提出自己的观点，他们不情愿地按其老板的命令进行了记录，但最终，经过长时间的热烈讨论，外加我三瓶最好的威士忌，他们的反感被冲淡了。

他们出门之后，我便得意洋洋地向全家宣布我取得了成功。

"他们不得不接受了我提出的全部修改意见。"

没过几天，我就在制片厂开始工作了。负责音乐的沙夫先生详细解释了我该做什么。这对我是全新的事物，但对我后来在电影界的活动非常有用。我的主要任务是弹奏拉赫玛尼诺夫的《第二钢琴协奏曲》，先是把整部作品弹一遍，尔后是紧密配合动作分段弹奏。有时候，我得像正在研究乐曲的某些段落那样弹奏。真不好意思，但我要做的就是这些。我问沙夫先生'配音'这个词是什么意思，他说："你录好音，然后上银幕的那姑娘一边听你的录音，一边假装在演奏，播放的录音会提前三四拍，以便让她在准确的时刻开始。"

我花三天时间就完成了任务，沙夫先生完全满意。

"在两个月合同期内还有什么额外的事情要我做吗？"我问他。

"只有出现技术错误时才有事。"他回答，"不过我看不会，听起来一切都很棒。"

我认识了扮演女钢琴家的迷人的女演员和要演指挥的那位荷兰演员。我给他们示范了我在舞台上的举止、钢琴的恰当位置、怎样向听众鞠躬、上下舞台的步态，等等。

出了制片厂的门，我依然不能相信，做那么点事就可以得到这么多的钱！

111

一天，胡罗克从纽约打来电话："我给你找到一个非常有意思的约请。伦敦最重要的经纪人哈罗德·霍尔特（Harold Holt）先生想要你去艾伯特厅举行 3 场独奏音乐会，因为皇后音乐厅已经被炸毁。你只要出很少的担保就能得到很高的提成。"霍尔特对我说，"因为你在美国取得了成功，外加唱片销路很好，在英国你已经很出名了。"

我很激动。从小小的威格莫尔厅到巨大的艾伯特厅举行三场音乐会可是一大飞跃。奈拉也为之着迷。

"我早就梦想回欧洲了！"她叫道，"我们可以带上伊娃和巴维尔。"

我飞到纽约以便办妥一切事宜。重返欧洲的兴奋使我的头脑沉浸在各种各样的念头里。当然，伦敦之后是巴黎，看看我们的房子怎样了——我们的公证人把它租给了某家人，但我决定立即收回。突然间我想到要为勇敢的法国抵抗运动举行一场音乐会，我很崇敬他们。我向指挥夏尔·蒙克询问巴黎现在的条件。他也沉醉起来。

"如果你愿意，就来三场协奏曲音乐会吧，我的乐团提供服务，由我指挥。我们可以把演出称为庆典音乐会。"

我喜欢这个主意，于是我们确定了在香榭丽舍剧院演出的日期。

我在兴奋的期盼中过了几天，接着就遭到了严重打击。报纸上刊载着来自巴勒斯坦的可怕消息。相当一段时间以来，我一直听说那些奇迹般地逃过大屠杀的无家可归的、绝望的犹太人的伤心故事。毫不奇怪，他们对所有那些允许出现这种罪行的国家已经失去了信任，因此自然认为只有在眷恋着的故土上才有自己和子孙的未来，在先辈的土地上，他们才可以生老病死。那些来自德国、波兰、俄国和罗马尼亚等国的幸存者，通过各种办法涌进特拉维夫和耶路撒冷，结果却发现那里有另外一种迫害刚刚开始。英国在第一次世界大战后受国联委托，管理巴勒斯坦和外约旦，现在，在和会之后，他们仍旧保留负责一小块真正的古老巴勒斯坦的土地。新成立的王国叫做约旦，辖约旦河两岸和耶路撒冷古城，由阿布杜拉国王执掌，并拥有由英国人格拉布帕夏

（Pasha 帕夏为官名——译注）建立起来的一支强有力的军队。剩余的巴勒斯坦领土，包括新建的现代化的耶路撒冷和快速发展的特拉维夫和海法。这三座城市成了新来的人们的目标。他们从阿拉伯人手里购买一切可能的土地，甚至包括纯粹的沙漠。

在这种状况下，新成立的国家约旦以及其他阿拉伯人担心犹太人的大量涌入，便要求英国当局中止移民。我看不必再写这些情况了。全世界都知道后来发生了什么事情，以及导致了被激怒的犹太地下武装反对英国人的残酷战斗，因为英国人发布了针对他们的新法律。一艘艘满载着难民的船只被阻挡在巴勒斯坦海岸之外，并被送往塞浦路斯、甚至汉堡的营地。但是希特勒制造的悲剧、华沙犹太隔离区的英勇斗争，又把圣经中犹太祖先的英雄气概带给了备受折磨的犹太人。他们首先是建立了地下的"伊尔根"①，然后迅速组建了犹太军队"哈伽拿"②。甚至出现了第三支军事力量，不过它针对英国人的激烈恐怖攻击遭到其他军事力量的反对。

冲突达到高潮之日正是我在为伦敦艾伯特音乐厅的三场独奏音乐会准备曲目之时。双方——"伊尔根"和英国军队之间极端的暴力行动，包括杀害人质等等，最终导致一名英军中士由于他的残暴被吊死的事件。作为报复，在曼彻斯特和利物浦，犹太人的商店遭到焚烧和洗劫。

我像所有在美国的犹太人一样，被这后希特勒悲剧惊呆了。但当悲剧蔓延到英国本土时，我便决定不去伦敦演出。

胡罗克不愿接受我的决定。他相当冷酷地说："我始终非常敬重你，因为你从不取消音乐会，而现在你却要像霍罗维茨和那

---

① 伊尔根（Irgun）：犹太复国主义组织，英国统治巴勒斯坦时期进行地下活动。
② 哈伽拿（Haganah，希伯来文的卫军之意）：1928～1948年间活跃在巴勒斯坦的犹太地下军事组织，后成为以色列军队的核心。

些打退堂鼓的人一样。霍尔特要得知此事，定会心脏病发作的。"
他叫喊着、比划着，可我很镇定。

我对他说："一个国家能英勇地捍卫自己的生存，但对我的
族人却没有丝毫同情心，这种国家吸引不了我去演出。"

胡罗克说得对，霍尔特被我的决定气得火冒三丈，并把这愤
慨传播给我在英国的朋友们。我接到印度总督鲁弗斯·艾萨克斯
爵士的遗孀雷丁夫人的一封长长的电报。她用了很大的篇幅对我
的决定表示遗憾。"这非但不能抚慰愤怒的英国人，反而是火上
浇油。"在电报结尾她邀请我参加犹太人社团重要代表们的会见，
以讨论整个事态。胡罗克从伦敦打来电报："恳求你来伦敦，保
证解决整个问题。"

我们带着伊娃和巴维尔上了船，安全抵达了南安普顿，坐上
了开往伦敦的火车。那次夜已经很深，胡罗克在滑铁卢车站等候
着我们。

"萨沃伊酒店客满。"他说，"我只得在一个你不会喜欢的小
饭店找到了房间，不过一两天后萨沃伊酒店就有空房了。"

这趟返欧之旅开头真是诸事不顺。我在火车上打开了一盒挺
好的哈瓦那雪茄，过海关时我交给巴维尔拿着，但盒子从他手里
不小心滑到了地上，雪茄撒满了肮脏的地板。我只抢救出几根，
而且我不得不说，这让人十分泄气。当时，英国根本没有哈瓦那
雪茄。

饭店比我们担心的还要糟糕。里面没有私人浴室，也没有餐
厅。不过，次日上午，一个艳阳天迎接着我们来到这古老的英国
首都。然而，景象凄凉，骄傲的古城的一部分依然是废墟。整个
霍尔本那片地方完全被炸毁了，这倒造就了一幅令我惊异的怪诞
景致，原来被遮挡住的漂亮的圣保罗大教堂现在就在眼前。令人
起敬的皇后音乐厅已经不复存在。这让我很痛心，尽管我从未能
让观众坐满那里。食物和日用品仍在定量配给，雪上加霜的是，

全体老百姓都担负着无情的重税。但坚强的英国人从未抱怨过。其爱国的情怀不分和平与战争年代。邱吉尔的联合政府把我的朋友威廉·乔伊特任命为大法官。

一天以后，我们搬进萨沃伊酒店，当天下午我参加了在雷丁夫人家举行的会议。她冷淡又傲慢地接待了我，而那20几位犹太社区的成员则呆头呆脑地赞同她的主张。

"鲁宾斯坦先生，"雷丁夫人转向我说，"我完全理解您因为最近的事件产生的愤怒。因此我为您备下了最好的解决方案。我主持着一个为殖民地的犹太儿童提供帮助的组织，所以我想，如果你愿意把一场音乐会的收入捐献给我的慈善会，那将是一个高尚的姿态。"

我激动地打断她，相当尖刻地说："如果我真的举行这些音乐会，那么我会把三场的全部收入送给那些不幸受难的人们，他们被你们冷酷的巴勒斯坦行政机关送回汉堡，关在铁丝网后面，等待着被重新流放。"

这几句话引发了雷丁夫人和我的激烈交锋，尔后我与她冷冷地握了握手就走了。当我面对胡罗克和霍尔特时，他们本来面带笑容，期待着所有困难都能顺利解决，但他们大错特错了。我顽固地坚持自己一时冲动下定的决心。他们认为这不可以接受，霍尔特说："如果得知你要拿这些钱干什么，许多出钱买了票的人会被激怒的。"

可我对他们的这些话充耳不闻。

"先生们，我可以举行这三场音乐会，但有一个条件：我的音乐会海报上必须注明'演出收入用于在汉堡受难的犹太人'。"

我的决定令两个经纪人惊恐不已，但因为票房销售十拿九稳，让他们身上有的经纪人的特性无法抗拒；此外，罗思柴尔德银行在伦敦的经理为相同的目正在牵头组织一个委员会，并负责这件事。

在艾伯特大厅的这几场音乐会一直让我记忆犹新。三场门票全部售罄，而且可爱的肯特公爵夫人玛丽娜三场音乐会都出现在皇家包厢内，她还是小姑娘时就十分友善地对我的音乐感兴趣。幕间休息时，殿下还邀请我喝了杯茶，并宽厚地赞扬了我所采取的坚定立场。整个演出没有发生任何事故，我那两位经纪人才算大大地松了口气。罗思柴尔德银行为我举行了午宴，而莱斯莉·乔伊特则自豪地邀请我们去议会大厦内的大法官官邸共进晚餐。

伦敦的一些朋友的确批评了我的态度，说："阿瑟，你必须理解，巴勒斯坦是属于阿拉伯人的。"

"你们说得太对了，"我反驳道，"不过我听谁说过那里叫做'犹太人的应许之地'①，而且耶路撒冷也是他们建立的。或许我被误导了吧。当然啰，大家都知道，印度、直布罗陀、马耳他和新加坡都是纯粹的英国领土。"

他们不觉得好笑——我也不觉得。不过现在，当我写此书时，我可以高兴地说，他们的观点改变了。

我们怀着好心情去了巴黎。

112

法国首都与伦敦对比强烈。这座城市，在战争时期没有受到任何破坏，纳粹离开后又延续了3年的灯火管制。我最亲近的朋

---

① 据圣经旧约，此指迦南，上帝答应给以色列人的祖先亚伯拉罕及其后代的土地。

友中的一些人，特别是米霞·塞尔特，对纳粹在占领期间的"好风度"大加赞扬，但却对他们所说的美国的"入侵"、以及美国人"粗鲁"的亲昵十分愤慨。不同于英国人，法国人对物质匮乏不断地抱怨，尤其是对没有白面包，也就是"面包棍"。当然这一切都使我非常恼怒，但是我很快发现，米霞及她的同类都是些纯粹的利己主义者，他们根本不可能理解这场战争真正的悲剧何在。至于那些成千上万与"抵抗阵线"并肩作战的人，我无法用言辞表达我的敬仰。那些勇敢的法国人，在整个占领期间每天都冒着受到拷打、关进集中营、甚至被处死的危险，显示出无比的英雄主义。其中一些人后来都成了我的挚友，我为此感到骄傲。

我们为这些英雄义演的音乐会将在三天之后举行；只有一场排练，而曲目是贝多芬的《第四钢琴协奏曲》、肖邦的《e小调钢琴协奏曲》和拉赫玛尼诺夫的《帕格尼尼主题狂想曲》。抵达后的第二天，我必须面对两起不愉快的意外事件：第一起在罗思柴尔德医院。我们一家四口去看望我的哥哥伊格纳齐，他穿着睡袍，站在大厅等我们，看上去就像一副活的骨架，不过他的思维像往日一样敏捷。他所讲的关于占领时期生活的故事，给我们、特别是给伊娃和巴维尔，产生了很深的印象。

在我们拜访期间，我被请去见院长。我很高兴能向他对我哥哥表现出的善意致谢，但是我还没有来得及开口，他就急切地问我能否支付我哥哥住院三年的费用。我起初还以为这是个并不有趣的玩笑，因为我委托胡罗克转交过一大笔款项。但当院长相当严肃地重申一分钱也没有支付过后，我非常惊愕地去找我哥哥了解到底是怎么回事。

伊格纳齐摆出他那副我以前就熟悉的庄重的表情，带着苦涩说："你应该知道的，我必须给医生和护士送礼，还要给几个饿得要死，到我这里讨教艺术的画家提供些帮助。"

我明白了，于是找到院长，支付了全部欠款。

第二件令人极为不快的意外自然就是去探看我们在布洛涅树林广场的房子。战后，那位为我办理房屋买卖法律手续的公证员，写信告诉我他不得不将房子出租给一个法国家庭，因为根据新法律，无人居住的房子都将被自动没收。

我们吃惊地发现，战前那个掌握着广场周围所有房屋钥匙的看房人现今仍然在那间传达室里上班。他们夫妻俩佯装友好地接待了我们，但却告诉我们，占领期间，所有房子，包括我们的，都被盖世太保占用了。"你们的房子，"他微笑着补充道，"是医生和牙医的住所。"

当我们提心吊胆地问到房子里还留下些什么时，他大笑着说道，"被他们洗劫一空了，就和其他所有的房子一样。"

他妻子拿出一张卷起来的脏兮兮的画。原来是罗曼·克拉姆什蒂克于第一次大战期间在巴黎给我画的肖像。

"我们在阴沟里找到的，替你收起来了。"她十分满足地说。

一时间，我产生了一种强烈的怀疑，这一对太过友好的夫妻在德国军队即将进城时把我们家的所有值钱的东西都拿走了。而且他们竟然获准留在原来的岗位上，这也十分引人注目，显然是主动与德国人合作的。

我们忐忑不安地按响了我们家的门铃。一个少妇打开了大门，我们能看到前庭里有两个小孩在玩耍。

她说："公证员说过你们要来，我们很高兴认识你们。还有，"她迷人地微笑道，"在你们可爱的家里，我们住得很舒服。"

"到目前为止还算顺利。"我心想。但当我们进入房屋，我震惊得心都停止跳动了。房子的内部一塌糊涂。所有房间的地板都由于潮湿变得高高低低的。他们在楼梯旁安装了一个原始的火炉用于整所房间的供暖，被烟熏黑的洋铁皮烟囱穿透了屋顶。各个房间之肮脏简直难以言状。

在这一片狼籍之中，我却见到一件趣事：浴室里的女用盥洗盆是干净的，它上面的架子上整齐地放着花色齐全的化妆品。浴盆看样子也从未用过。伤心又反感，我们离开了这奥革阿斯的牛圈①，那对微笑着的夫妻把我们送到大门口，看来他们决心一直呆下去了。

公证员，活脱脱一位巴尔扎克小说中的人物，还有坏消息给我们。

"算你们走运，"他说，"我找到这家人占住了你们的房子，不过他们显然太穷，付不起房租。他们只在第一年付了我一点钱，之后再没给过什么。"

"我们的房子什么时候可以由自己支配？"

他令人恶心地笑着："根据最新的法规，在没有找到相应的住房前，是不能把任何人赶出去的。"

后来我从可靠的渠道了解到，公证员用我们家的房子交换了那家住客的公寓，然后把公寓给了他儿子。

我们垂头丧气地回到"拉斐尔饭店"，这家饭店对过就是我有着许多幸福回忆的马捷斯特饭店。第二天在香榭丽舍剧院的排练进行得很顺当。蒙克仔细而热忱地配合我演绎了贝多芬和肖邦的作品，然而拉赫玛尼诺夫使他费了不少神。

他厌恶地对我说："这东西，可怕的乐曲。我不在乎为你指挥它，但恐怕巴黎的听众会讨厌它。"

看来，不仅这首狂想曲有问题，整个音乐会都将面临威胁。那天清晨，运输业号召了罢工，虽然门票都已经售出，但肯定我们将面对空荡荡的大厅。

傍晚，奈拉雇了一辆车，派巴维尔去医院给我哥哥送食品和暖和的衣物，那是她专门去买的。儿子回到家时已经是该去音乐

---

① 希腊神话厄利斯王奥革阿斯养牛的地方，圈内养着3000头牛，30年从未打扫过，肮脏无比。

会的时候了。

剧院前聚集了一小群人，等着由于罢工导致的退票，但是听众们不知想了什么办法，都赶到剧院了。蒙克和我受到了非常热情的欢迎，坐下来演奏贝多芬时，我看见大厅前排座位上有许多我的老朋友。结果，那成了我在巴黎最好的音乐会之一。人们热爱贝多芬，崇拜肖邦，但是受到最热情欢呼的却是拉赫玛尼诺夫——这也是我暗自猜到的。蒙克先生，在陪着我鞠了很多个躬后，宣称："这一首也不是那么糟糕嘛！"

从那个晚上起，我在巴黎的每一场音乐会，直到 1976 年最后一场为止，所有的门票都被忠实的听众购买一空。演出后，在舞台的边厢，朋友们排着长长的队伍，拥抱、亲吻和落泪。我再次与一群老友重逢：阿夏尔夫妇、伯努维尔夫妇、玛丽·布朗舍·德·波里尼亚克——已经守寡、当然还有米霞·塞尔特——尽管她的观点很蠢、普朗克、奥里克、雅克·费弗里埃以及其他许多人。

席夫博士在美国去世后，我的事务由他从前的合伙人弗雷德里希·霍罗维茨掌管。整个战争年代他都是在法国度过的，不得不到处躲避盖世太保的追捕，但现在显然又恢复了精神，并开始像以前一样和马塞尔·德·瓦尔马莱泰合作。当我通知他我将重返欧洲后，他便立即着手为我组织一轮音乐会；由于我在美国取得了成功，欧洲以售罄的形式给予我回应，让人心满意足。

我们一家四口去了布鲁塞尔、根特和奥斯坦德。在巴黎香榭丽舍剧院举行了两场独奏音乐会后，巡演又安排到了瑞士，然后，我极为满意地回到罗马再次与圣塞西利亚乐团举行了演出，在我给墨索里尼发了电报并退回我的勋章之后，他们曾威胁说永远不让我在罗马开音乐会。我意大利的经纪人和忠实的朋友克拉拉·卡姆斯向我展示了他们求她说服我到罗马开音乐会的信，写信的还是那个在 1938 年给我发出过粗暴函件的秘书。

罗马之后是博洛尼亚和米兰。到处都把我当做多年不见的老朋友热情欢迎。巡演在我心爱的威尼斯完美结束。我又可以沉醉在那里的美景中了。

我们开心地回到了加利福尼亚，和小宝贝们、家人们团聚。

当时，奈拉再次感到我们急需找一处更好的房子，我像通常一样再次默许了。我们又很走运。一个意大利女演员愿意为我们的房子出高价，而我们也很快找到了梦寐以求的住宅，其实算得上个小庄园，位于贝弗利山的塔台路。房价挺合适，我们对新居很满意，很快就搬了进去。我们有 5 英亩（合 2 万平方米——译注）的土地，包括一片奢侈的英式草坪，一个中间有个金鱼池、四周有柏树环绕的整齐的花园，一个标准尺寸的网球场，一片果园，以及一大块孩子们的游乐场。椭圆形的车行道中间是一大块正对大门的草坪，四周栽种着桉树。这样一个地方至少要四个园丁来管理，不过在这件事上我们也运气很好。我们从原房主手里接收了一个日本园丁，他是个极其能干的人，不仅能把原有的一切保持得秩序井然，而且每周还很有品位地栽培出些新花圃。有些十分罕见但在亚热带气候条件下很容易种活的花卉，我们有孤挺花、栀子花以及许多其他植物，不过，由于我的植物知识少得可怜，叫不出那些名字。

房子是用石头砌成，是设计师造给自己家人的。有很多个房间，而且各种舒适的设施一应俱全。还有两个让我十分高兴的意外：巨大的地下室可用作理想的仓库；而顶层是一个正规的小剧院，有舞台、边厢，孩子们立即就接管了它。

这座房子自动地把我们归入了"富人"的行列。好莱坞的生活是分阶层的，最高层不会邀请年收入低于 10 万美元的人；5 万美元的阶层也适用同样的规则；收入低于这个数字，就不会有人在乎你是谁了。当然，所有这些并不适用于我口中所称所的"真正的人"，所幸，他们才是大多数。

七、第二次世界大战，逃往好莱坞和我的美国国籍

我们在这座房子里过了7年美好的生活。期间，伟大的国务活动家本－古里安发布了自由的以色列国诞生的宣言。听到这个消息，我的心洋溢着喜悦。此后不久，年轻的以色列军队展现了自己的英勇和无畏，战胜了数量庞大、四面合围的阿拉伯大军，赢得了为了生存的第一战。达成停战协议后，犹太人始终受到游击队和狙击手的侵扰。但是什么也不能阻止他们把沙漠变成美丽的国土，农业和工业欣欣向荣——借助于伟大的魏茨曼①研究所创造的技术奇迹，包括把海水变成淡水用于灌溉。特拉维夫了不起的市长迪森戈夫把该城变成了现在这个模样。这个国家与意大利和西班牙一起成了旅游者造访的大热点。尽管生活在不断受到四邻攻击的危险之中，它依旧非常从容地追求着自身的目标。排犹主义虽然始终潜藏于全世界，却无法堵住对这个勇敢的小国的赞美。

在塔台路的家中乐声荡漾。我记得在我家门前的草坪上举行过一场美妙的音乐会。既有好乐手又有好指挥的洛杉矶室内管弦乐团陷入了财政困难，于是我们借来加利福尼亚大学的大乐罩，放在草坪的一端，在草坪上铺好著名的人造草、排满数百张租来的椅子，举行了莫扎特专场音乐会。乐团演奏了一首交响曲和《弦乐小夜曲》，而我则表演了一首协奏曲。音乐会吸引了很多听众，10美元一位，我们的客人是斯特拉文斯基、托马斯·曼和几个热爱音乐的电影明星。因此，这个乐团又可以撑一季了！

在那所房子里，还有过许多更重要的音乐事件。我和海菲兹、皮亚季戈尔斯基录制的那些柴科夫斯基、拉威尔和门德尔松的三重奏的唱片，就常常是在这里进行排练。我有两架漂亮的斯

---

① 魏茨曼（Weizman，1874～1952）：以色列第一任总统（1949～1952），世界犹太复国主义组织主席，曾促使英国政府发表贝尔福宣言（1917年）。原为著名化学家。

坦威钢琴，其中之一是我的朋友西奥多·斯坦威送给我的礼物，常被用于演奏协奏曲，或者演奏一些新颖的双钢琴作品。

当时，我常接到那些电影制作人的邀请，他们坚信听众只想听流行音乐。在许多电影中，古典音乐遭到嘲弄，而爵士乐则受到青睐。我积极地同这种偏见作斗争，顽固地拒绝参与任何贬低这种高尚的音乐艺术的事情。

这里我举一个我与电影人接触的小例子：一天，华纳兄弟公司的杰克·华纳打来电话："阿瑟，我有一部很好的电影与你合作。请到我的办公室来，我和你详谈。"

当我舒服地坐在他办公桌对面后，他开始对我眉飞色舞地描述起来："阿瑟，它特别动人，因此我们要配最棒的音乐。你弹什么随便你选。任何你喜欢的钢琴曲——哪怕是贝多芬呢。"

我很是惊异。

"这是关于严肃音乐家的戏么？"我问。

"不是，我们不会走那么远，不过很伤感。"

"那么，我得用演奏来抚慰什么人，还是怎样？"

"这个嘛，你看，阿瑟，你坐着，弹着一首忧伤的曲子，等你身后的门打开，大明星杰克·本尼拿着他的提琴走进来，一看到他，你就立即为他弹奏他那有名的旋律，然后，你们两个就大笑起来。这不是很妙吗？"

"再见，杰克，回头见！"说完，我就走了。

后来在一次晚餐会上，杰克·华纳带着讥讽对我说："你们音乐家一点儿幽默感都没有。"

"杰克，你大错特错了。你们的喜剧演员靠别人写的段子维持生存，但我们音乐家出众的是能自己迸发出机智、讲述趣闻轶事、才思敏捷，而且我们这么做还不是为了钱。"

有一次，我真的陷进了圈套。鲍里斯·莫罗斯是一个出生于俄国的音乐家，又兼哥伦比亚影片公司的音乐部主任，他拍摄了一部题为《卡内基大厅》的电影，讲述了这个著名大厅的历史事件。他联系了所有的名人拉赞助。我记得其中有指挥家布鲁诺·沃尔特、斯托科夫斯基和罗津斯基；演奏家有海菲兹、皮亚季戈尔斯基和丽莉·庞斯①，因此，我自然也同意了。但他有一个荒谬的要求：我们全体都要从电影业的麦加——我们居住的加利福尼亚，奔波到夏日炎炎的纽约，以便出现在卡内基大厅真正的舞台上。

莫罗斯先生到纽约机场迎接我，用他的罗尔斯—罗伊斯轿车把我送到饭店。

一路上，爱讲话的莫罗斯先生滔滔不绝地念叨着他为自己的影片邀请到的人们的姓名，甚至不惜大量编造。最后他喊起来："我一定要请来托斯卡尼尼、克莱斯勒，他们那一帮人。"

我早就不耐烦了，于是应付道："鲍里斯，我敢打赌，电影结束前由哈里·詹姆斯吹小号，然后影片取得成功。"

"他只能吹3分钟。"鲍里斯回答说。

我只是信口开河，竟然连姓名都猜对了！这部电影讲的是卡内基大厅的一个清洁女工，她儿子显露出音乐才华，所以她自然来求我们所有人在前程上助他一臂。但那小男孩偷偷地喜爱上了爵士乐，而且只爱爵士乐！这对母亲是个可怕的打击。于是母子间发生了可怕的冲突，儿子结婚后，以流行的爵士乐风格创作了一部作品（参照格什温）。小号为胜利的结尾奏凯。

哥伦比亚制片厂向我提出一部略为有趣的影片。故事说的是

---

① 丽莉·庞斯（Lily Pons，原名艾丽斯·约瑟芬（Alice Josephine）1904～1976）：法国女高音歌唱家。1930年起旅居美国。曾在芝加哥、旧金山歌剧院和英国的科汶特花园歌剧院演唱歌剧。作为独唱演员，在纽约大都会歌剧院就工作了25年之久，她嗓音优美清畅，高度流丽，音域宽广、表情生动，以演唱露契亚、拉克美、吉尔达、罗西娜、迷娘、阿米娜等角色闻名。并灌制了大量获奖唱片。获"20世纪最著名花腔女高音"之美誉。

一个盲人钢琴家兼作曲家，我要在奥曼迪指挥下亲自弹奏他的协奏曲。作曲家谱写了一段令人愉快的旋律，由我们和完整的管弦乐团一起录制它，不过实际拍摄的时候，我们都要笑死了，奥曼迪激情满怀地指挥着，架势十足，犹如在指挥一个满员的乐队，而摄影时，只用了10个乐手装模作样的地表演。更为可笑的是，我们不得不随着假冒的欢呼声浪、面对空荡荡的大厅鞠躬、微笑；实际上，只有那么几个人在摄影机前鼓掌。

给我带来真正愉快的是米高梅公司拍摄的关于罗伯特·舒曼生平的电影。这一回，在银幕上，扮演舒曼、他的妻子克拉拉·舒曼、约翰·勃拉姆斯、弗朗兹·李斯特的几个演员不得不演奏的那些音乐，都由我全部负责。

那是十分感人的经历，我尝试着想象这些伟大的音乐家会如何演奏，而且有一次，我必须用不同的方法来演奏同一首作品。舒曼把一首名叫《奉献》的优美、动听的乐曲，献给他年轻的新娘，他的演奏不算完美，但感情相当到位。在一个大型聚会上，舒曼夫妇、勃拉姆斯都出席了，李斯特首先演奏了自己的《梅菲斯托圆舞曲》，然后加演了音乐会版本的同一首乐曲，他弹奏得华丽而炫耀。克拉拉·舒曼不满意他那种炫技演奏，便亲自给李斯特演示了它纯朴优美的原始形态，给这位大钢琴家好好上了一课。我承担着让这些音乐听起来真实、可信的艰巨工作。凯瑟琳·赫本出神入化地扮演了克拉拉·舒曼，弹起李斯特、舒曼的协奏曲和其他作品时，就像个天生的钢琴家。整部影片是怀着对这个题材的热爱和尊重制作的。

我们的一位朋友、优秀的音乐家鲁道夫·波尔克先生，成立了一家制作电视短片的公司，拉上马里安·安德森、海菲兹、皮亚季戈尔斯基、让·皮尔斯以及我入伙，共同投资、并在艺术上出力。海菲兹和我各拍了半小时的短片，内容是我们的居家生活，其中包含了许多音乐；在第三部短片里，皮亚季戈尔斯基也加入进来了，我们一起演奏三重奏。两年后公司解散了，因为拍摄影片成本太高，不过，那几部片子还在各个学院和大学放映着。

我的子女阿丽娜和约翰尼早早地就显露了音乐才华。阿丽娜成了很好的钢琴家，但不愿公开演出；而约翰尼则显示了作曲才能。一次我巡演完回家，快满6岁的阿丽娜给我弹奏了一首小曲子，还有一两处大胆的变调；刚4岁的小约翰尼嫉妒姐姐，就在另一架钢琴上敲打，结果被轰了出去。过了一阵，我抱过正在哭鼻子的小男孩，坐到钢琴边，把他放在我的腿上。

"心肝，现在你随便弹吧。"我说，以为他又会乱砸一通，但令我吃惊的是，小家伙丝毫不差地弹出了她姐姐弹的乐曲，而且用了另外的调性。我不敢相信自己的耳朵。

"约翰尼，谁教给你的？"我疑惑地问。

"哦，爸爸，我能从任何一个键开始。"他说。

呃，他证明了这一点，还有很多其他的能力。他运用美国现代音乐的语汇创作精彩的音乐，此外，他成了一个有名的演员。

113

我发现，欧洲听众对在美国取得的成功十分迷信，宣传越得力就越明显，如果还涉及一大笔金钱，那就更趋之若鹜了。在诸如伦敦、巴黎、阿姆斯特丹和斯德哥尔摩这样的大都会，战前我无法让听众填满大型音乐厅，而现在，刚预告演出日期，尚未透露曲目和其他细节，门票就会自动售罄。甚至省城也提出很高的演出费，以便把我介绍给当地较为慵懒的听众。在各个城市的演出，使我有了熟悉这些国家美景的快乐。在蒙彼利埃、纳博讷和图卢兹的演出让我参观了卡尔卡松古城，那里保存着完好无损的中世纪城堡。

参加新设立的爱丁堡音乐节（只去过一次！）也很好玩。组织者准备了大堆的节目，让可怜的观众难以取舍。例如，上午你可以观看身穿漂亮格子呢褶叠短裙的苏格兰战士跳有名的双人对舞，但就会错失聆听由大指挥家执棒的来访乐团演奏的巴赫《弥撒曲》的机会。午后不久，会有一场钢琴家或者著名小提琴家的独奏音乐会——提醒你一下，说不定还有一位相同水准的钢琴家或小提琴家在排着等待出场——而你可能会落掉一场法兰西喜剧院的日场演出、或者一场精彩的室内乐音乐会。当然，在爱丁堡，任何人都不会错过下午茶——那是神圣的。还不止于此呢。晚上又有新的难题，同一时间段，会有很棒的歌剧节目、某出新戏的首演、热门电影大片上映。我就不提英国和外国最好的管弦乐团的精彩演出了。希望我没有漏掉太多的其他艺术活动。不用说，我此后再没去那里演出过。

意大利经历了最为奇特的变化。这个国家一百多年来完全被歌剧统治着。诚然，在米兰，历史久远的"四重奏组"一直在威尔第音乐学院举行系列表演；在罗马，多亏圣·马丁诺伯爵，举行着音乐会，并拥有圣塞西利亚管弦乐团；但是在外省，实际上就没有任何的音乐会，也不演奏交响乐。

我永远不会忘记，二战结束后我带着奈拉、伊娃和巴维尔第一次到米兰时的惊讶。旅行时，我们热切地期待着去瞻仰斯卡拉歌剧院的风采。抵达后，我们跑去问行李员当晚上演什么歌剧。他屈尊俯就地说："大音乐会季节已经开始了，而且还要延续六周。"

我们大为吃惊。在罗马和其他重要的城市也一样，没有歌剧，只有长时间的交响乐和音乐会季。令我高兴的是，意大利人重新发现了音乐的精髓。而多尼采蒂、罗西尼、贝利尼和威尔第，和他们优美的咏叹调、独唱短曲、男高音的高音 C，以及花腔女高音明星和戏剧性女高音的明星，都渐渐淡出到幕后。他们突然骄傲地想起来，伟大的音乐艺术是在他们的国度诞生的。优秀的乐队如雨后春笋般地成长起来，它们展现了维瓦尔第、蒙泰威尔第和佩尔戈莱西的伟大。"音乐家合奏团"、"罗马炫技演奏团"、"意大利四重奏组"、"的里雅斯特三重奏组"、"那不勒斯斯卡拉蒂室内交响乐团"等等，向世界展现了伟大的意大利艺术。当然，歌剧依然在整个意大利上演着，但如同在德国、法国和英国，它仅仅是音乐生活的一部分。

我很高兴，我的音乐会的听众能够填满米兰的斯卡拉歌剧院、那不勒斯的圣卡洛歌剧院、热那亚歌剧院、威尼斯的凤凰剧院以及佛罗伦萨和博洛尼亚的歌剧院，我还在罗马梵蒂冈的大礼堂举行过一、两场独奏音乐会，有时也以独奏演员身份和他们优秀的乐团合作过。在漂亮的山城佩鲁贾，阿尔芭·布伊托尼夫人为自己的同胞慷慨地献上了一个最美的音乐会季节。

在锡耶纳，古伊多·齐吉（Guido Chigi）伯爵，一位类似那些 16 世纪意大利艺术时期的公爵们的贵族，在自己著名的古老宫殿里修建了一座现代化的音乐厅。他向艺术家们支付标准的演出酬金，而音乐会收入却用于美化城市。战前，我在他那里演出过两场，也在他的宫殿中做过客。此次，我提出愿意去他那里演出，但不要报酬；可是音乐会后，这位尊贵的老先生走上舞台，双手捧着一幅 18 世纪以前大师的绘画作品，那是给我的礼物。我后来再去锡耶纳演出时，他又重复了这一举动。当然，这两幅画代表的价值是大大超过任何酬金的。

勃拉姆斯的两部协奏曲成了我的拿手好戏，而且我是很喜爱它们的；不过现在，不管我弹奏什么，听众都是兴味昂然、十分理解地聆听着。

法国也发现自己突然喜欢起德国作曲家勃拉姆斯来，也许这是德国长期占领的结果。神奇的迪特里希·菲舍尔-迪斯考①和浪漫歌曲歌唱家伊丽莎白·施瓦什科普夫②演唱舒伯特的作品时，音乐厅座无虚席，甚至连马勒艰深的作品都很有市场。

英国，曾经被认为不大喜欢音乐、唯独钟情于体育，但战后它却成了最热爱各种形式的室内乐大师的国度，并出现了很多一流的室内乐演奏组合与交响乐团。仅伦敦一地就有五个拥有最好指挥的一流交响乐团。

皇后音乐厅消失后，在泰晤士河对岸建立了一座庞大的现代化音乐厅，称做皇家节庆大厅，从那里过桥就是著名的萨沃伊酒店。节庆大厅立刻就被所有的大型音乐活动所利用。战后，伦敦接替了柏林，成为欧洲最重要的音乐中心。约翰·克里斯蒂，一个有眼光的人，进行了一次歌剧的冒险活动。在他自己离伦敦70多公里的庄园里修建了一个小型歌剧院，主要用于精心表演莫扎特的歌剧。鲁道夫·宾，后来大都会歌剧院的经理，与导演弗里茨·布施一起帮助他营造了一种仔细品味歌剧之精华的理想气氛。

我正在苏黎世演出时，霍罗维茨先生打电报通知我，我哥哥

---

① 迪特里希·菲舍尔-迪斯考（Dietrich Fischer - Dieskau, 1925～）：德国杰出男中音歌唱家。1948年首次登台演唱《命运之力》中的波萨后，很快成名。活跃于柏林、维也纳、纽约等地主要歌剧舞台上，因扮演威尔第、莫扎特、瓦格纳歌剧中的角色而名扬四海，尤以演唱艺术歌曲而闻名于世。

② 伊丽莎白·施瓦什科普夫（Elizabetr Schwarzkopf, 1915～2006）：德国抒情女高音歌唱家。1938年在柏林首次登台演唱歌剧，1924年在维也纳歌剧院当独唱演员，直到1948年。1947～1951年是科汶特花园剧院的演员，并定居英国。后在米兰和纽约演出。对莫扎特和施特劳斯歌剧作品的演唱无与伦比。在艺术歌曲和清唱剧的演唱中也获得了许多成就。曾获"具有高贵声音的艺术家"的美称。

伊格纳齐已经于巴黎罗思柴尔德医院去世。他在电话中讲了更多的细节，提出愿意帮我张罗我哥哥的葬礼，因为我不能中断在瑞士的巡演。伊格纳齐的许多朋友参加了葬礼，听到热尔梅娜也出席了葬礼的消息，我很受感动。

回到巴黎后，我们无法赶走讨厌的房客，仍旧被迫住在饭店里。战后法国的生活变化很大。这场战争，导致英国孤军奋战了3年，许多人失去了生命，造成了巨大的破坏；对美国而言，它动员了全部的力量，帮助夺取了最后的胜利；只有法国实际上没有受到影响。诚然，诺曼第的若干城镇和一些村庄在盟军攻击时确实经受了苦难，但国家其他地方没有遭受到破坏。当然，法国的犹太人和在其他被纳粹占领的国家一样遭到了屠杀，英勇的抵抗运动也大受损失。由于戴高乐将军发起了抵抗运动并从伦敦领导它，法国陆军又在非洲协助英国对抗隆美尔，所以艾森豪威尔和蒙哥马利允许由戴高乐将军指挥的法国陆军首先进入巴黎。

尽管面貌依旧，但法国人已经变了。像在左拉和德雷福斯案件的时代一样，国家分成了两个阵营。一边是维希的合作分子，另一边是抵抗运动和那些不同敌人合作的人。

我痛苦地了解到，我战前的许多最要好的朋友，都与纳粹占领者过从甚密。他们中有：梅尔基奥尔·德·波里尼亚克、萨沙·吉特里和其他几个人，我和他们再也没有见过面。我的新朋友中有皮埃尔·布里松。他是法国《时代》杂志战前的戏剧评论家，和一群最优秀的作家、记者勇气十足地复兴了著名的日报《费加罗报》，又拒绝了股东们想把报纸变得更加商业化的种种企图，并光荣地领导这家报纸直到他去世。我欠他的情，正是他忠贞的友谊，才使我在巴黎的艺术事业得到了巨大的支持。有一次我受邀出席他举行的晚宴，宴会上汇集了许多有趣的人物，他把我介绍给路易·巴斯特·瓦莱里-拉道教授，伟大的路易·巴斯特①唯一的外孙、医学界的重要人物。就像与皮埃尔·伯努维尔相遇的情况一样，从那个晚上起我们就成了亲密的朋友。他是最为睿智的人、令人敬重的医生，对艺术充满热情，此外，感谢上帝，他还极富幽默感。他的友谊使我的生活更为增色，而他的去世则在我心中留下了巨大的空白。这位抵抗运动勇敢的斗士崇拜戴高乐，而戴高乐也十分欣赏他，并把所有的荣誉都给予了这位教授。他是法国科学院院士，法国国家行政法院院长，获得了荣誉军团大十字勋章。戴高乐在逮捕了在阿尔及利亚发动针对他的叛乱的萨朗将军和其他几位将军之后，指派了一个由 10 人组成的特别法庭，其中就包括瓦莱里-拉道；当检察总长要求一致同意判决萨朗死刑时，瓦莱里-拉道是唯一投下反对票的人。这一点戴高乐一直没有原谅他。后来我问这位朋友为什么违背戴高乐的意志，他回答得很简单："我只是要努力救人，而不是要杀人。"

戴高乐的态度令他心碎。他一直没能从幻灭中复原，几年后便去世了。对我们这些朋友而言，那是个巨大的损失。他是我所认识的最善良、最宽容、最慷慨的人。

诸位读者也许想知道通过我的描述所熟识的许多人的命运。可怜的波拉被癌症折磨了很久之后，在华沙去世。得知我的婚讯后，她忧伤地说道："他的生活开始了，而我的却结束了。"

加夫列拉·贝桑佐尼嫁给巴西豪富船主后放弃了事业，不久她成了寡妇，过着富人的孤独生活。后来，她返回故乡罗马，我在当地举行的音乐会上经常能见到她；她对自己的生活很失望，

---

① 路易·巴斯特（Louis Pasteur, 1822～1895）：法国微生物学家、化学家，微生物学的奠基人之一。他以否定疾病自然发生说并倡导细菌学说（胚种学说）和发明预防接种方法而闻名。被世人称颂为他是"进入科学王国的最完美无缺的人"。

过早地谢世了。

我怀着感激之情想起阿尔曼·德·贡道-比隆，他在第一次世界大战中参加过战斗，后来娶了一个富有的巴西女子。可惜，我和他失去了一切联系。回到巴黎后，我才得知他已经作古。

尤瑟夫·雅罗申斯基和安代克·莫什科夫斯基，我早年的伙伴，奇迹般地熬过了纳粹的占领和悲惨的华沙起义。盟军取胜后不久，他们两人分别来信，令我十分意外，但他们既不抱怨，也没开口求助，而是向我推荐了一个年轻的钢琴家符瓦迪斯拉夫·肯德拉，此人实际上前途无量，可惜非常年轻就死了。雅罗申斯基本人，这个可怜的人，死在克拉科夫的一个老人院里；安代克也在我回华沙之前离开了人世。

帕德雷夫斯基丧偶之后，离开了莫尔日的家，来到美国。他为波兰展开了爱国主义活动，也顺便为支付美国财政部的税款举行几场音乐会。他在纽约的最后一场音乐会吸引了大量的听众来到麦迪逊广场花园，但可怜的大师当时已 80 高龄，精神极度的虚弱，他甚至还没有开始演奏，就以为音乐会已经结束了。那是我记忆中最令人难过的夜晚之一。他的最后一批录音，八成是受别人引诱、而不是出于自己的决定才做的，可惜，这些录音对他这样一位真正的艺术家是个败笔。他在战争最苦难的阶段死于纽约的"白金汉饭店"，孤苦伶仃、心力交瘁。美国政府为他在阿灵顿公墓举行了葬礼，给了他很大的荣誉。

直到自己生命的最后时刻，拉赫玛尼诺夫一直保持着良好的艺术才能，他于帕德雷夫斯基之后两年去世。里夏德·施特劳斯死后，斯特拉文斯基、勋伯格和拉威尔开始统治音乐世界。

普罗科菲耶夫带着他的交响曲、钢琴和小提琴协奏曲、钢琴奏鸣曲、优美的芭蕾舞曲以及为俄国电影之父爱森斯坦的著名影片配的音乐，胜利地登上了国际乐坛。巴托克①的早期作品颇受音乐界的认可，他在纽约凄惨、孤独地去世后，反而一夜之间便成了作品最有人经常演奏的作曲家了。

114

在塔台路的头几年，只要全家人聚在一起时，就如同梦幻般美妙。奈拉母亲的房间十分舒适，阳光充足、有一扇凸窗、笼中的小鸟欢快地歌唱着。伊娃在威斯特莱克中学以优异的成绩毕业，还在跟着贝克菲夫人学习舞蹈。不过，她进了洛杉矶的加利福尼亚大学学习表演，她在这方面显示出相当的才华。巴维尔以优异成绩毕业于圣芭芭拉附近的凯特中学，被耶鲁大学录取。

阿丽娜和小约翰尼这一双可爱的儿女我们极为喜欢。他们的生活很幸福，成天和四邻那些演员的孩子们一起游戏。他们的保姆都懂得生日招待会上少了谁都不行，于是在我们家举办的大型儿童舞会上，总有朱丽叶塔·科尔曼、杰拉尔丁娜·卓别林、丽莎·明奈利、坎迪斯·伯根、丽贝卡·威尔斯等。约翰尼3岁时便成熟得爱上了美丽的小坎迪。每次招待会之后他都会叫："我要坎迪，我要坎迪！"

---

① 贝拉·维克托·亚诺什·巴托克（Béla Viktor János Bartók, 1881～1945）：生于匈牙利的纳吉圣米克洛斯（今罗马尼亚境内），是20世纪最伟大的作曲家之一，匈牙利现代音乐的领袖人物。同时也是钢琴家，民间音乐学家。他的很多创举剧烈震动了整个20世纪艺术圈，一些专家们甚至坚信他的精华可以与贝多芬相提并论。

我们原来有一个开放式的游廊，是用来堆放壁炉烧的木柴的，现在被封闭上、安装了对着草坪的大窗子，供我们全家愉快地用餐。我们的朋友卡纳莱克画了一套很大的三幅联画，就挂在那游廊里。

也是居住在塔台路的时期，我又有了恢复我的书房的勇气，并重新开始收藏绘画。战后的那几年，许多欧洲人来到美国，随身带着他们从纳粹手中挽救过来的全部家当。洛杉矶和纽约成了最好的市场，我也因之得以购买到极为珍贵的图书，甚至还有几幅我在巴黎做梦也买不到的印象主义画作。一个法国古籍书店老板的遗孀从巴黎带来了拉封丹①的寓言，是"农夫总会"（The Fermiers Generaux）在阿姆斯特丹出的独一无二的第 1 版。我又从其他途径得到了一幅雷诺阿②版画的限量版，是一个叫沃拉尔（Vollard）的著名艺术商人用日本宣纸印刷的。此外我还弄到了乔伊斯的《尤利西斯》，由马蒂斯③插图；海涅④的《歌集》的第 1 版，上面还有作者本人亲笔给朋友的题词；全套装帧精美的文学期刊《黄皮书》，里面有当时英国大作家们的撰稿和奥布里·比尔兹利（Aubrey Beardsley）的插图。

我不可能一一列举我购得的那数百本极其有趣的书籍。然而，有一套藏品我必须描述一番：一次，我去堪萨斯城演出，走

---

① 拉封丹（Jean de La Fontaine, 1621～1695）：法国寓言诗人，代表作为《寓言诗》12 卷，内容丰富、语言尖刻，对后来欧洲寓言作家的影响很大。

② 皮埃尔·雷诺阿（Pierre Auguste Renoir, 1841～1919）：法国印象派画家。题材广泛，尤以人物画见长，主要作品有《包厢》、《游船上的午餐》、《浴女》等。

③ 亨利·马蒂斯（Henri Matisse, 1869～1954）：法国画家、雕刻家、版画家。野兽派领袖。作品以线条流畅、色彩明亮，不讲究明暗与透视法为特点。代表作有油画《戴帽子的女人》等。

④ 海因里希·海涅（Heinrich Heine, 1797～1856）：德国诗人，政论家。以爱情诗《歌集》著称。因抨击专制苛政反对压迫而遭迫害。晚年瘫痪。代表作有《时代诗歌》、《德国——一个冬天的童话》等。

进旅馆的书店，想买几本杂志和一册平装小说。却被一排装帧精美的书籍吸引住了。这种情况在此类地点的确罕见。我问售货员，他爽快地回答说："这是查尔斯·狄更斯①著作第1版最完整的收藏。甚至包括他的演讲以及发表在杂志上的首批作品。有个狄更斯狂热的崇拜者曾经住在这里，他从世界各地收购来这些珍贵的书籍，前不久他去世了，我便幸运地得到了它们。"

我惊讶得脸都白了，但却装得满不在乎，只随意地说道："要是价钱不太贵，我倒是愿意买下来。"

"呃，"他回答，"这套书实际上已经卖出去了。堪萨斯大学打算买，不过我还要等一个特别委员会批准这笔开支。"

"哈，"我说，"这些大学做个决定总是磨磨蹭蹭的，不过只要价钱不是太高，我倒是有现成的支票给你。"

价钱不是太高，而大学还是没有做出决定，所以那个老兄抢过我的支票，于是，这套美妙的藏书就成了我在巴黎书房中的镇宅之宝，使得我的众多英国朋友极为羡慕。

我是在洛杉矶认识以色列画家鲁文·鲁宾的。电影明星爱德华·G·罗宾森有一套世界一流的绘画藏品，他劝我去参观鲁宾的画展。我爱上了鲁宾的绘画，购买了四幅他的作品。随着时间的推移，我对他画作的热情和他对我演奏的钦佩，发展成了亲密的友谊。后来，我常去他在以色列恺撒里亚设计并建造的漂亮住宅拜访他。他、他可爱的妻子伊瑟、以及一双儿女，组成了我所认识的最幸福的家庭之一。我们在他去世前不久最后一次相见时，他画了我坐在钢琴旁的一幅肖像，并用颤抖的手签了名送给我；我为他弹奏了他最钟爱的肖邦的夜曲。依我的浅见，他是当

---

① 查尔斯·狄更斯（Charles Dickens, 1812～1870）：英国作家。作品反映并鞭笞19世纪英国资本主义社会的丑恶现实。如《匹克威克外传》、《大卫·科波菲尔》、《双城记》等。

代最伟大的花卉画家。

一年夏天，芝加哥市郊拉维尼亚公园音乐会的组织者邀请海菲兹、皮亚季戈尔斯基和我在一周内举行四场音乐会，会上我们演奏了三重奏和奏鸣曲。我们喜欢这种新形式的公开演出，制定了四套有趣的音乐会曲目，其中有门德尔松、柴科夫斯基和拉威尔的三重奏以及几首我们经常一起演奏的著名奏鸣曲。我们的组合引起了不小的轰动，音乐会吸引了最多的听众。然而有个评论家品味十分低俗，竟称呼我们为"百万美元三重奏组"，这个头衔在全国广为传播，其结果之一就是我立即停止了这类演出。

这些音乐会令我想起了一场与雅沙·海菲兹的可笑的小小争论。他痛恨在所有的宣传中，我们三人的名字始终按照鲁宾斯坦、海菲兹和皮亚季戈尔斯基的顺序排列。

"就不能改改这个顺序吗，让我们每个人都有机会排在第一？"雅沙说。

"我是无所谓的。"我满不在乎地回答。"但是据我所知，所有的三重奏作品出版时就是钢琴、小提琴和大提琴的顺序，因此按照这个顺序宣传演员也是传统。"

雅沙不打算轻易让步。

"我看到有些三重奏是按小提琴、大提琴加钢琴伴奏印刷的。"他说。

"雅沙，那些肯定是你自己印的。"

"你什么意思？"他愤愤不平地说，"我真的见过它们。"

我开始冒火了。"雅沙，"我叫道，"就算上帝来演奏小提琴，那也必须按照鲁宾斯坦、上帝和皮亚季戈尔斯基这样的顺序印刷。"

雅沙没回嘴。不过，我们的确为上述三首三重奏投入了很多心血和感情，并录制了唱片。

我还在好莱坞美国无线电公司的录音棚录制了若干独奏曲，在那里工作非常愉快。我在美国的音乐会数量更多了，成功也更大了。洛杉矶爱乐乐团的指挥艾尔弗雷德·沃伦斯坦邀请我和他的乐队一起演出贝多芬的全部五首钢琴协奏曲，因此我必须研究头两首和《皇帝协奏曲》，这三首我从未公开演出过。我愉快地研读着它们，音乐会上的表演充满了感情。这些作品受到好评令我鼓起勇气为将来的音乐会准备了五首莫扎特的协奏曲；那些作品我一直梦想能公开演出却无法实现，原因是美国的乐团坚持表演那些效果显著的曲目，诸如柴科夫斯基、圣-桑和李斯特的作品。

在塔台路居住时期，我的录音曲目中增加了弗朗克的《交响变奏曲》和拉赫玛尼诺夫艰深的《帕格尼尼主题变奏》，这后一首我从未敢在作曲家活着的时候公演过。对我们家有两架上好大钢琴的大沙龙，我感激地保持着记忆。我在那里受到启迪，扩大了自己的曲目，增加了肖邦、舒曼、舒伯特和勃拉姆斯的受人欢迎的独奏曲目——以前我太懒，没有为在音乐会上精确地演奏这些作品而在技术方面下必要的工夫。有些夜晚，我们演奏优美的室内乐，令我在加利福尼亚的生活更为丰富。在这些室内乐之夜，我们会邀请托马斯·曼夫妇以及其他真正的音乐爱好者来做客。斯特拉文斯基夫妇也来我们家吃过几次晚餐，我们也去他们家参加过鸡尾酒会，但是两家之间相距遥远，使得朋友间聚会不那么容易。

我必须厚着脸皮吹嘘一下，因为我一连两年获得了"最佳音乐会上座率"银质杯奖，进入决赛的其他选手是梅纽因①、海菲

---

① 耶胡迪·梅纽因（Yehudi Menuhin，1916～1999）：美国小提琴家、指挥家。幼年时就被认为是"神童"。11岁首次在欧洲登台，不久便蜚声国际乐坛。1927年在卡内基音乐厅演出，1929年在伦敦演奏勃拉姆斯的协奏曲。1944年约请巴托克为他创作小提琴协奏曲，以此来支持巴托克。长期在世界各地巡演，誉满全球。1958年，他建立"梅纽因室内乐团"，自己担任指挥并参加演出。1959年起定居伦敦，组织多种国际音乐节，创办"梅纽因音乐学校"，培养各国青少年人才。从1969年起，三次连任国际音乐家理事会主席。曾应邀访华。对我国十分友好，关心我国选手的成长。

兹、霍罗维茨和泽尔金。与此相关，我收到"好莱坞碗形剧场"委员会寄来的一封令人高兴的信。他们通知我，霍洛维兹和海菲兹演出的酬金每场都是6000美元；鉴于我始终满足于自己3000美元的演出费，他们感到有道义上的责任给我补上3000美元的支票。

在我们结婚20周年之际，我们用最标准的好莱坞传统举行了晚宴和舞会。应邀出席的有百余人。两个大吧台供应了两个多小时的饮料。由桉树环绕的草坪上用地板铺成了宽大的舞池，周围安放着能坐6人或8人的桌子。我们还十分走运地为这个晚会请到了城里最好的一个乐队。

还有一个迷人的插曲。伊娃的一个大学同学写了一出独幕剧，由伊娃和她的几个同班同学在阁楼的剧院上演，以向我们表示敬意。剧本很短，所以他们安排在鸡尾酒会时表演。时间一到，奈拉击掌请大家安静，讲了原委，并补充道："愿意欣赏的欢迎，但决不强求。"

令我们十分高兴的是，最重要的客人们，如塞缪尔·戈尔德温夫妇、大卫·塞尔兹尼克夫妇、查尔斯·劳顿、黛博拉·克尔、格里尔·加森、加里·格兰特，以及另外二三十位，都沿着楼梯爬上阁楼，舒舒服服地坐到椅子上，很有礼貌地观赏了这出简朴的独幕剧。大家都由衷地鼓了掌，戈尔德温夫妇甚至对伊娃很热心。

当我们回到酒吧其他客人身边时，查尔斯·劳顿一边伸手拿了一大杯威士忌加冰，一边对我说："亲爱的伙计，下次我请你吃晚餐时，一定要先让你听上六首贝多芬的奏鸣曲再上菜。"

晚餐由奈拉精心准备，并雇了很多帮手来上菜，最终十分成功。自始至终供应着法国香槟。舞会一直延续到深夜。

这所房子非常适合举行大型招待会。我记得在房子的另一侧举办的特别一次，客人们欣赏着花园的全景，又是我的老朋友南丁格尔先生负责安排了华丽的灯光。那是为了欢迎专程来拜访皮亚季戈尔斯基夫妇的热尔梅娜·德·罗思柴尔德举行的。我们的客人大都是音乐界的，还有很多欧洲来的朋友，以及英国和法国的演员。

奈拉的弟弟勃罗尼斯瓦夫·姆威纳尔斯基和多丽丝·凯尼恩（Doris Kenyon）结了婚，她是默片时代漂亮的女明星。他开了一家不大的邮购古籍书店，并和其他古籍书店保持着联系，对拍卖会消息灵通。多亏他，我才从伦敦的一场拍卖会上购得了肖邦唯一的护照。另一次，他把一本在日内瓦的"重要亲笔信函拍卖会"的目录寄到巴黎我们手中。我吃惊地看见目录中竟然有我的几封信件，而我是世界上最不爱写信的人。由于我不想在拍卖会上露面，所以奈拉去日内瓦买回了那些信件。真正的收藏家总是懂得什么是稀罕货，因此我这几封信十分抢手，奈拉不得不为这些写信人尚在人世的信件支付异常高的价钱。那一次她还用较低的价钱购买了圣-桑和雅克·蒂博的许多信函，因为两人的信函相当多。所有的信都是写给加布里埃尔·阿斯特吕克的，他一直是我们三人的经纪人。说到我的信，有几封是1906年寄自美国急着要钱的，而其他的则出自不同年代，涉及接受或者拒绝演出合同和其他事项。所幸，它们现在都安稳地在我手里了。

我常常返回巴黎，终于找到一个很大的书籍和绘画市场，价格也合理。我成了最富激情的买家之一，而且至今仍旧开心地和我的藏品住在一起。

那一时期，秋天我在欧洲巡演，过了新年在美国演出，而夏天则回贝弗利山的家中度过。奈拉总是陪我去巴黎，我们住在奥什大街上的"蒙梭皇家饭店"。巡演的开头，我常常在特罗卡德罗或者香榭丽舍剧院演出两三场音乐会，然后就去伦敦、斯堪迪纳维亚各国和意大利演出。

有一次巡演时，伊娃也跟着来了，那一年我还同意在 12 月带伊娃一起去以色列，住上整整一个月，另外我在当地有 20 场音乐会。那是很难的一次巡演。在特拉维夫，我将被迫 8 天内重复演奏勃拉姆斯的《降 B 大调钢琴协奏曲》8 次，因为音乐厅太小，而订票的人数超过了音乐厅容量的 8 倍多。

休息几天后，我得去耶路撒冷和海法再演几场这首协奏曲；其余的演出是几场独奏音乐会，中间穿插些空闲日子。令我不悦的是，航空公司正闹罢工，我在罗马等了 6 天才飞往特拉维夫。当我建议缩短巡演时，以色列爱乐乐团求我不要这样做，于是我在 20 天里演奏了整整 20 场音乐会。我们居住在一栋专供来访艺术家使用的小房子里，房屋由一个善良的保加利亚女士和她的丈夫管理着。最后一场勃拉姆斯协奏曲演奏完后，听众要求我返场加演，不愿离开音乐厅，而另一群热情的人甚至硬挤到了后台。

第一次到访新成立的以色列国家，对我来说是不能忘怀的经历。伊加尔·亚丁，1948 年战争中以色列军队的总指挥，是个十分热爱音乐的人，成了我的朋友。在我住的艺术家之家的一次小型晚餐会上，他讲述如何取胜的有趣故事。由于他本来的职业是考古，他发现了一条圣经上记载的通往埃及的古道，他就从这条路出乎意外地进攻了埃及军队，抓了许多战俘，其中包括年轻的纳赛尔中尉（后来的埃及总统——译注），并击溃了其余的部队。

"我们同叙利亚人的战斗相当可笑。鉴于我们的大炮少得可怜，我想出了一条计策。"他咧嘴笑道，"你们都知道美国的战争影片中有多大的声响，我便在战略要点安排了美国影片和大功率扩音器。那效果真棒。"他笑道，"叙利亚人在惊慌失措中拔腿逃跑了。"

伊娃的举止非常得体，对我大有帮助。白天她走访医院，和伤员聊天，以她的魅力和活力提高他们的士气。晚间她都在音乐会上陪我，要么坐在大厅里，要么在演员休息室读书。我们回到加利福尼亚后，她在不少私人聚会上大谈以色列的情况。

伊娃 18 岁时，我们决定为她举行盛大的初入社交界舞会。贝弗利山不合适，而在纽约我们又不认识任何青年人。最后，我们的知心朋友、华盛顿的弗吉尼亚·洛·培根夫人给我们提出了合适的建议。弗吉尼亚·洛·培根是首都三大名主妇之一。另外两个是住在邓巴顿橡树林的罗伯特·布里斯夫人和西奥多·罗斯福的女儿艾丽斯·朗沃思、已故众议院议长尼古拉斯·朗沃思的遗孀。我是在华盛顿重要的招待会上认识这些夫人的。艾丽斯·朗沃思按照弗吉尼亚的建议，使我们能在萨尔格雷夫（Sulgrave）俱乐部为伊娃举办这场舞会。那里特别太好，太适合举行这样的招待会了。伊娃在培根夫人家住了两周，应邀参加了全部这样的初入社交界舞会，认识了舞会上的所有年轻人。于是我们邀请了 100 多个年轻人以及华盛顿的社交精英。与会的宾客超过 300 人。我让人在舞台上放了一架斯坦威演奏琴，还通过朱尔斯·斯泰因找来一个很棒的伴舞乐队，他非常有能量，是美国这种乐队的主席。装饰花卉、自助餐和香槟都由奈拉监管，她总能找到最好的包办宴席的商家和花店。当奈拉、伊娃和我在入口迎接我们的客人们时，场面相当引人注目。女士们的盛装和先生们的规定的白领带、燕尾服，令我缅怀起往昔爱德华时代的伦敦。乐队奏过《星条旗》后，我坐到钢琴边，宣布："现在我给大家演奏肖邦的《大波洛奈兹舞曲》，借此把我心爱的女儿介绍给社交界。"

不用说，我从没弹得这么好过。之后我理所当然地和我的伊娃跳了第一支华尔兹。招待会开了个通宵，在场的人都难以忘怀。

回到塔台路，我便忙于录制唱片。我骄傲地开着我的凯迪拉克前往美国无线电公司的录音棚，不少唱片就是在那里诞生的。我尤其记得一张舒曼的《狂欢节》和《幻想曲》还算不错，以及一张格里格的专集，曲子是从我最喜爱的《抒情曲集》里挑选的。总有人把莫扎特和格里格的奏鸣曲作为"容易的"拿给小孩子们弹，而那些小可怜根本不知道如何对付，我十分讨厌这种状况。

50 年代，我和年轻的波兰小提琴家亨雷克·舍林格录制了勃拉姆斯的一些小提琴奏鸣曲，和我最喜欢的三首贝多芬的奏鸣曲。二战后，我在墨西哥认识了舍林格，并听过他的演奏；他像许多人一样遭到了流放。我邀请他来我在贝弗利山的家中做客，并把他介绍给我们的那些喜爱音乐的朋友们。因为在美国他完全不为人所知，胡罗克对他不感兴趣。不过美国无线电公司最终表示同意录制那些奏鸣曲。他们一直想要我和海菲兹录制这些乐曲，但我不同意，因为他把这些奏鸣曲当做带钢琴伴奏的小提琴独奏曲。那些和舍林格录制的唱片很美。战后回到欧洲后，他到处演出，成就越来越大，现在已经是最为杰出的小提琴家之一了。

大约在 1953 年，我们在塔台路的生活开始变遭了。可怜的奈拉做了一次复杂的手术，不过感谢苍天，她很快就恢复了体力。我们的那个能把整个花园保持得美不胜收的日本园丁也因病离开了我们，结果证明他是不可替代的。我们雇了两个、后来雇了三个人，但就是不能把花园管理得有条不紊。

我们真想把这个地方卖了，但却被劝住。

"现在谁也不买你们这样的房子，"朋友们说，"对多数人来说，房价太高；而那些富裕的电影侨民则对自己的房子很满意了，所以你们卖房子会蒙受很大的损失。"

经大家这么悲观地一说，外加先前我还有过一番不愉快的经历，我们就没做出任何决定。我曾经在贝弗利山周围最被看好的地段买了三块地。我很自豪地变成了开心的投机商，然而却遭到了突然的打击。一天早上，我收到市政当局一封措词严厉的信，命令我们雇佣一名全日制的守门人，因为所有的邻居都把垃圾扔到我的地皮里了。第二天，我即以微薄的利润把地皮卖掉。

我又启程去巡演，先是在加拿大东部的几场，然后立即转到波士顿、纽约和华盛顿，再南下至热带气候的佛罗里达，到了那里，我和以前一样，加上一个哈瓦那。在这雪茄的天堂，我特别愉快地在一个漂亮礼堂内举行了音乐会，那礼堂是由一个阔夫人的委员会所建。在哈瓦那，音乐会联票总能卖光，但通常会发生怪事。受邀演出的艺术家一般总是面对空荡荡的大厅，因为订票人——哈瓦那社交界的精英，冬天要去纽约或者欧洲度过，而他们手中的票不能转让给陌生人，只能给家人用。于是就出现这种情况：要么主人忘记留下门票，要么少数的听众都是大户人家的女仆和管家。至于我，则不必抱怨，因为哈瓦那的音乐爱好者总是请我在他们离开前去开音乐会的！

继古巴之后，我的音乐会便转到了美国中西部。有一天在底特律，我演出结束后叫不到出租车去机场，到了最后的时刻，我只好乘机场大巴。我正冲下台阶走上马路，有个侍者突然大叫道："鲁宾斯坦先生，洛杉矶来的电话找你。"

家里的电话总会令我不安——八成出了什么事，所以我求那老大不愿意的巴士司机等我一下，就跑去接电话。是奈拉打来的电话："我们的房子已经有买主了。他愿出比我们购房时高出五成的价钱。我该卖掉吗？"

我大气没喘一口就回答说："卖！"

就这样我们离开了加利福尼亚。

115

在纽约，我们的生活的开始了崭新一页。奈拉在公园大道和第 66 街交汇处的一幢很好的房子里找到了一套公寓。我们和奈拉的妈妈、两个年幼的孩子和保姆凯思琳一起搬了进去。伊娃与一个跟她同宿舍的同学在附近成立了一家工作室，而巴维尔在宾夕法尼亚大学的沃尔顿财经学院攻读最后一年。房子颇小，但在里面居住期间发生过许多重要事件。阿丽娜进了南丁格尔学校，她在那里很开心；她是个极好的学生，大家都喜欢她。约翰尼刚一入学就"称王称霸"。他在学校的演出中总是扮演主角，我还很自豪地记得他扮演的小飞侠彼得·潘。而我自己，则更多地参与了美国东部的音乐会生活。

我必须写一个小姑娘的故事。早些年，有一次在卡内基大厅的独奏音乐会后，一个小女孩手里拿着一朵小花来到我身边，轻声说了几句赞美的话。从此，她年复一年地重复着这一做法。我们搬到纽约时，她大约已经有 15 岁，仍旧继续着她那套小小的礼仪。一次晚上奈拉叫住她，问道："你是干什么的？"

"我是学钢琴的，在朱利亚音乐学校学习。"她说。

"你干嘛不早告诉我们？"我妻子说道。我则补充了一句："明天上我家来喝茶，然后给我弹上几曲。"

她可不只是出色，而是非常有才。她来自南斯拉夫，名叫杜布拉夫卡·托姆希克。从此，每学会一首新作品，她都会来弹给我听。

一次，她哭着对我们说，她必须回南斯拉夫去了。

"政府已经停止继续提供助学金，因为美元太贵。要是没有毕业就离开纽约，那我就失去从事这个事业的希望了。"

我为她感到非常惋惜，并决定要做点什么。我给南斯拉夫大使打了个电话，说我有重要的事情，不知他是否肯见我。我们定下了一个合适的日子，我就去了华盛顿。所幸，大使是个很有文化教养的人，并理解这个可怜姑娘的窘境。

"我会把您对这事的态度报告我的政府，并尽快给您答复！"

这位大使更是个做事得体的人。稍后他通知我，他打算来纽约向我转告他的政府的回复。

"铁托总统给您提出一个建议。只要您愿意给托姆希克小姐授课，他可以用自己的钱支付她在美国的学费。"

这可真是个吓人的条件！不过，想到杜布拉夫卡·托姆希克小姐的才华，我同意了，于是在两年的时间里，我断断续续地给她上课，直到她同时从高中和朱利亚音乐学校以优异成绩毕业为止。

我不时返回纽约，一次，我吃惊地看见卡内基大厅正门贴着一张海报，公告托姆希克要在下午5点这个相当奇怪的时间举行一场独奏音乐会，正好夹在下午场和晚场音乐会之间。托姆希克给我寄来包厢的票，但未做任何说明。我全家和我一起大惑不解地去了音乐厅。剧院几乎满了，主要是年轻人。托姆希克已经长得高高大大，她一头黑发、身着长裙出现在舞台上，我们看了欣喜不已。我清楚地记得她的演出的曲目中的几首曲子：贝多芬的《热情奏鸣曲》演奏得十分出色，李斯特的《梅菲斯托圆舞曲》速度惊人，把整个大厅都掀翻了。许多大把的鲜花被带上舞台。她不得不加演了两三次，直到剧院经理提醒听众，下场音乐会之前需要清场，大家才作罢。我们匆忙赶到演员休息室去与她拥抱，并了解事情的原委。

"是我自己组织的这场音乐会。"她说，"因为我高中的和朱利亚学校的同学答应要来为我填满大厅，我甚至还挣了点钱呢。我很走运，不过如果我掏不起腰包，我也准备好去坐牢了。"

之后不久，这个大胆的姑娘胜利地回到了她的国家，铁托总统邀请她去了自己的夏宫。她现在是南斯拉夫最杰出的钢琴家了，同时在德国、意大利、西班牙和其他许多国家都取得了成功。我们和她保持着经常的联系。

这些年里，霍罗维茨时常取消自己的演出，最终完全放弃了，据他自己说是因为结肠炎。一想到这位了不起的钢琴家在成就的巅峰结束了艺术生涯，我就感到难过。这样，我的竞争者就剩下鲁道夫·泽尔金和罗贝尔·卡扎德絮了。

威廉·卡佩尔，我保荐的年轻人，他的事业正在迅速上升，注定会成为出生于美国本土的最优秀的钢琴家，但却意外地亡故了。他从澳大利亚巡演归来返回旧金山时，飞机却在降落前坠毁，真是悲剧。

瓦尔特·吉泽金，曾公开自称追随纳粹党，居然不知天高地厚地想来美国挣些美元花花，但被当局拒绝入境。

埃米尔·吉列尔斯，俄罗斯伟大的钢琴家，我亲爱的朋友，在英国和法国取得了巨大成功之后，被胡罗克引进到美国。不管到哪个国家演出，他都很受欢迎，直到今天我写书的时候依然如此。

在小提琴家当中，自从克莱斯勒去世后，只有海菲兹能使音乐厅满座。蒂博来到纽约，在卡内基大厅举办了一场音乐会，他优美地演奏了圣-桑的《哈瓦娜舞曲》，其余的曲目也十分完美，但他细弱的声音却遭到批评。亲爱的雅克两年后乘飞机去日本途中遇难身亡。旧金山的年轻小提琴家艾萨克·斯特恩①涌现出来，并且进步不断。

纽约的爱乐乐团换了一个新指挥，德米特里·米特罗波洛斯，他是位希腊的理想主义者，也是个有秀的音乐家，有着出奇的好记性。在他的许多梦幻般的演出中，我特别记得他完全背谱指挥的那场阿尔班·贝尔格②的歌剧《沃采克》。他在为独奏演员伴奏时从没用过一次总谱。他自己也是个优秀的钢琴家，是布索尼的学生，他喜欢不时演奏一下普罗科菲耶夫的《第三钢琴协奏曲》，或者巴托克、或者克热内克③的什么曲子，边弹钢琴边指挥乐队，纽约爱乐乐团总算爱上了自己的指挥。

在此期间，年轻的莱奥纳德·伯恩斯坦④在最后时刻替补罗津斯基指挥了音乐会，引起轰动。他立即就成为波士顿交响乐团

---

① 艾萨克·斯特恩（Issac Stern，1920～2001）：乌克兰犹太血统的美国小提琴家。自幼移居美国，师从布林达，1934年公演，便获成功。后又跟着名小提琴家珀辛格进修。1943年在卡内基音乐厅演奏，取得令人瞩目的成就。此后便在世界各地巡演，成为当代最优秀的小提琴家之一。他还和伊斯托明和罗斯组成三重奏组，赞助设立美国艺术基金会。1979年访问中国，对我国音乐文化的发展表现出了浓厚的兴趣和关注。还摄制了《从毛泽东到莫扎特》的音乐文化纪录片。

② 阿尔班·贝尔格（Alban Berg，1885～1935）：奥地利作曲家。师从勋伯格，深受其影响。作品有《沃采克》——此剧确立了他的作曲家的地位、《璐璐》（未完成）。其《小提琴协奏曲》是20世纪最重要的协奏曲之一。作品数量不多，但显示出其智慧过人、技巧精湛，想像力丰富。

③ 恩斯特·克热内克（Ernst Krenek，1900～1991）：捷克裔美籍作曲家、指挥家、钢琴家。1937年前在奥地利生活，进行创作、音评和组织活动。1938年移居美国，执教于多所大学。他主要从事作曲，创作风格多变。他从先前大师们的风格转到电子音乐，从巴洛克风格转到十二音作曲技法和爵士乐。作品极丰：如歌剧《堡垒》、《卡尔五世》，合唱曲《四季》、《战时康塔塔》，舞剧《财神》、《真假丘比特》等；以及交响曲、大协奏曲、钢琴协奏曲，小提琴协奏曲，等等。此外还有著述多种。

④ 莱奥纳德·伯恩斯坦（Leonard Bernstein，1918～1990）：美国指挥家、作曲家。1942年作为指挥家崭露头角。1957年与德·米特罗普洛斯同任纽约爱乐乐团指挥。1959年任音乐指导。擅长马勒、拉威尔、西贝柳斯和斯特拉文斯基的早期作品。也是著名歌剧指挥。作品有音乐剧《在小镇上》、《美妙的小镇》；还有交响曲三部；芭蕾舞剧《自由的想象》等。著有《音乐的快乐》。

夏尔·蒙克的助理指挥，并常常从那里到别的许多城市指挥演出。

我第一次遇到他是在蒙特利尔，我计划在那里演奏格里格的协奏曲和法雅的《西班牙庭院之夜》。指挥本来是我的老朋友德西雷·迪福（Desire Defauw），但他病了，所以由年轻的伯恩斯坦来代替。我很高兴能与他同台演出。在音乐会当天上午的排练上，我们老套地相互恭维了一番（我说："您的大名可是如雷贯耳啊。"他说："我一直喜爱您的音乐会。"），之后便着手排练格里格的曲子。在钢琴的八度引子后，他用一种生动、快乐的情绪接过了忧郁的主题。我停住演奏，走到他身边，悄声说："这个主题我演奏的速度要慢些，你看，它挺悲伤的。"

听罢，他相当无礼地回答："这种音乐根本不值得谈论；至于法雅的作品，也好不了多少。"

这下好了。

"那你为什么同意演这些曲子呢？你本可以要求演些你更尊重的其他协奏曲的。既然你这么不喜欢我的曲目，我还是别跟你合作吧。幕间休息后我弹奏些钢琴乐曲，而开场时你演你自己的货色吧。"

然后我扬长而去。

在蒙特利尔，音乐、艺术、文化以及整个生活，在英国人和土生土长的法国人之间，有着明显的分野。到那时为止，我只为法裔加拿大人演出过。我不与伯恩斯坦合作的决定，在那些易于冲动的法裔组织者中引起了歇斯底里的喧闹，这使得可怜的伯恩斯坦为自己的年轻气盛而大为后悔。他跑到商店，为我买了一条漂亮的开司米围巾，然后到我饭店的房间里一个劲地道歉。

"那好吧，"我说，"可是我们没有排练过，今晚怎么演出呢?"

他的回答倒像出自一个真正的音乐家。

"哦,"他微笑道,"这两个作品我能背谱指挥,没有问题。"

而且他的确指挥得很漂亮。在取得巨大成功,并一起向观众五六次鞠躬致谢后,他承认:"我开始喜欢这两首作品了。"

我们成了好朋友,多次合作演出。直至今日,伯恩斯坦不论作为一名指挥,还是作为一位作曲家,仍旧主导着纽约的音乐生活。他领导爱乐乐团多年,深受乐团的崇拜,想出了很多生财之道——上电视、灌唱片、举办儿童音乐会,等等,等等。

格奥尔格·塞尔,我在布拉格第一次听他指挥一部新歌剧后就一直赞赏他,现在他成了克里夫兰乐团的音乐总监和指挥。没过几年,这个乐团的完美程度就把统治了乐坛几十年的费城和波士顿交响乐团置于其身影下了。可惜,他死得太年轻。不过,他留下了贝多芬、勃拉姆斯、舒曼,以及很多人的交响曲的极佳的唱片,令我的暮年生活充满了无以形容的快乐。

在全美国,上演的曲目大多数仍旧依赖所谓的古典和老浪漫主义;但是,斯特拉文斯基、巴托克,尤其是马勒的天才也逐渐被发现了。时而也能听到勋伯格及其门徒——贝尔格和韦伯恩的一些东西,然而听众往往不太情愿,只是对这些大名表示尊重而已。

钢琴家们开始用一场或几场单个作曲家的音乐会款待听众,而全贝多芬的奏鸣曲、尤其是全肖邦的作品独奏音乐会已经十分普通,因为这两位作曲家虽然音乐上差别很大,但都最叫座。

我自己的曲目比之我的欧洲和南美时代已经有了很大的变化。我发现阿尔贝尼斯的作品不仅在西班牙和南美会引起无尽的欢呼,在法国、意大利和波兰也一样。在伦敦,《纳瓦拉》

是我必须加演的曲子之一，法雅的《火之舞》则是永恒的赢家。

1955 年，我突然有一种做点特别事情的冲动。我的计划是演奏我在过去岁月中累积起来的全部协奏曲，用五场音乐会演奏它们，在巴黎、伦敦和纽约举行。所幸，巴黎最好的乐团——音乐学院乐团和伦敦最好的乐团之一接受了我的主意，同意与我合作演出。在纽约的困难较大，但胡罗克最不满的，是我决定雇用由沃伦斯坦指挥的乐团，这大大减少了我的收入和胡罗克的提成。

我的曲目共有 17 部作品，不过为了让节目的安排具备一个形式，每场演出我都以贝多芬的一首协奏曲开始。其他的曲子是勃拉姆斯、肖邦、舒曼、莫扎特、李斯特、圣-桑的协奏曲，以及拉赫玛尼诺夫的《帕格尼尼主题变奏》、弗朗克的《交响变奏曲》和法雅的《西班牙庭院之夜》。在伦敦，我用格里格的作品替代了圣-桑的。我在巴黎的指挥是让·福尔内，在伦敦是艾德里安·博尔特爵士。

这是个我十分喜欢的大举动。我轮流在伦敦和巴黎演出，每场音乐会前只有一次排练。我每天在两地之间飞行，直到碰上航线罢工，真倒霉，我只好去乘坐老式的火车和加来与多佛尔之间可怕的轮渡了。

在伦敦的一次音乐会前的排练上，出现了一个年轻人："我是来代替艾德里安爵士的，他身体不适。"

我们不得不排练了 5 个小时，因为那个年轻人对作品不太熟悉。但我的热情丝毫未减。两个城市的听众为我的音乐会喧腾地欢呼着，但是，《时代》的一个从不喜欢我演奏的评论员竟然在我首场演出后宣称："他演奏的贝多芬没有深度，对后面的音乐会可不是好兆头。"第二场音乐会后，他大概意识到我可以控告他试图影响听众出席，所以就对我当晚演奏的贝多芬表示了赞赏，但又补充说英国的钢琴家们有不同的阐释方案！

在纽约，我的音乐会不仅是巨大的成功，而且被认为是个了不得的壮举，不过我本人却感到这样干并无困难，所有的协奏曲都在我现有的保留曲目之列，因此我用五场音乐会把它们全部演奏一遍，纯粹是一种享受。

两场之后，我和沃伦斯坦用整整一个通宵把其中部分协奏曲灌成了唱片。

八、重新安家在巴黎，更多的巡演和录音

116

在此期间，我终于收回了我在巴黎的房子。各种因素，有让我高兴的、也有让我不高兴的，都促成了这事。让我高兴的是，住在我家的那对夫妻离婚了，而且双方都身无分文。而让我不悦的是，我的律师建议我奉送他们 100 万法郎（约合 3000 美元），打发他们离开我自己的房舍，而不是以他们多年占据这所房子却不交房租为由把他们送进监狱。

我们立即请了热尔梅娜强烈推荐的一个建筑师，他实际上重建了整所房子。他花了 10 个月的时间完成工作，房子修复后，阿丽娜和约翰尼跟着我们，第一次来到巴黎。这两个极有天赋的孩子迅速地悟到了巴黎的魅力。

我们终于回到了一个漂亮的家，底层被扩大了，顶层是个大凉台。进门处改造成了游廊，游廊口是三级台阶；两个迷人的花台点缀着小小的前院。我们在二楼有五个房间，而且多亏了奈拉，原来处于地下室的肮脏的旧厨房也被餐厅隔壁的新式大厨房取代了。大型的橡木书架在客厅和餐厅各摆了一堵墙。我们从纽约的仓库运来了一些家具，加上我们几幅最好的油画和新买的画作，房子的内部变得温馨而优雅了。

从此以后，我就分别在欧洲和美国生活；还必须加上以色列，我每年都到那里举行音乐会以帮助管弦乐团，并在耶路撒冷的希伯莱大学担任音乐学教授。

回到纽约后，胡罗克十分满意地告诉我，他总算把著名的德裔俄国钢琴家斯维亚托斯拉夫·里赫特成功地引到了美国，而此前他一直未能获准出国旅行。这使得欧、美的听众更加渴望聆听这位潜藏着的传奇人物的演奏了。胡罗克公告里赫特将在卡内基大厅举行3场音乐会，不过他人还没到，票就全部卖光了，因此他又及时增加了3场，曲目相同。

我们听了新一轮的头一场。我得承认听演出前我十分兴奋，尤其是我从节目单上得知他是我的老友海因里希·涅高兹的学生之后。我期盼着听到他的李斯特的奏鸣曲，当有人宣布他将演奏舒曼的《C大调幻想曲》时，我相当失望。

里赫特快步走到钢琴边，紧张地行了个礼后就坐下立即演奏起来。对舒曼《幻想曲》的诠释有颇多的争论，每个钢琴家的感觉都各不相同，但是里赫特的构想却相当奇怪。他的音色很美，可是速度上有过分夸张的倾向，他的快板太快，而行板过慢，因此，他的舒曼使我迷惑不解。

演完《幻想曲》后，里赫特匆匆离开了舞台片刻，然后回来演奏了拉威尔的三首作品。这三首作品我还从未听到有谁弹得这么美过；他的《悲鸟》（Oiseaux tristes）至今仍铭刻在我心中。不过这之后到来的才是完全意外的事。斯克里亚宾的《第五奏鸣曲》，上帝作证，是我多年前在伦敦首演的，可现在我听起来觉得完全是一首新曲子，他的演奏是那么神妙。此刻，里赫特显示出，他正是我们常听说的那种伟大的钢琴家。

我没机会结识他、或者再听他的演奏，因为我立即又要外出巡演。然而在下个演出季，我在一场贝多芬作品独奏音乐会上又听了他的演奏，他弹了四首作曲家的早期奏鸣曲，最后以《热情奏鸣曲》结束。这一次，他极端的速度依旧令我相当不适。

几天后，胡罗克为他特设小型晚宴，我们也应邀出席了。刚进大门，我还没有来得及脱去大衣，胡罗克就拎着一瓶伏特加和里赫特一起走了过来，他给我们三人倒了酒，算是正式介绍我们相识。我们分别为每个人的健康干了杯，待到进屋时，头脑已经不大清楚了。

十多个客人围绕着自助餐台，餐台上有丰盛的俄罗斯特色菜肴，如鱼子酱、基辅肉排和鲱鱼，但是胡罗克为里赫特和我有更好的安排。他把我们请进自己的书房，叫人摆好了桌子和两把椅子，取来一大瓶香槟，亲自服侍我们享用珍馐。我们俩，里赫特和我，就那么一直坐到凌晨，随着一杯杯香槟下肚，话也越发多起来。借那个机会，我了解到，他听了我在敖德萨举行的独奏音乐会，也就是我聆听并结识吉列尔斯的那次。

"那时我在学建筑，根本没有成为钢琴家的念头，但那个晚上，我受到您的演奏的启迪，便前往莫斯科，跟涅高兹学钢琴了。"

我边啜香槟边犯嘀咕，不知自己是否应该为能启迪他而高兴，不过再啜了一口后，我认定确实应该高兴。

不知什么时候开始，我们争论起了速度问题：我还给他跳了一小段芭蕾。

"您的小快板弹得太慢，"我说，并引用了他演奏过的贝多芬的小步舞曲。

"但小快板就是慢。"他满怀坚定的信念说，又喝下了一杯。

听到此言，我纵起身，为他跳了我理解的柔板、行板、小快板、快板，正转向急板时，我重重地摔倒在椅子里，所幸没摔在地板上。我印象中的那个夜晚，是相互间有许多话要说的钢琴家的愉快的聚会。

第二天，我的宿醉是生平最厉害的一次，我难受得只好请来大夫。医生开了些镇定剂之后，我把他送到门口，他驻足片刻，微笑着说："真巧，今天一早我还被叫去看了另外一个钢琴家——他叫里赫特。"

1960 年，当胡罗克询问我在纽约的下个演出季的打算时，我干脆地回答："我不想与乐团合作，不过可以代之以 10 场钢琴独奏会。"

他哈哈大笑。"你开玩笑，"他说，"不过开上 3 场还是不错的。"他补充道。

"不是 3 场，而是 10 场。"我加强了语气反驳道。

这时他才明白我是认真的。

"阿瑟，6 场就足够了——而且已经很多了。"

"我要么演 10 场，要么就不演。"我坚定不移地说。

胡罗克极力劝阻我："这会造成坏印象的。人们会说你想把纽约所有的钱都挖走。"

"对啊，"我说，"我是想能挣多少就挣多少，因为我有意把所有这些音乐会献给慈善机构，算是对这些年来人们给我的关爱和支持表示回报吧。"

胡罗克哑吧了。

"从来还没人这么干过。"

"要的就是这个！我要表明，艺术家也会感恩戴德，而不仅是老伸着手。"

这下他只有让步了。我仔细地挑选慈善机构；它们一方面要合我心意，另一方面要在纽约有分量。我记得有"音乐家应急基金会"、"犹太人联合诉求会"、一个有色人种基金会、一个名曰"大哥哥"的有关儿童的组织，还有阿丽娜和约翰尼念书的两所学校。

音乐会的消息一公布，听众实际上就立即购买了全部音乐会的门票。我则坚持要安排 10 套不同的曲目。这里我要坦承我性格上不那么好的一面。我虽然对里赫特十分欣赏，但胡罗克和纽约的听众却大大刺伤了我：胡罗克对他部分曲目相同的 6 场音乐会极为热情，而纽约听众则在他第一次亮相时就欣然认同。

那可是份相当沉重的工作。它意味着要演奏 20 小时不同的音乐。我必须整合多年来积累起来的全部保留曲目。其中有些贝多芬的奏鸣曲我都 30 年没弹了。舒曼的《狂欢节》和《克莱斯勒偶记》，之外又增加了《交响练习曲》和《幻想曲》，这些我最近演奏过。勃拉姆斯和李斯特的大型奏鸣曲、舒伯特天籁般的《降 B 大调钢琴即兴曲》、我能想到的莫扎特、舒曼、勃拉姆斯、舒伯特的所有短一些的作品、外加一大堆肖邦的作品——两首奏鸣曲、谐谑曲、叙事曲、即兴曲、玛祖卡舞曲、圆舞曲、波洛奈兹舞曲、前奏曲以及我能恰当演奏的少量练习曲。除了斯特拉文斯基、希曼诺夫斯基、普罗科菲耶夫、维拉-洛勃斯、拉威尔和德彪西的若干首作品之外，我还弹奏了阿尔贝尼斯的《伊比利亚组曲》中一些最好的片段，而他的《纳瓦拉》以及法雅的《火之舞》则是我加演曲目的支柱。整个系列演出在 24 天内完成。大厅和拥挤的舞台带来的票房，为那些慈善机构提供了很高的数额，此外，那些机构又以非常高的价钱把成排的票卖给施善的人们，额外地增加了收入。

我想起了一件可笑的事情。在头三四场音乐会上，有个大概 11 岁的小男孩穿着件惹眼的红色套头毛线衫坐在舞台上离我很近的地方，奏鸣曲的每一个乐章之后，有教养的听众都默默地等待着，他却站起来疯狂地鼓掌，还"好啊，好！"地叫喊着，让我不胜其烦。滑稽的是，他竟抢了我的风头。音乐会后，所有的人都在谈论"你注意到那个可爱的小男孩子在高声叫喊么？"

我记得大概在第 4 场音乐会幕间休息时，胡罗克粗鲁地抓住他的胳膊，冲他大喊："如果你不脱下这件该死的红毛衣，我就把你扔出去。"

男孩吓得要死，立即照办了，于是此后的音乐会，演奏奏鸣曲时又恢复了安静。顺便说一句，这个孩子后来成了一名杰出的钢琴家——他叫乔·阿尔菲迪（Joe Alfidi）。

美国无线电公司认真仔细地录制了全部的音乐会，但我只让他们发行了希曼诺夫斯基的四首玛组卡舞曲、普罗科菲耶夫的《瞬息的幻影》和维拉-洛勃斯的《摇篮》，因为我担心其余的作品中有太多的错音；我像从前那样弹得很随意，投入了全部的身心，而没有过分关心技术细节。这一次，甚至连严厉的美国侦探式评论家们也没有注意这一点。

在这些年里，我的生活中发生了许多的变化。我们搬进了公园大道的一套复式公寓，房子宽敞得多，阿丽娜和约翰尼的学校也近一些，而我则可以把自己的绘画挂起来，把书摆出来。

在著名舞蹈家和编舞阿涅斯·德·米莱的建议下，美国国务院派伊娃和其他三个舞蹈演员到欧洲，在罗杰斯和哈默斯坦的精彩的音乐剧《奥克拉荷马!》中表演舞蹈。成功的巡演结束后，伊娃放弃了舞蹈转行表演，并在外百老汇剧院成功地演出了几部戏，如《阴魂附体》。驰名剧作家加尔森·卡宁在他自己首度制作的《安娜·弗朗克的日记》中给她提供了一个重要角色，该剧取得了势不可挡的成功。加尔森和他的妻子、著名女演员路丝·戈登成了我们亲密的朋友。我后来去洛杉矶演出时，他们为我们安排了几场愉快的聚会。

伊娃演了一整年的《安娜·弗朗克的日记》，尔后突然决定要嫁给长老会的牧师威廉·斯隆·科芬。婚礼一年后在纽约的一座教堂举行，我便十分忧伤地把她送出了门。就在那一天，我失去那个如此符合我的梦想的女儿，她在家中的那些岁月里一直是我理想的伙伴。她的丈夫开始在一所预科学校教书，后在威廉姆斯学院授课，我的第一个外孙女就出生在那里，很快他们又有了两个儿子，他最后当了耶鲁大学的教士。

巴维尔先在纽约，后在加利福尼亚工作，然后应征入伍了。

　　说到自己，在这一时期我一年之中至少要举行 100 场音乐会。

　　在华盛顿演出总给我带来格外的愉快。走遍全球，我只在这里才愿意住在私人家中。弗吉尼亚·培根是那种能让你在她的家中真正觉得自在的女主人。她家的房屋是一座公认的历史性建筑，有一个美丽的花园，离我常演出的宪法大厅非常近。她独居着，沉醉在往昔的美好时光中。多年来她一直把我们当做家人。她爱和我们一起旅行，曾与奈拉、伊娃和巴维尔一起陪着我去南美巡演，到访了巴西、阿根廷、智利和秘鲁。她和我们一起去希腊、波兰和巴黎。在华盛顿时，每场音乐会后她都要设宴款待我。她是个极富活力的女子，从来不会错过任何社交聚会；不论午餐、晚宴、宵夜、还是舞会，她一律出席，而且直到我现在提笔写作时，她依旧保持着这种活力。

117

　　1958 年，华沙爱乐乐团邀请我和他们联手演出几场，并举行独奏音乐会。我极想再次见到华沙，尽管心中担忧见到的华沙仍是废墟，而且人们的生活会像我在莫斯科看到的一样，但我禁不住期盼着找到一些幸存的家庭成员或者朋友。奈拉方面则有消息说，在战争的悲剧之后，她的很多家人在华沙定居下来。

　　我们带上了阿丽娜和约翰尼，他们当时一个 11 岁、一个 9

岁。我根据自己在俄国的经历，向孩子们描述了他们将要看到的生活，然而，一个巨大的意外在等着我们。我们从巴黎乘上飞机，降落在华沙机场时，有一大群人欢迎了我们。奈拉的家人、我的两个外甥和一个外甥女以及音乐界的许多人士把我们围住了。我们的汽车沿着一条很好的公路开进城去，径直开到老"布里斯托尔旅馆"。那是个星期日，我们被领进房间时，却听到街上传来一些奇怪的声音；我从窗口惊讶地看到一个庞大的天主教巡游队伍，后面还跟着一大群人。孩子们大笑着。

"爸爸，你还说波兰没有宗教呢！"

我必须承认自己吃惊不已。

我在重修得很好的爱乐音乐厅举行了3场音乐会，还为老肖邦协会额外举行了一场，他们现在搬到了华沙的一所著名的宫殿里，那座宫殿是仔细地按照威尼斯画家卡纳列托（Canaletto）的绘画作品刚刚重建起来的，卡纳列托在波兰首都定居了多年。我受到的欢迎也比以往更为热烈；记得最后一次音乐会后，我曾对听众说："我一直害怕你们，也一直热爱你们。"

波兰人骄傲又顽强。希特勒曾下令炸掉华沙城，一栋房一栋房地摧毁，并宣称华沙永远不复存在了。可是同盟国胜利后，波兰人不仅重建了整座城市，而且把它变得比以前更美了。在古城克拉科夫，我举行了一场挺棒的音乐会，而孩子们则欣赏了原汁原味的美，然后我们返回华沙，在所谓的文化宫里举行了一个日场音乐会，那座房子的高塔傲视着全城，是斯大林送给波兰共产党人的礼物。华沙居民更愿意把它夷平，就像他们对待俄国东正教教堂——沙皇的礼物一样。你在大街上随便问谁华沙哪里的景色最美，回答都是一样的："在俄国塔的顶上，那里是唯一看不见这个令人讨厌的建筑的地方。"

我的出生地，罗兹，恳求我去演出，但我拒绝了。一想起埋葬着我父母亲的墓地已经被摧毁、以及街上的每一栋房子所能联想到的那些在站争中被肆意屠杀的亲朋好友，我就无法忍受。

接着的演出季我回波兰进行了时间更长的巡演，而这回发生了一件不寻常的事情：一天上午，罗兹市长，在共产党书记的陪同下，乘汽车来到华沙，邀请我和他们一起回去接受我的出生地向我颁发的荣誉市民的称号。把这一很高的荣誉授予一个反对共产主义而且还改变了国籍的犹太人，令人无法推却。于是，我就在家人和许多朋友的陪同下，跟他们一起直接去了我过去经常演出的那个老音乐厅。我挨着市府的官员坐在舞台上，听着市长的宣告，接着，管弦乐团、音乐学院、当地大学，甚至还有几个工厂的代表，鱼贯地走到我身边。他们拿来了鲜花和书籍，书籍的题词中洋溢着关爱和赞许，令我热泪满眶。我突然恭敬地想到，要是我父母亲能参加这个如此重要的事件，他们会多么幸福啊！此时我惟一能做的就是走到钢琴边，弹了几首这个厅里的听众最喜爱的曲子。

漂亮、现代化、只用于音乐会演出的大厅竣工那天，令特拉维夫音乐界十分骄傲。这件事情由费城的弗雷德里克·曼发起，他投入了一大笔钱，并从美国的音乐爱好者那里募集到了更大的数额，而这些捐赠鼓励了特拉维夫城和以色列政府担负起其余的建设费用。以色列爱乐乐团终于找到了一处相称、稳定的基地。揭幕那天，举行了隆重的纪念音乐会。莱奥纳德·伯恩斯坦任指挥，艾萨克·斯特恩演奏了一首协奏曲，皮亚季戈尔斯基本来也要演出，但未能成行。因此法国杰出的大提琴家保罗·托蒂里埃代替了他；我演奏了贝多芬的《皇帝协奏曲》。音乐厅就以第一个出资人弗雷德里克·曼的名字命名。伯恩斯坦用十分动人的以色列国歌开始了音乐会。接着本-古里安用希伯莱语发表了开幕词，但无论是伯恩斯坦、斯特恩还是我都没有听懂一个词。令我们羞愧和意外的是，托蒂里埃这个基督徒给我们做了翻译。他十分热爱以色列，竟然带着全家在一个基布兹①中居住了整整一年。

弗雷德里克·曼以为本-古里安演讲后，会把他介绍给观众，但没人叫他。经过了颇长的幕间休息，全部曲目都已经结束，我也演完了自己的协奏曲，这时我才发现弗雷德里克·曼还在舞台一侧等着。我感到需要为此做些什么，因此就未加演，而是把他带到台前，竭力用最准确的英语介绍了这位建造本大厅的发起人。掌声之后，庆祝音乐会才告结束。

音乐会之后，本-古里安举行了招待会，我把弗雷德里克·曼介绍给他。他眼放凶光，盯了弗雷德里克·曼一眼，说："您为什么把这个演奏厅建在特拉维夫，而不是耶路撒冷？"

可怜的弗雷德不知如何作答。

无论是在欧洲，还是在美国，对音乐的需求进一步增加了。甚至在远东国家也对这一伟大的艺术表现出兴趣，并且出现了有才华的人。单调的民间吟咏现已让位于优秀的音乐学院和管弦乐团，而对我们欧洲的音乐的理解也越来越深。

表演艺术的比赛在各地涌现。在莫斯科第一届柴科夫斯基比赛上，头等奖授予了美国年轻的钢琴家范·克莱本，回到纽约时，他被当做英雄一样受到了欢迎，人们在市中心向他抛撒如雨的纸花。玛格丽特·隆和雅克·蒂博在法国创办了后来以他们名字命名的比赛，成为布鲁塞尔"伊丽莎白王后比赛"的对手。然后又有日内瓦、里约日内卢、里斯本和在英国利兹的比赛。华沙肖邦钢琴比赛为获胜者开启了美好的前程。甚至在遥远的德克萨斯州的沃斯堡，一个富有的德州佬崇敬自己同乡，设立了"范·克莱本奖金"，以异常丰厚的1万美元奖励比赛的获胜者。当然，小提琴手、大提琴手以及歌手们都有自己的赛事。大批的钢琴选

---

① 以色列的合作居住地，尤指农场。

手闯入所有这些比赛，为了准备曲目，他们每天工作 8 小时、一干就是好几年。照我的浅见，他们已经降格为大批量生产，早与比利时伊丽莎白王后高尚的初衷相去甚远了。

事情已经发展到这个地步，当某个小城市的年轻获奖者胜利地带着好消息回到教授身边时，却被老师问道："其他人也都这么差劲吗？"胡罗克机灵地把胜利者请到大城市演出，但他却无法替他们争取到第二个演出季的合同。

在我看来，另一个重要因素促成了评委会选择的不公。苏联人，像他们对待奥林匹克比赛一样，决心要夺取所有国际比赛的第一名，他们在持续一年的全国性的地方预赛之后，再来挑选参加国际比赛的选手。当然这可怜的孩子知道，如果失败，那么他的事业也就完结了。这种招数的作用很明显。他们的选手能比较容易地战胜来自自由国家的同行，自由国家当局不能强迫其最好的艺术家参加比赛，而俄国人由于面对的几乎是从未公开演出过的年轻学生，因此不用冒多大的风险。这种情况使我想起了那种限制强者的赛马。胜出的马在下一场比赛中要增加负重。我只能说，每当想起那些失败者，我就心如刀割。

我想起自己应邀出任"肖邦比赛"名誉主席期间发生在华沙的一件事。评委人数很多，包括法国方面的纳迪娅·布朗热[1]、玛格丽特·隆和马格达·塔里亚费罗[2]；还有我的老友涅高兹和五六个杰出的俄国音乐家；以及其他各国的代表。参赛选手也来

---

① 纳迪娅·布朗热（Nadia Boulanger, 1887～1979）：法国作曲家。毕业于巴黎音乐学院。后在该校执教。以学生中有许多杰出的音乐家闻名于世。二次大战时期旅居美国。积极复兴早期古典音乐，包括蒙特威尔第的作品。

② 马格达·塔里亚费罗（Magda Tagliaferro, 1893～1986）：法国钢琴家，但生、卒于巴西。师从科托。1908 年开始演奏生涯，在欧洲、美国、南美和远东巡演。任职于巴黎音乐学院，常在巴西、萨尔茨堡和东京举办大师班。

自世界各地。一开始，毛里奇奥·波利尼①就显然技压群雄。另一个年轻选手米歇尔·布洛克也个性十足，并拥有完美的技术。其他进入决赛的 10 个人都演奏了自己的曲目，但没有显露出任何特别的才华。

计票结果是，波利尼以压倒性多数获得了胜利，但令我惊讶的是，获得第 2 名的是敲击完了自己全部曲目的俄国姑娘。第 3 名是漂亮的伊朗人，她的美貌势必取悦了很多的评委；第 4 名是英俊但无才气的俄国人；第 5、第 6 名是不该进决赛的波兰人；第 8 名是用日本味演奏肖邦的日本人；第 10 名是弹奏中国式肖邦的中国人；而最后第 11 名才是米歇尔·布洛克（鲁宾斯坦的排名中有误——译注）。

我个人从来不能容忍显然的不公。在评审团的协商会上，我发现对布洛克的敌意，别人都有支持者，而他却没有。当执行主席兹比格涅夫·杰维茨基宣布结果后，轮到我感谢评委们的工作和选我担当名誉主席。但是这之后我并没有坐下，而是提高了嗓音对评委会发言：

"作为一名老资格，我决定增设一个特别奖，你们不妨称之为'鲁宾斯坦奖'。奖金与第 2 名相等，我将其授予米歇尔·布洛克先生。"

读者们如果想象一下各位评委的表情，那才有趣呢！至于我，才不管他们是否愤慨呢。不过，他们中很多人对我的这个姿态表示了虚伪的祝贺，然而，波兰的总体意见是完全站在我一边的。

---

① 毛里奇奥·波利尼（Maurizio Pollini, 1942～）：意大利钢琴家。师从卡洛·维杜索。18 岁获华沙肖邦国际钢琴比赛大奖，一举成名。又继续随米凯兰杰利深造。他既精于古典乐，又擅长现代音乐，包括普罗科菲耶夫、斯特拉文斯基等人的钢琴作品。

118

里夏德·施特劳斯，斯特拉文斯基战前的对手，失去了很多崇拜者，部分原因在于随着时间的推移，此公音乐中那些粗俗的元素凸显出来，另外的因素则是他对纳粹制度的同情。当他再次出现在伦敦时，听众和报刊给予了他对一个伟大的作曲家应有的尊敬。然而施特劳斯访谈中只说了一句话："我来伦敦是为了取回早就该取的版税。"

巴托克，在世时不得不挣扎在困难和贫穷之中，但死后一下成了名人了。勋伯格和他的两个学生：安东·冯·韦伯恩和阿尔班·贝尔格，他们的名声越来越大了；音乐界对他们越来越有兴趣，越来越理解。

至于斯特拉文斯基，第二次世界大战后，他被认为是当代最主要的作曲家。我却要难过地坦言：他的第一批芭蕾舞曲《火鸟》和《彼得鲁什卡》所带来的兴奋与热情、他的《春之祭》能为音乐开辟新方向的信念，随着岁月的消逝而烟消云散了。随着时间的推移，我明白了：他的音乐里缺少一种本质的要素，我是指原创的旋律。第一次到俄国时，我就十分震惊地发现《火鸟》和《彼得鲁什卡》的几乎全部素材都来自广为流传的民间旋律；而众所周知，他在《彼得鲁什卡》中引用了约瑟夫·兰纳①

---

① 约瑟夫·兰纳（Joseph Lanner, 1801～1843）：奥地利作曲家。创作舞蹈音乐的先驱。作有 200 余首圆舞曲和波尔卡。

的圆舞曲和一段流行的法国旋律来描绘圣彼得堡的复活节集市。后来，他同意给伊达·鲁宾斯坦①的剧团编写一个芭蕾舞剧，完全使用柴科夫斯基的音乐为基础，又用佩尔戈莱西②的音乐为佳吉列夫剧团谱写了另一出芭蕾舞剧，我也吃惊不小。他蔑视钢琴，认为那只是打击乐器，令他未能给丰富的钢琴文献增添任何有价值的东西，大概是因为他不能令钢琴歌唱吧，这样说应该不算言过其实。

有件引人注目的事情，就是他改变自己风格的方法，每部作品都不一样，类似毕加索。在浩大的管弦乐戏剧《春之祭》之后，他掉头创作了迷人、抒情的《士兵的故事》以及之后的《婚礼》，这些作品仍旧俄罗斯味十足，但却运用了极其新颖的方式，四架钢琴代替了通常的管弦乐团。此后，他那基本上植根于俄罗斯的音乐变得越来越国际化了。他一向热衷于古代的经典传说和戏剧。他的芭蕾舞剧《科学和艺术的庇护神阿波罗》（Apollon Musagète）十分成功。在清唱剧《俄狄浦斯王》中，斯特拉文斯基相当古怪地采用了让·科克托③用拉丁文写的歌词。这一作品至少对我从未留下较深的印象。我觉得听起来人工雕琢味太重、太过理智。他的确创作了优美的《诗篇交响曲》以及其他的器乐作品。他成熟的歌剧《浪子的历程》，其剧本源自贺加斯④的著

---

① 伊达·鲁宾斯坦（Ida Rubinstein，1880～1960）：俄国芭蕾舞女舞蹈家。原为佳吉列夫芭蕾舞团演员。后脱离该团在巴黎自立门户，创意把一些作曲家的作品搬上舞台。例如，斯特拉文斯基的音乐话剧《帕赛芬尼》，拉威尔的《波莱罗》等。

② 乔万尼·佩尔戈莱西（Qiowanni Pergolesi，1710～1736）：意大利作曲家。作品有：《音乐大师》、《圣母悼歌》等。

③ 让·科克托（Jean Cocteau，1889～1963）：法国艺术家，能诗善画，又能创作小说、戏剧、舞剧和电影，作品有诗集《好望角》、小说《调皮捣蛋的孩子们》、剧本《爆炸装置》等。

④ 威廉·贺加斯（Willim Hogarth，1697～1764）：英国画家、艺术理论家。绘画代表作有《时髦婚姻》、《妓女生活》；理论著作有《美的分析》。

名组画，斯特拉文斯基自称这部作品是莫扎特式的。诚然，这首歌剧的咏叹调与合唱（ensemble）是照按莫扎特风格写的，然而音乐本身，尽管创作得很出色，却会把可怜的莫扎特气疯掉。

晚年，他专注于宗教音乐，采用了超现代的最新风格。我听过他应威尼斯大主教的委托创作的康塔塔，在乐曲中斯特拉文斯基用精致的拉丁文盛赞了圣马可在天国的荣光。那位大主教，也就是未来的教宗约翰二十三世，渴望用一首新的弥撒曲代替人们早已烂熟的那些，但这首康塔塔太短，在首演时就不得不由罗伯特·克拉夫特①先指挥蒙特威尔第的一首作品，并在间歇后又来一遍。我得怀着难过的心情坦言，这首康塔塔即使重复过一遍也没能引起听众和我本人的任何宗教感情。

在对这位伟大的音乐家、这位纯熟的作曲大师（其全部作品就是明证）进行了我个人的评价之后，还应指出的是，他有着最为有趣的个性，极富魅力和机智。我还要自豪地说，我们两人很不相同的音乐观点从未妨碍我们之间亲密的友谊。

在最后的几年，我很少有机会见到他。他一直在外奔波，指挥自己的作品；实际上，只是指挥其中的一小部分，因为大部分都由罗伯特·克拉夫特接手了。克拉夫特与他同住、同行，还出版过5卷本的与斯特拉文斯基的谈话录，其中时而引用作曲家的谈话、看法和奇谈怪论，行文的英语极佳，因而显得不真实。斯特拉文斯基法语讲得很好，但英语与克拉夫特的记述相差甚远。斯特拉文斯基缺钱也爱钱，因而直到身体状况很差时还在坚持巡回演出。他早些年并未不屑于为"巴纳姆和贝利马戏团"的开演仪式写作大象进行曲，还给赫尔曼的爵士乐队

---

① 罗伯特·克拉夫特（Robert Craft, 1923～）：美国指挥、著述家。与斯特拉文斯基后半生关系密切。已经出版他和作曲家的5卷本谈话录。

投过稿。

他死于纽约，但遗愿是埋葬在威尼斯，在佳吉列夫的墓旁。这是他对发现自己音乐天才的这个人做出的漂亮姿态，以示自己的友谊和感激。

随着时间的推进，我的耳朵越来越能接受勋伯格的音乐了。尽管我对他的新体系和完全无调性依旧不能理解，但我已经能够分辨那些不寻常但却可爱、有时甚至是优美的声音了。后来，他的歌剧《摩西与亚伦》给我留下了很深的印象，因为我有台本在手，而演员的声音也清晰地表达着不同的情绪，我可以轻松地跟上剧情，甚至从音乐的角度欣赏一些戏剧性场景，例如喧闹的宴会和摩西的愤怒。

贝尔格的歌剧《沃采克》对我就更显得亲近了，虽然受到勋伯格的巨大影响，但贝尔格的音乐听起来更为熟悉，我每听一次，就更觉其剧情感人。安东·冯·韦伯恩是勋伯格主要的学生，他得到了普遍认可，至于我，我只能说，听过他作品的演奏后，我总想再听一次。

我对近期音乐发展的极度忧虑，是在听了主要代表人物的一些作品之后，他们是布列兹、施托克豪森、凯奇①、诺诺，以及为数众多的模仿者。我要把这一切都归咎于斯特拉文斯基那似是而非的宣言，说什么音乐不需要感情，应该像鞋子之类的普通用品一样，在作坊里制作。基于对斯特拉文斯基的了解，我把这话当作他常常采用的那种嘲弄。一次，我认为我们一个朋友的芭蕾舞曲"粗手粗脚"，斯特拉文斯基立刻拍着手说："对啰，我就喜欢这玩意儿，'粗手粗脚'的东西。"

---

① 约翰·凯奇（John Cage, 1912～1992）：各种现代音乐的试验者，曾自制加料钢琴。作品如：无声音乐作品《4分33秒》。

可是很遗憾，根据他们发表的音乐文献，我认为无感情的音乐已经成为整个超现代音乐运动的信条。

我从不允许自己对我并不理解的艺术作品评头论足，并坚决反对那些出于纯粹的狂妄自大就摒弃这些作品的人。然而我要抗议超现代的作曲家们使用乐器的方法，这些高贵、极为受人珍爱的乐器，带着莫扎特和贝多芬、舒伯特和舒曼、还有钢琴天才——肖邦的天籁之音，丰富了这个世界。恣意地对待钢琴，用拳头捶打琴键、硬照节奏折腾踏板，我称之为一种罪过。

在我看来，其中最令人悲哀的，是这种否认音乐和其他所有艺术中存在情感的倾向，它产生于上一次世界大战之后我们生活的这个世界。各民族之间强烈的互不信任，伴随着对权力的贪欲、以及对明天的持续的担忧，导致了全面的伪善，以致情感、道德伦理已经没有了立足之地。等我写到以色列打赢六日战争时，我将更深入地来探讨这一问题。

119

20 多年来，钢琴演奏家这个行当的好处吸引了成千上万的青年人。我收到数百封来自其他行业学生的信函，咨询我的意见，而我的回答是：只有天生有才的人，才有成功的希望。其中许多人并不气馁，而是继续深入，在钢琴旁辛勤地耕耘。总的结果是，几乎每个年轻的钢琴手都在技术上完美地掌握了这一乐器。我知道，有些音乐学院里，最好的学生在相互比赛谁能以最快的速度弹奏难度大的曲子，特别是在八度断奏和三度的练习曲中；具备了这样的能力后，他们就可赢得公众的欢呼，不过，音乐所意味着和代表着的本质却听不到。

在我看来，音乐起始于这样的声音，它表达着欢乐、爱情、恐惧和愤怒的感情。我觉得，整个动物世界一向都有表达它们情绪的方式。古代史也提到过与诸如战争、婚礼和葬礼这样的事件相联系的音乐。我们的星球上居住着不同的人群，他们都发展出各自的民间乐曲。最后，意大利的僧侣在运用这些传统的声音时引入了某种规则，因而开创了我所称谓的"音乐艺术"。这些都是简单的常识，但是值得回顾一番，并用以反驳今天如此盛行的那种艺术应该从情感中剥离的观点。

有时候，头脑简单的记者向我提问，不禁令我发笑："鲁宾斯坦先生，您是更喜欢我们西方的音乐呢，还是东方音乐？"现今，东方本身已经做出了答案，它热情地接受了我们光辉灿烂的音乐艺术。

经过了这么长一段悲观的插叙之后，我要申明，我的无条件热爱生活的信条毫发未变。我最大的希望就是，在我死去之前会出现新的复兴，在那些令我们无比崇敬和感激的前辈大师们的伟大遗产中，未来的艺术家们将会增添进新的作品。同时，我继续聆听巴赫、莫扎特、海顿和舒伯特的"只应天上有"的声音，并且不断地从中学习，这些作品在我漫长的钢琴演奏家的生涯中，从来没有时间深入了解过。我也通过对照比较，更好地学习了如何评价大师们的绘画和雕塑作品。

120

20 世纪 50 年代中期，我对威尼斯的爱、以及对在波里尼亚克的府邸中度过的夏日的回忆，令我十分渴望去那里消夏。我本打算在某个宅邸中租用一套公寓，然而沃尔皮伯爵夫人却把她在朱代卡岛（Giudecca）的漂亮别墅慷慨地交给我使用。别墅两侧各有一个庭院，一边是漂亮的花床和白龟头花，另一边是果菜园。我带进一架钢琴，每天上午工作，其余时间琴就由阿丽娜和约翰尼使用，他俩人在四手联弹上显露出了才华，而且已经能够背奏不少曲目。我永远忘不了一次大型鸡尾酒会，我们的宾客中有斯特拉文斯基、纳迪娅·布朗热①、玛格丽特·隆、尼基塔·马加洛夫②这样的音乐家以及三四个知名的音乐评论家。阿丽娜和约翰尼完全不知道他们在场，高兴地按照自己的方式摆弄了福雷的整套《洋娃娃组曲》和拉威尔的《鹅妈妈》。我在此要绝对自豪地说，在窗外和其他房间听到乐曲的这些音乐家们都被征服了。斯特拉文斯基甚至用法语叫道："他们弹得一点都不赖啊。"

---

① 纳迪娅·布朗热（Nadia Boulanger，1887～1979）：法国作曲家、指挥家和音乐教师。毕生主要贡献于音乐教学，作为教师她享有世界声誉。

② 尼基塔·马加洛夫（Nikita Magaloff，1912～1992）：俄裔瑞士钢琴家。就学于巴黎音乐学院。后师承普罗科菲耶夫和利帕蒂。1949～1960 年任日内瓦音乐学院教授，并在欧洲各大城市举行独奏音乐会。以演奏肖邦和莫扎特的作品闻名。

第二年夏天，我们重访威尼斯，同样令人难忘。时任威尼斯电影节评委会主席的勒内·克莱尔邀请了我们，我们住在利多岛的精益酒店。和所有的著名影星和制片人住在同一个地方真叫人兴奋，比如能和我们特别崇拜的意大利演员兼导演维多利奥·德·西卡（Vittorio de Sica）以及其他名人一起用餐。电影展映之后，公爵府就举行了盛大的招待会，其他府邸也有很好的聚会。不过，威尼斯闷热而潮湿的天气并不是演出季后最佳的休息地，所以，到了次年，1957 年，奈拉在多维尔附近租了一个属于让—路易·巴罗和马德莱娜·雷诺的迷人的农庄。孩子们第一次经历农庄生活很是愉快，并高兴地继续跟他们的女老师赫拉尔德小姐上钢琴课，我们邀请了她一起来消夏。

至于我自己，反倒不太喜欢乡间生活，只在每个或每两个周末去和家人团聚一两次。但是奈拉和我在多维尔的赌场举办了一场难忘的聚会，以纪念我们结婚 25 周年。我们从伦敦和巴黎请来了 25 位朋友参加欢宴——简直就是庆典，我们一直跳舞到深夜。

这一切都很愉快，但是每当夏天结束，逼近的音乐会演出季便宛如我头上悬着的达摩克利斯之剑。漫长的暑假总会让我怀疑自己是否还能让听众愉快地听我演奏。我急切地需要在演出季的第一场音乐会上得到掌声和认可，此后，我才可以享受自己的巡演。

有一次，我在欧洲的巡演被戛纳电影节的邀请打断了，是评委会主席马赛尔·阿夏尔发出的邀请。我们每晚都穿着晚礼服坐在评委桌后面看电影。一天晚上，看完一部西班牙电影后离开放映厅时，我看到一个穿着晚餐礼服的人，我对奈拉说："如果不是穿着晚餐礼服，我敢断定那是帕布洛·毕加索。"

像我们第一次在马德里见面时一样，他叫住了我："是阿图罗吗？"

我们拥抱在一起，然后他笑道："这套礼服还是 25 年前你在伦敦逼着我定做的呢。"

他请我们次日下午去他在戛纳的画室，不但给我们看了一大堆最新的画作，而且还有许多雕塑，包括放置于庭院中的几件大型作品。作为无知但热情的美术迷，我对他的雕塑天才的惊异更胜过对他最新的画作。雕塑极有新意，但毫不抽象，当然啰，也没有他部分画作中的那种变形。

他愉快地注视着这些作品给我带来的深刻印象，然后不好意思地微笑着说："可我仍然不理解音乐，呃……"

我突然感到很幸福，觉得我们之间有一股新鲜强烈的友谊的暖流，这暖流来自他，因为昨晚我正经八百地用法语称呼他为"您"时，他却回问，"你怎么了？我们一直相互用'你'的嘛。"

当我告诉他战争期间我失去了巴黎家中的一切，包括我喜欢的蓝色时期的毕加索绘画和他给我画的肖像，他回答道："我已经不再画那种东西了，不过，要是你有空，就来戛纳，我会再给你画像。"

我突然变得犹太味十足："我还能找不到时间吗？"我简直感到对他来说自己所有的时间都是空闲的。

当月底，我给他打电话说有 3 天空闲。他答道："那就来吧，我也有空。"

我搭乘头班飞机前往尼斯，在转往戛纳的"卡尔顿饭店"时，顺便在戈尔夫瑞昂地区以专做法式浓味炖鱼而闻名的餐厅订了两份这一名菜，一到下就给毕加索打了电话："帕布洛，我为咱俩订了世界上最好的浓味炖鱼，我订在 1 点钟，或者随便你什么时候来。"

毕加索难过地回答："我没办法和你一起吃午餐，不过你 4 点钟来我这里，我们再商量。"

我得不好意思地说，吃完自己的那份美味的浓味炖鱼后，我熬不住把第二份也吃了。倍加开心的我，情绪高昂地来到毕加索的别墅，准备摆姿势画像。毕加索和雅克琳两个人很激动地接待了我。

"阿图罗，你今晚必须和我们一起去圣特罗佩，我要和几个朋友见面，咱们在那里吃晚餐。"

我们在8点左右出发。从戛纳到圣特罗佩要走很长时间，但那个晚上我们情绪很好，以至路程似乎都变短了。汽车在市中心的广场停下，广场周围都是咖啡店和餐厅，中间立着一座某个法国英雄的纪念碑。

毕加索一刻也不浪费，立即走进了一个还开着门的画廊，开始研究起所展览的绘画来。突然他问画店的老板："你有胡安·格里斯（一个夭折了的西班牙画家）的画么？"

听说没有，毕加索似乎很不悦。

"那边还有一家。"毕加索指着另外一个画廊说，于是我们又跑了过去，细看了所有的画作后，他得到了同样的回答。

快到半夜时，他带着天真的表情问我们："你们该饿了吧?"然后不等我们回答，就带大家走了一大截路去他的餐厅，还说："那是个好地方。我已经为大家订了晚餐。"

我们和另外几个朋友汇合，一起坐进很不错的包间里。等待很久之后，毕加索预订的晚餐终于端上来了，那是一大份浓味炖鱼！好家伙，12小时之内我连吃三份，这不成了浓味炖鱼节了?! 只是没有时间坐下摆姿势画肖像。毕加索叫我第二天傍晚过去。

"我给你看看我最近作的斗牛的版画，说不定你会喜欢。"

仍然未提其他的事情。他给我看了至少100幅版画，顶呱呱的珍藏。那段时间，毕加索主要忙着挑选送展的作品；每个城市都求他提供些个人印记的东西，哪怕由他签名的一张小素描——

以便做广告。真是可怕的任务。此后，让我在节目单上签名的要求，看来简直是小巫见大巫了。

他们邀请我第二天去他们的别墅用午餐——我说是别墅，其实是一幢有宫殿外表的大房子。房子的大客厅变成了典型的画室，里面满是画作、照片、雕塑，还有大板条箱，两张大桌子上堆满了画笔、蜡笔，以及他工作需要的各种用具。在进门的小过厅，他指着墙角一堆废弃的杂物之间的一架歪斜的小型立式旧琴，自豪地说："你看，我也有钢琴呢！"

我开始感到有点失望了。明天就是我在戛纳的最后一天了，毕加索还只字未提他答应过的事，而我又不敢提醒他。第二天的午餐丰盛又奢华，有阿摩里卡龙虾，还有普罗旺斯的特色菜肴，精致的甜点，搭配了唐培里侬佳酿。餐厅里的服务也十分到家。

喝咖啡时来了几个访客，于是我们换到客厅兼画室。我心想该道别了。从尼斯出发的飞机几小时后就要起飞，我还要收东西。我由衷地感谢了雅克琳，吻了她的手，然后转过来对着毕加索，要和他告别。他却严肃地看着我。

"你不能走！"他说，"你不记得我们还得工作吗？"

不等我回答，他就把我拉回餐厅，用钥匙锁上门，然后让我坐在面对窗户的椅子上。他伸直胳膊，把桌上剩余的午餐推到一边，拿起一大块垫板夹，在他座椅旁放了一张小桌，把各种用具摆在上面，打开垫板夹翻到第一页。准备停当后，他用那著名的毕加索的眼睛看了看我，略带讥讽地问道："自然啦，你想要非常逼真的那种吧？"

我急忙回答："才不是呢。我感兴趣的不是我的脸，而是你在我脸上看到的东西。"

他听了很高兴，就开始迅速地画起来。过不多久，他翻了一页，再瞟我一眼，然后又画下去。

他又翻了一页，但等他再翻了三四页后，我开始有点不安了。

"帕布洛，要是你今天没心情，那就以后再画吧。"

"你累了吗？"他问。

"没的事。"

"那么就好好坐着，我给你一根雪茄。"

我点燃了一根基督山雪茄，愉快地摆着姿势，而他就这么一页一页地翻了差不多 3 个小时，直到夹子里的纸一张不剩。

"这夹子里只有 24 张纸。"他遗憾地说，然后全部拿给我看。

那是 24 张完成了的速写，一张张各不相同，而我在每一张上都有不同的特点。令人惊讶的成绩。

"你挑一张你最喜欢的。"他说。

这可难办了。我贪婪地看着每一张画。他最终给了我 4 张，签名时，还写了题词和日期。实在是慷慨的礼物！

另外一次我去拜访他时，他带我到瓦洛里参观了他的陶艺作品展览，这是他天才的又一个方面。我喜欢上了一个高高的花瓶，那上面装饰有漂亮的人体画，属高雅的古典风格，他利用花瓶的曲线来表现人体臀部的各个角度。当我提出要买时，却被告知只有 20 个，而且已经卖光了。我脸上忧伤的表情又起到了当年在拜罗伊特等退票时的效果，毕加索答应给我额外做一个，而且还会送到巴黎来。我想，这只是安慰我的一种姿态，但是几星期后收到有他签名的美丽花瓶时，我是怎样的惊喜啊！

仲夏中的一天，我们接到一个令人悲伤的消息，我的岳母在堪萨斯城去世了。她和她的大女儿一起住在那里。奈拉立即动身，并安排把母亲的遗体运回华沙。她父亲埋在有功人士墓葬区，她想把她母亲葬在父亲身旁。我不愿把阿丽娜和约翰尼单独留在巴黎，便带着他们到蒙特卡洛和普罗旺斯地区的艾克斯去开音乐会。

121

20 世纪 60 年代初，我十分惊异地被几所重要的大学授予名誉博士学位。

耶鲁大学的校长艾尔弗雷德·格里斯沃尔德先生邀请我们在授予学位日——他们叫做毕业庆典——的前一天到他的校舍过夜。还一如既往地为贵宾们举办了宴会。主人暗地里告诉我们，美国总统约翰·肯尼迪也将到场和我们一起领取荣誉学位。

他说："如果看到大批的警察和摄影记者，千万别吃惊。总统要最后一刻才到场。"

第二天早上，很是纷繁扰攘。我们身穿大学礼服、头戴博士帽，两人一排地走了很长的路，登上主席台，面对着台下广场上的人群，坐在校长周围。

仪式刚开始，约翰·肯尼迪就出现了。格里斯沃尔德先生请总统致开场词，等人群中的掌声过后，肯尼迪发表了大约半小时的讲话，涉及了几个有争议的政治话题，但耶鲁大学的学生反应相当冷淡，因为肯尼迪是哈佛大学的。

当喊了我的名字，轮到我亮相时，台下的人群似乎是由我在音乐会上常见的听众组成的。我还恍惚听到有人在喊"加演，加演！"所幸，我既不是哈佛大学的毕业生，也不是耶鲁的人。这是一次值得纪念的仪式，而且由于肯尼迪在场，拍摄了几百张照片。相对于其余 8 场授予荣誉称号的典礼，这场显然更为有趣。

当这位年轻、勇敢、发誓要创造更美好世界的总统，遭到那么懦弱地暗杀时，全世界都惊呆了！约翰·肯尼迪永远不会被人遗忘！

祸不单行的是，总统那受人喜爱、极其能干的弟弟罗伯特·肯尼迪，因为在争取总统提名时表示支持以色列，在洛杉矶又被一个阿拉伯人杀害了。

在此期间我录制了几张重要的唱片，我现在还很喜欢听它们。勃拉姆斯的《降 B 大调钢琴协奏曲》和我钟爱的莫扎特的《c 小调钢琴协奏曲》，由奥地利人约瑟夫·克里普斯指挥，此公并非大指挥家，但却对音乐极为狂热，在伴奏这些杰作时就能看出来。我们一起听录音回放时，他会兴奋地高叫："这太玄妙了！"

稍后，艾尔弗雷德·沃伦斯坦——在节奏和总体效果方面是继巴比罗利之后最善伴奏的指挥家，和我灌制了一系列极好的唱片。其中有：格里格的《a 小调钢琴协奏曲》、李斯特的《降 E 大调钢琴协奏曲》、弗朗克的《交响变奏曲》、圣-桑的《g 小调钢琴协奏曲》、希曼诺夫斯基的《交响协奏曲》，而最为重要的是我挑选的莫扎特四首的钢琴协奏曲。整个演出季，我都忙着利用在美国漫长巡演的间隙灌制这些唱片。

我的女儿阿丽娜成长为 18 岁的可爱姑娘，成绩优秀地从高中毕业了。再去华盛顿时，我又忙着准备起她的初入社交界舞会来。我们决心要让这场舞会和 12 年前为伊娃举办的一样出色。艾丽斯·朗沃思再次为我们在萨尔格雷夫俱乐部举办提供了协助；而弗吉尼亚·培根也依然慷慨地邀请阿丽娜住在她家，以便先参加别人举行的舞会。这一次，我和奈拉两人已经能够掌握形势了。我们还记得那些酒席承办公司、花店老板、酒商，诸如此类，也保留着华盛顿社交精英的名单。伴舞乐队是当时最好的，而我的大演奏琴也在岗待命。阿丽娜身穿美丽的衣服，光彩照人。活动极为成功，我两个女儿的这两场舞会，一直都是我值得骄傲的回忆。

我的年度巡演不仅覆盖了美国和欧洲，而且再度延伸到澳大利亚。那一次，我妻子、阿丽娜和约翰尼陪我同行。有胆识的经纪人给我提供了一个有利的合同，包括新西兰，还答应回程在香港和印度开音乐会。回忆起这次巡演我特别愉快。我从来没有作为游客旅行过，这次真的成了超级旅游历险了，因为不仅有一大堆观光，而且沾我音乐会之光，我所到之处都被当做朋友欢迎和款待。

我们从纽约出发，飞到旧金山，再转机飞到火奴鲁鲁，在那里悠闲地逗留了一周。我们重返故地，自然成了孩子们的好向导，他们充分享受了这个神奇的迷人的岛屿——游泳、冲浪、大嚼美味的菠萝。

非常漫长的飞行把我们带往澳大利亚的悉尼，中间在斐济停了一夜。抵达之后，发现时间还是"昨天"（原文如此——译注），十分有趣。

哈里·米勒不仅是个杰出的经纪人，而且是个特别和善的人。亏了他，这趟旅行我们无时无刻不在享受。

奈拉和我喜出望外地遇到了许多杰出的波兰人。澳大利亚政府，在经历了战后可怕的日本人恐慌之后，放弃了引以为荣的"高标准的生活"（蒙奇先生在我前次来访时的话），向白人移民敞开了大门，接受了来自英国的10万波兰人，并给他们提供了很好的工作岗位。我们在墨尔本发现了一家波兰贵族俱乐部，而悉尼的一个诗人、画家和音乐家俱乐部热情地接待了我们，仿佛我们处身华沙或者克拉科夫。

这次去有名的动物园游玩，可完全不同于我第一次和可怜的施内沃特一起游玩的情况。动物园园长用一辆汽车带着我们在动物园里大摇大摆地逛了一圈，看了每一个有趣的笼子，还让孩子们搂一搂小考拉。他还带我们去了袋鼠产院，袋鼠妈妈安静地坐着，育儿袋中就有小袋鼠。就连调皮的笑鸟也不敢不听园长的话，它们爆发出讨厌的嘲笑声，吓了我们一跳。

那一天，我们返回饭店时，遇到一个极为好笑的精彩场面。当时风头正劲的英国著名甲壳虫乐队正好来到澳大利亚，就住在我们饭店对过的喜来登酒店（Sheraton）。我们这一侧的马路上挤满了年轻的嬉皮士，正在向他们的偶像欢呼。早上出门时，我们好容易才挤到汽车边。当我们中午从动物园返回酒店，汽车根本开不进入口；酒店一侧也挤着一群人，还举着几块标语牌，上面写着"我们爱阿图尔！"。我对这牌子毫无反应，以为是指甲壳虫乐队的某位演员，但我儿子约翰尼是个专家，他平静地说："爸，他们是冲你来的。"

他说对了。他们一见我，就上来几个人架住我的胳膊把我抬到众人面前，大伙便呼喊起来："阿图尔万岁！我们爱阿图尔！"，诸如此类。我还要和很多人握手。街对面的嬉皮士们不高兴了，他们扯着嗓门大叫甲壳虫乐队成员的名字，那架势，仿佛甲壳虫帮和阿图尔帮就要火拼起来。我们不知怎样才挤进了饭店的餐厅，又饿又累。

我的巡演从布里斯班开始，演出两场后返回悉尼，我在那里只演了一场。哈里·米勒和我们一起飞到墨尔本，然后又去了阿德莱德。我在每个城市都举行了若干场音乐会。米勒和我们一家四口都处得融洽，而且也乐意见到我的成功和满满的音乐厅。阿丽娜和约翰尼都很喜欢他，被他带着去看演出、下饭馆，很是开心。不论走到哪里，波兰人都对我们十分殷勤，更感人的是，他们的孩子还穿着漂亮的波兰民族服装到机场去欢迎我们。

我在阿德莱德中断了在澳大利亚的巡演，该去新西兰了。飞往惠林顿的航线又长又危险，我们差一点降落在大海里。惠林顿和奥克兰感觉上就如同曼彻斯特和伯明翰那样带有英国味。大不列颠总有办法在所有的领土和殖民地上烙下自己的印记。

不过，我们在惠林顿找到了一处有异国情调的地方——一家正宗的法国餐厅。不用说，我们顿顿都上那里吃。

我的首演势头良好。头两场独奏音乐会受到意外的热情欢迎和音乐上的理解。

后面的两场音乐会将接连两个晚上在奥克兰举行，但是我遇到了严重的困难。演奏用的斯坦威钢琴据说是从伦敦运来的，已经为我的音乐会调整好了。但我试琴的时候，惊恐地发现有两个琴键，每次按下去都要命地不再起来。那个身上一股啤酒味的老调律师微笑着对我保证："别担心，我来修。"

我别无选择，只得交给他处理。到了音乐会上，我用《月光奏鸣曲》开场，但那两个不听话的琴键一直在顽抗，整个键盘也都有些摇晃了。我一边忙着抬起顽固的琴键，一边弹完了奏鸣曲和所有的曲目。我到今天都没搞懂自己是怎样坚持下来的，不过，鉴于没有替代的乐器，我拒绝了第二天的演出。米勒求我给他一次机会。

"我认识一个很好的调律师，他在电台工作。我肯定他能修好。"

我同意了。

第二天上午，一个身上没有啤酒味的年轻专家被带过来了。他直奔钢琴边，把琴盖拿开，就突然叫起来："键盘错位了！"

他推了一下键盘，放回琴盖，让我试试。昨晚造反的琴键现在极为顺从，在钢琴上发出了优美的声音。

我从未像那天晚上演的那么好过。当热情高涨的听众要求加演时，我举手示意他们安静，然后说道："如果你们不累，我愿意重复昨天的曲目。"不等大家的表示，我就重弹了《月光奏鸣曲》。

我们仔细地参观了整座岛屿：毛利人、他们的舞蹈、当地人用来煮鸡蛋的热水泉。在风景秀丽的克里斯特彻奇举行了音乐会后，我们返回悉尼继续巡演中的最后两场音乐会，在珀斯最后演出后，我们和哈里·米勒一起前往香港。

这一次，1935 年时被太阳炙烤的屋顶已经不复存在，当地已经有了漂亮的现代化大厅。我在这个岛上演奏特别愉快，英国人在这个中国岛屿上传播了他们对音乐的爱。我们在一个特别厉害的中国电影的制片人家中吃了晚餐，他有魅力，又极富智慧。

这次访演中另一个亮点是由音乐会组织者宴请的中餐，一共上了 13 道菜，每样菜分量都很小。真正的奇迹是后效，它比在法国餐厅吃 3 道菜还轻松。

香港还有一个很难抵御的诱人之处：服装、照相机、收音机和首饰都可以讨价还价。在这里买到的瑞士和日本的精密仪器比在原产国都便宜。我记得一口气订做了 24 件最优质的棉衬衫、一件绸睡袍、白天穿的丝绸休闲服，给约翰尼订做了 12 件衬衫，给阿丽娜预订了 6 件女式衬衣；全部订单在 48 小时内就完工了，而价钱只及欧洲的五分之一。

离开这座神仙岛时，我们心中深切地盼望着还能再来。此后的旅程就是纯粹地游览名胜了。经停新加坡后，我们在曼谷愉快地逗留了几天，参观当地美丽的庙宇，以及以作为城市脉搏的湄南河上的生活。

下一站是印度首都新德里。多亏哈里·米勒，我们结识了一个高贵的锡克族家庭，并由他们带着参观了这座令人神往的城市里所有的美景。当然我们也决定一睹泰姬陵的风采。

泰姬陵位于阿格拉，只有一趟 7 点起飞的早班飞机，然后在傍晚返回新德里，但专程参观这所独特的庙宇绝对物有所值。我们在莫卧儿的古都度过了愉快的一天，其中一个莫卧儿王建造了这个被称做泰姬陵的白色奇迹，用以纪念他极其宠爱的年轻王妃。

回到新德里，米勒的消息让我大吃一惊，他在孟买最大的音

乐厅帮我组织了一场音乐会。我们必须在次日出发，不过当晚还
有两件喜讯。首先是我女儿伊娃要出席我在孟买的音乐会，她陪
自己的丈夫威廉·科芬来印度公干。其次是约翰尼拍了一部可以
轻松获得奥斯卡奖的影片；他简直迷上了泰姬陵，于是坐着出租
车又去了一次阿格拉，去拍摄那座美丽的庙宇，他来回折腾了3
个小时，当晚回来时累得够呛，好在赶上了去孟买的飞机。他拍
摄的这个片子，算得上我看过的最美的影片之一了。孟买的音乐
会是我在印度举行的唯一一场。它为整个这次巡演加了冕。我从
未在其他地方受到过公众比这更热烈的欢迎，也从没见过比当地
的经纪人更为优雅和好客的。哈里·米勒也在此与我们告别了，
让我们很惆怅。

　　我们在德黑兰逗留了两天，欣赏了珍藏在国家银行特别防空
洞的传说中的王冠宝石，然后我们高兴地来到伊斯坦布尔，一座
充满了回忆的城市。身为优秀的导游，我带阿丽娜和约翰尼参观
了值得看的一切，他们两人还多住了几天，仔细观赏拜占庭的历
史和苏丹王的宫殿。

122

　　胡罗克一直在劝我答应去俄国做一次短暂的巡演，但我却老
大地不愿意。

　　"我强烈反对，"我说，"因为你请俄国艺术家到美国演出时，
付给他们一大堆美元，而反过来，他们给我们的艺术家一堆纸，

管那叫卢布，但我们在全世界都不能使用——除了在俄国，而当地又没有什么值得买的。"

"别操这个心了，"胡罗克回答，"他们每场音乐会给你2000美元，和其他共产主义国家一样。"

我笑起来。"富裕、强大的苏维埃联盟给的演出费我在最穷的西方国家都不会接受，不过我知道你需要它们，亲爱的索尔，"我补充道，"那为了你我就干吧。"

不过，在内心深处，我很高兴能再次为有品味的俄国听众演出。我们出发前往莫斯科，胡罗克也随行。很多音乐家到机场来迎接我。其中有我亲爱的埃米尔·吉列尔斯，他碰巧当天要离开，但还是发表了一篇有关我的挺不错的文章。

我的首演是和管弦乐团一起进行的，由基里尔·孔德拉申①指挥，曲目有勃拉姆斯的《降 B 大调钢琴协奏曲》、肖邦的《f 小调钢琴协奏曲》以及柴科夫斯基的作品。我得到了此生最热烈的欢呼之一。当我得知票价非常昂贵而且售罄，令学音乐的大学生们和教授们都无法参与时，就说服孔德拉申，在第二天上午 11点专为音乐人免费演出一场。除重复整套曲目外，我还决定加演贝多芬的《皇帝协奏曲》。

我们又住在"国民酒店"，这次那里装饰一新。我们的两套房间是全楼最好的，可惜家具一塌糊涂。酒店餐厅的食物难以下咽，但胡罗克自有办法，因此，多亏了他，我们得到了一些新鲜鸡肉，送货的女人骗当局说要卖钱的。

列宁格勒是个新发现。城市很干净。那些教堂在我们上次来的时候变成了肮脏的无神论博物馆，而现在又布置一新，导游骄

---

① 基里尔·孔德拉申（Kirill Kondrashin，1914～1981）：苏联指挥家。曾任莫斯科大剧院指挥。被授予苏联人民艺术家称号。是第一位在美国登台指挥的苏联指挥家。后常在国外兼职指挥。1979 年任阿姆斯特丹音乐会大厦永久指挥。1981 年死于突发心脏病。

傲地让大家看那些介绍基督和圣徒们的漂亮的镶嵌画。

在原先的贵族俱乐部大厅举行音乐会的那两个夜晚令人难忘。列宁格勒管弦乐团在舞台上全体起立，和听众一起长时间地欢呼。第一场音乐会后，我们回到旅店的餐厅用晚餐，那里有一个全世界最吵闹的爵士乐队，让人实在呆不下去。当我要求坐到隔壁的小房间时，服务领班答道："不可能。那里面是阿图尔。"

真是蠢话。

"我想和他谈谈。"说着，我进到了那个房间，看到一张大桌子和一伙美国食客，其中有好多我的好朋友，他们赶忙起身来欢迎我们。

"我们在俄罗斯作'艺术巡演'①。"他们说。那晚就这样愉快地结束了。

我在莫斯科的最后一场是肖邦作品独奏音乐会。文化部长福尔采娃女士坐在听众席上，而官方包厢由共产党首脑尼基塔·赫鲁晓夫的妻子孤零零地一个人占着。第二天她那大名鼎鼎的丈夫就被他的同志们剥夺了权力。

最后一次加演之后，福尔采娃女士出现在演员休息室的门口，她向我慢慢地走过来，用双臂搂住我，让我着实感受了一回她那巨大、柔软的胸部。

回到巴黎后，我们决定卖掉纽约那套非常昂贵的公寓，因为阿丽娜已经在大学就读，有了自己的住房；而约翰尼从纽约男校毕业后，去洛杉矶在加州大学学习表演。

1965 年，我在欧洲有一场大规模巡演，我们还抽空去华沙看了希曼诺夫斯基的《罗杰王》，就在漂亮的新歌剧院演出。它更像一部清唱剧，表演不够活跃，但全剧的音乐高贵而动人。合唱

---

① 美国人原来说的是"art tour"即"艺术巡演"，服务员把这个英语词组理解成"Artur"即'阿图尔'，因此才闹成笑话。

起着很重要的作用，而且唱得很完美。

为消夏，我们在西班牙的马尔韦利亚找到一个漂亮的地方。我在那里建造了一个工作室，离主楼远远的，还从巴黎运来了我的斯坦威钢琴。奈拉添置了些质朴喜人的家具和一个大壁炉，使那地方变得温馨宜人，很适于工作。我就是在那里用 6 个暑假写完了《我的青年时代》，并且开始了我的生平的第 2 卷的写作。

1966 年，我重返日本作巡演，由我的妻子和女儿阿丽娜陪伴。日本和德国没什么不同，战败后已经迅速恢复起来了，多亏它那难以置信的勤劳，达到了繁荣的顶峰。东京一家重要的报纸资助了一个大型交响乐团，这个乐团在东京的音乐生活中起着很大的作用。他们邀请我举行 15 场音乐会。

自可怜的斯特罗克时代起，这里发生了巨大的变化。各个城市里都有成群的学音乐的学生，其中很多人在国际比赛上获过奖，对我们西方的音乐有相当高的颖悟和颇深的理解。1935 年我访问过的几个小城镇，现在都已经成了巨大的工业中心。位于岛屿另一端的大阪（原文如此——译注）也有了自己的报纸，而且它也在资助一个管弦乐团。全国上下对音乐都热情关注。这次巡演是我极大的享受，而且我永远不会忘记最后一场音乐会，那是在专门为奥运会修建的体育馆里举行的。我演奏了柴科夫斯基的《降 b 小调钢琴协奏曲》，指挥是岩城宏之①。听众共计 14,000 人；大厅挤满了，他们只好从演员休息室给阿丽娜搬来一把椅子。皇室成员，除天皇本人外，全都到了场。

音乐会后，阿丽娜和我费了很大力气才走到小汽车边。我们刚进车，周围就聚拢了几千人喧嚷着要求签名。过了一小时，来了一队警察为我们开道，汽车才得以挪动。我要在这里说一句，

---

① 岩城宏之（Iwaki Hiroyuki，1932～2006）：日本指挥家。曾在许多欧洲国家任客座指挥，受到好评。1969 年被聘为日本广播协会交响乐团终身指挥。

人群的举止很友善，一直对我笑脸相迎，但是人太多了，汽车根本开不动。

奈拉提前离开了日本，通过北极飞回巴黎。而我和阿丽娜决定途经香港、曼谷等地回巴黎。去香港的路上，我在韩国首都汉城开了一场音乐会。我在那里度过的一天确实令人激动。飞机降落时豪雨如注，我这辈子从没见过那么大的雨，但还要先去市政厅从市长手中接过城市的钥匙，才能去饭店栖身。大学音乐厅的钢琴却相当糟糕。

离开香港那个购物天堂时，阿丽娜不好意思地向我说："爸，我们在早上7点就到罗马。能不能白天呆在那里？我真想再看看罗马。"

我对自己的孩子们，从未拒绝过任何事，这次也高兴地同意了。找一趟旅行社，给罗马的精益酒店打电话订上两个房间，事情就办完了。

起飞时我们快乐极了。在新加坡、新德里和曼谷长时间逗留时都是老样子，但我们兴奋地企盼着凌晨3点抵达德黑兰，"我们必须去买些鱼子酱。"

我们两人跳下飞机，跑到商店，买了4盒半公斤包装的鱼子酱，然后得意洋洋地抱回飞机。下一站经停特拉维夫，我们只喝了杯犹太风味的咖啡，就安静地睡到了罗马。那是早上6点。我们迅速地叫了一辆出租车，急切地需要洗个热水澡，好好吃一顿早餐。

到了精益酒店接待处，一个有礼貌的先生微笑着告诉我们："酒店客满了，不过我们为你们在街对过的'萨沃伊酒店'订了房间。"

我们有点泄气地去了"萨沃伊酒店"。接待处的人面带笑容地对我们说："你们的房间要到11点才行，得等现在的客人先退房。"

这可是叫人难受的打击。我们浑身是汗，十分肮脏。

"那我们就慢慢地一边吃早饭一边等吧。"我说。

"早餐 8 点开始供应。"

任何人看见我们坐在大堂里那可怜兮兮的模样都会哭的。我们直到八点半才被允许进入餐厅，吃上了有意大利熏火腿、鸡蛋和无数杯咖啡的丰盛早餐，我们一边翻阅着所有的欧洲报纸，一边不时地看那挂钟，但那钟似乎不原意走到 11 点。

重要时刻终于到了，我们冲到接待处，但一位面无笑容的先生干巴巴地说我们的房间要过了中午才能腾出来。这下我可气急败坏了，满口脏话地大声向他抗议：

"你要我们就这么又脏又累地在罗马逛一天么？我要投诉你，还要告诉报纸'萨沃伊酒店'是怎样对待顾客的。"

"啊呀，先生，我这里有一个小房间，你们可以梳洗一下。"

"带我去！"我大叫起来。

那里有自来水，但没有浴室；不过，我俩轮流尽力清洗了一下。我们感觉轻松一些，便上街了。我对阿丽娜说："时间很多，而且我觉得，罗马值得参观的地方你差不多都看了，不过你大概没有去过法尔内西纳宫（Villa Farnesina），那里面有拉斐尔的壁画。要不要去看看？"

我们截了辆出租车，我对司机说："去法尔内西纳宫。"

他问在哪里。

"瞧今天的运气，"我对阿丽娜说，"大概碰到了罗马唯一一个不认识法尔内西纳宫的司机了。"

"你问别的司机。"我尖刻地用意大利语说。

他问了，可另一个伙计也闹不清法尔内西纳宫在哪儿。我自己只知道是在台伯河沿岸的某个地方。我们问了司机、街上的行人，但谁也没有听说过法尔内西纳宫。

我很倔，阿丽娜也一样，因此我们没有放弃。汽车沿着河岸向前开，看到一处大宅子时，司机便停下车，不太抱希望地向门房打听，但那门房指了指街对面的一所府邸。

"就是这里。"我也突然认出它来了。

我们胆怯地走了进去。

我问一个典型的博物馆守卫："这是法尔内西纳宫吗？"

"不，这是意大利学院。"

但庄园一点也没有改变。我们被领进一个漂亮的大厅，拉斐尔的壁画就在阳光下熠熠生辉。

墙角里立着古列尔莫·马可尼的半身像。

那个守卫解释："学院的首任院长。"

我突然想起墨索里尼曾按照法国的样式在意大利设立了一所学院，但包括所有的艺术门类。

参观后已经很晚，我和阿丽娜去"帕塞托"（Passetto）吃午饭。喝了两杯蒸馏浓缩咖啡后，我们突然想去"博尔盖塞花园"（Borghese）再看一次波琳·波拿巴那美丽的裸体雕像，以及提香的《神圣和世俗的爱》，还有卢卡斯·克拉纳赫可爱的《夏娃》。

这之后，我们返回了"萨沃伊酒店"。可接待处的人竟然宣称："你们的房间将在半小时之内准备好。"

这次把阿丽娜气坏了。"这个坏人。"她叫道，"爸爸，我们干吗要在这里过夜呢？说不定今晚我们能找到飞机直接回巴黎。"

她还真说对了。附近就有家旅行社，他们帮我们安排了6点的航班。我们还有足够的时间去机场。从"萨沃伊酒店"取出行李，搬上出租车后，我对接待处的人说："我希望你们将会一直有空房间，给别人用吧，我们不会再来了。"

我们准时赶到列奥纳多·达·芬奇机场，然后平安地降落在巴黎，幸运地找到一辆汽车回到了家中。

我妻子在美国，波兰管家亚当已经休息了。

"晚饭怎么办呢？"我问阿丽娜。我们立即感到很饿了。我们让车等着，我把行李搬进门厅，鱼子酱放进冰箱，然后欣然地去了香榭丽舍大街上的"富凯酒店"，来了一顿正宗的法式大餐。

喝过咖啡、抽完一支上等雪茄后，我有点不好意思地问阿丽娜："现在电影院末场正好开始，你有没有兴趣？"

她眼中热情的光芒就是回答。我们兴致很高地看了一部长电影，片名我记不得了，最终在半夜 1 点才同意回家睡觉。

这 24 小时是我一生中最长、但又最迷人的一天！

同一年，我在布达佩斯、南斯拉夫和伊斯坦布尔举行了音乐会。

在接下来的美国巡演中，我有幸和年轻有为的"瓜尔奈里四重奏组"（Guarneri）录制了几张室内乐唱片。我们在很短的时间内就完成了勃拉姆斯的三首钢琴四重奏和他的钢琴五重奏，以及舒曼的《降 E 大调钢琴五重奏》。这些都录制得格外成功，至今我每听它们都自得其乐。受此成功的鼓舞，我们后来又异常成功地征服了德沃夏克的钢琴五重奏，以及福雷非常另类的《降 e 小调钢琴四重奏》和《c 小调钢琴四重奏》。

在这两三年里，我紧锣密鼓地录制了自己的独奏保留曲目。在纽约，我录制了肖邦的全部玛祖卡舞曲、舒曼的《克莱斯勒偶记》和肖邦的两首奏鸣曲的最后版本。同年，在美国无线电公司意大利分部位于罗马市郊完美的录音棚里我录制了李斯特的奏鸣曲、舒伯特的《流浪者幻想曲》和《降 B 大调奏鸣曲》以及肖邦的全部圆舞曲。当然，在以往的岁月中，我也录制了肖邦的前奏曲、谐谑曲、叙事曲、波洛奈兹舞曲和即兴曲。鉴于我一直忙着录制我所有的管弦乐保留曲目、独奏曲以及大量的室内乐，我有了相当多的体会。

首先，而且我早前就已经发现，室内乐，不论用哪国语言定义，都应该在较小的环境中聆听。这样，伟大的意大利先驱们、海顿、莫扎特、贝多芬，以及后来的舒伯特、舒曼和勃拉姆斯，他们的天赋才能倾注到这小型的环境中来。在我还很年轻的时候，约阿希姆的四重奏组进行的那些在家中的排练，一直鲜活地保留在我的记忆中；而在我的一生中，即便是最好的室内乐组合，在现代化的音乐厅里，都饱受着音量不足的困扰。

到了我的晚年，在和听众经过了这么长时间的接触之后，我意识到，那些短小、优雅的乐曲，比如舒伯特、舒曼、勃拉姆斯甚至拉威尔和德彪西、普罗科菲耶夫和希曼诺夫斯基的，还有结尾很柔和的作品，都不能直接打动听众。但同样的室内音乐、同样的独奏作品，在家里用日益完善的唱片来播放时，却能产生直接而热烈的影响。正因为如此，有一大批作品，其中多数都是我喜爱的，我从未在公众场合表演过，但一直都在私人环境中弹奏。

123

1967 年开头就来了个大大的喜讯！巴维尔和他的第二任妻子生了个儿子——我鲁宾斯坦家的第一个孙子，取名约翰逊。

那年的 6 月，我经过了音乐会和旅行之后，正在巴黎安安静静地休息，报刊上出现了一条可怕的消息。埃及总统纳赛尔要求联合国撤回埃—以边境上的维和部队。他立即得到了全世界的默许。缓冲区被清除后，他率先带领自己的部队穿越了整个西奈半岛，并宣布：埃及、约旦和叙利亚已经决定重新占领以色列，还指控以色列窃取了阿拉伯的土地，威胁要把它的居民赶下海去。

犹太人，不论生活在哪里，都惶恐万分，但没有任何外国政府公开表示反对。

在这期间，我们应以色列大使之邀参加晚宴，而且惊讶地在客人中看到了法国陆军和海军的参谋长，以及我们的老熟人外交部部长助理埃尔韦·阿尔芳。当时我们心想，法国肯定打算干涉了。但是，尽管巴黎民众举行了大规模的示威游行以表示对以色列的同情，戴高乐将军仅仅作了个激昂慷慨的声明，说是会谴责这种侵略行径的。我与皮埃尔·伯努维尔虽然很少见面，但他始终是"患难中的朋友"，是他领着我们通过人群和重重的警察封锁线，进入以色列领事馆的，那里已经聚集了一些法国公众人物，如英雄的柯尼希将军、著名电影演员米歇尔·西蒙和阿兰·德龙，以及其他一些人士，并请我们向外面的巨大人群谈谈我们民族又一次面对的生存危机。许多勇敢的犹太人立即奔赴以色列，其中有我年轻的同行丹尼尔·巴伦博伊姆和他的未婚妻、优秀的大提琴家杰奎琳·杜普雷，她到了以色列后就嫁给了巴伦博伊姆，并接受了他的宗教信仰。

至于我们自己，则无时无刻不在焦虑之中度日。突然，在6月5日清晨，电台广播说，黎明前以色列空军摧毁了它的三个敌人——埃及、叙利亚和约旦的空军基地，然后陆军展开了进攻。

到处都发出钦佩和胜利的欢呼。我们经历了生平最伟大的时刻。"六日战争"胜利的故事已经广为人知，我不必再讲那些细节。我只希望读者们记住戴高乐将军那令人惊讶的态度，他言辞尖刻地抨击以色列，说他们是"侵略者"。尔后，他拒绝向以色列交付已经付过款的40架战斗机，还伙同英国禁止向以色列出售武器零件。

纳赛尔的军队仓惶逃窜，把成千上万双拖鞋丢弃在沙漠里，不过约旦和叙利亚做出了认真的抵抗，经过艰苦的战斗才被打败。

耶路撒冷，犹太人的首都，经过2000年之后再次获得了统一；而旧城，在约旦人占领下遭受了无耻的亵渎，多亏令人敬仰的特迪·科莱克市长，也已经被打扫得干干净净，重新闪现着荣光。

在西方世界的每一个国家，大街上的人们都对以色列军队的勇气和智慧欢呼，而它们的政府却为事件的政治后果忧心忡忡。至于我自己，则为几个月后又一次访问以色列而感到极为幸福，第一次看见耶路撒冷旧城终于回到了它合法主人的手中，并怀着深深的感激之情亲吻了果尔达·梅厄夫人的双手，也对胜利的英雄们——达扬和拉宾表示了敬佩。

然而，我为我们的世界深感羞愧。在希特勒灭绝我们民族的企图失败之后，在大屠杀的幸存者们勇敢地获得了他们的土地之后，正义，它要求文明世界看到犹太人重新生活在自己祖先的国度时，应该感到松了一口气，犹太人的祖先放弃了对金牛犊的崇拜，把一种伟大的宗教留在世界上，这宗教把造物主称为唯一的神。后来，整个文明世界，无论是基督徒还是穆斯林，都接受了他们的教义。甚至连智慧的希腊人，在和他们的众神家族亲密无间地共同生活了那么长久之后，也放弃了对多神的信奉。

在延续了 2000 年的犹太人大流散期间，犹太人的智慧和生就的才华对他们安身立命的那些国家是十分有用的。然而回报却是诽谤、嫉妒和仇恨，并演化成延续至今的反犹主义。

所幸，以色列有一批得力的男子和一个伟大的女子来保卫她。本-古里安、伊加尔·亚丁、摩西·达扬、伊兹哈克·拉宾①、阿里埃勒·沙龙和勇敢的果尔达·梅厄②，他们给了世界一个教训；而现在，当我写这些话的时候，伟大的国务活动家梅纳

---

① 伊兹哈克·拉宾（Issak Rabin, 1923～1995）：以色列工党领袖，总理。被极端右翼分子所暗杀。

② 梅厄（Golda Meir, 1898～1978）：出生于俄国，移居美国，1921 年移居巴勒斯坦。曾任以色列工党总书记，参加签署以色列独立宣言。担任过总理。

赫姆·贝京正准备与埃及签订和约，我希望，这能促使其他国家不再打搅以色列的安宁。

法国第一位诺贝尔医学奖获得者安德烈·李沃夫教授主持着一个法国委员会，我记得它组织的两次重要会议。第一次会上，150位杰出人士抗议联合国教科文组织开除以色列的会员身份，此决定的依据是在"在被占领的"领土——这里指耶路撒冷老城，进行考古发掘的荒谬指控。在分别刊登在《纽约时报》和巴黎《世界报》的两篇文章中，我早已批评过一个拥有希伯来姓氏的犹太人——耶胡迪·梅纽因、联合国教科文组织音乐部主任，他非但不肯辞职，反而和其他人一起投票反对以色列。

第一次会议的整天，法国委员会对科教文组织提出了温和的批评，说它反对以色列完全是基于政治立场。众所周知，联合国教科文组织是一个单纯的世界文化事务机构。

在对大会发言时，我要求投票使用强烈的措词，宣布耶路撒冷是以色列5000年来不容置疑的首都，并确认以色列不仅有权清除约旦人对耶路撒冷的亵渎，而且为了造福人类，还有权在基督徒的协助下进行考古发掘。

法国委员会拒绝了我的观点，认为太"政治化"了。我言辞激烈地退出了大会。

"这样一次重要人物的抗议应该引起世人的注意，但你们那软弱的立场只能让人感到无所谓。"说完此话，我就退场了。

一年后，我又被邀请参加了一个性质相同的集会，只是人数少些。我的身份仅仅是观察员，但期待着他们对联合国教科文组织能有更强硬的态度，可我只听到软弱的声讨，没有任何尖锐的言辞。当李沃夫教授请我发表自己的看法时，我严厉、简短地说："先生们，别再为以色列感到遗憾了。以色列不需要联合国教科文组织，但没有以色列，联合国教科文组织反而会更惨。"

我不等他们做出那毫无作用的表决就离开了。

124

一天下午，《费加罗报》的著名评论家贝纳尔·加沃蒂在巴黎拜访我时说："我想让你认识一下我的一个年轻朋友，他在拍电影，很有才华。我是否可以什么时候把他带来？"

在美国，一些著名制片人一直打算找我做类似的事情，我妻子也力主我尝试一下，但我看过太多这类不成功的影片，例如有关斯特拉文斯基和卡萨尔斯的影片，因此不想让另一个八十多岁的老头再和他们一起进行这种无谓的冒险。

所以此刻在巴黎，我也是疑虑重重，不过我愿意认识那个年轻人。

"你们上我这里来用午餐，我们再谈行吗？"我说。

午餐很愉快，弗朗索瓦·雷钦巴赫与我情投意合。他有独特的想法（很有创意），也很有魅力。加沃蒂讲起话来滔滔不绝，我也不比他差多少。这里是法国，不是美国，因此过了很久我们才转入正题。他们建议我想到什么谈什么：我的生活、我的音乐、我的家庭，凡是我能忆及的。在咖啡和雪茄的催化下，我对这个计划的兴趣变得很浓了。

"我很快就要前往马尔韦利亚，夏天主要在那里度过，然后去伊朗和以色列开音乐会。那么，就先弄个方案出来吧，尽快寄到马尔韦利亚。我将认真研读。"

他们十分欣喜地离开了。

当我来到位于马尔韦利亚小镇外可爱的住所时——我喜爱它的质朴与舒适，我把这个好消息告诉了奈拉。

"不知道他们将为我泡制出些什么来。"我微笑着说。

过了10天，还没方案的消息。"哈哈，他们放弃了，"我心想。然而第二天，我的家里冲进来六七位大汉，其中就包括雷钦巴赫和加沃蒂。

"我们来开工了。"雷钦巴赫招呼了一声。

"可我没有收到方案啊!"我叫起来，心里很警觉。

"和您，就用不着方案了吧，"他说，"我们去花园，加沃蒂会帮您打开话匣子的。"

帮我赢得奥斯卡奖的电影就这样开始拍摄了。我们在马尔韦利亚取了景，他们又和我妻子、阿丽娜一起陪着我去了伊朗，我要在波斯古都珀塞波利斯的大流士一世和薛西斯一世时期宏伟的废墟前举行音乐会。伊斯法罕①的美景也被雷钦巴赫敏锐地捕捉到了。但电影摄制过程中常有即兴发挥：一天，午餐的主菜是味若仙品的伊朗鱼子酱，用餐的地点是一个哈利法宫殿的花园，那里活像《一千零一夜》中的场景；餐后，加沃蒂问我是否认识芬兰指挥家施内沃特。他这一问，我便讲起在澳大利亚悉尼的动物园中有关笑鸟的故事。自然，荒唐的事常常是可笑的，这个小故事在影片放映时竟引起了众多观众开怀大笑。

在伊朗我们也经受了几个戏剧性的时刻。在设拉子，一天早上，我妻子突发一种怪病。她动弹不得，绝对不可能上路旅行了。这一来我进退两难。按照日程安排，我必须和大队途经伊斯法罕前往德黑兰，并在同一天晚上搭飞机去以色列，第二天上午

---

① 伊斯法罕：伊朗中部重镇，伊斯法罕省省会。也是建城历史已经长达2500年的古都，为古"丝绸之路"南路的要站。

要拍摄我和管弦乐团的排练。

阿丽娜留下来照顾她母亲，她们会尽早在特拉维夫与我们汇合。到达德黑兰后，我给设拉子的饭店打电话去了解情况。得到的回答是"两位女士都走了"。这可把我吓坏了，心想她们被急救车拉到医院去做紧急的手术了。我立刻奔到机场去告诉同伴们我必须赶回设拉子去。当我在候机室看到奈拉和阿丽娜与我的同事们安静地坐在桌边时，谁能想象我是何等地惊讶!？我们欢喜地前往以色列，但到下后，我可怜的妻子不得不又在床上躺了几天。

在以色列，我们摄制了影片中最为动人的场景。

在去过纽约之后，我们最终回到了巴黎，然后我就开始了演出季。对那部电影我想得不多——它太喧闹、太即兴了，我的谈话和演奏都未做准备——考虑到这一切，我认为所有的事情还都没完成。

然而，雷钦巴赫趁我不在，就给朋友们放映了已经完成的影片，那些人纷纷来信告诉我他们多么喜欢那片子、多么受感动。消息想必传到了美国，因为在蒙特卡洛的一场音乐会后，贝纳尔·加沃蒂在门口就大叫道："美国全国广播公司愿出大价钱，如果你同意用英语和他们的一个人尽可能详细地谈一次，以制作一期节目。"

这真是个好消息。我们喝了香槟以示庆祝。

有了这笔钱后，雷钦巴赫就能在原来一小时的电视片的基础上做成一部完整的影片了。

我第一次看到这部片子是在戛纳电影节。影片是作为记录片在常规的下午场放映的。大厅里挤满了人，尽管它并非参赛作品，但全体评委都到场了。放映的时候，我看到自己信口胡说、又弹得很糟糕，真想逃离现场。我妻子和伊娃费了好大力气才把我按在自己的座位上。放映结束后，我已经准备好接受嘘声和强烈抗议，但却得到了长久的欢呼。

那天下午和晚上，我一直处于记者们的包围之中，还不得不用多种语言，在各国电视台上发表长长的声明。

我们影片隆重的首演式安排在巴黎香榭丽舍大道上的一家电影院举行。巴黎上流社会的精英全都到场了。仅在巴黎，便有五家电影院连续放映了几个月。我还要羞愧地承认，自己坐在电影院对过的咖啡馆里，得意洋洋地注视着购票的长龙。法国电影委员会把我们的影片作为唯一代表法国的影片，和另一部"真正的"影片一起送到好莱坞去角逐奥斯卡奖。我妻子和雷钦巴赫一道去洛杉矶参加了那一年一度的重大庆典。

我留在纽约开音乐会，紧张得要死，甚至不敢看电视转播的颁奖进程。最后，歌舞大王弗雷德·埃斯泰尔打开了那叫人提心吊胆的信封，宣布了我们的电影获奖，并把奥斯卡金像授予了雷钦巴赫和奈拉，她代表我表示了感谢；然而……这个金像其实是给一个叫做贝纳尔·切弗雷的人的，因为他恰恰是制片人。这个奖只能颁发给制片人了，因为我不能入选年度最佳演员，而雷钦巴赫也不能入选最佳导演。不过，这个长篇故事还有一个童话般的美妙结局哩。电影艺术学院的 1000 位成员一致赞成授予我特别奥斯卡金像奖，并由学院的院长格里高利·派克①亲手把一尊金像送到我在巴黎的家中。现在，在我客厅的一个圆桌上，就立着这尊闪亮的金像，而他对面，则是一尊女性雕像，那是我获得的美国最佳年度电视片的艾美奖。

---

① 格里高利·派克（Gregory Peck，1916～2003）：美国著名影星，一生拍摄电影 60 余部，著名的有《晴空空战》、《罗马假日》等，其中《王国的钥匙》和《鹿苑长春》获奥斯卡奖提名，而以《杀死一只知更鸟》获奥斯卡金像奖。

125

之后我去以色列访问期间，我们的电影也以慈善目的上映了，果尔达·梅厄还出席了首映式。政府和耶路撒冷市长特迪·科莱克用最为感人的方式向我表示了敬意，即在耶路撒冷市郊将种植一片树林，以我的名字命名。负责该树林的委员会号召我在全世界的朋友捐款购树。奠基仪式让我感动得热泪盈框。我们夫妻俩种下了第一棵树，司法部长罗森先生和特迪·科莱克发表了演说，还有一块刻着铭文的巨石作为见证。特拉维夫的许多朋友都参加了这一仪式，其中有画家鲁宾和他美丽的妻子。我永远忘不了这个日子。

过去的 10 年间，我获得了很多荣誉，也经受了不少哀伤。80 岁后，我失去了许多尊贵而亲密的朋友。果敢高尚的路易·瓦莱里–拉道——朋友都称他为肖尔——的去世让我感伤不已。不久，我的朋友兼紧邻马塞尔·帕尼奥尔和我的老伙计马塞尔·阿夏尔也走了。迷人的符拉季米尔·戈尔施曼在写回忆录时死于心脏病突然发作。

所有我曾有幸合作过多年的指挥家们，都一个接一个地离去了，给年轻人腾出了位置，这些年轻人大大地改变了美国音乐生活的面貌。

幸运的是，一些精美的唱片留存下来，使我能在自己的房间中聆听伟大的、唯一无二的格奥尔格·塞尔指挥的舒曼、勃拉姆斯和贝多芬的交响乐。

我曾有幸和了不起的丹尼尔·巴伦博伊姆、祖宾·梅塔合作录制唱片，自然不用说还有年长得多的欧仁·奥曼迪及其费城管弦乐团、埃里希·赖因斯多夫①与波士顿交响乐团。走运的是，我曾怀着改善演奏的愿望，找机会重新录制了同样的作品。

随着岁月的流逝，我更多地居住在巴黎，以便享受自己的书籍、绘画和钢琴。

在我的记忆中，1971 年我意外地获得了许多荣誉。法兰西共和国擢升我至三级荣誉军团指挥官勋章（本书第 76 节曾提到他荣获过荣誉军团骑士勋章，属于五级，所以这次是擢升——译注）。这个消息是蓬皮杜总统和夏邦·戴尔玛斯总理通知我的。两个月之后，意大利人给予了我同等级别的勋章。

在美妙的阿姆斯特丹音乐厅进行了一场演出之后，我立即被荷兰人的友好表示所征服。最后一曲刚结束，一大捧玫瑰，大概有 100 朵，就送到我面前，还附着朱丽安娜女王的一封信。同时，文化部长授予我一枚奥兰治-拿骚骑士勋章。而乐团团长则把这个杰出乐团的荣誉团员的称号授予了我。但这还不算完。我被领进一个特别的大厅，荷兰花卉产业的代表们宣布培植出了郁金香的一个新品种，就命名为"阿图尔·鲁宾斯坦郁金香"。这个可爱的礼物异常令我感动。

当然，我感到所有这些荣誉能落到我的头上，首要原因是我年事已经高，而不是出于我的艺术成就。

回到巴黎，在同月，我极为意外地接到一个电话。来电的是我的朋友、法兰西国家行政法院院长加斯东·帕勒夫斯基。

---

① 埃里希·赖因斯多夫（Erich Leinsdorf，1912～1993）：美籍奥地利钢琴家、指挥家，初出道时曾当过托斯卡尼尼的助手。定居美国后，担任纽约大都会歌剧院、波士顿交响乐团指挥。

"阿图尔，你刚被选为法兰西艺术院（Academie des Beaux Arts）的院士，马上来立普啤酒屋，按照传统，你要请院士同事们喝香槟。"

我摔倒在地，晕了过去——我是说，我应该激动成这样，这个意外就大到这种程度。我，竟成了院士！我这辈子没从哪所院校、大学、音乐学院，甚至，这么说吧，高中，毕业过；而现在我要成为法兰西学会（Institut de France）的正式成员，穿上那神圣的制服，还有手工绣上的金、绿两色相间的叶饰！

简而言之，我接受了邀请，和奈拉直奔立普。在门口，我就受到组成法兰西学会的五个院①的一些成员的祝贺。

"我们上楼去！"有人说，"大家都在楼上等着你们呢。"

在楼梯口，一位耄耋之年的长者坐在椅子上，显然是在等着祝贺我。"这是马塞尔·杜普雷大师。他95了，爬不动楼，但坚持要来恭喜你。"我很感动。杜普雷大师是著名的管风琴演奏家和作曲家，还当过几年国家音乐学院院长。当我感谢他的盛情时，他悄悄地对我说："您记得吗，我5岁时，在鲁昂，您还把我抱到过大腿上坐着。"

这真荒谬，我好一阵弄不明白他是什么意思，但后来我猜到了。肯定是和我同姓的著名的安东·鲁宾斯坦抱着杜普雷在他的大腿上颠动。这故事一下子传开了，引起了许多笑声。

楼上很多院士都在等着我，其中有几个老朋友，于是畅饮香槟开始了。他们大概好几个小时没喝水了，香槟酒一瓶接一瓶地喝个精光。那是个幸福的日子。

我的院士交椅是从瑞士雕塑家爱德华·马塞尔·桑多斯那里继承来的，而他又是从帕德雷夫斯基那里继承来的。这让我又惊

---

① 法兰西学会（Institut de France）是法国最高学术机构，由法兰西学术院、法兰西文学院、法兰西科学院、法兰西艺术院和法兰西人文院等五个院组成。

又喜。法兰西艺术院接纳了 10 位外国院士，是由于他们都以某种方式支持了艺术事业，但更多的是考虑他们的品行而不是艺术成就。因此，在我未来的同事中，就有了比利时女王伊丽莎白、指挥阿拉曼战役的蒙哥马利元帅、威尼斯的齐尼伯爵，甚至西班牙的国王阿方索也是成员之一。由此可见，我不太能把他们称做我的同事们或者伙伴们。

正式接受新院士的仪式是很隆重的。大厅里宾客云集，法兰西艺术院的全体院士披挂整齐、腰配长剑，聚集在新当选的人周围，陪他走到高台下的桌子旁。艺术院的现任院长，终身秘书长，还有一个助理，都要发表长篇演说来欢迎新成员，详尽地宣讲其生平细节、历数件件成就。末尾，新当选的院士在感谢过院长之后，还必须对自己的前任发表长长的颂词，最糟糕的是，这篇讲话必须照本宣科，因为艺术院要刊印这些讲话并予以存档。

这最后一项义务把我吓得要死，但也无法可想。撰写对桑多斯先生的颂词逼着我做了不少的家庭作业。这包括去瑞士的洛桑参观一所桑多斯作品博物馆，那里面能见到他做的雕塑；还有一个公园，此处有他献给这座城市的许多美丽的动物塑像。他的女儿欣然帮助了我，提供了她父亲大量的传记资料和悼词。

在日内瓦我们小小的套房里，我坐到书桌前，着手这项可怕的工作。不过，诸位尊敬的读者，请不用过于可怜我，此事的进展比我想象的要顺当得多。

我用了 3 小时就完工了。我要承认，帕德雷夫斯基对我的帮助很大，他在法兰西学会犹如我的祖辈，我巧妙地把他也加进了颂词。

我的欢迎会一切顺利。每个人似乎都为我的短篇颂词松了一口气，而且对我在颂词之后的即兴讲话赞赏有加。不用说，穿上那套漂亮的制服我很自豪，尽管我为这套制服得向皮尔·卡丹支付要令我破产的价款！

126

达律斯·米约快满 80 岁了。他，像我一样，厌恶正式的生日聚会上的朋友、蛋糕、礼物、电报和相关的一切，但欣然接受了我的邀请来赴四人的小宴。我们驱车外出，来到日内瓦附近，在一个迷人的地方，找了家不错的餐厅，坐到了露台上。

那是场欢快的庆祝会，我们尽情回忆巴西、老朋友克洛岱尔、他的歌剧《玻利瓦尔》以及他重要的音乐会。很遗憾，那是我此生最后一次见到他，因而使得这次晚餐更加值得记忆。

说到我自己，晚餐时，我抱怨着右侧脸颊上长了一个让人心烦的小疱。第二天右侧脸颊全都出了疹子。巴黎的美国医院的医生诊断为带状疱疹。那种疼痛剧烈又难以形容，但人们束手无策。我十分心痛地要求胡罗克推迟我在美国的 11 场音乐会；而自己只能长时间地呆坐着，头部不敢乱动，但不知是什么奇迹，我竟然能每天平躺着睡上 12 个小时——这样的休息有助于增强抵抗力。

不过我决定，不管疼不疼，都要出席阿兰·德·罗思柴尔德男爵和他美丽的妻子玛丽为我举行的授剑大会，聚会的地点就在马里尼大道他们的宅第中；根据传统，朋友们要赠与新当选的院士荣誉之剑，而我这一次，主人们邀请了我的来自各国的朋友。长剑本身就是一件艺术品，而且可以用在战争或者决斗中。它经一位艺术家设计、由多位巧匠打造。

不过这一次，天神是同我对着干了；在宴会前夕，我另外一侧的脸颊也发了大量的疱疹。上门急诊的医生吓了一跳。

"带状疱疹从来不会在两边脸颊上发作的呀，"但当他仔细察看了我后，便高兴地叫了起来："这是水痘啊，亲爱的伙计。原来如此，您从来没有得过它，怪不得这小礼物看起来像是带状疱疹了。"

这一次，我无法分享他的喜悦，尤其是他不由分说就把我带到医院。第二天我退了烧，但根本不能出院。我无事可做，只有躺在床上懊恼不已。在招待会上，我妻子代表了我，还回应了别人的演讲。

就在此时，百老汇预告音乐喜剧《丕平王子》即将首演，我儿子约翰尼在其中担任主要角色。听到这个消息我们都很激动，奈拉还声言她要启程去出席首演。这让我坐立不安，管他带状疱疹不带状疱疹（原文如此——译注），我也必须去。

开演前，我一直很紧张，而且忧心忡忡。去年夏天，约翰尼给我读了脚本，但我认为那很荒唐。故事是关于查理大帝和他的儿子矮子丕平的，演出中简称为丕平。

我不反对拿任何事寻开心，而且这出戏在百老汇好几季都是最为成功的节目之一，其开销也达到了数百万之巨；不过我反感它，虽然它疯狂地嘲弄那些历史人物的缺点，但丕皮一角却相当正直。这个丕平可以是美国密歇根州或者内布拉斯加州的任何一个青年人。

约翰很出色；他既要认真地表演喜剧、又得大量地歌唱、还要充满激情地跳舞。他当了整整两年的百老汇明星。在《丕平》的首演上，我有个奇怪又开心的发现。在整个演出过程中，我极为投入，就像在我的音乐会上一样，因而完全没有意识到带状疱疹的痛苦。

第二天，我请胡罗克先生恢复已经推迟的音乐会。如我想象的一样，带状疱疹没有妨碍我的演出，不过，在演出之前和之后，它却依然控制着我。

127

在推迟动笔 20 年之后，我又在每年夏天重新提笔，挣扎于文风和语法之中——还常常冒出放弃的念头——不过，《我的青年时代》值得纪念的完稿时刻终于到来了。

令我十分惊讶的是，一个有名的写作代理人主动提出愿意帮忙。作为生性忠诚的人，我计划把手稿交给我的老朋友艾尔弗雷德·克诺普夫，他已经耐心地等了 30 多年了。可怜的布兰奇，他妻子，这些年来一直鼓励着我，却没能看到它完成就去世了。不过，我的代理完全不这么看。当我告诉他克诺普夫出版社在印刷前就会支付一小部分定金时，他大笑不止。

"您那本小书会让我们赚大钱的。"他强硬地说。天哪，他还真办到了。

他从法国和德国出版商那里得到了同样的高额预付款。我生平第一次不是凭我那一贯的钢琴家的身份，而是以我那一向都不是的作家身份挣了许多钱。因此，为了始终如一，我把此书的收入都馈赠给了我的妻子儿女。

我首先看到的是法语的译文版，译文的文风不大合我的口味，但印刷精美。我回到美国后原版才问世。在编辑过程中，克诺普夫出版社一直担心"美国读者"会对我那一大堆描写和其他东西不感兴趣，但我永远忘不了克诺普夫打的那个获胜的电话："'当月之书俱乐部'选中了你的书！快来，香槟已经上桌啦！"

我在文坛的辛苦耕耘终于获得了大丰收。就在卡内基大厅的舞台上，艾尔弗雷德·克诺普夫举行了一次难忘的招待会，邀请了整个文学界和艺术界的精英。克诺普夫、作家与音乐家纷纷来庆祝，在我的巨幅照片前发表了演说。也不知喝光了多少瓶香槟酒。《我的青年时代》列在畅销书榜上整整3个月，全美各地都出现了书评。只有少数音乐评论家指责我没有专注于音乐，而忘却了我描写的是自己多彩而丰富的人生。音乐伴我而生，它是我的第六感。一旦有记者问："除了音乐您有什么嗜好？"总使我就非常生气。

"我没有嗜好，"我回答，"只对书籍、绘画和旅行有冲动，并深爱着生活的所有方面。但音乐与这些无关，它一直在我的生命之中。"

当我的书在德国、日本、以色列、芬兰、南斯拉夫，甚至波兰出版之后，就有人央求我继续写作回忆录，但我不愿意涉及当代及其方方面面。

我的音乐人生比以往更为丰富了。我的影片、奥斯卡奖、那些电视节目，最后是这本书，让人们了解了我这个人，而不仅仅是一个音乐会钢琴家。很多信件温暖着我的心，不少人从未听过我的演奏、但却表示友好和理解，而很多人只是想找我聊聊那部电影或这本书。凑巧，有个小例子：一天上午，正在下雨，我匆匆赶去排练，到了音乐厅的大门口，有位长者叫住了我。"鲁宾斯坦先生，我能和您说几句话吗？"他非常急切地问。

"这完全不可能。"我回答，"现在我有排练，要持续排2小时的。"然后我就撇下了他。

排练比我预计的要长。当我走出音乐厅时，天还下着雨，可那个人还站在原地等着我。我感到对不住他，心想他大概很缺钱。

"我能为您做点什么呢?"我有些不安地问。

他脸红了，难为情地说:"我读了您的书，就是想问问，波拉后来怎样了?"

好奇心得到满足后，他便开心地走了。

一天早上在巴黎，我读到一篇极其热情的音乐评论，大谈一个名叫弗朗索瓦·杜夏布尔①的年轻法国钢琴家的独奏音乐会。我很少认真看待法国音评家们的意见——我们观念上的分歧太常见了——但那一次，本能告诉我，我该认识一下这个年轻人。

我的朋友黛安娜·贝文努蒂告诉我这个年轻人跟她丈夫学过琴，并安排他来看我。那是个迷人的年轻人，纯朴而不自负。他走到钢琴边，低头坐着，宛如祈祷一般，然后以不可思议的速度爆发出肖邦的八度《b 小调练习曲》，好像那曲子只是儿童游戏一样，但他在这首练习曲的中段，展示了优美的乐感。

这一次，我完全赞同那评论了。我非常地关心这个年轻人，并很高兴能为帮他举办音乐会略尽绵力。现在，弗朗索瓦·杜夏布尔已经是能让法国引以为豪的最出色的年轻钢琴家之一了。

以色列国要庆祝建国 25 周年了。雅库布·贝斯特希茨基，华沙肖邦钢琴比赛的能干的组织者，离开波兰前往新生的国度，计划筹办以我的名字命名的钢琴比赛，以此作为庆典的高潮。我笑话了他。

---

① 弗朗索瓦·杜夏布尔（Francois Duchable，1952 年生）:法国钢琴家。1970 年在比利时伊丽莎白皇后国际钢琴比赛中获奖。开始在欧洲各地巡演。

"又要搞一个比赛！你太疯狂了。我们还是等着一批新的钢琴家出生吧，这些活着的家伙早就比赛腻了。"

但他坚持已经见。以色列驻巴黎的大使、旅游部长、连总理果尔达·梅厄夫人，都亲自出马游说我。贝斯特希茨基甚至让我的妻子相信了这件事有多重要。我受不了啦，只有让步。

但就在这时发生了一件可怕的事情。在犹太人最为神圣的节日——赎罪日——的清晨，埃及人和叙利亚人进攻了以色列。我不必描述这场残酷战争的细节了。这一次，以色列人遭受了巨大的损失，但凭籍他们无与伦比的勇气和智慧，再次取得了胜利，并且给了被围困的埃及军队一条生路，而不是饿死他们，让世界好好领教了一番。庆典活动推迟到了下一年。

传来了一个坏消息。我多年的好友索尔·胡罗克在纽约去世了，我欠了他那么多。长期以来他一直身体感到不好，但直到最后一刻仍然继续着自己的活动。不过令人安慰的是，就在几个月前，他得到了很多有成就的人都很难获得的颂扬。那是在大都会歌剧院举行的一场隆重演出，许多艺术家为他表演。世界各地对他心存感激的崇拜者都赶来了；不过很遗憾，我因在欧洲巡演未能出席，只能由我的妻子代表。

胡罗克公司的管理权仍然掌握在三位可靠的人手里：沃尔特·普鲁德、谢尔登·戈尔德和乔治·佩珀，但为时不长。波士顿的一个商人买下了这家康采恩，但过了一年就破产了。于是这三位胡罗克的手下便自己接管了公司。

让我非常愉快又轻松的是，贝斯特希茨基在组织钢琴比赛方面的确才能超群。各地的青年轻钢琴好手，不顾旅途的遥远与危险，纷纷云集耶路撒冷。由杰出的音乐家组成了评委，其中之一是阿图罗·米开朗杰里；他举行了一场音乐会，并将收入捐献给了赛会。头四项奖项颁发给了四位前程远大的年轻钢琴家：埃马努埃尔·阿克斯①、欧根·英基奇、雅尼娜·菲亚尔科夫斯卡和塞塔·塔内埃尔。以色列总统和由果尔达·梅厄夫人牵头的政府积极参与了整个赛事。贝斯特希茨基用毕加索为我画的一张肖像为蓝本，铸造了一套金、银、铜质奖章以纪念这个比赛。

后来，在巴黎、纽约和马尔韦利亚，我经常见到菲亚尔科夫斯卡小姐。她总是为我自豪地演奏她那大为充实的保留曲目。

贝斯特希茨基为组织比赛所付出的辛劳应该得到高度赞许；此外，为缓解我的抵触情绪、让我更加愉悦，他竟然相当不得体地要求 12 位杰出作曲家创作并题献给我钢琴作品，曲式任选。霍尔蒂·切维洛、卡洛斯·查维斯②、亨利·迪蒂耶③、亨利·加格内宾④、卡马戈·瓜尔涅里⑤、罗多尔福·阿尔夫特⑥、马洛

---

① 埃马努埃尔·阿克斯（Emanuel Ax, 1949～ ）：俄裔美国钢琴家。1961～1970 年就学于朱利亚音乐学院。1974 年在特拉维夫举行的阿图尔·鲁宾斯坦钢琴比赛上获一等奖。1986 年起与马友友等组成三重奏组。

② 卡洛斯·查维斯（Carlos Chavez, 1899～1978）：墨西哥作曲家、指挥家。曾任墨西哥市音乐学院院长和墨西哥交响乐团指挥。多数作品用现代乐汇表现印第安民间音乐的特色。著有《走向新音乐——音乐和电学》、《墨西哥音乐》等。

③ 亨利·迪蒂耶（Henri Dutileux, 1916～ ）：法国作曲家。学生时代于 1938 年获罗马大奖。曾任巴黎音院学院作曲教授。他的音乐多不协和音，但不是现代风格，以技术华丽著称。作有管弦乐曲《变化反复》和一首大提琴协奏曲等。

④ 亨利·加格内宾（Henri Gagnebin, 1888～1977）：瑞士作曲家。1925～1957年任日内瓦音乐学院院长，1938～1959 担任日内瓦国际音乐比赛评委会主席。作品有四首交响曲等。

⑤ 卡马戈·瓜尔涅里（Carmago Guarnieri, 1907～1993）：巴西作曲家、指挥家。曾执教于圣保罗音乐学院。作品：歌剧 1 部，交响曲 3 部，如《巴西舞曲》等。

⑥ 罗多尔福·阿尔夫特（Rodolfo Halffter, 1900～1987）：西班牙作曲家，后定居墨西哥。作品有：《唐林多·德·阿梅里亚》和《面包师的早晨》；《小提琴协奏曲》；钢琴与乐队的《协奏式序曲》等。

斯·诺夫雷①、马塞尔·普特②、亚历山大·汤斯曼③、海姆·亚历山大、梅纳海姆·阿维多姆和约瑟夫·塔尔④大度地响应了他的号召，寄来了手稿，以便在比赛期间赠送给我。这一友好的敬意让我备受感动。

比赛后，我在西班牙举行了一次美好的巡演，令我心里暖洋洋的。岁末和新年我是怀着愉快和幸福的心情在巴黎度过的。

128

1975 年，那年我 88 岁，是作为我一生中最有希望、最有趣和最积极的一年开始的。首先是在美国的一场范围很大的巡演，一直演到了加利福尼亚。在洛杉矶，我和祖宾·梅塔合作演出，他绝妙的伴奏总能给我灵感，然后又举行了独奏音乐会，并在圣选戈开了另一场独奏会。

---

① 马洛斯·诺夫雷（Marlos Nobre，1939～　）：巴西钢琴家、作曲家。采用巴西音乐素材与序列技术从事作曲。作有《短协奏曲》、管弦乐曲《马赛克》以及应用钢琴与巴西打击乐器的《节奏变奏曲》等。

② 马塞尔·普特（Marcel Poot，1901～1988）：比利时作曲家。师从杜卡等人。曾任布鲁塞尔音乐学院院长。作品有交响诗《夏洛》等。

③ 亚历山大·汤斯曼（Aleksander Tansman，1897～1986）：法籍波兰作曲家、钢琴家。战时曾移居美国，后又返回法国。谱写有作品多种并著有《斯特拉文斯基评传》等。

④ 约瑟夫·塔尔（Joseph Tal，1910～2008）：以色列作曲家，原籍波兰。曾任耶路撒冷音乐学院院长。作有歌剧《阿什米达伊》、《诱惑》，舞蹈诗《出埃及记》等。

一个奇怪的请柬被送到我手里，是斯坦福大学的约瑟夫·鲁本斯坦博士邀请我参加题为《人的尊严》的研讨会。参加讨论会的成员包括两届诺贝尔奖得主、大名鼎鼎的莱纳斯·泡令①，另一位诺贝尔奖获得者，以及一些杰出的物理和医学教授。自然，我获邀加入这么重要的一群学者的行列倍感荣幸，但转念一想，我突然意识到自己可能成为他们的小白兔。

"早上起床的时候，您还记得自己是谁？鲁宾斯坦先生。"我猜八成会有这样的提问，不过我错了。

在听众满堂的大学大礼堂内，我们听了约翰·尼古拉斯教授关于人类大脑的天赋、其数百万神经叉，及其主宰能力的长篇报告。

报告结束后，我获邀登台和其他成员们坐在一起。谢天谢地，没人问我蠢问题，只是问些我在书中探讨过的事情。当他们提出想了解我所谓"无条件的"幸福的含义时，我力图通过对比把自己的坚定信念向他们解释清楚。

"像这样热爱生活时，我得出结论，苦难的时刻是必须的，只有那样，才能意识到生活的美妙和乐趣。我不能赞同那些宗教的教义，认为生命只是初级历程，而且充满罪孽，通过这历程才能到达死后更好的生活。我刚才极为认真并充满敬意地倾听了尼古拉斯教授的报告，但我要承认，他没能说服我。具体到我，我的大脑工作时更像一个计算器。我的头脑中总有多种方案——而我不得不进行选择。但在生活中，绝大多数情况下我都是按照冲动行事。"

"我问那些学者大脑是否和灵魂相联系？灵魂这个词每种语言都使用，但其含义从来也不明确。自然，他们没有答案。"

---

① 泡令（Linus Pauling, 1901～1994）：美国化学家。先后获 1954 年诺贝尔化学奖，1962 年诺贝尔和平奖。

"在我多数的音乐会上，平时帮助我准备曲目的大脑在休息。是灵感，是那种要把音乐传达给听众的冲动在起作用，我把这叫做灵魂。"我住了口，觉得自己走得太远了，但我很高兴这番话没有白说——特别是第二天在鲁本斯坦博士家的午餐会上，莱纳斯·泡令教授就此话题和我进行了长谈。总而言之，这对我是一次重要的经历。

几天后，我要在纽约和丹尼尔·巴伦博伊姆合作举行音乐会，演奏勃拉姆斯的《d 小调钢琴协奏曲》。演出前夕，我妻子从洛杉矶打电话告诉我，她必须在我开音乐会那天做一个大手术。我准备取消演出，飞回家里，但她和她的外科医生都求我不要这么做，因为我在场反而会使她紧张不安。

排练时我精神很难集中，结束后便匆匆赶回饭店，坐在电话机旁等待约翰尼通报手术的结果。直到傍晚 6 点，电话终于响了，我听到了约翰尼的声音，他说奈拉已经没有危险了。之后，外科医生也向我保证没有什么可担心的。

那晚的演出我心情极佳，然后还请了好朋友们到我饭店的房间吃晚餐，我们喝了一整箱香槟，直到深夜才散。

天一亮，我就飞回洛杉矶，赶到医院，看到我妻子正在熟睡。大夫向我保证她很稳定；两天后，奈拉就能坐起来在一张小桌子旁吃早餐了，看上去气色很好。很遗憾，由于有许多事务在身，我不得不立即飞往欧洲。

首先是在伦敦与巴伦博伊姆和伦敦爱乐乐团合作录制贝多芬的五首协奏曲。我们俩干得都不错，更让人感动的是，巴伦博伊姆的妻子杰奎琳·杜普雷①到了场，她是个伟大的艺术家，但残

---

① 杜普雷（Jacqueline du Pre, 1945～1987）：英国大提琴家。先后师从普利斯、托蒂里埃和罗斯特罗波维奇。获苏吉亚奖和女王奖。1962 年首次在音乐节大厅演奏，曲目为埃尔加的大提琴协奏曲，从此与该曲结下不解之缘。1967 年与巴伦博伊姆结婚。后因患硬皮症退出舞台。1976 年获四级不列颠帝国勋章。

酷地遭受着多发性皮肤硬化症的折磨。所幸，她留下的唱片为她卓越的艺术提供了佐证。

录制完唱片后，我在欧洲巡演了一大圈，包括英国、荷兰和瑞士，在西班牙的巡演更是备受称颂。复活节的假期还有段好玩的插曲。我录像带的制作人、年轻的赫伯特·克洛伊贝尔邀请我乘他的私人飞机一起去莫扎特的诞生地萨尔茨堡，那个我魂牵梦绕的地方。我首先去参观了他的故居，结果我很高兴地发现他的父母生活得相当舒适。当我见到这位受人敬爱的大师的击弦古钢琴时，我禁不住跑过去弹奏了《A 大调钢琴协奏曲》第二乐章的开头段落，而且激动得热泪盈眶。挤满房间的游客和我一样都感到了这位天才的在场，不由得抹起泪来。

在萨尔茨堡我听了赫伯特·冯·卡拉扬指挥的《艺术家的生涯》，这部歌剧我一直不喜欢，因为其原著更适合于德利布①或者梅萨热②的法国优雅风格的音乐，而普契尼这个意大利人的写法颇为过火。

不过第二天我得到了补偿，《纽伦堡名歌手》令我难忘，卡拉扬在其中展示了他的才能。纵情 4 天之后，这位令人愉快的导游带我飞回了巴黎。过一阵，我要和他合作几个星期，再录制一套新的录像带，这回是与安德烈·普雷文③以及伦敦交响乐团合作。工作很顺利，普雷文是位优秀的音乐家，但我面对着大量的

---

① 德利布（Leo Delibes，1836～1891）：法国作曲家。代表作有歌剧《拉克美》，芭蕾舞剧《葛佩莉亚》等。深受柴科夫斯基喜爱。

② 梅萨热（Andre Messager，1853～1929）：法国作曲家，指挥家。因轻歌剧《韦罗尼卡》和芭蕾音乐《两只鸽子》享有盛名。除在法国指挥外，还曾在英国科汶特花园剧院任艺术指导。

③ 普雷文（Andre Previn，1929～　）：德裔美国指挥家、作曲家。二次大战时期迁居美国。16 岁入米高梅公司工作。后因配写电影音乐四次获奥斯卡奖。曾任休斯顿交响乐团、伦敦交响乐团指挥。

聚光灯却受了大罪，我可怜的双眼为此疼痛了几个星期。

下一步是对耶路撒冷的 3 天短期访问，我的朋友特迪·科莱克市长邀请我参加以色列的独立纪念日，我举办了一场音乐会作为纪念活动的一部分。

回到巴黎后，我又在马德里开了音乐会，然后我在开学那天飞往纽约去接受哥伦比亚大学授予我名誉博士的头衔。令我十分骄傲的是，我的女儿阿丽娜也被这所大学门槛极高、限制极严的医学院录取了。

那天非常辛苦，天气又热，好几个小时阳光直射着我的眼睛，台下满是学生和宾客。我们一共五人获得荣誉，前三位是其他大学的教授，在大众中没有知名度，只得到了稀稀拉拉的掌声，但在我得到感人的欢呼之后，一个年轻人站起来接受证书，在场的所有女性都热情地大呼小叫起来。我问邻座他凭什么受到这般热情的欢迎，他平静地答道："他发明了口服避孕药。"

回到欧洲，我在英国 6 天里举行了 6 场音乐会，之后，接受了自己故乡罗兹的邀请，以庆贺它的爱乐乐团成立周年纪念。哥穆尔卡执政时说我蛊惑人心，把我列为不受欢迎的人，我很久没回波兰了，这次邀请令人很愉快。短暂的访问让我大为感动。很多友人到华沙机场来迎接：外甥和外甥女，老朋友罗曼·雅辛斯基，以及罗兹爱乐乐团的指挥亨雷克·齐日，他乘了一辆小车来接我去罗兹。

在离开华沙前，我很想看一看重建起来的王宫，它在战时被纳粹完全毁坏了。眼前是我一向景仰的美景，它傲然而立，似乎什么也没有发生过；我爱波兰人，因为他们不屑于爱管闲事的邻国的批评。我问是否要将王宫变成博物馆、大学或者其他公共建筑，答案是："不，无论内部和外部，都将完全保持从前的样子。"

不到两小时我们就驱车抵达了罗兹。我出生的城市还是原封未动。每条街道，每座房子还都还在原位，像我儿时一样。在我出生的那栋房子的庭院里，我还能向几位陪同的记者指出我家房间的具体位置，并详细地描述了房内的格局。我走后，一个记者很好奇，想弄清我是否真的准确记得我四岁时就离开了的地方的情况。后来他告诉我，他按响了门铃，一个中年妇女开了门，他提起我的姓名。主人和她正在学钢琴的小女儿非常激动，让他参观了整套公寓。

"我大为吃惊。"他补充道，"它和您描述的一模一样。"

我与齐日合作，演奏了肖邦的《f小调钢琴协奏曲》和贝多芬的《降E大调第五钢琴协奏曲》；在这场音乐会上，对我的欢迎令我和听众都大为感动，因为我们大家都感到，这是我最后一次为他们演奏了。

我收到一大笔兹罗提（波兰货币——译注）作为酬金，电台的转播费也是这个数目，而电视台的转播费则更多。他们甚至为我逗留全程拍摄的纪录片支付了酬金。整个过程既很辛苦，又难以忘怀。我把这笔累积起来的兹罗提捐献给华沙王宫、罗兹的管弦乐团和波兰作曲家协会，又留下一些钱给罗兹爱乐乐团，让他们每年奖励一位年轻的音乐家。

波兰之旅结束后，我在西班牙举行了几场可爱的音乐会，回到巴黎，在议会大厅我在一个晚上演了两场贝多芬的所谓《皇帝协奏曲》，由巴伦博伊姆指挥巴黎管弦乐团，一场是7点开始，另一场是9点。两场音乐会的门票均销售一空。接着的一场音乐会是六月在苏黎世举行的，我认为那是我当年最好的表演。不过那个演出季的最后一场音乐会是在蒙特卡洛为魏茨曼研究所募捐举行的。那是一场肖邦作品独奏音乐会，得到了摩纳哥公主格雷斯的庇护。我对自己的表演不太满意，而且慈善音乐会很少有真正懂音乐的听众，所以当我了解到俄罗斯大钢琴家斯维亚托斯拉夫·里赫特专门来听我的演奏时，我相当惊讶、也不开心。

在马尔韦利亚的夏天是我这辈子最忙的一次——读书。出于直觉,我把还没看完和一直忽视的书统通读完了。我费力地啃完了乔伊斯的《尤利西斯》,准确地领会了它,而且很受感动。在巴黎我购买过普鲁斯特的全部作品,包括潘特撰写的普鲁斯特的传记和他的老女仆写的一本书,这次也一口气把它们囫囵吞下。我重读了托马斯·曼的《布登勃洛克一家》,该书刚在柏林出版时我就读过,和他的《魔山》,此书我一直没时间看,让我产生了很多感触。

9月,罗曼·雅辛斯基到我家小住,我开始读我的德文书籍,其中包括克拉拉·舒曼的《回忆录》,她在书中披露的执拗性格使我难忘。这位极爱占上风的女性想必给她那伟大的丈夫以及勃拉姆斯制造了许多麻烦,后者虽然脾气粗暴,但却是她至死不渝的忠实朋友。讨论这种话题时,罗曼是个令人愉快的好伙伴。

秋天,我的音乐会又开始了,先是在爱丁堡和格拉斯哥,接着到巴黎与洛林·马泽尔和克里夫兰管弦乐团合作演出,再返回英国参加温莎音乐节、去伯明翰和奥尔德肖尔举行音乐会。在最后这个城市,音乐会的结尾不同寻常。事先,我高兴地得知,居住在附近的胡安尼塔·甘达利亚斯一家都来出席了,于是我用特别愉快的心情演奏了一套动人的曲目。我还计划加演能让他们回忆起往昔好时光的作品,但我刚演奏完预定的曲目,经纪人就冲过来说:"鲁宾斯坦先生,你现在就跟我到街上去。"

我表示抗议,因为听众还在吵嚷着要求我加演,但他抓着我的胳膊,硬把我带到了出口。

"我们接到一个电话,说大楼里有定时炸弹。"不用多说,我们匆忙离开了大楼。那次我见识了英国人的勇气。在被告知有危险后,他们平静地离开,然后沉着地回家了。所幸,那只是一场虚惊。

下一场音乐会是在我喜爱的阿姆斯特丹音乐厅举行的,那些忠诚又非常懂音乐的荷兰听众总能给我灵感，让我使出浑身解数。

演出次日，我们应比阿特丽克斯女王储之邀去她的宫中出席私人晚餐，我们是唯一的客人。她们夫妇让我享受了我这辈子最棒的晚餐之一。荷兰王族是个奇怪的家庭，他们全然不懂音乐，但总对我表示出特别的友谊。我上一次逗留期间，朱丽安娜女王为我举办了国宴。当我告诉她，我还是个小男孩时，就在梅克伦堡为她外婆生日举行的音乐会上演奏过，那时她刚刚出嫁的母亲也在场，我记得她听了之后非常开心。之后，她就仔细阅读了《我的青年时代》中的相关细节。

我和巴伦博伊姆在伦敦出色地合作演奏了勃拉姆斯的《d 小调钢琴协奏曲》。之后，我在罗曼的陪同下去瑞士巡演。我们到了伯尔尼、洛桑、日内瓦和巴塞尔。此后，到了 10 月底，我前往洛杉矶演出 8 场音乐会，那是在太平洋沿岸举行的 20 场音乐会中的头 8 场，我的交换条件是，下个演出季，这些城市必须邀请雅妮娜·菲亚尔科夫斯卡和弗朗索瓦·杜夏布尔来开音乐会。

我们开心地抵达了加利福尼亚，高兴地见到朋友们，以及我儿子约翰尼和他的妻子，还有他们可爱的孩子们——杰西卡和迈克。第一场独奏音乐会是在新建的漂亮音乐中心举行的，我感觉就像在家里为亲戚朋友演奏一样。我全身心地投入演出，结尾时肖邦的六首练习曲我弹得气势磅礴，不过最后一首有几小节没有弹好。听众们不在乎，像通常那样为我欢呼，但我返回舞台后，却向大家声明："在加演前，我要重弹一遍最后一首练习曲，我刚刚演砸了。"

于是我坐好，完全准确地弹了一遍，然后才是三首加演的曲子。

圣迭戈听众的反应和洛杉矶听众反应完全一样，简直就是后者的回声。

在洛杉矶的最后一场音乐会由梅塔指挥，与管弦乐团合作，我弹了肖邦的《f小调钢琴协奏曲》和贝多芬的《皇帝协奏曲》。这场音乐会有很多理由令人难忘，不过主要的原因还在于我们表演时的灵感。一如从前与格奥尔格·塞尔的合作，与梅塔一起演出也总是件乐事。

第二天上午，我们坐在"贝弗利威尔夏酒店"的客厅用早餐时，奈拉叫道："你必须读读《洛杉矶时报》的评论，这可是我见过的最好的。"

我拿起报纸，很快就找到了那一版，但看着那一行行铅印的文字时，我却分辨不清单字。就在这个倒霉的早上，我的双眼不再能够聚焦到我想阅读的地方了。我突然绝望地意识到，已经必须由别人为我朗读信函，同时我还发现自己也不能拨打电话了。但我仍然不太担心。

奈拉把我送到朱尔斯·斯特恩眼科医院，最好的医生给我做了检查，说我患有黄斑细胞退化症，此症无药能治，特别在我现在的年龄。这是压垮骆驼的最后那根稻草。两年前，我的左眼就单独出现过这个问题，但我没有过分担心，因为在过去的10年间，我看特定距离的物品就一直有重影，而失去一只眼睛后，剩下的眼睛看东西没了重影，景物反而正常了。

如果读者们可怜我，那我要安慰他们，直到80岁，我一直拥有世界上最好的双眼，还有，我的座右铭："绝不屈服！"现在我内心里更为坚定了。给键盘打上强光后，我还能弹琴，因此决定继续巡演。我和忠实的刘易斯·本德尔，我的桑丘·潘沙（唐吉诃德的仆人——译注），去了旧金山。音乐会顺利进行，我必须坦白地承认这令我十分欣慰。在波特兰进行得更好，但在西雅图，在与米尔顿·凯惕姆斯合作演奏莫扎特的《d小调钢琴协奏曲》的开头时，发生了一件可怕的事——在某一刻，我随意地把视线离开了键盘，就突然看不到接下去的琴键了。出于我对莫扎特的深爱和尊重，我不能若无其事地胡乱继续下去。于是我中断了演奏，请求凯惕姆斯重新开始，这次我们漂亮地同步结束了。最后一场音乐会在盐湖城，我和好友毛里斯·亚布拉凡奈尔合作演出。唯一的困难是上舞台的台阶。我不得不仔细记住，以免摔个嘴啃泥。

在纽约，我去看了我固定的眼科医生米尔顿·伯林纳，他对我仔细检查后，确认了前面医生的诊断，但他补充道："阿瑟，别太难过，你永远不会完全失明的。"这是我失去正常视力后听到的第一句乐观的话，并大大提高了我的士气。还没有完蛋，我心想。我还可以四周环视，在许多方面依然还能独立，还可以独自上街。

我满怀希望地回到巴黎，并壮着胆子在新建的巨大的议会大厦举行了独奏音乐会，把全部收入捐给了巴黎的"美国医院"。

我在巴黎的最后一场音乐会是在香榭丽舍剧院举行的，并第一次与广播管弦乐团合作，虽然我不喜欢由电台转播我的音乐会。在少数几场我被迫同意进行转播的音乐会当中，我演奏时总感觉眼前有个家伙，他一边刮胡子，一边喊叫"关掉这该死的音乐！"。

部分失明给我造成了许多麻烦，但我顽固地不肯放弃任何一份合同，因此到了 1976 年初，我完成了在西班牙的最后三场音乐会：一场在马略卡岛的帕尔马、两场在巴塞罗那。然后在施特拉斯堡又演出了两场，在米兰的"四重奏组协会"里开了一场独奏音乐会，很精彩。结束之后我还和波利尼以及其他音乐家共进了晚餐。

在巴黎休息一天后，我们又飞往美国，根据那份复式合同，我还该在那里举行 12 场音乐会。这次是在东部。在很多方面，这最后的巡演是我最好的一轮，让我不能忘怀。我的忠实的听众感到这是我最后一次为他们演奏了，而我唯一能给予的就是向他们表达我的爱和谢意。

特别成功的是在波士顿和纽约的独奏音乐会；其他的则在芝加哥、费城（两场）、华盛顿、克里夫兰、休斯顿、哥伦布和蒙特利尔。最后一场音乐会安排在辛辛那提，次日一早，总统专机从那里把我接到华盛顿。福特总统在白宫，当着整个外交使团和300位宾客的面，为我颁发了自由勋章。在特地搭建的舞台上，福特总统长篇大论地宣读着对我的颂扬，而我则在一夜未眠之后以即兴演说作答。

仪式结束、与宾客们打过招呼之后，福特先生偕第一夫人举行了一个小型午宴，出席宴会的除了我一家人外，还有弗吉尼亚·培根、我们的朋友比尔·库克和基辛格先生。总统座机把我们送回纽约后一小时，我们就在电视上观看了这整场仪式。

我美滋滋地返回巴黎。现在该安排最后的公开露面和唱片录制了。我答应过要与祖宾·梅塔和以色列爱乐乐团灌制一张唱片。我们飞到特拉维夫去兑现诺言，用了两整天录制勃拉姆斯的《d小调钢琴协奏曲》，结果它竟然是到目前为止我多次尝试中最为令人满意的。最后，我们在特拉维夫和耶路撒冷公演了这首作品。

一周后，我在伦敦和马克斯·威尔科克斯完成了我最后一张独奏唱片：舒曼的《幻想曲》和贝多芬的《e小调奏鸣曲》作品第31号之3。我真想多录制几首别的作品。但因为看不清乐谱，所以不敢进行。

我在法国的最后一次演出安排在图卢兹，我与一个新组建的管弦乐团合作，由卓越的米歇尔·普拉松担任指挥。罗曼·雅辛斯基与我们同行。在排练时发生了一件怪事：当第二乐章结束时，我突然看不见高音区的琴键了，所幸，在晚上演出时没有重现这种情况。

我演艺生涯的最后一场音乐会，是在伦敦威格莫尔音乐厅的那场为音乐厅本身的义演，因为它有被折除的危险。我的音乐会只是个榜样，希望其他艺术家一同来拯救这处令人喜爱的老地方。对我自己而言，它是个象征性的姿态：我就是在这个音乐厅举行我在伦敦的首场音乐会的，而我一生的最后一场演出又在这里，这促使我把自己的艺术生涯当做一首奏鸣曲来思考：第一乐章代表着我青年时代的奋斗；之后的行板意味着我依靠自己的才华崭露头角；谐谑曲巧妙地表示了那些出人意外的巨大成功；而终曲是美妙、感人的结局。

129

我突然发现自己有了很多空闲时间。过去曾日复一日地在阅读中享用掉大量的时光——清晨、下午、夜半的床头，甚至妨害到我的钢琴事业，现在都要另寻它途来度过了。我妻子教会了我收听广播，这事我以前一直不肯做；她在我的床头柜上放了一个收音机，逼我变成一个不情愿的新手。但是逐渐地，我和家里其他人一样，变成这个闯入我们私生活的鬼东西的顺民。不过，我仍然在努力寻找别的事情来做。

自从《我的青年时代》获得成功后，我那些出版商就不断地劝说我继续写回忆录。经历了第一卷回忆录的繁重工作之后，我并不向往从事更为重要、而且篇幅更庞大的作品。我同样担心，要是我坚持说真话、而且只说真话，就会不可避免地伤及许多我认识的人，这些人要么还活着，要么有后代。但现在我已经没有其他出路了。我感到自己的记忆力依旧清晰、准确；我有能力完整地讲述自己一生的所有细节。

一个来自马尔韦利亚的年轻朋友托尼·马迪根承担起了记录我口授内容的艰巨任务；而且我们进展顺利，取得了良好的开头。

我的老友埃内斯托·德克萨达于 1973 年去世，他在马德里的办公室有位年轻的英国女子安娜贝拉·怀特斯通，此人的工作成效卓著。多亏她，我在西班牙获得了更优厚的条件、举办了更好的音乐会，此外，她还陪同我巡演，帮我及时结算酬金、安排食宿起居。她还热情地响应了我对年轻的法国钢琴家弗朗索瓦·杜夏布尔的推荐，多亏她的协助，这个年轻人头一回亮相就征服了西班牙。后来，她又出色地帮助了在耶路撒冷以我名字命名的钢琴比赛中获胜的雅尼娜·菲亚尔科夫斯卡。怀特斯通小姐为了菲亚尔科夫斯卡的音乐会来到马尔韦利亚，对我的著书工程产生了兴趣，并接受我请她为书稿打字的建议。我们三人工作得很好，以致托尼·马迪根放弃了在巴塞罗那剧院的工作，而安娜贝拉小姐则放弃了德克萨达在马德里的公司里的岗位，两个人一起来到我巴黎的家，以便继续写书的工作。

结果，头 100 页非常令人满意，艾尔弗雷德·克诺普夫读过之后，立即买下了版权。快到圣诞节时，托尼·马迪根决定继续从事剧院工作，这次是去马德里，而安娜贝拉小姐则同意既记录书稿，又负责打字，在我口述这部回忆录的这最后几行时，她依旧忠实地留在我身边。

我去纽约看望孩子们、并缴纳税款时，意外地过了一个极为感人的 90 岁寿辰。电话铃响了一整天，人们从世界各地打来电话。鲜花堆满了所有的房间，我尤其记得我年轻的同行范·克莱本赠送的 90 朵漂亮的玫瑰，他从不错过给我大量送花的机会。一整天，来采访的人都包围着我。到了傍晚，家人邀集了我的朋友们参加鸡尾酒会。自从我在罗兹过了四岁生日之后，还从来没有人这么奢华、慷慨地为我操办生日；当年为我过生日的是整个罗兹城，而现在，是全世界。

这之后，我的生活一直是此生中最为幸福的。我优质的留声机、大量的唱片，令我可以从早到晚聆听天籁般的音乐。从前，连续的巡演让我很难静下心来欣赏独奏音乐会或精彩的管弦乐团的演奏。如今，安娜贝拉小姐突然让我听了莫扎特、海顿、贝多芬他们灿烂的室内乐，而且有各种弦乐器和管乐器的搭配，有些搭配方法我甚至从未听说过。我年轻时在柏林通过读谱欣赏的那些了不起的歌曲，现在则能聆听凯思林·费里尔①、迪特里希·菲舍尔-迪斯考、伊丽莎白·施瓦什科普夫②的演唱了。马勒的全部天分都展露在了我面前。我更可以倾听我永志不忘的希曼诺夫斯基的音乐，倾听由格奥尔格·塞尔指挥的、贝多芬、勃拉姆斯和舒曼的交响曲的精彩演出。由阿图尔·格吕米欧③和阿里戈·佩里奇亚演奏的莫扎特的《协奏交响曲》令我两眼含泪。由杰奎琳·杜普雷和丹尼尔·巴伦博伊姆演奏的所有大提琴协奏曲都无与伦比，甚至连伟大的帕布洛·卡萨尔斯也显得暗淡了。诸位读者，请别笑话我，我还有四整套瓦格纳的《纽伦堡名歌手》和威尔第的《阿伊达》的录音，我已经和安娜贝拉一起，一个音符不落地听了两三遍。

在聆听的过程中，我有了几个有趣的发现——首先是关于英

①　凯思林·费里尔（Kathleen Ferrier, 1912～1953）：英国女低音歌唱家。以演绎格鲁克的《奥尔菲斯》中的主角闻名。勃拉姆斯和马勒歌曲的著名演唱者。

②　伊丽莎白·施瓦什科普夫（Elisabeth Schwarzkopf, 1915～2006）：德国抒情女高音歌唱家。是莫扎特和施特劳斯歌剧角色的杰出表演者。20世纪德国最细致敏感、最能引起共鸣的艺术家之一。演唱曲目难度很大，含盖莫扎特到沃尔夫以及更新的作曲家的作品，并已经灌制成了大量唱片。

③　阿图尔·格吕米欧（Arthur Grumiaux, 1921～1986）：比利时著名小提琴家。擅长经典作品的演绎。

国的。长久以来，人们一直认为英国人把体育运动摆在音乐之上。然而，经过详细的比较后，我发现，英国的室内乐手具有最强的表现力，是目前最为令人满意的。大师们作品中的美感源于极为复杂的组合，他们对此的重视和专注，令我万分感激。

当然，我也尽量收集我同行们的唱片，包括最新出版的录音。在这方面我的感觉显然比较主观。我很难完全保持客观。当熟悉的作品演奏得过快——现在年轻人的恶习、或者过慢——这是一些超级理智的人所坚持的，我就会很不耐烦。不过，在里赫特、吉列尔斯、波利尼、布伦德尔①、巴伦博伊姆和其他人身上，也有许多东西让我肃然起敬。霍罗维茨以他一贯的伟大炫技演奏家的身份，重返音乐会生活了，但在我看来，他没有为音乐艺术做出过任何贡献。

多亏安娜贝拉小姐的巨大投入，尽管我受半失明的严重妨碍，但仍然再一次出游心爱的威尼斯、罗马甚至以色列——这次不是为了音乐会，而是为了呼吸我先祖们神圣土地上的空气。我曾经向《我的青年时代》的读者保证，在所认识的人中，我自己是最为幸福的。我如今已经 92 岁的年纪，还要骄傲地重申这一点。

甚至幸运之神对我也是忠实的。我每天这样安逸地享受着生活和音乐，光是攫取，从不付出，这种生活有时的确让我感到有点沮丧。一天，弗朗索瓦·雷钦巴赫把他的一个墨西哥朋友介绍给我，此人是墨西哥电视公司"特莱维萨"的头头，在北美还有

---

① 阿尔弗雷德·布伦德尔（Alfred Brendel, 1931～ ）：奥地利作曲家。1974 年移居伦敦。1948 年获布索尼比赛奖，开始在奥地利闻名。1948～1958 年录制了李斯特、莫扎特、舒伯特、勋伯格的钢琴协奏曲和独奏曲唱片。1962 年在伦敦举行 6 场音乐会，演奏了贝多芬的 32 首奏鸣曲，轰动乐坛。1963 年首次巡演于美国，巩固了世界著名钢琴家的地位。他知识广博、技术辉煌，对音色非常敏感，善于分析作品内容，在处理装饰音和华彩段方面具有独到之处。著有《乐思与回想》，影响极大。

几个台。当我们在巴黎相互熟识一些之后，这位名叫埃米里奥·阿兹卡拉加的绅士便建议让我做一个每集半小时的系列电视片。当我相当遗憾地提醒他说我自己已经不再演奏时，他却叫了起来：

"我要的是您本人，而不是您的演奏。"

他的建议还真有吸引力。他允许我由着性子挑选谈话的场合、对象和主题。

"我想通过你的观念、语言，以及你选择的演奏者，把伟大的音乐带给我的电视观众。"他说道。

这样的条件我还能不接受吗！雷钦巴赫将担任导演，带一个特别的摄制组一起旅行。安娜贝拉负责各种细节、我的讲稿以及作为例证的各种乐曲。

突然间，我们忙得不可开交了。在巴黎，与杰出的大提琴家保罗·托蒂里埃①一起拍了几个镜头后，我们一帮人就去了威尼斯、帕多瓦、维琴察和维罗纳，我对这些地方有许多话要说，而雷钦巴赫也有许多东西可展示。我在多维尔作了短暂的停留，和优秀钢琴家布鲁诺·莱奥纳德·赫尔维尔②愉快地进行了一次音乐聚会，然后前往卢塞恩参加音乐节，最终来到以色列。在耶路撒冷的音乐中心，几个很有才华的年轻学生为我演奏，我们还聆听了莱奥纳德·伯恩斯坦指挥的一场极棒的音乐会。

---

① 保罗·托蒂里埃（Paul Tortelier，1914～1990）：法国大提琴家。出身音乐世家。以独奏和室内乐重奏著称。曲目很广，自巴赫的独奏组曲到理查德·施特劳斯的《唐吉河德》一类20世纪的音乐均属其演奏范围。1980年10月曾来华讲学和演出。

② 布鲁诺·莱奥纳德·赫尔维尔（Bruno Leonardo Gelber，1941～　）：阿根廷钢琴家。出身音乐家庭。三岁起跟母亲学琴，七岁患小儿麻痹症，但顽强坚持学琴，10岁登台演奏贝多芬《第三钢琴协奏曲》，1956年演奏舒曼钢琴协奏曲，大获成功。1960年获法国政府奖学金，到法国深造，师从玛格丽特·隆。参加玛格丽特·隆钢琴比赛，获第三名。演奏风格属德奥传统，但含有南美的明媚风光孕育的清澈明朗的感情。

现在我的漫长的故事行将结束，但在我的书脱稿之前，我必须对这个我即将辞别的世界说几句话。

我们当今的世界处于其最低水平——在道德和艺术方面。《我的青年时代》对所谓的"美好时代"说过几句好话，因此受到了赞扬。但我认为那些话被滥用了。我自己的一生——我用了两本书来详细地描写——从最早到今天我写这些话时，一直都是有关无条件地热爱生活的事情，然而，我的所见、所闻、所观察到的一切，都是"美好时代"不折不扣的对立面。

回忆起我的早年，有令人惊恐的法国德雷福斯案件——那是一个我永远无法忘却的伤痛。接着就想起雪崩般到来的战争：西—美战争（结果是很多被占领土一直没有摆脱被占领的命运）；日—俄战争；好几场激烈的巴尔干战争；以及由于德国皇帝威廉二世的政治活动而持续了一年之久的战争威胁。尽管如此，我还是要把那些岁月称为"文明的时代"。缔结和约后，双方会按照'旧世界'的良好习惯谋求和睦的关系，而冷酷敌对的时日终会被淡忘。

然而两次世界大战结束了"文明的时代"。现在我们生活在持续的冷战、虚伪和会被科学天才的危险发明消灭的恐惧之中：原子弹和导弹能轻易地摧毁整个国家。

但最为悲哀的是，整个世界，代表着联合国中的大多数，由于惧怕十分多余的共产主义和日益上涨的石油价格（而这固定的替罪羊自然又是犹太人），总是站在强者一边反对弱者。人类对上帝的信仰在总体上源于他们对死亡的恐惧，但这信仰却被曲解，变成以同一个上帝的名义互相争斗和残杀——只不过这相同的上帝说着不同的语言，被赋予了不同的名字。看看那些高尚的爱尔兰人吧，他们忘记了不论是新教还是天主教，上帝都是保护神。依据他们的行为来判断，仿佛上帝是个美人，他们之间的争斗是为了获得美人的芳心。再想想亿万阿拉伯人，他们不能理解真主和他的默罕默德并不能说动他们的兄弟民族，他们拒绝承认摩西比他们早 5000 年就确立了自己的上帝，因此真主和默罕默德并不合犹太人的"口味"。可悲啊，宗教战争日益严重，并导致广泛的经济混乱。至于我自己，则对那些虔诚到创造出自己的上帝的特殊的男人和女人，一向十分尊重。

但我又凭什么判断别人？在我看来，我只有对自己试图描述的事态得出若干结论的权利。在欧洲，家庭生活和道德水准已经滑到了历史的谷底——公开进行的色情宣传，道德败坏的青年大批吸毒。19 世纪丰富的文学、天哪！还有艺术，怎样了呢？新的作曲家、画家和雕塑家声称艺术不需要表达感情，这声明本身就否定了艺术家存在的根本意义。我伤心地观察到，那些不分青红皂白，就急忙为这种最新的艺术创造鼓掌、叫好的年轻人，他们既不信服这些作品、也没有被它们所打动，而只是把它们作为一种革命姿态用来反对老一代。昔日动人的优雅已经让位于懒散和丑恶的做派，它与历经沧桑保留下来的城市的美景完全不协调。

但是，世界的这种状态，不能、也没有干预到我对生活深深的爱。和历史学家没什么不同，我坚信未来的再次复兴——而对现代的悲观看法只不过是历史书上的几页，它作为对照物，有助于全面理解一个更好的时代。

结 束 语

在搁笔前，我想对全世界的人们给予我的热烈的友好情谊表示至深的感谢，并向他们保证，我依然是我所认识的人中最为幸福的。

部分的失明加深了我对生活的热爱。我对音乐的情感、我的思想和理念变得更加明晰了，而命运之神则为我提供了我生命中最为优美的最后年月。

现在，当我写这些话的时候，我们打算在纽约、西班牙和波兰拍摄一部有趣的电影。在过去 5 个月紧张的旅行和拍摄中，安娜贝拉和我一直没有放弃回忆录的写作，因此，感谢上帝，我才得以将其完成。

人名索引

A

Abdul－Hamid 阿布杜尔－哈米德　土尔其苏丹

Abetz，Heinrich 阿贝兹，海因里希　希特勒德国的外交官

Abravanel，Maurice 亚布拉凡奈尔，毛里斯　美国指挥

Achard，Marcel 阿夏尔，马塞尔　法国剧作家
　　《来自月亮的让》

Achard，Madame Marcel（Juliette）阿夏尔夫人（朱利埃特）

Adam 阿达姆　波兰仆人

Aherne，Brian 阿亨，布赖恩　法国演员

Alan，Maude 阿伦，莫德　英国舞蹈演员

Alba，Duke of 阿尔瓦　西班牙公爵

Albeniz，Isaac 阿尔贝尼斯，伊萨克　西班牙作曲家
　　Albaicin《阿尔巴辛》
　　Iberia《伊比利亚组曲》
　　Navarra《纳瓦拉》
　　Triana《特里亚纳》

Albeniz，Mateo 阿尔贝尼斯，马特奥　西班牙作曲家

Albert 阿尔贝　比利时国王

Albert，Eugen 艾伯特，殴仁　苏格兰钢琴家、作曲家

Alexander，Haim 亚历山大，海姆　作曲家

Alfidi，Joe 阿尔菲迪，乔　美国钢琴家

Alfonso XIII 阿方索十三世　西班牙国王

Alper，Gitta 阿尔佩，吉塔　德国女歌唱家

Alphand，Herve 阿尔芳，埃尔韦　法国外交官

Altmann，Dr. Theodor 阿特曼，特奥多尔　鲁宾斯坦的老师

Alvear family 阿尔维亚尔一家

Amaya，Carmen 阿马雅，卡门　吉卜赛舞蹈演员

Anders 安德尔斯　波兰将军

Anderson，Marian 安德森，玛丽安　黑人女歌唱家

Andre，Grand Duke 安德烈大公

Andre，Madame Dominique 安德烈大公夫人

Angel，Heather 安杰尔，希瑟　奈拉的女友

Ansermet，Ernest 安塞尔梅，欧内斯特　瑞士指挥家

Antonio 安东尼奥　西班亚舞蹈家

Arbos，Enrique 阿沃斯，恩里克　西班亚小提琴家和作曲家

Arditi 阿迪蒂　音乐会经纪人

Arrau，Claudio 阿劳，克劳迪奥　智利钢琴家

Arthur Frank 阿图尔·弗朗克　法国一房地产经纪人

Arystofanes 阿里斯托芬　古希腊剧作家

Asprey 阿斯普雷亚　英国伦敦首饰商

Asquith，Anthony 阿斯奎思，安东尼　阿斯奎思爵士之子

Asquhh，Herbert Henry Asquith，Lord 阿斯奎思爵士　英国首相

Asquith，Lady Margot 玛戈·阿斯奎思夫人

Astaire，Adela 埃斯泰尔，阿德拉　美国音乐剧演员

Astaire，Fred 埃斯泰尔，弗雷德　美国音乐剧演员

Astor family 阿斯托尔一家　财主

Astruc, Gabriel 阿斯特吕克，加布里埃尔　法国经纪人

Aumont, Jean‒Pierre 奥蒙，让‒皮埃尔　法国演员

Auric, Georges 奥里克，乔治　法国作曲家

   Facheux, *Les*《讨厌鬼》

Avidom, Menahem 阿维多姆，梅纳海姆　作曲家

Avila, Juan 阿维拉，胡安　西班牙贵族

Ax, Emanuel 阿克斯，埃马努埃尔　俄裔美国钢琴家

Azcarraga, Emilio 阿兹卡拉加，埃米里奥　墨西哥电视台老板

B

Bach, Johann Sebastian 巴赫，塞巴斯蒂安　奥地利作曲家

  chaconne《恰空》布索尼改编；特蒂斯改编

  concerto for two violins《双小提琴协奏曲》

  Italian Concerto《意大利协奏曲》

  Partita in C minor《c 小调帕蒂塔》

  toccatas：*C major*《C 大调托卡塔》布索尼改编，《F 大调托卡塔》

Bachauer, Gina 巴考尔，吉娜　德裔美国女钢琴家

Bacon, Mrs. Robert Low (Virginia) 罗伯特·培根夫人（弗吉尼亚）

Badet, Regina 巴德，雷吉娜　法国女演员

Bagby 巴格比　音乐会经纪人

Baliev, Nikita 巴利耶夫，尼基塔　俄国指挥家

Balletta 巴雷塔　舞蹈演员

Balsan, Mrs. Jacques 杰克斯·巴桑夫人（康斯薇洛·范德比尔特小姐）

Balzac, Honore de 巴尔扎克，奥诺雷　法国作家

Bunkhead, Tallulah 班克黑德，塔路拉　美国女演员

Baratz 巴拉茨　旅居希腊的波兰钢琴教师

Barbara 芭芭拉　姆威纳尔斯基家的女厨师

Barbirolli, Sir John 巴比罗利，约翰爵士　英籍意大利指挥家

Barenboim, Daniel 巴伦博伊姆，丹尼尔　以色列钢琴家和指挥家

Barrault, Jean - Louis 巴罗，让-路易　法国演员

Barrientos, Maria 巴林托斯，马丽亚　西班牙花腔女高音歌唱家

Barrymore, Ethel 巴里摩尔，埃塞尔　美国好莱坞演员

Barrymore, John 巴里莫尔，约翰

Barrymore family 巴里莫尔家族

Barth, Heinrich 巴尔特，海因里希　德国钢琴家和教师、鲁宾斯
　坦的老师

Bartok, Bela 巴托克，贝拉　匈牙利作曲家

Baudelaire, Charles - Pierre 博德莱尔，夏尔-皮埃尔　法国作家

Bauer, Harold 鲍尔，哈罗德　英国钢琴家

Baur, Harry 博尔，哈里　法国演员

Bax, Sir Arnold 阿诺德·巴克斯爵士　英国作曲家

Beardsley, Aubrey 比尔兹利，奥布里　画家

Beatles 皮头士，即"甲壳虫"

Beatrice 贝阿特丽斯　西班牙公主

Beatrix, Crown Princess 比阿特丽克斯，克劳文女王储

Bechstein 贝希斯坦（公司名称和钢琴牌子）

Beecham, Sir Thomas 比彻姆，托马斯爵士　英国指挥家

Beethoven, Ludwig von 贝多芬，路德维希　德国作曲家
　　　Archduke Trio《大公三重奏曲》
　　　chamber music 室内乐
　　　协奏曲：
　　　Third (C minor)《c 小调第三协奏曲》

Fourth（G major）《G 大调第四协奏曲》

Fifth（Emperor）《第五协奏曲》（皇帝协奏曲）

Leonore overture 序曲《莱奥诺拉》

钢琴奏鸣曲：

D minor《D 大调奏鸣曲》

E flat《e 小调奏鸣曲》

Les Adieux《告别奏鸣曲》

Appassionata《热情奏鸣曲》

Hammerklavier《锤子奏鸣曲》

Moonlight《月光奏鸣曲》

Waidstein《华尔斯坦奏鸣曲》

小提琴和钢琴奏鸣曲：

Sonata C minor《c 小调小提琴和钢琴奏鸣曲》

Kreutzer sonata《克鲁采奏鸣曲》

Spring《春天奏鸣曲》

交响曲：

hroica《英雄交响曲》

Fifth《第五交响曲》

Bekeffi, Madame Maria 贝克菲，玛利亚夫人　芭蕾教师

Bellini, Vincenzo 贝利尼，维琴佐　意大利作曲家

Belmonte, Mrs. 西班亚斗牛士贝尔蒙特夫人

Belmonte 贝尔蒙特　西班亚斗牛士

Bender, Louis 本德尔，刘易斯　鲁宾斯坦的朋友

Ben‐Gurion, David 本‐古里安，大卫　以色列领导人

Benouville, Pierre 伯努维尔，皮埃尔　钢琴教师、鲁宾斯坦的朋友

Benvenuti, Diane 贝文努蒂，黛安娜　鲁宾斯坦的朋友

Berard, Jean 贝拉尔，让　巴黎名流

Berenson, Bernard 贝伦森，伯纳德　收藏家

Berg，Alban 贝尔格，阿尔班　奥地利作曲家

　　Wozeeck《沃采克》

Bergen，Candice 伯根，坎迪斯

Bergheim，John 贝格海姆，约翰　英国犹太商人

Bergheim，Mrs. John 约翰·贝格海姆夫人

Berlin，Irving 伯林，欧文　美国流行歌曲作者

Berliner，Dr. Milton 伯林纳，米尔顿博士　眼科医生

Bernard，Jean 贝纳尔，让

Bernard，Tristan 贝纳尔，特里斯坦　法国作家、剧作家

Berners，Lord 伯纳斯勋爵　英国作曲家和作家

Bernstein，Henri 伯恩斯坦，亨利　法国剧作家

Bernstein，Leon 伯恩斯坦，利昂　曾为银行资助鲁宾斯坦作担保

Bernstein，Leonard 伯恩斯坦，莱奥纳德　美国指挥家、作曲家

Berii，Jules 贝里，于勒　法国演员

Bertrand，Eusebio 贝特兰德，欧塞维奥

Bertrand，Mercedes 伯特兰，梅赛德斯

Besanzoni，Adriana 贝桑佐尼，阿德里亚娜

Besanzoni，Gabriella 贝桑佐尼，加夫列拉　意大利女歌唱家、后

　　为恩里克·拉热夫人

Biancamano 比亚卡曼诺　音乐会经纪人

Bibesco，Prince Antoine 比贝斯库，安托万亲王（罗马尼亚）

Bibesco，Princess Elizabeth（Asquith）伊丽莎白亲王夫人（阿斯

　　奎斯）

Bibesco，Prince George 比贝斯库，乔治亲王（罗马尼亚）

Bibesco，Princess Marthe 比贝斯库，玛莎亲王夫人

Bieliankin 别利亚京　俄式餐馆老板

Billington，Miss 比林顿女士　英国保姆

Billow，Hans von 彪洛，汉斯·冯　德国钢琴家和指挥家

Bing，Sir Rudolf 宾，鲁道夫爵士　歌剧导演

Bizet，Georges 比才　法国作曲家

     Carmen《卡门》（钢琴改编曲）

Bjornson，Bjornstjerne 比昂松　挪威作家

Blac - Belair，Mimi 布拉克-贝莱尔，米米　可可·夏奈尔的侄女

Blanchard，Emile 布朗夏尔，埃米尔　鲁宾斯坦的朋友

Blanchard，Mrs. Emile（Jeanne）埃米尔·布朗夏尔夫人（让娜）

Blanche，de Marie 布朗舍，玛丽　法国钢琴家

Bliss，Sir Arthur 布利斯，阿瑟爵士　英国指挥家

Bliss，Mrs. Robert 布利斯夫人

Bloch，Andre 布洛赫，安德烈　法国工程师

Bloch，Ernest 布洛赫，欧内斯特　美国作曲家

Block，Michel 布洛克，米歇尔　比利时钢琴家

Blum Leon 布吕姆，莱昂　法国政治家

Blumenfeld，Felix 布鲁门菲尔德，费利克斯　钢琴教师

Bliithner piano 布吕特纳牌钢琴

Bocklin，Arnold 布克林，阿诺尔德　瑞士画家

Bodanzky，Artur 博丹斯基，阿图尔　奥地利指挥家

Boissevain，Mrs. Estrella，布瓦瑟万，艾斯特莱拉夫人 巴黎文化界

    人士

Bok，Mrs. Mary 博克，玛丽夫人　柯蒂斯音乐学院的资助人

Bolm，Adolf 鲍尔姆，阿道夫，俄国舞蹈家和编舞

Borden，Mrs. Elian 博尔丹，埃伦小姐　参见卡彭特夫人

Borodin，Alexander 鲍罗廷，亚历山大　俄国作曲家

    Prince Igor《伊戈尔王》

Borzage，Frank 博扎克，弗朗克　电影导演

Bosendorfer piano 波森多夫钢琴

Boskoff，George 博斯科夫，乔治　罗马尼亚钢琴家

Boucher，Victor 布歇，维克多　法国演员

Boulanger，Nadia 布朗热，纳迪娅　法国作曲家、指挥家、音乐教师

Boulez，Pierre 布列兹，皮埃尔　法国现代作曲家

Boult，Sir Adrian 博尔特，艾德里安爵士　英国指挥家

Bourdelle，Emile 布代尔，埃米尔　法国雕塑家

Bourdet，Edouard 布尔代，爱德华　法国剧作家

Bourdet，Madame Edouard（Denise）爱德华·布尔代夫人（德尼丝）

Bowman 鲍曼　纽约音乐会经纪人、饭店经理

Boyer，Charles 博耶尔，查尔斯　法国演员

Boyer，Mrs. Charles（Pat）查尔斯·博耶尔夫人

Boy－Zelenski（Tadeusz Zelenski）鲍伊－热伦斯基　波兰作家、翻译家

Braccale，Antonio 布拉卡列，安东尼奥　古巴一歌剧院院长

Braga，Francisco 布拉加，弗朗西斯科　巴西作曲家和教师

Brahms，Johannes，勃拉姆斯，约翰内斯　德国作曲家

　　《d 小调第一钢琴协奏曲》作品第 15 号

　　《降 B 大调第二钢琴协奏曲》作品第 83 号

　　《D 大调小提琴协奏曲》作品第 77 号

　　Paganini Variations《a 小调帕格尼尼主题变奏曲》作品第 35 号

　　《f 小调钢琴和弦乐四重奏》作品第 34 号

　　《d 小调第三小提琴奏鸣曲》作品第 108 号

　　Trio in B major《B 大调三重奏》作品第 8 号

Brailowski，Alexander 布拉伊洛夫斯基，亚历山大　法籍俄国钢琴家

Branca，Count 布兰卡伯爵　意大利布兰卡啤酒公司老板

Brendel，Alfred 布伦德尔，阿尔弗雷德　奥地利钢琴家

Brisson，Pierre 布里松，皮埃尔　法国评论家

Britten，Sir Benjamin 布里腾，本杰明爵士　英国作曲家

Bruce，Nigel 布鲁斯，奈杰尔　美国演员

Buchanan，Jack 布坎南，杰克　英国演员

Budapest Quartet 布达佩斯四重奏组

Buitoni，Mrs. Alba 布伊托尼，阿尔芭夫人 佩鲁贾巧克力厂老板
　　娘、音乐资助人

Bullit，William 布里特，威廉　美国驻法国大使

Busch，Adolf 布施，阿道夫　德国指挥家

Busch，Fritz 布施，弗里茨　德国指挥家

Busoni，Ferruccio 布索尼　意大利钢琴家和作曲家
　　《卡门主题幻想曲》，也有巴赫改编的版本

Bystszycki，Jakub 贝斯特希茨基，雅库布　波兰、以色列音乐会
　　经纪人

C

Cadaval de 卡达瓦尔　葡萄牙侯爵

Cadaval，Marquesa Olga 奥尔加·卡达瓦尔侯爵夫人，参见罗比朗
　　特·奥尔加

Cage，John 凯奇，约翰　美国现代音乐作曲家

Caillavet，Gaston de 卡亚韦，加斯东　法国剧作家

Callas，Maria 卡拉斯，马丽亚　希腊裔美国女高音歌唱家

Calve，Emma 卡尔韦，埃玛　法国女歌唱家

Camus，Clara 卡姆斯，克拉拉　意大利音乐会经纪人

Canaletto，Bernardo Belotto 卡纳列托，贝纳尔托·贝洛托　意大
　　利画家

Cardin, Pierre 卡丹，皮尔　法国时装设计师

Cardwell, Kathryn 卡德韦尔，凯思琳　美国服务商

Carpenter, John Alden 卡彭特，约翰·奥尔登　美国作曲家

Carpenter, Mrs. John (Ellen) 卡彭特夫人（埃伦）

Carranza, Venustiano 卡兰萨，贝努斯蒂亚诺　墨西哥政治家

Carreras 卡雷拉斯　阿根廷音乐会经纪人

Carreras, Maria 卡雷拉斯，马丽亚　意大利女钢琴家

Casadesus, Robert 卡扎德絮，罗贝尔　法国钢琴家、作曲家

Casals, Pablo 卡萨尔斯，帕布洛　西班牙小提琴家

Castelnuovo - Tedesco, Mario 卡斯特拉努奥沃-特德斯科，马里奥
　　意大利作曲家

Castro, Juan Jose 卡斯特罗，胡安·何塞　阿根廷指挥家

Cendrars, Blaise 桑德拉尔，布莱斯　法国诗人

Cervantes，塞万提斯，西班牙作家

　　《唐吉诃德》

Cervello, Jordi 切维洛，霍尔蒂　作曲家

Chabrier, Emmanuel 夏布里埃，埃马纽埃尔　法国作曲家

　　Bourree fantasy《布雷幻想曲》

　　Espana《西班牙》（狂想曲）

　　Valse romantique《浪漫圆舞曲》

Chadwick, Mrs. Dorothy 查德威克夫人（多萝茜）　鲁宾斯坦之友

Chaliapin, Feodor (Fedja) 夏里亚宾，费奥多尔　俄国男低音歌唱家

Chamberlain, Neville 张伯伦，内维尔　二战初的英国首相

Chanel, Coco 夏奈尔，可可　法国时尚大师

Chanler, Robert 钱勒，罗伯特　美国画家

Chaplin, Charlie 卓别林，查理　戏剧大师

Chaplin, Geraldine 卓别林，杰拉尔丁娜　卓别林之女

Charlottavotte "水果拼盘"法国风流女子

Chavez，Carlos 查维斯，卡洛斯　墨西哥作曲家

Chekhov，Anton 契诃夫，安东　俄国作家

Chevalier 谢瓦利埃　法国富翁、音乐爱好者

Chevrey，Bernard 切弗雷，伯纳德　电影制片人

Chiafarelli 恰法莱里一家（原文为 Schiafarelli，是笔误）

Chiafarelli，Luigi 恰法莱里，路易吉　巴西钢琴教师

Chigi，Count Guido 齐吉·古伊多伯爵　意大利音乐庇护人

Childs，Calvin 蔡尔兹，卡尔文　录音师

Chlapowski，Alfred 赫拉波夫斯基，阿尔弗雷德　波兰外交官

Cholmondeley，Marchioness of（Sybil Rocksavage）西比尔·乔姆利
　　夫人

Cholmondeley，Rocksavage Marquis of 罗克塞维奇·乔姆利

Chopin，Frederic 肖邦，弗里德雷克　波兰作曲家

　　《f 小调叙事曲》

　　《船歌》（Barcarolle）

　　《e 小调钢琴协奏曲》E minor

　　《f 小调钢琴协奏曲》F minor

　　即兴曲

　　玛祖卡舞曲

　　夜曲（nocturnes）

　　波洛奈兹舞曲（Polonaises）：

　　《降 A 大调波洛奈兹舞曲》

　　《A 大调波洛奈兹舞曲》

　　《升 f 小调波洛奈兹舞曲》

　　《大波洛奈兹舞曲》

　　《前奏曲》

　　《第四谐谑曲》

　　《降 b 小调奏鸣曲》（葬礼进行曲）

《仙女们》（*sylphides*）
圆舞曲

Chotzinoff, Samuel 霍齐诺夫，萨缪埃尔 美籍俄罗斯钢琴家和评
论家

Christie, John 克里斯蒂，约翰 音乐庇护人

Churchill, Sir Winston 邱吉尔，温斯顿爵士 英国首相

Ciechanowski, Jan 切哈诺夫斯基，杨 波兰外交官

Cini, Count 齐尼伯爵 威尼斯艺术资助人

Citroen 雪铁龙 法国汽车制造厂

Cittadini 齐塔迪尼伯爵 意大利外交官

Cittadini Irena 伊莲娜·齐塔迪尼夫人，参见伊莲娜·沃顿小姐

Clair, Rene 克莱尔，勒内 法国电影导演

Claudel, Paul 克洛岱尔，保罗 法国外交官、诗人

Clemenceau, Georges 克莱蒙梭，乔治 法国总统

Cliburn, Van 范·克莱本 美国钢琴家

Coates, Albert 科茨，艾伯特，英国指挥

Coats, Audrey 科茨，奥德丽 伦敦社交界美女

Cocteau, Jean 科克托，让 法国作家

Coffin, Rev. William Sloane 科芬，威廉·斯隆 鲁宾斯坦长女之夫

Coffin, Mrs. William Sloane 科芬，威廉·斯隆夫人，即鲁宾斯坦
之长女伊娃

Colefax, Lady Sybil 科里法克斯，西比尔夫人

Colman, Juliette 科尔曼，朱利叶塔 罗纳德·科尔曼的女儿

Colman, Ronald 科尔曼，罗纳德 美国演员

Colman, Mrs. Ronald（Benita Hume），罗纳德·科尔曼夫人（贝
妮塔·休姆）

Conrad, Joseph 康拉德，约瑟夫 波裔英国作家

Consolo, Ernesto 孔索洛，埃内斯托 意大利钢琴家

Cook，Bill 库克，比尔 鲁宾斯坦的朋友

Cooper，Alfred Duff 库珀 艾弗雷德·达夫 英国政治人物

Cooper，Lady Diana 黛安娜·库珀夫人

Cooper，Gary 库珀，加里 美国演员

Cooper，Gladys 库珀，格拉迪斯 英国女演员

Copernicus，Nicolaus 哥伯尼，尼古拉 波兰天文学家

Coppicus 科皮卡斯 美国音乐会经纪人

Cortot，Alfred 科托，阿尔弗雷德 法国钢琴家

Courteline，Georges 库德林，乔治 法国幽默作家

Cousiño，Arturo 科西纽，阿图罗 智利富翁

Coward，Noel 科沃德，诺埃尔 英国作曲家

Craft，Robert 克拉夫特，罗伯特 美国小提琴家、指挥家

Curie，Eve 居里，艾娃 居里夫人的小女儿、音乐家和作家

Curie – Joliot，Irene 约里奥–居里，伊莱娜 居里的大女儿、科学
　家、诺奖得主

Curie，Madame Marie 居里夫人 法籍波兰物理学家 两次诺奖得主

Curie，Pierre，居里，皮埃尔 法国物理学家，诺贝尔奖得主

Czartoryski，Prince 查尔托雷斯基 波兰公爵

Czerny，Karl 车尔尼，卡尔 奥地利钢琴家、钢琴教师

Czyz，Henryk 齐日，亨雷克 波兰指挥家

D

Dalio，Marcel 达利奥，马塞尔 法国演员，

Damrosch，Walter 达姆罗什，沃尔特 美国指挥家

Damrosch family 达姆罗什一家

Danilova，Alexandra 达尼洛娃，亚力山德拉 俄罗斯女舞蹈演员

D'Annunzio，Gabriele 邓南遮，加布里埃尔　意大利作家、诗人

Darrieux，Danielle 达里厄，达尼埃尔　法国女演员

Daudet，Alphonse 多代，阿尔芳斯　法国作家

Davis，Bette 戴维斯，贝蒂　美国女演员

Davydov，Denis 达维多夫，代尼斯　达维多夫夫人之子

Davydov，Madame Nathalie 达维多夫夫人，纳塔丽亚

Davydov family 达维多夫家族

Dayan，Moshe 达扬，莫舍　以色列政治家

Dearly，Max 迪尔利，马克斯　法国演员

Debussy，Claude Achille 德彪西，克劳德　法国作曲家

　　　Apres－midi d'un faune《牧神午后》

　　　En Blanc et noir《白与黑》，由吉泽金演奏

　　　Gigues《吉格舞曲》

　　　Nocturnes《夜曲》，Fetes《节日》，《夜曲》中的第二首

　　　Ondine《水仙》拉威尔也作有同名曲

　　　Peliias et Melisande《佩利亚斯与梅丽桑德》

Debussy，Madame Claude Achille 德彪西夫人

Defauw，Desire 迪福，德西雷　比利时小提琴家和指挥家

de Gaulle，Charles 戴高乐　法国总统

Delalande，Francois 德拉朗德，弗朗索瓦　阿·鲁宾斯坦的佣人

Delibes，Leo 德利布，莱奥　法国作曲家

Delius，Frederick 戴留斯，弗雷德里克　英国作曲家

　　　《小提琴奏鸣曲》

Delon，Alain 德龙，阿兰　法国演员

Demidov，Prince 德米多夫公爵，俄国外交官

de Mille，Agnes 德·米莱，阿涅斯

Denis，Maurice 德尼兹，莫里斯　法国钢琴家

Derain，Andre 德兰，安德烈　法国钢琴家

Dernbourg, Ilona（Eibenschutz）德尔恩伯格，伊洛娜（埃本舒茨）
英国女钢琴家

Destinn, Emmy 黛斯廷，埃米　捷克女歌唱家

Deval, Jacques 德瓦尔，雅克　法国作家

Devonshire, Duchess of 德文希尔公爵夫人

Devonshire, Duke of 德文希尔公爵　英国贵族

Diaghilev, Sergei 佳吉列夫，谢尔盖 俄国芭蕾舞团创建人

Dickens, Charles 狄更斯，查尔斯　英国作家

Diederichs, Andre 迪德里希，安德列　贝希斯坦钢琴厂的代理

Dietrich, Marlene 黛德丽，玛丽　德国女演员

Dizengoff, Meier（Israeli mayor）迪森戈夫市长（以色列）

Dluski, Dr. and Mrs. Josef 尤瑟夫·德乌斯基大夫及夫人

Dohnanyi, Erno 多赫南伊，埃尔诺　匈牙利指挥家、作曲家

Donizetti, Gaetano 多尼采蒂，加埃塔尼　意大利作曲家

Dostoevski, Feodor 陀斯妥也夫斯基，费奥多尔　俄国作家

Downes, Olin 唐斯，奥林　美国音乐评论家

Drangosh, Ernesto 德兰戈什，埃内斯托　音乐教师

Draper, George 德雷珀，乔治

Draper, Muriel 德雷珀，缪丽尔　保罗之前妻

Draper, Paul 德雷珀，保罗

Draper, Ruth 德雷珀，路丝　保罗之妹

Dreyfus case, Alfred 阿尔弗雷德·德雷福斯案件

Drzewiecki, Zbigniew 杰维茨基，兹比格涅夫　波兰钢琴家、教
育家

Dubman, Laura 杜布曼，劳拉　鲁宾斯坦的美国学生

Duchable, Francois 杜夏布尔，弗朗索瓦　法国钢琴家

Dukas, Paul 杜卡，保罗　法国作曲家

Duke, Doris 杜克，多丽丝

Dukelsky, Wladimir 杜凯尔斯基，符拉季米尔　俄国作曲家

Duncan, Isadora 邓肯，伊萨多拉　女舞蹈家

Duparc, Marie Eugene 迪帕克，欧仁　法国作曲家

du Pre, Jacqueline 杜普雷，杰奎琳 达·巴伦博伊姆夫人　英国大
提琴家

Dupre, Marcel 杜普雷，马塞尔　法国管风琴家

Dushkin, Samuel (violinist) 杜什金，萨姆埃尔　波裔美国小提琴家

Dutilleux, Henri 迪蒂耶，亨利　法国作曲家

Dvorak, Anton 德沃夏克，安东　捷克作曲家

E

Edward VII 爱德华七世　英国国王

Einstein, Alfred 爱因斯坦，阿尔弗雷德　德国大科学家

Eisenhower, Dwight D 艾森豪威尔，德怀特　美国总统

Elena 埃莱娜　意大利王后

Elgar, Sir Edward 埃尔加，爱德华爵士　英国作曲家
　　Cello Concerto《大提琴协奏曲》

Elizabeth 伊丽莎白　比利时女王

Elizalde, German 艾里萨尔德，赫尔曼　鲁宾斯坦的朋友

Elman, Mischa 埃尔曼，米沙　俄国小提琴家

Enesco, Georges 埃奈斯库，乔治　罗马尼亚作曲家

Engels, George 恩格尔斯，乔治　美国音乐会经纪人

Enright, Thomas 恩赖特，托马斯　警察官员

Enrique 恩里克　阿·鲁宾斯坦的佣人

Enwall, Helmer 恩瓦尔，赫尔梅尔　瑞典音乐会经纪人

Erard piano 埃拉尔德牌钢琴

Erlanger, Catherine Baroness d', 埃尔朗热男爵夫人

Errazuriz, Mrs. Eugenia 埃拉苏里斯, 欧亨尼娅夫人

Eschig, Max 埃欣, 马克斯 音乐出版商

Evans, Warwick 埃文斯, 沃里克

Eyck Jan Van 爱克, 杨·凡 尼德兰画家

F

Fabini, Eduardo 法维尼, 埃杜阿尔多 作曲家、杂志老板

Fairbanks, Douglas 费尔班克斯, 道格拉斯 美国演员

Fall, Leo 法尔, 莱奥 奥地利作曲家

Falla, Manuel de 法雅, 马努埃尔·德 西班牙作曲家

    Amor brujo, *EI*《魔法师之恋》

    Andaluzia《安达鲁西亚》

    Atlantyda 歌剧《 阿特兰蒂达 》

    Fantasia Betica《贝迪卡幻想曲 》

    Fire Dance《火之舞》

    Nights in the Gardens of Spain《西班牙庭园之夜》

    Three – Cornered Hat, *The*《三角帽》

Fargue, Leon – Paul 法格尔, 莱翁-保罗 法国作曲家

Farouk 埃及国王（法老）

Farrar, Geraldine 法勒, 杰拉尔丁 美国女歌唱家

Faure, Gabriel 福雷, 加布里埃尔 法国作曲家

    Dolly Suite 钢琴二重奏组曲《洋娃娃》

    C minor《c 小调四重奏》

    E flat《降 E 大调四重奏》

    sonata fot violin and piano《小提琴和钢琴奏鸣曲》

Faussigny – Lucinge 福希尼-吕欣热　巴黎名流

Fellows，Daisy 费洛斯，戴西　温妮公爵夫人的侄女

Ferrier，Kathleen 费里尔，凯思琳　英国女低音歌唱家

Feuchtwanger，Lion 福伊希特万格，利昂　德国作家

Feuermann，Emanuel 费尔曼，埃马努埃尔　美籍奥地利大提琴家

Fevrier，Jacques 费弗里埃，雅克　法国钢琴家

Fiallcowska，Janina 菲亚尔科夫斯卡，雅尼娜　波兰钢琴家

Fischer – Dieskau，Dietrich 菲舍尔-迪斯考，迪特里希　德国男高
　　音歌唱家

Fiszer，Franc 费舍尔，弗朗茨　波兰文化名人

Fitelberg，Gregor 费特贝格，格热戈什　波兰指挥家、作曲家

Flers，Marquis de 弗莱尔，马奎斯·德　法国剧作家

Flier，Jacob 弗里尔，雅库伯　俄国钢琴家

Flynn，Errol 弗林，埃罗尔　美国演员

Focillon，Henri 福西隆，亨利　法国艺术史家

Follman，Nathan 福尔曼，纳唐　鲁宾斯坦的姨父

Follman，Mrs. Nathan 纳唐·福尔曼夫人 阿·鲁宾斯坦的姨妈

Fontaine，Joan 方丹，琼　好莱坞女演员

Ford，Gerald 福特，杰拉尔德　美国总统

Fournet，Jean 福尔内，让　法国指挥

Fournier，Pierre 富尼埃尔，皮埃尔　法国大提琴家

Franck，Cesar 弗朗克，塞扎尔　比利时作曲家

　　　Prelude《前奏曲》

　　　Chorale and Fugue《众赞歌和赋格》

　　　sonata for violin and piano《小提琴和钢琴奏鸣曲》

　　　variations symphoniques《交响变奏曲》

Francois 弗朗索瓦　阿·鲁宾斯坦的佣人（参见德拉朗德）

Franklin，Frederic 富兰克林，弗雷德里克　英国舞蹈家

Frescobaldi，Girolamo 弗雷斯科巴尔迪，吉罗拉莫 意大利管风琴家、作曲家

Fresnay，Pierre 弗雷内，皮埃尔　法国演员

Frias，Brigidita 弗里亚斯，布里吉迪塔　何塞·弗里亚斯之女

Frias，Jose 弗里亚斯，何塞　阿根廷批评家

Friedman，Ignaz 弗里德曼，伊格纳齐　美籍波兰钢琴家

Frieman 弗里曼 旅居希腊的波兰钢琴教师

Frohman，Mrs. Mae 梅·弗罗克曼小姐　美国经纪人、胡罗克的工作人员

Furtwangler，Wilhelm 富特文格勒，威尔海姆　德国指挥家

Furtzeva，Madame Elena 福尔采娃，叶莲娜　苏联文化部长

G

Gable，Clark 盖伯，克拉克　美国演员

Gabrilowitsch，Ossip 加布里洛维奇，奥西普　美籍俄国钢琴家、作曲家

Gangnebin，Henri 甘格内宾，亨利 作曲家

Gainz‑Paz family 甘斯－帕斯一家

Gaisberg，Fred 盖斯伯格，弗雷德　英国录音师

Galafres，Elsa 加拉弗雷斯，艾尔萨 维也纳著名女演员、多赫南伊之妻

Gallito 加里托 西班牙斗牛士

Gandarillas，Carmen 甘达利亚斯，卡门

Gandarillas，Jose Antonio 甘达利亚斯，何塞·安东尼奥　西班牙富翁

Gandarillas，Juanita 甘达利亚斯，胡安尼塔　鲁宾斯坦的朋友

Gandhi Mahatma 圣雄甘地　印度民族解放运动领袖

Garbat，Dr. 加尔巴特　鲁宾斯坦的医生

Garbo，Greta 嘉宝，葛丽泰　好莱坞电影明星

Garden，Mary 加登，玛丽　英格兰女高音歌唱家

Gardner，Mrs. Isabella Stewart 加德内尔，伊莎贝拉·斯蒂瓦特夫人

Garson，Greer 加森，格里尔　好莱坞女电影明星

Gatti－Casazza，Giulio（opera manager）加蒂-卡萨扎 美国歌剧院经纪人

Gaveau piano 加沃牌钢琴

Gavoty，Bernard 加沃蒂，贝纳尔《费加罗报》的著名评论家

Gelber，Bruno Leonardo 赫尔维尔，布鲁诺·莱奥纳德　阿根廷钢琴家

George（King of Greece）乔治（二世）希腊国王

Gershwin，George 格什温，乔治　美国作曲家

Gieseking，Walter 吉泽金，瓦尔特　德国钢琴家

Gilels，Emil 吉列尔斯，埃米尔　苏联钢琴家

Ginastera，Alberto 希纳斯特拉，阿尔维托　阿根廷作曲家

Gluck，Alma 格鲁克，阿尔玛　俄裔美籍歌唱家

Godebski，Cipa 戈代布斯基，齐帕

Godebski，Mrs. Cipa（Ida）戈代布斯基夫人（即伊达）

Godebski，Jean 戈代布斯基，让　齐帕·戈代布斯基之子

Godebski，Mimi 戈代布斯基，米米　齐帕·戈代布斯基之女

Godowsky，Dagmar 戈多夫斯卡，达格玛尔（莱奥波尔德·戈多夫斯基之女）

Godowsky，Leopold 戈多夫斯基，莱奥波尔德 美籍波兰国钢琴家、作曲家

Gold，Sheldon 戈尔德，谢尔登，美国音乐会代理人

Goldflam，Dr. 哥德弗拉姆医生　波兰犹太人

Goldwyn, Samuel 戈尔德温，塞缪尔

Goldwyn, Mrs. Samuel 塞缪尔·戈尔德温夫人

Golschmann, Vladimir 戈尔施曼，符拉季米尔　俄裔法国指挥家

Gomulka, Wladyslaw 哥穆尔卡，符瓦迪斯拉夫　波兰统一工人党
　　第一书记

Gontaut – Biron, Count Arrnand de 贡道-比隆，阿尔曼　法国伯爵

Gonzalez, Rafael 贡萨莱斯，拉法埃尔　阿根廷钢琴家、教师

Gonzalez, Mrs. Rafael, Victoria 拉法埃尔·贡萨莱斯夫人

Goossens, Eugene 古森斯，欧仁　英国指挥家、作曲家

Gordon, Ruth 戈登，路丝　美国演员

Gore, Lord 戈尔勋爵　澳大利亚的英国总督

Gottlieb 葛特莱布，阿道夫　画家

Gould family 古尔德一家

Gounod, Charles Francois 古诺，夏尔·弗朗索瓦　法国作曲家
　　　Faust《浮士德》（歌剧）

Grace 格拉斯　摩纳哥公主（参见格拉斯·凯里）

Gradstein, Alfred 格拉德斯坦，阿尔弗雷德　波兰作曲家

Gramont, Duke and Duchess of 格拉蒙公爵夫妇

Granat 格拉纳特 剧院老板　波兰克拉科夫犹太人

Granier, Jeanne 格拉涅尔，让娜　法国女歌唱家、演员

Grant, Gary 格兰特，加里　美国好莱坞电影明星

Granville, Dorothy 格兰维尔，多萝茜　女经纪人

Grassi 格拉西　音乐会代理人

Greiner, Alexander 格雷内尔，亚历山大　纽约斯坦威钢琴厂代理

Grew, Joseph 格鲁，约瑟夫　美国外交官

Grieg, Edvard 格里格，爱德华　挪威作曲家
　　　Concerto（*piano*）《a 小调钢琴协奏曲》
　　　Lyric Pieces 抒情作品

Griffes, Charles Tomlinson 格里菲斯，查尔斯·汤姆林森　美国作曲家

Gris Juan 格里斯，胡安　西班牙画家

Griswold, Alfred 格里斯沃尔德，艾尔弗雷德　美国教育家

Gromadzski, Jan 格罗马茨基，杨　鲁宾斯坦的熟人

Grumiaux, Arthur 格吕米欧，阿图尔　比利时小提琴家

Guanabarino, Oscar 瓜纳巴利诺，奥斯卡　评论家

Guarneri Quartet 瓜尔涅里四重奏组

Guarnieri, Camargo 瓜尔涅里，卡马戈　作曲家

Guinle, Carlos 根勒，卡洛斯　巴西富翁

Guinle, Mrs. Carlos（Gilda）根勒夫人（吉尔达）

Guinness, Benjamin 吉尼斯，本杰明　爱尔兰啤酒商

Guitry, Lucien 吉特里，吕西安　法国演员

Guitry, Sacha 吉特里，萨沙　法国演员、剧作家

　　《大公》

　　《莫扎特》

Guller. Youra 居勒尔，尤拉　法国女钢琴师

H

Hahn, Reynaldo 阿恩，雷纳尔多　委内瑞拉作曲家、指挥家

Halffter, Rodolfo 阿尔夫特，罗多尔福　西班牙作曲家

Hammerstein 哈默斯坦 音乐剧作家

Harman, Frederic 哈尔曼，弗雷德里克　波兰作曲家

Harman, Pola 哈尔曼，波拉　鲁宾斯坦青年时代的恋人

Harrison, Rex 哈里森，雷克斯　美国演员

Harry, Sir Hamilton 哈里，汉密尔顿爵士　英国指挥

Havilland，Olivia de 哈弗兰，奥莉维·德　好莱坞女明星

Hawtrey，Lady 霍特里夫人

Hawtrey，Sir Charles 霍特里，查尔斯爵士　英国演员

Hay，Clarence，mj 哈伊，克拉伦斯 西·罗斯福的国务卿

Hay，Mrs. Clarence（Alice）哈伊，克拉伦斯夫人（艾丽斯）

Hebertot 埃贝尔托　法国剧院经理

Heifetz，Jascha 海菲兹，雅沙　美籍俄罗斯小提琴家

Heine，Heinrich 海涅，海因里希　德国诗人

Hemar，Marian 赫尔马，马里安　华沙文艺节目制作者

Hemingway，Ernest 海明威，欧内斯特　美国作家

Herard 赫拉尔德　鲁宾斯坦孩子们的法国女音乐教师

Hermant，Abel 埃尔芒，阿贝尔　法国作家

Hertz，Alfred 赫兹，阿尔弗雷德　德国指挥家

Himmler，Heinrich 希姆勒，海因里希　德国法西斯头目

Hindenburg，Paul von 辛登堡，保罗·冯　德国政治家

Hitchcock，Alfred 希契科克，艾尔弗雷德　英国电影导演

Hitler，Adolf 希特勒，阿道夫

Hochman，George 霍克曼，乔治　调律师

Hofmann，Josef 霍夫曼，尤瑟夫　波兰钢琴家

Hofmann，Mrs. Josef 霍夫曼夫人

Hofmannsthal，Raimund von 霍夫曼施塔尔，拉伊蒙德·冯

Hogarth 贺加斯　英国画家

Holt，Harold 霍尔特，哈罗德　英国经纪人

Honegger，Arthur 奥涅格，阿图尔　瑞士作曲家

　　　　King David《大卫王》

　　　　Pacific《太平洋 231 号》

Hoover，Herbert 胡佛，赫伯特　美国总统

Hoppenot，Henri 奥本诺，亨利　法国外交官

Hoppenot, Madame Henri 亨利·奥本诺夫人

Horowitz 霍罗维茨，符拉季米尔之父

Horowitz, Friedrich 霍罗维茨，弗里德里希　流亡法国的德国音乐
　　会经纪人

Horowitz, Vladimir（Volodya）霍罗维茨，符拉季米尔（瓦洛加）
　　俄罗斯钢琴家

Howard, Leslie 霍华德，莱斯利　美国演员

Hryncewicz, Henry 赫伦采维奇，亨雷克　奈拉的表兄

Hubermann, Bronislaw 胡贝尔曼，勃罗尼斯瓦夫　波兰犹太族小
　　提琴家

Hugo, Jean 雨果，让　维克多·雨果的孙子

Hugo, Victor 雨果，维克多

　　《马里翁·德洛尔姆》

　　《悲惨世界》

　　《吕·布拉》

Hull, Mrs. Helen 赫尔，海伦 纽约"音乐家慈善基金"主席

Hume Benita 休姆，贝尼塔（参见科尔曼夫人）

Huneker, James 休内克，詹姆斯　美国批评家

Hurok, Sol 胡罗克，索尔　鲁宾斯坦的音乐会经纪人

Hurok, Mrs. Sol 胡罗克夫人

Hutton, Barbara 赫顿，芭芭拉　美国演员加里·格兰特之妻

Huxley, Aldous 赫胥黎，奥尔德斯　美籍英国作家

I

Ibsen, Henrik 易卜生，亨利克　挪威作家

Imperio, Pastora 音佩里奥，帕斯托拉　吉卜赛歌唱家、舞蹈家

Indjic, Eugene 英基奇, 欧仁　钢琴家

Ireland, John 艾尔兰, 约翰　英国作曲家

Isaacs, Rufus 艾萨克斯, 鲁弗斯 驻印度的英国总督

Isabel, Infanta 伊丽莎白　西班牙公主

Iturbi, Jose 伊多尔比, 何塞　西班牙钢琴家、指挥家

Iwaki 岩城宏之　日本指挥家

Iwaszkiewicz, Jaroslaw 伊瓦什凯维奇, 雅罗斯瓦夫　波兰作家

J

Jackowski, Tadeusz 雅茨科夫斯基, 塔代乌什　波兰外交官

Jackowski, Mrs. Tadeusz 塔代乌什·雅茨科夫斯基夫人

Jacob, Max 雅各布, 马克斯　法国作家

James, Harry 詹姆斯, 哈里

Janocopoulos, Vera 亚诺科波洛斯, 维菈 希腊-巴西歌唱家

Jaroszynski, Joseph 雅罗申斯基, 尤瑟夫　阿·鲁宾斯坦的朋友

Jasinski, Roman 雅辛斯基, 罗曼　波兰钢琴家

Jeanne 让娜, 鲁宾斯坦家的女佣

Jeanson, Henri 杨森, 亨利

Joachim, Joseph 约阿希姆, 约瑟夫　匈牙利小提琴家、作曲家

Joachim Quartet 约阿希姆四重奏组

John, Augustus 约翰, 奥古斯塔斯　英国名流

Johnson, R. E. 约翰逊　美国音乐会经纪人

Jouvet, Louis 儒韦, 路易　法国演员、导演

Jowitt, William 乔伊特, 威廉　英国政治人物

Jowitt, Mrs. William (Lesley) 威廉·乔伊特夫人 (莱斯莉)

Joyce, James 乔伊斯, 詹姆斯　英国作家

Judith 朱迪斯 守房人

Judson，Arthur 贾德森，阿瑟 美国音乐会经纪人

Juliana 朱丽安娜，荷兰女王（1909～1980）

Jusupow Nikolaj 尤苏波夫，尼古拉 俄国公爵

K

Kahn，Otto 卡恩，奥托 银行家和音乐庇护人

Kalbeck，Max 卡尔贝克，马克斯 音乐传记作家

Kamiko 佳美子 日本女厨师

Kanarek 卡纳莱克，尤里乌什 波兰画家、鲁宾斯坦的朋友

Kanin，Garson 卡宁，加尔森 美国剧作家

Kapell，William 卡佩尔，威廉 美国钢琴家

Kaper，Bronislaw（Bronek）卡佩尔，勃罗尼斯瓦夫（勃罗奈克）

Kaper，Mrs. Bronislaw（Lola）卡佩尔，勃罗尼斯瓦夫夫人（洛拉）

Kapurthala，Maharajah of 卡普塔拉，马哈拉扎 印度邦的大君

Karajan，Herbert von 卡拉扬，赫伯特·冯 德国指挥家

Karl（Emperor of Poland）卡尔 波兰国王（奥地利皇帝）

Karlowicz，Mieczyslaw 卡尔沃维奇，密齐斯瓦夫 波兰作曲家

Karola 卡罗拉 波兰保姆

Karsavina，Tamara 卡尔萨维纳，塔玛拉 俄国舞蹈家

Katims，Milton 凯惕姆斯，米尔顿 美国指挥家

Kaufman，Harry 考夫曼，哈里 钢琴家

Kedra，Wladislav 肯德拉，符瓦迪斯拉夫 波兰钢琴家

Kelly Grace 凯里，格拉斯 摩纳哥公主

Kemal Pasha 凯末尔巴夏 土耳其国父

Kennedy，John 肯尼迪，约翰 美国总统

Kennedy，Robert 肯尼迪，罗伯特　约翰之弟、司法部长

Kent，Duchess of 肯特公爵夫人（希腊玛丽娜公主）

Kerenski，Alexander 克伦斯基，亚历山大　俄国资产阶级政治家

Kerr，Deborah 克尔，黛博拉　好莱坞电影演员

Khachaturian，Aram 哈恰图良，阿拉姆　亚美尼亚作曲家
　　《钢琴协奏曲》

Khrushchev，Madame Nikita 赫鲁晓夫夫人

Kiepura，Jan 凯普拉，杨　波兰男高音歌唱家

Kierkegaard，Soren 克尔恺郭尔，索伦 丹麦哲学家

Kirov，Sergei 基洛夫，谢尔盖　苏联领导人

Kisch，Col. Aaron 基施，阿龙 为以色列爱乐乐队募捐者

Kisling，Moise 基斯林，莫伊热什　波兰画家

Kissinger，Henry 基辛格，亨利　美国前国务卿

Klemperer，Otto 克勒姆佩雷尔，奥托　德国指挥家

Kloiber，Herbert 克洛伊贝尔，赫伯特　录像带生产商

Knabe 克纳伯钢琴公司和克纳伯牌钢琴

Knepler，Hugo 克奈普勒，胡果　奥地利音乐经纪人

Knopf，Alfred 克诺普夫，艾尔弗雷德　美国出版商

Knopf，Mrs. Alfred（Blanche）艾尔弗雷德·克诺普夫夫人（布
　　兰奇）

Knopf，Edwin 克诺普夫，埃德温

Knopf，Mrs. Edwin（Mildred）埃德温·克诺普夫夫人

Kochanski，Paul 科汉斯基，巴维尔　波兰小提琴家

Kochanski，Mrs. Paul（Sophie［Zosia］）巴维尔·科汉斯基夫人
　　（索霞）

Kochanski family 科汉斯基一家

Kochlova，Olga 科赫洛娃，奥尔加俄罗斯女舞蹈家、后为斯特拉
　　文斯基夫人

Koczalski, Raoul 科查尔斯基，拉乌尔　波兰钢琴家

Kodaly. Zoltan 科达伊，佐尔丹　匈亚利作曲家

Kolischer, Wilhelm 科利谢尔，威尔海姆　波兰钢琴家

Kollek, Teddy 科莱克，特迪　耶路撒冷市长

Kondracki, Michel 孔德拉茨基，米哈乌　波兰作曲家

Kondrashin, Kyril 孔德拉申，基里尔　俄罗斯指挥家

Konoye, Viscount 近卫秀麿子爵　日本作曲家、指挥家

Kosciuszko, Tadeusz 科希秋什科，塔代乌什　波兰革命家

Koussevitzky, Serge 库谢维茨基，谢尔盖　俄罗斯指挥家

Kramasztyk, Roman 克拉姆什蒂克，罗曼　波兰画家

Kranz, Kazimir 克朗兹，卡西密什　鲁宾斯坦的朋友

Krehbiel, Henry Edward 克莱赫别尔，亨利·爱德华　美国评论家

Kreisler, Fritz 克莱斯勒，弗里茨　美籍奥地利小提琴家

Kreisler, Mrs. Fritz 克莱斯勒夫人

Krenek, Ernst 克热内克，恩斯特　奥地利裔美国作曲家

Kripps, Josef 克里普斯，约瑟夫　奥地利指挥家

Krzesinska, Mathilde 克舍辛斯卡，马蒂尔达　波兰舞蹈家

Kurtz, Efrem 库尔茨，叶弗雷姆　指挥家

Kwapiczewski 克瓦皮柴夫斯基　波兰外交官

L

Lacretelle, Jacques de 拉克雷泰尔，雅克·德　法国作家

Lafita, Juan 拉菲塔，胡安　鲁宾斯坦的西班牙朋友

La Fontaine, Jean de 拉封丹，让　法国寓言诗人

Lage, Enrique 拉热，恩里克　巴西船王、贝桑佐妮之夫

Laguardia 拉瓜迪亚　阿根廷评论家

Lamond, Frederic 拉蒙德，弗雷德里克　苏格兰钢琴家

Landau, Mrs. Adolf 阿道夫·朗道夫人（海莱娜，海拉）阿·鲁宾斯坦的二姐

Landau, Jan 朗道，杨　阿·鲁宾斯坦的外甥

Landau, Maria 朗道，马丽娅　阿·鲁宾斯坦的外甥女

Landau, Maurycy 朗道，毛里斯　阿·鲁宾斯坦的大姐夫

Landau, Mrs. Maurycy（Jadwiga）毛里斯·朗道夫人（雅德维加）鲁宾斯坦的大姐

Landowska, Wanda 朗道夫斯卡，万达　波兰女钢琴家

Lanier, Charles 拉涅尔，查尔斯　英国财主

Lanier, Mrs. Charles 拉涅尔夫人　音乐庇护人

Lanner, Joseph 兰纳，约瑟夫　奥地利作曲家

Lanvin, Madame Jeanne 朗雯，让娜夫人　法国时装设计师

La Rochefoucauld 拉罗什富科　鲁宾斯坦朋友

Lashanska, Hulda（singer）拉桑斯卡，赫尔达　波兰女歌唱家

Laughton, Charles 劳顿，查尔斯　美国演员

Laurencin, Marie 洛朗森，玛丽　法国画家

Lawrence, Gertrude 劳伦斯，格特鲁德

Lechon, Jan 莱洪，杨　波兰诗人、外交官

Lehmann, Lotte 勒曼，洛特　德国歌唱家

Leinsdorf, Elric 赖因斯多夫，埃里希　德国指挥

Lenin wlodzimierz 列宁，符拉季米尔

Leoncavallo, Ruggiero：“Mattinata, La”莱昂卡瓦略，鲁希埃罗即“马提娜塔”

Leschetizky, Theodor 莱舍蒂茨基，戴奥道尔　波兰钢琴教师、作曲家

Levi, Giorgio 列维，乔尔乔　意大利人

Levitzki, Mischa 列维茨基，米沙　俄罗斯钢琴家

Lewis，Sir George 路易，乔治爵士　法律顾问

Lhevinne，Joseph 列维涅，约瑟夫　美籍俄国钢琴家

Lhevinne，Madame Joseph 列维涅夫人（罗希娜）　美籍俄国钢琴家和教师

Lieberson，Goddard 里贝尔森，戈达德　美国哥伦比亚唱片公司董事长

Liebling，Leonard 利布林，莱奥纳德　美国音乐信使报编辑

Lifar，Serge 利发尔，谢尔盖　法国芭蕾学校校长

Likiernik，Jadwiga 里凯尔尼克，雅德维加 阿·鲁宾斯坦的外甥女

Likiernilt，Leo 里凯尔尼克，莱昂　阿·鲁宾斯坦的三姐夫

Likiernik，Mrs. Leo 里凯尔尼克，莱昂夫人（弗朗尼娅）阿·鲁宾斯坦的三姐

Likiernik family 里凯尔尼克家族

Lillie，Beatrice 比阿特丽丝·莉莉　英国戏剧演员

Lilpop，Halina 利尔珀普，哈丽娜　阿图尔·罗津斯基夫人，奈拉的同学

Lindbergh，Charles 林德伯格，查尔斯　第一个飞越大西洋的英雄

Lipatti，Dinu 利帕蒂，迪努　罗马尼亚钢琴家、作曲家

Lipton，Sir Thomas 李普顿，托马斯爵士　茶商

Liszt，Franz 李斯特，弗朗兹

 Mepblsto Waltz《魔鬼圆舞曲》

 Paganini etudes《帕格尼尼练习曲》

 sonata for piano《钢琴奏鸣曲》

 Twelfth Rhapsody《第十二狂想曲》

 Wagner's Tristan，*transcription of* 李斯特改编的瓦格纳的《特里斯坦》

Litvak，Anatole 理维克，阿纳托尔　演员

Litvinov，Maksim 里特维诺夫，马克西姆　俄国国务活动家

Lock 洛克　英国著名帽店老板

Lombard, Carol 隆巴德，卡罗尔　好莱坞演员

Long, Marguerite 隆，玛格丽特　法国钢琴家和教师

Longo, Alessandro 隆戈，亚力山德罗　意大利音乐学家

Longworth, Mrs. Alice Roosevelt 朗沃思夫人，艾丽斯　罗斯福之女

Lopez, Juanito 洛佩斯，胡安尼托

Lopez—Buchardo, Carlos 洛佩斯-布恰尔多，卡洛斯　阿根廷作曲家

Lopoukhova, Lydia 洛普霍娃，利迪娅　俄国舞蹈家

Lorraine, Sir Percy 洛兰，珀西爵士　英国外交官

Loti, Pierre 洛蒂，皮埃尔

Lubitsch, Ernst 刘别谦，恩斯特　演员

Lubomirski, Prince 路鲍米尔斯基公爵

Luboschutz, Pierre 吕博舒兹，皮埃尔　钢琴家、科汉斯基的钢琴伴奏

Ludendorff, Gen. Erich 鲁登道夫　德国将军

Lulu 露露　美国音乐会经纪人约翰森之妻

Luro, Senora Amelia 鲁罗，阿梅丽娅太太　鲁宾斯坦的朋友

Lwoff, Andre 李沃夫，安德烈　法国微生物学家

Lyon 利翁　普莱耶尔钢琴代理人

Lyon, Mrs 利翁夫人

Labunski, Wiktor 瓦蓬斯基，维克多　波兰钢琴家

Labunski, Mrs. Wiktor 瓦蓬斯基夫人（万达·姆威纳尔斯卡，阿·鲁宾斯坦之小姨子）

Lukasiewicz 乌卡谢维奇　波兰外交官

M

Maazel, Lorin 马泽尔, 洛林 指挥家

MacArthur, Gen. Douglas 麦克阿瑟将军

MacDowell, Edward 麦克道尔, 爱德华 美国作曲家

Madigan, Tony 马迪根, 托尼 鲁宾斯坦写书的助手

Magaloff, Nikita 马加洛夫, 尼基塔 瑞士籍俄罗斯钢琴教育家

Mahler, Gustav 马勒, 古斯塔夫 奥地利作曲家

Malipiero, Gian Francesco 马里皮耶罗, 弗朗切斯科 意大利作
曲家

Malraux, Andre 马尔罗, 安德烈 法国作家、文化部长

Mangoo, Verree 曼戈, 维尔莉

Mann, Frederick 曼, 弗雷德里克 费城犹太财主 捐款建造特拉维
夫音乐厅

Mann, Mrs. Frederick 弗雷德里克·曼夫人

Mann, Thomas 曼, 托马斯 德国作家、诺贝尔奖得主

Marcello, Benedetto 马尔塞洛, 贝内德托 意大利音乐家

Marconi, Guglielmo 马可尼, 古列尔莫 无线电报发明人、诺贝
尔奖得主

Marfa, Isabel 马尔法, 伊萨贝尔 西班牙人

Maria, Princess 玛丽公主（意大利）

Marie Jose, Princess 玛丽-何塞公主（比利时）、后为意大利王后

Marie Pavlovna, Grand Duchess 玛丽·帕夫洛夫娜 大公夫人

Marina 玛丽娜 希腊公主 后为肯特公爵夫人

Marjerie, Madame Jeanne 马尔热里, 让娜夫人

Martinez de Hoz, Senora Elena de 马丁内斯·德·霍斯, 埃莱娜夫人

Martinez de Hoz, Miguel 马丁内斯·德·霍斯，米盖尔

Masaryk, Jan 马萨雷克，杨　捷克外交官

Massenet, Jules 马斯内，朱尔　法国作曲家

Massine, Leonide 米雅辛，列奥尼德　美籍俄国舞蹈家和舞美

Mastrogianni, Miguel 马斯特罗加尼，米盖尔　阿根廷新闻工作者

Matisse, Henri 马蒂斯，亨利　法国画家

Matzenauer, Margarete 马泽瑙尔，马格雷特　德国女高音歌唱家

Maugham, Somerset 莫姆，萨默塞特

Maugham, Syrie 莫姆，赛丽　伦敦的文化人士

Maurier, Sir Gerald 毛里尔，杰拉尔德爵士　英国演员兼经纪人

Maxwell, Elsa 马克斯韦尔，艾尔莎　饭店老板娘　文化资助者

McClaren, Cristabel 麦克拉伦，克里斯特贝尔　伦敦著名的主妇

Medtner, Nikolai 梅德涅尔，尼古拉　俄国作曲家

Mehra, Zubin 祖宾，梅塔　美籍印度指挥家

Meir, Mrs. Golda 梅厄夫人，果尔达　以色列政治家

Melba, Nellie 梅尔芭，内莉　澳大利亚女歌唱家

Mendelssohn, Felix 门德尔松，费利克斯　德国作曲家

Mengelberg, Willem 门盖尔贝格，威廉　丹麦指挥家

Menjou, Mr. and Mrs. Adolphe 阿道夫·门约夫妇

Menocal, Senora 梅诺卡尔夫人（古巴总统夫人）

Menuhin, Yehudi 梅纽因，耶胡迪　英国小提琴家

Merce, Antonia 麦尔塞，安东尼娅　阿根廷舞蹈家

Merito, Marques del 梅里托侯爵　西班牙贵族

Mero, Yolanda 梅罗，姚朗塔　匈牙利钢琴家

Merry del Val 梅里，德尔·韦尔　梵蒂冈红衣枢机主教

Messager, Andre 梅萨热，安德烈　法国作曲家、指挥家

Meyer, Stanislaw (Stas) 迈耶尔，斯塔尼斯瓦夫（斯塔希）

Meyer, Mrs. Stanislaw (Zosia) 斯塔尼斯瓦夫·迈耶尔夫人（索

菲·伯恩斯坦）

Michelangeli, Arturo 米开朗杰里，阿图罗　意大利钢琴家

Mickiewkz, Adam 密茨凯维奇，阿达姆　波兰诗人

Milhaud, Darius 米约，达律斯　法国作曲家

　　　Boeuf sur le toil 芭蕾舞剧《天台牛肉馆》，副题是《不务正业的酒吧》

　　　Bolivar《玻利瓦尔》

　　　Saudades do Brazil《忆巴西》

　　　Suite Provenial《普罗旺斯组曲》

Miller, Harry 米勒，哈里　美国音乐会经纪人

Milstein, Nathan 米尔斯坦，纳唐　美籍俄罗斯小提琴家

Minnelli, Liza 明奈利，丽莎　明奈利之女

Mitchell 米切尔　英国音乐会经纪人

Mitre, Luis 米特雷，路易斯　智利《民族报》老板

Mitre family 米特雷一家

Mitropoulos, Dimitri 米特罗波洛斯，德米特里　希腊指挥家

Mlynarska, Alina 姆威纳尔斯基，阿丽娜（参见劳埃）

Mrs. Jan Mlynarska, Mrs. Emil 姆威纳尔斯基夫人，阿·鲁宾斯坦的岳母

Mlynarska, Hela 姆威纳尔斯基，海拉

Mlynarska, Nina 姆威纳尔斯基，尼娜

Mlynarska, Wanda（Labunski, Mrs.）姆威纳尔斯基，旺达 即瓦蓬斯基夫人

Wiktor Mlynarski, Bronislaw 姆威纳尔斯基，勃罗尼斯瓦夫 阿·鲁宾斯坦的内弟

Mlynarski, Mrs. Bronislaw（Doris Kenyon）勃罗尼斯瓦夫之妻（多丽丝·凯尼恩）

Mlymrski, Emil 姆威纳尔斯基，埃米尔　波兰指挥家、阿·鲁宾

斯坦的岳父

Mlynarski, Felix 姆威纳尔斯基，费利克斯

Mlynarski family 姆威纳尔斯基一家

Mocchi, Walter 莫奇，瓦尔特　音乐指挥

Mocchi family 莫奇一家

Modigliani, Amedeo 莫迪里亚尼，阿梅德奥　画家

Moiseiwitsch, Benno 莫伊谢耶维奇，本诺　俄裔英籍钢琴家

Moliere 莫里哀　法国喜剧作家

Molinari, Bernardino 莫里纳里，贝纳尔迪诺　意大利指挥

Monaco, Baron del 莫纳哥男爵

Monteux, Pierre 蒙特，皮埃尔　法国指挥家

Monteverdi, Claudio 蒙特威尔第，克劳迪奥　意大利作曲家

Montgomery, Field Marshal Bernard 蒙哥马利元帅（英国）

Moore, Mrs. 莫欧尔夫人

Mora, Joaquin 莫拉，华金　阿根廷小提琴家

Moreno 莫雷诺　阿根廷驻西班牙公使

Morgan 摩根　美国外交官

Morgenthau, Henry, Jr. 小摩根索，亨利　富·罗斯福总统的财政
　部长

Morosini, Contessa Annina 安尼娜·莫罗西尼伯爵夫人

Morros, Boris 莫罗斯，鲍里斯　美籍俄国音乐家

Moszkowski, Antek 莫什科夫斯基，安代克

Moszkowski, Moritz 莫什科夫斯基，毛里斯　德籍波兰钢琴家、指
　挥、作曲家

Mounet–Sully 穆内–絮利　法国演员

Moussorgsky, Modest 穆索尔斯基，莫杰斯特　俄国作曲家

　　Boris Godunov《鲍里斯·戈杜诺夫》

Mozart, Wolfgang Amadeus 莫扎特　奥地利作曲家

室内乐

《A 大调钢琴协奏曲》（KV 414）

《c 小调钢琴协奏曲》（KV 491）

《d 小调钢琴协奏曲》（KV 466）

Eine Kleine Nachtmusik《小夜曲》（KV 525）

歌剧

《降 E 大调协奏交响曲》（KV 364）

《D 大调双钢琴奏鸣曲》（KV 448）

Muhlstein, Anatole 缪尔斯坦，阿纳托尔　波兰外交官

Muhlstein, Mrs. Anatole 缪尔斯坦，阿纳托尔夫人 {黛安娜，娘家姓罗思柴尔德}

Muller, Fritz 缪勒，弗里茨　德籍澳大利亚钢琴家、阿·鲁宾斯坦的同学

Muller, Max 缪勒，马克斯　英国外交官

Muller, Mrs. Max 马克斯·缪勒夫人

Munch, Charles 蒙克，夏尔　法国指挥家

Munch, Edvard 蒙克，爱德华　挪威画家

Muni, Paul 芒尼，保罗　电影演员

Munster, Hilary 芒斯特，希拉里

Munz Mieczyslaw 蒙兹，密齐斯瓦夫　波兰钢琴家

Murphy, Frank 默菲，弗朗克　美国外交官

Musset, Alfred de 米塞，阿尔弗雷德·德　法国作家

Mussolini, Benito 墨索里尼　意大利独裁者

N

Napoleao, Arturo 拿破伦，阿图罗　巴西钢琴家和音乐出版商

Narros, Marques Marcelino 纳罗斯，马塞利诺侯爵

Nasser, Gamai Abdel 纳赛尔　埃及总统

Negri, Pola 奈格里，波拉　波兰美女、好莱坞明星

Nemirovitch – Dantchenko, Vladimir 涅姆罗维奇–丹钦科，符拉季
　　米尔　俄国戏剧家

Nepomuceno, Alberto 内波穆塞诺，阿尔贝托　巴西作曲家和教师

Neuhaus, Harry 涅高兹，海因里希　俄国德裔音乐教师和管理员

Nicholas II 尼古拉二世 俄国沙皇

Nicholls, John 尼科尔斯，约翰　美国教育家

Nicolson, Harold 尼科尔森，哈罗德　英国作家、传记作家

Nightingale 南丁格尔　电工

Niiinsky, Vaclav 尼任斯基，瓦茨瓦夫　俄国芭蕾舞演员

Nijinsky, Madame Vaclav 尼任斯基夫人

Nikisch, Arthur 尼基什，阿图尔 匈牙利指挥家

Nin, Joaquin 宁，华金　西班牙钢琴家和作曲家

Niven, David 尼文，戴维　法国演员

Noailles, Vicomtesse Marie – Laure de 诺阿耶，玛丽–洛尔·德　子
　　爵夫人

Nobre, Marlos 诺夫雷，马洛斯　巴西钢琴家、作曲家

Nono, Luigi 诺诺，路易吉　意大利作曲家

Novaes, Guiomar 诺瓦埃斯，吉玛尔　巴西女钢琴家

O

Oberon, Merle 奥勃兰，梅尔　演员

Obolensky, Prince 奥波伦斯基公爵

O'Brien, Mavourneen 奥布赖恩，马福尔奈恩　帕特的女儿

O'Brien, Pat 奥布赖恩，帕特　电影明星

Ocampo, Victoria 奥坎珀，维多丽亚　阿根廷知识界的领袖

Ochs, Adolph 奥克斯，阿道夫　鲁宾斯坦的朋友

O'Connor, Charles 奥康纳，查尔斯　维克托公司的录音师

Ojeda, Jose 奥赫达，何塞　阿根廷音乐评论家

Olivier 奥利弗　法国饭店的领班

Oppenheim, Irving 奥本海姆，欧文　美国音乐会经纪人

Oppenheim, Mrs. Irving（Blanche）奥本海姆夫人

Oppenheimer, Sir Albert 奥本海默，艾尔伯特爵士 南非实业家

Oppenheimer, Lady 艾尔伯特·奥本海默爵士夫人

Oppenheimer, Arthur 奥本海默，亚瑟　美国音乐会经纪人

Oppenheimer, Mrs. Arthur 亚瑟·奥本海默夫人

Opperman, Anne 奥佩尔曼，安娜　经纪人、胡罗克的女秘书

Ordynski, Richard 奥登斯基，雷沙德　波兰电影导演

Orloff, Nicholas 奥尔洛夫，尼古拉　俄罗斯钢琴家

Ormandy, Eugene 奥曼迪，欧仁　匈牙利指挥

Ornstein, Leo 奥尔斯坦，莱奥　美籍俄罗斯钢琴家

Oswaldo 奥斯瓦尔多　巴西音乐指挥

P

Pachmann, Vladimir 帕赫曼，符拉季米尔　俄国钢琴家

Paderewski, Ignacy Jan 帕德雷夫斯基，伊格纳齐·杨 波兰钢琴
　家、作曲家

Paganini, Nicolo 帕格尼尼，尼科洛　意大利小提琴家

　　Kaprys nr. 24 *a－moll*《a 小调随想曲》作品第 24 号

　　Brahms Variations《勃拉姆斯变奏曲》

　　Liszt etudes《李斯特练习曲》

Paggi, Ada 帕奇, 阿达 意大利歌唱家

Pagnol, Marcel 帕尼奥尔, 马塞尔 法国作家
《托帕泽先生》

Painter George D. 斑悌, 乔治 法国作者

Palewski, Gaston 帕勒夫斯基, 加斯东 法国国务活动家

Palladini, Princess Carla 帕拉迪尼, 卡拉公爵夫人

Pallenberg, Max 帕伦贝格, 马克斯 世界伟大笑星之一

Papaioannou, Marika 帕帕约安诺, 玛丽卡 希腊钢琴师

Parr, Audrey 帕尔, 奥德丽 英国外交官的法国妻子

Patek, Stanislaw 帕代克, 斯塔尼斯瓦夫 波兰外交官

Patou, Jean 帕图, 让 巴黎著名裁缝师傅

Pauling, Linus 泡令, 莱纳斯 美国科学家、诺贝尔奖得主

Pavlova, Anna 帕夫洛娃, 安娜 俄国女舞蹈家

Pecci – Blunt Countess Mimi 贝齐-布伦特, 米米伯爵夫人

Peck, Gregory 派克, 格里高利 美国演员

Peerce, Jan 皮尔斯, 杨 美国男高音歌唱家

Pekmezian, 贝克麦江 鲁宾斯坦的希腊朋友

Pekmezian, Sappho 贝克麦江, 萨福 贝克麦江的妻子

Pellas 佩里亚斯 巴西音乐会经纪人

Pelliccia, Arrigo 佩里奇亚, 阿里戈 钢琴家

Pembauer 彭巴威尔 德国音乐教师

Pena, Joaqiu'n 佩尼亚, 华金 西班牙音乐会经纪人

Pertile, Aureliano 佩尔提莱, 奥雷里亚诺 意大利男高音歌唱家

Pergolesi, Giovanni Battista 佩尔戈莱西, 乔万尼·巴蒂斯塔 意大利作曲家

Perper, George 佩珀, 乔治 美国音乐会经纪人

Peron, Eva 庇隆, 艾薇塔 智利总统庇隆的夫人

Peron, Juan 庇隆, 胡安 智利总统

Petain，Marechal Henri 贝当，亨利　法国元帅

Pfeiffer，John 费弗，约翰　美国录音师

Pfitzner，Hans 普菲茨纳，汉斯　德国作曲家

Philippe，Isidor 菲利普，伊西多尔　法国音乐教授

Piatigorsky，Gregor 皮亚季戈尔斯基，格里高利　美籍俄国大提
　琴家

Piatigorsky，Mrs. Gregor 皮亚季戈尔斯基夫人（雅克琳·罗思柴
　尔德）

Picasso，Pablo 毕加索，帕布洛　西班牙画家

Picasso，Mrs. Pablo（Jacqueline）毕加索夫人（雅克琳）

Pickford，Mary 皮克福德，玛丽　美国女演员

Pilsudski，Josef 毕苏斯基，尤瑟夫　波兰国务活动家

Pizzetti，Iidebrando 皮泽蒂，伊德布朗多　意大利作曲家

Plante，Francis 普朗特，弗朗西斯　法国钢琴家

Plasson，Michel 普拉松，米歇尔　法国指挥

Pleyel 法国普莱耶尔公司和钢琴牌子

Pola（Harman）波拉（哈尔曼）青年鲁宾斯坦的情人

Polacco，Giorgio 波拉科，乔尔乔　美籍意大利指挥

Polignac，Princess Edmond de（Winnaretta Singer）波里尼亚克，埃
　德蒙公爵夫人

Polignac，Count Jean de 波里尼亚克，让 伯爵

Polignac，Countess Jean de（Marie Blanche）让·波里尼亚克伯爵
　夫人（玛丽·布朗舍）

Polignac，Maxquis Melchior de 波里尼亚克，梅尔基奥尔侯爵

Polignac，Marquise Melchior de（Nina）波里尼亚克侯爵夫人

Polk，Rudolf 波尔克，鲁道夫 音乐家　鲁宾斯坦的朋友

Pollini，Maurizio 波利尼，毛里奇奥　意大利钢琴家

Pompidou，Georges 蓬皮杜，乔治　法国总统

Ponce, Manuel 庞塞，马努埃尔　墨西哥作曲家（吉他曲最著名）

Poniatowski, Prince 波尼亚托弗斯基　波兰亲王

Pons, Lily 庞斯，丽莉　旅居美国的法国女高音歌唱家

Ponsonby, Sheila 庞森比，希拉 后为普特·马塞尔公爵夫人　法国作曲家

Poot, Macel 普特，马塞尔　比利时作曲家

Porter, Cole 波特，科尔　美国好莱坞作曲家

Portinari, Candido 波蒂纳里，坎迪多　巴西画家

Potocka, Countess Joseph 波托茨卡，尤瑟夫伯爵夫人

Potocki, Count 波托茨基 波兰伯爵

Potocki, Count ｛of Lancut｝ 波托茨基（来自旺楚特的伯爵）

Poulenc, Francis　普朗克，弗朗西斯

　　Biches, *Les*《母鹿》

　　Promenades, *Les*《逍遥曲》

Poznanski family 博兹南斯基家族

Previn, Andre 普雷文，安德烈　美国指挥家

Primo de Rivera, Jose 普里莫·德里维拉，何塞　西班牙将军

Primrose, William 普里姆罗斯，威廉　美国小提琴家

Printemps, Yvonne 普兰坦普，伊冯娜　法国女歌唱家

Prokofiev, Serge 普罗科菲耶夫，谢尔盖　苏联作曲家

　　《降 D 大调第一钢琴协奏曲》，《g 小调第二钢琴协奏曲》，《C 大调第三钢琴协奏曲》

　　《D 大调第一小提琴协奏曲》，《g 小调第二小提琴协奏曲》

　　Love for Three Orange, *The*《三桔爱》

　　Prodigal Son, *The*《浪子》

　　《第二钢琴奏鸣曲》，《第六钢琴奏鸣曲》

　　Suggestion diabolique《魔鬼的诱惑》

　　Visions fugitives《瞬息的幻影》

Proust，Marcel 普鲁斯特，马塞尔　法国作家

Prude，Walter 普鲁德，沃尔特　美国音乐会经纪人

Prunieres，Henry 普律尼埃，亨利　法国音乐出版商

Puccini，Giacomo 普契尼，贾科莫　意大利歌剧作曲家

　　　Boheme，*La*《绣花女》

Q

Queensberry，Lord 昆斯伯雷勋爵

Quesada，Ernesto de 德克萨达，埃内斯托　西班牙音乐会经纪人

Quezon，Manuel 奎松，曼努埃尔　菲律宾总统

Quintana family 金塔纳一家

Quintana，Manuel 金塔纳，马努埃尔

Quintana，Seniora Susana 金塔纳，苏珊夫人

Quisling，Vidkun 吉斯林　二战时挪威的领导人、投降派的头子

R

Rabaud，Henri 拉博，亨利　巴黎音乐学院院长

Rabin，Yitzhak 拉宾，伊兹哈克　以色列工党领导人

Rachmaninoff，Sergei 拉赫玛尼诺夫，谢尔盖　俄罗斯作曲家和钢

　　琴家

　　　《第一钢琴协奏曲》、《第二钢琴协奏曲》、《第三钢琴协奏曲》

　　　Isle of the Dead《死亡之岛》

　　　Prelude in C - sharp minor《升 c 小调前奏曲》

　　　Rhapsody on a Theme of Paganini《帕格尼尼主题狂想曲》

Raczynski, Edward Count 拉钦斯基伯爵

Radot, Louis Pasteur Vallery 拉道，路易·巴斯特·瓦莱里　法国
　医生、科学院院士

Radziwill, Albrecht 拉季维尔公爵

Radziwill, Dolly 拉季维尔，多莉

Raimu 雷米　法国演员

Raisa, Rosa 拉伊萨，罗萨　歌唱家

Ramuz, Charles 拉米兹，夏尔　瑞士作家

Raphael 拉斐尔　意大利画家

　　Madonna《圣母》

Rasputin, Gregori Efimovitch 拉斯普京，叶菲莫维奇　俄国尼古拉
　二世时的神秘主义者

Rathbone, Basil 拉什伯恩，巴西尔　鲁宾斯坦的朋友

Rathbone, Mrs. Basil (Ouida) 拉什彭夫人（欧依达）

Rathenau, Walther 拉特瑙，瓦尔特　德国工业家、国务活动家

Raue, Jan 劳埃，杨　奈拉妹妹阿丽娜的丈夫

Raue, Mrs. Jan 阿丽娜·劳埃夫人（阿·鲁宾斯坦的小姨子）

Ravel, Maurice 拉威尔，莫里斯　法国作曲家

　　Bolero《波莱罗》

　　Concerto in G for Piano and Orchestra《G 大调钢琴与乐队协
　奏曲》

　　Gaspard de la Nuit《夜之加斯帕》或译成《夜之恶魔》

　　Ondine《水仙》，为上曲中的一首　德彪西也作有同名曲

　　Jeux d' eau《水的游戏》

　　Ma Mere I'Oye《鹅妈妈》

　　Oiseaux tristes《悲鸟》

　　Trio《三重奏》

　　Valse, La《园舞曲》

Valses noble et sentimentales《高贵而伤感的园舞曲》

Reading, Lady 雷丁夫人 印度总督鲁弗斯·艾萨克斯的遗孀

Reger, Max 雷格尔, 马克斯 德国作曲家、钢琴家

Regnier, Henri de 雷尼埃, 亨利·德 法国作家

Reichenbach, Francois 雷钦巴赫, 弗朗索瓦 法国电视电影制片人

Reiner, Fritz 赖纳, 弗里茨 指挥

Reinhardt, Gottfried 赖恩哈德, 戈特弗里德 马克斯·赖恩哈德之子

Reinhardt, Max 赖恩哈德, 马克斯 德国演员、戏剧家

Remarque, Erich Maria 雷马克, 埃里希·马利亚 德国小说家
　　《西线无战事》

Rembrandt van Rijn 伦勃朗, 荷兰画家
　　《戴金盔的人》

Renaud, Madeleine 雷诺, 马德莱娜 法国女演员

Renoir, Jean 雷诺阿, 让 法国电影导演

Renoir, Pierre Auguste 雷诺阿, 皮埃尔·奥古斯特 法国画家

ReSpighi, Ottorino 雷斯皮基, 奥托里诺 意大利作曲家
　　Boutique fantasque, La《幻想商店》

Respighi, Mrs. Ottormo 奥托里诺·雷斯皮基夫人

Richter, Sviatoslav 里赫特, 斯维亚托斯拉夫 苏联钢琴家

Rimbaud, Arthur 兰波, 阿图尔 法国诗人

Rimini Giacomo 雷米尼, 贾科莫 美国歌唱家

Rimsky – Korsakov, Nikolai 里姆斯基-科萨科夫, 尼古拉 俄国作曲家
　　Capriccio Espagnol《西班牙随想曲》
　　Coq d'or《金公鸡》阿·鲁宾斯坦改编
　　Scheherazade《舍赫拉查达》

Risler, Edouard 里斯雷，艾杜阿　法国钢琴家

Rivera, Jose 里维拉，何塞　墨西哥经纪人

Robillant, Count 罗比朗特　意大利伯爵

Robillant, Countess Clementine 罗比朗特伯爵夫人（克莱门蒂娜）

Robinson, Edward G 罗宾森，爱德华　电影明星迷、绘画收藏家

Roca, Julio 罗卡，胡里奥　阿根廷国务活动家

Rockefeller, Nelson 洛克菲勒，尼尔森

Rockefeller family 洛克菲勒家族

Rocksavage 罗克塞维奇 英国伯爵　参见乔姆利侯爵夫人

Rodgers, Richard 罗杰斯，理查德　音乐剧作家

　　《俄克拉何马》

Rodzinski, Artur 罗津斯基，阿图尔　波裔美国指挥家

Rodzinski, Mrs. Artur（Halina Lilpop）罗津斯基夫人（哈丽娜·利
　　尔珀普）

Rogers, Ginger 罗杰斯，琼裘　美国女歌唱家

Roosevelt, Franklin 罗斯福，弗兰克林　美国总统

Roosevelt, Mrs. Franklin 罗斯福夫人

Rosa, Faustino da 罗萨，福斯蒂诺·达　阿根廷经纪人

Rosario 罗萨里奥　西班牙舞蹈家

Rosen 罗森　以色列司法部长

Rossini, Giacomo 罗西尼，贾科莫　意大利作曲家

　　Soirees musicales《音乐晚会》

Rothschild, Baron Alain de 阿兰·罗思柴尔德男爵

Rothschild, Baroness Alain de（Mary）罗思柴尔德，阿兰男爵夫人
　　（玛丽）

Rothschild, Baron Edouard de 罗思柴尔德，爱德华男爵

Rothschild, Baroness Edouard de（Germaine）罗思柴尔德，爱德华
　　男爵夫人（热尔梅娜）

Rothschild，Baron Gustave de 罗思柴尔德，古斯塔夫男爵

Rothschild，Maurice de 罗思柴尔德，莫里斯

Rothschild，Baron Robert 罗思柴尔德，罗贝尔男爵

Rothschild，Baroness Robert de（Nelly）罗思柴尔德，罗贝尔男爵
　夫人（内莉）

Rouche 鲁歇　法国歌剧院长

Rubenstein，Dr. Joseph 鲁本斯坦，约瑟夫博士　教育家

Rubin，Reuven 鲁宾，鲁文　以色列画家

Rubin，Mrs. Reuven（Esther）鲁宾夫人（伊瑟）

Rubinstein，Alina 鲁宾斯坦，阿丽娜　阿·鲁宾斯坦之次女

Rubinstein，Antoni 鲁宾斯坦，安东　俄国钢琴家、作曲家

Rubinstein，Mrs. Arthur 阿·鲁宾斯坦夫人（奈拉·姆威纳尔
　斯卡）

鲁宾斯坦的孩子们：Alina，阿丽娜，Eva 伊娃，John 约翰，Paul
　巴维尔

Rubinstein，Eva 鲁宾斯坦，伊娃 鲁宾斯坦之长女（参见威廉·斯
　隆·科芬夫人）

Rubinstein，Frania 鲁宾斯坦，弗朗尼娅 阿·鲁宾斯坦的三姐
　（见莱奥·利凯尔尼克夫人）

Rubinstein，Hela 鲁宾斯坦，海拉　阿·鲁宾斯坦的二姐（见阿
　道夫·朗道夫人）

Rubinstein，Ida 鲁宾斯坦，伊达　舞美设计师

Rubinstein，Ignacy 鲁宾斯坦，伊格纳齐　阿·鲁宾斯坦的三哥

Rubinstein，Isaak 鲁宾斯坦，伊萨克　阿·鲁宾斯坦之父

Rubinstein，Mrs. Isaak 伊萨克·鲁宾斯坦夫人　阿·鲁宾斯坦
　之母

Rubinstein，Jadwiga 鲁宾斯坦，雅德维加　阿·鲁宾斯坦的大姐
　（参见毛里斯·朗道夫人）

Rubinstein，Jason 鲁宾斯坦，贾森　阿·鲁宾斯坦的孙子

Rubinstein，Jessica 鲁宾斯坦，杰西卡　阿·鲁宾斯坦的孙女

Rubinstein，John 鲁宾斯坦，约翰　阿·鲁宾斯坦的次子

Rubinstein，Karol 鲁宾斯坦，卡罗尔　波兰音乐会经纪人

Rubinstein，Mike 鲁宾斯坦，迈克　阿·鲁宾斯坦的孙子

Rubinstein，Nicholas 鲁宾斯坦，尼古拉　俄罗斯钢琴家、作曲家

Rubinstein，Paul 鲁宾斯坦，巴维尔　阿·鲁宾斯坦的长子

Rubinstein，Stanislav 鲁宾斯坦，斯塔尼斯瓦夫　阿·鲁宾斯坦的
　大哥

Rubinstein，Tadeus 鲁宾斯坦，塔代乌什　阿·鲁宾斯坦的二哥

Rubinstein family 鲁宾斯坦家族

Rublev，Andriej 鲁勃寥夫，安德烈　圣像制作师

Rudge，Antonietta 鲁吉，安东尼埃塔　巴西女钢琴家

Ruffo，Titto 鲁福，蒂塔　意大利歌唱家

Ruiz，Francisco 鲁伊兹，弗朗西斯科　鲁宾斯坦的音乐会经纪人

Rutland，Duchess of 拉特兰公爵　伦敦名流

Rytel，Piotr 雷泰尔，彼得　波兰音乐教师

S

Saint－Saens，Camille 圣-桑，卡米尔　法国作曲家

　Concerto for Piano and Orchestra in G minor《g 小调钢琴协
　奏曲》

　　Havanaise《哈瓦那舞曲》

　　（*Variations on a Theme by Beethoven*）《贝多芬主题变奏曲》

Salamanca，Marcjues Luis de 萨拉曼卡，路易斯侯爵

Salamanca，Marquesa Nena de 奈娜·萨拉曼卡女侯爵

Salan 萨朗　法国将军

Salmond，Felix 萨尔蒙德，费利克斯　英国大提琴家

Salvati，Renato 萨尔瓦蒂，雷纳托　智利圣地亚哥歌剧院经理

Salverte，Countess 萨尔维特伯爵夫人

Samaroff，Olga 萨马罗夫，奥尔加　美国钢琴家和教师

Sammons，Albert 萨蒙斯，艾伯特　英国小提琴家

Sanchez，Rafael 桑切斯，拉法尔　墨西哥律师

Sanchez – EIio，Anchoren 桑切斯–埃丽奥，安乔伦

Sandoz，Edouard Marcel 桑多斯，爱德华·马塞尔　瑞士雕塑家

San Manino，Count 圣马蒂诺伯爵　意大利音乐会经纪人

Santo Mauro，Duke of 圣·毛罗公爵　西班牙王室重臣

Sapieha，Prince and Princess 波兰公爵萨皮耶哈夫妇

Sarasate，Pablo de 萨拉萨特，帕布洛　西班牙小提琴家、作曲家

Sargent，John 萨金特，约翰　英国壁画家

Sarnoff，David 萨尔诺夫，大卫　美国无线电公司创办人、董事长

Sanchez，Rafael 桑切斯，拉法尔　墨西哥律师　当过鲁宾斯坦的临
　时经纪人

Sassoon，Philip 萨松，费利浦　印度犹太富翁

Satie，Eric 萨蒂，埃里克　法国作曲家

Sauer，Emil 索尔，埃米尔　德国钢琴家、作曲家

Sauguet，Henri 索盖，亨利　法国作曲家

Scarlatti，Domenico 斯卡拉蒂，多梅尼科　意大利作曲家，亚历山
　德罗之子

Scharf 沙夫　电影音乐编剧

Schelling，Ernest 谢林，欧内斯特　美国钢琴家和作曲家

Schiedmeier piano 席德梅伊尔牌钢琴

Schiff，Dr. Paul 席夫，保罗博士　德国音乐会经纪人

Schindler，Kurt 辛德勒，库尔特　美籍德国指挥和出版商

Schmitt, Florent 施米特，弗洛朗　法国作曲家

Schnabel, Artur 施纳贝尔，阿图尔　奥地利钢琴家

Schneevoigt, George 施内沃特，乔治　芬兰指挥家、大提琴家

Schonberg, Arnold 勋伯格，阿诺尔德　奥地利作曲家

　　Moses and Aaron《摩西与亚伦》

　　Pierrot Lunaire《月光下的彼埃罗》

Schrammel, Ernest 施拉默尔，欧内斯特　德国音乐会经纪人

Schubert, Franz 舒伯特，弗朗茨　奥地利作曲家

　　Sonata in B flat《降 B 大调钢琴奏鸣曲》；

　　Trio in B flat《降 B 大调钢琴三重奏》

　　Symphonies 交响曲

　　Tausig Marche mititaire《陶西格军队进行曲》

　　Wanderer Fantasia《流浪者幻想曲》

Schuch, von 舒赫　指挥

Schumann, Elisabeth 舒曼，伊丽莎白　德国女歌唱家

Schumann, Robert 舒曼，罗伯特　奥地利作曲家

　　Carmxval（op. 9）《狂欢节》作品第 9 号

　　chamber music 室内乐

　　concerto（*piano*）《钢琴协奏曲》

　　Fantasia《幻想曲》

　　Fantasiestucke《幻想曲》

　　In der Nacht《在夜间》，《幻想曲》中的一段

　　Kreisleriana《克莱斯勒偶记》

　　quintet for piano and strings《钢琴和弦乐五重奏》

　　Symphonic Etudes《交响练习曲》

　　Symphonies 交响曲

　　Variations 变奏曲

Schumann, Mrs. Robert 罗伯特·舒曼夫人（克拉拉）　德国钢琴

家和教师

Schuschnigg, Kurt von 舒希宁，库尔特·冯　奥地利国务活动家

Schwarzkopf, Elisabeth 施瓦什科普夫，伊丽莎白　德国女高音歌
唱家

Scriabin, Alexander 斯克里亚宾，亚历山大　俄国作曲家

　　　Fifth Sonata《第五奏鸣曲》

Segovia, Andres 塞戈维亚，安德烈斯　西班牙吉他大师

Segurola, Andres de 塞古罗拉，安德烈斯　西班牙歌唱家

Selznick, Mr. and Mrs. David 大卫·塞尔兹尼克夫妇

Sem 塞姆　法国漫画家

Serkin, Rudolf 泽尔金，鲁道夫　奥地利钢琴家

Sert, Jose Maria 塞尔特，何塞·马利亚　西班牙画家

Sert, Madame Jose Maria（Misia）塞尔特，何塞·马利亚夫人
（米霞）

Sharon, Ariel 沙龙　以色列总理

Shaw, George Bernard 肖伯纳　英国剧作家

Shearer, Norma 希拉，诺玛　好莱坞女演员

Shostakovich, Dimitri 肖斯塔科维奇，季米特里　苏联作曲家

　　　First Symphony《第一交响曲》

　　　Lady Macbeth of Mzensk《姆青斯克县的麦克白夫人》

Shro′der, Raul von 施罗德，劳尔·冯　鲁宾斯坦的智利朋友

Sibelius, Jean 西贝柳斯，让　芬兰作曲家

Sica, Vittorio de 德·西卡，维多利奥　意大利电影导演和明星

Sienkiewicz – Lafont, Basia 辛凯维奇-拉丰特，巴霞　奈拉的朋友

Siloti, Alexander 希洛季，亚历山大　钢琴家和指挥家

Simon, Sir John 西蒙，约翰爵士　英国外交官

Simon, Michel 西蒙，米歇尔　法国演员

Singer, Fred 辛格，弗雷德 波里尼亚克公爵夫人的外甥

Singer，Mrs. Fred 辛格，弗雷德之妻

Singer，Paris 辛格，巴黎

Singer，Washington 辛格，华盛顿

Sitwell，Osbert 西特韦尔，奥斯伯特　鲁宾斯坦在伦敦时的熟人

Sitwell，Sacheverell 西特韦尔，萨切韦雷尔　鲁宾斯坦在伦敦时的
　熟人

Skirmunt，Constanty 斯基尔蒙特，康斯坦蒂　波兰外交官

5krzynski，Count Alexander 斯克申斯基，亚历山大　波兰伯爵

Slonimski，Antoni 斯沃尼姆斯基，安东尼　波兰作家

Smetona，Antanas 斯梅托纳，安塔纳斯　立陶宛总统

Smith 施密斯阿·鲁宾斯坦的熟人

Smith，Joe 施密斯，乔　鲁宾斯坦的美国经纪人约翰逊的熟人

Sofokles 索福克莱斯　古希腊剧作家

Sokolnicki，Henryk 索科尔尼茨基，亨雷克　波兰外交官

Sokolow，Dr. Nahum（Zionist）索科洛夫，纳胡姆博士

Sokrates 苏格拉底，古希腊哲学家

Soler Antonio 索列尔，安托尼奥　西班牙作曲家

Solomon 索罗蒙　钢琴手

Sonnerschein 松恁塞因　自称是鲁宾斯坦的熟人

Soutine，Chaim 苏丁，查姆　立陶宛画家

Sparrow，Sylvia 斯帕罗，西尔维娅　英国小提琴家

Stalin，Joseph 斯大林，约瑟夫　苏联领导人

Stanislas Leszczynski 斯塔尼斯瓦夫·莱什钦斯基　波兰国王

Stanislavski 斯坦尼斯拉夫斯基　俄国演员和剧院院长

Stefanides 斯特凡尼德斯　希腊银行家

Stein，Jules 斯泰因，朱尔斯　美国眼科医生

Steinberg，William 施坦伯格，威廉　美籍德国指挥家

Steinert，Alexander 斯坦因纳特，亚历山大　美国作曲家和指挥

Steinert，Mrs. Alexander 亚历山大·斯坦因纳特夫人

Steinway（company and piano）斯坦威公司和钢琴牌子

Steinway，Theodore 斯坦威，西奥多尔 美国钢琴厂老板

Steinway，William 斯坦威，威廉 美国钢琴厂老板

Stern，Isaac 斯特恩，艾萨克 美国小提琴家

Stinnes 斯蒂内兹，胡果 德国百万富翁

Stock，Frederick 斯托克，弗雷德里克 美籍德国指挥

Stockhausen，Karlheinz 施托克豪森，卡尔海因兹 现代音乐作曲家

Stokowski，Leopold 斯托科夫斯基，利奥波德 波裔美国指挥家

Storrs，Sir Ronald 斯托尔斯，罗纳德爵士 英国首任驻耶路撒冷总督

Stransky，Joseph 约瑟夫，斯特朗斯基 美籍奥地利指挥家

Stanwyck，Barbara 斯坦维克，芭芭拉 美国一电影中的一角色

Strauss，Mrs. Minka 施特劳斯，明卡太太 热尔梅娜的亲戚

Strauss，Richard 施特劳斯，里夏德 德国作曲家

　　　Arabella《阿拉贝拉》

　　　Heldenieben《英雄生涯》

　　　Salome《莎乐美》由阿·鲁宾斯坦改编的舞曲

Stravinsky，Igor 斯特拉文斯基，伊戈尔 美籍俄国作曲家

　　　Apoiion Musagete《阿波罗和缪斯》

　　　Capriccio for Piano and Orchestra《钢琴与乐队随想曲》

　　　Concerto for Piano and Wind Instruments《钢琴与管乐协奏曲》

　　　Coq et le renard《公鸡与狐狸》

　　　Histoire du soidat《士兵的故事》

　　　Mavra《玛弗拉》

　　　Noces，*Les*《婚礼》

　　　octet for wind and brass《管乐八重奏》

Oedipus Rex《俄狄浦斯王》

Oiseau de feu《火鸟》由阿·鲁宾斯坦改编

Petrushka《彼得鲁什卡》

sonata transcribed by Stravinsky 斯特拉文斯基改编的《奏鸣曲》

Piano Rag Muzic《钢琴散拍乐曲》

Pulcinella《普尔钦奈拉》

Rake's Progress，*The*《浪子生涯》

Sacre du printemps，*Le*《春之祭》

Symphony of Psalms《诗篇交响曲》

television film of《电视片》

Stravinsky，Mrs. Igor 斯特拉文斯基夫人（见科赫洛娃，奥尔加）

Sudeikin，Vera Strok 苏杰伊金，维拉·斯特罗克 经纪人

Styczynski 斯蒂琴斯基 波兰伯爵、外长

Sudeikin，Vera 苏杰伊金，维拉 斯特拉文斯基夫人

Supervielle，Mrs. 苏佩尔维勒夫人 秘鲁名作家之侄女

Szell，George 塞尔，格奥尔格 匈牙利裔捷克指挥家

Szer，Mania 舍尔，马尼娅 鲁宾斯坦少年时代的相好

Szeryng，Henryk 舍林格，亨雷克 墨西哥籍波兰小提琴家

Szigeti，Joseph 西盖蒂，约瑟夫 匈牙利裔美国小提琴家

Szymanowska，Mrs. Anna 希曼诺夫斯卡，安娜夫人 作曲家希曼
  诺夫斯基之母

Szymanowska，Nula 希曼诺夫斯卡，努拉

Szymanowska，Sophie（Zioka）希曼诺夫斯卡，索菲娅（肖卡）
  卡罗尔之小妹

Szymanowska，Stanislava（Stasia）希曼诺夫斯卡，斯塔尼斯拉娃
  （斯塔霞）卡罗尔之大妹

Szymanowski，Alexander 希曼诺夫斯基，亚历山大 阿·鲁宾斯坦
  的崇拜者

Szymanowski，Felix 希曼诺夫斯基，费利克斯　卡罗尔的长兄

Szymanowski，Karol 希曼诺夫斯基，卡罗尔　波兰作曲家

　　《第一小提琴协奏曲》作品第 35 号

　　《第二小提琴协奏曲》作品第 61 号

　　《练习曲》

　　神话：*Fontaine d'Aretbuse*《阿瑞托萨之泉》作品第 30 号

　　Hagith《哈吉施》作品第 25 号

　　Harnasie《山盗王》作品第 55 号

　　King Roger《罗杰王》作品第 46 号

　　Masques《假面》作品第 34 号

　　《舍赫拉查达》、《唐璜小夜曲》、《纳尔的唐特里斯特》

（*Tantrist der Narr*）

　　玛祖卡舞曲

　　《D 大调第二交响曲》作品第 19 号

　　Third《第三交响曲》（夜之歌）作品第 27 号

　　Symphony – Concertante《交响协奏曲》，即《第四交响曲》作

品第 60 号

Szymanowski family 希曼诺夫斯基一家

T

Tagliaferro，Magda 塔里亚费罗，马格达　法国钢琴家

Tailleferre，Germaine 塔耶弗尔，热尔梅娜　法国作曲家

Tal，Josef 塔尔，约瑟夫　波裔以色列作曲家

Tansman，Alexander 汤斯曼，亚历山大　法籍波兰作曲家

Tanyel，Seta 塔内埃尔，塞塔　钢琴家

Tauber 陶伯　饭店老板

Tchaikovsky, Peter Ilyitch 柴科夫斯基, 彼得　俄罗斯作曲家

　　Eugene Onegin《叶夫根尼·奥涅金》

　　Fourth Symphony《第四交响曲》

Tebaldi, Renata 泰巴尔迪, 雷纳塔　意大利女高音歌唱家

Tertis, Lionel 特蒂斯, 莱昂内尔　法国小提琴家

Tessier, Valentine 泰西埃, 瓦伦丁娜　法国女演员

Thibaud, Jacques 蒂博, 雅克　法国小提琴家

Titian 提香　意大利文艺复兴时期的大画家

Tito 铁托元帅　南斯拉夫总统

Tokugawa, Marquis 德川 （日本侯爵）

Tolstoy, Leo 托尔斯泰, 列夫　俄国大作家

Tomsic, Dubravka 托姆希克, 杜布拉夫卡　南斯拉夫钢琴家

Tortelier, Paul 托蒂里埃, 保罗　法国大提琴家

Toscanini, Arturo 托斯卡尼尼, 阿图罗　意大利指挥家

Tree, Iris 特里, 艾丽斯　鲁宾斯坦的英国朋友

Trefusis, Violet 特里富西斯, 瓦奥莱特　英国女人

Trotsky, Leon 托洛茨基, 列夫　俄共领导人之一

Trzcinski, Teofil 迟钦斯基, 特奥菲尔　波兰音乐会经纪人

Turczynski, Josef 图尔钦斯基, 尤瑟夫　波兰钢琴家

Tuwim, Julian 杜维姆, 尤里安　波兰诗人

Tuwim, Mrs. Julian 尤里安·杜维姆夫人

U

Unzue family 温绥一家

Urchs, Ernst (Steinway agent) 厄克斯, 恩斯特　斯坦威钢琴厂代理人

V

Valery, Paul 瓦勒里，保罗　法国诗人

Vallin, Ninon 瓦林，尼农 法国歌唱家

Valmalete, Marcel de 瓦尔马莱泰，马塞尔·德　法国音乐会代理人

Vanderbildt, Mr. and Mrs. Cornelius 范德比尔特先生和科尼利厄斯太太

Vanderbildt, William K. 范德比尔特，威廉

Vanderbildt family 范德比尔特家族

Vandervelde, Emile 范德维尔德，埃米尔　比利时国务活动家

Varese, Edgard 维尔斯，埃德加　美国作曲家

Velazquez, Diego 委拉斯克斯，迭戈　西班牙画家

Vendome, Duke of 旺多姆公爵

Verdi, Giuseppe 威尔第，朱塞佩　意大利作曲家

 Aida《阿伊达》

Verdura, Duke of (Fulco) 维杜拉公爵（福科）意大利望族

Verlaine, Paul 韦莱纳，保罗　法国诗人

Victoria 维多利亚　英国女王

Victoria, Eugenia 维多利亚，欧亨尼娅（西班牙王后）

Viertel, Salka 维尔泰尔，萨尔卡　好莱坞电影编剧

Villa – Lobos, Heitor 维拉-洛勃斯，埃托尔　巴西作曲家

 Amazon, The《亚马森》

 Choros《乔罗》（又译《哭调》（一种小夜曲）

 Prole do Bebe《摇篮》或译成《婴儿之家》

 Rudepoema《狂热之诗》

Villa – Lobos, Mrs. Heitor（Lucille）埃托·维拉-洛勒斯夫人（路西尔）

Vilmorin, Louise de 维尔莫兰，路易丝·德　法国女作家

Vittorio Emanuele 埃马努埃勒·维多利奥　意大利国王

Vivaldi, Antonio 维瓦尔迪，安东尼奥　意大利作曲家

Vix, Genevieve 维克斯，热纳维埃芙　法国女高音歌唱家

Vladimir, Grand Duke 俄国大公符拉季米尔

Vollard, Ambroise 沃拉尔，昂布鲁瓦兹　法国艺术品商人

Volpi, Countess 沃尔皮伯爵夫人

Volpi, Giuseppe 沃尔皮，朱塞佩　意大利伯爵

Vuillard, Jean Edouard 维亚尔，让·艾杜阿　法国画家

W

Wagner, Richard 瓦格纳，里夏德　德国作曲家

　　Meistersinger, *Die*《纽伦堡名歌手》

　　Parsifar《帕西发尔》

　　"*Preislied*"《比赛歌》

　　"*Ride of the Valkyries*, *The* "阿·鲁宾斯坦改编的《女武神之骑》

　　Tristan and Isolde《特里斯坦与伊索尔德》

Walden, Lady Howard de 沃尔登，霍华德夫人

Wales, Prince of 威尔士亲王（参见温莎公爵）

Duke of Wallenstein 华伦斯坦公爵

Wallenstein, Alfred 沃伦斯坦，艾尔弗雷德　指挥家

Wallenstein, Mrs. Alfred 艾尔弗雷德·沃伦斯坦夫人

Walter, Bruno 沃尔特，布鲁诺　指挥家

Walton, Sir William 沃尔顿, 威廉爵士　英国作曲家

Ward Mrs. Dudley 沃德, 达德丽夫人

Warden, Mrs. Irene 沃顿, 伊莲娜（齐特迪尼夫人）

Warner, Jack 华纳, 杰克　华纳兄弟公司老板之一

Weber, Karl Maria von 韦伯, 卡尔·马丽亚·冯　德国作曲家
　　Spectre de la Rose, *Le*《玫瑰魂》（福金根据韦伯《邀舞》所编芭蕾舞）

Webern, Anton von 韦伯恩, 安东·冯　作曲家

Weingartner, Felix von 魏恩加特纳, 费利克斯·冯　瑞士作曲家和指挥

Wells, Hebert George 威尔斯, 赫伯特·乔治　英国作家

Wells, Rebecca 威尔斯, 丽贝卡　威尔斯之女

Wendell, Mrs. Ruth 温德尔, 路丝小姐

Werfel, Franz 魏菲尔, 弗朗兹　作家

Wesendonk, Mathilde 维森东克, 玛蒂尔达　瓦格纳的情人

Westminster, Duke of 韦斯敏斯特公爵　英国

Whitestone, Annabelle 怀特斯通, 安娜贝拉　阿·鲁宾斯坦的经纪人、秘书

Wiborg, Hoyty 韦伯格, 霍伊蒂　美国女歌唱家

Wiener, Jean 维纳, 让　法国钢琴家

Wierzynski, Kazimierz 维耶仁斯基, 卡西密什　波兰作家

Wigman, Mary 魏格曼, 玛丽　美国舞蹈家

Wilcox, Max 威尔科克斯, 马克斯　指挥家

Wilde, Oscar 王尔德, 奥斯卡　英国作家

Willard, Joseph 威拉德, 约瑟夫　美国外交官

Williams, Alberto 威廉姆斯, 阿尔贝托　阿根廷作曲家

Wilson, Hilary {later Lady Munster} 威尔逊, 希拉里（后为芒斯特夫人）

Wilson，Woodrow 威尔逊，伍德罗　美国总统

Windsor，Duchess of 温莎公爵夫人

Windsor，Duke of 温莎公爵

Wolfson 沃尔夫森 纽约音乐会经纪人

Wood，Sir Henry 亨利·伍德爵士　英国指挥和作曲家

Worth，Fort 沃思，福特　美国富翁

Y

Yadin，Yigael 亚丁，伊加尔　以色列军队司令

Ysaye，Eugene 伊萨依，欧仁　比利时小提琴家

Yussupoff，Prince 尤苏波夫　俄国亲王

Yvonne，Mile 伊冯娜　法国家教

Z

Zamoyski，Adam 萨莫伊斯基，阿达姆

Zamoyski，Count August 萨莫伊斯基，奥古斯特伯爵

Zatajewicz，Aleksander 萨达耶维奇，亚历山大

Zimbalist，Efreme 津巴利斯特，埃弗雷姆　俄裔美国小提琴家

Zola，Emile 左拉，埃米尔　法国自然主义派作家

Zukertort，Johannes 朱凯尔托特，约翰内斯　波兰奶酪能手

译 后 记

本书的上册《我的青年时代》于 2005 年 5 月出版后，受到读者的热情欢迎和支持。一位音乐界的朋友告，她过去从书本上读到的音乐大师们，在本书中，一个个都"活起来了"，他们把她"带进了许多从未知道的音乐事件中……"一些读者表示，本书"内容太丰富，太有趣了"，他们盼望能早日读到其下册的中文译本！这些对我们当然是极大的鼓励，我们又何尝不希望早日译完全书呢。只是由于下册的篇幅更长，必须安排一段较完整的时间才能共同完成。

直到 2007 年初，翻译下册的"工程"才算启动。我们的小家再次变成了一个繁忙的小作坊：儿子梁镝先从英文原著逐字逐句译出初稿，梁全炳借助波文译本进行核对，姚曼华则主要关注涉及音乐的部分，三人再对全书的难点和文字进行通力的推敲和润饰。由于作者的一生见广识多，他又能时时、事事以幽默的心态看待一切，全书文笔轻快而生动，翻译的过程倒是兴味盎然的。和所有合译者的经历相似，当费尽心力终于找出一个最佳的表达方案时，全家的欢腾也许超过挖到了金矿；而当对某个词句的译法各执己见、僵持不下时，那大声的争论竟使邻居以为我们家在吵架……

笔耕的日子就这样时而安静时而喧闹地过着。2008 年夏，我们突然接到专管对外介绍波兰文化的华沙密茨凯维奇学院一位工作人员的电话，称：他们了解到中国有一个译介肖邦和波兰音乐的"家庭组合"；为纪念肖邦诞辰 200 周年（2010 年 3 月）他们将以五种文字出版一些向世界各国介绍肖邦的书籍和多媒体资料等，特请我们译成中文。对这项重要而有意义的工作，我们义不容辞，于是鲁宾斯坦只好"让路于"肖邦了。忙完译介肖邦的任务已是 2010 年初。尽管小作坊时常日以继夜地赶工，译完本书已是今夏。

尽管上下册的出版间隔了 6 年，《我的漫长岁月》总算能与读者见面了。和《我的青年时代》的出版一样，又得到了中央音乐学院出版社俞人豪社长的积极支持，仍由该社出版发行；译书时碰到的一些有关音乐的难点，都一一求教了我国音乐学的权威、中央音乐学院教授于润洋先生；中央音乐学院著名钢琴教授李其芳先生了解到我们三人只有一本英文原著的不便，主动在她家中和音乐学院为我们翻箱倒柜地找书，未果，又托她的以色列学生回国休假时在特拉维夫找（她的这位外国留学生还为我们解决了翻译中的一个难题），李教授对音乐事业这样的热忱，真令人感动！

在此我们还要特别提及周广仁教授。这位德高望重的钢琴家和教育家，对祖国音乐事业中的任何积极因素总是十分关注，以至外行如我们，她都是不厌其烦地帮助和鼓励。在本书交稿时，我们了解到周先生十分繁忙（教学工作、担任诸多钢琴比赛评委以及频繁的社会活动……），本不该再打搅她。但因《我的青年时代》是周先生写的序，为求得完美，我们又万般无奈地请她再次写序，心中真是感激和愧疚交加。

还有不少从各个方面关心过此书的友人，我们就在此一并致谢了。

姚曼华

2010 年 11 月